D. Frohne · U. Jensen

Systematik des Pflanzenreichs

Systematik des Pflanzenreichs

unter besonderer Berücksichtigung chemischer Merkmale und pflanzlicher Drogen

D. Frohne · U. Jensen

4., neubearbeitete Auflage

165 Abbildungen, 29 Baupläne
und 281 Formelbilder

SEMPER BONIS ARTIBUS

Gustav Fischer Verlag
Stuttgart · Jena · New York · 1992

Anschriften der Verfasser:

Professor Dr. Dietrich Frohne
Institut für Pharmazeutische Biologie der Universität Kiel
Gutenbergstr. 76-78
D-2300 Kiel

Professor Dr. Uwe Jensen
Lehrstuhl für Pflanzenökologie und Systematik
Universität Bayreuth
Postfach 10 12 51
D-8580 Bayreuth

Die Deutsche Bibliothek – CIP-Einheitsaufnahme

Frohne, Dietrich:
Systematik des Pflanzenreichs: unter besonderer Berücksichtigung chemischer Merkmale und pflanzlicher Drogen / D. Frohne ; U. Jensen. – 4., neubearb. Aufl. – Stuttgart ; Jena ; New York : G. Fischer, 1992.
ISBN 3-437-20486-6
NE: Jensen, Uwe:; HST

Satz, Umschlaggestaltung: Schäffler & Renz, Ulm und Lübeck
Druck und Verarbeitung: Wilhelm Röck GmbH, Weinsberg

Printed in Germany

Inhalt

Erläuterungen zu den Bauplan-Zeichnungen

Für die wichtigeren Ordnungen der Angiospermen sind schematische Bauplan-Zeichnungen entworfen worden, an denen sich die auffälligsten Kennzeichen ablesen lassen. Der besonders interessierende Bereich der Blütenregion ist «entstaucht» dargestellt, jedes Blatt bzw. jeder Blattwirtel in die Papierebene geklappt. So sind übersichtlich ablesbar u. a.:

- Überwiegendes Vorkommen von baumförmigen Vertretern («Stubben» mit Kambiumring)
- Vorkommen von bikollateralen Leitbündeln (Pa = äußeres Phloem, Pi = inneres Phloem)
- Gegenständige, wechselständige bzw. zusammengesetzte Blätter
- Regelmäßiges (überwiegendes) Vorkommen von Nebenblättern
- Zahl und mögliche Verwachsung von Kelch- und Kronblättern
- Mögliche Verwachsungen zwischen Petalen und Androeceum bzw. von Staubblättern untereinander
- Zahl und Stellung (evtl. obdiplostemon) der Staubblätter
- Bau der Fruchtknoten (z.T. im Schnitt)
- Stellung und Zahl der Samenanlagen (schwarz)
- Bitegmische (2 Linien) oder unitegmische (1 Linie), crassinucellate (dick) oder tenuinucellate (schmal) Samenanlagen
- Stellung des Fruchtknotens (epigyne Blüte mit schwarzer Achse)
- Diskusbildungen, (ätherisch-) Öldrüsen, Stärkekörner, Oxalatkristalle
- Wichtigste chemische Merkmale (im Etikett)

Einige Inkonsequenzen in der Darstellung mußten wir gegenüber der angestrebten Anschaulichkeit in Kauf nehmen. Es braucht nicht betont zu werden, daß es immer gewagt ist, eine immense Formenmannigfaltigkeit wie die einer so großen und in sich stark strukturierten Gruppe (Ordnung) auf einen einheitlichen Typ zurückzuführen. Die schwierige Entscheidung, ob das Gewicht mehr auf die Merkmale einer mutmaßlich ursprünglicheren («Ausgangs»-)Sippe (Familie) oder eher auf die einer mit größerer Artenzahl vertretenen Sippe (Familie) zu legen sei, war also in jedem Einzelfalle zu treffen.

Der ausführliche Begleittext ist zur zusätzlichen und erläuternden Information gedacht.

Abkürzungen und Symbole

A	Androeceum
ADH	Alkohol-Dehydrogenase
agg.	(nach Artbezeichnung) Aggregat, bestehend aus nah verwandten und sehr ähnlichen Arten, sog. Kleinarten
Bl	Blatt
cpDNA	Chloroplasten-DNA
Blü	Blüte
C	Krone (Corolla)
DAB 9	Deutsches Arzneibuch, 9. Ausgabe*
DNA	Desoxyribonukleinsäure
G	Gynoeceum
GAPDH	Glyzerinaldehyd-3-phosphat-dehydrogenase
GOT	Glutamat-oxalacetat-Transaminase
HMG-CoA	Hydroxymethyl-glutaryl-Coenzym A
K	Kelch
Legumin	Hauptreserveprotein von Angiospermen-Samen
mtDNA	Mitochondrien-DNA
nDNA	nukleäre DNA
P	Perianth
Pfl	Pflanze
PGM	Phosphoglukomutase
ppm	parts per million
p.p.	pro parte = zum Teil
RFLP	restriction fragment length polymorphism
RNA	Ribonukleinsäure
rRNA	ribosomale RNA
Rubisco	Ribulose-1, 5-biphosphat-carboxylase-oxygenase
S	Svedberg-Einheit, ein Maß für die Sedimentationsgeschwindigkeit in der Ultrazentrifuge; auch: Schwefel
s.l.	sensu lato = im weiteren Sinne
s. str.	sensu stricto = im engeren Sinne
±	mehr oder weniger
∞	sehr viele, meist > 12

* ab 1.3.1992: DAB 10

Vorwort zur 4. Auflage

Seit dem Erscheinen der 3. Auflage sind unsere Kenntnisse über chemische Charakteristika von Pflanzen wiederum beträchtlich angewachsen. Nichts demonstriert diesen Zuwachs an Information besser als die drei in der Zwischenzeit (1986-1990) erschienenen Nachtragsbände, mit denen Hegnauer in bewundernswürdiger Weise seine «Chemotaxonomie der Pflanzen» weitergeführt hat. In diesen Bänden werden Sekundärstoffe in vermehrtem Maße zur Charakterisierung und Abgrenzung von Taxa unterschiedlicher Ranghöhe herangezogen, wenn auch das Problem des konvergenten Auftretens «mikromolekularer» Stoffe nicht kleiner geworden ist. Im Gegenteil: Galten früher manche Sekundärstoffe als eindeutige Marker für bestimmte Familien oder Ordnungen, so hat sich bei breiter gewordener taxonomischer Basis und Anwendung empfindlicherer Nachweismethoden ihr Vorkommen im Pflanzenreich als verbreiteter und unspezifischer erwiesen. Als Beispiel hierfür seien die Cucurbitacine genannt, die zwar für die Cucurbitaceae ein Familienmerkmal sind, von denen aber außer dem schon länger dokumentierten Vorkommen in *Iberis* und *Begonia* zahlreiche weitere Einzelnachweise bekanntgeworden sind. Aus diesem Grunde muß man heute dem quantitativen Aspekt («Akkumulation» als wichtiger Selektionsfaktor) sowie der Frage nach Möglichkeiten unterschiedlicher Biogenesewege bei der Bewertung chemischer Merkmale verstärkt Beachtung schenken.

Geradezu explosionsartig hat in den letzten Jahren die Bedeutung von «makromolekularen» Merkmalen, d.h. Nukleinsäuren und Proteinen, in der Systematik zugenommen. Bei verbesserten Analysemöglichkeiten und vertieften Kenntnissen der genetischen Strukturen haben vor allem Chloroplasten-DNA, verschiedene ribosomale RNAs und deren Gene sowie Proteine (z.B. Samen-Reserveproteine) als molekulare Marker zur tieferen Einsicht insbesondere in die phylogenetischen Strukturen von Pflanzensippen unterschiedlicher Ranghöhe geführt und dadurch besondere Bedeutung erlangt. In Einzelfällen zeichnen sich auch schon Einblicke in die molekularen Veränderungen von Genen und Genprodukten im Ablauf der Evolution der Pflanzen ab, während erste Berechnungen über die zeitlichen Veränderungen von Makromolekülen in sog. molekularen Uhren erfolgten. Diese Aspekte makromolekularer Merkmale werden in der Einleitung eingehend erläutert und haben in einzelnen Kapiteln des Buches verstärkt ihren Niederschlag gefunden (siehe insbesondere: Asteraceae).

Auch für einen anderen Aspekt unseres Buches – therapeutische und toxikologische Bedeutung pflanzlicher Inhaltsstoffe – haben sich durch erweiterte Kenntnisse teilweise neue Betrachtungsweisen ergeben.

Wie schon in der 3. Auflage angedeutet, ist aus einer ursprünglich als Einführung für den (vor allem pharmazeutischen) Studienanfänger gedachten Konzeption ein Buch geworden, das dem Leser bereits gewisse Grundkenntnisse abfordert, wenn er an chemosystematischen Aspekten einer Gliederung des Pflanzenreiches oder auch an Informationen über das Vorkommen und die Verbreitung therapeutisch wichtiger Pflanzenstoffe interessiert ist. Dementsprechend haben wir auch diesmal die Hinweise auf weiterführende Literatur ergänzt und aktualisiert.

Das dargestellte System der Pflanzen steht in großen Zügen mit dem des Strasburger-Lehrbuches (33. Auflage, Gustav Fischer Verlag, 1991) im Einklang, wenn auch unter Berücksichtigung unserer Zielsetzung begründet erscheinende Abweichungen vorgenommen sind. So haben wir schon in der vorigen Auflage, ausgehend von den Dahlgren'schen Corniflorae, in einer eigenen Unterklasse Cornidae (und die sich daran anschließenden Lamiidae) diejenigen Sippen zusammengefaßt, die sich u.a. durch das Vorkommen iridoider Verbindungen auszeichnen. In dieser Auflage ist die infrafamiliäre Gliederung der Asteraceae ein Beispiel dafür, daß vor allem makromolekulare Merkmalsausprägungen zu einer Neugliederung und Aufteilung in Lactucoideae (umfangreicher als die früheren Cichorioideae) und Asteroideae führen können.

Hinsichtlich der Benennung der mitteleuropäischen Pflanzenarten haben wir uns nach Ehrendorfer (Liste der Gefäßpflanzen Mitteleuropas; Gustav Fischer Verlag, 1973) gerichtet, im übrigen nach dem Handwörterbuch der Pflanzennamen von Encke, Buchheim & Zander (Ulmer Verlag, 1984), der Flora Europaea bzw. dem Index Kewensis. Als hilfreich erwiesen hat sich in manchen Fällen auch die 1986 erschienene neue Auflage des «Mansfeld» (Verzeichnis landwirtschaftlicher und gärtnerischer Kulturpflanzen [J. Schultze-Motel ed.], 2. Auflage, 4 Bände, Springer Verlag). Für weitergehende Informationen über die als Arzneimittel gebräuchlichen pflanzlichen Drogen und biogenen Arzneistoffe können folgende neuere Bücher genannt werden:

Czygan, F.-C. (ed.): Biogene Arzneistoffe, Vieweg & Sohn, Braunschweig, Wiesbaden, 1984.
Hänsel, R.: Phytopharmaka, Grundlagen und Praxis. Springer Verlag, Berlin, Heidelberg, New York, 1991.
Rimpler, H.: Biogene Arzneistoffe. Thieme Verlag, Stuttgart, New York, 1990.
Schneider, G.: Arzneidrogen – Ein Kompendium für Pharmazeuten, Biologen und Chemiker. B.I. Wissenschaftsverlag, Mannheim, Wien, Zürich, 1990.
Steinegger, E. & R. Hänsel: Lehrbuch der Pharmakognosie und Phytopharmazie. 4. Auflage, neu bearbeitet von R. Hänsel. Springer Verlag, Berlin, Heidelberg, New York, 1988.
Teuscher, E.: Pharmazeutische Biologie. 4. Auflage, Akademie Verlag, Berlin; Lizenzausgabe Vieweg & Sohn, Braunschweig, Wiesbaden, 1990.
Wagner, H.: Pharmazeutische Biologie, Bd. 2: Drogen und ihre Inhaltsstoffe. 4. Auflage, Gustav Fischer Verlag, Stuttgart, New York, 1988.
Weiss, R.F.: Lehrbuch der Phytotherapie. Hippokrates Verlag, Stuttgart, 1990.
Wichtl, M. (ed.): Teedrogen – Ein Handbuch für die Praxis auf wissenschaftlicher Grundlage. 2. Auflage, Wissenschaftliche Verlagsgesellschaft, Stuttgart, 1989.

Als Bücher über Nutzpflanzen seien schließlich noch genannt:

Brücher, H.: Tropische Nutzpflanzen. Springer-Verlag, Berlin, Heidelberg, New York, 1977.
Franke, G.: Nutzpflanzen der Tropen und Subtropen, 3 Bände. Hirzel Verlag, Leipzig, 1967, 1975, 1978.
Franke, W.: Nutzpflanzenkunde. 4. Auflage, Thieme Verlag, Stuttgart, New York, 1989 (Taschenbuch).
Rehm, S. & G. Espig: Die Kulturpflanzen der Tropen und Subtropen. Ulmer Verlag, Stuttgart, 1976 (Taschenbuch).

Die medizinische Terminologie und pharmakologische Grundbegriffe, die bei der knappen Besprechung pharmakologischer Wirkungen biogener Arzneistoffe und pflanzlicher Drogen von uns oft ohne nähere Erläuterung gebracht werden, können im Lehrbuch von Mutschler (Arzneimittelwirkungen; Wissenschaftliche Verlagsgesellschaft, Stuttgart, 1991) nachgesehen werden; es wendet sich vor allem an Naturwissenschaftler, für die Pharmakologie Grenzgebiet ist. Speziell über toxische Wirkungen von Pflanzen und Pflanzeninhaltsstoffen informiert das Buch von D. Frohne und H. J. Pfänder (Giftpflanzen; Wissenschaftliche Verlagsgesellschaft, Stuttgart, 1987), während das Buch «Biogene Gifte» von E. Teuscher & U. Lindequist (Akademie Verlag, Berlin 1987; Lizenzausgabe bei Gustav Fischer Verlag, Stuttgart, New York, 1987; 2. Auflage in Vorbereitung) einen umfassenden Überblick über starkwirksame Substanzen pflanzlicher, mikrobieller und tierischer Herkunft gibt.

Für kritische Hinweise haben wir vielen Kollegen, Rezensenten und Lesern zu danken, insbesondere Herrn Prof. P. K. Endress, Zürich, Herrn Dr. Jäger, Halle und Herrn F. Wiedemann, Frankfurt.

Etliche Mitarbeiter haben uns beim Zustandekommen dieser vierten Auflage unterstützt. Besonderer Dank gebührt Frau B. Meth, die wesentliche Teile des Manuskriptes in ein textverarbeitendes Computersystem überführte und an der Organisation von Text, Abbildungen und Tabellen engagiert mitgewirkt hat. Frau L. Badewitz, Frau C. Kammann und Frau M. Ulmann haben Abbildungen neu- bzw. umgezeichnet. Herr Dr. H. J. Pfänder und Frau F. Rodde haben uns mittels Chem.-Plot unterstützt. Ihnen allen gilt unser Dank ebenso wie auch dem Verlag, d.h. Herrn Dr. U. G. Moltmann und vor allem Frau I. Kruse, die sich bei den unerwartet aufgetretenen Problemen bei der Herstellung in besonderem Maße um den Fortgang der Arbeiten bemüht hat.

Kiel, Bayreuth, Kopenhagen; im Sommer 1991

D. Frohne · U. Jensen

Aus der Einführung zur 1. Auflage

Der Untertitel dieses Buches deutet bereits die von uns gesetzten Schwerpunkte an: Pflanzen werden in einen systematischen Zusammenhang gestellt, wobei Arzneipflanzen als Lieferanten von **Drogen** und Wirkstoffen besondere Beachtung finden, was wiederum einer stärkeren Betonung **chemischer Merkmale** gleichkommt.

. . .

Das Vorkommen und die Verteilung dieser Stoffe interessieren nicht nur den Systematiker, sondern auch den Pharmazeuten, Naturstoffchemiker oder Mediziner. Dem ersten wird hier eine weitere Merkmalsgruppe zur Verfügung gestellt, die er auf Grund der Entwicklung neuerer Analysenmethoden (insbesondere denen der Chromatographie) genauer inventarisieren und dementsprechend für systematische Vergleiche einsetzen kann; letztere werden auf der Suche nach neuen Arzneistoffen oder nach neuen Rohstoffquellen für bereits genutzte biogene Substanzen sich an dem bestehenden System der Pflanzen orientieren und in nahestehenden Sippen nach gleichen oder ähnlichen Stoffen suchen.

. . .

Das vorliegende Buch bietet entsprechend seiner eingangs umrissenen Konzeption dem mehr systematisch orientierten Leser außer einer knapp gefaßten Darstellung des Systems der Pflanzen zusätzliche Informationen über die von Pflanzen gebildeten chemischen Verbindungen und ihr Vorkommen; Pharmazeuten, Chemiker oder Mediziner finden andererseits die sie interessierenden Verbindungen in einen systematischen Zusammenhang gestellt. Wir sind der Meinung, daß ein Lehrbuch dieser Konzeption bisher gefehlt hat und daß es von den Studierenden der angesprochenen Fachrichtungen als nützlich empfunden werden könnte.

. . .

Um den Umfang des Buches in erträglichen Grenzen zu halten, wurden Schwerpunkte gesetzt; einiges mußte notgedrungen und wissentlich sehr knapp dargestellt werden (z.B. Darstellung der Struktur und Biogenese chemischer Verbindungen sowie der therapeutischen Anwendung pflanzlicher Drogen).

. . .

Eine nur halbwegs befriedigende Berücksichtigung der «niederen Systematik» war innerhalb des geplanten Umfangs nicht möglich. So haben wir uns nach reiflicher Überlegung dazu entschlossen, nur einen kurzen Abriß der Systematik von Bakterien, Algen, Pilzen, Flechten und Moosen aufzunehmen, zumal von diesen pflanzlichen Organismen eine Reihe interessanter chemischer Verbindungen synthetisiert werden. Im übrigen muß gerade bei diesem Teil unseres Buches auf weiterführende Literatur verwiesen werden, die entweder weiter unten oder in Auswahl bei den einzelnen Kapiteln angegeben ist.

. . .

Da es dem Studenten vielfach schwerfällt, die für die wichtigeren Ordnungen charakteristischen Merkmalskombinationen zu erfassen und als Wissensstoff zu assimilieren, haben wir ca. 30 schematische Bauplan-Zeichnungen entworfen, an denen sich die wichtigsten Kennzeichen ablesen lassen. Der besonders interessierende Bereich der Blütenregion ist «entstaucht» dargestellt, jedes Blatt bzw. jeder Blattwirtel in die Papierebene geklappt.

Kiel und Köln, im Mai 1973

D. Frohne · U. Jensen

Über Populationen, Arten und andere Sippen sowie deren Beschreibung und Klassifizierung

Die Schilfpflanzen eines Sees, die Wollgraspflanzen eines Moores oder die Blaubeeren eines Waldes sind Organismen, die in fortwährendem Genaustausch leben: Wind oder Insekten sind in der Regel die Vermittler, die dazu beitragen, daß das in der Reduktionsteilung (d.h. bei höheren Pflanzen: Bildung der Pollenkörner bzw. des Embryosacks) isolierte genetische Material im Zuge der Befruchtung neu kombiniert wird. Auf diese Weise werden durch **Rekombinationen** immer neue Gentypen geschaffen, während **Mutationen** die Mannigfaltigkeit des Genbestandes sichern und vergrößern. So ist auch jede Blaubeerpflanze einer zweiten in ihrem Genmuster mit hoher Wahrscheinlichkeit nie identisch, obwohl phänetisch, d.h. in ihrer äußeren Gestalt für unser Auge ununterscheidbar; es sei denn, sie wären durch ungeschlechtliche Vermehrung und ohne Mutation im vegetativen Bereich auseinander hervorgegangen, wofür die Erdbeeren mit ihren Ausläufern ein bekanntes Beispiel liefern.

So fließen die Gene im Zeitverlauf von Pflanze zu Pflanze eines im Genaustausch befindlichen Bestandes. Diesen nennt man **Population**. Die auf der Erde vorkommenden Blaubeerpflanzen gehören vielen, zum Teil sehr kleinen, zum Teil riesig großen Populationen an. Entweder ist über das gesamte Gebiet hinweg der Genaustausch prinzipiell möglich, oder/und die Veränderung des Genbestandes in den isolierten «Teil»-Populationen ist bis heute derartig geringfügig geblieben, daß sich phänetisch keine Veränderungen zeigten. Selbst Angehörige völlig isolierter Populationen könnten noch potentiell in Genaustausch mit anderen treten, sind potentiell kreuzbar.

In einem derartigen Fall sprechen wir von einer **Art** (= **Species**). Für sie ist bezeichnend:
- Freie Kreuzbarkeit
- Hohe phänetische Ähnlichkeit.

Von einer zweiten, nahestehenden Art unterscheidet sie sich in der Regel durch auffällige, konstante Merkmale und ist mit ihr unkreuzbar, d.h. reproduktiv isoliert.

Von daher ist verständlich, daß wir die Angehörigen einer Art (wie z.B. sämtliche Blaubeerpflanzen der Erde) als miteinander hochgradig verwandt auffassen. Daran ändert sich auch nichts, wenn wir die Entstehung der Art in eine lang verflossene Zeit (wohl Tertiär) verlegen müssen.

Die Art ist die Grundeinheit in der Taxonomie; sie wird aufgrund von herbarisierten Typusexemplaren genau beschrieben, wofür bestimmte Richtlinien gelten. In der von Linné 1753 eingeführten **binären Nomenklatur** wird die Blaubeere (um bei unserem Beispiel zu bleiben) folgendermaßen bezeichnet:

Vaccinium myrtillus L.

Der eigentliche Artname (*myrtillus* – immer klein geschrieben!) steht an zweiter Stelle; die Benennung stammt in diesem Falle von Linné selbst (abgekürzt L.).

Der erste Begriff faßt eine Anzahl sehr ähnlicher Organismen zusammen (Gattungsname). So zieht man die phänetisch ähnlichen Preiselbeeren (*Vaccinium vitis-idaea* L.), Moorbeeren (*V. uliginosum* L.) und Moosbeeren (*V. oxycoccos* L.) zu einer **Gattung** (= **Genus**) zusammen: nämlich *Vaccinium*.

Die abgestufte Ähnlichkeit zwischen Art und Gattung faßt man als abgestufte Verwandtschaft auf. Nach dem gleichen Prinzip abgestufter, d.h. abnehmender Merkmalsgemeinschaften werden Gattungen zu Familien, Familien zu Ordnungen, Ordnungen zu Klassen usw. zusammengefaßt.

Diese hierarchische Struktur der Nomenklatur der Pflanzen ist im folgenden wieder am Beispiel der Blaubeere dargestellt und sieht im einzelnen so aus (wobei nur die auch fernerhin von uns verwendeten Begriffe berücksichtigt werden):

Sippe (= Taxon)	Endung	Beispiel
Klasse	-atae	Magnoliatae
Unterklasse	-idae	Cornidae
Überordnung	-anae	Cornanae
Ordnung	-ales	Ericales
Familie	-aceae	Ericaceae
Unterfamilie	-oideae	Vaccinioideae
Tribus	-eae	Vaccinieae
Subtribus	-inae	
Gattung		Vaccinium
Art		***Vaccinium myrtillus***

Innerhalb einzelner Arten unterscheidet man gegebenenfalls noch Unterarten, Varietäten, Untervarietäten und Formen, die schließlich zum Teil nur noch modifikatorisch (d.h. standörtlich) bedingte Abweichungen ausdrücken.

Alle diese Kategorien nennt man **Sippen** (= **Taxa**). Die **Taxonomie** beschreibt und klassifiziert sie.

Die **Systematik** stellt die Taxa unter Berücksichtigung möglichst vieler, verschiedenartiger Merkmale in einen mutmaßlichen Verwandtschaftszusammenhang.

Existieren für die Art verschiedene Bezeichnungen («Synonyme»), so gilt nach der **Prioritätsregel** die älteste, wobei man bei den Blütenpflanzen aber nicht weiter als bis zur Publizierung der 1. Auflage von Linnés «Species Plantarum» zurückgeht (d.h. bis zum 1. Mai 1753), als zum ersten Male die binäre Nomenklatur konsequent durchgeführt wurde.

Hat sich dagegen die Überführung einer Art aus dem Verband einer Gattung (z.B. *Delphinium*, Rittersporn) zu einer anderen (z.B. *Consolida*) als notwendig erwiesen, so wird unter Beibehaltung des Artnamens (z.B. *ajacis*) der erstbeschreibende Autor (hier: Linné) in Klammern beigefügt:

Delphinium ajacis L. → *Consolida ajacis* (L) SCHUR

Hätte bereits eine – mit der überführten nicht identische – Art *Consolida ajacis* existiert («Homonym», was bei Artnamen wie *vulgaris*, *officinalis* o.ä. jedem Leser als denkbar einleuchtet), so hätte Schur in diesem Falle eine neue Artbezeichnung wählen müssen.

Diese und weitere Regeln sind in dem **Internationalen Code der Botanischen Nomenklatur** (ICBN) festgelegt.

Über die Phylogenese der Pflanzen und die Schwierigkeiten, ihren tatsächlichen Ablauf zu erkennen

Die Blaubeere *Vaccinium myrtillus* L. stellt wie alle anderen heute lebenden Arten das vorläufige Endglied des Astes eines seit Anbeginn der Phylogenie vielfach aufgefächerten «Stammbaumes» dar. Zwischen den Endgliedern aller Äste besteht eine reale Verwandtschaft, deren Grad durch die höhere oder tiefere Lage des Verzweigungspunktes im Stammbaum festgelegt wird. Gleiche Evolutionsgeschwindigkeit aller Merkmale vorausgesetzt, würde der Grad der Verwandtschaft sich im Grad der Ähnlichkeit widerspiegeln, was für Einzelmerkmale sicher nicht immer (man bezeichnet dieses Vorkommen von sowohl ursprünglichen wie abgeleiteten Merkmalen bei einer Pflanzenart als «Heterobathmie»), für das Mittel über die Gesamtheit aller Merkmale (overall similarity) aber durchweg gelten dürfte.

Unterscheiden sich Sippen, die in einem bestimmten Verwandtschaftsverhältnis zueinander stehen derart, daß die einen auffällige ursprüngliche, die anderen aber abgeleitete Merkmalsausbildungen besitzen, so leitet man sie gerne voneinander ab. Eine derartige, nur das Beispiel Blüten-Merkmale betreffende «Ableitung» der Marantaceen und Cannaceen von der Zingiberaceen und diese wiederum von den Musaceen (vgl. auch Abb. 153) wird in laxer Ausdrucksweise gern auf die Sippen übertragen («Ableitung der Zingiberaceen von den Musaceen»). Selbst wenn in der gesamten Merkmalskombination die Musaceen als ursprünglicher, die Marantaceen und Cannaceen als abgeleiteter bezeichnet werden müssen, darf das nie dazu verleiten, die Musaceen als Ahnpflanzen der übrigen genannten Familien anzusehen. Die Ahnsippe aller (X) mag den Musaceen besonders ähnlich gewesen sein, ist uns im übrigen aber unbekannt.

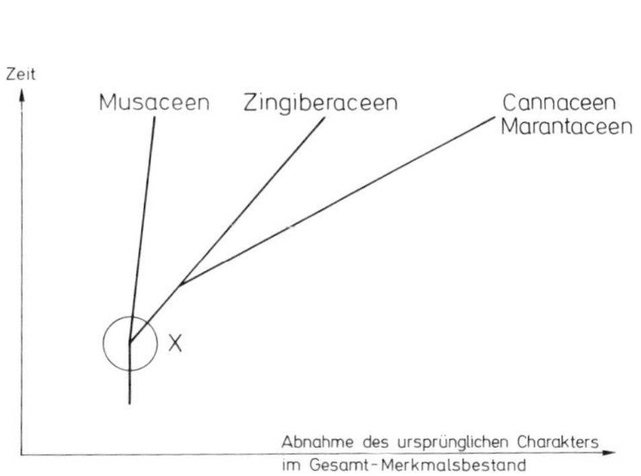

Insbesondere unter dem gleichgerichteten Selektionsdruck an Grenzstandorten konnten in unterschiedlichen Verwandtschaftskreisen Entwicklungen zu morphologisch ähnlich gestalteten Sippen ablaufen: Zum Beispiel in Anpassung an trockenwarme Klimate rutenartige Sprosse bei Fabaceen und Ephedraceen oder sukkulente Sproßachsen bei Cactaceen, Euphorbiaceen, Asclepiadaceen und Asteraceen; in Anpassung an salzreiche Standorte dickfleischige Blätter bei Chenopodiaceen, Asteraceen und Primulaceen. Auch die frappierende Ähnlichkeit der Schwimmblätter von Seekanne (*Nymphoides peltata*, Gentianaceae) und Seerosengewächsen (Nymphaeaceae) wird man bei genauer, z.B. anatomischer oder auch chemischer Analyse der Pflanzen als nur scheinbar entlarven. Die unterschiedlich aufgebauten Blüten all dieser als Beispiele genannten, äußerlich einander ähnlich erscheinenden Pflanzen lassen eindeutig erkennen, daß sie verschiedenen Bauplänen angehören und damit auch unterschiedlicher Abstammung sind. Man nennt ihre – scheinbar – ähnlichen Merkmale (bzw. ihren Gesamthabitus) **analog** (**funktionsgleich**) und bezeichnet diese Erscheinung als **Konvergenz**. Demgegenüber werden aus gleicher Abstammung hervorgegangene Organe bzw. deren Merkmale, auch wenn sie äußerlich sehr unterschiedlich erscheinen können, als **homolog** (**abstammungsgleich**) bezeichnet; Beispiel: Die so unterschiedlichen *Beeren*früchte der Tollkirsche (*Atropa bella-donna*) und die stacheligen *Kapsel*früchte des Stechapfels (*Datura stramonium*) sind jeweils aus einem Solanaceen-Fruchtknoten hervorgegangen, also homologe Organe.

Verfolgen wir die evolutive Entwicklung des Pflanzenreichs an Hand eines leider nur teilweise befriedigenden Fossilmaterials zurück! Hierbei wird man sich daran gewöhnen müssen, Veränderungen in geologische Zeiträume einzuordnen.

Nachdem die Prokaryoten in einer langen «chemischen Evolution» aus «Ursuppen»-bestandteilen sich vielleicht schon vor fast 4 Milliarden Jahren entwickelt hatten, verstrichen noch einmal mehr als 2 Milliarden Jahre, bis sich – offenbar symbiotisch – die Eukaryoten konstituierten. Die phylogenetischen Zusammenhänge zwischen den eukaryotischen Grün-, Rot-, Braun- und anderen Algengruppen zeichnen sich langsam ab, während die (polyphyletische?) Entstehung der Pilze noch im dunkeln liegt.

Über diese Anfänge der Evolution unterrichten eine Anzahl von Lehrbüchern (z.B. Kaplan 1978) und Symposiumsberichte.

An der Grenze zwischen Silur und Devon, d.h. vor ca. 400 Millionen Jahren, begann das **Paläophytikum** (Abb. 1). Diese Pteridophytenzeit umfaßte 150 Millionen Jahre mit den vielleicht interessantesten phylogenetischen Entwicklungen:

1 Die Entstehung der ersten landbesiedelnden isosporen Urfarne aus wahrscheinlich grünalgenartigen Vorfahren, mit besonderen, an das Landleben angepaßten Strukturen und Stoffen, wie Festigungs- und Leitsystemen mit dem Holzstoff Lignin, sekundärem Dickenwachstum, Abschlußsysteme mit den Stoffen Cutin und Suberin, leistungsfähige Wurzelsysteme zur Wasserversorgung.

2 Die Aufspaltung der Ur-Landpflanzen in die drei noch heute lebenden Klassen der Bärlappe, Schachtelhalme und Farne im engeren Sinne, die alle in paralleler Entwicklung den Übergang von der Isosporie zur Heterosporie vollzogen.

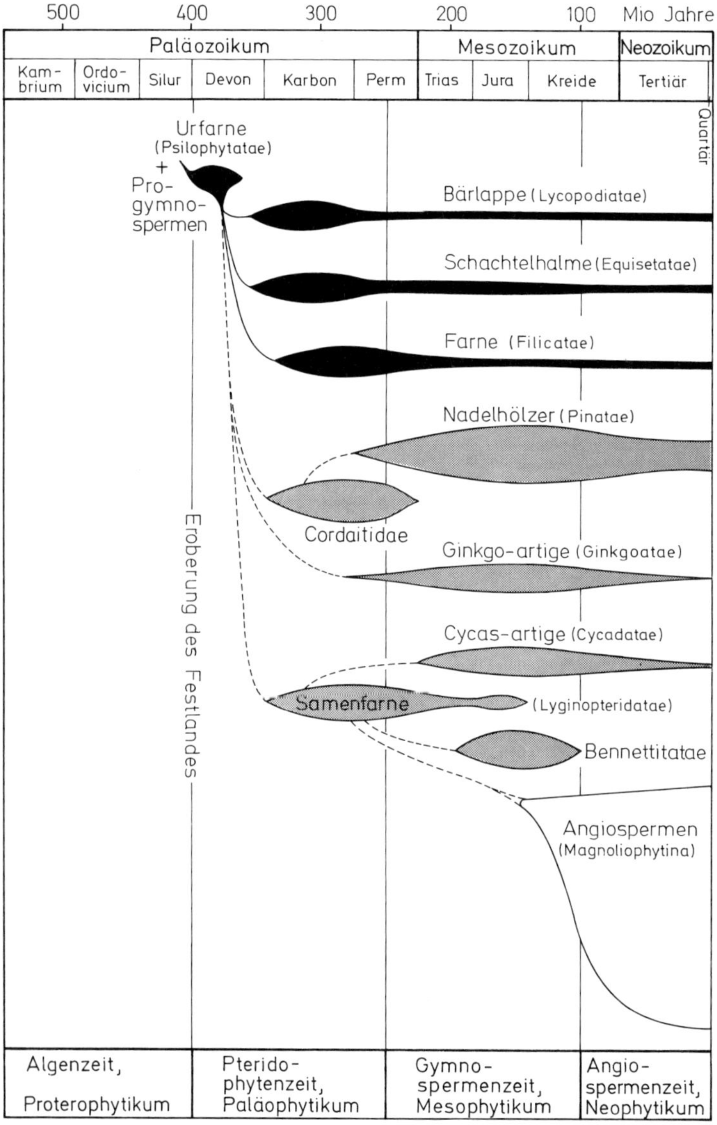

Abb. 1: Mutmaßliche stammesgeschichtliche Zusammenhänge zwischen den Klassen und Unterabteilungen der Kormophyten und ihre Entfaltung im Laufe der Erdgeschichte. Unsichere, durch Fossilfunde nicht dokumentierte Verbindungen gestrichelt; Pteridophyten dunkel, Gymnospermen hellgrau, Angiospermen weiß. (Nach Ehrendorfer, erweitert.)

3 Schließlich fällt in das Paläophytikum auch schon die Entstehung der ersten samentragenden Pflanzen, bei den Bärlappen mit den Lepidospermae offensichtlich in eine phylogenetische Sackgasse führend, von den urfarnartigen Progymnospermen ausgehend jedoch die Bildung der heutigen Gymnospermen und Angiospermen einleitend. – Die Pteridophyten kulminierten in der Steinkohlenzeit, von der uns die Existenz mächtiger Sumpfwälder aus 20–30 m hohen Siegel- und Schuppenbäumen, Baumschachtelhalmen und großblättrigen Farnpflanzen überliefert ist. Ihr Kohlenstoff steht uns in Form der Steinkohle zur Verfügung, ihre Abdrücke sind im Kontakt der Flöze erhalten geblieben. Ein eindrucksvolles Bild der Steinkohlenwälder und ihrer Lebensbedingungen zeichnete Mägdefrau (1968). Rasbach und Wilmanns (1976) schildern anschaulich Gestalt, Geschichte und Lebensraum der Pteridophyten aus vergangener und heutiger Zeit.

Das folgende, durch Dominanz gymnospermer Pflanzen (Abb. 1) geprägte **Mesophytikum** dauerte ebenfalls etwa 150 Millionen Jahre. Es löste in der Mitte der Permzeit das Paläophytikum ab. Diese Zeit wird geprägt durch die Entfaltung der gymnospermen Samenpflanzen in reicher Artenfülle. Daran ändert sich auch im Prinzip nichts, wenn die «Blüte»-zeit der Cordaiten, Samenfarne und Progymnospermen bereits vorbei war. Bei allmählich trockeneren Klimaverhältnissen erwies es sich für sie als vorteilhaft, daß die Befruchtung vom Substrat unabhängig wurde und sich nach der (Wind-)Bestäubung der Transport der Spermatozoiden von dem auf der Samenanlage gelandeten Pollenkorn bis zur Eizelle des Prothalliums auch bei widrigen Außenbedingungen vollzog. Diese Tatsache wie auch das leistungsfähigere Leitsystem des Stammes müssen wesentlich zur Überlegenheit gegenüber den Pteridophyten beim Ringen um die Besiedlung eines Standortes beigetragen haben. Die im Paläophytikum so imposanten Pteridophytenwälder verschwanden schnell. Nur den krautigen Vertretern blieb im Schutz des Kronendaches der Samenpflanzen-Wälder bis heute eine wichtige ökologische Nische.

Gegen Ende des Tertiärs, zur Zeit der Menschwerdung, hat man weitgehend mit dem Artenspektrum zu rechnen, das wir auch heute noch kennen. Etwa 100 Millionen Jahre sind es her, seit in der Mitte der Kreidezeit das durch Gymnospermen beherrschte Florenspektrum sich wandelte und die Vorherrschaft der Angiospermen begann. Das **Neophytikum** (vgl. Abb. 1) läuft also der Vögel- und Säugerzeit, dem Neozoikum, voraus. Selbstverständlich ist die Entstehung der ersten Angiospermen noch früher anzusetzen. Es ist bedauerlich, daß wir über diesen wichtigen Evolutionsschritt durch fossile Daten nur bruchstückweise unterrichtet sind (s. S. 103). Die Einbeziehung der sich zu jener Zeit stark entwickelnden Insekten in den Bestäubungsvorgang hatte die Entstehung und Förderung auffällig gefärbter Blüten, pollenkittreichen Blütenstaubes und von Fruchtblättern als Schutz der zarten Samenanlagen zur Folge. Im Gametophyten wurde insbesondere das weibliche Prothallium stark reduziert (8 Kerne, bzw. 6 Zellen + 2 Kerne); die «doppelte Befruchtung» vermied die primäre Endospermbildung «auf gut Glück». Die zunehmende Bedeutung der Pflanzenfresser trug zur Selektion von Pflanzen mit einem reichen Spektrum an physiologisch wirksamen Sekundärstoffen (Alkaloiden, Cardenoliden, Phenolen, ätherischen Ölen u. a.) bei. Von daher erklärt sich auch, warum gerade unter den Angiospermen die wichtigsten Arzneipflanzen zu finden sind.

Obwohl der Ablauf der Phylogenese der Kormophyten zumindest in großen Zügen bekannt ist, darf das nicht darüber hinwegtäuschen, daß unser Bild im einzelnen noch recht lückenhaft ist. Insbesondere die Herkunft und verwandtschaftlichen Zusammenhänge der Angiospermen, also derjenigen Pflanzengruppe, die in diesem Buch vornehmlich angesprochen ist, liegen im dunkeln. Verbesserte Merkmalsanalysen mit zum Teil neuartigen Inhalten haben in der letzten Zeit viele essentielle, neue Gesichtspunkte zur Verwandtschaft der angiospermen Familien und Ordnungen beigetragen.

Über die Chemotaxonomie als eine der vergleichenden Methoden in der Verwandtschaftsforschung

Alle praktikablen Wege zur Aufklärung der natürlichen Verwandtschaft von Pflanzen führen notgedrungen über die heute lebenden Vertreter. Sie sind einer vielseitigen und exakten (Merkmals-)Analyse zugänglich. Unterschiedliche Vorgehensweisen sind nicht nur ein Ausdruck modischer Trends in der systematischen Forschung, sondern spiegeln auch deutlich neu erschlossene Merkmalsbereiche mit den dafür adäquaten Methoden wider.

In der **numerischen Taxonomie,** die auf Sokal und Sneath zurückgeht, stand der Gedanke Pate, daß die Schwäche der bisherigen, oft recht subjektiv erscheinenden Verwandtschaftsentwürfe überwunden werden könne, wenn man möglichst viele, verschiedenartige und genetisch nicht gekoppelte Merkmale ungewichtet in den Vergleich von Taxa einbezieht. So wie sich eine abgestufte Verwandtschaft in einer mehr oder weniger abgestuften Ähnlichkeit der Organismen widerspiegelt, wird man umgekehrt vom Grad der Übereinstimmung in der Summe aller Strukturen und chemisch-physiologischen Prozesse den Grad der Verwandtschaft erschließen dürfen. Und je näher man dem Ideal der Einbeziehung aller Merkmalskomplexe bei einem solchen Vergleich kommt, desto geringer dürfte die Gefahr sein, konvergente, d.h. ähnliche oder gleiche, aber auf verschiedenen Wegen erworbene Ausbildungen bereits im Sinne von Verwandtschaft deuten zu müssen. Wenn Heywood (1971) die Zahl von 50 Einzelmerkmalen («unit characters») für ausreichend hält, so gibt diese Zahl eine untere Grenze für Praktikumsaufgaben an. – Wichtige Kriterien dieser numerischen Taxonomie sind in die moderne taxonomische und phylogenetische Forschung eingegangen, für eine konsequente Anwendung der Prinzipien der numerischen Taxonomie fehlten offenbar letztlich die notwendigen Datenressourcen. Stattdessen traten in den letzten Jahren zwei Vorgehensweisen in den Vordergrund, bei denen bestimmte Merkmalsaussagen (plesiomorph – apomorph) bzw. Einzelmerkmalskomplexe im Vordergrund standen.

In der **cladistischen Analyse** werden die zur Verfügung stehenden Differentialmerkmale einer zu vergleichenden Pflanzengruppe nach ihrer Bedeutung abgefragt, ob es sich um ursprüngliche («primitive», plesiomorphe) oder abgeleitete (apomorphe) Merkmale handelt. Besonderes Gewicht wird dabei auf die apomorphen Merkmale gelegt in der Absicht, Taxa mit gemeinsamen apomorphen Merkmalen («Synapomorphien») als monophyletische Endgruppe eines Stammbaumes zu erkennen. Grundlage bildet eine Datenmatrix für die apomorphen versus plesiomorphen Merkmalsausbildungen. Der Stammbaum wird von Taxa mit der größten Zahl an Synapomorphien ausgehend Stück für Stück von «oben nach unten» aufgebaut. Dahlgren & Rasmussen haben die Grundlagen und Vorgehensweisen 1983 anhand der Monokotyledonen ausführlich dargestellt. In diesem Buch sind einige cladistische Stammbäume aufgenommen worden, z.B. der Centrospermen (Abb. 74A), Asteraceen (Abb. 106A) und Commelinidae (Abb. 154). Die Gesamtheit der jeweils zugrundegelegten Merkmale kann in den Originalarbeiten nachgelesen werden. Die Schwierigkeiten der cladistischen Analyse liegen darin, daß die Synapomorphien letztlich die Annahme einer Verwandtschaft der Taxa voraussetzt; so ist zwar die Lippenblüte für alle Lamiaceen als synapomorph allgemein anerkannt, deren (ätherisch-) Öl-Drüsen werden aber z.B. für *Juglans*, dessen Blätter ebenfalls diese sehr spezifisch gebauten Drüsen besitzen, nicht als synapomorph aufgefaßt.

Die bisher genannten Vorgehensweisen haben letzten Endes den Vergleich bestimmter Taxa im Auge und deuten phänetische oder cladistische Ähnlichkeiten im Sinne von Verwandtschaft. In diesem Sinne gibt es eine morphologische, anatomische, karyologische oder auch physiologische Systematik genau so wenig wie eine chemische («Chemotaxonomie»), sondern nur sich ergänzende Methoden der Verwandtschaftsforschung. Das Ergebnis läßt sich als Stammbaum interpretieren, was selbstverständlich mit um so größeren Vorbehalten zu geschehen hat, je weniger Merkmale und Merkmalsklassen in die Darstellung einbezogen worden sind.

Ein anderer Ansatz hat primär nicht so sehr die Sippenevolution und die phylogenetischen Zusammenhänge von Taxa im Auge, als vielmehr **merkmalsphylogenetische** Aspekte. Im morphologischen, anatomischen, karyologischen, palynologischen Bereich sind derartige «Ableitungen» interessante Beiträge zu Überlegungen, wie sich die Merkmale in der Evolution sukzessive verändert haben mögen. Die Entwicklung beispielsweise von hochspezialisierten Pollentypen innerhalb der Angiospermen aus monocolpaten über monoporate bzw. tricolpate Strukturen gibt Entwicklungstendenzen an, wie sie sicher wiederholt stattfanden, ohne prinzipiell auch einmal umgekehrte Entwicklungen auszuschließen. Innerhalb einer eng umschriebenen Pflanzengruppe, wie es etwa die Gattung *Polygonum* s.l. ist, kann schon eher eine deckungsgleiche Sippen- und Pollenevolution angenommen werden, wobei sich die Pollenkörner ausgehend von tricolpaten Formen (*P. molle*) über tricolporate zu solchen mit auffälligen Anastomosen (*P. aviculare*), zum anderen über polycolpate, wie sie etwa *P. amphibium* repräsentiert, zu polyporaten der *P. persicaria*-Gruppe entwickelt haben mögen.

Merkmalsphylogenetische Untersuchungen von Proteinen und insbesondere Nukleinsäuren haben in jüngster Zeit einen besonderen Stellenwert erhalten dadurch, daß sie einer schnelleren und besseren Analyse zugänglich wurden. Angesichts ihrer relativ großen phylogenetischen Signifikanz haben sie für Verwandtschaftsanalysen außergewöhnliche Bedeutung erlangt (s.u.).

In Anbetracht dieser insbesondere phylogenetisch interessanten neuen Aspekte seien aber die chemotaxonomischen Beiträge nicht vergessen, die von den Sekundärstoffen geliefert werden. Diese tragen weniger zur Abklärung phylogenetischer Zusammenhänge bei als zu einer profunderen Charakterisierung von Taxa; die Kenntnis ihrer Verteilung im Pflanzenreich hat in vielen Fällen zu einer klareren taxonomischen Gliederung und Kennzeichnung beigetragen.

Wegen der besonderen Zielsetzung dieses Buches werden die chemischen Merkmale betont herausgestellt. Damit soll auch ihre Bedeutung in der modernen Systematik betont werden. Dennoch – Grundlage aller taxonomischen wie auch phylogenetischen Betrachtungen bleibt die Pflanze selbst in ihrer gesamten morphologischen Erscheinung.

Die Anwendung chemischer Kriterien in der Systematik ist nicht neu. Hinter dem Geruch, dem Geschmack oder der Blütenfarbe verbergen sich ebenso stoffliche Qualitäten wie hinter der Feststellung bestimmter Gift- oder Arzneiwirkungen. Bereits De Candolle hat die Bedeutung der chemischen Kriterien klar erkannt (1804). Form«verwandtschaft» war für ihn im allgemeinen mit Wirkstoff«verwandtschaft» gekoppelt. Gegen Ende des vorigen Jahrhunderts war es insbesondere Greshoff, der in großem Maßstab vergleichend-chemisch arbeitete. Er erhielt 1888 von der holländischen Regierung den Auftrag, Arzneipflanzen Indonesiens chemisch zu untersuchen. Bei der Auswahl der Arten ließ er sich von bekannten Verwandtschaftszusammenhängen leiten. Er wies u.a. eine allgemeine Verbreitung von Alkaloiden in Annonaceen und Lauraceen nach und durchforschte die Flacourtiaceen nach cyanogenen Verbindungen. In dem Maße, wie im Verlauf der letzten Jahrzehnte unsere Kenntnisse über Struktur und Vorkommen von Pflanzenstoffen anwuchsen, stieg die Bedeutung der chemischen Merkmale in der botanischen Verwandtschaftsforschung. Ihre Beiträge haben manche postulierten Verwandtschaftszusammenhänge in Frage gestellt, andere bestätigt oder zur genauen Erforschung vieler systematischer Beziehungen angeregt.

Die Zeitschriften «Biochemical Systematics and Ecology», «Plant Systematics and Evolution» und «Journal of Molecular Evolution» haben sich Arbeiten speziell aus diesem Gebiet angenommen. Hegnauer (1962ff.) verfaßte ein mehrbändiges Handbuch (zuletzt Band IX mit einer Neubearbeitung eines Teiles der angiospermen Familien), und eine Reihe von Symposiumsberichten und Sammelreferaten überspannen das weite Feld dieser chemotaxonomischen Forschung.

1. Sekundärstoffe

Die Bedeutung chemischer Merkmale wie aller anderer geht von der Tatsache aus, daß die Evolution der Pflanzen das Resultat der Evolution der genetischen Informationssysteme ist. Auf dem Wege der Transkription und Translation bestimmen diese den entsprechend veränderten Phänotyp. Insbesondere einer Reihe von *Sekundärstoffen* («natural products», $\hat{=}$ mikromolekularen Stoffen) wird man eine hohe systematische Bedeutung beimessen, werden sie doch im Verlauf eines zum Teil komplizierten Biosyntheseweges durch ein System von gencodierten Enzymen gesteuert. Dieses Argument wie auch eine relativ leichte Isolierbarkeit und Identifizierbarkeit haben zur heute großen Bedeutung gerade dieser Stoffklasse beigetragen.

Als eine einfache Methode bietet sich an, Substanzgemische aus den zu vergleichenden Arten durch chromatographische Methoden aufzutrennen. Die so durch Lage (R_f-Wert der «Peaks» oder «Spots») und gegebenenfalls Eigenschaften (z.B. Reaktion auf Sprühreagenzien) unterscheidbaren *Einzelsubstanzen* können *ohne weitere Identifizierung* zur Bestimmung einer – chemischen – Ähnlichkeit S von je zwei Arten herangezogen werden, die man z.B. mit Hilfe des Koeffizienten von Jaccard und Sneath bestimmen kann: **S = a/b**, wobei a die Summe der beiden Arten gemeinsamen Merkmale und b die

Summe der Merkmale, die nur eine der beiden Arten besitzt, bedeutet.

Diese bei anatomischen und morphologischen Merkmalen oft verwendete numerisch-taxonomische Arbeitsweise wurde durch Alston und Turner (1959) bei chemischen Merkmalen eingeführt. Ihr Vorteil liegt in einem ohne großen technischen Aufwand möglichen Vergleich von vielen Merkmalen vieler Sippen. Von Nachteil ist eine gewisse Unsicherheit der Identität der als gleich angesehenen Flecken sowie in vielen Fällen die mangelnde Kenntnis darüber, um welche Substanzen es sich eigentlich handelt.

Es kann aber auch das Ziel der Untersuchungen sein, das Vorkommen oder Fehlen *definierter Stoffe* in den zu vergleichenden Arten festzustellen. Die größere Sicherheit in der Identifizierung wie die auch für phylogenetische Spekulationen willkommene Kenntnis der chemischen Konstitution werden erkauft durch den Nachteil, daß bei höherem technischen Aufwand weit weniger Merkmale (Substanzen) verglichen werden können. Dieser Gruppe sind sehr viele Beiträge zur Chemotaxonomie zuzuordnen. Eine Fülle von Daten ist auch in unsere Darstellung des pflanzlichen Systems eingegangen, so daß hier auf Einzelbeispiele verzichtet werden kann. Es hat sich gezeigt, daß die systematische Aussagekraft solcher Untersuchungen sehr unterschiedlicher Art ist. Dies um so mehr, als die Verfeinerung der Nachweismethoden ergeben hat, daß viele Substanzgruppen im Pflanzenreich in geringer Menge viel verbreiteter vorkommen als früher angenommen. Man steht also vor der Frage, ob man nur die Kumulation eines Stoffes in größerer Menge oder auch das Vorkommen in Spuren bei einer vergleichenden Betrachtung berücksichtigen soll.

Häufig und nahezu *allgemein vorkommende Pflanzenstoffe* (z.B. Chlorophylle, Zellulose, Stärke, Lignin) tragen oft zumindest zur Abgrenzung großer Gruppen des Organismenreiches bei. Bei genauer Analyse sind aber auch feinere Differenzierungen möglich, wie es Tab. 3 auf S. 88 für das Lignin herausstellt.

Erratisch verbreitete Stoffe scheinen auf den ersten Blick demgegenüber nur die These zu bekräftigen, daß so wie morphologische Merkmale auch Sekundärstoffe durchaus konvergent auftreten können. Das besonders bekannt gewordene Vorkommen von Nicotin bei so wenig miteinander verwandten Gattungen wie *Cannabis*, *Juglans*, *Acacia*, *Prunus*, *Asclepias*, *Nicotiana* und *Zinnia* scheint das zu belegen. Ähnliches gilt für die Verbreitung der Cardenolide, die man von Einzelvertretern der Moraceen, Ranunculaceen, Brassicaceen, Fabaceen, Euphorbiaceen, Celastraceen, Tiliaceen, Sterculiaceen, Apocynaceen, Asclepiadaceen, Scrophulariaceen, Convallariaceen und Hyacinthaceen kennt. Es hat sich aber gezeigt, daß das Vorkommen von herzwirksamen Glykosiden zwar auf einzelne Gattungen einer Familie beschränkt ist, diese Gattungen aber wie im Falle von *Adonis* und *Helleborus* unter den Ranunculaceen oder *Digitalis* unter den Scrophulariaceen in allen Arten dieses Merkmal führen und sich hierin von nahestehenden Gattungen scharf unterscheiden. In ähnlicher Weise charakterisieren die sonst nur erratisch vorkommenden Pyrrolizidin-Alkaloide die Senecioneen innerhalb der Asteraceen (mit der Gattung *Senecio*, Kreuzkraut). Cyanogene Glykoside, nicht selten in höheren Pflanzen anzutreffen, sind innerhalb der Rosaceen neben den Spiraeoideen auf die Maloideen («Kernobst») und Prunoideen («Steinobst») beschränkt; bei den Rosoideen («Beerenobst») fehlen sie.

Von besonderem Interesse sind selbstverständlich Sekundärstoffe mit einem auffälligen **Verbreitungsschwerpunkt.** Die Betalaine der Caryophyllales, die Benzylisochinolin-Alkaloide der Magnoliidae, die Glukosinolate der Capparales, die Polyine der Araliales und Asterales, die cyclopropenoiden Fettsäuren der Malvales oder die iridoiden Substanzen bestimmter Cornidae und Lamiidae sind nur einige Beispiele, die sich als wichtige systematische «Marker» erwiesen haben und in der Darstellung des Pflanzenreichs an den betreffenden Stellen diskutiert werden.

Die Entstehung solch diverser Sekundärstoffe in der Phylogenie der Angiospermen muß sicherlich im Zusammenhang mit der Bildung chemischer Abwehrmechanismen gesehen werden; vgl. dazu z.B. Teuscher (1984) und auch S. 182 (*Apiaceae*). Hierbei scheinen weniger phytophage Insekten als vielmehr herbivore Säugetiere einen entsprechenden Selektionsdruck gesetzt zu haben. Aus der Abb. 2 geht klar hervor, daß die ersten chemischen Abwehrmechanismen unspezifischer Art waren. Der Shikimisäureweg war bereits auf der Stufe der Gymnospermen voll entwickelt und hatte insbesondere zur Bildung von Lignin (zur Festigung, aber auch als Insektizid und Fungizid von Bedeutung) und kondensierten Gerbstoffen (zur Abwehr verschiedener Pilz- und Tiergruppen) geführt. In der folgenden evolutiven Entwicklung der Angiospermen wurde dieser Syntheseweg Schritt für Schritt abgebaut, gleichzeitig aber wurde durch ein hohes Reduktions-Oxidations-Potential die Entstehung vieler Abkömmlinge eingeleitet und stabilisiert. Man kann sich vorstellen, daß mit dieser Entwicklung die Entstehung krautartiger Formen aus ursprünglich vorwiegend holzigen Hand in Hand ging. Bezüglich der Gerbstoffe erfolgte mehr und mehr eine Verlagerung von den kondensierten Gerbstoffen hin zu den hydrolysierbaren, wieder in den Stoffwechsel einbeziehbaren Gerbstoffen mit Gallussäure, Ellagsäure oder aber auch Kaffeesäure als Bausteinen. In stark abgeleiteten Angiospermengruppen schließlich rückte offensichtlich der Acetat-Mevalonsäureweg in den Vordergrund mit den spezifischen Gift- und Abwehrstoffen der Iridoide, Polyacetylene, Saponine, Sesquiterpenlactone etc. So entstand ein immenses chemisches Potential bei den Angiospermen, das durch intensive evolutionäre Interaktionen zwischen Pflanzen und Tieren den Weg ebnete für die Entstehung einer hohen Diversität an Angiospermen- und gleichzeitig Tierarten seit der frühen Kreidezeit.

Ohne die biogenetischen Abläufe im Einzelfall genau zu kennen, hat die rapide wachsende Zahl von isolierten und strukturell aufgeklärten Substanzen dazu angeregt, sie im Sinne *phylogenetischer* Kriterien zu nutzen. So haben sich aus einem Strukturvergleich der bei Compositen gefundenen Polyacetylene unter Zuhilfenahme allgemeiner biogenetischer Gesichtspunkte die C_{18}-Verbindungen relativ geringen Oxidationsgrades als ursprünglich herausgestellt. Daraufhin läßt sich der Grad der Ursprünglichkeit von Compositen-Triben festlegen und für entsprechende Aussagen über die Sippen verwenden (s.S. 197). In anderen Fällen kann man mit Hilfe

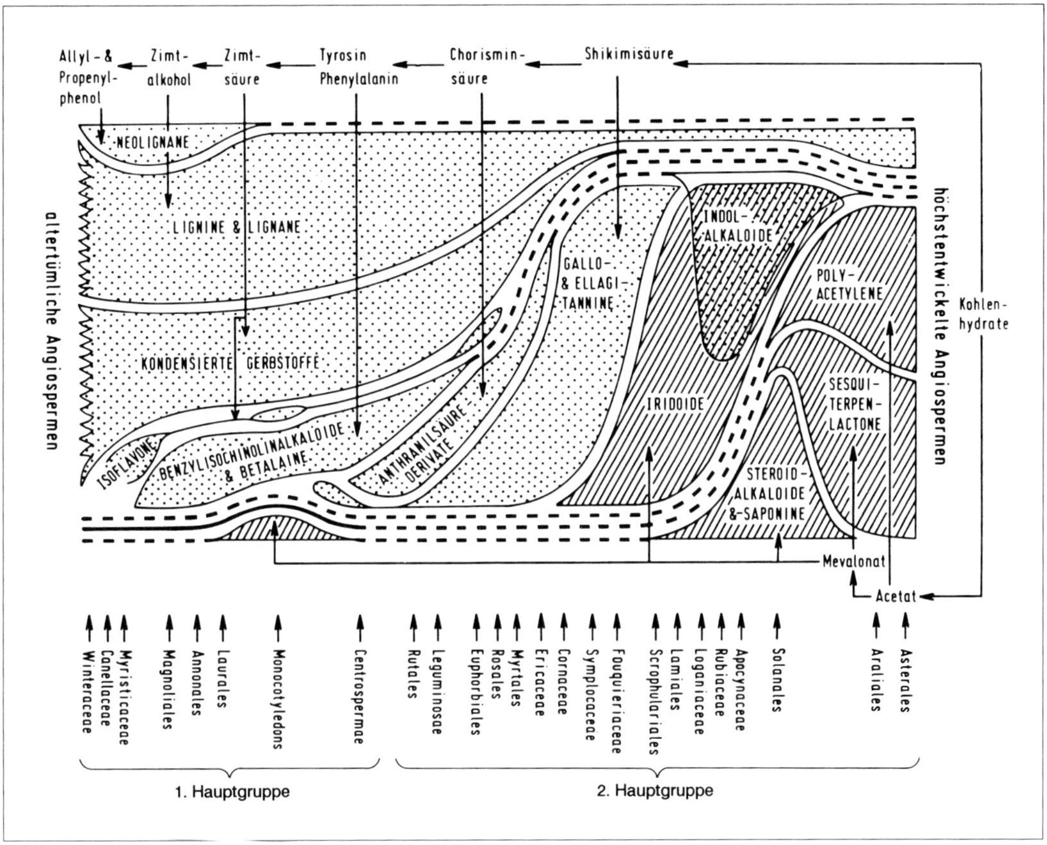

Abb. 2: Verteilung wichtiger biogenetischer Gruppen von sekundären Pflanzenstoffen mit allelochemischer Wirkung von ursprünglichen (links) zu abgeleiteten (rechts) Angiospermen. Das Schema zeigt, daß Derivate des Shikimisäureweges (u.a. Lignin; punktiert dargestellte Substanzen) zunehmend von solchen des Mevalonsäure-Acetatweges (gestreift dargestellte Substanzen) ersetzt werden (Entstehung krautiger Formen!). – Die Beteiligung von Acetat bei kondensierten Gerbstoffen und Isoflavonen ist nicht berücksichtigt. Die angegebenen Familien und Ordnungen sind Beispiele für die jeweiligen Konstellationen von Pflanzenstoffen; ein lineares Abstammungsverhältnis zwischen ihnen wird nicht angenommen. Original K. Kubitzki.

einzelner Alkaloid-Typen und ihrem unterschiedlichen Selektionswert (Giftigkeit) sowie den heutigen Verbreitungszentren der Sippen zu einem besseren Bild der phylogenetischen Abläufe kommen. Mit Hilfe solcher Gesichtspunkte ist es möglich, über «starre» taxonomische Kriterien des Vorkommens bzw. Fehlens einer chemischen Verbindung zusätzliche, «biologische» Kriterien einzubringen.

Auf jeden Fall werden aber bei der Einbeziehung sekundärer Pflanzenstoffe auch die Ergebnisse der *Biogenese*forschung berücksichtigt werden müssen: Es kann sich erweisen, daß das Vorkommen von Substanzen gleicher Struktur in getrennten Verwandtschaftsbereichen auf analoge, d.h. auf in verschiedenen Biosynthesewegen unabhängig voneinander entstandene Bildungen zurückzuführen ist, wofür das auf S. 230 diskutierte Beispiel der Anthrachinonverbindungen genannt sei. Auch bei den Naphthochinonderivaten führen mehrere Biosynthesewege zu den in ihrer Grundstruktur gleichen, meist jedoch im Substitutionsmuster unterschiedlichen Endprodukten.

Chemische Merkmale, an einzelnen Pflanzen oder wenigen Populationen einer Art festgestellt, dürfen nicht von vornherein als die gesamte Species betreffend verallgemeinert werden. Man hat nämlich eine zum Teil bedeutsame, qualitative und quantitative infraspezifische (d.h. innerhalb einer Species geltende) Variabilität von Inhaltsstoffen kennengelernt, die über das Maß einer durch unterschiedliche Standortbedingungen (z.B. Kleinklima, Boden) geprägten Reaktionsnorm (Modifikabilität) hinausgeht und genetisch fixiert ist. Mitunter scheint es, als wenn sich derartige Rassen mit heutigen Methoden eindeutig nur chemisch unterscheiden lassen; man könnte sie dann als **chemische Rassen** bezeichnen. Von ihrer Existenz kann sich jeder beispielsweise aufgrund unterschiedlicher Geruchsqualitäten überzeugen, die beim Zerreiben von Rainfarnblütenkörbchen oder Quendelblättern im übrigen morphologisch nicht augenfällig unterschiedener Pflanzen auftreten. Die Kenntnis von infraspezifischen Sippen mit signifikant unterschiedlichem Inhaltsstoff-Muster ist für die Systematik zweifellos von Interesse, für die Arznei- und Nutzpflanzenforschung (Züchtung) von großer Bedeutung; in unserem Buch wird mehrfach auf derartige Erscheinungen hingewiesen (z.B. bei *Cinnamomum*, *Asarum*, *Eucalyptus*, *Petroselinum*).

2. Nukleinsäuren und Proteine

Neben den Sekundärstoffen gewinnen diejenigen Makromoleküle eine immer größere Bedeutung, die die genetische Information tragen bzw. unmittelbare Genprodukte sind: Nukleinsäuren und Proteine. Für den Systematiker ist von besonderem Interesse, daß ihm hiermit die Möglichkeiten in die Hand gegeben werden, eindeutig homologe Substanzen über das gesamte Pflanzen-, ja Organismenreich hinweg, zumindest aber in mehr oder weniger großen Verwandtschaftsgruppen miteinander vergleichen zu können.

Man hat sich anfangs vorgestellt, daß vergleichende Untersuchungen der genetischen Substanz gleichsam die Entschlüsselung der verwandtschaftlichen Zusammenhänge liefern könnten. Zugrunde lag die allzu optimistische Vorstellung einer über die Zeitläufe hinweg gleichmäßig tickenden molekularen Uhr, die eine eindeutige Umrechnung von Sequenzunterschieden in Zeitunterschiede ermöglichte. Das kann näherungsweise für einzelne Genabschnitte oder Polypeptidabschnitte gelten, wenn mit geringen Selektionsdrucken und mit großen geologischen Zeitabschnitten gerechnet wird. Auf Sequenzvergleichen von GAPDH-Genen bzw. des Cytochrom c-Proteins beruhen beispielsweise die Berechnungen, die zur Annahme einer bedeutend früheren Entstehung der Angiospermen geführt haben, als es aufgrund fossiler Befunde allgemein gesehen wird (Abb. 1). Im übrigen aber waren verschiedene Gene (Genabschnitte) oder Proteine (Proteinabschnitte) in der Evolution unterschiedlich schnellen Veränderungen ausgesetzt; für ein und dieselbe molekulare Struktur muß die Uhr nicht immer gleichförmig abgelaufen sein. Auch für molekulare Merkmale gilt prinzipiell die Erscheinung der Heterobathmie, der zeitlich unterschiedlichen Veränderung von Merkmalen in der Evolution. Aus diesem Grunde konnten auch die «Stammbäume» für Cytochrom c, Plastocyanin, Rubisco (kleine Untereinheit), Ferredoxin und 5S-rRNA von Vertretern aus 11 angiospermen Familien sich nicht als deckungsgleich herausstellen. Allerdings war für 9 Familien der aus jeweils 3 der genannten 5 Makromoleküle berechnete «Stammbaum» konsistent, wenn ein viertes Makromolekül addiert wurde (vgl. Martin et al., 1985; die benachbarte Position von Chenopodiaceen und Polygonaceen ist der Erwartung gemäß, überraschend allerdings die nahe «Verwandtschaft» von Fabaceen und Brassicaceen).

Trotz dieser Einschränkungen, deren Erwähnung die molekularen Merkmale von dem Ruch befreien soll, Verwandtschaftszusammenhänge tatsächlich *beweisen* zu können, muß uneingeschränkt festgestellt werden, daß diese Merkmale in der systematischen Forschung heute unverzichtbar und ohne sie profunde Diskussionen phylogenetischer Zusammenhänge undenkbar geworden sind. Die Entdeckung der Archaebakterien durch Basensequenzvergleiche bestimmter rRNA-Abschnitte mag dies verdeutlichen. Dank der sich immer weiter entwickelnden molekularbiologischen Techniken wird sich in Zukunft der technische Aufwand noch weiter verringern; gleichzeitig wird infolge der sich rapide erweiternden molekularbiologischen Kenntnisse hinsichtlich spezifischer DNA-, RNA- und Proteinstrukturen mitsamt deren Funktionen die Entscheidungsfähigkeit über die Auswahl phylogenetisch signifikanter molekularer Strukturen erleichtert und verbessert.

Die bisherigen molekularen Erkenntnisse haben nicht nur unsere Kenntnisse über phylogenetische Zusammenhänge vertieft, sondern in einzelnen Fällen auch eine Diskrepanz zwischen der im wesentlichen morphologischen Kriterien folgenden Systematisierung und molekular-phylogenetischen Erkenntnissen aufgedeckt. Dies kommt besonders augenscheinlich durch die Untersuchungsergebnisse von Sytsma an amerikanischen *Clarkia*-Arten (Onagraceae) zum Ausdruck. Die monotypische Gattung *Heterogaura* wird gewöhnlich aufgrund von ungewöhnlichen Blüten- und Fruchtmerkmalen von der Gattung *Clarkia* abgetrennt. Restriktionsenzymuntersuchungen an der cpDNA haben jedoch ergeben, daß *Heterogaura* sich von den Arten der Gattung *Clarkia* nicht wesentlich unterscheidet und *Clarkia dudleyana* möglicherweise mit *Heterogaura heterandra* enger verwandt ist als mit irgendeiner anderen *Clarkia*-Art. Hier haben sich also im Blütenbereich von *Heterogaura* – offensichtlich als Reaktion auf bestimmte Selektionsdrucke – auffällige und spezifische morphologische Veränderungen vollzogen, die eine enge Verwandtschaft mit *Clarkia dudleyana* verschleiern.

Die molekularen Daten eröffnen zwei verschiedene Zugänge zur Kenntnis von Verwandtschaftszusammenhängen. Der erste Zugang geschieht durch den Vergleich von vielen Einzeldaten (z.B. Sequenzen) zweier (oder mehrerer) homologer Makromolekül(abschnitt)e, über die gemittelt eine Ähnlichkeit errechnet wird. Die molekulare Merkmalsähnlichkeit der Taxa wird dann als Ausdruck der phylogenetischen Verwandtschaftsverhältnisse diskutiert. Der zweite Zugang erfolgt durch die Aufdeckung von singulären mutativen Ereignissen (vgl. z.B. Abb. 3), deren Signifikanz um so höher zu werten ist, je unwahrscheinlicher solche als konvergent angesehene Ereignisse auftreten.

Die Analyse von Nukleinsäuren und Proteinen führt nicht nur zu einer Erweiterung des Merkmalsbestandes und damit zu einer verbesserten Kenntnis von Verwandtschaftsverhältnissen vorgegebener Taxa, sondern ermöglicht letzten Endes auch eine Beurteilung merkmalsphylogenetischer Aspekte. Von den besonders gut untersuchten Proteinen Rubisco und Legumin sind immerhin grobe Entwicklungszüge bekannt. So hat sich die $\alpha_8\beta_8$-Struktur des Rubisco aus einfacheren Vorstufen bereits bei den Prokaryoten vollzogen; erst bei den Grünalgen ist jedoch, so weit man es heute schon beurteilen kann, der Transfer des Gens für die kleine (β-)Untereinheit in den Kern erfolgt. Beim Hauptreserveprotein der Samen, dem Legumin, liegt der prokaryotische Ursprung im dunkeln. In Pteridophyten-Sporen will man Legumin-homologe Proteine gefunden haben. Erst aber mit der Herausbildung der Samen erfolgte eine Akkumulation der Leguminartigen Reserveproteine. Während bei den Gymnospermen ihre Mannigfaltigkeit noch gering ist, haben sich diese Proteine – offensichtlich aufgrund von Genduplikationen – bei den Angiospermen zu einer auffälligen Vielzahl ähnlicher Verbindungen entwickelt.

Sicherlich hängen auch die verschiedenen Proteine bzw. deren Gene wiederum phylogenetisch zusammen. Von den $\alpha\beta$-barrel-Proteinen (alles Enzyme) gibt es einen ersten Entwurf der phylogenetischen Zusammenhänge (Abb. 4). Alle diese Enzyme haben eine Domäne aus 8 parallelen β-Strängen, umgeben von 7 oder 8 α-Helices und einer aktiven Gruppe am C-terminalen Ende. Man glaubt, daß alle 17 $\alpha\beta$-barrel-Enzyme von einem gemeinsamen Vorfahren abstammen könnten, wobei sich die Triosephosphat-Isomerase (TIM) als Archaetyp anbietet.

Die molekulare Evolution der verschiedenen Gene und primären Genprodukte ist unterschiedlich und hängt nicht nur von der jeweiligen internen Mutationsrate ab, sondern auch vom Ausmaß des Selektionsdrucks. Dieser bestimmt die Evolutionsrate des einzelnen Makromoleküls und seiner Einzelstrukturen. Vergleicht man die drei pflanzlichen Genome miteinander, so ist im Mittel die Veränderung pro Zeiteinheit bei der Kern-DNA relativ hoch, bei der plastidären und insbesondere der mitochondrialen DNA meist gering. Aber auch zwischen den Genen eines Genoms bestehen unterschiedlich große Geschwindigkeiten der Veränderungen. Allerdings

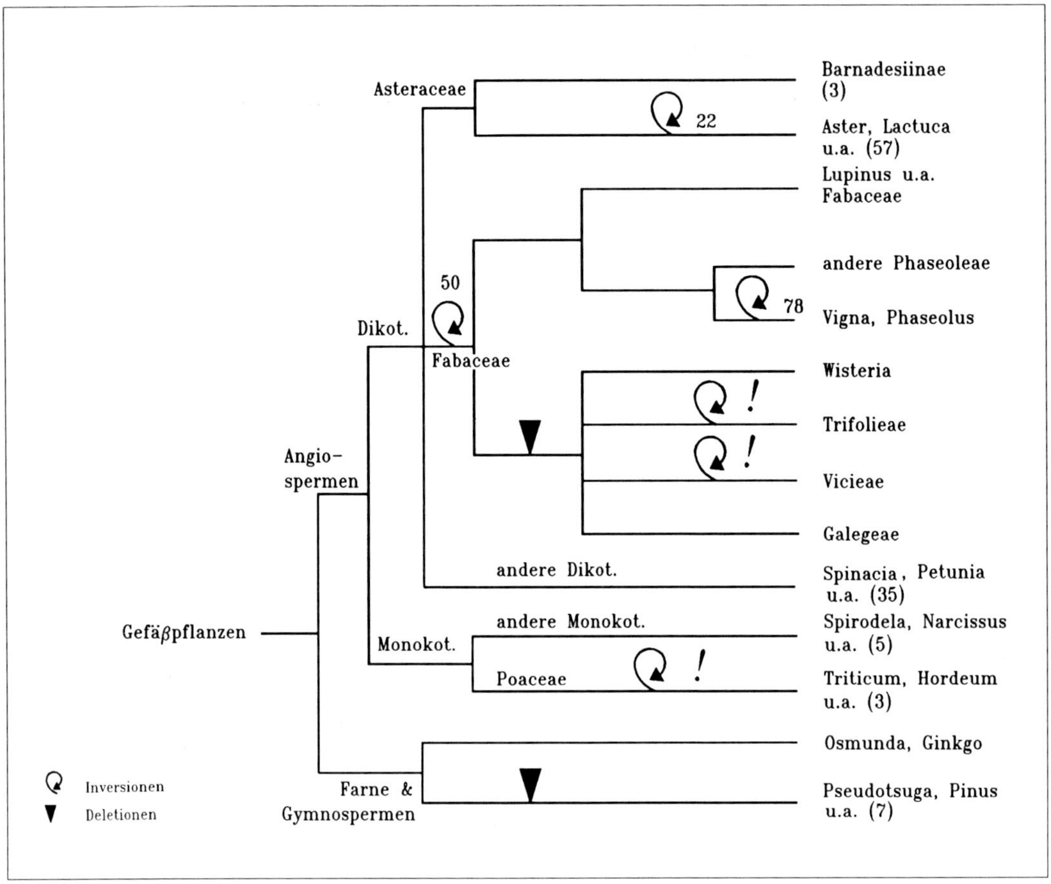

Abb. 3: Wichtige Strukturänderungen (Inversionen, z.T. mehrere [!]; Hauptdeletionen) am Chloroplasten-Genom bei Gefäßpflanzen. (Nach Palmer 1987, ergänzt durch Palmer et al. 1988, vereinfacht.)

sieht es so aus, als wenn die Evolutionsrate eines jeden Gens zumindest des Chloroplasten-Genoms zeitlich einigermaßen konstant ist. Ferner ist zu beachten, daß kodierende Abschnitte sich konservativer verhalten als nichtkodierende, beim Chloroplasten-Genom das «inverted repeat» konservativer ist als die beiden einfachen repeats. Für ein jedes Codon schließlich dürfte es die Regel sein, daß aufgrund selektiver Einflüsse auf die gebildeten Proteine die Evolutionsrate des dritten («silent») Codons in der Regel viel höher ist als für die beiden anderen. Alle diese Gesichtspunkte führen dazu, daß für eine jede systematische Fragestellung die «passende» molekulare Struktur gewählt werden kann und sollte.

Das für das Genom Gesagte gilt in ähnlicher Weise auch für die primären Genprodukte RNA und Proteine. Für jedes Makromolekül gibt es einen optimalen taxonomischen Anwendungsbereich, der nach «unten» hin bestimmt wird durch eine hinreichende molekulare Variabilität (um überhaupt relevante Unterschiede zwischen den zu untersuchenden Taxa herauszuarbeiten), nach «oben» hin durch eine nicht übermäßig große Variabilität (damit der Anteil an wahrscheinlich einmaligen mutativen Veränderungen zwischen zwei Taxa groß genug bleibt). Abb. 5 gibt eine Übersicht über die Anwendbarkeit der wichtigsten Makromoleküle bzw. molekularen Methoden für systematische Fragestellungen verschiedener taxonomischer Ebenen. Während DNA- und RNA-Sequenzierungen je nach gewählter Nukleinsäureart für alle Kategorien geeignet sind, sind Restriktionsenzymanalysen, Proteinsequenzierungen und immunologische Vergleiche nur im Familien- und Gattungsbereich optimal anwendbar. Der Schwerpunkt der Isozymanalysen schließlich liegt auf dem niedrigsten systematischen Niveau. Im einzelnen:

A. Analyse von Nukleinsäuren

Genome oder Genomabschnitte von Chloroplasten, Mitochondrien und Kernen bieten sich ebenso wie die verschiedenen RNAs für vergleichend-phylogenetische Untersuchungen an, wobei unterschiedliche Schwerpunkte ihrer Anwendbarkeit zu beachten sind. Zwei Methoden stehen dabei im Vordergrund, die Nukleotid-Sequenzierung und die Restriktionsenzymanalyse. Bei der Restriktionsenzymanalyse werden die Nukleotidabschnitte mit Hilfe von Restriktionsenzymen geschnitten, homologe Bruchstücke sodann in der Elektrophorese auf Agarose-Gelen auf Größenunterschiede (daher «restriction

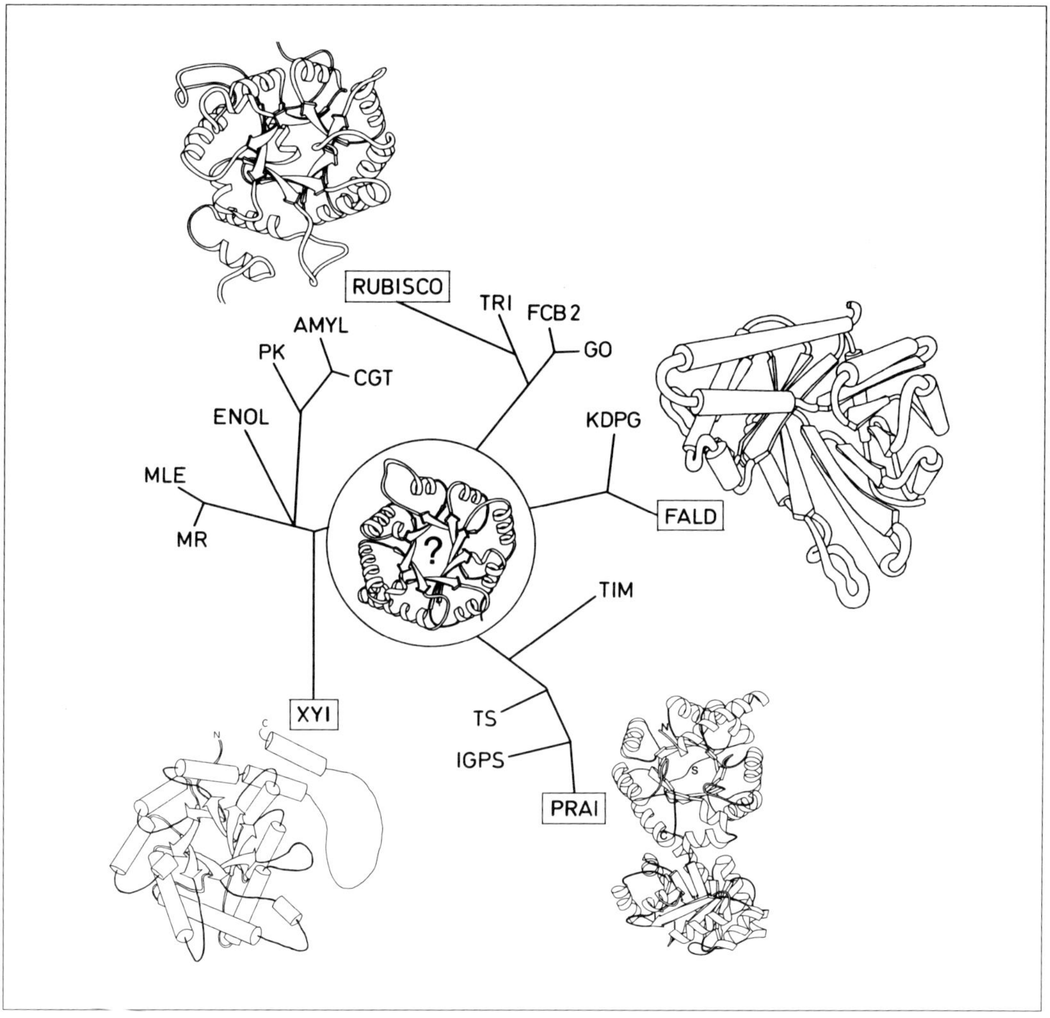

Abb. 4: Entwurf für eine mögliche Entstehung der 4 verschiedenen Enzymfamilien der insgesamt 17 αβ barrel-Proteine aus einem gemeinsamen Vorfahren (TIM?) auf der Grundlage von Kristallstruktur-Merkmalen. (Nach Farber & Petsko 1990 aus TIBS.) AMYL α-Amylase, CGT Cyclodextrin-Glykosyltransferase, ENOL Enolase, FALD Fruktose-biphosphat-Aldolase, FCB2 Flavocytochrom b2, GO Glykolat-Oxidase, IGPS Indol-3-Glyzerolphosphat-Synthase, KDPG 2-keto-3-desoxy-6-phosphoglukonat-Aldolase, MLE Mukonat-Cycloisomerase, MR Mandelat- Racemase, PK Pyruvat-Kinase, PRAI N-(5'-phosphoribosyl)anthranilat-Isomerase, TRI Trimethylamin-Dehydrogenase, RUBISCO Ribulose-1,5-biphosphat-carboxylase/-oxygenase, TIM Triosephosphat-Isomerase, TS Tryptophan-Synthase (α-Untereinheit), XYI Xylose-Isomerase; N N-terminales Ende.

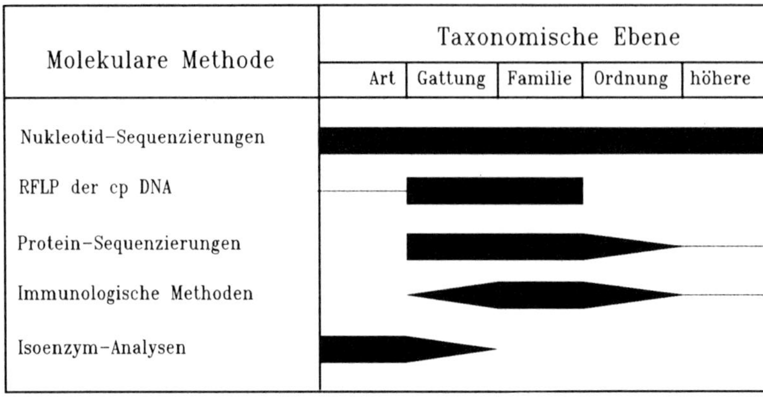

Abb. 5: Die Anwendbarkeit der wichtigen molekularen Methoden für systematische Fragestellungen auf verschiedenen taxonomischen Ebenen.

fragment length polymorphism» = «RFLP») untersucht, um Basensubstitutionen an einer Restriktionsstelle, Deletionen und Insertionen nachzuweisen. Genauere Zuordnungen erhält man durch Übertragung der elektrophoretisch getrennten Banden auf Nylonfolien mit nachfolgendem Nachweis durch Hybridisierung mit spezifischen radioaktiv oder enzymatisch markierten, klonierten cpDNA-Fragmenten («probes»).

1. Chloroplasten-DNA (= cpDNA)

Die vergleichend-systematische Analyse von Strukturen der Chloroplasten-DNA geht auf Publikationen aus dem Jahre 1976 zurück und wurde durch Palmer und seine Arbeitsgruppe zu Anfang der 80er Jahre experimentell so weit ausgebaut, daß sie in der zweiten Hälfte der 80er Jahre einen unvergleichlich starken Aufschwung nehmen konnte und diejenige molekulare Methode wurde, die die weitaus stärkste Anwendung für phylogenetische Fragestellungen in der Botanik gefunden hat. Sie hat den Vorteil, mit einem kleinen Genom relativ einheitlicher Größe (120 bis 217 kb) zu arbeiten, das aus jungem Material jeder grünen Pflanze leicht gewonnen werden kann. Dieses Genom exprimiert insbesondere Gene, die direkt oder indirekt etwas mit der Photosynthese zu tun haben. Auf dem spiegelbildlich sequenzgleichen «inverted repeat», das eine kleine und eine große «single copy»-Region voneinander trennt, liegen die viel untersuchten Gene für 16S und 23S ribosomale RNAs. Das Gen für die große Untereinheit des Rubisco liegt auf dem großen single-copy Segment (Abb. 6). Der besondere Vorteil der Chloroplasten-DNA scheint darin zu liegen, daß die verschiedenen Chloroplasten-Gene und insbesondere nichtkodierende Sequenzen zwar unterschiedliche, aber zu ähnlichen Topologien führende Evolutionsraten haben. Diese Evolutionsraten, wiederum auf nichtkodierende Sequenzen bezogen, liegen im Mittel etwa 2- bis 3fach niedriger als bei nuklearen Genen.

Mit Hilfe von Restriktionsenzym-Analysen (RFLP), die Basensubstitutionen, Deletionen und Insertionen aufdecken, wurden bereits in einer Fülle von Ar-

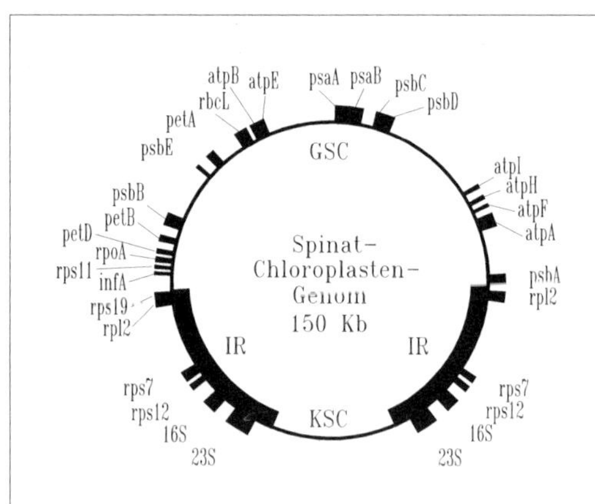

Abb. 6: Schematische Darstellung eines Chloroplasten-Genoms (Spinat) mit dem «inverted repeat» (IR) sowie der großen (GSC) und kleinen «single copy» – Region (KSC). Gene: rbcL große Untereinheit der Rubisco; atp A bis I Untereinheiten des Chloroplasten «coupling factor»; psa A, B P700 Chlorophyll a – Apoproteine des Photosystems I; psb A bis E Komponenten des Photosystems II; pet A bis D Cytochrom f/b6; inf A Initialfaktor IF-1; rpo A α-Untereinheit der RNA-Polymerase; rpl 2, rps 7 bis 19 mit *E. coli* homologisierbare ribosomale Proteine; 16S, 23S ribosomale RNA's. (Nach Palmer.)

beiten neue Aspekte zur phylogenetischen Verwandtschaft von Pflanzen gewonnen. Demgegenüber sind Nukleotid-Sequenzierungen der cpDNA aufwendiger und deshalb für vergleichende Zwecke bei dem heutigen Stand der experimentellen Technik weniger attraktiv. Immerhin haben sie gegenüber der nDNA den Vorteil, daß man es faktisch nur mit einer Kopie eines Gens pro Genom zu tun hat. Das auf den Chloroplasten befindliche Gen der großen Rubisco-Untereinheit (Abb. 7) sowie Chloroplasten-kodierte ribosomale DNAs sind bevorzugt untersucht worden. Gegenüber den RFLP-Analysen sind Sequenzierungen dieser Gene vornehmlich für Vergleiche von Familien und Taxa höherer Niveaus geeignet. Bei den 16S rRNA-Genen wird sogar die Variabilität so gering (ca. 4% Divergenz zwischen Monocotylen und Dikotylen), daß zumindest innerhalb der Angiospermen keine ausreichende Differenzierbarkeit zu vermuten ist.

Systematisch interpretierbare Ergebnisse liegen bereits von einer Fülle von Pflanzentaxa, insbesondere aus den Angiospermen vor. In diesem Buch finden sie ihren Niederschlag u.a. in den Abb. 106B und 161. Von besonderem systematischen Interesse sind diejenigen molekularen Veränderungen, die als seltene evolutive Ereignisse zur Charakterisierung mutmaßlich monophyletischer Entwicklungen Anwendung finden können. Eine 22 Kb-Inversion beispielsweise hat nicht nur die monophyletische Entstehung der Asteraceen bestätigt, sondern die Untertribus der Barnadesiinae (als einzige Asteraceen-Gruppe ohne diese Inversion) als besonders ursprünglich erkannt und damit die Kenntnis der phylogenetischen Entwicklung dieser Familie erheblich erweitert. Auch die Fabaceen sind durch eine Inversion gekennzeichnet, die für alle bisher untersuchten Arten der Familie Gültigkeit hat. Darüberhinaus sind einige Triben der Fabaceen durch die Deletion eines «inverted repeat» gekennzeichnet, wodurch die Chloroplasten-Genome dieser Fabaceen neben denen von *Pseudotsuga* und *Pinus* (bei denen ebenfalls die inverted repeat fehlt) zu den kleinsten bisher bekannten Angiospermen-Genomen gehören (120-140 Kb); vgl. Abb. 3.

2. Mitochondrien-DNA (mtDNA)

Vergleichende Analysen von Mitochondrien-DNAs spielen bei *Tier*arten eine große Rolle. Bei Pflanzen weit weniger variabel und nach ersten Abschätzungen oft noch konservativer als cpDNA bieten sie gegenüber der Chloroplasten-DNA kaum Vorteile, zumal das Genom größer (200 bis 2400 Kb, gegenüber 120 bis 217 bei der cpDNA und 16 bis 23 Kb bei der mtDNA von Tieren) und damit experimentell schwerer handhabbar ist. Innerhalb der Gattung *Brassica* konnte kein einziger Basenaustausch nachgewiesen werden, und die molekulare Variabilität beschränkt sich auf ganz wenige Deletionen und Inversionen. Auf höherem Niveau ist das anders. Zwischen den kodierenden Regionen von *Primula* und *Zea mays* ist ein Basenaustausch von immerhin 11% festgestellt worden.

Aus systematischer Sicht ist interessant, daß Sequenzen der cpDNA (und wohl auch der Kern-DNA sowie der DNA von anderen Zellen) in das mt-Genom transferiert worden sein können. Obwohl dieses fremde Genmaterial physiologisch offenbar inaktiv ist, kann es in Sequenzvergleiche mit eingehen und zu scheinbaren Sequenzübereinstimmungen zwischen der cp- und mtDNA führen.

Als anwendbare Methoden zur mtDNA-Analyse bieten sich sowohl RFLP-Analysen wie auch Sequenzierungen an, wie sie im Prinzip für die Chloroplasten-DNA beschrieben wurden.

3. Nukleäre DNA (nDNA)

In der Verwandtschaftsforschung sind den Arbeiten mit Kern-DNA Grenzen gesetzt. Insbesondere bei höheren Pflanzen ist die Fülle des Kern-Genommaterials unübersehbar groß, wobei sich eine große Zahl von paralogen* Genen und repetitiven Sequenzen entwickelt hat. Aus diesem Grunde werden einzelne Gesichtspunkte für Untersuchungen herausgegriffen bzw. bestimmte Teile des Genoms miteinander verglichen. So sind beispielsweise der Gehalt an nukleärer DNA, die Länge der repetitiven Sequenzen sowie Gehalt und Position des Heterochromatins vergleichend untersucht worden. Bei den repetitiven Sequenzen können selbst innerhalb von Populationen bereits erhebliche Unterschiede auftreten; die Ursache dieser Variabilität ist unbekannt; ökologische Abhängigkeiten werden vermutet.

Wegen ihrer geringen Evolutionsgeschwindigkeit haben die Gene, die die an zentraler Stelle des Zellmetabolismus stehenden ribosomalen RNA's (18S; 5,8S; 25/26S) codieren (d.h. die «rDNA»),

* Entstehung durch Genduplikation.

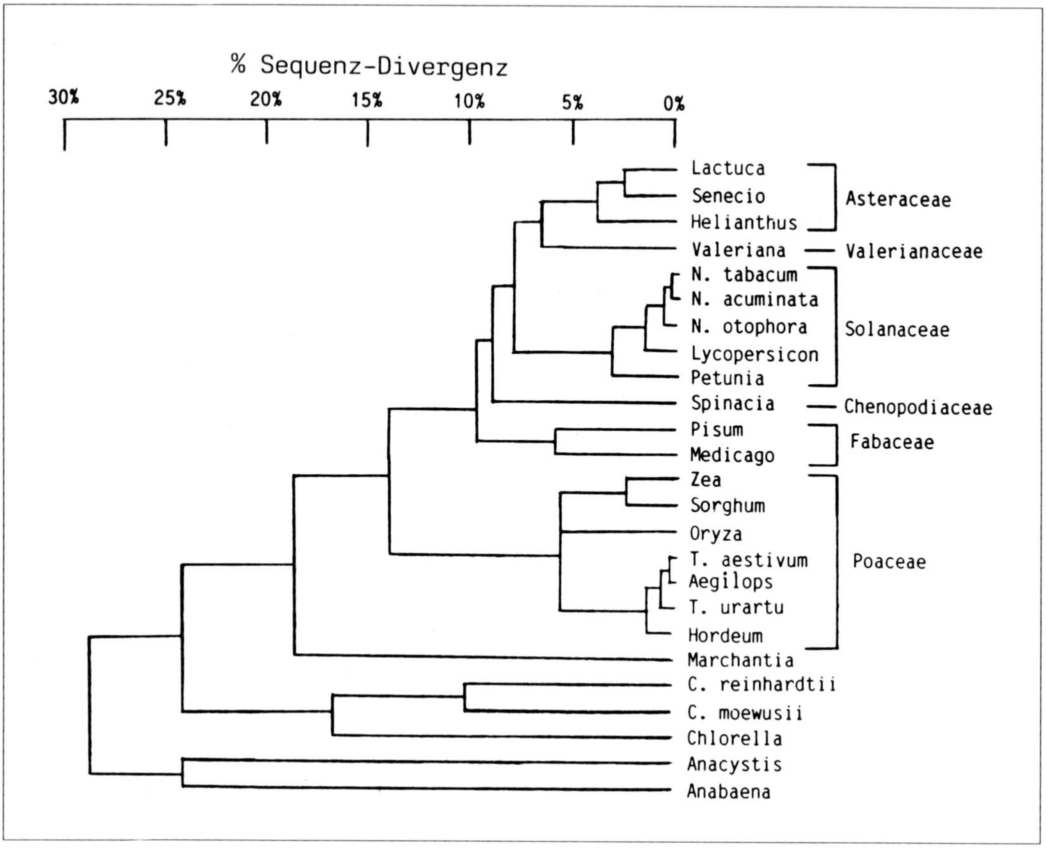

Abb. 7: Dendrogramm auf der Grundlage von Sequenzen der Rubisco-Gene (große Untereinheit) bei Pflanzen. (Nach Palmer et al. 1988.)

besonderes Interesse gefunden und sind mittels Nukleotid-Sequenzierung zur Aufklärung von Verwandtschaftsstrukturen bei verschiedenen Pflanzenarten herangezogen worden. Hierbei war zu beachten, daß die rDNA-Chromosomenabschnitte insbesondere bei höheren Pflanzen zu mehreren Hundert bis zu 10.000 *(Cucurbita)* und mehr in tandemartig wiederholten Sequenzen angeordnet sind. In Arten mit besonders vielen repeats kann die rDNA bis 10% der gesamten Kern-DNA betragen. Die gesamte rDNA-Genregion, also mitsamt den zwischengeschalteten, stark heterogenen, schneller evolvierenden spacer-Regionen, wird gern durch Restriktionsenzymanalysen erfaßt. Beides zusammen kann dann, wie z.B. für *Chlamydomonas* u.a. Algen geschehen, genutzt werden, um ein breites Spektrum an taxonomischen Niveaus durch molekulare Ähnlichkeiten abzudecken.

4. 5S rRNA

Unter den Ribonukleinsäuren wurde der 5S rRNA besonderes Augenmerk zuteil. Sie ist bis heute von mehr als 60 Pflanzentaxa sequenziert (Abb. 8) und ganz besonders auch zur Kenntnis der phylogenetischen Verhältnisse bei Prokaryoten herangezogen worden. Wenn auch die bisher publizierten «Stammbäume» nicht vollen Konsens zeigen, schälen sich bei den grünen Pflanzen einige offenbar monophyletische Gruppen heraus (z.B. Rotalgen, Gymnospermen, vgl. Abb. 8); *Nitella* und andere Charophyceae (Abb. 9 und 33) erscheinen als Schwestergruppe der

Abb. 8: «Stammbaum» der eukaryotischen Pflanzen auf der Grundlage aller bisher bekannten 5S rRNA-Sequenzen, aber ohne einige zusätzliche Algensequenzen aus Abb. 33. *Spirogyra* spec. wahrscheinlich eine Fehlbestimmung (vgl. auch Abb. 33). Folgende Arten haben identische Sequenzen: *Medicago sativa* mit *Vicia faba*, *Brassica napus* und *Beta vulgaris* mit *Spinacia oleracea*, *Nicotiana tabacum* mit *Lycopersicon esculentum*. (Nach v. de Peer et al. 1990.) →

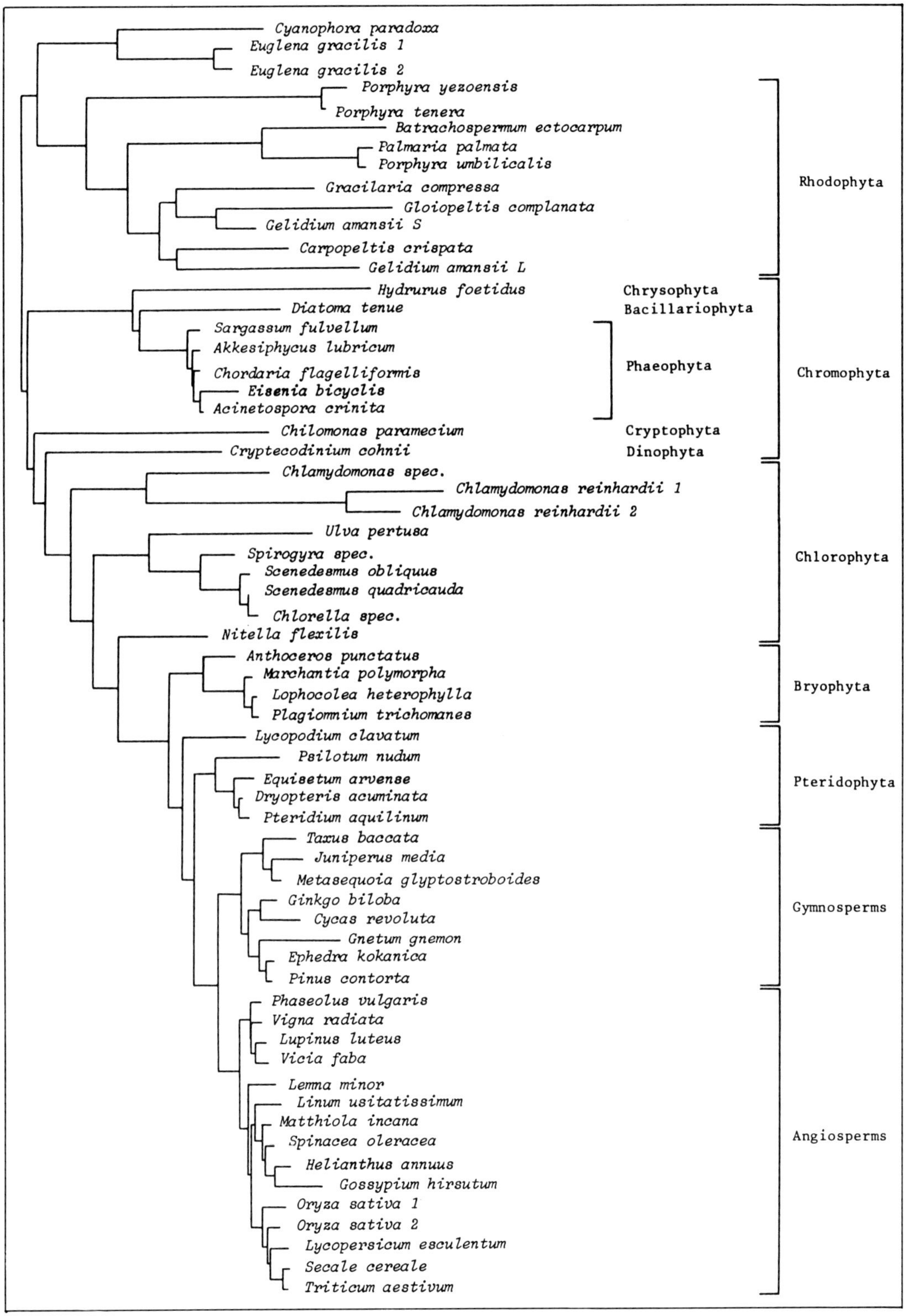
Cyanophora paradoxa
Euglena gracilis 1
Euglena gracilis 2
Porphyra yezoensis
Porphyra tenera
Batrachospermum ectocarpum
Palmaria palmata
Porphyra umbilicalis
Gracilaria compressa
Gloiopeltis complanata
Gelidium amansii S
Carpopeltis crispata
Gelidium amansii L
Hydrurus foetidus
Diatoma tenue
Sargassum fulvellum
Akkesiphycus lubricum
Chordaria flagelliformis
Eisenia bicyclis
Acinetospora crinita
Chilomonas paramecium
Cryptecodinium cohnii
Chlamydomonas spec.
Chlamydomonas reinhardii 1
Chlamydomonas reinhardii 2
Ulva pertusa
Spirogyra spec.
Scenedesmus obliquus
Scenedesmus quadricauda
Chlorella spec.
Nitella flexilis
Anthoceros punctatus
Marchantia polymorpha
Lophocolea heterophylla
Plagiomnium trichomanes
Lycopodium clavatum
Psilotum nudum
Equisetum arvense
Dryopteris acuminata
Pteridium aquilinum
Taxus baccata
Juniperus media
Metasequoia glyptostroboides
Ginkgo biloba
Cycas revoluta
Gnetum gnemon
Ephedra kokanica
Pinus contorta
Phaseolus vulgaris
Vigna radiata
Lupinus luteus
Vicia faba
Lemna minor
Linum usitatissimum
Matthiola incana
Spinacea oleracea
Helianthus annuus
Gossypium hirsutum
Oryza sativa 1
Oryza sativa 2
Lycopersicum esculentum
Secale cereale
Triticum aestivum
Rhodophyta
Chrysophyta
Bacillariophyta
Phaeophyta
Cryptophyta
Dinophyta
Chromophyta
Chlorophyta
Bryophyta
Pteridophyta
Gymnosperms
Angiosperms

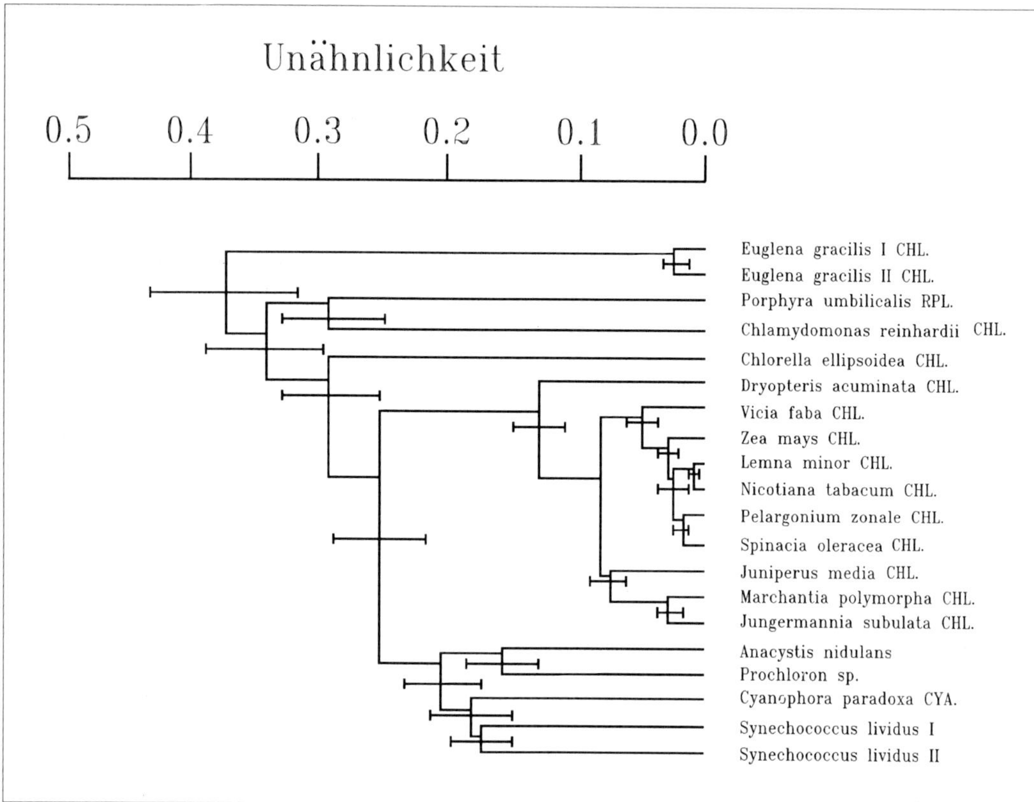

Abb. 9: Dendrogramm auf der Grundlage von Sequenzähnlichkeiten von Chloroplasten 5S RNA's bei Cyanobakterien und Chloroplasten. CHL Chloroplasten; CYA Cyanellen; RPL Rhodoplasten. Auffallend ist die Einheitlichkeit der 5S RNA bei den Landpflanzen. (Nach v. den Eynde et al. 1988.)

Landpflanzen. Niedrigere taxonomische Einheiten, insbesondere bei den Angiospermen, sind mit der 5S rRNA allerdings nicht mehr sinnvoll analysierbar. Bei den Prokaryoten ergibt sich eine klare Trennung zwischen den gram-negativen und gram-positiven Eukaryoten; beide sind Schwestergruppen der Cyanobakterien; die signifikante Ähnlichkeit zwischen Cyanobakterien- und Chloroplasten-rRNA stützt die Symbiotentheorie (vgl S. 54). Sequenzierungen der 16S rRNA erbrachten ähnliche Befunde. Betrachtet man sämtliche Sequenzen von Cyanobakterien und Chloroplasten (Abb. 9), dann wird die Einheitlichkeit und monophyletische Abstammung der Landpflanzen-Chloroplasten von einem Cyanobakterium-artigen Vorfahren deutlich. Allerdings sind die Chloroplasten-5S rRNAs von *Euglena*, *Porphyra*, *Chlamydomonas* und *Chlorella* derart verschieden, daß daraufhin mehrere endosymbiotische Ereignisse vermutet worden sind. Auch in dieser Hinsicht scheint das Chlorophyll b führende *Prochloron* keine besonders enge phylogenetische Bindung an die Grünalgen zu haben.

5. 18S und 26S rRNA

Auch einige der größeren 18S und 26S rRNAs sind schon sequenziert worden; Abb. 160B gibt ein Beispiel aus dem Bereich der Poaceae.

B. Analyse von Proteinen

Auch Proteine werden in großem Umfang für taxonomische und phylogenetische Fragestellungen eingesetzt. Hierbei ist der Systematiker an den verschiedensten Merkmalen des Proteinmoleküls interessiert, wie beispielsweise Größe, Gestalt, Primärstruktur, Ladung, Lage des isoelektrischen Punktes, Art und Zahl der serologischen Determinanten. Schwerpunktmäßig stehen folgende Methoden im Vordergrund:

1 Elektrophoretische Unterscheidung von Isozymmustern
2 Sequenzanalyse
3 Immunologische Methoden.

1. Elektrophoretische Unterscheidung von Isozymmustern

In der **Populationsanalyse** sind elektrophoretisch gewonnene Enzymmuster von GOT, ADH, PGM und vieler anderer Enzyme unentbehrliche genetische Marker geworden. Diese Anwendbarkeit beruht auf der Tatsache, daß die Enzyme eines Genlocus in unterschiedlichen allelen Formen vorkommen können («Allozyme»), was in der Elektrophorese an abweichender Laufstrecke erkennbar ist («Polymorphie»). Die homo- oder heterozygote Ausprägung solcher Allele läßt sich im Elektropherogramm leicht nachweisen (Abb. 10).

Aus diesen Gründen eignen sich derartige Markerenzyme gut für eine Abschätzung der genetischen Struktur und Variabilität in einer Population wie auch zur Analyse der genetischen Unterschiede zwischen Populationen. Diese stellvertretende Aufgabe der Allozyme wird dadurch erleichtert, daß bei ihnen Polymorphismus wesentlich häufiger als bei sichtbaren Merkmalen anzutreffen ist. Insofern sind «Isozymanalysen» unverzichtbar geworden zur Untersuchung der genetischen Struktur infraspezifischer Sippen und ihrer evolutiven Zusammenhänge. Evolutive Prozesse wie geographische Isolierung, genetische Drift, Genfluß, Speziation (Artbildung) u. a. können auf diese Weise aufgespürt werden. In vielen Fällen sind auch Verwandtschaftsstrukturen einer Gattung durch die Ähnlichkeit im Isozymmuster der einzelnen Arten erschließbar. Durch den Nachweis seltener mutativer Ereignisse (Genduplikationen) lassen sich monophyletische Entwicklungslinien auffinden.

Ein Hauptanliegen von Isozymanalysen in den letzten Jahren war, neue Kenntnisse zu gewinnen zur Frage der evolutiven Herkunft von Nutz- oder Unnutzpflanzen, einschließlich der Suche nach den diploiden Eltern allopolyploider Arten: Linse (*Lens*), Paprika (*Capsicum*), Tomate (*Lycopersicon*), Mais (*Zea*), Wildreis (*Zizania*); – *Lotus corniculatus*.

2. Sequenzanalyse

Die Blütezeit der intensiven Sequenzierung von pflanzlichen Proteinen waren die 70er Jahre. Diesen Arbeiten verdanken wir «Stammbäume» des Cytochrom c (Abb. 11), des Ferrodoxins, Plastocyanins (Abb. 12) und Rubisco. Insbesondere zum Rubisco sind viele weitere Sequenzen hinzugekommen, so daß dieses Polypeptid das bestuntersuchte unter den pflanzlichen Proteinen ist. Weiterhin sind aus einer ganzen Reihe von Arten die relativ kurzkettigen Lektine sequenziert worden. Dabei hat sich herausgestellt, daß diese Proteine nicht nur in Fabaceen und Euphorbiaceen vorkommen, wo sie auffällig akkumuliert sein können, sondern auch in vielen anderen Pflanzen nachzuweisen sind. Viele dieser Moleküle sind sequenzhomolog. Während die Lektine meist vollständig sequenziert wurden, beschränkte man sich bei den längerkettigen Proteinen (z.B. Rubisco) auf die ca. 40 N-terminalen Aminosäuren. Man kann allerdings mit einiger Näherung davon ausgehen, daß diese Abschnitte groß genug sind, um gegenüber den Gesamtproteinen nicht nennenswert abweichende Topologien zu liefern. Dennoch, das Vorkommen

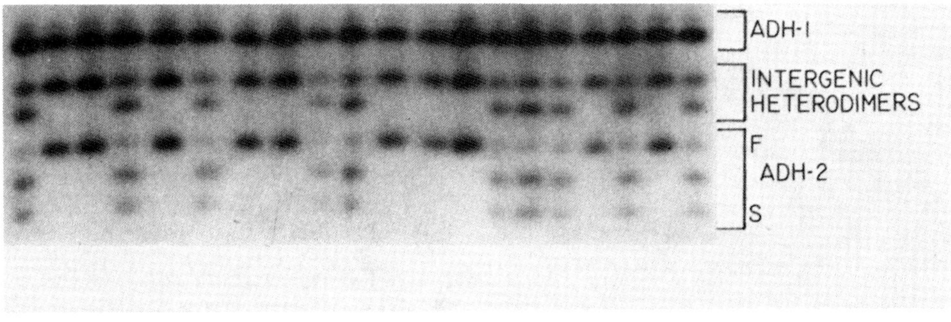

Abb. 10: ADH Isozymmuster von 20 *Apium graveolens*-Genotypen. 2 Genloci: ADH-1 und ADH-2. ADH-2 besitzt 2 Allele, die sich als schnellaufende (F = fast) bzw. langsamlaufende Bande (S = slow) repräsentieren. Bei Heterozygoten kombinieren sich die beiden Polypeptide des dimeren Enzyms zu 3 Banden (ff, fs und ss). Zusätzlich treten Heterodimere aus ADH-1 und ADH-2 auf. (Nach Orton.)

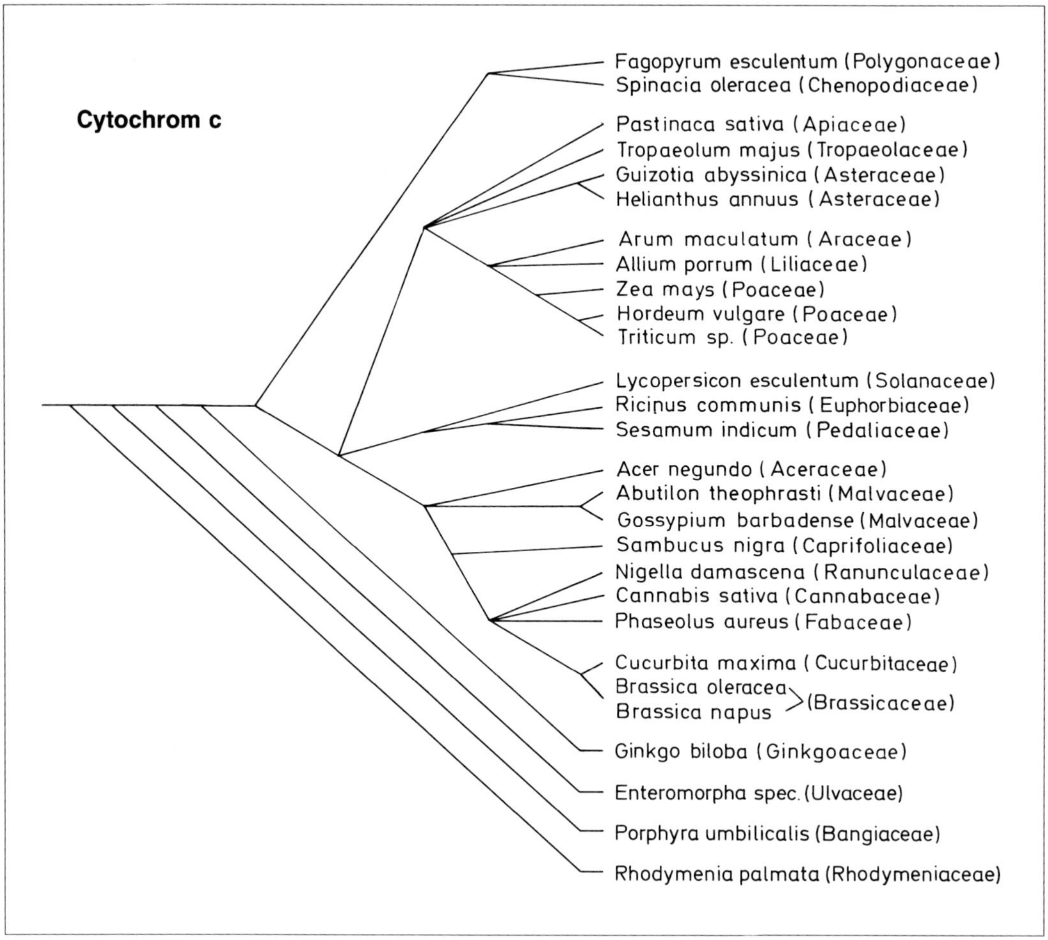

Abb. 11: Dendrogramm, das die Ähnlichkeit in der Aminosäuresequenz des Cytochrom c von 28 Arten verdeutlicht. (Nach Boulter.)

von invariablen wie auch hochvariablen, evtl. repetitiven Sequenzabschnitten an bestimmten Stellen der Proteine mahnt zur Vorsicht.

Sicher stehen die genannten, für Sequenzierungen verwendeten Proteine wegen ihrer Enzymnatur unter einem erheblichen Selektionsdruck, weil im Laufe einer langen phylogenetischen Entwicklung eine optimale molekulare Anpassung an die Erfordernisse der enzymatischen Reaktion erfolgt ist. Die Zahl der variablen Positionen ist begrenzt, und selbst an diesen sind die Möglichkeiten des Austausches für Aminosäuren begrenzt; mit Parallel- und Rückmutationen ist zu rechnen.

Trotz dieser Vorbehalte decken sich die «Stammbäume», von einigen Ausnahmen abgesehen (z.B. Stellung von *Nigella* und der Monokotylen in Abb. 11) im wesentlichen mit den anderweitig begründbaren Vorstellungen von Verwandtschaftszusammenhängen: (a) der Einheitlichkeit der Familien bzw. Ordnungen (Abb. 11, insbesondere Abb. 12), wobei sich kleine Abweichungen (*Crataegus* und *Prunus* unter den Rosaceen, *Vigna* und *Phaseolus* unter den Fabaceen) auf entferntere Verwandtschaftsbeziehungen innerhalb der jeweiligen Familie zurückführen lassen; (b) der Einheitlichkeit der monokotylen Pflanzen (Abb. 11); (c) der separaten Stellung der Entwicklungslinie Cornidae – Lamiidae mit den Dipsacales, Solanales und Scrophulariales (Abb. 12); (d) die (ursprüngliche?) Sonderstellung der Caryophyllidae (Abb. 11). Neben solchen großsystematischen Kriterien können Proteinsequenzierungen aber

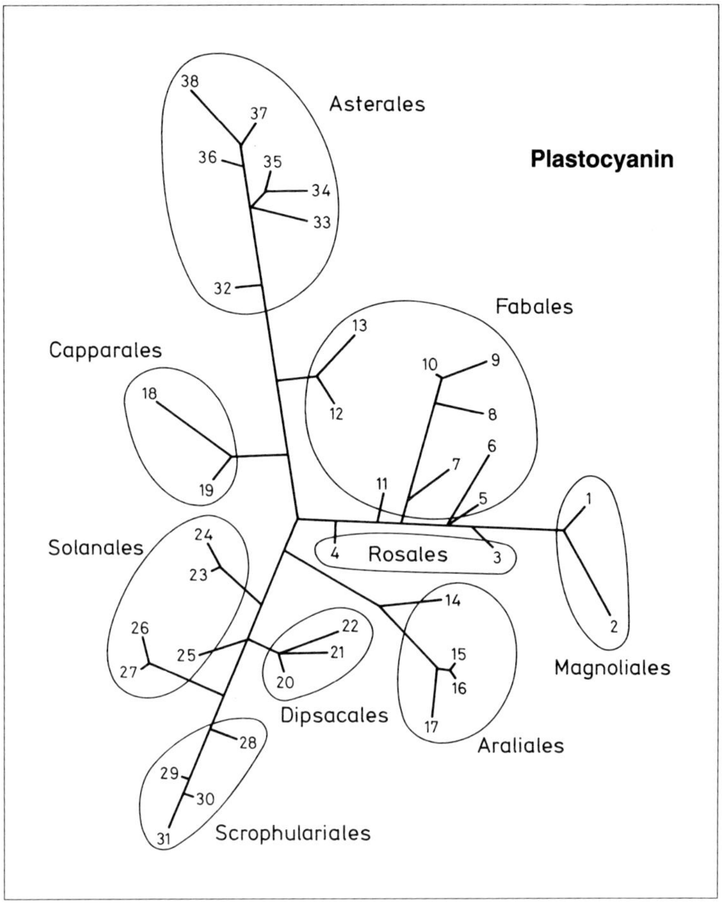

Abb. 12: Darstellung der Ähnlichkeiten in der Aminosäurensequenz bei Plastocyanin von dikotylen Angiospermen. (Nach Boulter et al.) – **1,2** Magnoliaceae: 1 *Magnolia soulangiana*, 2 *Liriodendron tulipifera*; **3,4** Rosaceae: 3 *Prunus serrulata splendens*, 4 *Crataegus monogyna*; **5-13** Fabaceae: 5 *Robinia pseudacacia*, 6 *Daviesia latifolia*, 7 *Cytisus battandieri*, 8 *Pisum sativum*, 9 *Trifolium medium*, 10 *Vicia faba*, 11 *Lupinus spec.*, 12 *Vigna radiata*, 13 *Phaseolus vulgaris*; **14-17** Apiaceae: 14 *Anthriscus sylvestris*, 15 *Heracleum sphondylium* und *H. mantegazzianum*, 16 *Pastinaca sativa*, 17 *Aegopodium podagraria*; **18-19** Brassicaceae: 18 *Brassica oleracea* (zwei Kohlsorten), 19 *Capsella bursa-pastoris*; **20-22** Caprifoliaceae: 20 *Viburnum tinus*, 21 *Sambucus nigra*, 22 *Lonicera periclymenum*; **23-27** Solanaceae: 23 *Nicotiana tabacum*, 24 *Solanum crispum*, 25 *Capsicum frutescens*, 26 *Solanum tuberosum*, 27 *Lycopersicon esculentum*; **28-31** Scrophulariaceae und Plantaginaceae: 28 *Verbascum thapsus*, 29 *Plantago major*, 30 *Digitalis purpurea*, 31 *Antirrhinum majus*; **32-38** Asteraceae: 32 *Cirsium vulgare*, 33 *Rudbeckia spec.*, 34 *Hieracium spec.*, 35 *Bellis perennis*, 36 *Senecio vulgaris*, 37 *Tussilago farfara*, 38 *Ursinia anethoides*.

auch für Verwandtschaftsanalysen innerhalb von Familien und Gattungen (z.B. *Solanum*, vgl. Abb. 135) erfolgreich Anwendung finden.

3. Immunologische Methoden

Ein Vergleich serologischer Merkmale gestattet, mit weitaus geringerem technischen Aufwand wenn auch nur von Teilen der Proteinkette Informationen zu erlangen. Serologische Merkmale nämlich sind solche räumlichen Strukturen oder Sequenzabschnitte von Proteinmolekülen, die in einem Wirbeltier die Bildung **spezifischer** Antikörper veranlassen. Diese Proteinabschnitte bestimmter Konfiguration werden als Determinanten (= Epitope) bezeichnet. Man schätzt heute, daß sie bei Sphäroproteinen einen Bereich von etwa 5 bis 10 Aminosäuren umfassen.

Für Arbeiten mit systematischer Zielsetzung wird die Verteilung von Determinanten bestimmter Proteine bei verschiedenen Taxa untersucht, wobei der Nachweis indirekt über ihre in entsprechenden Immunseren enthaltenen Immunkörper (= Anti-Determinanten, Paratope) erfolgt. Die spezifische Antigen-Antikörper-Reaktion wird meist als Präzipitation unter Einbeziehung herkömmlicher serologischer Methoden wie Immunodiffusion, Immunelektrophorese und Vorabsättigungsverfahren durchgeführt (Abb. 13); neuerdings werden auch ELISA-Tests und Blottingverfahren zunehmend verwendet (Abb. 49).

Prinzipiell ist die Zahl der für systematische Fragestellungen einsetzbaren Proteine groß. Seit langem jedoch haben sich bei Spermatophyten vergleichende Untersuchungen der Samenreserveproteine als besonders aussagekräftig erwiesen. Dies gilt sowohl für Untersuchungen von Proteingemischen, wie sie in Samenrohextrakten vorliegen, als auch für isolierte Reserveproteine. Im letzteren Fall handelt es sich

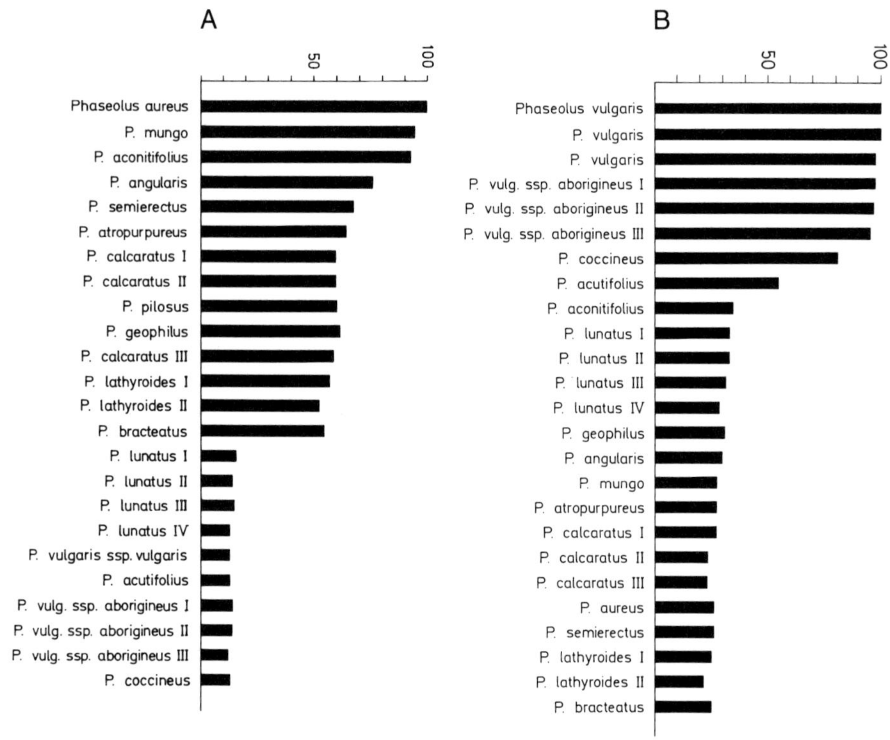

C

Antigen \ Antiserum Ph. cocc vorabgesättigt mit	Phaseolus coc.	Phaseolus vul.	Phaseolus cal.	Phaseolus sem.	Pis. sat.	Pin. pin.
Phaseolus coccineus	○	—	++	++	++	++
Phaseolus vulgaris	—	○	++	++	++	++
Phaseolus calcaratus	—	—	○	—	+	+
Phaseolus semierectus	—	—	—	○	+	+
Pisum sativum	—	—	—	—	○	+
Pinus pinea	—	—	—	—	—	○

D

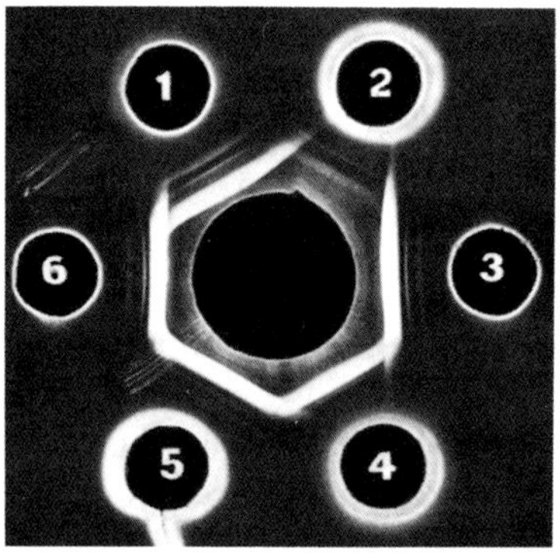

Abb. 13: Serologischer Vergleich von Bohnenarten der Alten und Neuen Welt. – A, B: Quantitativer Ringtest nach Kloz. Referenz-Präzipitationsreaktion gleich 100% gesetzt. – **A:** Präzipitation mit einem Antiserum gegen einen Extrakt von Samenproteinen aus *Phaseolus aureus*. – **B:** Präzipitation mit einem Antiserum gegen einen Extrakt von Samenproteinen aus *Phaseolus vulgaris* (Gartenbohne). Man erkennt die unterschiedliche Reaktivität der – großsamigen – amerikanischen Arten *(Phaseolus vulgaris* mit der Wildsippe ssp. *aborigineus, P. coccineus, P. acutifolius)* gegenüber den – meist sehr kleinsamigen – asiatischen und südamerikanischen Arten, die man neuerdings als Gattungen *Vigna* bzw. *Macroptilium* abtrennt; nur die Mondbohne *P. lunatus* ist von beiden Gruppen deutlich getrennt.

entweder um globulinartige Speicherproteine (11S-Legumine als Haupt-Samenreserveproteine oder 7S-Viciline), Albumine, Prolamine oder Gluteline. Für die hohe systematische Bedeutung gerade der Reserveproteine mag der mit einer gegenüber anderen Proteinen geringen Funktionsbezogenheit ihrer molekularen Strukturen zusammenhängende Selektionsdruck verantwortlich sein. Serologisch erstellte Ähnlichkeitsbeziehungen haben für viele Spermatophyten-Taxa wichtige Beiträge geliefert, u.a. für Coniferen (Abb. 49), Magnoliales (Abb. 63), Ranunculaceen (Abb. 68), Fagales, Fabaceen (Abb. 92), Asteraceen (Abb. 106C), Brassicaceen, Euphorbiaceen (Abb. 118), Solanaceen, Lilianae (Abb. 147) und Poaceae (Abb. 160A).

Literatur zu den einleitenden Kapiteln

Allgemeine Systematik und Phylogenie

Davis, P.H. & V.H. Heywood: Principles of angiosperm taxonomy. V.Nostrand Co., Princeton, N.J., New York, 1967.

Hennig, W.: Phylogenetische Systematik. Parey-Verlag, Berlin, Hamburg, 1982.

Kaplan, R.W.: Der Ursprung des Lebens. Thieme-Verlag, Stuttgart, 1978 (Taschenbuch).

Mägdefrau, K.: Paläobiologie der Pflanzen. G.Fischer-Verlag, Jena, Stuttgart, 1968.

Weberling, F. & H.O. Schwantes: Pflanzensystematik. 5. Auflage. Ulmer-Verlag, Stuttgart, 1987 (Taschenbuch).

Systeme und Systematik der Angiospermen

Cronquist, A.: An integrated system of classification of flowering plants. Columbia Univ. Press, New York, 1981.

Dahlgren, R.M.T.: A revised system of classification of the angiosperms. Bot. J. Linn. Soc. 80: 91-124, 1980.

Dahlgren, G.: An updated angiosperm classification. Bot. J. Linn. Soc. 100: 197-203, 1989.

Dahlgren, R. & F.N. Rasmussen: Monocotyledon evolution characters and phylogenetic estimation. Evol. Biol. 16: 255-395, 1983.

Ehrendorfer, F. & R. Dahlgren (eds.): New evidence of relationships and modern systems of classifications of the angiosperms. Proc. Int. Bot. Congr. Sydney. In: Nord. J. Bot. 3: 1-155, 1982.

Huber, H.: Angiospermen. Leitfaden durch die Ordnungen und Familien der Bedecktsamer. G. Fischer-Verlag, Stuttgart, 1991.

Rohweder, O. & P.K. Endress: Samenpflanzen. Thieme-Verlag, Stuttgart, New York, 1983.

Takhtajan, A.L.: Outline of the classification of flowering plants. Bot. Rev. 46: 226-359, 1980.

Chemotaxonomie

Bisby, F.A., J.G. Vaughan & C.A. Wright (eds.): Chemosystematics: principles and practice. Academic Press, London, New York, Toronto, Sydney, San Francisco, 1980.

Borroto, K. & L. Dure III: The globulin seed storage proteins of flowering plants are derived from two ancestral genes. Plant Mol. Biol. 8: 113-131, 1987.

Boulter, D. & B. Parthier (eds.): Nucleic acids and proteins in plants. I. Springer-Verlag, Berlin, Heidelberg, New York, 1982.

Crawford, D.J.: Plant molecular systematics, macromolecular approaches. John Wiley & Sons, New York, Chichester, Brisbane, Toronto, Singapore. 1990.

Cronquist, A.: The taxonomic significance of the structure of plant proteins: A classical taxonomists view. Brittonia 28: 1-27, 1976.

De Candolle, A.P.: Essai sur le propriétes medicales des Plantes, comparées avec leurs formes extérieurs et leur classification naturelle. I. Méquignon, Paris, 1804.

Fairbrothers, D.E.: Evidence from nucleic acid and protein chemistry, in particular serology, in angiosperm classification. In: Ehrendorfer, F. & R. Dahlgren (eds.): New evidence of relationships and modern systems of classifications of the angiosperms. Nord. J. Bot. 3: 35-41, 1983.

Abb. 13 C: Nachweis der serologischen Ähnlichkeiten durch Vorabsättigung (Absorption) eines *Phaseolus coccineus*-Antiserums durch Antigene von 6 Arten verschiedenen Verwandtschaftsgrades. Durch Vorabsättigung mittels *P. coccineus*- oder *P. vulgaris*-Samenproteinmaterials (beide reagierten im Experiment identisch) wurden alle übrigen Reaktionen verhindert. Auch *P. calcaratus* und *P. semierectus* erwiesen sich in diesem Experiment als identisch. Deutlich ist die Ähnlichkeitsabstufung *P. coccineus, P. vulgaris – P. calcaratus, P. semierectus – Pisum sativum – Pinus pinea* zu erkennen.
o = Kontrollreaktion (immer negativ); – = negative Reaktion; + = schwach positive Reaktion; ++ = stark positive Reaktion:
D: Vergleich serologischer Reaktivitäten im sog. Ouchterlony-Test. Die Antikörper im Mittelloch (Antiserum gegen Samenproteine aus *Phaseolus (= Vigna) caracalla)* und Antigene aus den umliegenden Löchern diffundierten aufeinander zu und bildeten Präzipitatlinien, zum Teil mit deutlichen Spornen. Man erkennt deutlich die Ähnlichkeitsabstufungen zwischen den *Vigna*- und *Macroptilium*-Arten gegenüber *Phaseolus anisotrichus* und – noch stärker – gegenüber *P. vulgaris*. 1 = *Phaseolus anisotrichus;* 2 = *Phaseolus vulgaris;* 3 = *Phaseolus caracalla* (= *Vigna caracalla);* 4 = *Phaseolus calcaratus (Vigna umbellata);* 5 = *Phaseolus bracteatus (Macroptilium bracteatum).* (A, B nach Kloz, C Original, D nach Klozova.)

Gottlieb, L.D. & S.K. Jain (eds.): Plant evolutionary biology. Chapman and Hall, London, New York, 1988.
Gottlieb, O.R.: Micromolecular evolution, systematics and ecology. Springer-Verlag, Berlin, Heidelberg, New York, 1982.
Greshoff, M.: Aperçu du premier rapport du laboratoire chimico-pharmacologique du Jardin Botanique de l'État de Buitenzorg. Ann. Jard. Bot. Buitenzorg 9: 247-260, 1891.
Harborne, J.B. & B.L. Turner: Plant chemosystematics. Academic Press, London, New York, San Francisco, 1984.
Hegnauer, R.: Chemotaxonomie der Pflanzen. Birkhäuser-Verlag, Basel, Stuttgart, 1962 ff.
Hillis, D.M. & C. Moritz (eds.): Molecular systematics. Sinauer Ass., Inc. Publ.; Sunderland, Mass., U.S.A., 1990.
Hori, H., B.-L. Lim & S. Osawa: Evolution of green plants as deduced from 5S rRNA sequences. Proc. Natl. Acad. Sci. USA 82: 820-823, 1985.
Jensen, U. & D.E. Fairbrothers (eds.): Proteins and nucleic acids in plant systematics. Springer-Verlag, Berlin, Heidelberg, New York, Tokyo, 1983.
Kubitzki, K. & O.R. Gottlieb: Micromolecular patterns and the evolution and major classification of angiosperms. Taxon 33: 375-391, 1984.
Martin, P.G., D. Boulter & D. Penny: Angiosperm phylogeny studied using sequences of five macromolecules. Taxon 34: 393-400, 1985.
Martin, W., A. Gierl & H. Saedler: Molecular evidence for pre-Cretaceous angiosperm origins. Nature 339: 46-48, 1989.
Palmer, J.D.: Chloroplast DNA evolution and biosystematic uses of chloroplast DNA variation. Amer. Naturalist 130: S6-S29, 1987.
Palmer, J.D., R.K. Jansen, H.J. Michaels, M.W. Chase & J.R. Manhart: Chloroplast DNA variation and plant phylogeny. Ann. Missouri Bot. Gard. 75: 1180-1206, 1988.
Soltis, P.E., D.E. Soltis & J.J. Doyle: Plant molecular systematics. Chapman & Hall, London, New York, Tokyo, 1991.
Teuscher, E.: Zur möglichen Funktion von Sekundärstoffen in biologischen Systemen. In: Czygan, F.-C. (ed.): Biogene Arzneistoffe. Vieweg-Verlag, Braunschweig, Wiesbaden, 1984.
Van de Peer, Y., R. de Baere, J. Cauwenberghs & R. de Wachter: Evolution of green plants and their relationship with other photosynthetic eukaryotes as deduced from 5S ribosomal RNA sequences. Pl. Syst. Evol. 175: 85-96, 1990.
Van den Eynde, H., R. de Baere, E. de Roeck, Y. van de Peer, A. Vandenberghe, P. Willekens & R. de Wachter: The 5S ribosomal RNA sequences of a red algal rhodoplast and a gymnosperm chloroplast. Implications for the evolution of plastids and cyanobacteria. J. Mol. Evol. 27: 126-132, 1988.
Zurawski, G. & M.T. Clegg: Evolution of higher-plant chloroplast DNA-encoded genes: Implications for structure- function and phylogenetic studies. Ann. Rev. Plant Physiol. 38: 391-418, 1987.

Das System der Pflanzen

Auf der ca. 4,6 Jahrmilliarden alten Erde hat die biologische Evolution möglicherweise schon vor ca. 4 Jahrmilliarden begonnen. Die in den Isua-Quarziten Westgrönlands gefundenen und als Mikrofossilien *(«Isuasphaera»)* gedeuteten Funde sind zumindest ca. 3,8 Jahrmilliarden alt. Zum anderen deuten, wenn die molekularen Uhren auch nur annähernd konstant gelaufen sind, rRNA-Sequenzvergleiche darauf hin, daß sich vor 3,5 Jahrmilliarden bereits die «Reiche» der Archaebakterien und Eubakterien getrennt haben könnten. Ihnen kann man die hypothetischen Proto-Eukaryota zur Seite stellen, aus denen sich die Eukaryoten frühestens vor 1,4 Jahrmilliarden als phylogenetische Chimären entwickelten. Hierbei wurden – wohl mehrfach und unabhängig voneinander – symbiotisch Chloroplasten und Mitochondrien in die proto-eukaryotische Grundzelle einbezogen, während sich bei zunehmender Kompartimentierung ein echter Zellkern konstituiert hatte. Prokaryoten und Eukaryoten repräsentieren damit zwei Organismentypen von grundsätzlich verschiedener Bauplan-Struktur. Die Eukaryoten entwickelten sich zu hoher Diversität und lassen sich heute in die drei «Reiche» der Animalia (Tiere), Fungi (Pilze) und der (grünen) Plantae (Pflanzen) gliedern. Letztere wollen wir in den Mittelpunkt der Darstellung dieses Buches rücken.

Prokaryota (≙ Bakterien s.l.)

Die Prokaryoten besitzen kleine, meist unter 10 µm große Zellen in Form von Kugeln («Kokken») oder Stäbchen («Bazillen»); sie sind gerade, gekrümmt oder schraubig gedreht («Spirillen»). Manche bleiben nach der Teilung miteinander verbunden und bilden Zellaggregate oder einfache bzw. verzweigte Fäden.

Der prokaryotischen Zelle (Abb. 14) fehlt die ausgeprägte Unterteilung in distinkte Reaktionsräume («Kompartimente»). Ein echter, durch die Kernmembran abgegrenzter Zellkern mit Nukleolus, Chromosomen und Kernspindel fehlt (daher: **Prokaryota; Akaryobiota).** DNA kommt aber in einer «Kernregion», die elektronenoptisch weniger dicht erscheint als das umgebende Cytoplasma, in fädigen, manchmal ringförmig geschlossenen Strukturen («Bakterienchromosom»; «Genophor») vor. Außer dem Genophor findet man in Bakterien noch kleinere, zur selbständigen Replikation befähigte DNA-Ringe, sog. **Plasmide,** die in der Gentechnologie zur Übertragung und Vermehrung externer Gene erhebliche Bedeutung erlangt haben.

Wegen des Fehlens von Hüllmembranen kann ferner nicht von echten Plastiden und Mitochondrien gesprochen werden. Bei autotrophen Formen sind die Assimilationspigmente zwar auch in Membrankörpern («Mesosomen») lokalisiert, die zudem in Form von Thylakoid-Stapeln angeordnet sein können, doch fehlt ihnen eine abgrenzende Doppelmembran.

Die **Ribosomen** sind 70S-Partikel und entsprechen damit den in Chloroplasten und Mitochondrien der Eukaryoten gefundenen, deren cytoplasmatische Ribosomen im Gegensatz dazu 80S-Partikel sind. Dieser Unterschied dürfte die weitgehend spezifische Wirkung derjenigen Antibiotika, die die Proteinsynthese der bakteriellen, nicht jedoch der eukaryotischen Zelle hemmen, erklären (Chloramphenicol, Streptomycin, Tetracycline); vgl. auch Abb. 14.

Die Grenze des Cytoplasmas gegen die Zellwand bildet eine **«Cytoplasmamembran»** genannte Elementarmembran aus (Phospho-)Lipoproteiden. Als membranstabilisierende Komponenten enthält sie, im Gegensatz zu den Eukaryota, bei denen Sterole

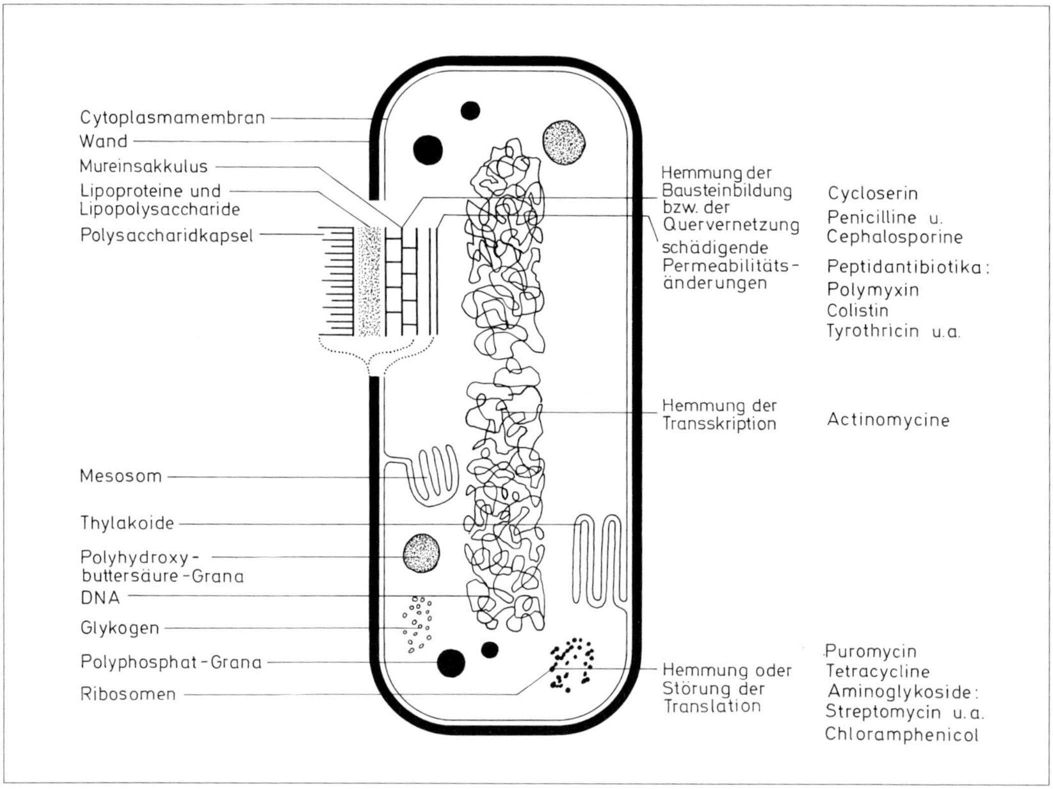

Abb. 14: Prokaryotische Zelle in schematischer Darstellung (links Wand mit Ausschnittvergrößerung) mit Hinweisen auf Angriffspunkte von wichtigen Antibiotika.

diese Funktion erfüllen, tetrazyklische Triterpene, sog. Hopanoide. Sie verfügt über Enzyme des aktiven Transports und spezifische Permeasen und kontrolliert somit den Ein- und Austritt von Stoffen, ist aber auch Sitz noch weiterer Enzymsysteme. Antibiotika wie Polymyxin oder Colistin haben hier ihren Angriffspunkt (Veränderung der Permeabilität).

Das **Stützskelett** der Wand prokaryotischer Zellen ist aus verschiedenen heteropolymeren Substanzen aufgebaut, die bei Eukaryoten bisher nicht gefunden worden sind.

Als **Reservestoffe** werden vielfach Lipide und Lipoide gespeichert: Neutralfette, Wachse (bei Mycobakterien) und Granula, die aus Polyphosphaten oder Polyhydroxybuttersäure bestehen.

Der (Primär-)**Stoffwechsel** der Bakterien weist eine viel größere Mannigfaltigkeit auf als der der höheren Pflanzen. Bei diesen niederen Organismen manifestiert sich eine bemerkenswerte genetische Mutabilität und Variabilität in einer Fülle abgewandelter Enzymsysteme und demgemäß unterschiedlicher physiologischer Prozesse bzw. ökologischer Adaptationen. Die Prokaryoten sind *chemotroph* oder *phototroph* hinsichtlich der Art der Energiegewinnung, *autotroph* oder *heterotroph* hinsichtlich der Art der Energienutzung, *aerob* oder *anaerob* (fakultativ oder obligat) hinsichtlich ihrer Abhängigkeit vom Sauerstoff; sie können Luftstickstoff binden oder unter extremen Bedingungen (Temperatur, pH, Ionenkonzentration) leben. Neben Symbioten findet man Parasiten (viele Krankheitserreger) oder Saprophyten.

Neben den Pilzen sind es insbesondere Eubakterien (u.a. *Streptomyces*-Arten), die die «Mikroflora» des Bodens bilden und für die Zersetzung abgestorbenen organischen Materials und die damit verbundenen vielfältigen Prozesse der Um- und Neubildung von Stoffen (z.B. bei der Humusbildung) verantwortlich sind. Man schätzt ihre Zahl je nach Bodenart auf 10–30 Milliarden Bakterien pro 1 g Boden. Manche nichtnatürlichen («umweltfeindlichen») Produkte (Plastikstoffe) werden dagegen in der Regel nicht zersetzt.

Die **Vermehrung** der Prokaryota erfolgt nur vegetativ und zwar überwiegend durch Zweiteilung («binäre Spaltung»). Allerdings kennt man bei Bakterien auch sog. parasexuelle Vorgänge, bei denen Genmaterial aus einem Bakterium in ein anderes übertragen wird («Transformation», «Konjugation»). Von Interesse ist in diesem Zusammenhang die Möglichkeit der Übertragung von Resistenzgenen der Plasmide, wie sie von resistenten *E. coli*-Bakterien des Darmes auf Ruhrerreger der Gattung *Shigella* aufgedeckt wurde, gegen die sich mehrere Antibiotika als unwirksam erwiesen hatten. Von besonderer Bedeutung dürften Versuche sein, durch *«genetic engineering»* zur Synthese von Proteinen eukaryotischer Organismen und damit zu einer mikrobiellen Gewinnung sonst nur schwer zugänglicher Substanzen zu kommen. So konnte z.B. die Bildung des menschlichen Wachstumshormons Somatotropin, ferner des Somatostatins, des Insulins oder auch von Interferon nach Einschleusung entsprechender Plasmid-gekoppelter Gene in *E. coli* erreicht werden. Während «bakterielles Humaninsulin» bereits in den Handel gebracht worden ist, dürfte eine ökonomisch vertretbare Produktion auch anderer Stoffe (Hormone, Endorphine, Impfstoffe) in absehbarer Zeit zu erwarten sein.

1. Abteilung: Archaebacteria

Die Abspaltung der Archaebakterien erfolgte noch vor der Differenzierung der Cyanobakterien, d.h. vor mehr als 3 Milliarden Jahren. Zu jener Zeit bestand noch eine weitgehend reduzierende Ur-Atmosphäre. Die methanproduzierenden **Methanobakterien** konnten sich in ökologischen Nischen (Faulschlamm, Pansen) bis heute erhalten. In Salinen und Salzseen leben die **halophilen** Archaebakterien *(Halococcus, Halobacterium)*, die mindestens 12% NaCl im Medium benötigen. Schließlich trifft man die **thermoacidophilen** Vertreter an andersartigen Grenzstandorten: *Sulfolobus acidocaldarius* gedeiht in den heißen (80-90 °C) Schwefelquellen vulkanisch aktiver Gebiete (z.B. Yellowstone-Nationalpark) bei pH-Werten zwischen 1 und 3.

Die Archaebakterien besitzen Zellwände aus protein- oder polysaccharidartigen Substanzen, niemals aber solche aus Murein. Infolgedessen gelingt weder durch Penicilline noch durch D-Cycloserin eine Wachstumshemmung (vgl. Abb. 14). Die Plasmamembranen der Archaebakterien führen im Gegensatz zu denen der Eubakterien und Eukaryoten als Hauptkomponente Glycerolipide, bei denen langkettige, aliphatische Di- oder Tetraterpen-Alkohole mit Glycerol verethert sind. Schließlich wurden spezifische t-RNA's und RNA-Polymerasen-Strukturen entdeckt.

2. Abteilung: Eubacteria

Die Eubakterien stellen die Masse der heute lebenden grünen wie nichtgrünen Bakterien dar. In ihren Zellwänden ist im Unterschied zu den Archaebakterien das charakteristische **Mureingerüst** entwickelt. Hierbei sind N-Acetylglukosamin (N-Ac-Glk) und N-Acetylmuraminsäure (N-Ac-Mur), ein Milchsäureether des N-Acetylglukosamins, in 1,4-glykosidischer Bindung zu linearen Ketten verknüpft. Die Quervernetzung solcher «Muropolysaccharidketten» erfolgt durch Aminosäuren, die untereinander und mit dem Laktylrest der Muraminsäure durch Peptidbindungen verbunden sind. In diesen auch als «Peptidoglykane» bezeichneten Makromolekülen finden sich außer ubiquitären L-Aminosäuren als typische Bausteine auch nichtproteinogene Aminosäuren wie D-Glutaminsäure, D-Alanin, m-Diaminopimelinsäure (DAP) oder Diaminobuttersäure. Die die Bakterienzelle umschließende, aus einem Riesenmolekül bestehende Mureinschicht wird auch als (Murein-)Sakkulus bezeichnet.

Die Mureinstrukturen können von unterschiedlicher Art und dann taxonomisch bedeutsam sein (z.B.

Unterscheidung der gram-negativen und gram-positiven Bakterien). Die Kenntnis vom Bau der Peptidoglykane ist aber nicht nur vom taxonomischen, sondern auch vom medizinisch-pharmazeutischen Standpunkt von Interesse, weil einige Antibiotika spezifische Inhibitoren der bakteriellen Zellwandsynthese sind. Erkenntnisse über den Bau des bakteriellen Zellwandstützskeletts, einer Struktur also, die bei Eukaryoten (also auch beim Menschen) unbekannt ist, haben daher auch das Verständnis für den Wirkungsmechanismus insbesondere der Penicilline und Cephalosporine (s. S. 41) und anderer Antibiotika gefördert. Während diese biogenen Substanzen den Aufbau des Mureingerüsts hemmen (vgl. dazu auch Abb. 14), sind auch Endopeptidasen bekannt, die durch Spaltung der Peptidquervernetzungen zu einem Abbau des Mureins führen können.

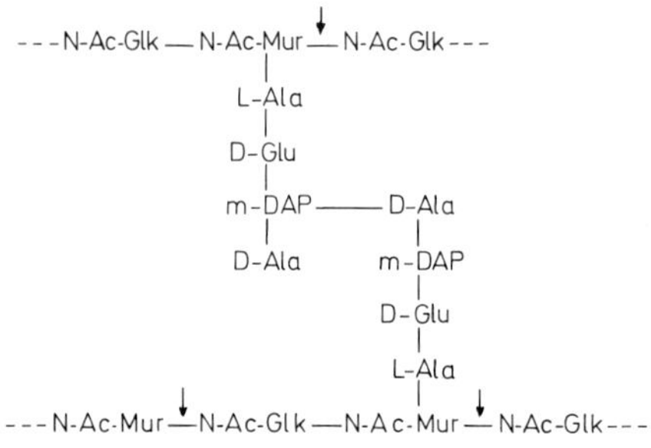

Murein von E. coli (Teilstruktur)

Eine Spaltung der 1,4-Bindungen der Saccharidketten (vgl. Pfeil in der Mureinformel) bewirkt das **Lysozym,** ein Enzym, das in verschiedenen Körperflüssigkeiten des Menschen vorkommt und wegen seiner bakteriziden Wirkungen auch therapeutisch genutzt wird.

Auf das Mureingrundgerüst der Bakterienzellwand sind verschiedenartige Schichten aus Lipoproteiden, Lipopolysacchariden und Phospholipiden aufgelagert, deren unterschiedliche Zusammensetzung und Dicke Ursache des verschiedenartigen Verhaltens bei der sogenannten Gram-Färbung ist. Bestandteile dieser Schichten, die beim Zerfall der Bakterien freigesetzt werden können, sind auch für die oftmals starken toxischen Wirkungen verantwortlich («Endotoxine»). Außerhalb der eigentlichen Zellwand finden sich bei vielen Bakterien, den sog. S-Formen (smooth = glatt), weitere Schichten hydrophilen Materials, die je nach Beschaffenheit als Kapseln oder Schleimhüllen bezeichnet werden. Die kapselfreien Bakterien sind die R-Formen (rough = rauh).

Viele Bakterien bilden – oftmals nur dann, wenn sie dem Licht ausgesetzt sind – auffällige Pigmente unterschiedlichster Struktur. Neben Carotinoiden können es Phenazinfarbstoffe sein (z.B. Pyocyanin von *Pseudomonas aeruginosa),* Indolderivate wie das Violacein von *Chromobacterium violaceum* oder blaue Azachinone (z.B. Indigoidin von *Pseudomonas indigofera* oder *Arthrobacter* spec.). Nicht selten korreliert die Pigmentbildung mit der Synthese von Antibiotika oder anderen sekundären Metaboliten.

Im Hinblick auf die von ihnen gebildeten Stoffe sind Bakterien aus folgenden Gründen von Interesse:

- Sie bilden Toxine und sind deshalb häufig Erreger von Krankheiten. **Exotoxine** werden vom produzierenden Organismus ausgeschieden, während **Endotoxine** als Bestandteile der bakteriellen Zellwand bei deren Zerfall freigesetzt werden.
- Stoffwechselprodukte werden technisch oder medizinisch-pharmazeutisch genutzt: Organische Säuren, z.B. Ameisensäure, Essigsäure, Milchsäure, auch Aminosäuren; bakterielle Exopolysaccharide wie Dextrane, Xanthan, Alginat u.a.; Enzyme (Proteasen, Lipasen als Waschmittelzusätze, auch Amylasen); ferner die große Schar antibiotisch wirksamer Verbindungen.

Infolge der geringen morphologischen Differenzierungen ist eine überzeugende Klassifizierung der Bakterien schwer, eine natürliche (Verwandtschafts-)Gruppierung darüberhinaus heute noch unmöglich. Die Verwendung der binären Nomenklatur täuscht eine Ähnlichkeit mit Klassifikationsprinzipien bei höheren Organismen vor.

Darüberhinaus hat sich bei den molekularen Merkmalsvergleichen (DNA, RNA, Cytochrom c) herausgestellt, daß morphologische Charakteristika wie Zellform, Art der Zellteilung, ja sogar Fehlen der Zellwand offensichtlich unabhängig voneinander in der Phylogenie erworben sein konnten. Selbst das Mycoplasma-Stadium scheint nicht in *einer* Entwicklungsgruppe erreicht worden zu sein. Insofern wird man hier (wie in Zukunft auch bei den höheren Organismen) mit der Frage konfrontiert, welche Bewertung man für die phylogenetische Entwicklung höher ansetzt: die Evolutionszeit, die sich aus der Feststellung molekularer Ähnlichkeiten errechnet oder die evolutionäre Progression als Ausdruck für die durchlaufene phänotypische Veränderung. Die Abb. 15 demonstriert durch die 16S rRNA-Sequenzähnlichkeiten mögliche phylogenetische Verwandtschaftsbeziehungen und zeigt gleichzeitig die durch weitere Erkenntnisse erhärteten engen Beziehungen zwischen Cyanobakterien und eukaryotischen Chloroplasten auf.

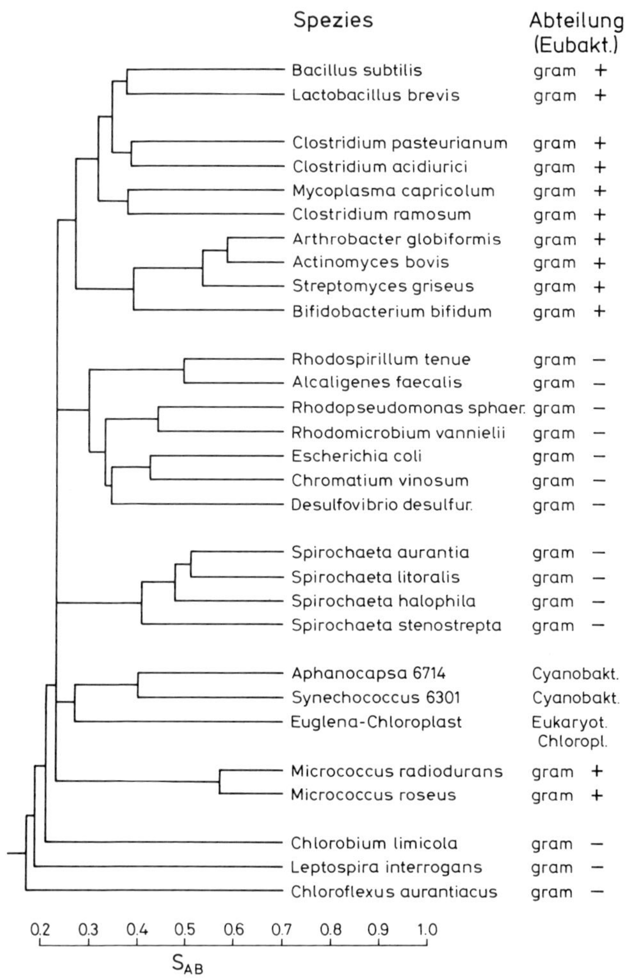

Abb. 15: Dendrogramm molekularer Ähnlichkeiten von Bakterien auf der Basis der 16S rRNA. (Nach Fox et al. 1980.)

1. Klasse: Gram-positive Eubakterien

Die gram-positiven Eubakterien haben einen mehrschichtigen Mureinsakkulus. Am Trockengewicht der Zellwand hat er einen Anteil von 30 bis 70%. Die Gramfarbstoffe lassen sich nicht auswaschen. Die äußere Lipoprotein- und Lipopolysaccharidhülle ist nur schwach entwickelt. Im Mureingerüst ist die Diaminopimelinsäure häufig durch Lysin ersetzt. Vielfach sind die polymeren Teichonsäuren oder Teichuronsäuren über eine Phosphodiesterbindung mit der Muraminsäure verknüpft.

Viele gram-positive Bakterien bilden technisch oder medizinisch-pharmazeutisch interessante Verbindungen. Einige Vertreter aus der sog. **Clostridium-Gruppe:**

Viele Milchsäurebildner (Streptokokken, Lactobazillen) werden als **Lactobacteriaceae** zusammengefaßt. Sie sind im Gegensatz zu den gram-negativen Milchsäure-produzierenden Enterobakterien obligate Gärer. Milchsäuregärung ist bei der Herstellung von Silage, Sauerkraut und verschiedenen Milchprodukten (Quark, Joghurt u.a.) der wesentliche Prozeß. Zur Darstellung reiner Milchsäure durch Vergärung von Glukose oder Maltose dienen *Lactobacillus delbrückii* oder *L. leichmannii*. Erhebliche Bedeutung vom medizinisch-pharmazeutischen Standpunkt besitzen *Leuconostoc mesenteroides* und *L. dextranicum:* Die von ihnen produzierten Exopolysaccharide (Dextrane) sind Glukane, die – nach Spaltung von Saccharose – aus Glukoseresten unter der Einwirkung einer extrazellulären Transglukosidase (Dextransucrase) durch α-1,6-Verknüpfung aufgebaut werden (Quervernetzungen durch 1,3- und 1,4-Bindungen).

Während hochmolekulare Dextrane in der Lebensmittelindustrie als Quellmittel und Stabilisatoren eine Rolle spielen, werden Dextranfraktionen mit einem Mol-Gewicht von ca. 75 000 zur Herstellung von Blutersatzflüssigkeiten viel gebraucht. Vernetzte Dextrane finden in zunehmendem Umfange auch als Molekularsiebe zur Trennung von Stoffgemischen nach ihrer Molekülgröße Verwendung («Gelfiltration», «Gelchromatographie»).

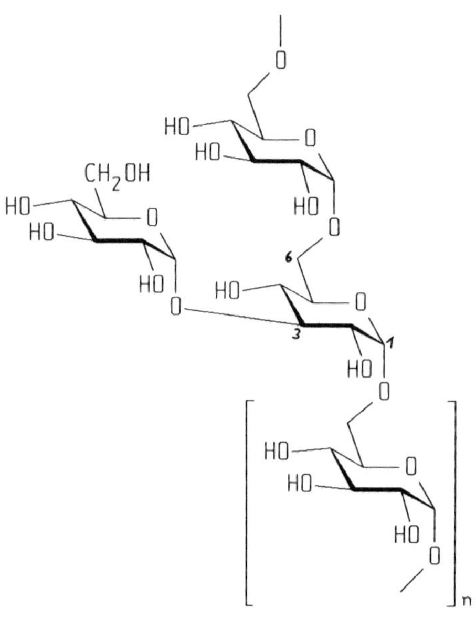

Dextran

Als **Bacillaceae** werden Bakterien zusammengefaßt, die in einem komplizierten Differenzierungsprozeß *Endosporen* zu bilden vermögen und in dieser vor allem hitzeresistenten Form latenten Lebens längere Zeiten überdauern können. Zu dieser Gruppe gehören eine Reihe gefährlicher Krankheitserreger: In der Gattung *Clostridium* sind dies z.B. *Clostridium histolyticum* oder *Cl. septicum* (Gasbrand), *Cl. tetani* (Wundstarrkrampf), *Cl. botulinum* (Botulismus). Das Botulismus-Toxin gehört zu den wirksamsten biologischen Toxinen, die wir kennen (0,1 Mikrogramm per os = Dosis letalis für den Menschen). *Bacillus anthracis* ist der Erreger des Milzbrands.

Der Gattung *Bacillus* gehören auch Vertreter an, die therapeutisch genutzte Antibiotika produzieren:

- *Bacillus brevis:* Tyrothricin
- *Bacillus colistinus:* Colistin
- *Bacillus licheniformis:* Bacitracin
- *Bacillus polymyxa:* Polymyxin

Alle diese Verbindungen gehören zur Gruppe der sogenannten Peptid-Antibiotika, d.h. sie sind aus Aminosäuren (z.T. mit ungewöhnlicher Konfiguration) aufgebaute, zyklische Oligopeptide. *B. licheniformis* wird auch zur Gewinnung von Penicillinase (β-Lactamase) herangezogen, die zur Inaktivierung des Penicillins (z.B. bei einer Penicillinallergie) gebraucht wird. *B. subtilis* kann zur Gewinnung von Proteasen und Amylasen dienen.

Zur **Actinomyces-**Gruppe zählen neben den coryneformen Bakterien (mit *Corynebacterium diphtheriae,* dem Erreger der Diphtherie und *C. glutamicum,* dem auch technisch genutzten Produzenten von L-Glutaminsäure) sowie den Mycobakterien mit *Mycobacterium tuberculosis* und *M. leprae,* den Erregern von Tuberkulose und Lepra, auch die **Actinomycetales.** Zu diesen werden die vorwiegend aerob lebenden gram-positiven Bodenbakterien (nur wenige sind menschenpathogen) gestellt, die unter Kulturbedingungen echte Verzweigungen und Mycelien bilden können; irreführender Name: «Strahlenpilze». Sie gehen mit einer Reihe von höheren Pflanzen Wurzelsymbiosen ein (Elaeagnaceae, *Alnus, Myrica).*

Actinomyceten haben vor allem wegen der von ihnen gebildeten **Antibiotika** eine erhebliche Bedeutung erlangt. Als Arzneimittel genutzte Antibiotika produzieren u.a.:

– *Streptomyces antibioticus:*	Oleandomycin
– *St. aureofaciens:*	Chlortetracyclin
– *St. erythraeus (Saccharopolyspora erythraea):*	Neomycin
– *St. fradiae:*	Neomycin, Fosfomycin
– *St. griseus:*	Streptomycin
– *St. kanamyceticus*:	Kanamycin
– *St. niveus:*	Novobiocin
– *St. nodosus:*	Amphotericin B
– *St. nourseri:*	Nystatin
– *St. orientalis:*	Vancomycin
– *St rimosus:*	Terramycin
– *St. viridifaciens:*	Tetracyclin
– *St.* spec.:	Actinomycine
– *Micromonospora* spec.:	Gentamycin, auch Paromomycin
– *M. inyoensis:*	Sisomycin
– *Nocardia mediterrani:*	Rifamycin B

Diese Aufzählung, die nur eine Auswahl bedeutet, soll die Vielzahl der von Actinomyceten produzierten, antibiotisch wirksamen Substanzen aufzeigen. Abgesehen von den schon länger bekannten cancerostatischen Verbindungen, wie z.B. den Anthracyclinen Daunorubicin und Doxorubicin (= Adriamycin) von *Streptomyces peuceticus* oder Aclarubicin von *St. galilaeus,* dem Bleomycin von *St. verticillus* oder dem Mitomycin C *(St. caespitosus)* sind weitere Stoffwechselprodukte von Actinomyceten mit interessanten Wirkungen gefunden worden: Von *Streptomyces clavuligerus* wird Clavulansäure gewonnen, deren starke β-Lactamase-Hemmwirkung neuerdings (in Kombination mit dem Breitspektrumpenicillin Amoxicillin) therapeutisch genutzt wird. Auch das Cyclosporin A (Ciclosporin) von *Tolypocladium inflatum* wird bereits zur Prophylaxe gegen Transplantatabstoßungen eingesetzt. Es hemmt die humorale Immunantwort gegenüber T-Zell-abhängigen Antigenen. Zahlreich sind schließlich auch **Enzyminhibitoren,** insbesondere Proteasehemmer (mit recht unterschiedlicher Spezifität), aber auch solche, die auf Glykosid-Hydrolasen wirken. Von diesen sind vor allem α-Amylasehemmer interessant geworden, durch die beim Diabetiker der schnelle Blutzuckeranstieg nach dem Essen gebremst wird. Die Acarbose, ein Pseudotetrasaccharid (mit einer charakteristischen Cyclitol + Aminozukkereinheit im Molekül) ist ein derartiger α-Amylasehemmer.

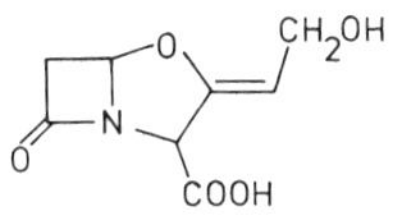

Clavulansäure

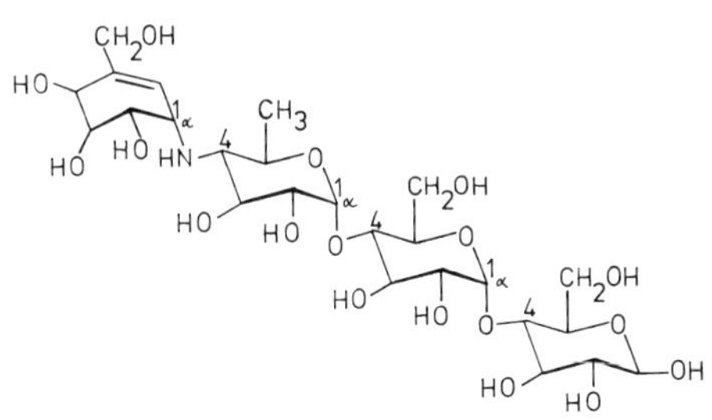

Acarbose

Im Gegensatz zu den von der Gattung *Bacillus* gebildeten Antibiotika sind die therapeutisch genutzten Actinomyceten-Stoffwechselprodukte in ihrer chemischen Struktur äußerst mannigfaltig. So finden wir hier Aminoglykoside (Streptomycin u.a.), Makrolide (d.h. vielgliedrige Lactonringe, z.B. Erythromycin), Polyene (d.h. Verbindungen mit mehreren C = C-Bindungen, z.B. Nystatin), Oligosaccharide (Neomycin u.a.) sowie weitere Strukturtypen, von denen die erwähnten Clavulansäure, Cyclosporin A und Acarbose nur eine Auswahl darstellen.

Streptomyces fradiae ist nicht nur als Neomycinproduzent von Bedeutung, sondern wird auch für stereospezifische Hydroxylierungen am Steroidmolekül eingesetzt (vgl. auch: Steroidsaponine, S. 276; *Rhizopus*-Arten).

Mycoplasmen. Die meisten Mycoplasmen leiten sich offensichtlich von gram-positiven Bakterien ab. Sie sind sehr klein und lassen sich wie die Viren durch Bakterienfilter nicht abtrennen. Sie haben keine Zellwand und keine feste Gestalt, lassen sich infolgedessen auch nicht mit der Gramfärbung nachweisen. Mycoplasmen benötigen Proteine und Steroide zum Wachstum und treten gern als Verunreinigungen in tierischen Zell- und Gewebekulturen auf. Pflanzenpathogene Mycoplasmen können Siebröhren verstopfen (Beteiligung am «Waldsterben»?).

2. Klasse: Gram-negative Eubakterien

Bei diesen Bakterien ist das Mureinnetz dünn und einschichtig. Am Trockengewicht der Zellwand hat es einen Anteil von < 10%. Die Gramfarbstoffe lassen sich leicht auswaschen. Demgegenüber sind mächtige Lipoprotein- und Lipopolysaccharidschichten der äußeren Hülle aufgelagert. Einige gram-negative Eubakterien sind photosynthetisch aktiv. Sie scheiden allerdings im Gegensatz zu den Cyanobakterien keinen Sauerstoff aus, da sie statt Wasser unter anderem organische Verbindungen als Elektronendonatoren verwenden. Im Gegensatz zu den gram-positiven sind die gram-negativen Bakterien phylogenetisch wohl keine einheitliche Gruppe. Wir nennen nur einige Vertreter:

Zu den **Enterobacteriaceae** gehört *Escherichia coli,* ein Symbiot im menschlichen und tierischen Darmtrakt. *E. coli* ist wichtig als «Indikator» auf Wasserverschmutzung durch Fäkalien, als Vitamin K-Produzent und wegen der Bildung von L-Asparaginase, eines Enzyms, dessen Einsatz als Cytostatikum möglich ist (Erniedrigung des Asparaginspiegels in Tumorzellen). Pathogene Organismen sind die Salmonellen mit *Salmonella typhi,* dem Erreger des Typhus und *S. paratyphi* (Paratyphus). *Salmonella typhimurium* ist der am häufigsten vorkommende Erreger, der eine «Nahrungsmittelvergiftung» hervorruft. Nach Infektion mit dem Erreger werden beim Zerfall der Zellwand Lipopolysaccharide als Endotoxine freigesetzt, die die Schleimhäute des Magen-Darm-Trakts reizen und zu einer schweren Gastroenteritis führen. Den Enterobakterien stehen die **Vibrionaceae** mit *Vibrio cholerae,* dem Erreger der Cholera, nahe.

Pseudomonadaceae: *Pseudomonas aeruginosa,* der zu Wundinfektionen mit Bildung eines blaugrünen Eiters führen kann (daher früher *P. pyocyanea),* ist ein Problemkeim im Krankenhaus. Er kann aber auch – ebenso wie *Acetobacter vinelandii* – zur Bildung von Alginat benutzt werden. Durch *Xanthosomas campestris* wird mittels industrieller Fermentationsverfahren das Exopolysaccharid Xanthan, eine mit Trisaccharidseitenketten substituierte Zellulose, gewonnen. Xanthan spielt als Verdickungsmittel und Emulsionsstabilisator in der Lebensmitteltechnik wie auch in der pharmazeutischen Technologie (z.B. Stabilisierung ätherischer Öle in wässrigen Lösungen) eine Rolle. Den Pseudomonaden ähnlich sind die Essigsäurebakterien *Acetobacter* und *Acetomonas (Gluconobacter),* die durch eine aerob verlaufende «unvollständige Oxidation» Äthanol in Essigsäure umwandeln.

Bis 500 µm lange und 0,1-0,6 µm schmale Bakterien mit flexiblem, gewundenem Zelleib sind die **Spirochaetales.** *Treponema pallidum,* der Erreger der Syphilis, gehört zu den kleineren Formen (Treponemataceae). *Borrelia burgdorferi* ist der erst seit 1982 bekannte Erreger der durch Zeckenbiß übertragbaren «Lyme-Borreliose».

Spirillaceae: Hierzu gehört *Helicobacter (= Campylobacter) pylori,* dessen Mitbeteiligung bei der Entstehung des Ulcus ventriculi und duodeni als wahrscheinlich angesehen wird.

Azotobacteriaceae und **Rhizobiaceae** binden Luftstickstoff; *Rhizobium*-Arten in Wurzelknöllchen.

Nitrobacteriaceae: *Nitrosomonas* oxidiert NH_4^+ zu NO_2^-, *Nitrobacter* NO_2^- zu NO_3^-.

3. Klasse: Cyanobakterien («Blaualgen», «Cyanophyceae»)

Die Cyanobakterien (ca. 2000 Arten) kommen weit verbreitet auf der Erde vor. Neben aquatischen Standorten (insbesondere des Süßwassers) haben sie als poikilohydre Organismen zeitweise feuchte terrestrische Biotope besiedelt (Felsen, Baumrinde, Erdboden) und kommen bis zu den extremsten Temperatur- und pH-Grenzstandorten vor. Die Cyanobakterien ähneln als Prokaryoten den übrigen Bakterien in wichtigen Merkmalen: Statt eines echten Zellkernes findet man nur Kernäquivalente, es kommen ausschließlich 70S-Ribosomen vor, echte Chloroplasten und Mitochondrien fehlen, und die Zellwand enthält eine lysozymempfindliche Stützschicht aus Muropeptiden. Obwohl die Cyanobakterien also dem allgemeinen Bauplan der Eubakterien folgen, werden gern ihre spezifischen Übereinstimmungen mit den eukaryotischen Algen hervorgehoben (als Blau«algen»). Dies hat zwei Gründe:

1 Die Cyanobakterien sind durchweg 5- bis 10mal größer als die übrigen Bakterien und liegen damit im Größenbereich eukaryotischer, einzelliger Algen. Infolgedessen lassen sie sich mikroskopisch leicht nachweisen und werden mitsamt den übrigen Algen zur Charakterisierung von Feuchtbiotopen herangezogen.

2 Nach der gut begründeten Symbiotentheorie sind Organismen cyanobakterieller Bauart als Organelle (Chloroplasten) in die eukaryotischen Chimärenzellen mit eingegangen. Dadurch ist verständlich, daß die spezifischen Besonderheiten der Cyanobakterien, die sie von den zwei vorigen Bakterienklassen unterscheiden, auch Bestandteile des Bauplans von Eukaryoten (Pflanzen) geworden sind.

In diesem Zusammenhang ist die Bildung *spezifischer Photosynthesepigmente* zu nennen, deren Evolution mit einer Verbesserung der Strahlungsabsorption in Verbindung steht. Das Bakteriochlorophyll a kommt bei allen photo-autotrophen gram-negativen und gram-positiven Bakterien vor. In Anbetracht der starken Einschränkung des Strahlungsangebotes im Wasser (Abb. 16) können diese Organismen oberflächennah unter reduzierenden Bedingungen vorgekommen sein. Heute dürften die vorhandenen Carotinoide als Copigmente ihren Aufenthalt in größeren Wassertiefen mit anaeroben, reduzierenden Bedingungen ermöglichen. Bei Cyanobakterien hat die Entstehung von Chlorophyll a durch z.B. Ausbildung der Vinylgruppe am C-3 (= R^1 in Abb. 16) zu einer ökologisch sinnvollen Veränderung des Bereiches der Strahlungsabsorption geführt. Zusätzlich nutzen Carotinoide und (neuerworbene!) Phycobiliproteine die vorhandene sichtbare Strahlungsenergie aus. Eine noch weitere Verschiebung der Absorptionsmaxima in den nutzbaren sichtbaren Bereich hinein gelang durch die zusätzliche Bildung des Chlorophylls b (siehe Prochlorophyceae). Solche Organismen konnten zwar mit phycobilinhaltigen Organismen in größerer Wassertiefe nicht konkurrieren, haben sich aber für das Landleben schließlich als besonders adäquat angepaßt erwiesen.

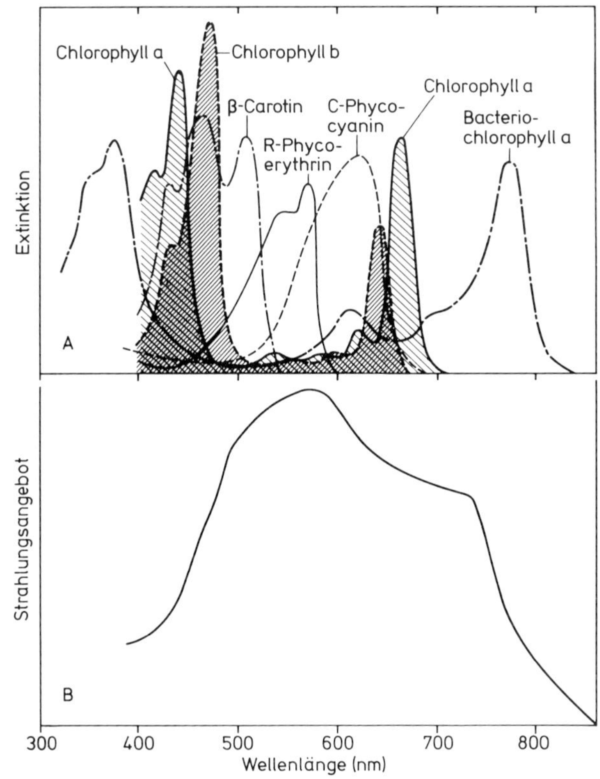

C

Pigment	R^1	R^2	7,8	17,18
Chlorophyll a	$CH = CH_2$	CH_3	–	–
Chlorophyll b	$CH = CH_2$	CHO	–	–
Bakteriochlorophyll a	$CO - CH_3$	CH_3	dihydro	–
Protochlorophyll	$CH = CH_2$	CH_3	–	dehydro

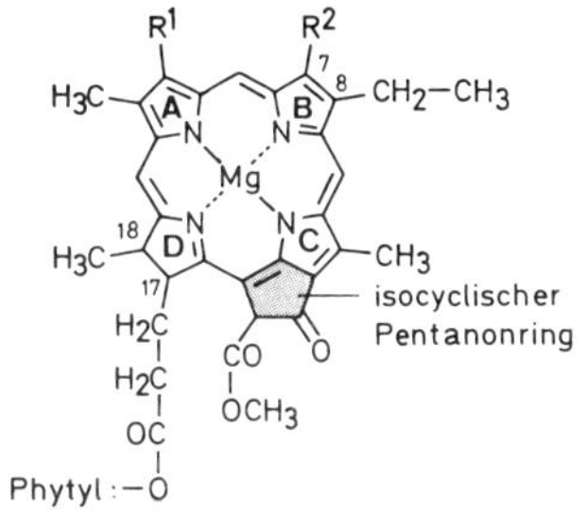

Abb. 16: Pigmente und ihre Absorptionsspektren. – **A:** Absorptionsspektren wichtiger pflanzlicher Pigmente (Chlorophylle und β-Carotin in org. Lösungsmitteln, Phycobiliproteide in wässr. Lösung). (Nach Libbert aus Strasb., 32. Aufl.) – **B:** Spektrale Energieverteilung der Strahlung in 1 m Wassertiefe. (Nach Larcher, 1976.) – **C:** Struktur der Chlorophylle. (Aus Richter, 1982.)

Die besonderen Charakteristika der Cyanobakterien sind: Chlorophyll a als Photosynthesepigment; bei dem Prozeß selbst wird – wie bei den Eukaryoten – Wasser als Elektronendonator verwendet, was zu einer Freisetzung von Sauerstoff führt. Das Chlorophyll ist an Thylakoide gebunden. Akzessorische Pigmente sind Carotinoide (insbesondere β-Carotin) und **Phycobiliproteine.** Diese Chromoproteide sind in Phycobilisomen lokalisiert, die ihrerseits den Thylakoiden aufgesetzt sind. Die Phycobiliproteine kommen in den Cyanobakterien als rotviolette Phycoerythrine oder – überwiegend – als blaugrüne Phycocyanine vor. Ihre prosthetischen Gruppen («Phycobiline») sind Tetrapyrrolverbindungen und strukturell den Gallenfarbstoffen ähnlich. Das Vorkommen dieser akzessorischen Pigmente auch in Cryptophyten und Rhodophyten (Rotalgen) läßt erkennen, daß Cyanobakterien enge phylogenetische Beziehungen auch zu diesen Algenabteilungen haben müssen. Serologische Kreuzreaktionen der jeweiligen Proteinkomponenten haben diese Auffassung bestätigt.

Die Vermehrung der Cyanobakterien erfolgt ebenfalls durch Zellteilung. Begeißelte Schwärmer fehlen. Neben Einzellern kommen Zellverbände, einfache oder verzweigte Zellfäden vor.

Das Mureinstützgerüst der Zellwand gleicht dem der gram-negativen Eubakterien. Wie bei diesen ist polysaccharidhaltiges Material aufgelagert; saure Schleimsubstanzen bilden die äußeren Gallerthüllen. Besondere, unpigmentierte Zellen, die **Heterocysten,** sind dadurch ausgezeichnet, daß dem Mureingerüst zusätzlich Polysaccharidmaterial als fester Wandbaustein aufgelagert ist. Er besteht aus β-1,3-glykosidisch verknüpften Monosacchariden, darunter Glukose, Galaktose, Mannose und Xylose.

Reservestoffe: Polysaccharide werden in Form von Glykogengranula gespeichert («Cyanophyceenstärke»). Volutinkörner sind Polyphosphatgranula, während Cyanophycinkörnchen offensichtlich eine Stickstoffreserve darstellen: Sie bestehen aus Aspartat und Arginin im Verhältnis 1 : 1, d.h. aus einem Polypeptid, bei dem die Carboxylgruppen der Asparaginsäure mit Arginin verknüpft sind. Häufig werden Gasvakuolen beobachtet.

Sekundärstoffe: Cyanobakterien können hochtoxische Verbindungen bilden. Die **Cyanophyceentoxine** sind einerseits Peptide, zum anderen niedermolekulare stickstoffhaltige Substanzen, die als Alkaloide bezeichnet werden können.

Peptidtoxine: Das Microcystin (auch FDF = fast death factor genannt) ist ein zyklisches Peptid. Es wirkt wie auch andere Toxine aus *Microcystis aeruginosa* hepatotoxisch. Die *Microcystis*-Toxine (Cyanoginosine) sind im allgemeinen Oligopeptide mit 5-15 Aminosäuren. Weniger gut untersucht sind Peptidtoxine aus *Oscillatoria agardhii* und *Aphanizomenon flos-aquae.*

Alkaloide: Das Aphantoxin 1 ist ein von *Aphanizomenon flos-aquae* gebildetes Tetrahydropurinderivat, das in seiner Wirkung dem zuerst aus *Gonyaulax catenella* (Dinoflagellatae) isolierten Saxitoxin entspricht. Es blockiert reversibel den Na^+-Ioneneinstrom in die Zelle, verhindert dadurch das Entstehen von Aktionspotentialen und führt zum Tod durch Lähmung der Atemmuskulatur. Als Exotoxin wird von *Anabaena flos-aquae* das Anatoxin a ausgeschieden, das als starker Agonist am muscarinergen Rezeptor wirkt. Es ist für Massenvergiftungen von Wasservögeln und Weidetieren verantwortlich, wenn es zur «Algenblüte» von *Anabaena flos-aquae* kommt (s.u.). Die marine *Lyngbya majuscula* enthält das Indolalkaloid Lyngbyatoxin A, welches zu einer Kontaktdermatitis führen kann und cocarcinogen wirkt.

Bei der Suche nach pharmakologisch interessanten Verbindungen wurden aus Cyanophyceen Bromphenole mit antibiotischer Wirkung, fungizid und algizid wirksame Stoffe und vor allem bei Oscillatoriaceen Substanzen mit cancerostatischer Wirkung gefunden. Das hautreizende Dilacton Debromo-Aplysiatoxin von *Lyngbya majuscula* wie auch ähnliche Verbindungen aus anderen Oscillatorien sind jedoch bis jetzt wegen zu hoher Toxizität als Cancerostatika nicht weiter geprüft worden.

Geeignete Umweltbedingungen, so z.B. hochsommerliche Erwärmung der Gewässer, evtl. auch zunehmende Erwärmung von Flußwasser durch Kraftwerkskühlwasser, können zum Massenauftreten der thermophilen und eutrophen Cyanobakterien führen («Wasserblüte») und infolge der erhöhten Toxinabscheidung Fischvergiftungen hervorrufen; insbesondere findet man dann *Microcystis aeruginosa, Anabaena flos-aquae, Aphanizomenon flos-aquae* und *Nodularia spumigena.* Ein Teil der Cyanophyceen ist an der Flechtensymbiose beteiligt (vgl. S. 50). Diese wie auch freilebende Blaualgen sind in der Lage, in Heterocysten den Stickstoff der Luft in organische Bindung zu überführen («Diazotrophie»). Die N-Düngung kann beträchtlich sein und in Reisfeldern Ostasiens jährlich 50 kg N/ha erreichen.

Einige Vertreter:

Chroococcales: Einzeller; in anderen Fällen bleiben die Zellen nach der Teilung in Gallerthüllen verbunden, wie z.B. bei den in Hochmooren häufigen *Chroococcus*-Arten. – *Microcystis aeruginosa* und *M. toxica.*

Oscillatoriales: Fäden ohne Heterocysten. – *Lyngbya*-Arten.

Nostocales: Fäden mit Heterocysten, z.B. *Anabaena, Aphanizomenon, Calothrix, Nostoc.* Manche Vertreter leben symbiotisch in *Azolla*-Blättern (*Anabaena*), Lebermoosen, *Cycas*-Wurzeln oder *Gunnera*-Rhizomen (*Nostoc*).

Stigonematales: mit Verzweigungen, z.B. *Mastigocladus.*

Prochlorophyceae

Unlängst wurden prokaryotische Algen gefunden, denen Phycobiliproteine fehlen und die die Chlorophylle a und b enthalten. Solche «Prochlorophyten», nämlich *Prochloron didemni,* ein Exosymbiot aus Seescheiden (Ascidien), und *Prochlorothrix hollandica,* eine freilebende, filamentöse Form könnten solche Organismen sein, die für die symbiotische Entstehung von Grünalgen und den daraus ableitbaren höheren Pflanzen in Frage kommen. 5S- und 16S-rRNA-Sequenzvergleiche konnten diese Vorstellung allerdings nicht bestätigen (Abb. 9). Beide Arten müssen danach in die Cyanobakterien eingereiht werden, ohne eine besondere phylogenetische Beziehung zu den Eukaryoten zu besitzen.

Proto-Eukaryota

Aus den rRNA-Sequenzvergleichen muß gefolgert werden, daß die Eukaryoten ein eigenes Organismenreich repräsentieren und unmittelbar auf progenotische Vorfahren zurückgehen. Während Eubakterien die Organellen bei der symbiotischen Entstehung lieferten, geht das Cytoplasma auf die Proto-Eukaryoten zurück. Sie sind als selbständige Organismen unbekannt. Das Schlüsselproblem im Verständnis der Proto-Eukaryoten ist die Entstehung des Nukleus. Es ist vorerst spekulativ, sich diese Kernbildung in progenotischen Organismen im Sinne eines Schutzes vor Überflutung durch externes genetisches Material vorzustellen zu einer Zeit, da die Archaebakterien und Eubakterien durch Zellwandbildung bereits eine andersartige Alternative entwickelt hatten.

Literatur Prokaryota

Asselineau, J.: Bacterial lipids containing amino acids or peptides linked by amide bonds. Progr. Chem. Org. Nat. Prod. 56: 1-86, 1991.

Brandis, H. & G. Pulverer: Lehrbuch der Medizinischen Mikrobiologie. 6. Aufl., G.Fischer-Verlag, Stuttgart, New York, 1988.

Brock, T.D.: Thermophilic microorganisms and life at high temperatures. New York, 1978.

Carr, N.G. & B.A. Whitton (eds.): The biology of Cyanobacteria. Univ. of California Press, Berkeley, 1982.

Casper, S.J.: Grundzüge eines natürlichen Systems der Mikroorganismen. G. Fischer-Verlag, Jena, 1974.

Ciegler, A., S. Kadis & S.J. Ajl (eds.): Microbial toxins. Vol. VI. Academic Press, London, New York, 1971.

De Rosa, M., A. Gambacorta & A. Giozzi: Structure, biosynthesis and physicochemical properties of archaebacterial lipids. Microbiol. Rev. 50: 70, 1986.

Fogg, G.E., W.D.P. Stewart, P. Fay & A.E. Walsby: The Bluegreen Algae. Academic Press, London, New York, 1973.

Ganzer, B.M.: Lyme-Borreliose – Eine bakterielle Infektion nach Zeckenbiß. Pharm. Ztg. 136: 1477-1480, 1991.

Goodfellow, M. (ed.): The biology of the Actinomycetes. Academic Press, London, New York, 1984.

Gröger, D. & S. Johne: Mikrobielle Gewinnung von Arzneistoffen. WTB-Taschenbuch, Akademie-Verlag, Berlin, 1982.

Jawetz, E., J.L. Melnick & E.A. Adelberg: Medizinische Mikrobiologie. Springer-Verlag, Berlin, Heidelberg, New York, 1980.

Kandler, O. (ed.): Archaebacteria. G.Fischer-Verlag, Stuttgart, New York, 1982.

Kandler, O. & W. Zillig (eds.): Archaebacteria '85, G.Fischer-Verlag, Stuttgart, New York, 1986.

Kayser, F.H., K.A. Bienz, J. Eckert & J. Lindenmann: Medizinische Mikrobiologie, 7. Aufl. (früher Wiesmann), Thieme-Taschenbuch, 1989.

Kleinkauf, H. & H.V. Döhren: Peptide antibiotics, biosynthesis and functions. De Gruyter-Verlag, Berlin, 1982.

Kremer, B.P.: Toxische Planktonalgen. Naturwissenschaften 68: 101-109, 1981.

Kremer, B.P.: Giftige Blaualgen in Binnengewässern. Mikrokosmos 71: 65-70, 1982.

Mundt, S. & E. Teuscher: Blaualgen als Quelle pharmakologisch aktiver Verbindungen. Die Pharmazie 43: 809-815, 1988.

Rehm, S.: Industrielle Mikrobiologie (2. Aufl.). Springer-Verlag, Berlin, Heidelberg, New York, 1980.

Rogers, L.J. & J.R. Gallon (eds.): Biochemistry of the algae and Cyanobacteria. Proc. Phytochem. Soc. Eur., No. 28. Clarendon Press, Oxford, 1989.

Schlegel, H.G.: Allgemeine Mikrobiologie. Thieme-Verlag, Stuttgart, 1985 (Taschenbuch).

Seltmann, G.: Die bakterielle Zellwand. G.Fischer-Verlag, Stuttgart, New York, 1982.

Sprecher, E.: Arzneistoffproduktion durch Mikroorganismen. Paperback DAZ, Dtsch. Apoth. Verlag, Stuttgart, 1983.

Stackebrandt, E.: Phylogeny and phylogenetic classification of Procaryotes, in Schleifer, K.H. & E. Stackebrandt (eds.): Evolution of Procaryotes, Academic Press, London, 1985.

Starr, M.P., H. Stolp, H.G. Trüper, A. Balows & H.C. Schlegel: The Procaryotes. A handbook on habitats, isolation and identification of bacteria. Springer-Verlag, Berlin, Heidelberg, New York, 1981.

Woese, C.R.: Archäbakterien – Zeugen aus der Urzeit des Lebens. Spektr. Wissensch. 8: 75-90, 1981.

Woese, C.R.: Bacterial evolution. Microbiol. Rev. 51: 221, 1987.

Eukaryota

Den Prokaryoten stellt man die eukaryotischen Organismen gegenüber (Pilze, Algen, Kormuspflanzen, aber auch Tiere). Den Eukaryoten gemeinsam ist die durch cytoplasmatische Membranen in Reaktionsräume (Kompartimente) gegliederte Zelle, deren Protoplast u.a. Kern, Mitochondrien und Plastiden (bei Pflanzenzellen), aber auch das endoplasmatische Reticulum, Dictyosomen (Golgi-Apparate) und Peroxisomen enthält. Sie alle sind durch Membranen vom Grundplasma abgegrenzt. Dem Plasmalemma als äußerer Begrenzung des Protoplasten ist bei Pilzen in der Regel eine Chitin-, bei den grünen Pflanzen eine Zellulosesekundärwand aufgelagert. Die Teilung des auf distinkten Chromosomen lokalisierten Erbgutes erfolgt durch Mitose. Durch die Meiose wird nach der Kernverschmelzung zur Zygote der normale Chromosomensatz wiederhergestellt.

3. Abteilung: Mycophyta, Pilze (mit Anhang: Lichenes, Flechten)

Die Pilze (einschließlich der Schleimpilze) stellen phylogenetisch eigenständige Entwicklungslinien dar. Aufgrund ihrer heterotrophen (zumindest C-heterotrophen, manchmal aber auch N-heterotrophen) Ernährungsweise, der Glykogen- und Chitinbildung und des Fehlens von Plastiden und Zellulose erinnern sie an tierische Organismen, als (meist) festgewachsene und mit Zellwänden ausgerüstete Organismen hat man sie jedoch eher den Pflanzen zugeordnet.

Sie sind sicher nicht monophyletischer Entstehung, wenngleich wir sie insgesamt einer einzigen Abteilung zuordnen. Es liegt nicht in der Intention unseres Lehrbuches, diese Organismengruppe in ihrer taxonomischen Struktur vollständig zu beschreiben, sondern ihr Potential an pharmazeutisch-chemisch interessanten Substanzen in Bezug auf die wesentlichen Bauplan-Typen darzulegen. Für eine weitergehende Information wird auf Spezialdarstellungen verwiesen.

Die Pilze leben parasitisch, saprophytisch oder symbiotisch (Mykorrhiza, Flechten). Die für die Mehrzahl der Mycophyta typischen fädigen Vegetationsorgane werden als *Hyphen,* deren Gesamtheit als *Mycel(ium)* bezeichnet. Solche Hyphen können querwandlos (niedere Pilze) oder durch Querwände (Septen) mit zentralem Porus zellig gegliedert sein (höhere Pilze).

In «Fruchtkörpern»* können die Hyphen postgenital zu parenchymähnlichen Geweben verwachsen («Plectenchym»), manchmal (z.B. bei *Claviceps purpurea)* durch Verdickung der Zellwände zu harten *Sklerotien* verdichtet werden und stellen dann Überdauerungsorgane dar.

Chlorophyll und andere Assimilationspigmente, entsprechend auch Plastiden, fehlen. Bei einigen Gruppen niederer Pilze, deren Zellen «nackt» und amöboid beweglich sind, fehlen echte Zellwände. Von diesen Ausnahmen abgesehen, besitzen Pilzzellen eine Wand, deren charakteristischer Baustein bei den höheren Pilzen Chitin (ein Poly-N-acetylglukosamin) ist. Bei manchen niederen Pilzen sind z.T. auch Glykane (Mannane, Glukane) Bestandteile der Gerüstsubstanz.

Charakteristische **Reservestoffe** für Pilze sind Glykane, die strukturell weitgehend dem Glykogen entsprechen; darüberhinaus werden häufig auch lösliche Kohlenhydrate wie z.B. Trehalose oder Mannitol akkumuliert. Stärke fehlt ebenso wie Saccharose. Nicht selten werden auch Lipide gespeichert.

Auffällig ist die oft intensive Bildung (und Akkumulation) organischer Säuren, die auch für eine

* Die Fruchtkörper der Pilze sind den Früchten der Angiospermen selbstverständlich nicht homolog.

Gewinnung in technischem Maßstab genutzt werden kann (z.B. von Zitronensäure). Produkte des Säurestoffwechsels sind neben Zitronensäurederivaten (z.B. Cetylzitronensäure der Droge Fungus Laricis) auch die von *Penicillium*-Arten gebildeten Tetronsäuren, ferner γ-Pyronderivate wie die Kojisäure der *Aspergillus flavus-oryzae*-Gruppe oder das Grundgerüst der Penicilline und Cephalosporine.

Auch die in ihrem Vorkommen auf bestimmte Basidiomyceten beschränkten, antibiotisch wirksamen, aber auch toxischen Polyine – biogenetisch wahrscheinlich Derivate der Ölsäure – sind hier zu nennen. Sie sind zu verstehen als konvergente Bildungen der entsprechenden Verbindungen bei Angiospermen.

Während über den Shikimat-Biosyntheseweg gebildete Verbindungen (Phenylpropankörper) nicht allzu zahlreich sind, finden sich häufig Polyketide oder vom Mevalonatweg abstammende Sekundärstoffe. Darunter befindet sich auch eine große Zahl phenolischer Verbindungen (Chinone, Anthrachinone, Xanthone u.a.), von denen manche auch Farbstoffe von Pilzfruchtkörpern und Sklerotien (z.B. von *Claviceps purpurea)* sind.

Viele Pilze produzieren Geruchsstoffe, deren Bildung in vieler Hinsicht mit der von ätherischen Ölen bei höheren Pflanzen verglichen werden kann. Allerdings fehlen die entsprechenden anatomischen Differenzierungen (gelegentlich kommen sog. «Safthyphen» vor). Unsere Kenntnisse über diese flüchtigen Verbindungen sind, beruhend auf den verbesserten analytischen Methoden wie z.B. der Gaschromatographie, in den letzten Jahren erheblich gewachsen. Diese u.a. als Pheromone, Gametenlockstoffe oder Insektenrepellents fungierenden Substanzen besitzen teils pilzspezifische Strukturen (z.B. Sesquiterpene mit Trichothecan-Skelett), teils handelt es sich um Monoterpene, wie sie auch von ätherischen Ölen höherer Pflanzen her bekannt sind.

Eine Reihe von Pilzinhaltsstoffen, vor allem (Mono- bis Tri-)Terpene, aber auch Polyketide, Sterole oder vereinzelt auch Stoffe anderer Struktur wurden in neuerer Zeit untersucht, da sie für die antibiotischen und cytostatischen Wirkungen vieler höherer Pilze verantwortlich sind.

Als immunmodulatorisch wirkende Substanzen werden seit einiger Zeit aus Basidiomyceten isolierte, hochmolekulare Verbindungen geprüft: Polysaccharide, Lipopolysaccharide oder Proteine. Eine gut untersuchte Substanz ist z.B. das Lentinan aus dem Shiitake-Pilz (vgl. S. 47).

N- und S-haltige Verbindungen sind in Pilzen ebenfalls in verschiedenartigen Strukturen vorhanden: Zyklische Peptide, S-haltige Amide, Harnstoff, biogene, z.T. flüchtige Amine und Betaine sind für viele Mycophyta charakteristische Substanzen und zum Teil in ihrem Vorkommen auf diese Pflanzengruppe beschränkt (z.B. Penicilline, Muscarin). Die Entdeckung von Lysergsäurederivaten, die lange Zeit als spezifische «Mutterkorn»-Inhaltsstoffe galten, in den Samen von Convolvulaceen mahnt allerdings zur Vorsicht.

Die Mycophyta stellen also eine Pflanzengruppe dar, die in chemischer Hinsicht durchaus eigene Wege gegangen ist: Zellwände aus Chitin, Mannigfaltigkeit von Phenolen und Chinonen, Reichtum an organischen Säuren und speziellen N- und S-haltigen Verbindungen. Auf der anderen Seite: Abwesenheit von Chlorophyll, fast vollständiges Fehlen von flavonoiden Verbindungen und Gerbstoffen.

Die **Vermehrung** geschieht bei den meisten Pilzen sowohl ungeschlechtlich wie geschlechtlich. Ungeschlechtlich durch Sporen verschiedener Art, die als Produkte normaler Mitosen entstehen («Mitosporen»). Bei wasserbewohnenden Pilzen sind es nackte, begeißelte Schwärm-(Zoo-)sporen, bei landbewohnenden behäutete Endosporen oder Exosporen («Konidien»).

Vegetativ vermehren sich Pilze auch durch abgetrennte Mycelabschnitte, Hefepilze durch Sprossung, d.h. durch Abschnürung von «Tochterzellen», vgl. *Saccharomyces,* S. 39, 40.

Die geschlechtliche Fortpflanzung geht auf die Bildung und Kopulation von Gameten (Iso-, Aniso- oder Oogamie) oder auch ganzer Gametangien (Gametangiogamie) zurück; in anderen Fällen (Basidiomycetes) können sogar scheinbar normale Thalluszellen miteinander verschmelzen (Somatogamie).

Eine Besonderheit im **Generationswechsel** der höheren Pilze (Ascomycetes und Basidiomycetes; hier nur noch die abgeleiteten Formen der Gametangiogamie und Somatogamie) ist die Trennung von Plasmogamie (bei der Kopulation) und Karyogamie (bei der Sporangienbildung) durch ein dikaryotisches «Paarkern»-Stadium. Vgl. dazu Abb. 19.

1. Klasse: Myxomycetes, Schleimpilze

Organismen, die in ihrer vegetativen Organisationsform aus nackten, amöboid beweglichen, vielkernigen Protoplasmamassen («Plasmodien») bestehen.

2. Klasse: Chytridiomycetes, Niedere Pilze

Einkernige Zellen oder vielkernige (siphonale) Thalli. Im Gegensatz zu den folgenden Klassen werden noch begeißelte Gameten und Zoosporen ausgebildet.

3. Klasse: Zygomycetes, Zygosporenpilze

Die Zygomycetes bilden stark verzweigte Mycelien aus, die normalerweise vielkernig und unseptiert sind. Geschlechtliche Vermehrung durch Gametangiogamie. Die vielkernige «Gametangien-Zygote» überdauert als *«Zygospore»*. Auch die ungeschlechtliche Vermehrung ist an das Landleben angepaßt: in den Sporangien (z.B. im Köpfchen des Köpfchenschimmels, *Mucor mucedo,* Abb. 17) werden in Vielzahl unbegeißelte Sporen (Sporangiosporen) gebildet.

Der Köpfchenschimmel kann bei besonderer Prädisposition des Menschen auch zu Erkrankungen führen (Mucormykose). Eine Reihe von Mucoraceen haben technische Bedeutung. So sind z.B. *Rhizopus-*, *Mucor-* und *Cunninghamella*-Arten in der Lage, stereospezifische Hydroxylierungen am Steroidgerüst durchzuführen. Sie sind deshalb wichtige «Hilfsorganismen» für die partialsynthetische Herstellung von Steroidhormonen.

4. Klasse: Ascomycetes, Schlauchpilze

Die Ascomyceten bilden die umfangreichste Pilzklasse, die ihren Namen nach dem charakteristischen, schlauchförmigen Sporangium, dem **«Ascus»** trägt (Abb. 19A).

A. Unterklasse: Endomycetidae

Ohne Fruchtkörperbildung. Die hierher gehörenden **Saccharomycetaceae,** die Hefepilze, entwickeln kein typisches Mycel, sondern bleiben höchstens in lockeren Zellketten verbunden, die durch Sprossung der einzelligen Pilze entstehen (Abb. 17B). Die asexuelle Vermehrung durch Sprossung ist die vornehmliche oder in einigen Fällen sogar ausschließliche Vermehrungsform («asporogene Hefen»). *Saccharomyces cerevisiae* – mit einem Glukan als Zellwandbaustein («Hefegummi») – wird wegen des hohen Gehalts an B-Vitaminen als «Faex medicinalis» medizinisch verwendet (Hefepräparate bei Furunkulose und Akne) und war früher auch als Hilfsmittel bei der Pillenherstellung von Bedeutung. Besondere physiologische Rassen von *S. cerevisiae* werden als Bäcker- oder Bierhefe gebraucht, während *S. boulardii* bei Diarrhoe therapeutisch eingesetzt wird.

Selenreiche Hefen werden neuerdings bei einem (in Mitteleuropa allerdings seltenen) Mangel an dem Spurenelement Selen zur Substitutionstherapie empfohlen («Selen-Hefen»).

Eine Symbiose von *Saccharomyces*-Arten mit Essigsäurebakterien in wechselnder Zusammensetzung wird unter der Bezeichnung «Teepilz» verwendet, um gesüßten Schwarztee als Substrat zu vergären. Das daraus resultierende säurehaltige Getränk (enthält u.a. Glukonsäure) ist unter dem Namen Kombucha als Diätetikum bekannt.

Candida albicans und einige andere *Candida*-Arten sind normale, wenig pathogene Besiedler menschlicher Schleimhäute. Bei herabgesetzter Widerstandsfähigkeit können Menschen aber an einer *Candida*-Mykose erkranken. Die am häufigsten im Mundbereich auftretende Erkrankung wird als Soor bezeichnet. *Candida kefyr* ist der bekannte Kefirpilz.

B. Unterklasse: Taphrinomycetidae

Pflanzenparasitische Pilze mit Paarkernphase (wie bei den folgenden Pilzgruppen). Ohne Fruchtkörperbildung. – *Taphrina*-Arten erzeugen Hexenbesen auf Bäumen.

C. Unterklasse: Laboulbeniomycetidae

Insektenparasitische Pilze.

D. Unterklasse: Ascomycetidae, echte Schlauchpilze

Die echten Schlauchpilze haben einen typischen Ascus. In diesem werden endogen die – zumeist 8 – Meiosporen («Ascosporen») gebildet. Die Sporen keimen zu haploiden Hyphen aus. Ihre vielkernigen Gametangien (Antheridien bzw. Ascogone) können über eine am Ascogon haftende Empfängnishyphe (Trichogyne) in einem von den haploiden Hyphen gebildeten Fruchtkörpergewebe miteinander verschmelzen (Gametangiogamie: aber nur Plasmogamie). Die männlichen und weiblichen Kerne wandern paarig in die nun auswachsenden dikaryotischen «ascogenen Hyphen» ein. Letztere stellen den Sporophyten dar. Nach einer eigenartigen «Haken»bildung (Abb. 19A) findet jetzt in der jungen Ascusanlage die Kernverschmelzung statt. Aus dem diploiden Zygotenkern entstehen in der unmittelbar folgenden Reduktionsteilung durch «freie Zellbildung» die haploiden Ascosporen. Der geschilderte Entwicklungsablauf ist in Abb. 19A verdeutlicht.

Als wichtigste Grundlage für die systematische Einteilung der Ascomycetidae dienen Eigenschaften von Ascus und Fruchtkörper. Wir fassen die wichtigsten Ordnungen in folgender Weise zusammen, die nach der heutigen Kenntnislage nicht als natürliche Klassifikation aufgefaßt werden darf:

A. **Prototunicatae;** mit zartwandigen oder wandlosen Asci. – (1) Eurotiales; Fruchtkörper: **Kleistothecien.**

B. **Unitunicatae;** Asci mit einschichtiger Wand oder mehreren gegeneinander nicht verschiebbaren Schichten:

1 **Operculatae;** der Ascus öffnet sich mit einem Dekkel (Operculum) bei der aktiven Ausschleuderung der Ascosporen. – (2) Erysiphales; Fruchtkörper Kleistothecien. – (3) Pezizales; Fruchtkörper Apothecien.

2 **Inoperculatae;** der Ascus öffnet sich nicht mit einem Deckel. Stattdessen ist eine apikale Verdikkung der Ascuswand an der Ausschleuderung der Sporen beteiligt. – Mit **Apothecien:** (4) Leotiales, (5) Phacidiales, (6) Lecanorales. – Mit **Perithecien** (Abb. 18A): (7) Sphaeriales, (8) Diaporthales, (9) Xylariales, (10) Clavicipitales.

C. **Bitunicatae;** Asci mit zwei verschieden dehnbaren Wandschichten. – (11) Dothideales; Fruchtkörper apothecien- und perithecienartig.

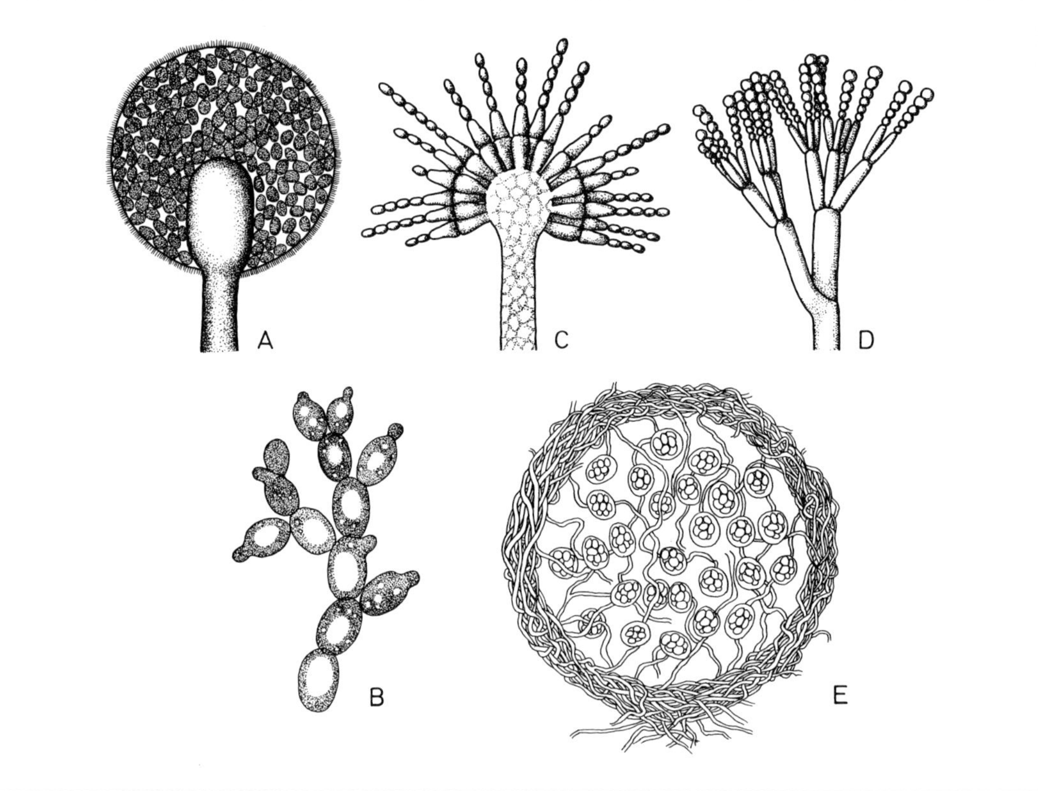

Abb. 17: A: *Mucor mucedo* (Zygomycetes), Sporangium mit Sporen (vergr.). – **B:** *Saccharomyces cerevisiae* (Endomycetidae). Zellkette mit Sprossung (ca. 1000 x). – C, E: Ascomycetidae (Eurotiales). Konidienträger von **C:** *Aspergillus* und **D:** *Penicillium* (vergr.); **E:** Kleistothecium von *Talaromyces vermiculatus* (ca. 350 x). – (A u. D nach Brefeld, B nach Luerssen und Rees, C nach Wartenberg, E nach Müller-Loeffler.)

1. Ordnung: Eurotiales

Mit geschlossenen Fruchtkörpern (Kleistothecien, Abb. 17E), nach deren Zerfall erst die Ascosporen frei werden. Vornehmliche Vermehrung aber ungeschlechtlich durch Abschnürung von Konidien (Abb. 17C,D). Hier sind insbesondere die Arten des Pinselschimmels *(Penicillium)* und Gießkannenschimmels *(Aspergillus)* zu nennen. *Penicillium* und *Aspergillus* sind Organismen mit oberflächlich wachsendem Mycel, die für den Menschen teils nützlich, teils schädlich sein können. Während verschiedene *Aspergillus*-Arten in großtechnischen Fermentationsverfahren für die Gewinnung von Amylasen und Proteasen (z.B. als Bestandteile von Fertigarzneimitteln zur Substitutionstherapie bei Verdauungsstörungen) genutzt werden, können andere Arten zur Erzeugung von organischen Säuren (Zitronensäure durch *A. niger;* Glukonsäure) dienen. *Aspergillus terreus* ist neuerdings als Lieferant von HMG-CoA-Reduktasehemmstoffen interessant geworden, die z.B. unter der Bezeichnung Lovastatin als Cholesterolsenker eingesetzt werden. *A. fumigatus* kann beim Menschen unter bestimmten Voraussetzungen bronchopulmonale Mykosen, sogenannte Aspergillosen hervorrufen. Als tier- und menschenpathogener Pilz ist *A. flavus* bekanntgeworden. Die von ihm, aber auch von anderen Schimmelpilzen produzierten **Aflatoxine** sind hochtoxische Furanocumarinderivate mit leberschädigenden und vor allem carcinogenen Wirkungen.

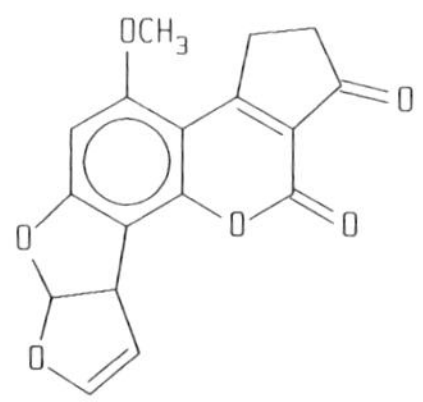

Aflatoxin B1

Schimmelpilze der Gattungen *Penicillium, Aspergillus, Fusarium* oder *Paecilomyces* produzieren eine Vielzahl ähnlich wirkender **Mykotoxine** verschiedenartigster Struktur, die auch für den Menschen gefährlich werden können, wenn sie mit verschimmelter Nahrung aufgenommen werden. Beispielhaft erwähnt seien in diesem Zusammenhang die Ochratoxine von *A. ochraceus,* das dimere Anthraderivat Luteoskyrin und das Oligopeptid Islanditoxin von *P. islandicum* (erzeugt den «Gelben Reis») sowie das Patulin von *P. expansum.* Auch die Sterigmatocystine verschiedener *Aspergillus*-Arten sind trotz geringerer Toxizität gefährlich, da sie oftmals in größeren Mengen gebildet werden.

Penicillium-Arten sind vor allem als Produzenten der **Penicilline** und anderer Antibiotika, z.B. des fungizid wirkenden Griseofulvins in den Mittelpunkt des Interesses gerückt.

Die Gewinnung der Penicilline und anderer Antibiotika erfolgt heute im großtechnischen Maßstab in «Fermentationsanlagen». Im Vergleich zu den Stämmen von *Penicillium notatum* und *P. chrysogenum,* an denen Fleming seinerzeit die Hemmwirkung auf das Wachstum von Streptokokken beobachtete, werden für die technische Antibiotikaproduktion Stämme eingesetzt, deren Fähigkeit zur Penicillinbildung um ein Vielfaches höher liegt. Steigende Bedeutung erlangt der Einsatz von Mutanten, die nur das Grundgerüst 6-Aminopenicillansäure produzieren, das als Ausgangsmaterial für die teilsynthetische Darstellung von Penicillinen mit abgewandelter Seitenkette dient. Den Penicillinen strukturell und im Wirkungsspektrum verwandt sind die von *Cephalosporium*-Arten gebildeten Cephalosporine, die nach partialsynthetischer Abwandlung in erheblichem Umfange auch therapeutisch eingesetzt werden. Beiden Gruppen gemeinsam ist der β-Lactamring im Molekül. Von Mikroorganismen gebildete β-Lactamasen können diese charakteristische Struktur der «β-Lactam-Antibiotika» hydrolytisch spalten und sie damit unwirksam machen. Über den wichtigen β-Lactamase-Inhibitor Clavulansäure vgl. S. 31.

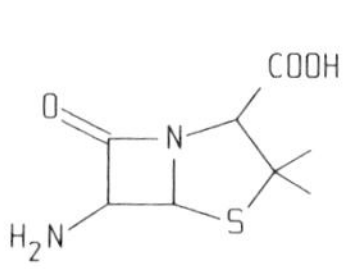

6-Aminopenicillansäure

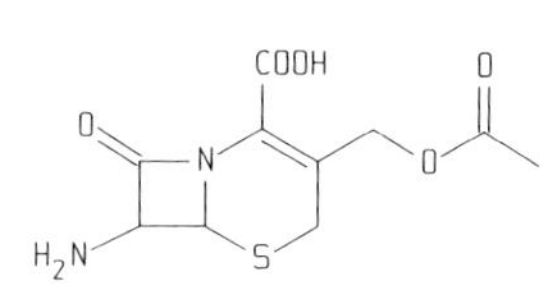

7-Aminocephalosporansäure

Ursache der antibiotischen Wirkung der Penicilline und Cephalosporine ist eine Hemmwirkung auf die bakterielle Zellwandsynthese durch Blockierung der Transpeptidase, die den letzten Schritt der Mureinsynthese, die Verknüpfung der Peptidseitenketten der Glykanketten bewirkt; vgl. dazu auch S. 28. Dieser spezielle Angriffspunkt an einer nur bei der prokaryotischen Zelle vorkommenden Struktur erklärt die spezifisch antibakterielle Wirkung dieser Substanzen und ihre praktisch fehlende Toxizität für den Menschen.

2. Ordnung: Erysiphales

Echte Mehltaupilze, ebenfalls mit Kleistothecien.

3. Ordnung: Pezizales

Mit schüssel- bis scheibenförmigen Fruchtkörpern (Apothecien), deren Oberfläche von Hymenium bekleidet ist.

Zu den Pezizales gehören die häufig anzutreffenden kleinen Becherlinge (Pezizaceae) und bekannte Speisepilze wie Trüffeln (Gattung *Tuber*), Morcheln (*Morchella*) und Lorcheln (*Helvella, Gyromitra*). Die Frühjahrslorchel *Gyromitra (Helvella) esculenta* ist trotz des einladenden Artnamens ohne intensive Vorbehandlung ein gefährlicher Giftpilz; als Giftstoff hat man ein als Gyromitrin bezeichnetes N-Methyl-N-formylhydrazon des Acetaldehyds isoliert, während die früher genannte Helvellasäure ein Artefakt ist. Aus N-Methyl-N-formylhydrazin, das unter den Bedingungen des Magenmilieus hydrolytisch aus Gyromitrin entsteht, können verschiedene Metabolite gebildet werden: Methylhydrazin ist für die akute Toxizität verantwortlich, während N-Nitroso-N-formylformamid möglicherweise Ursache der hohen Lebertoxizität der Frühjahrslorchel ist.

4. Ordnung: Leotiales

Viele Arten sind Erreger von Pflanzenschorf und Fruchtfäulen des Stein- und Kernobstes; ebenfalls mit Apothecien, aber auch anderen Nebenfruchtformen. Die als *Botrytis cinerea* bekannte Nebenfruchtform von *Sclerotinia fuckeliana* ist für die «Edelfäule» der «Beerenauslese»-Weinbeeren verantwortlich, kann aber auch durch die «Stielfäule» zum Abfallen der unreifen Beeren führen.

5. Ordnung: Phacidiales

Rhytisma acerinum, mit schwarzen Apothecien-Flecken auf Ahornblättern.

6. Ordnung: Lecanorales

Flechtenpilze mit Apothecien; sie bilden die überwiegende Zahl der Flechtengattungen, z.B. *Lecanora, Peltigera, Cladonia* (siehe auch S. 50/51).

7. Ordnung: Sphaeriales

Zur Ordnung der Sphaeriales gehört *Neurospora crassa*, ein wichtiges, genetisch-biochemisches Versuchsobjekt; auch die bekannten Roten Brotschimmel sind *Neurospora*-Arten. Aus *Gibberella fujikuroi* (heute: *Fusarium heterosporum* oder *F. moniliforme*), einem Pilz, der auf Reispflanzen schmarotzend zu abnormem Streckungswachstum der Wirtspflanzen führt, sind erstmals die als Gibberelline bezeichneten Wuchsstoffe isoliert worden. *Nectria galligena* verursacht den Krebs der Obstbäume.

8. Ordnung: Diaporthales

Hierzu zählt *Endothia parasitica;* dieser nach Nordamerika eingeschleppte Pilz hat das ältere Stammholz der NO-amerikanischen Kastanie (*Castanea dentata*) vollständig vernichtet.

9. Ordnung: Xylariales

Mit der besonders auf Buchenstubben häufigen geweihartigen Holzkeule (*Xylaria hypoxylon*); im oberwärts weißen Abschnitt Konidien, im unteren schwarzen Teil Perithecien führend (Abb. 18F).

10. Ordnung: Clavicipitales

Mit flaschenförmigen Fruchtkörpern («Perithecien», Abb. 18), die sich meist erst nach der Anlage der Sexualorgane bilden. Das Innere dieser mit einer Öffnung versehenen Fruchtkörper wird von dem palisadenartigen Hymenium ausgekleidet, das von Asci und haploiden (!) Hyphen («Paraphysen») gebildet wird. Die Perithecien stehen entweder einzeln oder sind zu vielen in ein verschieden gestaltetes Stroma (z.B. Köpfchen der gekeimten *Claviceps*-Sklerotien, Abb. 18) eingesenkt.

Durch ihre eigenartig fadenförmigen, anfangs einzelligen, später oft septierten Ascosporen lassen sich die Clavicipitales erkennen. Von erheblicher medizinischer Bedeutung ist als Vertreter der **Clavicipitaceae** auch heute noch *Claviceps purpurea*, ein auf Roggen, aber auch auf anderen Gräsern parasitierender Ascomycet. Seine Sklerotien stellen die als «Mutterkorn» («Secale cornutum») bekannte Droge dar. Ihre Mitvermahlung im Mehl hat früher zu Vergiftungsepidemien geführt; heute findet man Mutterkorn gelegentlich wieder in Getreide aus alternativem Anbau.

Der Entwicklungsgang von *Claviceps purpurea* folgt dem anderer Ascomyceten (vgl. dazu Abb. 18B-E):

1 Reife Ascosporen werden durch den Wind auf Fruchtknoten blühender Roggenpflanzen übertragen.
2 Die Ascosporen keimen zu Hyphen aus, die als Mycel schließlich das ganze Fruchtknotengewebe durchwuchern. Gleichzeitig reichliche Bildung von Konidiosporen, die in einer sich abscheidenden Flüssigkeit, dem «Honigtau», durch Insekten auf andere Fruchtknoten übertragen werden (Sekundärinfektion). – Dieser Entwicklungsabschnitt wird auch *Sphacelia*-Stadium genannt, da früher ein als *Sphacelia* bezeichneter Pilz als Ursache der Honigtaubildung angesehen wurde.
3 Nach dem Auskeimen der Konidien kommt es durch Bildung sklerotialer Hyphen zur Sklerotiumbildung.
4 Die Sklerotien fallen – falls sie nicht «geerntet» werden – zu Boden und überwintern; im Frühjahr wachsen aus ihnen gestielte Köpfchen heraus, in denen die
5 Gametangiogamie und Bildung des dikaryotischen Mycels stattfindet.
6 Währenddessen bildet das haploide Gewebe um jeden dieser Sporophyten herum die Perithecien aus.
7 Im Hymenium der Perithecien erfolgt schließlich Hakenbildung, Zygotenbildung, Reduktionsteilung und Bildung der Asci mit jeweils 8, nun wieder haploiden, fadenförmigen Ascosporen.

Aus den Sklerotien lassen sich starkwirkende Lysergsäurederivate («Peptidalkaloide» mit charakteristischer Cyclol-Struktur des Peptidanteils) gewinnen, die heute wichtige Arzneistoffe sind: Neben einer ocytocischen, uteruskontrahierenden Wirkung – diese ist vor allem bei dem einfachen Amid Ergometrin ausgeprägt – sind die vasokonstriktorische (Blutdrucksteigerung durch Kontraktion der kleinen Blutgefäße), die Serotonin-antagonistische und vor allem die sympatholytische Wirkung zu nennen. Durch Hydrierung der 9,10-Doppelbindung im Lysergsäuremolekül tritt diese Wirkung in den Vordergrund, während die ocytocische und vasokonstriktorische Komponente weitgehend verloren geht. Halogenierte Ergolinderivate (z.B. 2-Bromoergocriptin) werden therapeutisch als spezifische Prolactin-Hemmstoffe und auch beim fortgeschrittenen Parkinson-Syndrom eingesetzt.

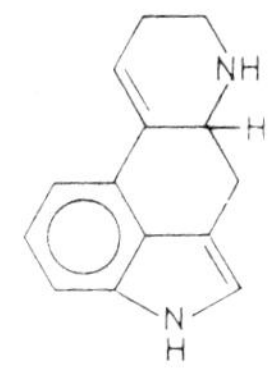

Ergolin

Die Formel des Ergotamins veranschaulicht den Strukturtyp der Peptidalkaloide:

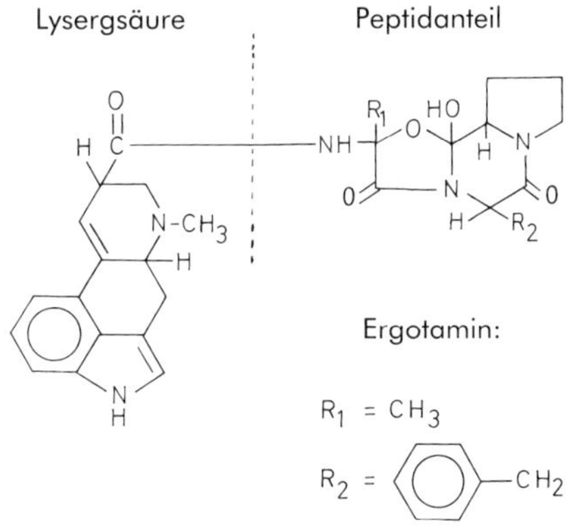

Lysergsäurederivate sind, nachdem sie lange als typische Stoffwechselprodukte von *Claviceps purpurea* galten, auch bei anderen Pilzen (*Aspergillus-*, *Penicillium-* und *Rhizopus*-Arten) gefunden worden. Auf der Suche nach dem rauscherzeugenden Prinzip verschiedener Convolvulaceen-Samen wurden sie auch in höheren Pflanzen entdeckt (Lysergsäureamid und ähnliche, dem LSD nahestehende Verbindungen). Wegen der medizinischen Bedeutung der Mutterkorn-Alkaloide wird heute ein planmäßiger «Anbau» durch Beimpfen von Roggenfeldern mit Konidiensuspensionen betrieben. Gleichzeitig wird versucht, den Pilz auch in saprophytischer Kultur zu einer technisch nutzbaren Stoffproduktion zu bringen. Eine weitere Möglichkeit besteht in der saprophytischen Submerskultur von *Claviceps paspali.* Von bestimmten Stämmen dieses Pilzes wird Paspalsäure gebildet, die nach Umwandlung in die isomere Lysergsäure zur partialsynthetischen Darstellung von arzneilich benötigten Mutterkorn-Alkaloiden dienen kann.

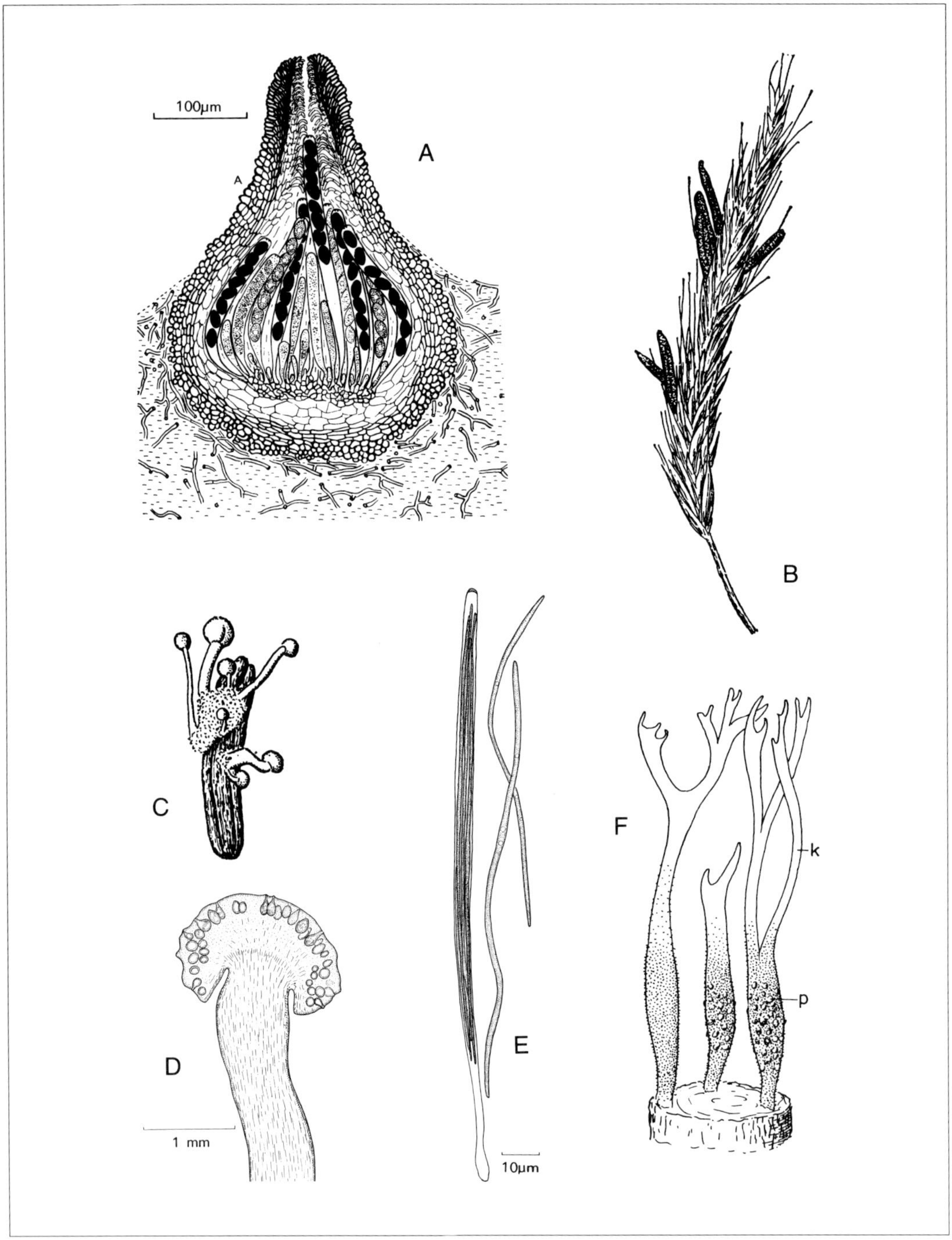

Abb. 18: Ascomycetidae. – **A:** Perithecium von *Sordaria fimicola,* Längsschnitt. – B-E: *Claviceps purpurea.* – **B:** Roggenähre mit reifen Sklerotien (2/3 x). – **C:** Gekeimtes Sklerotium mit gestielten Köpfchen (Stroma) (3 x). – **D:** Längsschnitt durch Köpfchen mit zahlreichen Perithecien. – **E:** Ascus und Ascosporen. – **F:** *Xylaria hypoxylon* (Xylariales), nat. Größe. k Konidienbereich, p Perithecienbereich. – (A, D, E nach Webster, B nach Schenck, C nach Tulasne, F nach Mägdefrau.)

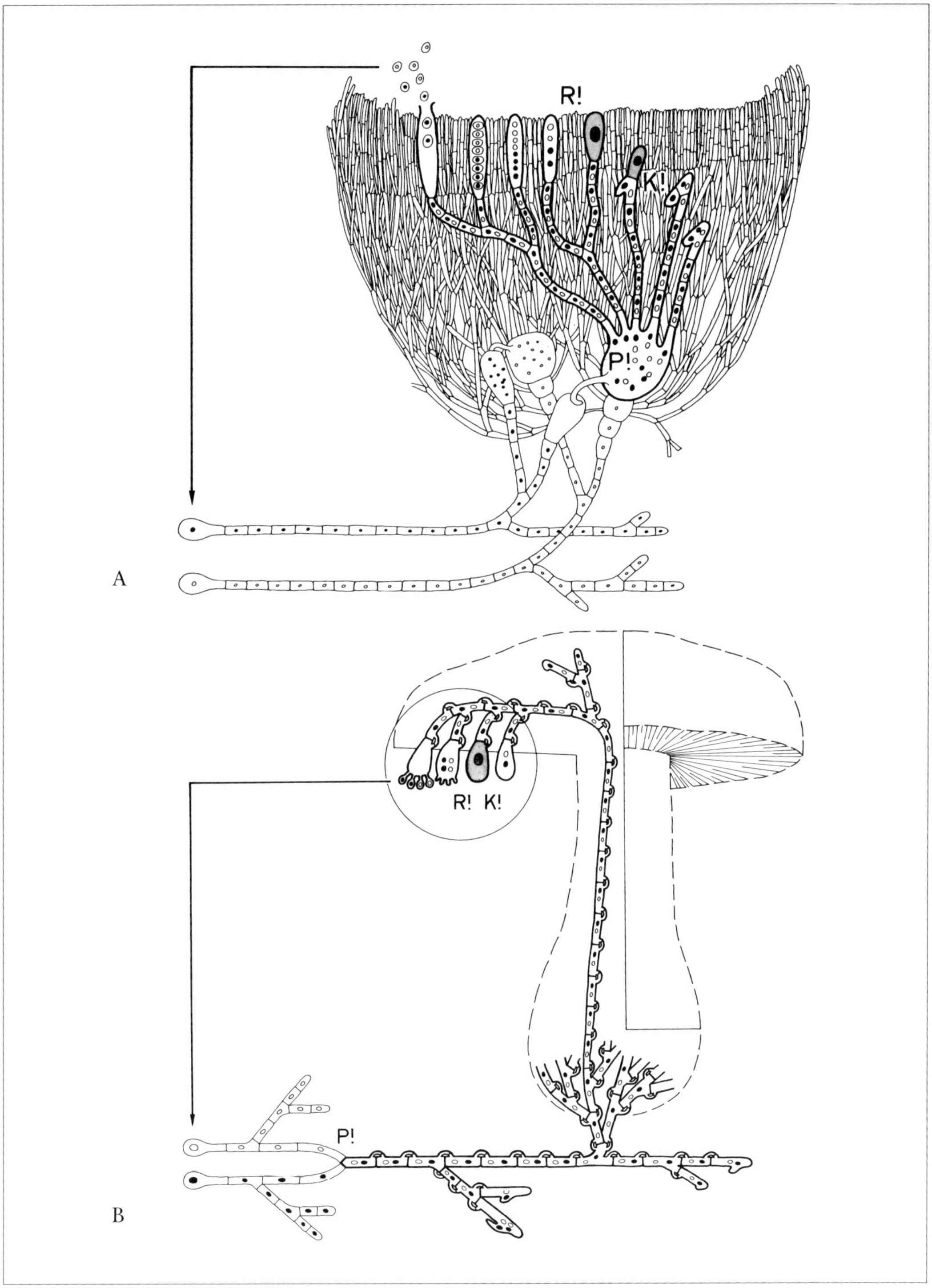

Abb. 19: Entwicklungszyklus eines diözischen Ascomyceten **(A)** und Basidiomyceten **(B)**, schematisch. Hell: haploide Phase, dunkel: dikaryotische Phase; P! Plasmogamie, K! Karyogamie, R! Reduktionsteilung. (Nach Harder bzw. Nultsch, veränd.)

Acremonium coenophalium, ein Endoparasit von *Lolium*-Arten, bildet neurotoxische Indolalkaloide (Lolitreme).

11. Ordnung: Dothideales

Viele Saprophyten und Parasiten. *Lembosina gontardii* verursacht schwarze Flecken auf den Blättern der Bärentraube *Arctostaphylos uva-ursi. Venturia* ruft den Schorf der Äpfel und Birnen hervor.

5. Klasse: Basidiomycetes, Ständerpilze

Das dem Ascus der Ascomyceten homologe Fortpflanzungsgebilde bei Basidiomyceten ist die ± keulenförmige Basidie. In ihr findet die Karyogamie mit anschließender Meiose statt. Im Gegensatz zu den Schlauchpilzen werden hier aber die – in der Regel 4 – Sporen in je einer Basidienausstülpung («Sterigma») scheinbar exogen abgeschnürt (Abb. 19B; 20).

Ihren Entwicklungsgang, der von dem eines Ascomyceten in mancher Hinsicht abweicht, zeigt Abb. 19B: Die Basidiosporen keimen zu einem haploiden Mycel aus. Beim Zusammentreffen verschiedengeschlechtlicher Hyphen fusionieren zwei undifferenzierte Zellen miteinander (Somatogamie). Es entsteht ein dikaryotisches Mycel, wobei es bei jeder Zellteilung zur «Schnallenbildung» (vergleichbar der Hakenbildung bei den Ascomyceten, jedoch ohne Kernverschmelzung) kommt. Dieses «Schnallenmycel» kann viele Jahre wachsen und unter bestimmten Bedingungen – die auslösenden Faktoren für diesen Differenzierungsprozeß sind noch nicht hinreichend bekannt – Fruchtkörper ausbilden, die sich besonders im Spätsommer und Herbst üppig entwickeln («Hutpilze»). Sie bestehen – im Gegensatz zu denen der Ascomyceten – allein aus dikaryotischem Hyphengeflecht. Im Bereich des Hymeniums, das Lamellen, Röhren, Leisten, Stacheln etc. bekleidet oder auch in inneren Kammern sich entwickelt, differenzieren sich Endzellen der Hyphenstränge zu Basidien. In diesen kommt es zur Kernverschmelzung und unter Reduktionsteilung zur Bildung von 4 haploiden Kernen (aber auch 8 Kerne kommen vor!). Diese treten in kurze Auswüchse der Basidien – Sterigmen – ein, die Sporen- und Sterigmenwand verschmilzt, und die Basidiosporen werden abgeschnürt.

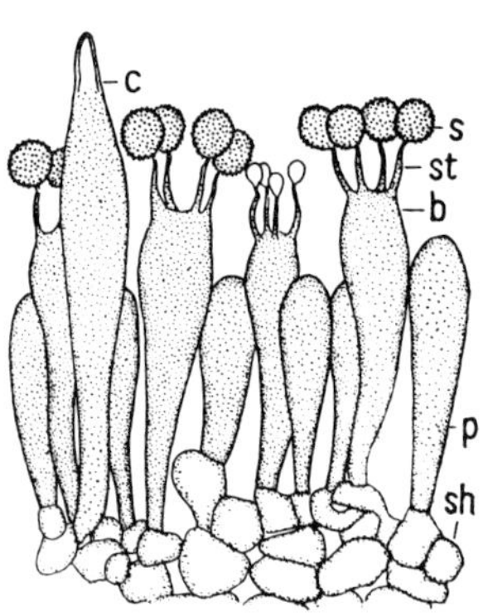

Abb. 20: Hymenium von *Russula rubra* (Russulales), Schnitt; b Basidie, s Basidiospore, st Sterigma, p Paraphyse, c Cystide, sh Subhymenium (500 x). (Nach Strasb., veränd.)

A. Unterklasse: Heterobasidiomycetidae

Die Vertreter dieser Unterklasse besitzen in der Regel solche Basidien, die durch Querwände in 4 Zellen unterteilt sind (**«Phragmobasidien»**). Es handelt sich um wichtige Pflanzenparasiten, die insbesondere an Getreide als Schadpilze bekämpft werden.

Zu den «Brandpilzen» (**Ustilaginales** und **Tilletiales**) gehören u.a. die *Ustilago*-Arten (Flugbrand, Staubbrand). Den durch Wirts- und Generationswechsel gekennzeichneten und in einem Zyklus 5 verschiedene Sporentypen (haploide Basidiosporen, haploide Spermatien, dikaryotische Aecidiosporen, dikaryotische Uredosporen und dikaryotisch-diploide Teleutosporen als Überdauerungsformen) durchlaufenden Rostpilzen (**Uredinales**) gehören u.a. *Puccinia*- und *Uromyces*-Arten an. – *Puccinia graminis;* weit verbreiteter Getreiderost. Teleutosporen des Minzenrosts *(Puccinia menthae)* und des Malvenrosts *(Puccinia malvacearum)* findet man gelegentlich als Verunreinigungen der entsprechenden Arzneidrogen.

B. Unterklasse: Homobasidiomycetidae

Ihre Basidien sind ausnahmslos einzellig (**«Holobasidien»**). Die Sporen keimen stets mit Hyphen aus.

Hierzu gehören die weitaus meisten Speise- und Giftpilze. Wir nennen die wichtigsten Ordnungen:

I. Fruchtkörper verschieden gestaltet; ihre Oberfläche von vornherein ganz oder teilweise vom Hymenium bedeckt **(«Aphyllophorales»).**

1. Ordnung: Poriales

Hierzu gehören u.a. die krustenartigen Rindenpilze wie der häufige, holzbewohnende Schmetterlingsporling *(Coriolus versicolor)* und der Zunderschwamm *(Fomes fomentarius).*

2. Ordnung: Cantharellales

mit den Leistenpilzen **(Cantharellaceae),** z.B. dem Pfifferling *Cantharellus cibarius,* dessen Gelbfärbung durch – sonst bei den Homobasidiomycetidae seltene – Carotinoide, darunter Canthaxanthin, bedingt ist. Canthaxanthin, das heute synthetisch zugänglich ist, war einige Zeit zusammen mit β-Carotin Bestandteil sog. «Bräunungsmittel» der Haut, bei denen sich aber unerwünschte Wirkungen (Ablagerungen im Auge) zeigten.

3. Ordnung: Polyporales

mit den konsolenförmigen Fruchtkörpern der *Polyporus*-Arten und anderer Porlinge und dem zur Zucht geeigneten Austernseitling *Pleurotus ostreatus.* Hierher gehört möglicherweise auch die Gattung *Lentinus* mit *L. edodes,* dem aus Ostasien als Speisepilz bekannten Shiitake-Pilz. Aus ihm wurde ein 1,3- und 1,6-verknüpftes Glukan, das Lentinan isoliert. Lentinan ist eine intensiv untersuchte, immunstimulatorisch wirksame Verbindung, die Makrophagen, T-Zellen und natürliche Killerzellen aktivieren und somit möglicherweise cancerostatisch wirken kann.

II. Lamellen- und Röhrenpilze. Das Hymenium, meist im Inneren der Fruchtkörper angelegt, wird durch Entfaltung der Hüte (an ihrer Unterseite) freigelegt.

4. Ordnung: Russulales

Täublinge *(Russula)* und Milchlinge (= Reizker, *Lactarius)* mit terpenoidführenden Milchsafthyphen.

5. Ordnung: Agaricales

Wichtigste Gruppe von Lamellenpilzen mit bekannten Speisepilzen, wie z.B. dem Zuchtchampignon *Agaricus bisporus,* eine Art mit ausnahmsweise 2 (sonst 4) zweikernigen Sporen pro Basidie, sowie mit gefährlichen Giftpilzen, z.B. einigen Arten aus der Gattung *Amanita.*

Über einige der wichtigsten N-haltigen **Basidiomycetengifte** der Agaricales sind wir bereits gut unterrichtet. Die *Amanita*-Arten *A. virosa, A. verna* und *A. phalloides* (weiße bzw. grüne Knollenblätterpilze) enthalten als Giftstoffe eine Reihe einander ähnlicher zyklischer Oligopeptide, die durch die Verdauungsenzyme nicht angegriffen werden. Während die Phallotoxine, bizyklische Heptapeptide mit schnell einsetzender Giftwirkung bei parenteraler Verabreichung, für die orale Vergiftung durch Knollenblätterpilze von untergeordneter Bedeutung sind, stellen die Amatoxine das eigentlich toxische Prinzip dar. Das α-Amanitin, ein bizyklisches Octapeptid, hemmt die RNA-Polymerase II und damit die Nukleinsäuren- bzw. Proteinsynthese. Wegen der relativ langen Latenzzeit kommen therapeutische Maßnahmen meist zu spät. Unter Auftreten von Leber- und Nierennekrosen, Muskelkrämpfen und Atemlähmung sind die Vergiftungen in der Regel tödlich. Die neuerdings in *Amanita virosa* gefundenen Virotoxine sind monozyklische Heptapeptide. Amatoxine sind auch in einigen Vertretern der Gattung *Galerina,* z.B. *G. marginata,* dem Gift-Häuptling, und in Schirmlingen, z.B. *Lepiota helveola,* dem Fleischrosa-Giftschirmling nachgewiesen worden.

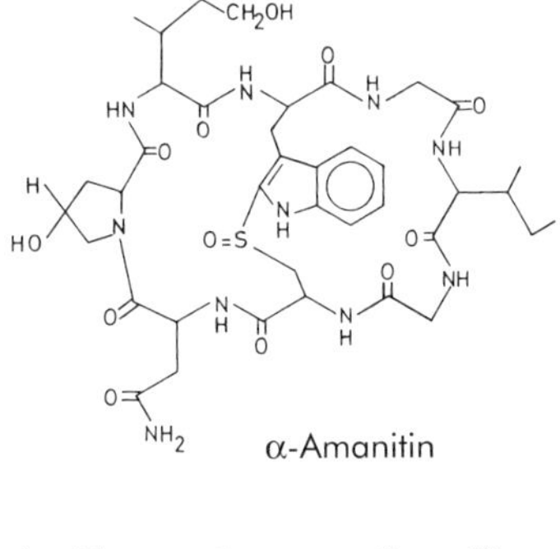

α-Amanitin

Als Antidot werden neuerdings Komponenten des Silymarins (Gemisch antihepatotoxisch wirksamer Flavanolignane aus den Früchten der Mariendistel, *Silybum marianum)* propagiert. Silibinin-C-2,3-dihydrosuccinat (als Legalon SIL Ampullen im Handel) soll die Letalität bei Knollenblätterpilzvergiftungen gegenüber der bisherigen Therapie um mehr als 50% senken.

Vergiftungen durch Genuß von Rißpilzen *(Inocybe*-Arten) oder Trichterlingen *(Clitocybe*-Arten) sind dagegen weniger bedrohlich, weil die Wirkungen des in ihnen enthaltenen Parasympathomimeticums Muscarin therapeutisch beeinflußbar sind.

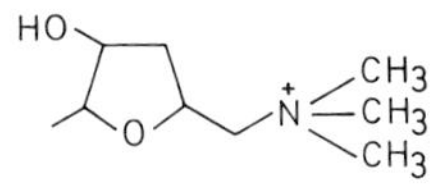

Muscarin

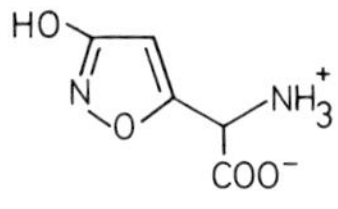

Ibotensäure

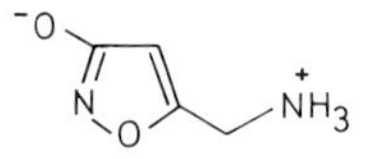

Muscimol

Die Giftigkeit von Fliegenpilz *(Amanita muscaria)* und Pantherpilz *(A. pantherina)* beruht weniger auf dem Gehalt an Muscarin, als auf dem Vorkommen toxischer (und halluzinogen wirkender) 3-Hydroxy-isoxazolderivate (Ibotensäure, Muscimol). Die halluzinogene Wirkung mancher anderer Pilze, insbesondere der *Psilocybe*-Arten geht auf die Indolderivate Psilocybin oder Psilocin zurück. *Psilocybe mexicana* ist der schon im vorspanischen Mexiko zur Erzeugung religiös-ritueller Rauschzustände verwendete Pilz (teonanácatl = Fleisch der Götter). Aber auch zahlreiche andere *Psilocybe*-Arten enthalten – wie auch einige *Panaeolus*- und *Inocybe*-Arten – Psilocybin und Psilocin. Von ihnen hat *Psilocybe semilanceata,* der spitzkegelige Kahlkopf, der in Mitteleuropa auf gedüngten Wiesen nicht selten zu finden ist, insofern Bedeutung erlangt, als er in einschlägigen Kreisen als «billige», d.h. leicht zu beschaffende Rauschgiftquelle bekannt geworden ist.

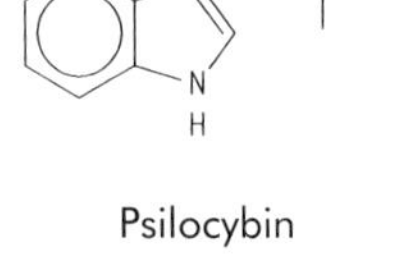

Psilocybin

Cortinarius-Arten (Haarschleierlinge), insbesondere Vertreter der Untergattung *Leprocybe*, enthalten als gefährliches Nephrotoxin, das nach langer Latenzzeit zu Nierenschädigungen führt, eine als Orellanin bezeichnete Verbindung mit Bipyridylstruktur; gefährlich giftig ist z.B. *Cortinarius orellanus,* der orangefuchsige Rauhkopf.

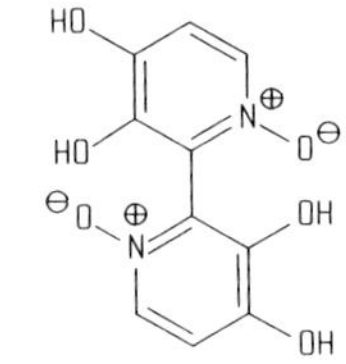

Orellanin

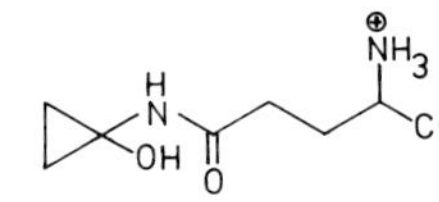

Coprin

Coprinus atramentarius, der Faltentintling, zeigt nur in Verbindung mit Alkoholgenuß eine gefährliche Giftwirkung. Als Ursache ist das Coprin anzusehen, ein N-(1-Hydroxycyclopropyl-)L-glutamin, aus dem im Körper durch Spaltung 1-Aminocyclopropanol entsteht. Diese Verbindung ist ein wirksamer Aldehyddehydrogenasehemmstoff, der kompetitiv mit NAD um das aktive Zentrum des Enzyms konkurriert. Es kommt also wie beim synthetischen Disulfiram (Antabus®) zu einer toxischen Acetaldehydakkumulation im Körper mit Kopfschmerzen, Schweißausbrüchen, Angstzuständen, Erbrechen bis hin zu Blutdruckabfall und Einsetzen eines Schockzustandes.

6. Ordnung: Boletales

Zu dieser Ordnung gehören die bekannten Röhrenpilze, unter denen sich viele geschätzte Speisepilze befinden, wie der Steinpilz *Boletus edulis* und der Maronenröhrling *Xerocomus badius.* Die Einordnung der Kremplinge (z.B. des empfindlichen Kremplings *Paxillus involutus)* wird durch das wie bei den Röhrenpilzen leicht vom Pilzkörper abhebbare Hymenium verständlich. Viele dieser Fruchtkörper färben sich beim Anschneiden blau. Die Färbung geht auf Pulvinsäurederivate (z.B. Variegatsäure) bei Anwesenheit von Oxidasen zurück; vgl. Formel S. 49.

III. «Bauchpilze ». Die geschlossenen Fruchtkörper öffnen sich erst nach der Sporenreife. Die sporenbildende Innenmasse – Gleba genannt – verwandelt sich bei der Reife in staubartige (Boviste, Stäublinge, Erdsterne) oder in schmierige, übelriechende Sporenmassen (Stinkmorcheln).

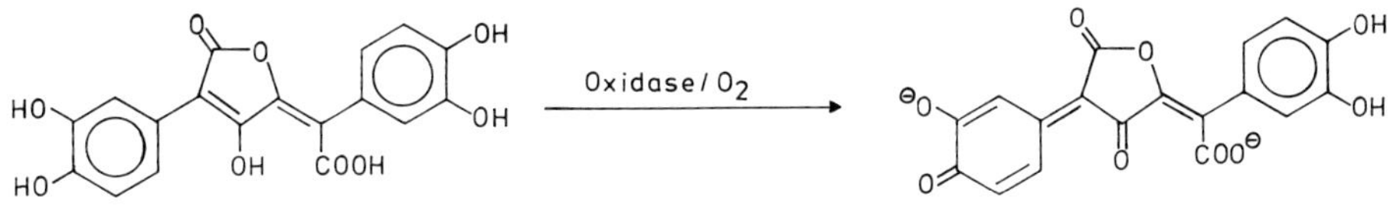

Variegatsäure aus *Suillus variegatus*, Boletales. Links nicht oxidiert, rechts als oxidiertes Anion (nach Steglich).

7. Ordnung: Lycoperdales (Stäublinge)

mit den Gattungen *Bovista* (Boviste), *Lycoperdon* (Flaschenbovist) und *Langermannia (L. gigantea,* Riesenbovist).

8. Ordnung: Geastrales

Die äußere Hülle der Fruchtkörper (Exoperidie) löst sich sternförmig nach außen von der inneren, glebahaltigen Hülle (Endoperidie) ab. – Erdsterne, *Geastrum.*

9. Ordnung: Nidulariales

Mehrere Glebabereiche liegen wie kleine Geldstücke in der becherförmigen Peridie. – Teuerling, *Cyathus* (Abb. 21C).

10. Ordnung: Phallales

Fruchtkörper im jungen Zustand von der gallertigen Peridie umgeben, die später gesprengt wird und die Gleba freigibt. Einheimisch ist *Phallus impudicus* (Abb. 21A), die Stinkmorchel (jung als «Hexenei»). Ähnlich entstehen die exotisch anmutenden Gitterpilze *(Clathrus)* und Tintenfischpilze *(Anthurus),* Abb. 21B.

Anhang: Deuteromycetes (Fungi imperfecti)

In dieser künstlichen Sammelgruppe ist eine große Zahl von Pilzen zusammengefaßt, von denen eine geschlechtliche Fortpflanzungsform unbekannt und deren genauere systematische Einordnung deshalb vorläufig nicht möglich ist. Ihre Mehrzahl dürfte zu den Ascomyceten gehören. Zahlreiche pathogene, Mykosen hervorrufende Pilze – erwähnt seien nur die Dermatophyten Trichophyton, *Mikrosporum* und *Epidermophyton* – gehören zu den Fungi imperfecti.

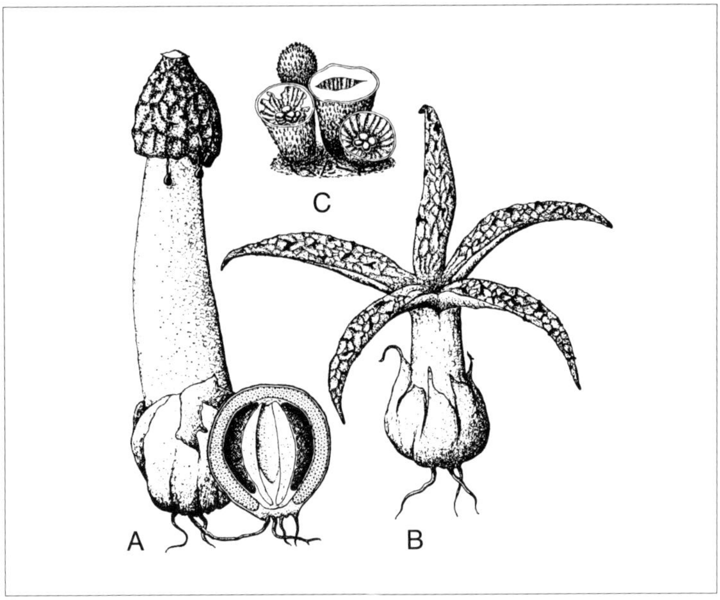

Abb. 21: Homobasidiomycetidae, «Bauchpilze». A, B Phallales; C Nidulariales. – **A:** *Phallus impudicus* (Stinkmorchel); reifer Fruchtkörper mit Gleba-Tropfen am Hut und junger Fruchtkörper im Längsschnitt (1/2 x). – **B:** *Anthurus archeri* (Tintenfischpilz; 1/2 x). – **C:** *Cyathus striatus* (gestreifter Teuerling; nat. Größe). – (A nach Lange, B nach Poelt, Jahn & Caspari, C nach Gramberg.)

❖ Pharmazeutisch wichtige Pilze

Endomycetidae. *Saccharomyces cerevisiae* («Hefe», Faex medicinalis; B-Vitamine; «Selenhefe»).

Eurotiales. *Apergillus*-Arten (Enzyme: Amylase, Proteasen; organische Säuren), *A. flavus* (Aflatoxine), *Cephalosporium*-Arten (Cephalosporine), *Penicillium notatum* und *P. chrysogenum* (Penicilline).

Clavicipitales. *Claviceps purpurea* («Secale cornutum»; Lysergsäure-Alkaloide).

Agaricales. *Psilocybe mexicana* (Psilocybin).

Anhang: Lichenes, Flechten

Die Flechten sind eine Organismengruppe besonderer Art. In enger symbiotischer Assoziation aus Pilz und Alge ist ein stabiles Gebilde eigener Struktur entstanden, ein Flechtenthallus (Abb. 22), den zu bilden weder Pilz noch Alge allein imstande wären. Etwas vereinfachend läßt sich sagen, daß der Pilz («Mycobiot»), der in der Regel das Skelett des Flechtenthallus liefert, die Verbindung zum Substrat (Erde, Gestein, Baumrinde) vermittelt, während die von ihm «umsponnenen» Algen («Phycobioten» oder «Photobioten») auf Grund ihrer Photosynthesetätigkeit die Primärproduktion organischen Materials besorgen. Flechtenbildung läßt sich bei sehr vielen Ascomyceten und nur wenigen Basidiomyceten feststellen. Der Algenpartner kann sowohl eine eukaryotische Alge sein (einzellige Grünalgen, zumeist aus der Gattung *Trebouxia*, oder die fadenförmige Grünalge *Trentepohlia)* als auch ein Prokaryot (einzellige oder fädige Cyanobakterien, wie z.B. *Chroococcidiopsis* oder *Nostoc).* In manchen Flechten kommen neben einem Grünalgenpartner zusätzlich Cyanobakterien als Photobioten vor, die dann atmosphärischen Stickstoff binden und so für den Pilz nutzbar machen. Viele Flechtenalgen kommen auch ohne Pilz freilebend in Böden oder auf Baumrinde vor. Allerdings ist noch umstritten, ob nicht gerade die häufigsten Phycobioten, nämlich Algen der Gattung *Trebouxia,* coevolutiv (aus Vorfahren aus dem Umkreis der Bodenalge *Pleurastrum terrestre?)* bereits so stark auf die Symbiose fixiert sind, daß sie freilebend nicht mehr existieren können. Die Pilze sind in jedem Falle symbioseabhängig; ausgekeimte (Pilz-)Sporen der Flechten können erst in Gegenwart einer geeigneten Alge wieder zu einer Flechte heranwachsen.

Flechten können sich vegetativ z.B. durch kleine Thallusbruchstücke oder Soredien vermehren, wobei Pilz und Alge gemeinsam verbreitet werden. Zur geschlechtlichen Vermehrung, die allein die Flech-

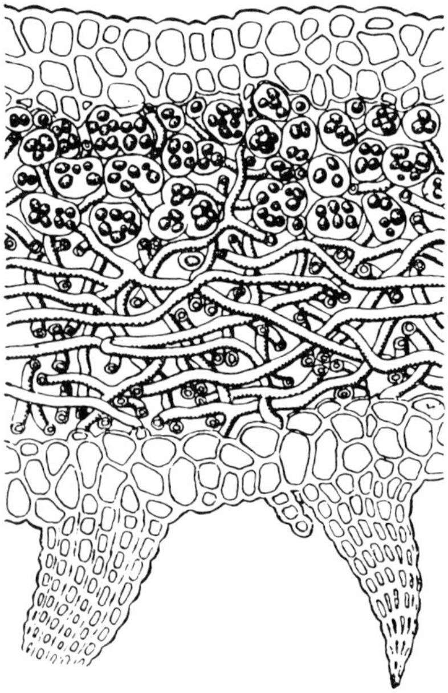

Abb. 22: *Sticta fuliginosa*, Thallusquerschnitt (250 x). (Nach Sachs.)

tenpilze vollziehen, dienen Apothecien bzw. Perithecien oder auch kleine, eingesenkte Pyknidien, manchmal auf eigenen Trägern (Podetien) stehend, wie bei *Cladonia* (Abb. 23B).

Die Flechten sind besonders an kühlen, luftfeuchten Orten üppig entwickelt, vermögen aber auch Trokkenheit sowie hohe und tiefe Extremtemperaturen (bis –196 °C!) längere Zeit zu ertragen. Besonders empfindlich sind sie gegenüber Rauchgasen («Flechtenwüsten» der Industriestädte). Das gilt für die größeren, aufrecht wachsenden Strauchflechten (z.B. *Cetraria,* s. Abb. 23A, *Cladina, Cladonia)* ebenso wie für die flächig wachsenden Laubflechten (z.B. *Lobaria)* oder die meist eng mit dem Gestein verbundenen, aber auch auf Rinden und Holz wachsenden Krustenflechten.

Eine Besonderheit der Flechten mit Grünalgen-Photobioten ist die Synthese eigener **Flechtenstoffe.** Unter diesem Namen wird eine chemisch recht heterogene Gruppe von Sekundärstoffen zusammengefaßt, die in der Flechte wohl stets vom Pilz produziert werden. Die physiologische Bedeutung dieser Verbindungen ist unklar. Einige neuere Befunde sprechen für eine Beteiligung an permeabilitätserhöhenden Mechanismen im Rahmen des Stoffaustausches zwischen Pilz und Alge. Das Vorkommen der Flechtenstoffe ist in der Taxonomie zur Abgrenzung und Charakterisierung von Flechtensippen seit langem von großer Bedeutung. Einige dieser Verbindungen seien im folgenden erwähnt:

a) Charakteristische **Depside,** die sich aus jeweils 2 Monocarbonsäuren vom Orcin und β-Orcin-Typ zusammensetzen, z.B. Lecanorsäure.

Durch hydrolytische Spaltung solcher Depside entstehen Verbindungen, die infolge ihres Wohlgeruches für die Parfüm- und Seifenindustrie von Interesse sind; *Pseudevernia furfuracea* liefert Mousse d'Arbre, *Evernia prunastri* u.a. Mousse de Chêne. Unter Mitwirkung von NH_3 wird aus depsidhaltigen Flechten durch «Lackmusgärung» der Lackmusfarbstoff hergestellt, der als Chromophor eine 7-Hydroxyphenoxazonstruktur führt.

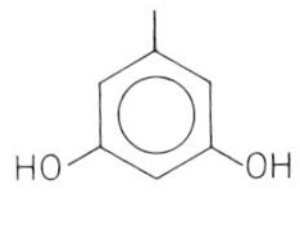

Orcin

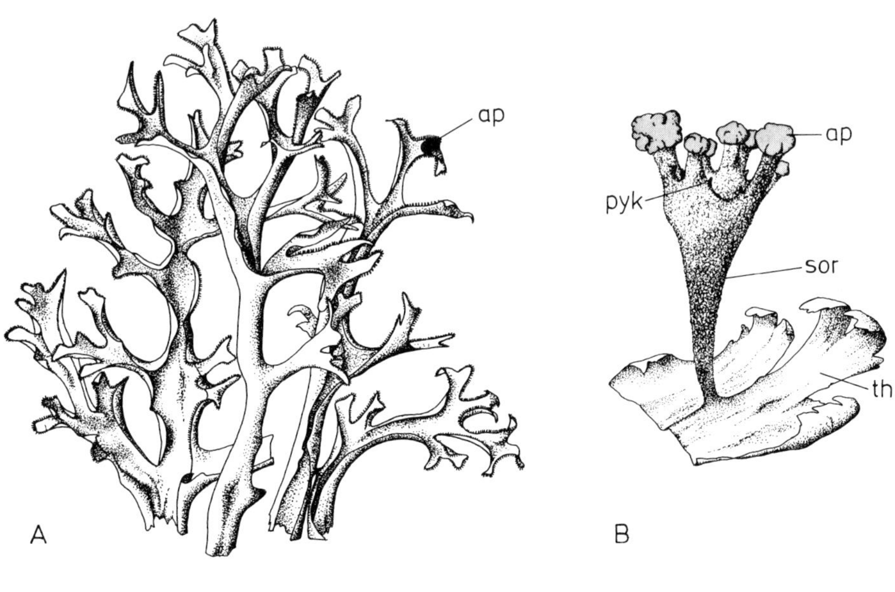

Abb. 23: Strauchflechten. – **A:** *Cetraria islandica.* – **B:** *Cladonia spec.* (beide nat. Größe). ap Apothecium, pyk Pyknidium, sor Soredien am Podetium, th Thalluslappen.

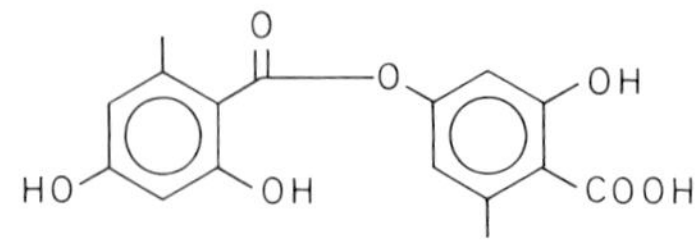

Lecanorsäure

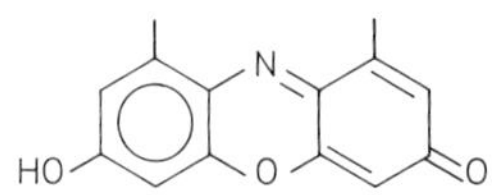

Chromophore Gruppe des Lackmus-Farbstoffs

b) Gleichfalls sehr verbreitet sind die sich von den Depsiden durch eine Ethergruppe unterscheidenden **Depsidone.** Hierzu gehört die Fumarprotocetrarsäure, deren Vorkommen taxonomische Bedeutung hat und die wie andere Flechtensäuren mit einer Aldehydgruppe bei der Flechtenbestimmung durch das p-Phenylendiaminreagenz nachgewiesen wird. Auch Stictinsäure, die in der Lungenflechte *Lobaria pulmonaria* mengenmäßig vorherrschende Flechtensäure, ist ein Depsidon.

c) Von weiteren Flechtensäuren sei die Usninsäure erwähnt, ein Dibenzofuranderivat, das bei Flechten weit verbreitet ist und u.a. in den bekannten Vertretern der Gattungen *Usnea, Cetraria, Cladina, Cladonia* und *Ramalina* vorkommt. Ihre antibiotische Wirkung wird in verschiedenen Arzneispezialitäten – nur zur lokalen Anwendung als Puder oder Lutschtablette – genutzt.

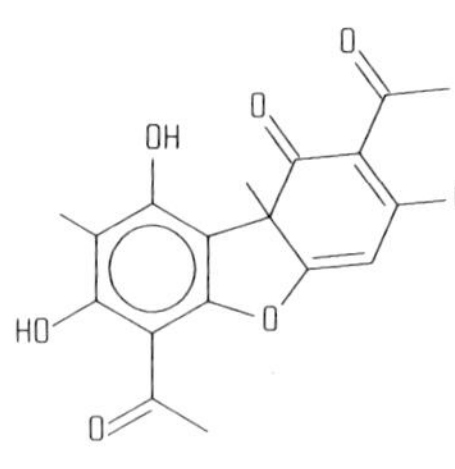

Usninsäure

d) Interessant ist das offenbar nicht seltene Vorkommen von **Anthrachinonen** und **Naphthochinonen** in Flechten. So ist z.B. das Naphthochinonderivat Rhodocladonsäure das Pigment der rotgefärbten Apothecien vieler bekannter *Cladonia*-Arten. Für viele Flechten charakteristisch ist das auch bei höheren Pflanzen gefundene Parietin (= Physcion), sehr selten hingegen sind Emodin und Chrysophanol oder die flechtenspezifischen chlorhaltigen Anthraverbindungen.

An (Reserve-)**Polysacchariden** kommen neben vereinzelt gefundenen Heteroglykanen (z.B. Galaktomannanen) vor allem Homo-D-Glukane vor. Lichenan und Isolichenan aus den Gattungen *Cetraria, Roccella* und *Usnea* sind z.B. unverzweigte Homo-D-Glukane mit 1,3- und 1,4-β-glykosidisch (Lichenan) bzw. α-glykosidisch (Isolichenan) verknüpften Glukosemolekülen. Flechtenpolysaccharide sind wegen potentieller Antitumorwirkung viel untersuchte Substanzen.

Das «Isländische Moos» *Cetraria islandica* (vgl. Abb. 23A) wird wegen des Polysaccharidgehaltes als Schleimdroge verwendet, während andere Flechten auch gegessen werden. So gilt z.B. in Japan *Umbilicaria esculenta* noch heute als Delikatesse; auch *Sphaerothallia esculenta (= Lecanora esculenta;* Manna der Bibel?) ist eßbar. Im nördlichen Skandinavien, auf Spitzbergen und Island dienten vor noch nicht allzu langer Zeit Flechten nach Extraktion der Sekundärstoffe mittels Sodalösung (leichtlösliche Alkalisalze der Flechtensäuren) der menschlichen Ernährung. Flechten wie *Cladina alpestris, Cl. rangiferina* u.a. Arten sind auch das Hauptnahrungsmittel der nordischen Rene. Giftig ist die arktisch-alpine Strauchflechte *Letharia vulpina.*

Flechten sind eher als eine ernährungsbiologische denn als eine verwandtschaftliche Organismengruppe aufzufassen. Dennoch ist in Anbetracht der spezifischen Formenvielfalt und der verschiedensten anatomischen, physiologischen und biochemischen Eigentümlichkeiten eine gewisse Eigenevolution dieser Doppellebewesen denkbar. Vorerst aber gründet sich die systematische Gliederung der Flechten auf die der Mycobioten und ihrer Fruchtkörper. Die weit umfangreichste Ordnung ist die zu den Ascomyceten gestellte «Ascolichenes»-Ordnung der Lecanorales (s.S. 42).

Literatur Mycophyta und Lichenes

Alexopoulos, C.J. & C.W. Mims: Introductory mycology. John Wiley & Sons, New York, Chichester, Toronto, 1979.

Beug, M.W. & J. Bigwood: Psilocybin and Psilocyn levels in twenty species from seven genera of wild mushrooms in the Pacific northwest, U.S.A. J. Ethnopharmacol. 5: 271-285, 1982.

Betina, V.: Mycotoxins. Chemical, biological and environmental aspects. Elsevier, Amsterdam, 1989.
Bresinsky, A. & H. Besl: Giftpilze, ein Handbuch für Apotheker, Ärzte und Biologen. Wiss. Verl. Gesellsch., Stuttgart, 1985.
Chihara, G., J. Hamuro et al.: Antitumor and metastasis-inhibitory activities of lentinan as an immunomodulator: an overview. Cancer detection prevention, Suppl. 1: 423-443, 1987.
Eder, J. & Ch. Weig: Pilze als Arzneipflanzen. Sekundäre Inhaltsstoffe in Pilzen. 4. Mitt.: *Lentinus edodes,* Shii-Take Pilz. Ernährungs-Umschau 35: 396-398, 1988.
Elix, J.A. & A.A. Whitton: Recent progress in the chemistry of lichen substances. Progr. Chem. Org. Nat. Prod. 45: 103-234, 1984.
Esser, K.: Kryptogamen: Blaualgen, Algen, Pilze, Flechten. Springer-Verlag, Berlin, Heidelberg, New York, 1986.
Faulstich, H., B. Kommerell & T. Wieland: *Amanita* toxins and poisoning. Verl. G. Witzstrock, Baden-Baden, Köln, New York, 1980.
Feige, G.B. & B.P. Kremer: Flechten – Doppelwesen aus Pilz und Alge. Vorkommen, Lebensweise, Bestimmung. Kosmos-Verlag, Stuttgart, 1979.
Frey, H., H. Hurka & F. Oberwinkler: Beiträge zur Biologie der niederen Pflanzen. G.Fischer-Verlag, Stuttgart, New York, 1977.
Galun, M. (ed.): Handbook of lichenology. CRC Press, Boca Raton, 1988.
Gedek, B.: Kompendium der medizinischen Mykologie. Parey-Verlag, Berlin, Hamburg, 1980.
Hanssen, H.-P.: Ganoderma. Eine Pilzdroge der ostasiatischen Volksmedizin mit vielfältigen pharmakologischen Wirkungen. Dtsch. Apoth. Ztg. 128: 789-792, 1988.
Hawksworth, D.L. & D.J. Hill: The lichen-forming fungi. Blackie, Glasgow, London, 1984.
Henssen, A. & H.M Jahns: Lichenes; eine Einführung in die Flechtenkunde. Thieme-Verlag, Stuttgart, 1974 (Taschenbuch).
Huneck, S.: Chemie und Biosynthese der Flechtenstoffe. Fortschr. Chem. Org. Naturst. 29: 209-306, 1971.
Jahns, H.M.: Farne, Moose, Flechten Mittel-, Nord- und Westeuropas. BLV Verlagsges. München, Wien, Zürich, 1980.
Keeler, R.F. & A.T. TU (eds.): Plant and fungal toxins (Handbook of natural toxins, Vol. I), Marcel Dekker Inc., New York, Basel, 1983.
Kletter, Ch.: Kombucha – der Teepilz. Dtsch. Apoth. Ztg. 130: 2266-2270, 1990.
Lindequist, U., E. Teuscher & G. Narbe: Neue Wirkstoffe aus Basidiomyceten. Z. Phytotherap. 11: 139-149, 1990.
Müller, E. & W. Loeffler: Mykologie. 4. Aufl. Thieme-Verlag, Stuttgart, 1982 (Taschenbuch).
Natori, S., K. Hashimoto & Y. Ueno (eds.): Mycotoxins and phycotoxins. Elsevier, Amsterdam, 1988.
ReHacek, Z. & P. Sajdl: Ergot alkaloids – chemistry, biological effects, biotechnology. Elsevier, Amsterdam, 1990.
Rieth, H.: Mykosen und Antimykotika. Pharmazie i. u. Z. 11: 1-17, 1982.
Rödder, W.: Spitzkegeliger Kahlkopf. Pharm. Ztg. 135: 3445-3448, 1990.
Seeliger, H.P.R. & T. Heymer: Diagnostik pathogener Pilze des Menschen und seiner Umwelt. Thieme-Verlag, Stuttgart, New York, 1981.
Siebert, D. & H. Hustede: Citronensäurefermentation – biotechnologische Probleme. Chem.-Ing.-Tech. 54: 659-669, 1982.
Singer, R.: The Agaricales in modern taxonomy. Koeltz Scientific Books, 1986
Smith, J.E., D.R. Berry & B. Kristiansen: Fungal Biotechnology. Academic Press, London, New York, 1980.
Sprecher, E.: Bildung und Bedeutung flüchtiger Stoffwechselprodukte aus Pilzen. Dtsch. Apoth. Ztg. 114: 1419-1422, 1974.
Steyn, P.S. & R. Vleggaar: Tremorgenic mycotoxins. Progr. Chem. Org. Nat. Prod. 48: 1-80, 1985.
Webster, J.: Pilze, eine Einführung. Springer-Verlag, Berlin, Heidelberg, New York, 1983.
Wieland, Th.: Peptides of poisonous Amanita mushrooms. Springer-Verlag, New York, Berlin, Heidelberg, 1986.

Eukaryotische Algen

Die Protocyten enthalten nie, die Eucyten dagegen praktisch immer Mitochondrien und – so weit es pflanzliche Zellen betrifft – Plastiden. Ein grüner Eukaryot hat demnach in seinen Zellen drei nicht miteinander mischbare Plasma-Sorten mit jeweils eigener genetischer Information sowie spezifischen Ribosomen und Proteinen. Die innere der beiden Hüllmembranen von Mitochondrien und Plastiden wird an Membranflußvorgängen der Zelle nicht beteiligt und weicht in ihrer Zusammensetzung von den übrigen Membranen der eukaryotischen Zelle signifikant ab. Darüberhinaus tragen viele Eigenschaften von Mitochondrien und Plastiden prokaryotische Züge; so ist z.B. ihre DNA zirkulär und ohne Histone, die Ribosomen sind vom 70S-Typ und durch Chloramphenicol hemmbar, nur eine (bei

Eukaryoten drei) RNA-Polymerase kommt vor, die Rifamycin-sensitiv ist. Alle diese Eigenschaften werden durch die Endosymbioten-Theorie erklärt, für die es heute bereits eine geradezu erdrückende Fülle von Evidenzen gibt (Sitte 1987, 1990). Das heißt, daß die eucytische Zelle eigentlich eine Superzelle ist, deren DNA-haltige Kompartimente, die sich zusätzlich zum Zellkern in der Zelle befinden, evolutiv auf einen von außen aufgenommenen, einzelligen Fremdorganismus zurückgehen, der seinen Organismenstatus eingebüßt hat und zu einem sog. «Xenosom» geworden ist, einem Kompartiment mit Resten eines Genoms, das sich in einem anderen Organismenreich (nämlich dem der Prokaryoten) entwickelt hatte.

Die Algen sind, von wenigen Ausnahmen abgesehen, photoautotrophe (grüne) Wasserpflanzen. Sie besitzen weder die hochentwickelten Organe der Kormophyten noch die typischen Schutzeinrichtungen der Landpflanzen. Insbesondere fehlt ihren Sporangien und Gametangien (Behälter, in denen Sporen bzw. Gameten gebildet werden) im Gegensatz zu denen der «Archegoniaten» die schützende Hülle aus sterilen Wandzellen.

Die Algen treten in einer Fülle von einzelligen (nackten oder behäuteten, begeißelten oder unbegeißelten), fädigen (unverzweigten oder verzweigten), blattartigen oder sproßähnlichen Gebilden (Abb. 24) auf, die je nach vorherrschenden Chromatophorenfarbstoffen grün, gelbbraun, braun oder rot gefärbt sind.

Die verschiedenen Abteilungen der eukaryotischen Algen haben sich in der Phylogenese getrennt entwickelt. Dennoch sind in vielen Klassen ähnliche Entwicklungsstufen (Organisationsstufen) durchlaufen worden (siehe Darstellung unten).

Vermehrung: Neben sexueller ist auch asexuelle Fortpflanzung verbreitet, sei es vegetativ (z.B. durch Längsteilung) oder durch Sporenbildung. Bei der letzteren gehen der Bildung begeißelter oder unbeweglicher Sporen i. d. R. mitotische Kernteilungen mit nachfolgender Protoplastenteilung voraus.

Ein **Generationswechsel** (Abb. 25) fehlt bei verschiedenen – primitiver organisierten – Algen. Die Pflanzen selbst sind haploid. Sie entlassen begeißelte Gameten. Die durch Kopulation entstandene diploide Zygote teilt sich unter Reduktionsteilung in meist 4 haploide (sog. Meio-)Sporen auf. Diese wachsen wiederum zu haploiden Organismen aus. Selbstverständlich kann sich der Haplont auch durch – haploide – Zoosporen ungeschlechtlich vermehren.

Bei den meisten Algen wächst die Zygote zu einem – ebenfalls diploiden – Sporophyten aus. Erst bei dessen (Zoo-)Sporenbildung findet die Reduktionsteilung statt. Gametophyt und Sporophyt sind verschieden-, manchmal aber auch gleichgestaltet.

Bei manchen, zum Teil auch anderweitig stärker abgeleiteten Algengruppen ist schließlich die haploide Phase dadurch vollkommen «zusammengeschrumpft», daß die Sporen ohne Bildung eines Gametophyten zu Gameten geworden sind und

a) in der Thallusentwicklung:

Einzeller —*Aggregation*→ Zellkolonien

monadal (begeißelt)
kokkal (unbegeißelt)
↓ *Zellverkettung*

Zellfäden, unverzweigt

↓ *Drehung der Kernspindelachse*

Zellfäden, verzweigt, und einfache räumliche Thalli mit interkalarem Wachstum

↓ *Meristemdifferenzierung*

Zellfäden, verzweigt, und einfache räumliche Thalli mit Spitzenwachstum

↓ *Gewebedifferenzierung*

räumliche Thalli mit Gewebedifferenzierung

b) im Kernphasenwechsel:

nur haploide Pflanzen; Reduktionsteilung nach Zygotenbildung

↓ *«Hinausschieben» der Reduktionsteilung*

haploide und diploide Pflanzen im Wechsel

↓ *Reduktion der haploiden Phase*

nur diploide Pflanzen

c) in der Sexualität:

Isogamie

↓ *äußerlich sichtbare Differenzierung in weibl. und männl. Gameten*

Anisogamie

↓ *Verlust der Geißeln bei weibl. Gameten*

Oogamie

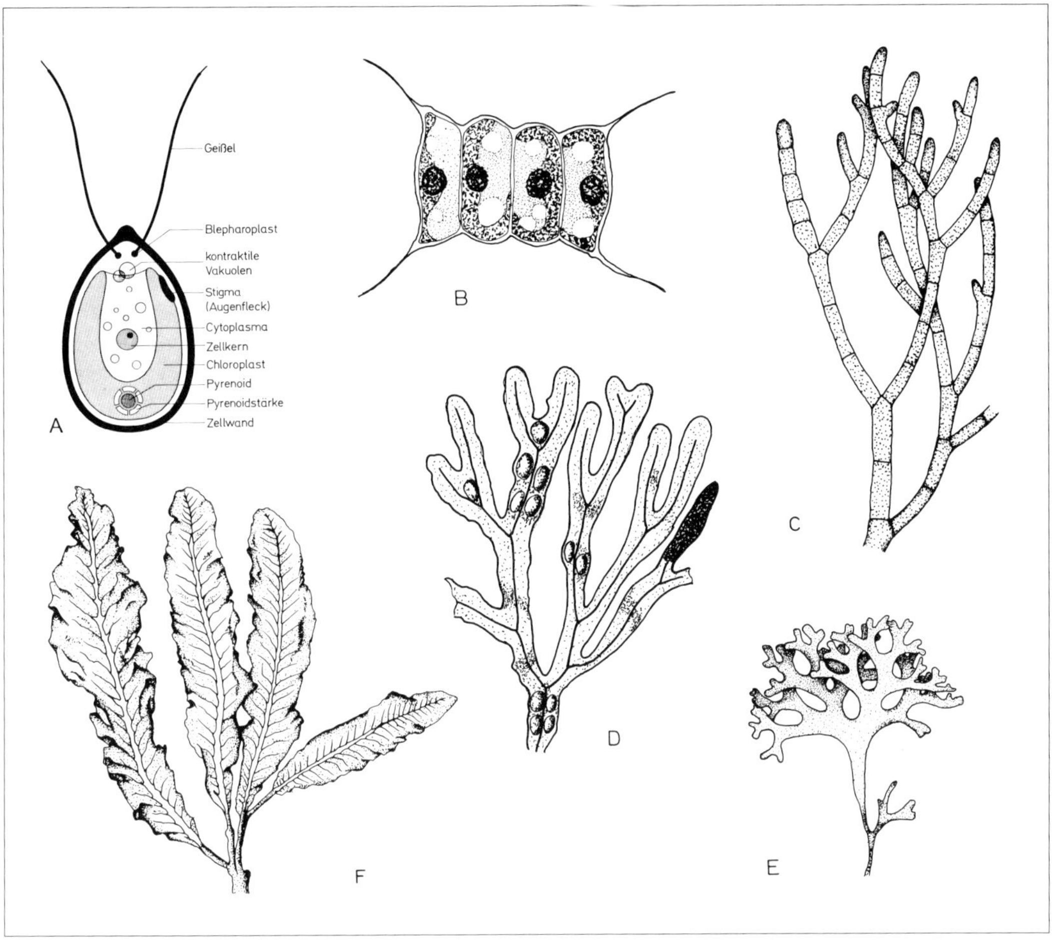

Abb. 24: Eukaryotische Algen verschiedener Organisationshöhe: A-C: Chlorophyta (Grünalgen). – **A:** *Chlamydomonas,* schem. (begeißelter Einzeller). – **B:** *Scenedesmus* spec. (Zellaggregat). – **C:** *Cladophora glomerata* (verzweigter Zellfaden). **D:** Phaeophyceae (Braunalgen): Blasentang *Fucus vesiculosus,* mit luftführenden Schwimmblasen und punktförmigen Konzeptakeln (eingesenkten Vermehrungsorganen) an Thallusenden. – E-F: Rhodophyta (Rotalgen). – **E:** Irisch «Moos» *Chondrus crispus.* – **F:** Seeampfer, *Delesseria sanguinea* mit sproßachsen- und blattartiger Differenzierung. – (B ca. 1200 x, C ca. 600 x, D ca.1/3 x, E ca. 1/3 x, F ca. 1/3 x.) (A nach Wartenberg, C nach Smith, D Orig. B.P. Kremer, B, E, F nach Hiscock.)

miteinander kopulieren können. Es findet sich hierbei ausschließlich Oogamie. Beispiele: Diatomeen, *Fucus* unter den Braunalgen.

Eine Reihe vorwiegend einzelliger, aber auch koloniebildender Algen sind infolge der Ausbildung von **Geißeln** beweglich. Diese Geißeln haben die charakteristische «2+9-Struktur» der Eukaryoten (Abb. 26). Derartige Algen werden, unabhängig von ihrer systematischen Stellung, als Flagellaten bezeichnet. Bei den höher organisierten Formen fehlt die Begeißelung der vegetativen Zellen, ist aber bei Gameten und Zoosporen meist noch vorhanden (nicht bei Rhodophyta!). Die Zoosporen sind durch kontraktile Vakuolen und meist auch durch einen roten Augenfleck und ein Chromatophor ausgezeichnet. Ihre Begeißelung ist bei den einzelnen Abteilungen verschieden: 2 (oder 4) gleich lange bei den Grünalgen, 2 ungleich lange, seitlich befestigte bei den Braunalgen, 2 ungleich lange, aber apikal befestigte bei etlichen Chromophyta.

Zellwand: Während bei einer Reihe von Algen («nackte» Flagellaten) periphere Schichten des Cytoplasmas die Funktion einer «Zellwand» übernehmen können («Periplast»; «Pellicula»), haben die übrigen Algen aus Kohlenhydraten aufgebaute Zellwände. Neben Pektinen – z.T. mit Inkrustierungen oder

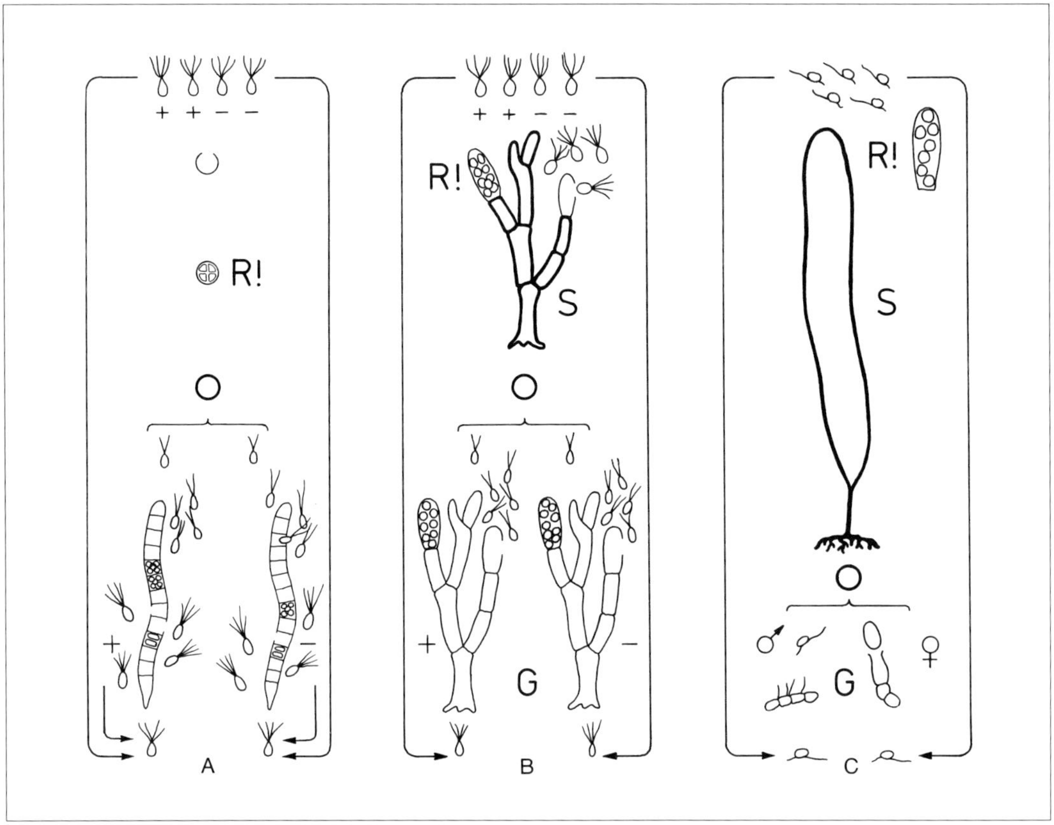

Abb. 25: Generationswechsel bei Algen, schematisch. **A:** *Ulothrix*. **B:** *Cladophora*. **C:** *Laminaria*. G Gametophyt (hell), S Sporophyt (dunkel), R! Reduktionsteilung. (Nach Harder.)

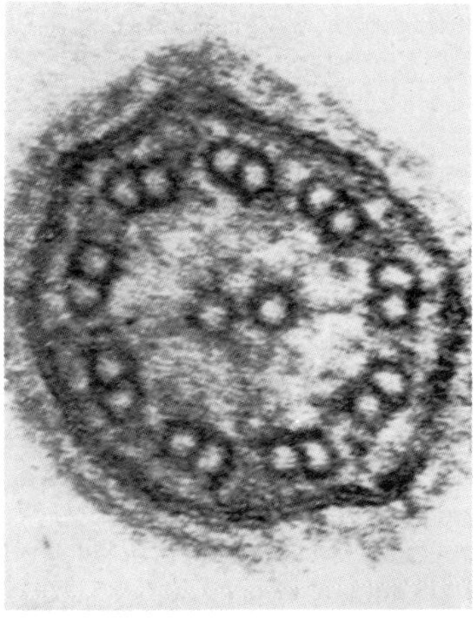

Abb. 26: Querschnitt durch eine Geißel von *Chlamydomonas reinhardi* (117.600 x; nach Gruber & Rosario.)

Auflagerungen von Kieselsäure und Ca- oder Mg-Carbonat – sind auch mikrofibrilläre zelluloseähnliche Strukturen sowie saure Schleimsubstanzen als Wandbausteine zu nennen.

Die wesentlichen chemischen Merkmale der Algen gehen aus den folgenden Tabellen 1 und 2 hervor.

Phylogenetisch sind die Algen zwar niemals als eine monophyletische Organismengruppe verstanden worden, doch erst durch die neuen elektronenmikroskopischen und molekularbiologischen Erkenntnisse ist ihre evolutive Diversität voll ans Tageslicht getreten. Es hat sich nämlich herausgestellt, daß zwar z.B. für die Rot- und Grünalgen eine – getrennte – Entstehung durch «primäre» Endocytobiose gesichert ist, für manche andere Algenklassen hingegen mit «sekundären» Endocytobiosen zu rechnen ist. Bei Euglenophyta, Cryptophyta, Dinophyta, Haptophyta und Chrysophyta deutet das Vorkommen von komplexen Plastiden (d.h. von Plastiden, die nicht die üblichen 2 Hüllmembranen, sondern 3 oder 4 besitzen) darauf hin, daß hier (mehrfach und unabhängig voneinander) eine «sekundäre» Endocytobiose zwischen Eukaryot und Eukaryot stattfand. Man stellt sich vor, daß dabei protozoische (tierische, nichtgrüne), zellwandlose Wirte ebenfalls eukaryotische, aber grüne Algenzellen inkorporierten. Die unscharfe Abgrenzung der tierischen von den pflanzlichen Organismen wird an dieser Stelle besonders am Beispiel der Euglenen deutlich, die keine Zentralvakuole, wohl aber eine pulsierende Vakuole besitzen, sich durch Furchung und nicht durch Zellplattenbildung teilen, keine Zellwand besitzen und mit Hilfe peristaltischer Bewegungen sich fortbewegen können. Ihre komplexen Plastiden entschleiern sie letztendlich als Protozoen, die durch Endocytobiose mit einzelligen Grünalgen zur Photosynthese befähigt wurden und damit als Pflanzen klassifiziert werden.

Tab. 1: Wichtige Pigmente bei Algen.
1 Diadinoxanthin, 2 Diatoxanthin, 3 Fucoxanthin, 4 Lutein, 5 Zeaxanthin; s Spuren

	Chlorophyll			Phycobiline	Carotinoide		Xantophylle				
	a	b	c		α	β	1	2	3	4	5
Euglenophyta	+	+	–	–	–	+	+	(+)	–	–	–
Cryptophyta	+	–	+	+	+	s	–	(+)	–	–	–
Rhodophyta	+	–	–	+	s	+	–	–	–	+	+
Dinophyta	+	–	+	–	–	+	(+)	(+)	s	–	–
Haptophyta	+	–	+	–	–	+	(+)	(+)	+	–	–
Chromophyta											
Xanthophyceae	+	–	+	–	–	+	+	+	–	–	–
Oomycophyceae	–	–	–	–							
Chrysophyceae	+	–	+	–	–	+	(+)	(+)	+	–	–
Diatomeae	+	–	+	–	s	+	+	+	+	–	–
Phaeophyceae	+	–	+	–	–	+	s	s	+	–	(+)
Chlorophyta											
Chlorophyceae	+	+	–	–	s	+	–	–	–	+	+
Ulvophyceae	+	+	–	–			–	–	–		
Charophyceae	+	+	–	–	–	+	–	–	–	+	(+)

Tab. 2: Die wichtigsten Algengruppen und ihre charakteristischen Kohlenhydrate.

	Rotalgen Rhodophyta	Kieselalgen Diatomeae	Braunalgen Phaeophyceae	Grünalgen Chlorophyta
nieder-molekulare Kohlenstoffe	Floridosid, bei Ceramiales Glycerinsäuremannosid (Ausn. *Bostrychia*)	verschiedene Hexosen	Mannitol, bei *Pelvetia* zusätzlich Volemitol	Saccharose + verschiedene Pentosen und Hexosen
Reserve-Polysaccharide	«Florideen»-Stärke	Chrysolaminaran: 1,3-Glukan	Laminaran: 1,3-Glukan + Mannitolrest	Stärke; (bei Dasycladales: Inulin-artige Fruktane)
Zellwand-Polysaccharide	Pektine; Glukane; Zellulose; Galaktane: saure Schleime (Agar, Carrageenane)	Pektine; Glykane	Pektine; Glykane: neben Zellulose insbesondere saure Schleime (Alginate und Fucoidan)	Pektine; Glykane, insbesondere echte Zellulose

4. Abteilung: Euglenophyta

Die Euglenophyta (ca. 1000 Arten) sind Flagellaten mit **Pellicula** (Protein-Hülle), **pulsierender Vakuole** zur Osmoregulation und einem durch Carotine rot gefärbten **«Augenfleck»**. An der Basis einer flaschenförmigen Einstülpung ist eine lange, mit Flimmern versehene Zuggeißel befestigt sowie eine zweite, kurze Geißel, die mit der Zuggeißel dort verschmolzen ist, wo sich ein lichtempfindlicher Photorezeptor befindet (Abb. 27). Die Euglenen vermehren sich durch Längsteilung, eine sexuelle Fortpflanzung ist nicht bekannt. Neben autotrophen gibt es auch heterotrophe Vertreter.

Faßt man die Euglenophyta als Protozoen auf, die durch Endocytobiose mit einzelligen, Chlorophyll b enthaltenen Grünalgen zu ihren – komplexen, d.h. hier von 3 Membranen umhüllten – Plastiden gekommen sind, so läßt sich die Kombination tierischer und pflanzlicher Eigenschaften verstehen wie auch die Einordnung dieser Organismengruppe sowohl als Abteilung der Algen wie – in zoologischen Systemen – als Ordnung Euglenida der Protozoen. In jedem Falle ist diese Organismengruppe taxonomisch extrem isoliert, wie durch Sequenzvergleiche sowohl der 16S rDNA wie auch der plastidären 5S RNA gezeigt werden konnte.

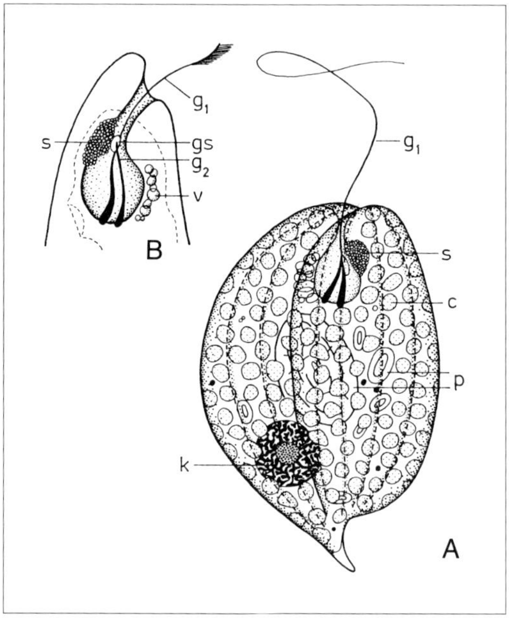

Abb. 27: Euglenophyta. – **A:** *Phacus triqueter* (600 x). – **B:** *Euglena gracilis*, Vorderende (1000 x). c Chloroplast, g_1 Bewegungsgeißel, g_2 zweite Geißel, gs Geißelanschwellung (Photorezeptor), k Zellkern, p freies Paramylum, s Augenfleck, v kontraktile Vakuolen. (Nach Leedale.)

5. Abteilung: Cryptophyta

Vorwiegend begeißelte, asymmetrische **Einzeller** ohne echte Zellwand. Meist 1 Plastid, der von 2 Membranpaaren umschlossen wird; zwischen beiden Membranpaaren 80S-Ribosomen und ein Restkern («Nukleomorph») als wahrscheinliche Überbleibsel des (*Porphyridium*-artigen?) endosymbiotischen Algenpartners («komplexe Plastiden»). Mit Phycobiliproteiden, die aber nicht wie bei den Rotalgen in Phycobilisomen lokalisiert sind.

6. Abteilung: Rhodophyta, Rotalgen

Die Rotalgen mit ihren ca. 4000 Arten, die als einzellige, fädige, flächige oder räumliche Thalli (z.T. sogar in stamm- und blattartige Thalli gegliedert) vorkommen, schließen insofern an die Cyanobakterien an, als sie ebenso wie diese durch ähnlich strukturierte Phycobiliproteide gekennzeichnet sind (s.u.) und aufgrund mutmaßlicher «primärer» Endocytobiose von Cyanobakterien phylogenetisch mit diesen zusammenhängen dürften. Es gibt mehrere Evidenzen dafür, daß die «Rhodoplasten» nicht auf die gleichen prokaryotischen Symbioten zurückgehen wie die Chloroplasten. Als Eukaryoten besitzen sie einen echten Zellkern, sind mit typischen Chromatophoren ausgerüstet und besitzen eine zellulosehaltige Wand mit Pektin und Galaktan-Schleimen.

Die Rotalgen leben fast ausschließlich im Salzwasser (*Batrachospermum* aber ist eine bekannte Süßwasser-Gattung) und sind als vielzellige Benthonten mit Haftfäden oder -scheiben an Steinen oder Wasserpflanzen festgewachsen. Eine einzellige Rotalge ist die häufige Erdalge *Porphyridium.*

Generationswechsel und Fortpflanzungsweise der Rotalgen weichen in charakteristischer Weise von dem der übrigen Algen durch das Einschalten einer scheinbar dritten Generation ab.

Am Gametophyten bilden sich männl. und weibl. Gametangien. Die weibl. Gametangien («Karpogone») sind meist zu einem schlanken Empfängnisorgan («Trichogyne») ausgewachsen. Die Befruchtung der Eizelle durch die unbegeißelten männl. Gameten («Spermatien») erfolgt innerhalb des Karpogons. Auch die Zygote verbleibt am Gametophyten und keimt zu diploiden, sporogenen Fäden («Gonimoblasten») aus (Ausnahme: Bangiales), die in ihrer Gesamtheit als **Gonimokarp** bezeichnet und verschiedentlich als eine eigene Generation gedeutet werden («Karposporophyt»). An den Enden der Gonimoblasten werden sog. Karposporangien gebildet, in denen ohne Meiose jeweils eine diploide, unbegeißelte Karpospore entsteht. Diese Karpospore wächst zu einem diploiden Tetrasporophyten aus. In deren Tetrasporangien entstehen meiotisch vier haploide, ebenfalls unbegeißelte Tetrasporen, aus denen schließlich wieder Gametophyten hervorgehen. Gametophyten und Tetrasporophyten sind oft von gleicher Gestalt («isomorph»).

Bei den Rotalgen sind die Chlorophylle durch die charakteristischen **Phycobiliproteide** überdeckt, akzessorische Pigmente, deren chromophore Gruppen (= Phycobiline, nämlich Phycocyanobilin, Phycoerythrobilin und Phycourobilin) den Gallenfarbstoffen und dem Phytochrom strukturell ähnlich sind: Es handelt sich um Verbindungen, bei denen 4 Pyrrolringe über C-Brücken zu einer offenen Kette verknüpft sind.

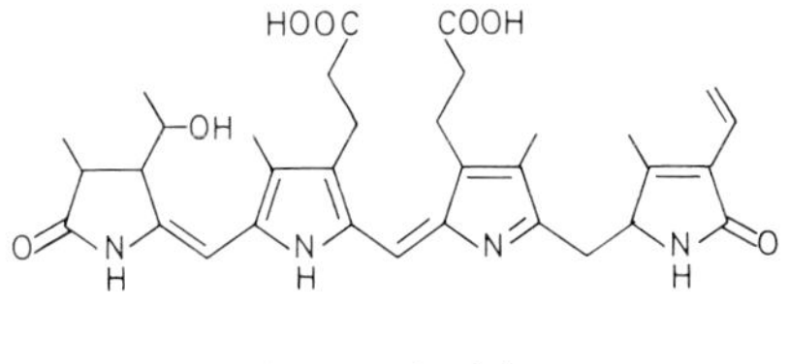

Phycoerythrobilin

Die Biliproteide sind in der letzten Zeit bevorzugte Objekte phylogenetischer Studien geworden. Durch Genverdoppelung soll sich aus dem Ur-Biliproteid das aus einer α- und β-Kette bestehende, bei heutigen Blau- und Rotalgen allgemein, aber nur in geringen Mengen verbreitete Allophycocyanin gebildet haben, hieraus durch Einführung eines zweiten Phycocyanobilins als chromophorer Gruppe an die β-Kette das bei den meisten Blaualgen dominierende blaue C-Phycocyanin. Weitere Sequenzänderungen und in deren Folge Ersatz der einen oder beider chromophorer Gruppen durch Phycoerythrobiline führte zum C-Phycoerythrin bzw. R-Phycoerythrin. Letzterem, dem stark fluoreszierenden roten Hauptbiliproteid der Rotalgen, dürfte eine zusätzliche γ-Kette mit Phycourobilin als chromophorer Gruppe zukommen; es existiert offensichtlich in zwei völlig verschiedenen, serologisch nachweisbaren Formen.
Bei der stark funktionsbezogenen Aufgabe des Proteinanteiles überrascht nicht dessen hochgradige evolutive Stabilität, die sich in einer bedeutenden serologischen Kreuzreaktivität von Biliproteiden verschiedener Arten, aber einer Strukturklasse, äußert. So kennt man hochgradige serologische Kreuzreaktionen zwischen Cyanobakterien- und Rotalgen-Allophycocyaninen, aber auch zwischen den entsprechenden Phycocyaninen oder Phycoerythrinen. Das korrespondiert mit ebenfalls hochgradigen Sequenzähnlichkeiten, die etwa bei 60 bis 80% liegen.

Die Phycobiliproteide ermöglichen es den in größeren Meerestiefen wachsenden Rotalgen, das weniger stark absorbierte blaugrüne Licht zur Photosynthese zu nutzen. Lokalisiert sind die Biliproteide in der Zelle an der Außenseite der Photosyntheselamellen in Form von Phycobilisomen.

Charakteristische Reservestoffe der Rhodophyta sind die als «Florideenstärke» bezeichneten Glukane, die strukturell dem Amylopektin ähneln, sowie α-D-Galaktopyranoside des Glycerols, die sogenannten Floridoside.

Saure Schleimsubstanzen, die Bestandteil der Mittellamelle und der Primärzellwände sind, werden aus den höher organisierten Rotalgen in technischem Maßstab gewonnen. Agar, der gereinigte und getrocknete Extrakt aus verschiedenen Rotalgen, besteht aus unverzweigten und verzweigten, mit H_2SO_4 veresterten Galaktanen (Agarose und Agaropektin). Der Disaccharidbaustein Agarobiose ist aus Galaktose und 3,6-Anhydrogalaktose aufgebaut.

Agar stellt einen vielfach in der Lebensmittelindustrie, in Medizin, Pharmazie und Mikrobiologie verwendeten Schleimstoff dar (als quellendes Laxans, als Nährbodensubstrat und als Medium für Geldiffusion und -elektrophorese; für letzteren Zweck auch Agarose). Während Japan früher der Hauptlie-

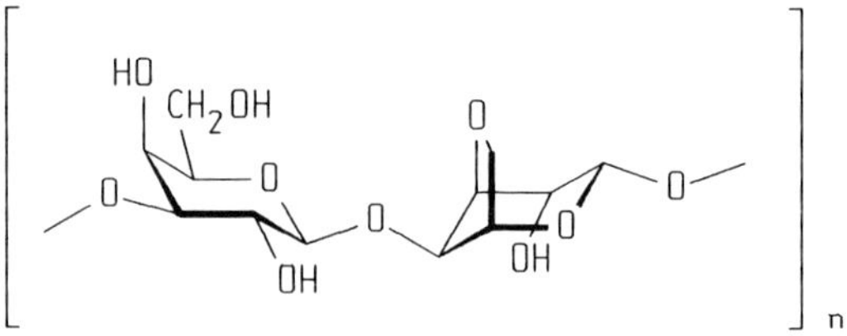

Agarose

ferant von Agar war, wird Agar heute auch in anderen Küstenländern in erheblichem Umfange gewonnen.

Chondrus- und *Gigartina-*Arten liefern die Schleimdroge Carrageen («Irländisch Moos») mit den dem Agar-Polysaccharid ähnlichen Carrageenanen.

Versuche zur Massenproduktion von Rotalgen, um die technisch interessanten sauren Polysaccharide (Agar, Carrageenane) unabhängig von den natürlichen Standorten gewinnen zu können, befinden sich noch im Anfangsstadium.

Zunehmendes Interesse finden antimikrobiell wirksame Substanzen aus Algen, die bei Rotalgen u.a. chlorierte oder bromierte terpenoide bzw. phenolische Verbindungen darstellen.

❖ Arznei- und Nutzpflanzen der Rhodophyta

Gelidium-, *Gracilaria-*, *Pterocladia-*Arten u.a. (Agar; Agarose); *Chondrus-* und *Gigartina-*Arten, insbesondere *Chondrus crispus* (Carrageen, Carrageenane).

7. Abteilung: Dinophyta

Vorwiegend einzellige, begeißelte Algen des Meeres und auch des Süßwassers («Dinoflagellata») mit 3 Plastidenmembranen. Im Zusammenhang mit den Überlegungen zur symbiotischen Einverleibung der Chloroplasten ist die nahe Verwandtschaft zwischen Dinophyta und Ciliaten interessant, wie es sich übereinstimmend aus Sequenzanalysen verschiedenster ribosomaler Gene herausstellte.

Dinophyta sind die wichtigsten Primärproduzenten der Meere. Einige Formen können bei Massenentwicklung («red tides») durch Abscheiden von Toxinen zu Fischvergiftungen und zur periodischen Giftigkeit von Muscheln führen. Hier sind vor allem die wasserlöslichen Toxine niedrigen Molekulargewichtes von Interesse, die wie das Nervengift Saxitoxin und dessen Derivate den Eintritt von Natrium in tierische Nervenzellen blockieren (produziert von *Protogonyaulax-*Arten, *Gymnodinium catenatum* und *Pyrodinium-*Arten). Interessanterweise ist das Saxitoxin auch ein Bestandteil des Toxins des Cyanobakteriums *Aphanizomenon* (s.S. 33). Ein anderes toxisches Prinzip geht auf höhermolekulare O-heterozyklische Verbindungen vom Typ der Okadainsäure (Methylether: Dinophysistoxin I) zurück. Derartige Toxine können sich nach der «Algenblüte» von *Dinophysis acuminata* in Muscheln anreichern und nach deren Verzehr zu Intoxikationen mit vorwiegend Magen-Darm-Beschwerden führen. Interessant ist die Chemoluminiszenz von mindestens 30 marinen Dinoflagellaten, wobei die an Protein gebundene Tetrapyrrol-Verbindung Luciferin als wichtige biochemische Komponente an der Reaktion beteiligt ist.

8. Abteilung: Haptophyta

Die offenbar den Chromophyta nahestehenden Haptophyta sind überwiegend begeißelte Meeresalgen mit komplexen Plastiden. Fossile Calcit-Panzer («Coccolithen») sind wichtige Leitfossilien vom Jura an. Toxine von *Prymnesium parvum* verursachten fischwirtschaftliche Schäden in Nord- und Ostsee.

9. Abteilung: Chromophyta (Heterokontophyta)

Von Einzellern bis zu vielgliedrigen Thalli kommen sämtliche Organisationsstufen vor. Die begeißelten Formen tragen eine nach vorn gerichtete Flimmergeißel und eine nach hinten gerichtete glatte Schleppgeißel (**«heterokonte»** Begeißelung; Name der Abt.!, Abb. 28A). Die Plastiden sind komplex, d.h. von 4 Membranen umgeben. Sie könnten ebenso wie die der Cryptophyta auf die endosymbiotische Vereinnahmung einer *Porphyridium*-artigen einzelligen Rotalge zurückgehen, so weit man das aus den auffällig großen Sequenzähnlichkeiten in den Rubisco-Genen erschließen darf. Neben Chlorophyll a und c findet man an Pigmenten β-Carotine und verschiedene Xanthophylle, insbesondere das braune Fucoxanthin (Tab. 1). Eine Flavin-artige autofluoreszierende Substanz in einer der beiden Geißeln verschiedener flagellater Chromophyten könnte als Photorezeptor fungieren. Als Reservepolysaccharide werden 1,3-β-verknüpfte Glukane gebildet. Wir nennen hier nur die folgenden 5 Klassen:

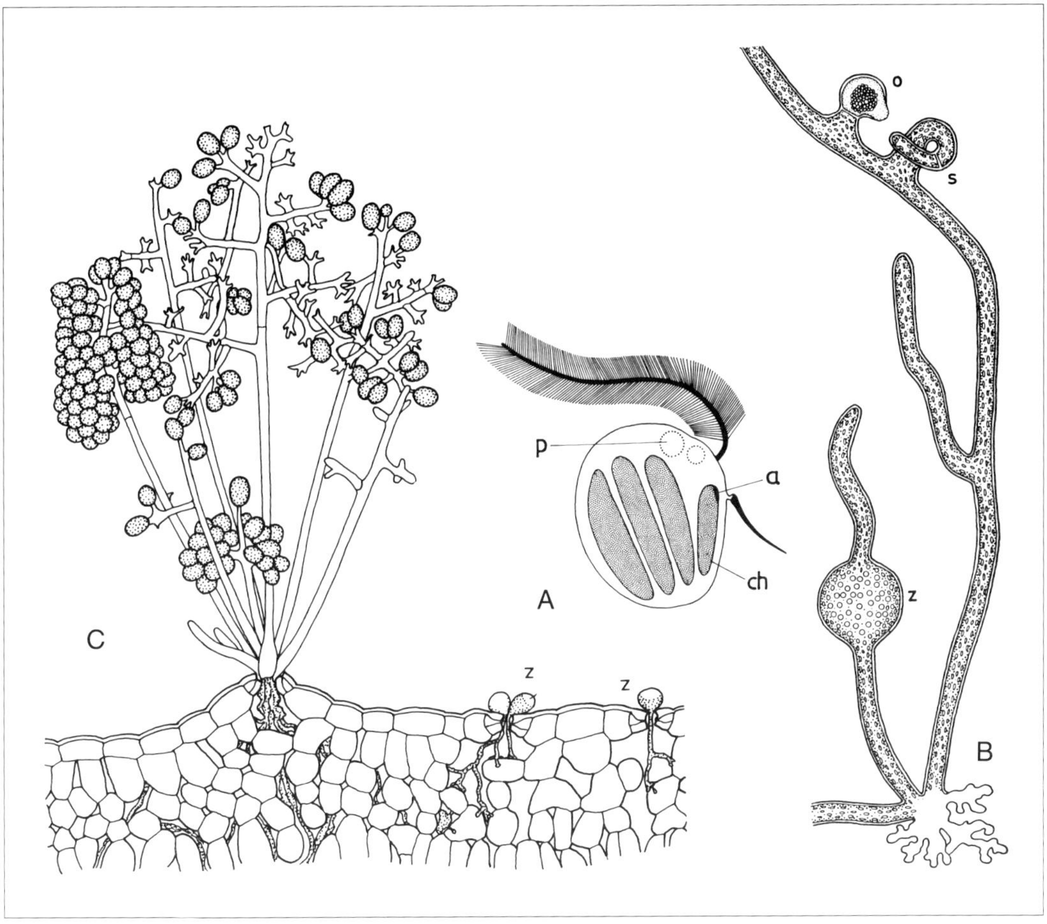

Abb. 28: Xanthophyceae A, B und Oomycophyceae C. – **A:** Heterokont begeißelte Zoospore von *Tribonema* (2300 x); a Augenfleck, ch Chloroplast, p pulsierende Vakuole. – **B:** *Vaucheria sessilis* mit Rhizoid und Gametangien; o Oogonium, s Spermatogonium, z Zoospore (70 x). – **C:** *Plasmopara viticola* (Peronosporaceae), Spaltöffnungen als Orte der Keimung von Zoosporen (z) und Austrittsstellen der Sporangienträger. – (A nach v. d. Hoek, B nach Sachs aus Strasb., C nach Millardet.)

1. Klasse: Xanthophyceae

Zu dieser Klasse mit ca. 600 Arten zählen Einzeller, fadenförmige oder schlauchförmige (siphonale) grüne Algen. Anstelle des braunen Fucoxanthins findet man als Xanthophylle Heteroxanthin und Vaucheriaxanthin. Die Zellwände sind häufig mit **Kieselsäure** imprägniert, die der weit verbreiteten Gattung *Vaucheria* dagegen mit Kalk inkrustiert. Die *Vaucheria*-Arten leben im Süßwasser oder auf feuchter Erde und heften sich mit einem Rhizoidenbüschel am Substrat fest (Abb. 28B).

2. Klasse: Oomycophyceae

Nichtgrüne, saprophytische Wasser- oder parasitische Landbewohner. Sie werden als «Oomyceten» meist den Pilzen zugestellt. Allerdings wird ihre phylogenetische Herkunft aus Xanthophyceen-artigen Vorfahren für wahrscheinlich gehalten, von denen (z.B. *Vaucheria*-artigen Formen) sie sich durch Reduktion und Pigmentverlust ableiten lassen.

So besitzen die Oomycophyceae meist siphonale Thalli und Zellulose- (nicht Chitin-) Wände. Die geschlechtliche Vermehrung erfolgt durch Gametangiogamie. Da die Meiose erst bei der Gametenbildung in den Gametangien eintritt, sind die Pflanzen Diplonten (siehe Diatomeen!). Falls vorhanden, sind die ungeschlechtlich gebildeten Zoosporen in gleicher Weise wie die der übrigen Heterokonten mit einer Flimmer- und einer Schleppgeißel versehen.

Auch biochemisch sind sie durch einen eigenen Biosyntheseweg für Lysin und Nicotinsäure von den Pilzen gut unterschieden.

Zu den Oomycophyceae gehören die **Peronosporaceae,** deren Vertreter vorwiegend parasitisch in höheren Pflanzen leben und Ursache zahlreicher Pflanzenkrankheiten sind: z.B. *Phytophthora infestans,* der Erreger der Kraut- und Knollenfäule der Kartoffel; *Plasmopara viticola,* der «falsche Mehltau» des Weins (Abb. 28C), *Peronospora tabacina*, ein gefürchteter Tabakschädling.

Die folgenden Klassen sind durch Vorherrschen von **Fucoxanthin** in den gelben bis braunen Chromatophoren gekennzeichnet.

3. Klasse: Chrysophyceae

Die meisten der mindestens 1000 Chrysophyceen-Arten sind begeißelte Einzeller, oft mit Kieselskeletten.

4. Klasse: Diatomeae (Bacillariophyceae), Kieselalgen

Die nur einzelligen oder kolonienbildenden Diatomeen mit fast 100.000 Arten lassen äußerlich zwar keinerlei Ähnlichkeiten mit Braunalgen erkennen, gleichen diesen aber bezüglich ihrer Ausstattung an Pigmenten und Kohlenhydraten weitgehend (Tab. 1). Charakteristisch ist die Einlagerung von Kieselsäure in die Pektinzellwände.

Die Diatomeen (Abb. 29) besitzen zwei feinst strukturierte (vgl. *Pleurosigma* als Testobjekt in der Mikroskopie) Kieselsäureschalen, die sich deckelartig übergreifen und durch Gürtelbänder verbunden sind. Bei der ungeschlechtlichen Vermehrung schieben die sich vergrößernden Protoplasten die beiden Schalenhälften auseinander. Nach Zweiteilung der Protoplasten bildet jede Tochterzelle eine neue innere Schalenhälfte. Alle Kieselalgen sind diploid;

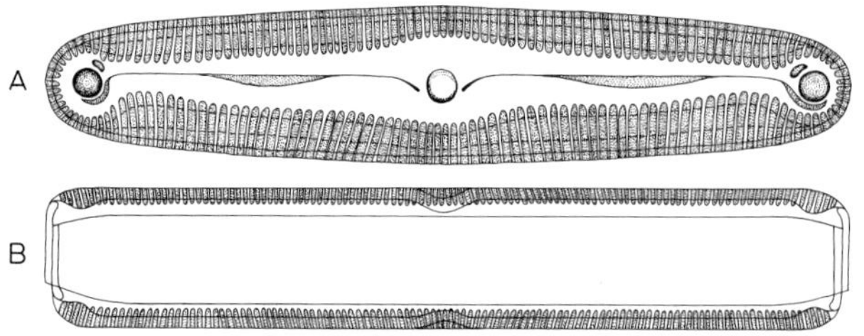

Abb. 29: *Pinnularia viridis* (Diatomeae). – **A** in Schalen- und **B** in Gürtelbandansicht (600 x). (Nach Pfitzer.)

bei der Reduktionsteilung werden bereits (Meio-) Gameten gebildet.

Man unterscheidet ± zentral-symmetrische, vorwiegend marin lebende Formen («Centrales») von stab- oder schiffchenförmigen («Pennales»). Massenvorkommen im Tertiär oder Pleistozän führten zu z.T. mächtigen Kieselgur-Ablagerungen (Lüneburger Heide). Sie liefern ein chemisch inertes Material mit hohem Kieselsäuregehalt, das für verschiedene technische Zwecke gebraucht wird. Ein gereinigtes Produkt ist unter der Bezeichnung Terra silicea im Handel und wird auch als Sorptionsmittel für chromatographische Trennverfahren (Verteilungschromatographie) benutzt.

Nitzschia pungens bildet Domoinsäure, eine bereits von der Rotalge *Chondria* her bekannte nichtproteinogene Aminosäure, die als wirksames Neurotoxin zu Krämpfen, Hirnödemen und zu Gedächtnisverlusten führen kann.

5. Klasse: Phaeophyceae, Braunalgen

Die Braunalgen (mit ca. 1500 Arten) sind vorwiegend benthische Bewohner des Litorals gemäßigt warmer bis kalter Meere. Einzeller kennt man nicht, doch findet sich im übrigen eine große Formenfülle von einfacheren bis zu stark gegliederten, viele Meter groß werdenden Pflanzen, deren Thallus zuweilen an wurzel-, blatt- und stengelartige Organe erinnert («Tange»). Auch histologisch kann eine beachtliche Differenzierung festgestellt werden, was das Vorkommen von kormophytenähnlichen Festigungs- und Leitelementen (Siebröhren) bei hochentwickelten Thalli mit einschließt.

Im Generationswechsel zeigt sich eine mit der Organisation des Thallus einhergehende Abstufung: Primitivere Braunalgen haben kaum wesentlich stärker ausgebildete Sporophyten als Gametophyten. Bei den **Laminariales** (hierzu u.a. die Gattungen *Laminaria* und *Macrocystis)* sind die haploiden Gametophyten bereits winzige Pflänzchen. Die – diploiden – **Fucales** (hierzu u.a. *Ascophyllum* und *Fucus)* pflanzen sich schließlich nur noch durch Spermatozoiden und Eier fort; der Gametophyt ist faktisch bis auf die Gameten reduziert.

In den Chromatophoren der Braunalgen ist das Chlorophyll (c neben a) durch Carotinoide und Xanthophylle, insbesondere das braune Fucoxanthin überdeckt. Unter den einfacheren Kohlenhydraten ist der Zuckeralkohol Mannitol bezeichnend. An kleinen, den Plastiden außen ansitzenden Pyrenoiden findet sich das Reservepolysaccharid Laminarin, worunter man uneinheitliche Polysaccharidgemische versteht, die vorwiegend Glukose in 1,3-β-glykosidischer Bindung enthalten; Verzweigungen des Moleküls kommen durch 1,6-β-glykosidische Verknüpfungen zustande.

Als Zellwandbausteine sind neben Pektinen und neutralen Glykanen (Zellulose) vor allem die bei einigen Familien gefundenen sauren Schleimsubstanzen zu erwähnen: Fucoidan, ein aus L-Fucose, einer Desoxygalaktose, in 1,2-α-glykosidischer Bindung aufgebautes Polysaccharid mit einem hohen Anteil an veresterten SO_3H-Gruppen, zweitens die auch in Interzellularräumen abgelagerte Alginsäure, ein 1,4-β-Polymannuronid mit wechselnden Anteilen an Guluronsäure im Molekül. In den Pflanzen kommt sie vorwiegend als Ca-Salz vor und wird durch alkalische Extraktion gewonnen. Im Handel sind meist Natrium-, Kalium- oder Ammoniumsalze der Alginsäure, die in wässriger Lösung hochviskose Sole bilden. Durch Zugabe 2wertiger Metallionen (insbesondere Ca^{++}) entstehen glasklare Gallerten (Alginatgele), die für pharmazeutische und technische Zwecke (z.B. Lebensmittelindustrie) vielfach gebraucht werden.

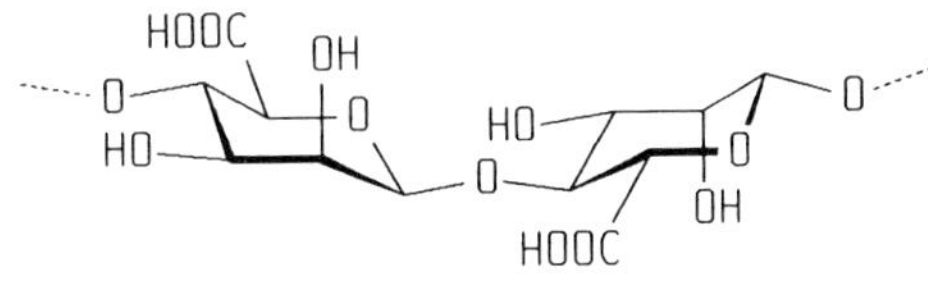

Alginsäure

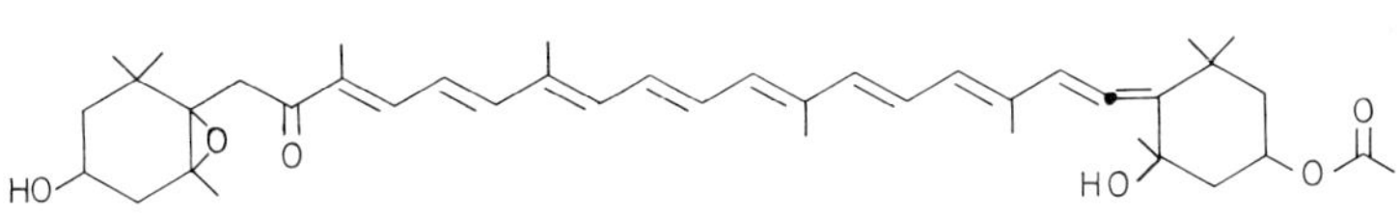

Fucoxanthin

Alginsäure wurde bei allen größeren Braunalgen gefunden. Als Rohstofflieferanten haben sich aber besonders *Laminaria*-Arten an der westeuropäischen sowie *Macrocystis pyrifera* an der kalifornischen Küste bewährt.

Fucus vesiculosus, der Blasentang, mit ovalen, luftgefüllten Schwimmblasen im Thallus, ist Stammpflanze der Droge «Fucus vesiculosus», die wegen ihres Jodgehaltes (Jodide, z.T. auch Jod in organischer Bindung: Jodgorgosäure = Dijodtyrosin) als nicht unbedenkliches Entfettungsmittel im Gebrauch ist (Eingriff in den Thyreoidstoffwechsel?). *Fucus serratus* und *Ascophyllum nodosum* werden aufgrund gleicher Inhaltsstoffe wie *Fucus vesiculosus* verwendet. Als Ausgangsmaterial für die industrielle Gewinnung von Jod sind die Braunalgen heute bedeutungslos geworden.

Die schon bei den Rhodophyta erwähnten antibiotischen Wirkungen lassen sich auch in Braunalgenextrakten oder Thalluspulvern feststellen. Verantwortlich dafür sind Phloroglucinderivate, die in verschiedenartiger Weise zu Polymeren verknüpft sein können und als höhermolekulare Verbindungen auch Gerbstoffeigenschaften besitzen («Phlorotannine»). Phytohormone enthaltene Extrakte aus *Ascophyllum nodosum* werden im Gartenbau zur Wachstumsstimulation verwendet.

❖ Arznei- und Nutzpflanzen der Chromophyta

Diatomeae. Terra silicea, Kieselgur.

Phaeophyceae. *Laminaria-* und *Sargassum*-Arten sowie *Macrocystis pyrifera* (Alginsäure), *Fucus vesiculosus* und *Ascophyllum nodosum* («Tang» DAB 9 = Fucus vesiculosus), *Laminaria-Arten* (Mannitol).

10. Abteilung: Chlorophyta, Grünalgen

Bei den Chlorophyta sind die Chloroplasten durch die Chlorophylle a und b rein grün. Die akzessorischen Pigmente, wie β-Carotin oder die Xanthophylle Lutein und Zeaxanthin verdecken die grüne Farbe nicht. Ähnlich den höheren Pflanzen bilden sie als Reservepolysaccharid in der Regel echte Stärke (α-1,4-Glukan), und ihre Zellwände sind weitgehend aus Zellulose aufgebaut (Tab. 2, S. 57). Die beiden Gene für die Ribulose-1,5-biphosphat-carboxylase/oxygenase (Rubisco) kommen – so weit man das aus den bisher analysierten Arten verallgemeinern kann – bei nicht-Chlorophyll(a+b-)Organismen als Operon im Plastidengenom vor, während frühzeitig in der Evolution der Grünalgen der Transfer des Gens für die kleine Untereinheit in den Kern stattgefunden haben muß.

Es gibt ungefähr 16.000 Arten in ca. 500 Gattungen. Sie leben vorwiegend im Süßwasser oder im Meer, einige aber auch symbiotisch in Flechten bzw. intrazellulär in verschiedenen niederen Tieren. Andere Grünalgen sind an das Landleben angepaßt (z.B. *Trentepohlia* und *Apatococcus,* an Gestein und Baumstämmen vorkommend). Diese unterscheiden sich von den normalen «Wasseralgen» dadurch, daß sie bei hoher Wasserdampfsättigung der Luft Wasserdampf aufzunehmen vermögen und dann Photosynthese betreiben können («poikilohydre» Algen). Im Gegensatz zu den Wasseralgen sind sie weitgehend austrocknungsresistent.

Die Grünalgen findet man in einer ungeheuren Arten- und Formenfülle von Einzellern (z.B. *Chlorella)* bis hin zu größeren Pflanzen mit ± blattartigen Thalli; eine besondere Gewebedifferenzierung wie z.B. bei den Braunalgen fehlt ihnen indessen.

Cladistische Analysen und molekulare Studien der letzten Zeit haben die Vorstellung weiter begründet, daß die Grünalgen und Höheren Pflanzen eine monophyletische Gruppe darstellen. Auch die Auffassungen über die Phylogenie und Taxonomie der Grünalgen selbst sind stark in Fluß geraten. Neue Aspekte hierzu haben insbesondere elektronenmikroskopische Studien von Geißelapparaten und Zellteilungsvorgängen geliefert. Solche Feinstrukturmerkmale werden als weitgehend konservativ angesehen und eignen sich deshalb gut zur Beschreibung höherer taxonomischer Einheiten, wie Ordnungen und Klassen. Die wachsende Kenntnis dieser neuen Merkmale führte zu verschiedensten Klassifizierungsvorschlägen, deren Diskussion noch nicht abgeschlossen ist. Weitgehend anerkannt ist inzwischen jedoch die folgende Gliederung:

1. Klasse: Prasinophyceae

Meist im Salzwasser lebende, begeißelte, einfach gebaute und als ursprünglich aufgefaßte Flagellaten, deren Zellkörper und Geißeln mit Schuppen aus organischem Material bedeckt sind. Die Geißeln (meist mehr als zwei) inserieren in einer Vertiefung am vorderen Ende der Zellen. Der Bau des Geißelapparates weicht von dem der anderen Grünalgenklassen ab.

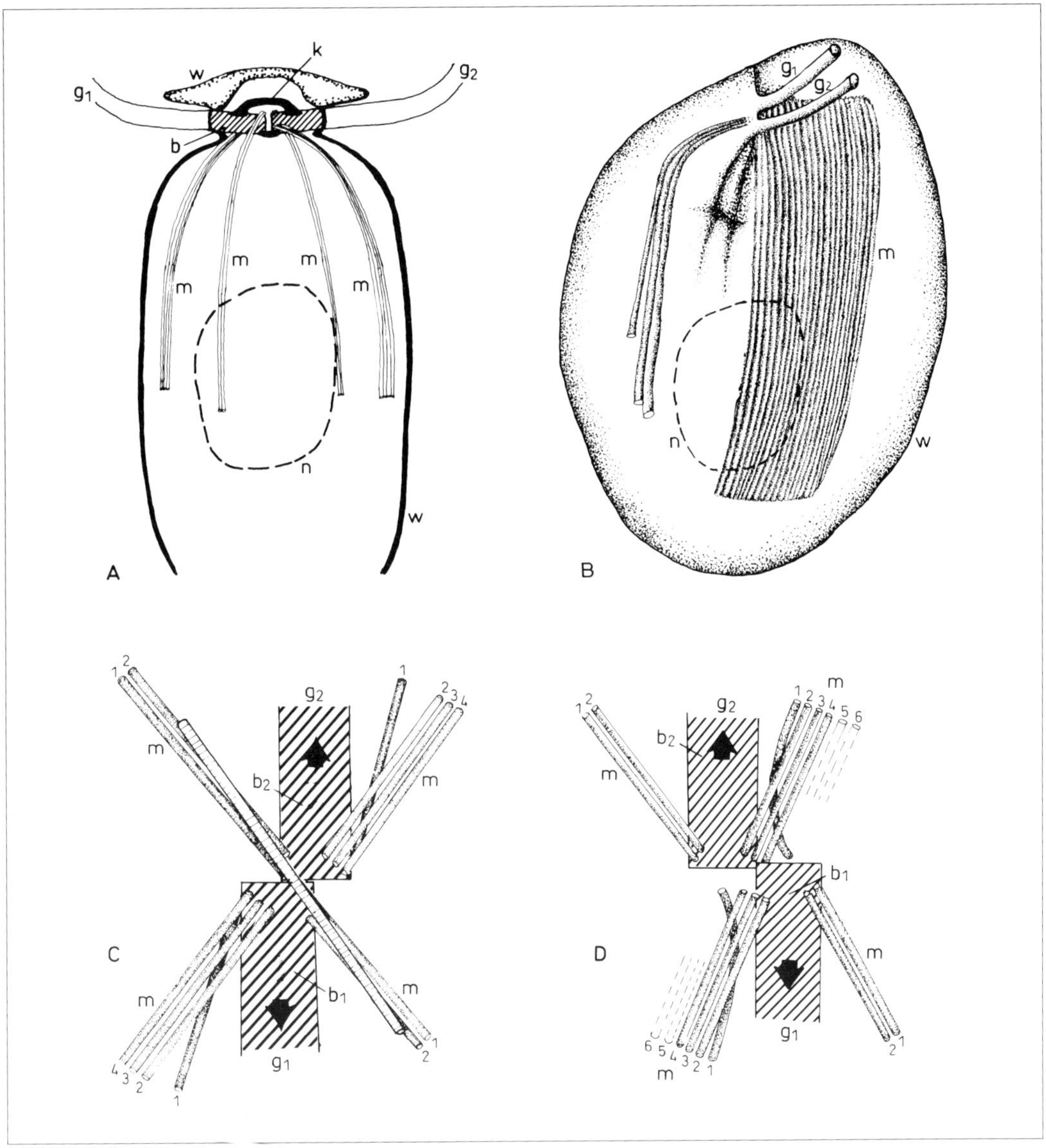

Abb. 30: Organisation flagellater Stadien von Grünalgen, und zwar von Chlorophyceae (A, C), Ulvophyceae (D) und Charophyceae (B). A, B von der Seite, C, D von oben. Basalkörper der beiden Geißeln bei Chlorophyceae (C) in «1/7-Richtung», bei Ulvophyceae (D) in «11/5-Richtung» versetzt. Geißelapparat bei Chlorophyceae (A, C) und Ulvophyceae (D) mit 2 x 2 Mikrotubuli-Wurzeln, deren jede aus mehreren Mikrotubuli besteht; bei Charophyceae (B) im wesentlichen aus einem breiten Mikrotubuli-Band. b Basalkörper der Geißel, g Geißel, k Konnektiv, m Mikrotubuli-Wurzel, n Nukleus, w Zellwand. – (A nach Bold & Wynne 1985, B nach Sluiman et al. 1983, C, D nach Margulis et al. 1989.)

2. Klasse: Chlorophyceae

Die Vertreter der Chlorophyceae leben vorwiegend im Süßwasser und bilden vielfach Einzeller, aber auch reich verzweigte und unterschiedlichste parenchymatische Thallusformen aus.

Ihre begeißelten Stadien sind nackt oder durch eine Zellwand behäutet (z.B. *Chlamydomonas)* und bilateralsymmetrisch gebaut. Jeder geißeltragende Basalkörper ist mit zwei Mikrotubuli-Wurzeln, die sich in der Anzahl der Mikrotubuli unterscheiden, im Zellkörper verankert. Blickt man bei einer (zweigeißeligen) Zelle auf den geißeltragenden Pol der Zelle, so liegen die Geißelwurzeln paarweise über Kreuz (Abb. 30A) mit den schmäleren Wurzeln in annähernd einer Linie und die beiden Basalkörper in charakteristischer Weise gegeneinander versetzt. Legt man dem Schema in Abb. 30 C ein Ziffernblatt zugrunde, so kann man die Versetzung der Basalkörper als eine Versetzung in 1-Uhr / 7-Uhr-Richtung beschreiben.

Es kommen sehr verschiedene Zellteilungsmechanismen vor. Im einfachsten Fall (z.B. bei *Chlamydomonas)* bleibt die Kernmembran während der Mitose weitgehend erhalten, jedoch wird die Teilungsspindel bald aufgelöst, so daß die Tochterkerne einander genähert sind. Die Cytokinese erfolgt durch eine einfache Einschnürung (Abb. 31A) oder durch die Bildung einer Platte aus Vesikeln (Zellplatte, Abb. 31B). In beiden Fällen treten Mikrotubuli auf, die parallel zur Teilungsebene liegen; man spricht von einem **Phycoplast** (Abb. 31).

Zu den **Volvocales** rechnet man einzellige, begeißelte Formen (z.B. *Chlamydomonas)* oder koloniear-tig verbundene *(Volvox);* sie besitzen einen roten Augenfleck und enthalten einen becherförmigen Chloroplasten mit meist stärkeführendem Pyrenoid. Zumindest *Chlamydomonas* scheint nach neuesten 5S rRNA-Sequenzvergleichen innerhalb der Grünalgen eine auffällig isolierte Stellung einzunehmen (Abb. 33).

Die **Chlorococcales** unterscheiden sich von diesen durch ihre im vegetativen Zustand stets geißellosen Zellen. Hierzu gehört die Gattung *Chlorella;* Zönobien bildet z.B. *Scenedesmus* (meist 4 Zellen).

Vertreter der Gattung *Chlorella,* hauptsächlich aber *Scenedesmus obliquus,* können in Zukunft zu einer wichtigen Nahrungs- (insbesondere Eiweiß-)quelle für den Menschen werden, falls die Frage der Rentabilität von Großkulturanlagen befriedigend gelöst wird. Denn *Scenedesmus* z.B. enthält durchschnittlich 55% Rohprotein in der Trockenmasse, kann in warmen Ländern Jahreserträge von ca. 55t/ha erbringen und ist damit herkömmlichen Nutzpflanzen deutlich überlegen.

Fragen der biologischen Wertigkeit der Algenproteine und ihrer direkten Nutzung durch den Menschen (Aufschluß der Algenzellen?), vor allem aber das Problem toxischer Substanzen, die in solchen Kulturen als Stoffwechselprodukte gebildet werden oder auch aus der Umwelt hineingelangen können, bedürfen jedoch weiterer Klärung, ehe an einen Masseneinsatz gedacht werden kann.

Chlamydomonas mexicana bildet 90% seines fixierten Kohlenstoffs in eine Schleimsubstanz um, die der Erosion von Böden in ariden Gegenden entgegenwirkt. – Es wurde vorgeschlagen, die reichhaltige

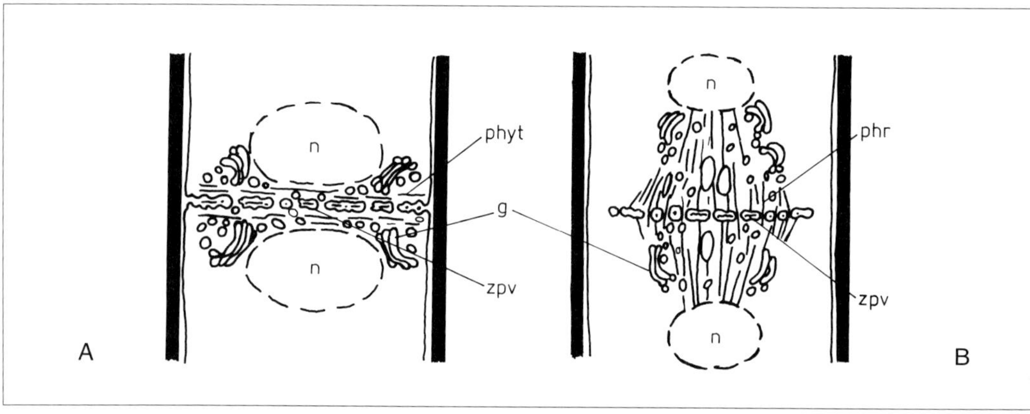

Abb. 31: Zellwandbildung durch Phycoplasten bei Chlorophyceae **(A)** und Phragmoplasten bei Charophyceae **(B).** g Golgi-Apparat, n Nukleus, phr Phragmoplastmikrotubulus, phyt Phycoplastmikrotubulus, zpv Vesikel der Zellplatte. (Nach v.d. Hoek 1988.)

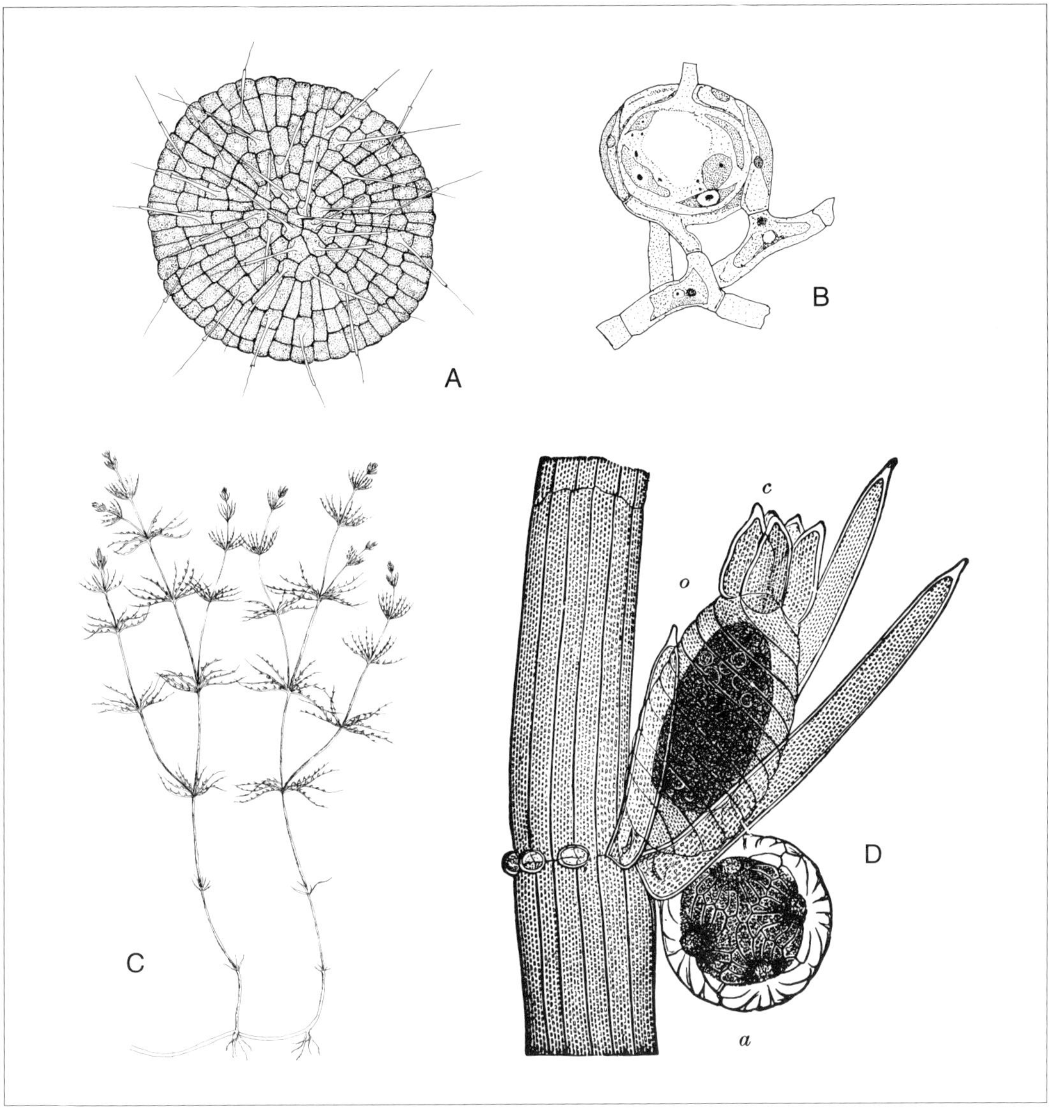

Abb. 32: Coleochaetales A, B und Charales C, D (Charophyceae). – **A:** *Coleochaete scutata*, Sohle (80 x). – **B:** *Coleochaete pulvinata*, Zygoten«frucht» (500 x). – **C:** *Chara spec.* – **D:** *Chara fragilis* mit a Spermatogonium und o Oogonium; dieses mit Hüllfäden und c Krönchen (50 x). – (A nach J. Huber, B nach Oltmanns, C nach Fott, D nach Sachs.)

Produktion von Glycerol des marinen Flagellaten *Dunaliella* kommerziell zu verwenden.

3. Klasse: Ulvophyceae

Diese Klasse umfaßt vor allem mehrzellige, meist marin lebende Formen, aber auch einige einzellige Boden- und Flechtenalgen (z.B. *Trebouxia*, den häufigsten eukaryotischen Photobioten der Flechten).

Wie bei den Chlorophyceae, treten auch bei den Ulvophyceae bilateralsymmetrisch begeißelte Stadien auf. In Aufsicht auf den vorderen Pol liegen die Geißelwurzeln auch hier wieder paarweise gekreuzt (Abb. 30D), allerdings mit den breiteren Mikrotubuliwurzeln in annähernd einer Linie. Die Basalkörper sind versetzt, jedoch in entgegengesetzter Richtung wie bei den Chlorophyceae (in Analogie mit einem Uhrenziffernblatt kann man von einer Versetzung in 11-Uhr / 5-Uhr–Richtung sprechen).

Wie bei den Chlorophyceae erfolgt die Zellteilung, so weit bekannt, in einem Phycoplast. Im einzelnen bestehen im Ablauf von Mitose und Cytokinese allerdings charakteristische Unterschiede zwischen beiden Klassen.

Zu den **Ulotrichales** rechnet man fadenförmige *(Ulothrix;* Generationswechsel Abb. 25A) und flächige Vertreter *(Enteromorpha,* den Darmtang und *Ulva,* den Meersalat im Bereich der Nord- und Ostsee). Vielkernige Zellen zeichnen die **Cladophorales** mit *Cladophora,* einer Grünalge mit meist isomorphem Generationswechsel (Abb. 25B) aus. Die vorwiegend marinen Schlauchalgen der **Bryopsidales** und **Dasycladales** (z.B. die Schirmalge *Acetabularia)* können zwar ebenfalls äußerlich reich gegliedert sein, besitzen aber keine trennenden Zellwände, sondern bestehen aus einem einzigen Protoplasten mit zahlreichen Kernen und Chloroplasten.

4. Klasse: Charophyceae

Begeißelte Stadien treten, wenn überhaupt, dann nur als Spermatozoiden auf (Oogamie). In diesen Fällen ist der Geißelapparat mit meist nur einem breiten Band von Mikrotubuli asymmetrisch in der Zelle verankert (Abb. 30B). Dieses Band inseriert an einem der beiden Basalkörper. In diesen Spermatozoid-Strukturen ähneln die Charophyceae den Archegoniaten und Gymnospermen.

Auch die Zellteilung erfolgt ganz ähnlich wie bei den höheren Pflanzen. Die Teilungsspindel bleibt dabei während der gesamten Mitose erhalten. Die Spindelmikrotubuli bilden gemeinsam mit noch zusätzlichen Mikrotubuli, die senkrecht zur Teilungsebene stehen, den **Phragmoplasten** (Abb. 31B). Die anschließende Cytokinese erfolgt durch die Bildung einer Zellwandplatte mit Plasmodesmen.

Die einzelligen Joch- oder Zieralgen (Desmidiaceae) bzw. fädigen Zygnemaceae der **Conjugales** bilden weder Zoosporen noch begeißelte Gameten aus. Aufgrund ihres Zellteilungsmechanismus lassen sie sich aber bei den Charophyceae anschließen. Sexuell pflanzen sie sich durch Vereinigung der Protoplasten ganzer vegetativer Zellen fort («Konjugation»). Zusammen mit Kieselalgen vermögen sie die nährstoffärmsten Gewässer (Hochmoorschlenken) zu besiedeln.

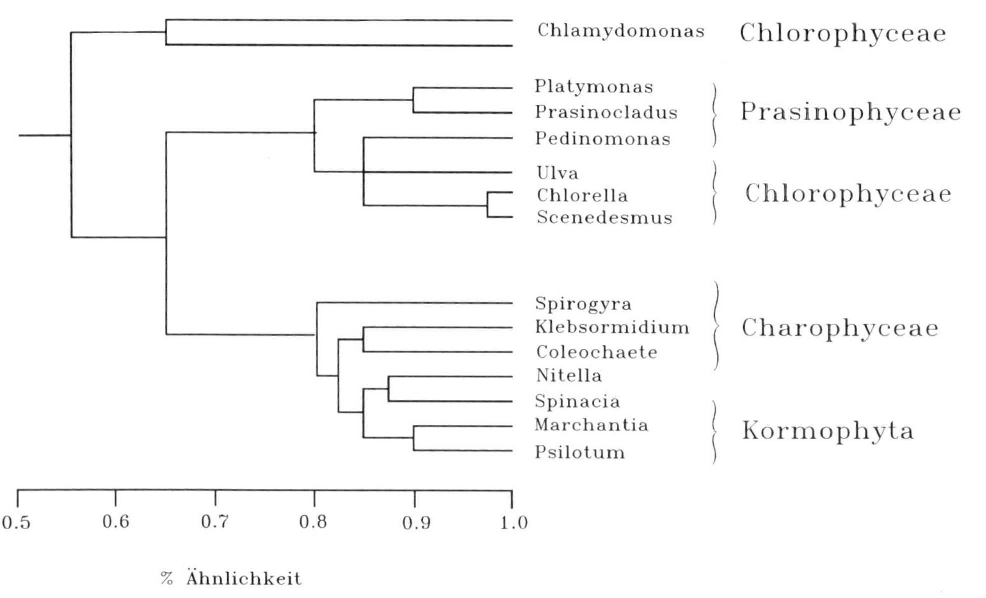

Abb. 33: Dendrogramm für Grünalgen auf der Basis von 5S rRNA-Sequenzen. Sonderstellung von *Chlamydomonas* und gemeinsame Wurzel der Kormophyten (einschl. *Marchantia)* und Charophyceen. (Nach Devereux et al. 1990.)

Die **Coleochaetales** bilden verzweigte Zellfäden oder scheibenförmige Thalli aus. Sie sind heterotrich, d.h. mit einer verbreiterten Sohle dem Substrat angeheftet (Abb. 32A). Die quirlförmig verzweigten **Charales** (Armleuchteralgen) sind schließlich bereits hochorganisierte Grünalgen (Abb. 32C,D); man findet sie z.T. als Massenvegetation am Grunde seichter, eutropher Seen und Teiche.

Entstehung der Landpflanzen (Kormophyten)

Wir kennen weder lebende noch fossile Pflanzen, die uns gestatten, eine annähernd sichere Vorstellung über die Entstehung der Landpflanzen zu gewinnen. Daß die Vorfahren unter solchen Vertretern zu suchen sind, die man heute den Grünalgen zuordnen würde, ist allein schon aufgrund vieler Übereinstimmungen in wichtigen Merkmalen selbstverständlich (Chlorophyll b, Bildung von Stärke und Zellulose). Neuerdings sind weitere signifikante Übereinstimmungen zwischen Kormophyten und speziell Charophyceae aufgedeckt (Phragmoplast, Glykolatoxidase, auffällig ähnliche Sequenzen der 5S-rRNA, vgl. Abb. 33), so daß die Anklänge einer ersten Gametangienbildung («Zygotenfrüchte», Abb. 32B) nicht unbedingt mehr als Analogie gesehen werden müssen. Jüngst fand die Vorstellung einer monophyletischen Entstehung von Charophyceen plus Kormophyten eine signifikante Bestätigung: die in zwei t-RNA-Genen aller bisher untersuchten Landpflanzen nachgewiesene «Gruppe II»-Introns befinden sich in genau der gleichen Position auch bei *Coleochaete* und *Nitella* (beide: Charophyceae) und zumindest eines von beiden in *Spirogyra*, fehlen aber allen anderen untersuchten Chlorophyceen und sonstigen Algen.

Literatur über Algen

Bold, H.C. & M.J. Wynne: Introduction to the algae. Structure and reproduction. 2nd edition. Prentice-Hall, Englewood Cliffs, 1985.

Devereux, R., A.R. Loeblich & G.E. Fox: Higher plant origins and the phylogeny of green algae. J Mol. Evol. 31: 18-24, 1990.

Dixon, P.S.: Biology of the Rhodophyta. Oliver & Boyd, Edinburgh, 1973.

Ettl, H.: Grundriß der allgemeinen Algologie. G.Fischer-Verlag Stuttgart, New York, 1980.

Fott, B.: Algenkunde. G.Fischer-Verlag, Stuttgart, 1971.

Glazer, A.N., J.A. West & C. Chan: Phycoerythrins as chemotaxonomic markers in red algae: A survey. Biochem. Syst. Ecol. 10: 203-215, 1982.

Grambast, L.J.: Phylogeny of the Charophyta. Taxon 23: 463-481, 1974.

Hoppe, H.A., T. Levring & Y. Tanaka (eds.): Marine algae in pharmaceutical science. De Gruyter, Berlin. New York, 1979.

Hoppe, H.A. & T. Levring (eds.): Marine algae in pharmaceutical science, Vol. 2. De Gruyter, Berlin, New York, 1982.

Irvine, D.E.G. & H.J. Price (eds.): Modern approaches to the taxonomy of red and brown algae. Academic Press, London, New York, San Francisco, 1978.

Khotimchenko, S.V., N.G. Klochkova & V.E. Vaskovsky: Polar lipids of marine macrophytic algae as chemotaxonomic markers. Biochem. Syst. Ecol. 18: 93-101, 1990.

Kornmann, P. & P.-H. Sahling: Meeresalgen von Helgoland. Hamburg, 1977.

Kremer, B.P.: Toxische Planktonalgen. Naturwiss. 68: 101-109, 1981.

Kremer, B.P.: Zellwandpolysaccharide mariner Rotalgen. Biol. i. u. Z. 21: 97-99, 1991.

Kremer, B.P. & G.O. Kirst: Photosynthese, Assimilatmuster und Taxonomie der Algen. Naturw. Rdschau 36: 481-488, 1983.

Lembi, C.A. & J.R. Waaland (eds.): Algae and human affairs. Cambridge University Press, Cambridge, 1988.

Lobban, C.S. & M.J. Wynne: The biology of seaweeds. London, 1981.

Lüning, K.: Meeresbotanik. Verbreitung, Ökophysiologie und Nutzung der marinen Makroalgen. Thieme-Verlag, Stuttgart, 1985.

Margulis, L., J.O. Corliss, M. Melkonian & D.J. Chapman (eds.): Handbook of the Protoctista. A guide to the algae, ciliates, foraminifera, sporozoa, water molds, slime molds and other protoctists. Jones & Bartlett Publishers, Boston, 1989.

Martin, D.F. & G.M. Padilla (eds.): Marine Pharmacognosy. Academic Press, New York, 1973.

Mattox, K.R. & K.D. Stewart: Classification of the green algae: a concept based on comparative cytology. In: Irvine, D.E.G. & D.M. John (eds.): Systematics of the green algae. Academic Press, London, Orlando, 1984.

Pickett-Heap, J.D.: Electron microscopy and the phylogeny of green algae and land plants. Amer. Zool. 19: 545-554, 1979.

Pickett-Heap, J.D.: Green algae. Structure, reproduction and evolution in selected genera. Sinauer Associates, Sunderland, Massachusetts. 1975.

Reuhl, J. & D. Mebs: Vergiftungen durch Muscheln. Med. Mo. Pharm. 14: 132-136, 1991.

Round, F.E.: Biologie der Algen. Thieme-Verlag, Stuttgart, 1975 (Taschenbuch).

Rüdiger, W.: Gallenfarbstoffe und Biliproteide. Fortschr. Chem. Org. Naturst. 29: 60-139, 1971.

Rüdiger, W.: Plant biliproteins. In: Czygan, F.-C. (ed.): Pigments in plants. G.Fischer-Verlag, Stuttgart, New York, p. 370-392, 1980.

Sitte, P.: Zellen in Zellen: Endocytobiose und die Folgen.

In: Beobachtung, Experiment und Theorie in Naturwissenschaft und Medizin (R. Lüst, ed.), p. 431-446. Wiss. Verlagsges. Stuttgart, 1987.
Sitte, P.: Phylogenetische Aspekte der Zellevolution. Biol. Rundsch. 28: 1-18, 1990.
Sluiman, H.J.: The flagellar apparatus of the zoospore of the filamentous green alga *Coleochaete pulvinata:* absolute configuration and phylogenetic significance. Protoplasma 115: 160-175, 1983.
Sluiman, H.J.: The green algal class Ulvophyceae. An ultrastructural survey and classification. Crypt. Bot. 1: 83-94, 1989.
Valentin, K. & K. Zetsche: Structure of the rubisco operon from the unicellular red alga *Cyanidium caldarium*: Evidence for a polyphyletic origin of the plastids. Mol. Gen. Genet. 222: 425-430, 1990.
Van den Hoek, C.: Algen: Einführung in die Phykologie. Thieme-Verlag, Stuttgart, 1984 (Taschenbuch).
Van den Hoek, C., W.T. Stam & J.L. Olsen: The emergence of a new chlorophytan system, and Dr. Kornmann's contribution thereto. Helgol. Meeresunters. 42: 339-383, 1988.
Weber, A. & M. Wettern: Some remarks on the usefulness of algal carotenoids as chemotaxonomic markers. In: Czygan, F.-C. (ed.): Pigments in plants. G.Fischer-Verlag, Stuttgart, New York, p. 104-116, 1980.

11. Abteilung: Bryophyta, Moospflanzen

Die Moose sind insbesondere (aber keineswegs ausschließlich!) an kühlen, feuchten und bodensauren Orten in zum Teil großer Artenfülle entwickelt.

Morphologisch sind sie nicht immer als echte Thalluspflanzen zu betrachten, können sie doch in blatt-, stengel- und wurzelartige Gebilde gegliedert sein. Andererseits sind die Ähnlichkeiten mit dem eigentlichen Kormus der diploiden (!) Farne und Samenpflanzen nur scheinbar: Die «Blätter» bestehen in der Regel nur aus einer Zellschicht, die «Wurzeln» (besser: Rhizoide) nur aus einer Zelle oder Zellreihe, und das «Stengel»gewebe ist nur wenig differenziert und ohne echte Leitbündel.

Im Bau ihrer Archegonien ähneln sie den Pteridophyten sehr, weswegen Moose und Farne gern auch als «Archegoniaten» zusammengefaßt werden, ohne daß hiermit engere Verwandtschaftsbeziehungen zum Ausdruck gebracht werden sollen. Tatsächlich ist über die Phylogenie der Moose nichts Sicheres bekannt. Daß sie erst seit dem Oberdevon nachweisbar sind, kann der schlechten Erhaltungsfähigkeit zugeschrieben werden.

Durch ihre Assimilationspigmente, Kohlenhydratreservestoffe (Stärke; gelegentlich auch Fruktane) und durch das Vorhandensein von Zellulosewänden stimmen die Moose mit allen anderen grünen Pflanzen (Grünalgen, Farnen, Samenpflanzen) überein.

Gegenüber den Farn- und Samenpflanzen sind Wandsubstanzen wie Cutin, Suberin und Lignin faktisch (noch?) nicht entwickelt, doch kommen (poly-?)phenolische Verbindungen, darunter Zimtsäurederivate vor, die Abbauprodukten des Lignins höherer Pflanzen ähneln. Derartige Substanzen sind für die Zellwandanfärbung vieler Moose, insbesondere der Sphagnen, mit Millon's Reagenz verantwortlich und maskieren andererseits den Zellulosenachweis mit Chlorzinkjod. Eine derartige, aber nur bei Sphagnen gefundene Verbindung ist die p-Hydroxy-β-(carboxymethyl)-Zimtsäure («Sphagnumsäure»).

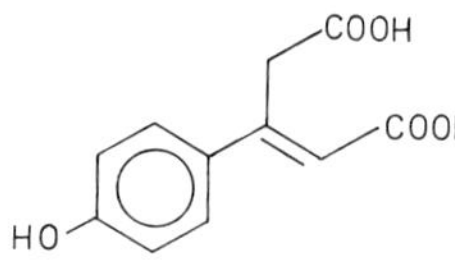

Sphagnumsäure

Im übrigen ist es in den letzten Jahren aufgrund neuer Möglichkeiten zur Isolierung und Strukturaufklärung von Substanzen auch aus kleinen Proben zu einer Entwicklung gekommen, die Markham und Porter als «a relative explosion of our knowledge of the chemistry of this sadly neglected plant group» (= Bryophyta) charakterisiert haben. Dies gilt vor allem für die Hepaticae mit ihren häufig vorkommenden, auffälligen **Ölkörpern,** in denen ätherische Öle oder Balsame (Gemische von ätherischem Öl mit Harzsubstanzen) akkumuliert werden. Die flüchtigen Geruchsstoffe sind vor allem **Monoterpene,** von denen zahlreiche, auch von höheren Pflanzen her bekannte Verbindungen nachgewiesen worden sind: Kohlenwasserstoffe wie Limonen, Pinen, Alkohole (Geraniol, Borneol u.a.), Aldehyde, Ketone, und Ester wie Linalyl- oder Bornylacetat.

Zu den flüchtigen Ölkomponenten gehören auch **Sesquiterpene** verschiedenen Typs (u.a. Eleman-, Eudesman-, Germacran-, Bisabolantyp), die in großer Zahl nachgewiesen worden sind. Die charakteristische Blaufärbung der Ölkörper von *Calypogeia trichomanis,* einem bei uns auf Rohhumus häufig vorkommenden Lebermoos, ist durch Azulene bedingt; aus *Pellia epiphylla* ist auch Guajazulen bekannt.

Die überwiegende Zahl der Sesquiterpene sind Enantiomere derjenigen Verbindungen, die wir von den höheren Pflanzen her kennen. Von toxikologischem Interesse sind die eine Kontakt-Dermatitis hervorrufenden Sesquiterpenlactone verschiedener epiphytischer *Frullania*-Arten, die mit ihrer exozyklischen α-Methylen-γ-Lactongruppierung den entsprechenden Verbindungen der Asteraceen ähneln [(-) und (+)-Frullanolid].

Auch **Diterpene** sind inzwischen in größerer Zahl bekannt geworden. Neben den auch von höheren Pflanzen bekannten Strukturen (Labdan-, Pimaran-, Clerodan-, Kauran-Typ) kommen auch moosspezifische vom Dolabellan- oder Sacculatantyp vor.

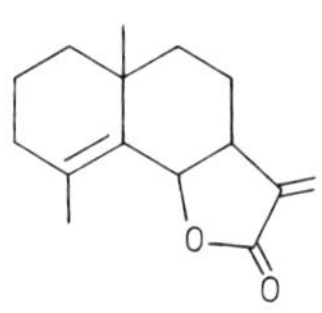

Frullanolid

Während Triterpene bei den Moosen offensichtlich selten sind, finden sich Sterole, insbesondere Stigmasterol und Sitosterol, allgemein verbreitet.

Groß ist auch die Zahl der **flavonoiden** Verbindungen, zu denen auch die weiter unten erwähnten Sphagnorubine als Wandsubstanzen gerechnet werden müssen. Neben Flavon-C- und O-Glykosiden sind Dihydroflavone, Flavonole und auch Dihydrochalcone und Aurone gefunden worden. Manche Flavonoide kommen auch als Glukuronide oder Galakturonide vor. Während die Laubmoose in ihrem gesamten Inhaltsstoffspektrum ärmer (weniger untersucht?) sind als die Lebermoose, ist ihr Flavonoidspektrum umfassender. Bei ihnen sind auch die in Lebermoosen bisher nicht gefundenen Isoflavone, Biflavone und 3-Desoxy-anthocyanine nachgewiesen worden: «Echte» Anthocyanine und Proanthocyanidine scheinen allgemein zu fehlen.

Von einer Reihe von Moosinhaltsstoffen sind auch interessante physiologische Wirkungen bekannt geworden. Außer den schon erwähnten hautirritierenden Sesquiterpenlactonen seien Stoffe mit antibakterieller oder fungistatischer Wirkung genannt: z. B. das Sesquiterpen Polygodial, das auch für den scharfen Geschmack von *Porella arboris-vitae* verantwortlich ist; Lunularsäure, ein Dihydrostilbenderivat aus *Lunularia*-Arten, ist in ihrer Wirkung partiell der Abscisinsäure der höheren Pflanzen vergleichbar. Sie gehört wie auch ihr Decarboxylierungsprodukt Lunularin zur Gruppe der 1,2-Diphenylethane (= Bibenzyle), von denen in Lebermoosen inzwischen über 30, z.T. auch isoprenoidsubstituierte Verbindungen gefunden worden sind.

Eine interessante Gruppe stellen die Sphagnidae (Torfmoose) als wichtigste torfbildende Pflanzengruppe der Gegenwart dar. Sie fördern die Versumpfung und tragen durch schnelles Höhenwachstum (einige mm bis cm pro Jahr) und gleichzeitiges Absterben der unteren Pflanzenteile mit folgender unvollständiger Humifizierung zur Torfbildung bei. Durch hohes Wasserspeicherungs- und -haltevermögen in charakteristischen, toten, ausgesteiften und mit Poren versehenen Zellen, den sogenannten Hyalinzellen und durch erhebliches kapillares Saugvermögen der dichten Torfmoospolster werden nicht zu lange andauernde sommerliche Trockenperioden ohne Schaden überstanden.

Torfe werden verschiedentlich therapeutisch verwendet, wobei die Nutzung der hyperthermen Wirkung überhitzter Torfe als Packungen oder Breibäder im Vordergrund steht. Heilwirkungen durch Resorption bestimmter (oestrogenartiger?) Stoffe sind umstritten.

Der Entwicklungsgang eines Mooses ist durch den Wechsel zwischen einem haploiden Gametophyten (= der eigentlichen Moospflanze) und einem auf ihm sitzenden, blattlosen, diploiden Sporophyten (= Sporogon) gekennzeichnet. Im Gegensatz zu allen höher organisierten grünen Landpflanzen ist hier (noch) der haploide Gametophyt die dominierende Generation; sie hat im Laufe der Evolution bei Farn- und Samenpflanzen eine immer stärkere Rückbildung erfahren (vgl. Abb. 46). In Abb. 34 wird der typische Verlauf des Generationswechsels bei Moosen erläutert. Hierbei mag beachtet werden, daß für einzelne Sippen (Gattungen, Familien bis hin zu Klassen) charakteristische Besonderheiten gelten, die in dieser kurzen Übersicht nicht näher berücksichtigt werden konnten.

Die Abteilung der Bryophyta läßt sich folgendermaßen gliedern:

1. Klasse: Anthocerotae, Hornmoose

mit der einzigen Ordnung **Anthocerotales.** Thallose Moose; Zellen mit je 1 bis 2 (bei der Gattung *Megaceros* bis zu 10) großen, schüsselförmigen Chloroplasten mit Pyrenoiden. Pyrenoide sind zwar bei Grünalgen verbreitet, kommen aber weder bei Leber- noch bei Laubmoosen vor. Ölkörper fehlen. Antheridien und Archegonien in den Thallus eingebettet; Spaltöffnungen auf der Thallusunterseite, ihre Atemhöhlen durch die Cyanobakterien-Gattung *Nostoc* besiedelt. – *Anthoceros laevis* auf Stoppelfeldern (Abb. 35A).

Abb. 34: Generationswechsel bei Moosen (eines synözischen Laubmooses), schematisch. Eine Spore keimt zu einem verzweigten Vorkeim (Protonema) aus. Aus Knospen entstehen die Moospflanzen (mit Rhizoiden). Sie bilden männl. Antheridien und weibl. Archegonien aus. Befruchtung durch Spermatozoiden in wässr. Medium. Zygotenbildung. Dehnung der Archegonienwand (oberer Teil reißt ab → Kalyptra = Haube) durch den heranwachsenden Sporophyten = Sporogon, aus Stiel und Kapsel bestehend. Darin Ausbildung von sporogenem Gewebe. Durch Reduktionsteilung erfolgt Sporenbildung. Ausstreuen der Sporen nach Abwurf des Deckels. Haploide Phase (Protonema, Moospflanze) hell; diploide Phase (Sporogon) dunkel. R! Reduktionsteilung. (Nach Nultsch, veränd.)

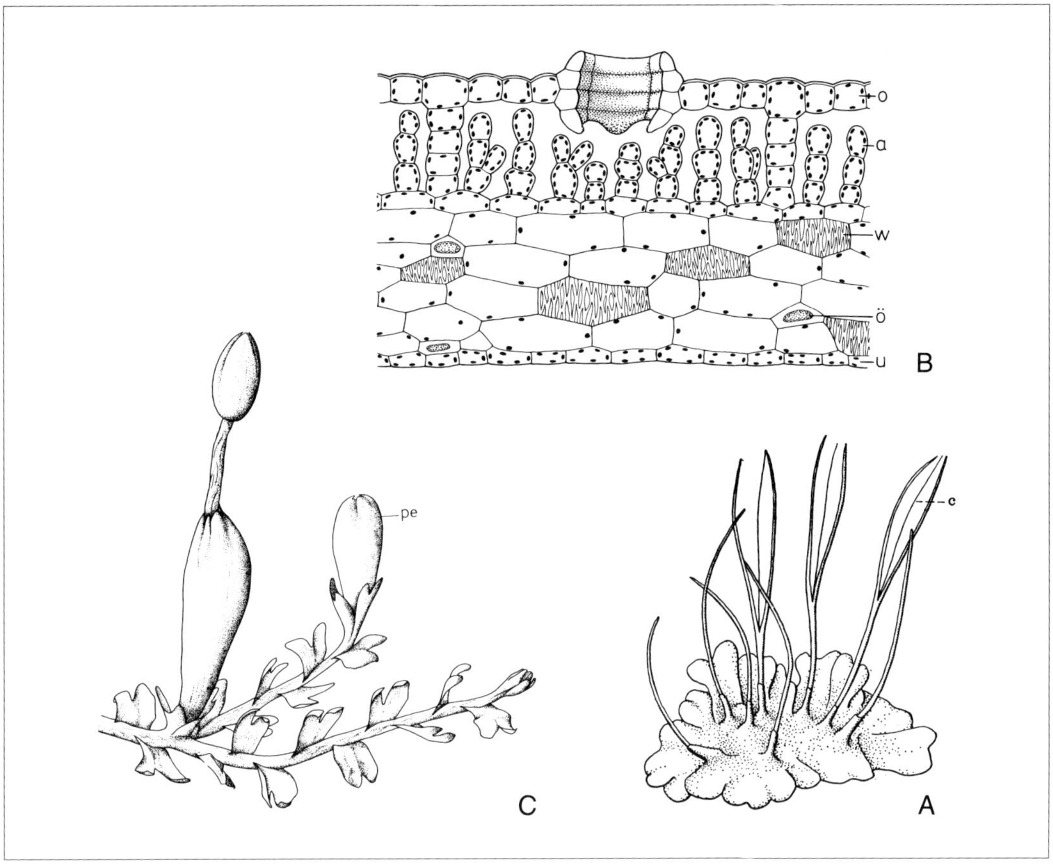

Abb. 35: Hornmoose (Anthocerotae A und Hepaticae B, C). – **A:** *Anthoceros laevis*, Thallus mit jungen und geöffneten Sporogonen; c Columella (1 x). – **B:** *Marchantia polymorpha* (Marchantiales), Thallusquerschnitt (200 x); a Assimilatoren, o obere Epidermis mit Atemöffnung, ö Ölkörper, u untere Epidermis, w Wandverdickungen. – **C:** *Gymnocolea inflata* (Jungermaniales), mit pe «Perianth» und (links) Sporogon (6 x). – (A und B nach Mägdefrau, C nach K. Müller, veränd.)

2. Klasse: Hepaticae, Lebermoose

Thallose oder foliose Moose; bei foliosen Moosen Blättchen in 2 oder 3 Reihen am «Stengel», einschichtig, ohne Mittelrippe, nicht zu einer langen Spitze ausgezogen; Zellen mit vielen Chloroplasten, ohne Pyrenoide, oft mit Ölkörpern; Rhizoide unizellulär; Gametophyt ohne Spaltöffnungen. Zur Unterklasse der **Marchantiidae** (thallose Lebermoose) gehören:

1. Ordnung: **Sphaerocarpales.** Mit 5 Chromosomen, davon 1 Geschlechtschromosom, bei *Sphaerocarpus* erstmals im Pflanzenreich gefunden. Moose mit kurzer Vegetationszeit in ariden Gebieten.

2. Ordnung: **Marchantiales** mit hochdifferenzierten Gametophyten. – *Riccia* und *Marchantia* sind die artenreichsten Gattungen. *Marchantia polymorpha*, mit Assimilationskammern und «Atemöffnungen» (Abb. 35B).

3. Ordnung: **Monocleales**, mit bis zu 20 cm langen Gametophyten, südhemisphärisch.

Zur Unterklasse der **Jungermanniidae** (thallose oder – meist – foliose Lebermoose) gehören:

4. Ordnung: **Metzgeriales,** u. a. mit den Gattungen *Metzgeria* und *Pellia*.

5. Ordnung: **Calobryales**

6. Ordnung: **Jungermanniales**. Umfangreichste Lebermoosordnung mit überwiegend foliosen Pflanzen (Abb. 35C).

3. Klasse: Bryatae, Laubmoose

Foliose, oft mehr oder weniger aufrecht wachsende, derbere Moospflanzen. Blätter in der Regel lang zugespitzt, oft mit Mittelrippe. Keine Ölkörper.

A. Unterklasse: Sphagnidae, Torfmoose (Abb. 36C). Wasserspeicherung und Torfbildung (s.o.)! Unter den charakteristischen Wandpigmenten sind bislang die flavonoiden **Sphagnorubine** strukturell aufgeklärt. Während das Sphagnorubin selbst den meisten rotgefärbten Arten zukommen dürfte, sind die Methylether offensichtlich auf die roten Sphagnen der *Acutifolia*-Gruppe beschränkt.

B. Unterklasse: Andreaeidae, kleine, kalkmeidende Felsmoose.

C. Unterklasse: Bryidae, weitaus umfangreichste Laubmoosgruppe. Entweder aufrecht wachsend, wenig verzweigt, mit endständigen Sporogonen («akrokarpe Moose») oder plagiotrop und z. T. mehrfach verzweigt, mit seitenständigen Sporogonen («pleurokarpe Moose»), vgl. Abb. 36A,B.

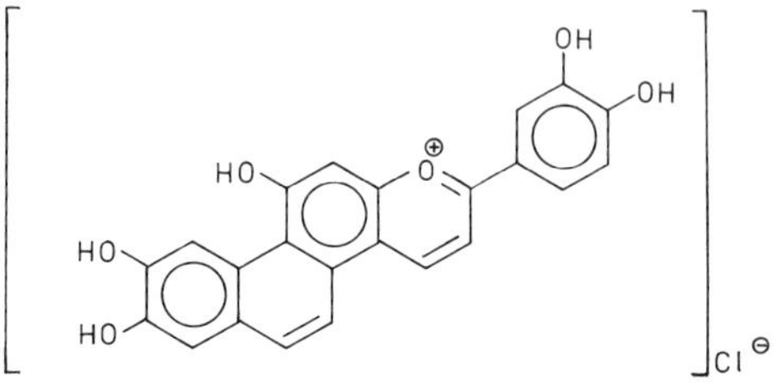

Sphagnorubin

Abb. 36: Laubmoose (Bryatae: Bryidae A, B und Sphagnidae C). – **A:** *Polytrichum commune* (akrokarp). – **B:** *Hylocomium splendens* (pleurokarp). – **C:** *Sphagnum nemoreum*, Pflanze mit Sporogonen (2/3 x). – (A nach Braune, Leman, Taubert, B nach Walter, C nach Mägdefrau.)

Literatur Bryophyta

Anhut, S., H.D. Zinsmeister, R. Mues, W. Barz, K. Mackenbrock, J. Köster & K.R. Markham: The first identification of isoflavones from a bryophyte. Phytochemistry 23: 1073-1075, 1984.

Asakawa, Y.: Biologically active substances obtained from Bryophytes. J. Hattori Bot. Lab. 50: 123, 1981.

Asakawa, Y.: Chemical constituents of the Hepaticae. In: Progr. Chem. Org. Nat. Prod. 42: 1-286, 1982.

Asakawa, Y., R. Matsuda & A. Cheminat: Bibenzyl-derivates from *Frullania* species. Phytochemistry 26: 1117-1122, 1987.

Becker, H. & G. Wurzel: Sind Lebermoose Arzneipflanzen? Pharm. i. u. Z. 16: 152-156, 1987.

Benesova, V. & V. Herout: Components of liverworts, their chemical structures and biological activity. Bryophytorum Bibliotheca 13: 355, 1978.

Clarke, G.C.S. & J.G. Duckett (ed.): Bryophyte systematics, Acad. Press, London, New York, Toronto, Sydney, San Francisco, 1980.

Frahm, J.-P. & W. Frey: Moosflora. Ulmer-Verlag, 1983 (Taschenbuch).

Huneck, S.: Chemistry and biochemistry of Bryophytes, in: New Manual of Bryology (R.M. Schuster, ed.), 2. Vol. Koeltz Scientific Books, Königstein, 1983.

Kohn, G.K, O. Vandekerkhove, E. Hartmann & P. Beutelmann: Acetylenic fatty acids in the Ricciaceae (Hepaticae). Phytochemistry 27: 1049-1051, 1988.

Markham, K.R. & L.J. Porter: Chemical constituents of the Bryophytes, in: Progr. Phytochemistry, Vol. 5, 181-272, Pergamon Press, Oxford, 1978.

Nimz, H.H. & R. Tutschek: Kohlenstoff-13-NMR-Spektren von Ligninen; zur Frage des Ligningehalts von Moosen. Holzforschung 31: 101-106, 1977.

Rudolph, H. & A. Jöhnk: Physiological aspects of phenolic compounds in the cell walls of *Sphagna*. J. Hattori Bot. Lab. 53: 37-45, 1982.

Rudolph, H. & J. Samland: Occurrence and metabolism of sphagnum acid in the cell walls of Bryophytes. Phytochemistry, 24: 745-749, 1985.

Toyota, M., A. Ueda & Y. Asakawa: Sesquiterpenoids from the liverwort *Porella acutifolia* ssp. *tosana*. Phytochemistry 30: 567-573, 1991.

Vowinkel, E.: Die Struktur des Sphagnorubins. Chem. Ber. 108: 1166-1181, 1975.

Watson, E.V.: The structure and life of Bryophytes. Hutchinson &. Co. LTD., London, 1978.

Wilschke, J., B. Sprengel, C. Wolff & H.J. Rudolph: A hydroxybutenolide from *Sphagnum*-species. Phytochemistry 28: 1725-1727, 1989.

Zinsmeister, H.D. & R. Mues: The flavonoid chemistry of Bryophytes. Rev. Latinoamer. Quim. 11: 23, 1980.

Zinsmeister, H.D. & R. Mues (eds.): Chemistry and chemical taxonomy of Bryophytes. Oxford University Press, Oxford, 1990.

Die jetzt folgenden höheren Pflanzen (Pteridophyta und Spermatophyta) sind zusammen mit den Bryophyta wahrscheinlich eines Ursprungs: Aus Grünalgen haben sich – lange vor dem Ende der Silurzeit – erste Landpflanzen entwickelt, die sich allmählich zu der uns bekannten Fülle und Mannigfaltigkeit an Kormuspflanzen entwickelten. Mit Ausnahme der ersten – fossilen – Vertreter besitzen sie eine echte, vielschichtige Wurzel und einen echten Sproß aus beblätterten Sproßachsen, die von Leitbündeln durchzogen sind. Lignin, Cutin und Suberin sind für sie typische Neuerwerbungen und Voraussetzung für die Bildung funktonsfähiger Stütz- und Transpirationsschutz-Einrichtungen, die die reiche Entfaltung der kormophytischen Landpflanzen erst ermöglichten. Sekundäres Dickenwachstum ist – unabhängig voneinander – schon früh von verschiedenen Vertretern erworben worden (Steinkohlenwälder!). Wenn auch im Laufe der Phylogenese noch verschiedene markante Merkmals«verbesserungen» im Sinne besseren Angepaßtseins und verstärkter Konkurrenzkraft erfolgten (Tracheiden → Tracheen; einfache Befruchtung und Endospermbildung «auf gut Glück» → doppelte Befruchtung; Unabhängigwerden der Befruchtung von Außenbedingungen durch den Bestäubungsvorgang; Synthese mannigfaltiger Lock-, Duft- und Giftstoffe) – der Grundbauplan blieb erhalten.

12. Abteilung: Pteridophyta, Farnpflanzen *

1. Klasse: Psilophytatae, Urfarne

Die Urfarne traten im obersten Silur als erste Landpflanzen auf und starben bereits mit Beginn des Oberdevon wieder aus. Als Prototyp gilt *Rhynia,* die «Urlandpflanze», über deren histologischen Bau wir durch Schliffe der in Silikatlösungen fossilierten Pflanzen überraschend gut unterrichtet sind. Heutigen Binsen ähnelnd, dürften sie feuchte Senken besiedelt haben. Ihr Sproß war noch nicht in Blätter und Achse gegliedert (Abb. 37); die Endverzweigungen – mögen sie fertil oder steril sein – nennt man (Ur-)**Telome.** Bereits bei den *Rhynia*-ähnlichen Urfarnen zeichnete sich eine Entwicklung ab, die zu den 3 Hauptlinien der Pteridophyten (Bärlappe, Schachtelhalme und Farne im engeren Sinne) sowie zu den Spermatophyten führen sollte.

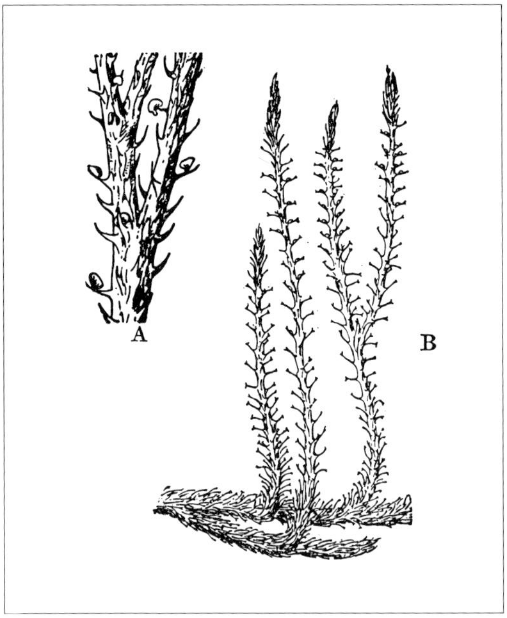

Abb. 38: Fossile Lycopodiales. – **A:** *Drepanophycus spinaeformis;* Unter-Devon. – **B:** *Protolepidodendron scharyanum,* Mittel-Devon. (1/4 x). (Nach Kräusel u. Weyland.)

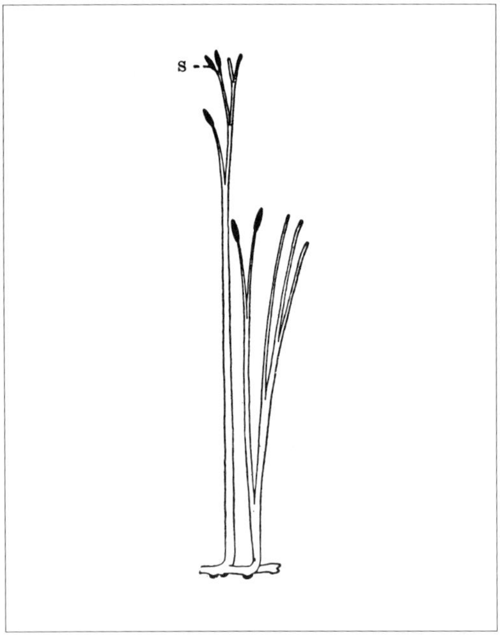

Abb. 37: *Rhynia*-Sprosse mit s Sporangien (174 x). (Nach Kidston u. Lang.)

2. Klasse: Psilotatae

mit den isoliert stehenden Gattungen *Psilotum* und *Tmesipteris* (je 2 tropische, vorwiegend epiphytische Arten).

3. Klasse: Lycopodiatae, Bärlappgewächse

Viele spiralig gestellte, kleine Schuppenblätter («Mikrophylle») mit achselständigem, zartem Häutchen** («Ligula») und – falls fertil – oberseitig sitzendem Sporangium sowie gabelige Verzweigung von Sproß und Wurzel zeichnen die Bärlappgewächse aus. Die ältesten Vertreter aus dem Unterdevon (z.B. *Drepanophycus spinaeformis,* Abb. 38) erinnern u.a.

---

* aber Farne im engeren Sinne: Filicatae, s. S. 78 ff.

** Bei Lycopodiales aber fehlend.

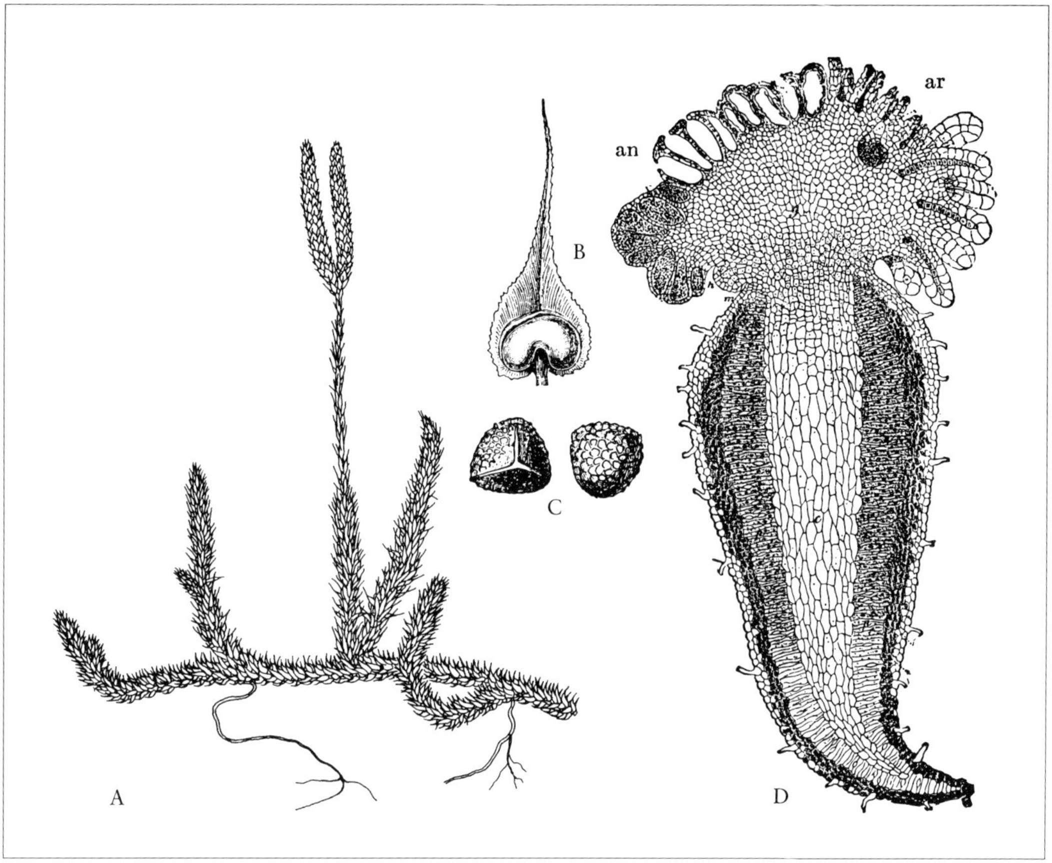

Abb. 39: Lycopodiales. A-C *Lycopodium clavatum*. – **A:** Pflanze mit Sporophyllständen (ca. 1/2 x). – **B:** Sporophyll mit aufgesprungenem Sporangium (vergr.). – **C:** Sporen in 2 Ansichten (vergr.). – **D:** *Diphasium complanatum*. Reifes Prothallium mit an Antheridien, ar Archegonien und pilzführenden Zellen (schwarz) (24 x). – (A Orig., B, C nach Schenck, D nach Bruchmann.)

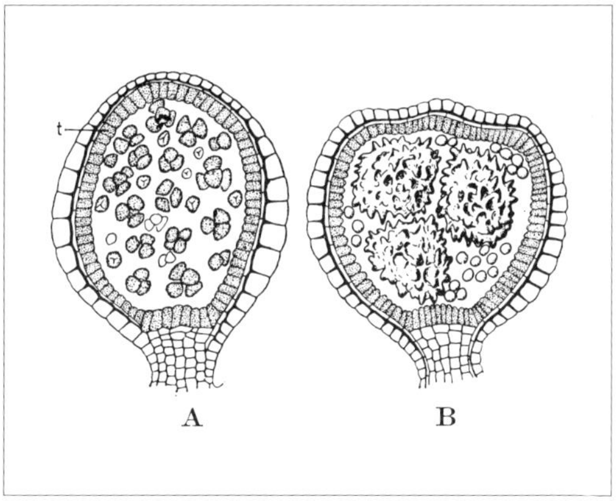

Abb. 40: Selaginellales. A-B *Selaginella inaequalifolia*. – **A:** Mikrosporangium mit Mikrosporentetraden; t Tapetumzellen. – **B:** Megasporangium mit einer Megasporentetrade und vielen verkümmerten Sporenmutterzellen. (70 x, nach Sachs.)

Abb. 41: Isoëtales. *Isoëtes lacustris* (1/2 x), Orig.

dadurch an Rhyniaceae, daß die Sporophylle nicht zu Sporophyllständen («Blüten») vereinigt waren. Die teilweise gabeligen Blättchen verdeutlichen ihre Herkunft aus Telomen, wobei – wie bei der Stellung der Sporangien – die Elementarprozesse der Übergipfelung und Reduktion zur Erklärung ausreichen (vgl. Telomtheorie). Die weitere Entwicklung der Bärlappe führte von isosporen zu heterosporen Vertretern. Die baumförmigen Lepidodendrales (Schuppenbäume, Siegelbäume) hatten wesentlichen Anteil an der Steinkohlebildung. Heute existieren nur noch krautige Vertreter. Systematische Gliederung:

- **1. Ordnung: Lycopodiales** (heute nur Familie **Lycopodiaceae**). – Krautig, isospor. *Lycopodium* und verwandte Gattungen (Bärlappe, «Schlangenmoos», mit mehreren einheimischen Vertretern; Abb. 39). Die (Iso-)Sporen, vor allem von *Lycopodium clavatum,* finden als Dispergens Verwendung («Lycopodium»).
  Durch hohen Auslesewert begünstigt sind bereits bei den Pteridophyten verschiedentlich Giftstoffe akkumuliert worden. Bekannt ist zum Beispiel das Vorkommen von Alkaloiden (besonders Lycopodin) in *Lycopodium* und verwandten Gattungen. Strukturell handelt es sich um vom Chinolin ableitbare Verbindungen, deren Biogenese über Pelletierin verläuft; Lysin dürfte biogenetischer Precursor sein.
  Ein weiteres familienspezifisches Merkmal ist die ausgeprägte Akkumulation von Aluminium-Ionen in der Vakuole.
- **2. Ordnung: Selaginellales. –** Krautig, heterospor (Abb. 40). Tropisch, in Europa *Selaginella selaginoides, S. helvetica* und – im mediterr. Raum – *S. denticulata.*
- **3. Ordnung: Lepidodendrales. –** Holzpflanzen, heterospor, ausgestorben (s.o.).
- **4. Ordnung: Isoëtales. –** Krautig, heterospor. Die einheimischen, sehr selten gewordenen Brachsenkräuter *Isoëtes lacustris* (Abb. 41) und *I. echinospora* sind submerse Charakterpflanzen oligotropher Seen.

4. Klasse: Equisetatae, Schachtelhalmgewächse

Auch die Schachtelhalme haben Mikrophylle, die aber im Gegensatz zu denen der Bärlappe quirlig stehen. Die Sporangien sitzen zu mehreren (5 – 10) an der Unterseite von Sporophyllen, die die Form einbeiniger Tischchen haben. Sie sind zu zapfenförmigen, endständigen Sporophyllständen vereinigt (Abb. 42). Auch hier ist Heterosporie und sekundäres Dickenwachstum baumförmiger Vertreter – konvergent – erworben worden.

Neben den **Sphenophyllales,** ausgestorbenen, *Galium*-artig anmutenden kleinen Spreizklimmern insbesondere der Steinkohlenzeit, unterscheidet man die **Equisetales** mit den zwei wichtigsten Familien:

1. *Familie*: **Calamitaceae:** Ausgestorbene, bis 30 m hohe Baumschachtelhalme des Karbons (Steinkohlenwälder!) und Perms. Neben isosporen auch heterospore Formen.

2. *Familie*: **Equisetaceae.** Einzige Gattung *Equisetum*, der Schachtelhalm (Abb. 42), als Überrest einer im Mesozoikum reich entfalteten Familie. Die Equisetaceae zeichnen sich durch hohe Kieselsäuregehalte aus, wobei das Silikat in Form von Zellwandverkieselungen (charakteristisch z.B. die Kieselleisten der Stomata) die mechanischen Funktionen des Lignins weitgehend übernommen hat. Auf Grund dieser Zellwandverkieselungen wurden die sterilen Sprosse von *Equisetum arvense*, dem Ackerschachtelhalm, früher als Zinnputzmittel («Zinnkraut») benutzt.

Die sterilen Sprosse von *E. arvense* gelten als Diureticum, wohl wegen des Gehalts an Flavonoiden. In vielen Schachtelhalmen kommen Alkaloide vor, insbesondere im giftigen Sumpfschachtelhalm, *E. palustre.* Hauptalkaloid ist das Palustrin, ein Piperidinalkaloid.

5. Klasse: Filicatae, Farngewächse

Die Farnpflanzen haben im Gegensatz zu den Bärlappen und Schachtelhalmen Megaphylle (Abb. 44A), deren Entstehung aus einem Telomstand durch Übergipfelung, Planation und Verwachsung erklärbar ist. Die Sporangien sitzen in Vielzahl zumeist an der Unterseite.

Die «Primofilices» verkörpern die Zwischenformen zur Klasse der Psilophytatae. Diese im Mitteldevon bis zum Unterkarbon verbreiteten Pflanzen hatten zumeist noch sogenannte Raumwedel (Planation noch nicht stattgefunden). Man nimmt heute an, daß sich aus ihnen einerseits die Farnpflanzen entwickelten, daß sie andererseits (als isospore oder z.T. schon heterospore

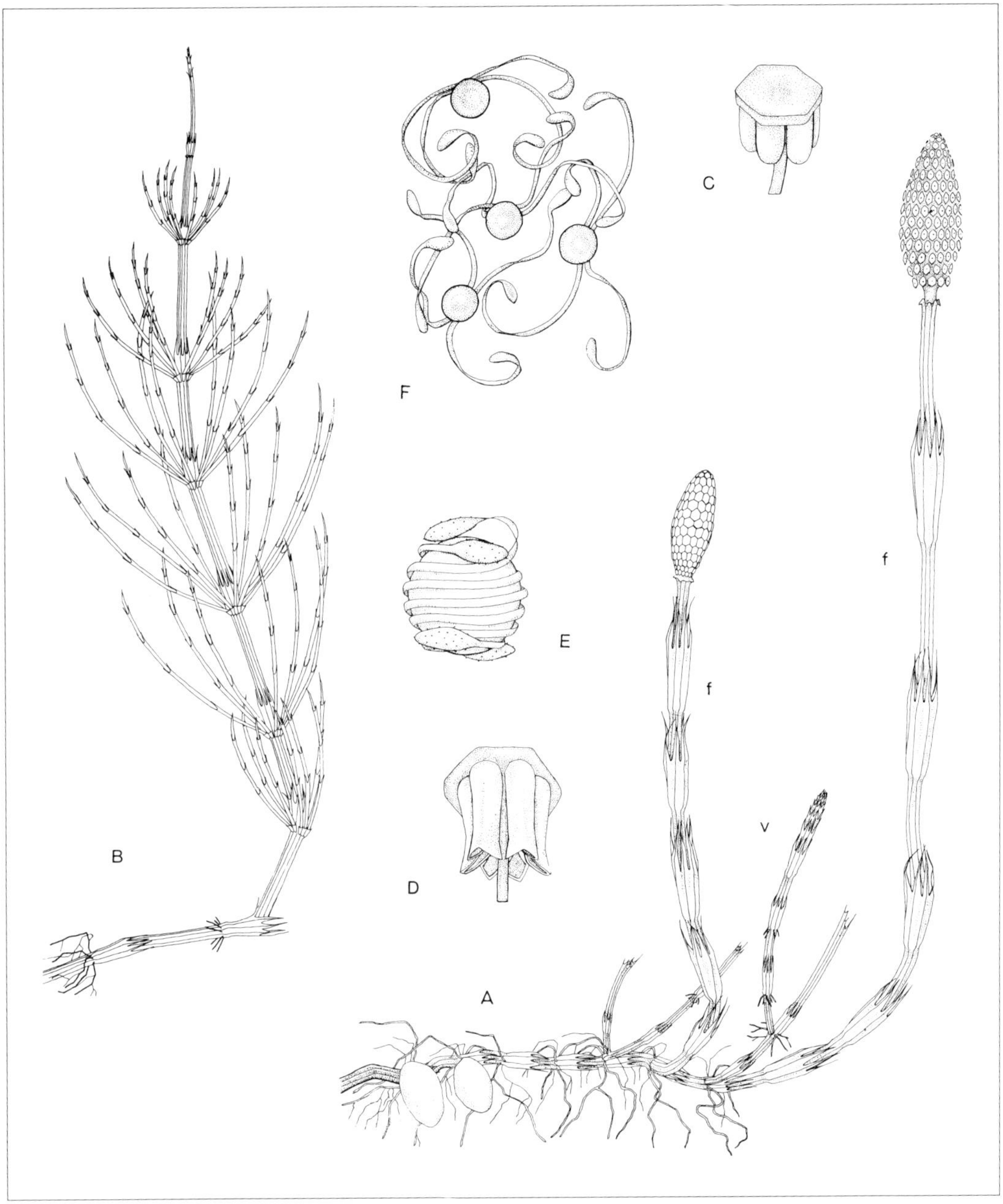

Abb. 42: *Equisetum arvense.* – **A:** Fertile Sprosse (f) mit Sporophyllständen, dem knollentragenden Rhizom entspringend, mit v jungem, sterilen Sproß. – **B:** Steriler, grüner Sproß. – **C, D:** Sporophylle mit Sporangien. – **E:** Spore mit den beiden Hapteren (Perisporbildungen). – **F:** Sporen mit den im trockenen Zustand ausgebreiteten Hapteren. – (A, B 1/2 x; C, D 6 x; E 360 x; F 100 x; nach Schenck.)

«Progymnospermen») zum Ursprung der Samenpflanzen wurden.

Bei den **«eusporangiaten» Farnen** besteht die Sporangienwand aus mehreren Zellschichten. Zur 1. Ordnung **Ophioglossales** gehören die Gattungen *Ophioglossum* (Natternzunge) und *Botrychium* (Mondraute) (Abb. 43), die zwar ursprünglich anmuten, aber durch ihre Eustele, Kambium, Periderm

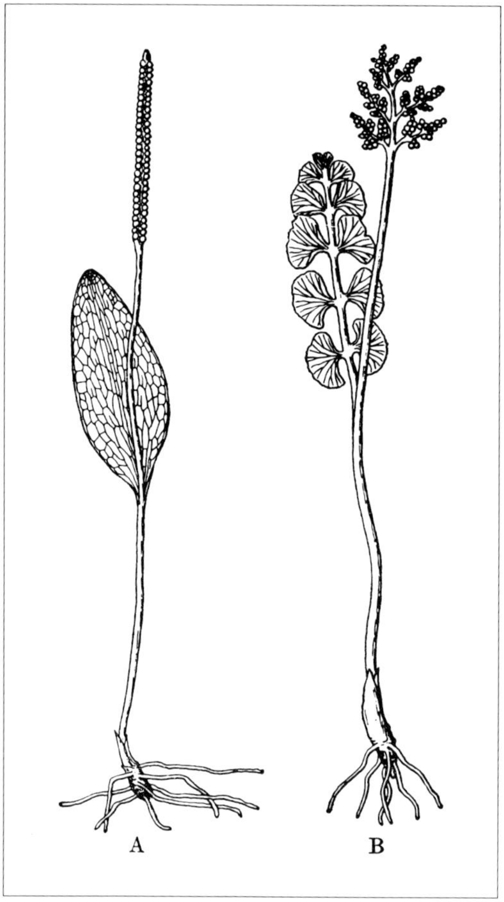

Abb. 43: Ophioglossales. Sporophyten von **A:** *Ophioglossum vulgatum* (1/2 x) und **B:** *Botrychium lunaria* (2/3 x). (Nach Mägdefrau.)

u. a. Charakteristika auch mit den Progymnospermen in Zusammenhang gebracht werden. Die 2. Ordnung **Marattiales** kommt mit ca. 200 Arten auch heute noch in tropischen Wäldern vor.

Bei den **«leptosporangiaten» Farnen** besteht die Wand der reifen Sporangien aus nur einer Zellschicht. Isosporie! Hierzu gehören u.a. die uns bekannten, krautigen Farnpflanzen (aber auch Baumfarne), die in der großen Mehrzahl in der umfangreichen Ordnung der **Polypodiales** (ca. 7000 Arten) zusammengefaßt werden.

Inhaltsstoffe: Die Farne sind gerbstoffreiche Pflanzen. In Rhizomen kann der Gerbstoffgehalt bis 10% betragen. Bisher sind ausschließlich **kondensierte Gerbstoffe** (Proanthocyanidine) gefunden worden. Weitere phenolische Verbindungen wie aromatische Phenolcarbonsäuren, hydrophile und lipophile (sog. «Mehlstaub»-)Flavonoide sind verbreitet. Als N-haltige Stoffe kommen nichtproteinogene Aminosäuren vor, während Alkaloide bisher nicht mit Sicherheit nachgewiesen wurden.

Charakteristische phenolische Inhaltsstoffe speziell des Genus *Dryopteris* sind **Acylphloroglucinderivate**, die in inneren Drüsenhaaren lokalisiert sind. Genuin sind es vor allem durch Methylengruppen verknüpfte di-, tri- und tetramere Butanonphloroglucide wie z.B. Albaspidin, Flavaspidsäure, Filixsäure u.a..

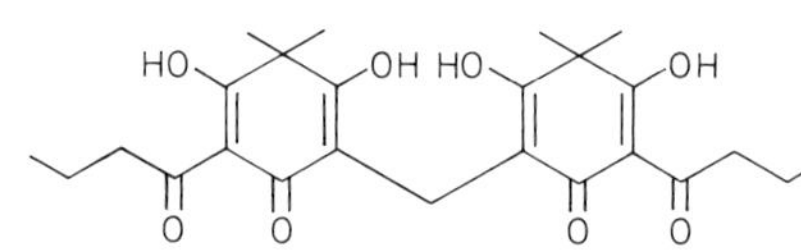

Albaspidin

Die Farnphloroglucide haben eine lähmende Wirkung auf Bandwürmer. Seit alters her fanden daher Extrakte aus dem Rhizom des Wurmfarns *Dryopteris filix-mas* (Abb. 44) als Bandwurmmittel Verwendung. Wegen der geringen therapeutischen Breite dieser Wirkstoffe werden heute jedoch andersartige synthetische Verbindungen bevorzugt.

In den unterirdischen Organen der Polypodiales wird oftmals reichlich Stärke gespeichert. Nicht selten überwiegen auch Saccharose und andere Zucker, so z.B. im süßschmeckenden Rhizom von *Polypodium vulgare*, dem Engelsüß. Frühere Angaben über das Vorkommen von Glycyrrhizin in der obsoleten

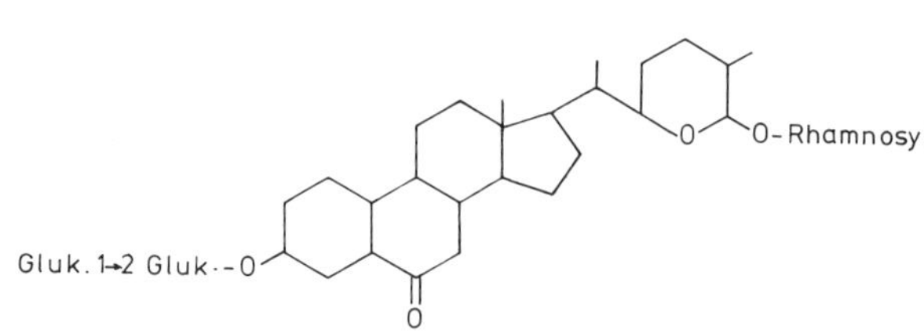

Osladin

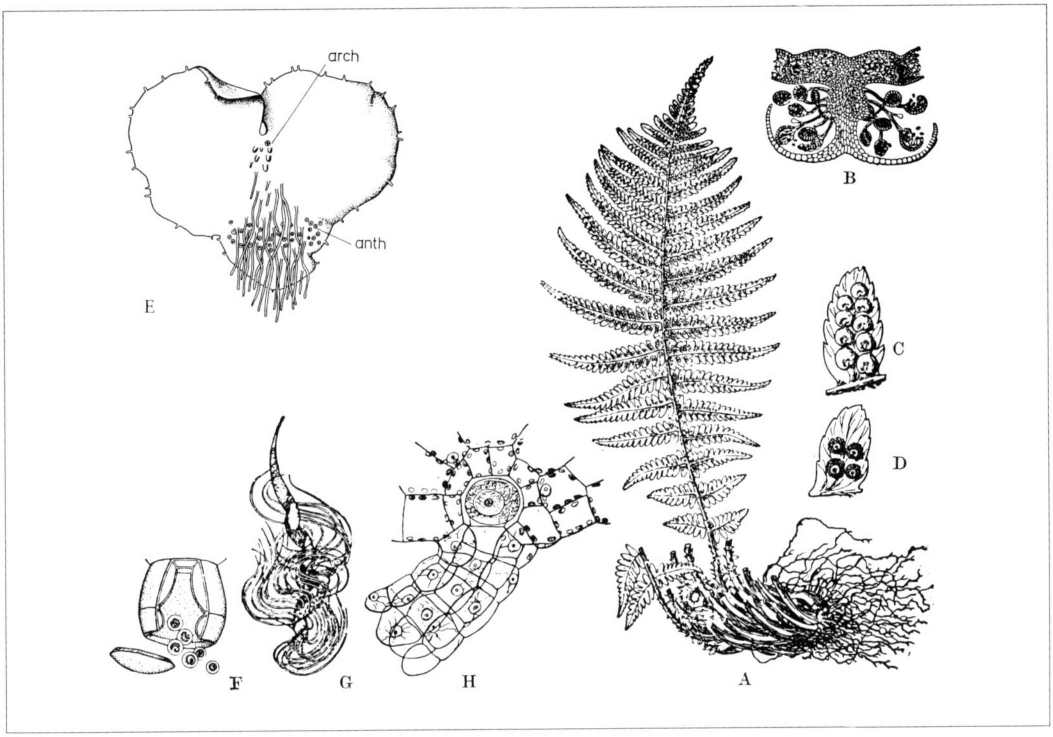

Abb. 44: Leptosporangiate Farne. – A-F: *Dryopteris filix-mas*. – **A:** Sporophyt (1/8 x). – **B:** Schnitt durch Sorus; Plazenta mit Sporangien und schirmförmigem Indusium (16 x). – **C:** Fiederchen mit jungen, noch vom Indusium bedeckten Sori (1 x). – **D:** Älteres Stadium; Indusium geschrumpft; Sporangien z.T. sichtbar (1 x). – **E:** Prothallium von der Unterseite mit arch Archegonien und anth Antheridien zwischen Rhizoiden (10 x). – **F:** Reifes Antheridium entläßt Spermatozoiden (200x). – **G:** Vielgeißliger Spermatozoid von *Thelypteris palustris* (2400 x). – **H**: Geöffnetes Archegonium von *Polypodium vulgare* mit Eizelle (200 x). – (A,C,D nach Schenck, B,E,F nach Kny, G nach Dracinschi, H nach Strasburger.)

Droge treffen nicht zu, wohl aber konnten Steroidsaponine, darunter auch eines mit süßem Geschmack nachgewiesen werden. Diese als Osladin bezeichnete Substanz besitzt einen der höchsten Süßwerte (3000-mal höhere Süßkraft als Saccharose), eine Nutzung als biogener Süßstoff ist jedoch wegen der geringen Konzentration in der Droge nicht praktikabel.

Neben Osladin wurden im Engelsüßrhizom auch Sterole mit Insektenhäutungshormonaktivität nachgewiesen. Derartige Phytecdysone sind bei Farnen häufig zu finden und kommen in Blättern und Rhizomen oft in beachtlicher Konzentration vor.

Aus der Gruppe der Terpene haben neben den in großer Vielfalt vorkommenden Triterpenen vor allem die bei vielen Polypodiales gefundenen **Sesquiterpene** besonderes Interesse gefunden. Von diesen als Pterosine bzw. in glykosidischer Bindung als Pteroside bezeichneten Verbindungen ist das Ptaquilosid für die toxischen und cancerogenen Wirkungen des Adlerfarns, *Pteridium aquilinum*, verantwortlich.

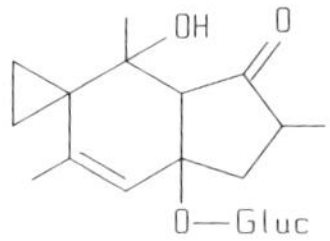

Ptaquilosid

Zu den **Wasserfarnen («Hydropterides»)** schließlich faßt man wenige, evtl. nicht näher miteinander verwandte Gattungen kleiner wasser- oder sumpfbewohnender Kräuter zusammen. Heterosporie; Sporangien in besonderen Behältern (Sporokarpien) eingeschlossen. Hierzu der Kleefarn *Marsilea quadrifolia*, der Pillenfarn *Pilularia globulifera* und die beiden Schwimmfarne *Salvinia natans* (Abb. 45) und *Azolla* div. spec. *Azolla* ist aufgrund der Symbiose mit dem Cyanobakterium *Nostoc azollae* von großem praktischen Interesse zur Stickstoffversorgung von Wasserreis-Feldern in Ostasien (Bindung bis zu 3 kg atm. N_2 pro Tag und Hektar).

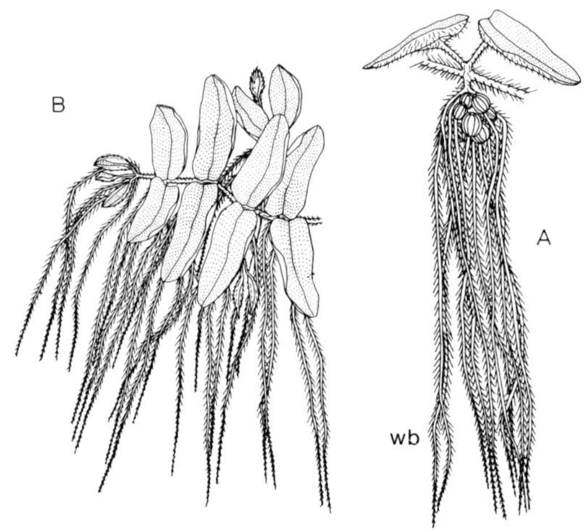

Abb. 45: *Salvinia natans.* Sproßstück, **A:** von der Seite (mit rundlichen Sporangienbehältern) und **B:** von oben; wb blatthomologe «Wurzeln». (3/4 x, nach Bischoff.)

Generationswechsel der Pteridophyta

Der Generationswechsel ist, wie üblich, mit einem Kernphasenwechsel (haploid-diploid-haploid) gekoppelt.

Den ursprünglichen Typus eines Wechsels zwischen einer haploiden gametenbildenden (Gametophyt-) sowie einer diploiden meiosporenbildenden (Sporophyt-)Generation findet man bei den isosporen Pteridophyten, für die die heute noch existierenden Bärlappe (Ordnung Lycopodiales), Schachtelhalme (Gattung *Equisetum*) und alle Farnpflanzen (außer Wasserfarnen) Beispiele sind (vgl. hierzu die Abb. 39, 42 und 44).

Von isosporen Pteridophyten ausgehend ist eine – in mehreren Zweigen gleichsinnig verlaufende – Entwicklung zu höheren Organisationsstufen hin unter fortschreitender Reduktion des Gametophyten erfolgt, die in einem Falle in der Entstehung der höchstorganisierten Angiospermen ihren vorläufigen Abschluß fand. Die 5 wichtigsten Stufen sind aus Abb. 46 (S. 84) ersichtlich.

Bärlapp	**Schachtelhalm**	**Farn**
1. Die haploide Spore keimt zu einem Prothallium aus.		
Die Prothallien sind bis 2 cm große, z.T. wulstig gelappte, langlebige, unterirdische Thalli. Mykorrhiza!	Die Prothallien sind kleine, grüne, auf dem Erdboden wurzelnde, reich verzweigte Thalli.	Die Prothallien sind bis 2 cm große, grüne, auf dem Erdboden wurzelnde, meist unverzweigte, flache Thalli.
2. Am Prothallium entstehen die Gametangien (weibl. Archegonien und männl. Antheridien).		
3. Die Spermatozoiden gelangen chemotaktisch zur Eizelle (Wasser als Medium). Befruchtung.		
4. Die Zygote wächst zu einer diploiden, großen Pflanze aus.		
5. An bestimmten Blättern, den Sporophyllen, entstehen Sporangien. Darin erfolgt Sporenbildung unter Reduktionsteilung.		
Sporophylle in Vielzahl meist zu Sporophyllständen («Blüten») angeordnet.	Sporophylle in Vielzahl zu Sporophyllständen («Blüten») angeordnet.	An den Sporophyllen oder Sporotrophophyllen (meist unterseits) jeweils mehrere Sporangien, zu Sori vereinigt. Diese meist vom Indusium (Schleier) überdeckt.

Erläuterung zur Abb. 46, S. 84 (Stufen waagrecht, Spalten senkrecht):

Zu Spalte 1: Bei gleichzeitiger Verringerung der Zahl der Megasporen erfolgt eine Vergrößerung der einzelnen Spore (damit Vermehrung der Nährstoffe, die, im Megaprothallium [= primäres Endosperm] lokalisiert, der Ernährung der jungen Pflanze dienen). Anfangs gelangen die Megasporen durch Aufplatzen der Sporangienwand ins Freie; nach Reduktion der Zahl der Megasporen auf eine einzige bildet das einsporige Sporangium die Verbreitungseinheit (analog bei Angiospermen: mehrsamige Streufrucht → einsamige Schließfrucht). Wenn späterhin die Entwicklung der jungen Pflanze auf der Mutterpflanze erfolgt, sind als weiterer Schutz Integumente und eventuell eine Fruchtwand ausgebildet.

Bei den Samenpflanzen verbleiben die Megasporangien bis zur Bildung einer jungen Pflanze an der Mutterpflanze. Verbreitungseinheiten sind hier die Samen bzw. Früchte. Die Fruchtknotenwand hat sich zur Fruchtwand umgebildet, die Integumente zur Samenschale, das Megasporangium zum Perisperm (falls vorhanden); durch Befruchtung der Eizelle hat sich ein Embryo entwickelt; er kann von einem Endosperm (Nährgewebe) umgeben sein, das aber in Stufe 4 und 5 völlig verschiedenen Ursprungs ist: Bei den Gymnospermen ist es – als primäres Endosperm – das schon vorher vorhandene haploide Prothallium, bei den Angiospermen entsteht es erst als triploides Gewebe aus der Verschmelzung eines der beiden Spermakerne mit dem normalerweise diploiden Embryosackkern («doppelte»! Befruchtung).

Zu Spalte 2: Im weibl. Teil, von Stufe 3 ab, bleibt das Prothallium von der Megasporenwand umhüllt und platzt erst zur Befruchtung auf. Nur geringe Reduktion der Archegonien bis zum Beginn der Stufe 5, danach extreme Vereinfachung (6 Zellen + 2 Kerne). Von Stufe 4 ab (Samenpflanzen) erfolgt eine Bestäubung, d.h. die Mikrosporen werden durch Wind oder auch durch Tiere an die Megasporangien gebracht; hier, an der Samenanlage, wächst ein Pollenschlauch aus, der anfangs nur der Befestigung dient und die Spermatozoiden entläßt (Stufe 4a), später die Spermazellen direkt zur Eizelle führt (Stufe 4b und 5).

❖ Arzneipflanzen der Pteridophyta

Lycopodiaceae. *Lycopodium clavatum* L. («Lycopodium»; Herba Lycopodii).

Equisetaceae. *Equisetum arvense* L. (Herba Equiseti).

Dryopteridaceae. *Dryopteris filix-mas* agg. (Rhizoma Filicis; Extr.: Filmaronöl).

Polypodiaceae. *Polypodium vulgare* agg. (Rhizoma Polypodii).

Literatur Pteridophyta

Cooper-Driver, G.A.: Chemosystematics of the Pteridophytes – a summary. Biochem. Syst. Ecol. 17: 91-92, 1989.

Jermy, A.C., J.A. Crabbe & B.A. Thomas (eds.): The phylogeny and classification of the ferns. Koeltz Scientific Books, Reprint 1983.

Jinwoong, K., J.M Pezzuto, D. Doel Soejarto, F.A. Lang & A.D. Kinghorn: Polypodoside A, an intensely sweet constituent of the rhizomes of *Polypodium glycyrrhiza.* J. Nat. Prod. 51: 1166-1172, 1988.

Kato, M.: The phylogenetic relationship of Ophioglossaceae. Taxon 37: 381-386, 1988.

Kramer, K.U. & P.S. Green (eds.): Pteridophytes and Gymnosperms. Vol. I, in: The families and genera of vascular plants (K. Kubitzki ed.). Springer-Verlag, Berlin, Heidelberg, New York, 1990.

Murakami, T. & N. Tanaka: Occurrence, structure and taxonomic implications of fern constituents. Progr. Chem. Org. Nat. Prod. 54: 1-330, 1988.

Murakami, T. & Y. Saiki: Chemosystematics of di- and sesquiterpenoids in polypodiaceous ferns. Biochem. Syst. Ecol. 17: 131-140. 1989.

Rasbach, K., H. Rasbach & O. Wilmanns: Die Farnpflanzen Zentraleuropas. G. Fischer-Verlag, Stuttgart, 1976.

Richardson, P.M.: The taxonomic significance of xanthones in ferns. Biochem. Syst. Ecol. 12: 1-6, 1984.

Richardson, P.M.: Flavonoids of the «fern allies». Biochem. Syst. Ecol. 17: 155-160, 1989.

Saito, K., T. Nagao, M. Matoba, K. Koyama, S. Natori, T. Murakami & Y. Saiki: Chemical assay of ptaquiloside, the carcinogen of *Pteridium aquilinum,* and the distribution of related compounds in the Pteridaceae. Phytochemistry 28: 1605-1611, 1989.

Smith, G.M.: Cryptogamic Botany, Vol. II. Bryophytes and Pteridophytes. Mc Graw-Hill Book Comp. Inc., New York, Toronto, London, 1955.

Soeder, R.W.: Fern constituents: Including occurrence, chemotaxonomy and physiological activity. Bot. Rev. 51: 442-536, 1985.

Sporne, K.P.: The morphology of Pteridophytes. Hutchinson & Co, London, 1975.

Tryon, R. & A.: Ferns and allied plants. Springer-Verlag, Berlin, Heidelberg, New York, 1982.

Veit, M.: Die Schachtelhalme (Equisetaceae) – Objekte der Forschung und Praxis. Dtsch. Apoth. Ztg. 127: 2049-2056, 1987.

Veit, M, D. Strack, F.-C. Czygan, V. Wray & L. Witte: Di-E-caffeoyl-meso-tartaric acid in the barren sprouts of *Equisetum arvense.* Phytochemistry 30: 527-529, 1991.

Wallace, J.W.: Chemosystematic implications of flavonoids and C-glykosylxanthones in «ferns». Biochem. Syst. Ecol. 17: 145-153, 1989.

Wilmanns, O.: Der Adlerfarn – *Pteridium aquilinum* (L.) KUHN. Biol. i. u. Z. 20: 154-156, 1990.

Wollenweber, E.: Exudate flavonoids in ferns and their chemosystematic implication. Biochem. Syst. Ecol. 17: 141-144, 1989.

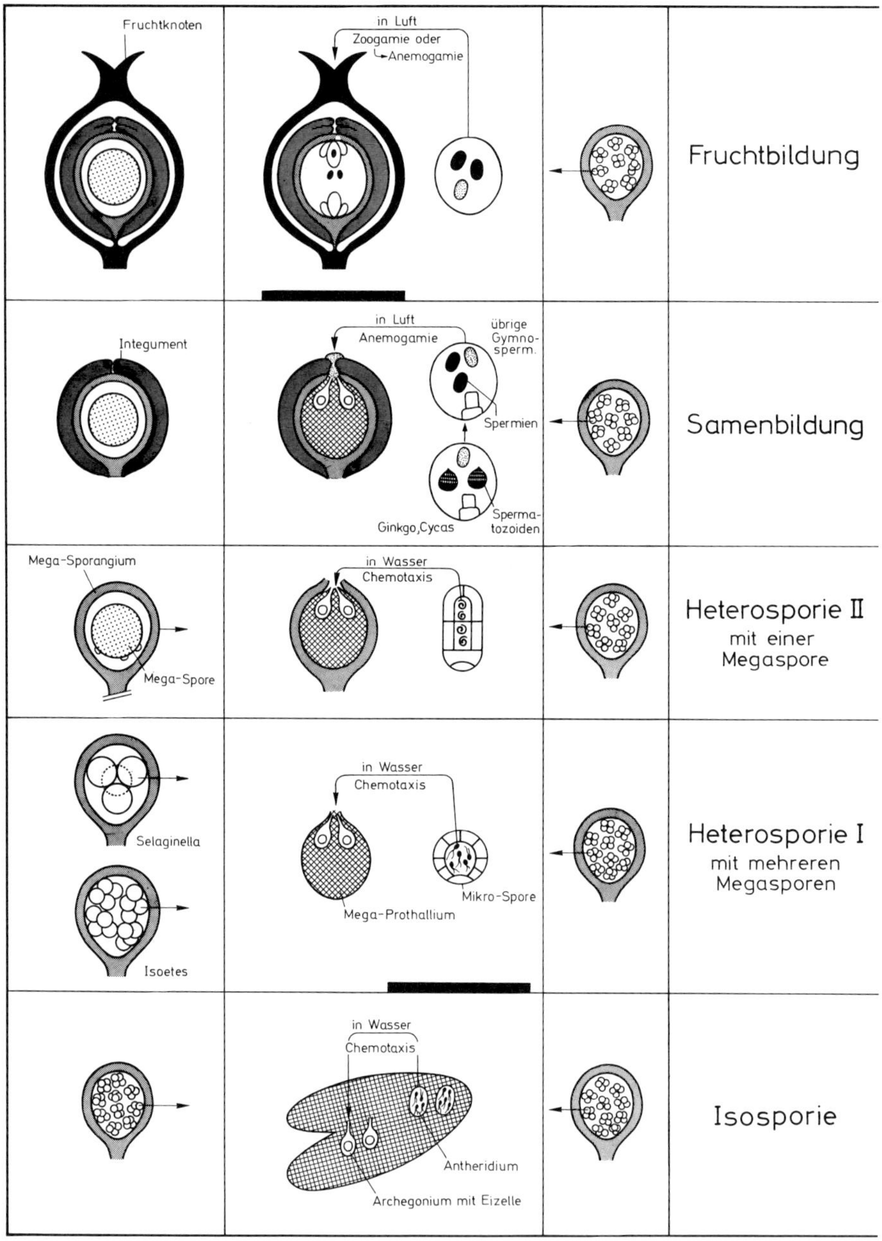

Abb. 46: Die Evolution der Kormophyten sowie die mutmaßlichen Entwicklungsstufen in der reduktiven Veränderung ihrer Gametophyten. Vgl. den Text S. 83. Der schwarze Balken kennzeichnet den stärksten Reduktionsschritt im weibl. bzw. männl. Gametophyten.

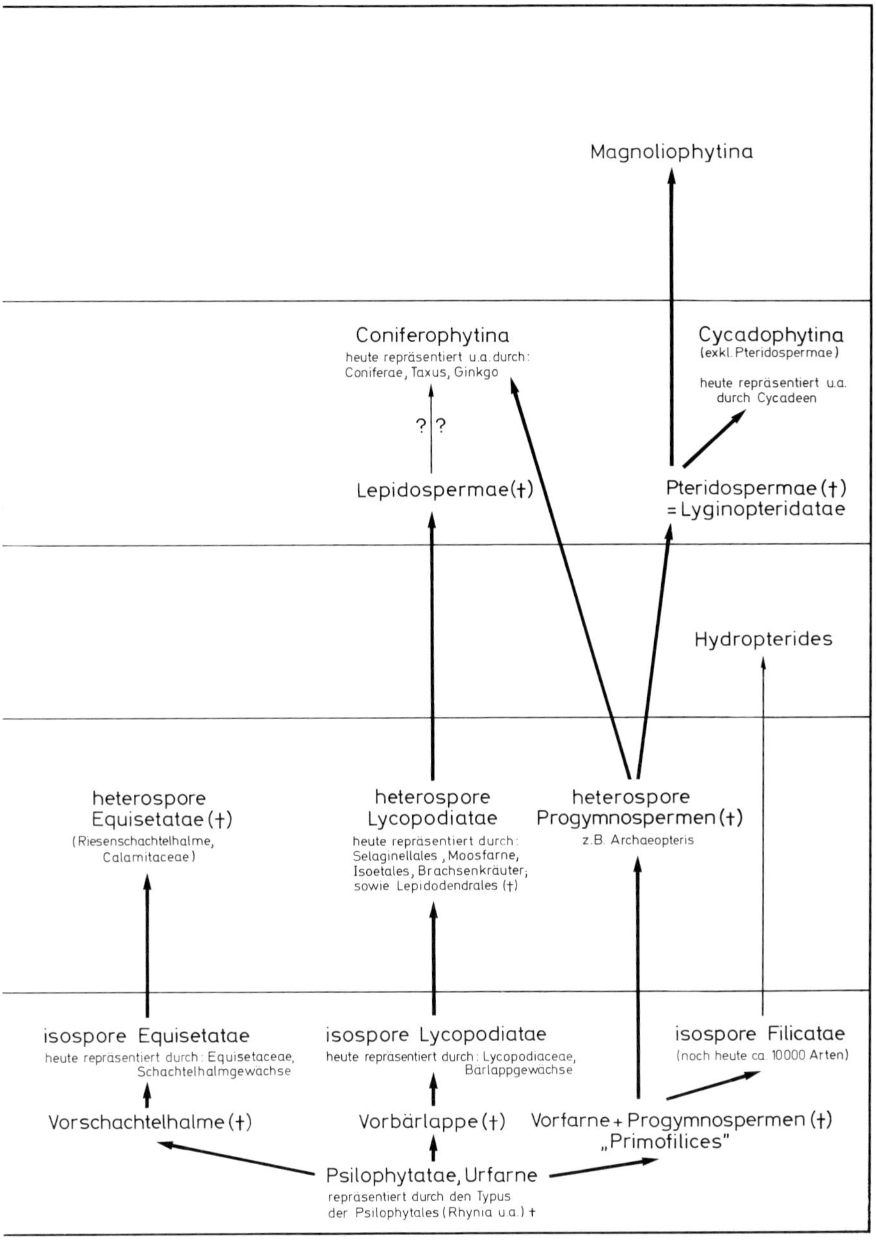
Magnoliophytina
Coniferophytina
heute repräsentiert u.a. durch: Coniferae, Taxus, Ginkgo
? ?
Cycadophytina
(exkl. Pteridospermae)
heute repräsentiert u.a. durch Cycadeen
Lepidospermae (†)
Pteridospermae (†) = Lyginopteridatae
Hydropterides
heterospore Equisetatae (†)
(Riesenschachtelhalme, Calamitaceae)
heterospore Lycopodiatae
heute repräsentiert durch: Selaginellales, Moosfarne, Isoetales, Brachsenkräuter; sowie Lepidodendrales (†)
heterospore Progymnospermen (†)
z.B. Archaeopteris
isospore Equisetatae
heute repräsentiert durch: Equisetaceae, Schachtelhalmgewächse
isospore Lycopodiatae
heute repräsentiert durch: Lycopodiaceae, Bärlappgewächse
isospore Filicatae
(noch heute ca. 10000 Arten)
Vorschachtelhalme (†)
Vorbärlappe (†)
Vorfarne + Progymnospermen (†)
„Primofilices"
Psilophytatae, Urfarne
repräsentiert durch den Typus der Psilophytales (Rhynia u.a.) †

13. Abteilung: Spermatophyta, Samenpflanzen

Die Megasporangien (= Nucelli), von einer schützenden Hülle, den 1 oder 2 Integumenten umgeben, verbleiben auf der Pflanze. Sie fallen erst ab, wenn nach vollzogener Befruchtung sich aus den Samenanlagen, d.h. Nucellus + Integument(en), die Samen entwickelt haben.

Samen = eine junge Pflanze (Embryo) im Ruhezustand, die umgeben ist von einem Nährgewebe* (Gymnospermen: primäres Endosperm, Angiospermen: sekundäres Endosperm) und geschützt ist durch die Samenschale (aus den Integumenten der Samenanlage hervorgegangen).

Bei den Spermatophyten gibt es neue Begriffe. Seit den grundlegenden vergleichenden Untersuchungen von Hofmeister (1851) kann man diese mit den bei Pteridophyten gebräuchlichen homologisieren.

Danach entsprechen sich:

Megasporophyll	=	Fruchtblatt
Mikrosporophyll	=	Staubblatt
Megasporangium	=	Nucellus
Mikrosporangium	=	Pollensack
Megaspore	=	einkerniger Embryosack
Mikrospore	=	einkerniges Pollenkorn
Megaprothallium	=	primäres Endosperm (nur bei Gymnospermen)
Mikroprothallium	=	mehrkerniges Pollenkorn bzw. Pollenschlauch

Wir unterscheiden 3 **Unterabteilungen,** deren phylogenetischer Zusammenhang aus Abb. 46 hervorgeht:

- **1. Unterabteilung:** Coniferophytina (= Gymnospermae p.p., gabel- und nadelblättrige Nacktsamer).
- **2. Unterabteilung:** Cycadophytina (= Gymnospermae p.p., fiederblättrige Nacktsamer).
- **3. Unterabteilung:** Magnoliophytina (= Angiospermae, Bedecktsamer).

Wir besprechen zunächst die beiden gymnospermen Unterabteilungen, bei denen trotz der offensichtlich getrennten Entwicklung die Übereinstimmungen groß sind. Der in Abb. 47 dargestellte ontogenetische Entwicklungsablauf der Coniferophytina gilt prinzipiell auch für die Cycadophytina.

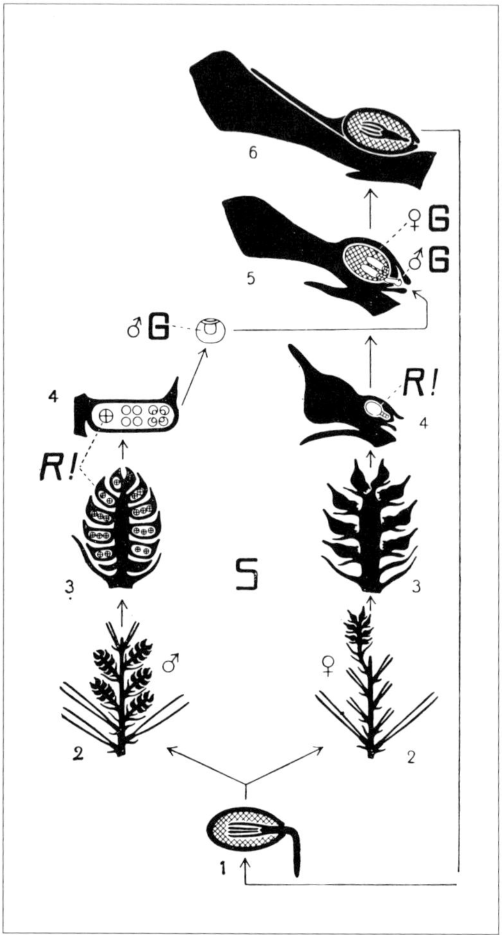

Abb. 47: Generationswechsel einer gymnospermen Samenpflanze (*Pinus*), schematisch. **1** Keimender Samen mit Embryo, primärem Endosperm (schraffiert) und Samenschale. **2** Sprosse mit männl. und weibl. Blütenständen. **3** Männl. und weibl. Blütenstand (junge Zapfen). **4** Links: Staubblatt mit Pollenmutterzellen, ein- und mehrzelligen Pollenkörnern (Luftsäcke von *Pinus*-Pollen nicht gezeichnet) sowie Entwicklung des männl. Gametophyten; rechts: Tragblatt der weibl. Blüte (= Deckschuppe), darüber verschmolzene Samenschuppen, darauf frei liegende Samenanlage mit Embryosackzellen (nur 1 von 4 entwikkelt). **5** Weibl. Blüte und Samenanlage zur Zeit der Befruchtung mit keimendem Pollenkorn (männl.) und weibl. Gametophyten (Eizellen weiß). **6** Reife Zapfenschuppe mit – geflügeltem – Samen. – Schwarz: diploide Phase, hell: haploide Phase. G Gametophyt, S Sporophyt. R! Reduktionsteilung. (Nach Firbas.)

* In abgeleiteten Fällen kann auch im – dann erhalten gebliebenen – Nucellusgewebe («Perisperm») oder im Embryo (vor allem in den Kotyledonen) das Nährgewebe entwickelt sein.

In den chemischen Merkmalen bestehen besonders weitgehende Gemeinsamkeiten, so daß die Grundzüge hier zusammengefaßt werden können:

Polyphenole. Unter den bei den Gymnospermen weit verbreiteten polyphenolischen Stoffen (u.a. kondensierte Gerbstoffe) interessieren insbesondere die Bis-Flavonoide; sie sind von den Angiospermen bisher nur ausnahmsweise bekanntgeworden. Daß diese Bis-Flavonoide in den Gnetatae fehlen, überrascht weniger als die völlige Abwesenheit in den Pinaceae, wo sie durch eine Reihe relativ ungewöhnlicher Flavonoide ersetzt sind. Grundkörper der Bis-Flavonoide ist das Amentoflavon, dessen Dimethylether, das Ginkgetin, formelmäßig dargestellt ist.

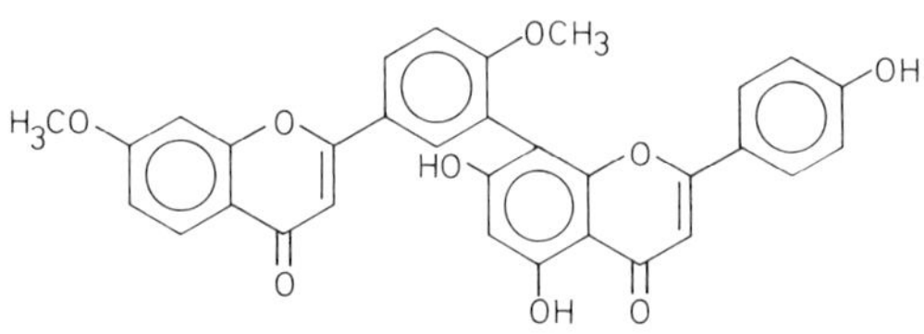

Ginkgetin

Terpene. Während Tri- und Polyterpene nur in geringen Mengen vorkommen oder ganz fehlen, sind Monoterpene (auch Diterpene) als Bestandteile der meist in schizogenen Exkretgängen abgelagerten ätherischen Öle häufig; auch die Harze enthalten Terpene (= Diterpensäuren), während Phenylpropankörper als Bestandteile der ätherischen Öle und Harze sehr selten sind.

Cyclitole. Recht charakteristisch ist das verbreitete Vorkommen von Cyclitolen (Pinitol und/oder Sequoyitol) in Zweigen und Nadeln. Hier ist besonders Sequoyitol von Interesse, der bei allen Gymnospermen-Familien bis auf die Gnetatae nachgewiesen wurde, den Angiospermen aber fehlt.

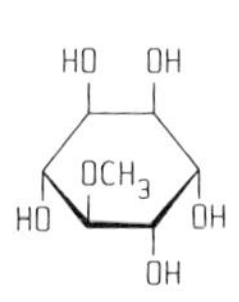

Pinitol

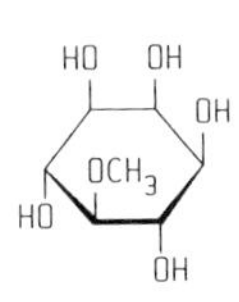

Sequoyitol

Organische Säuren. Wenn auch nicht auf die Gymnospermen beschränkt, so ist das allgemeine Auftreten von Shikimisäure und/oder Chinasäure (nur bei den Cycadatae fehlend; die Gnetatae bisher nicht untersucht) in der Vakuole besonders der jungen Gymnospermenblätter (bzw. Nadeln) durchaus bezeichnend.

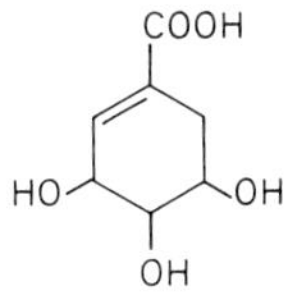

Shikimisäure

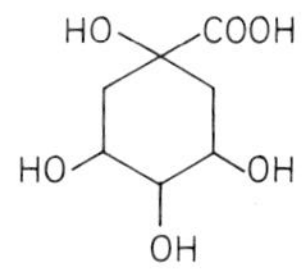

Chinasäure

Wachse. Viele Blätter, zumindest von immergrünen Arten, enthalten typische, sogenannte Estolidwachse. Bausteine sind Hydroxyfettsäuren und Dicarbonsäuren, die zu kettenförmigen Molekülen miteinander verestert sind.

Von besonderem Interesse sind die **Zellwandstoffe,** bringen sie doch nicht nur weitgehend gemeinsame Züge der Gymnospermen zum Ausdruck, sondern auch auffällige Unterschiede zu den Angiospermen:

a) Als Zellulosebegleiter finden sich bei den Gymnospermen Mannane und Xylane etwa im Verhältnis 1:1, während bei den Angiospermen Xylane überwiegen (X:M = 10:1). Wie auch in anderen Merkmalen nähern sich die Gnetatae hierin den angiospermen Pflanzen.

b) Das **Lignin** der Gymnospermen zeichnet sich durch das Vorherrschen der Coniferylkomponente aus. Wie Tab. 3 zeigt, steigt mit fortschreitender Entwicklungshöhe offensichtlich der Methoxylgehalt an. Bei Farnen und Gymnospermen steht der Coniferylalkohol als weitaus wichtigster Ligninbaustein fest; den beiden übrigen Komponenten kommt nur geringe Bedeutung zu (Mäule-Test negativ). Bei den Angiospermen überwiegt hingegen die Sinapylkomponente, ohne daß der Coniferylbaustein fehlt (Verhältnis meistens 3:1). Der methoxylfreie Anteil, bei den monocotylen Pflanzen noch etwas höher, sinkt bei den dicotylen z.T. bis auf schwer nachweisbare Spuren ab. Systematisch interessant sind die bisher bekannt gewordenen Sippen mit abweichenden Verhältnissen: Zwei ursprüngliche Vertreter der dicotylen Pflanzen aus der Familie der Winteraceen (Magnoliales) weisen in ihrer Ligninzusammensetzung ähnlich intermediäre Züge auf wie einige Vertreter der Gymnospermen, darunter *Welwitschia* (Gnetatae). Das Lignin der übrigen Gnetatae ähnelt sogar dem der angiospermen Pflanzen. Auf den offenbar relativ hohen Anteil des Coniferylalkohols bei Poaceen sei schließlich noch hingewiesen.

Tab. 3: Relative Anteile (in %) der 3 wichtigsten Komponenten, die bei der Nitrobenzoloxidation des Holzes (Lignins) entstehen.

	Zahl der untersuchten Arten	P-Hydroxy-benzaldehyd 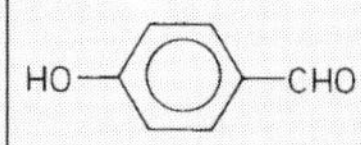 entsteht aus p-Hydroxy-zimtalkohol	Vanillin 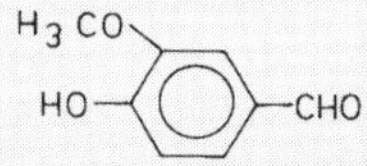 entsteht aus Coniferylalkohol	Syringaaldehyd 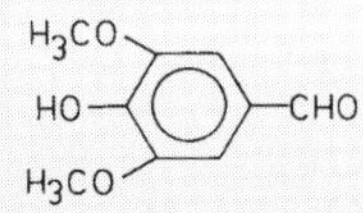 entsteht aus Sinapylalkohol
Farne	1		85 – 99	< 1
Gymnospermen	30			
Podocarpus, *Tetraclinis*, *Welwitschia* (Gymn.)	2, 1, 1			
Belliolum, *Zygogynum* (Dicot.)	1, 1	1 – 10	40 – 55	40 – 55
Poaceen	4			
Gnetatae	3			
Monocot. Pfl. mit sek. Dickenwachstum	2		20 – 30	70 – 75
Dicotyle Pflanzen	21	< 1		

1. Unterabteilung: Coniferophytina (= Gymnospermae p.p.), gabel- und nadelblättrige Nacktsamer

- Blätter klein, schuppenförmig, nadelförmig, bandförmig oder zerteilt-flächig, mit dichotom-paralleler Nervatur.
- Mega- und Mikrosporangienträger kaum blattartig. Meist nur 1 Pollensackgruppe und 1 Samenanlage an stielartigen Trägern oder sitzend.

1. Klasse: Ginkgoatae

Im Mesozoikum weit verbreitet. Heute lebt nur noch eine einzige Art, der gern gepflanzte Baum *Ginkgo biloba* in einem Reliktareal in Südostasien. Befruchtung mittels Spermatozoiden (Abb. 48). Die Sarcotesta der Samen enthält hautirritierende Stoffe, die in ihrer Wirkung und Struktur an die *Toxicodendron*-Phenole (S. 171, Anacardiaceae) erinnern.

Extrakte aus den Blättern von *Ginkgo biloba* werden zur Behandlung zerebraler und peripherer arterieller Durchblutungsstörungen eingesetzt. Charakteristische Inhaltsstoffe (Wirkstoffe?) sind neben Bis-Flavonoiden (u.a. Ginkgetin; Formel S. 87) und verschiedenartigen, z.T. glykosidierten oder mit p-Cumarsäure veresterten Flavonoiden die bisher nur bei *Ginkgo* gefundenen Ginkgolide und das Bilobalid. Die Ginkgolide können als irregulär gebaute, bizyklische Diterpenoide (mit drei Lactongruppierungen im Molekül) aufgefaßt werden, während das Bilobalid ein Sesquiterpenoid ist.

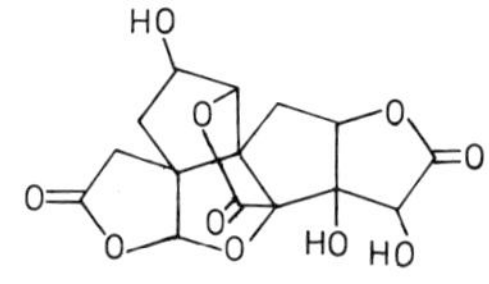

Ginkgolid C

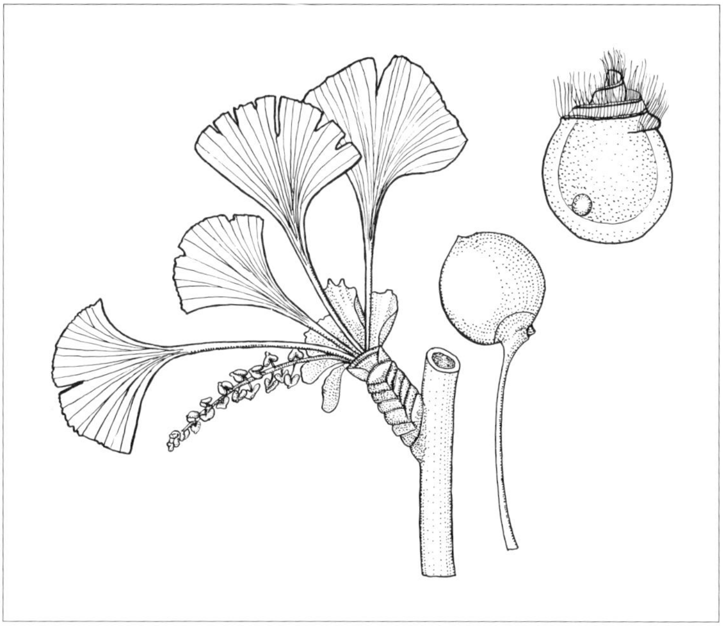

Abb. 48: *Ginkgo biloba*. Kurztrieb mit männl. Blüte und jungen Blättern (1 x), Samen (etw. verkl.) und Spermatozoid (ca. 200 x). (Nach Richard u. Eichler, Spermatozoid nach Shimamura, veränd. u. etw. schematisiert.)

2. Klasse: Pinatae

A. Unterklasse: Cordaitidae: Bis 30 m hohe, Coniferen-ähnliche Bäume des Karbons, heute ausgestorben.

B. Unterklasse: Pinidae (=Coniferae), Nadelhölzer

Diese Unterklasse ist durch zapfenförmige Blüten(stände) charakterisiert. Die Ordnung der **Pinales** umfaßt die Araucariaceae, Pinaceae, Taxodiaceae, Cupressaceae, Cephalotaxaceae und Podocarpaceae. Durch serologische Untersuchungen von Samenproteinen haben sich diese Familien als distinkt herausgestellt (Abb. 49). Allerdings sind die Taxodiaceae offenbar eine paraphyletische Gruppe, aus der heraus die Cupressaceae entstanden sind, was durch cladistische Analyse morphologischer Merkmale gestützt wird. Die ostasiatische monotypische Gattung *Sciadopitys* («Schirmtanne») mit ihrer abweichenden Chromosomenzahl von n=10 (bei Taxodiaceae und Cupressaceae: n=11), Embryologie und Holzanatomie weicht auch in ihren Samenprotein-Merkmalen von den beiden anderen Familien stark ab und könnte als eigene Familie **Sciadopityaceae** geführt werden.

Wir gehen auf die folgenden vier Familien näher ein:

1. *Familie*: **Araucariaceae.** Bäume der Südhemisphäre, z. B. *Araucaria excelsa*, Zimmertanne.

2. *Familie*: **Pinaceae.** Blätter nadelförmig, schraubig gestellt, Staub«blätter» (mit je 2 Pollensäcken an der Unterseite) schraubig und in Vielzahl zapfenartige Blüten bildend, die nach der Pollination abfallen (Abb. 50A).

Die schraubig gestellten Schuppen der weibl., verholzenden Zapfen sind dagegen komplexer Natur: In der Achsel einer Deckschuppe entwickelt sich die später stark heranwachsende Samenschuppe mit oberseits je 2 Samenanlagen (Abb. 51). Ein Vergleich mit fossilen Coniferen ergab eine Homologisierung der Samenschuppe (einschl. Samenanlagen) mit einem Kurzsproß aus sterilen und fertilen Schuppenblättern. Der weibl. Coniferenzapfen ist infolgedessen ein stark reduzierter Blütenstand.

Die Pinaceae sind reich an ätherischen Ölen und Balsamen; während in den schizogenen Exkretgängen der Blätter hauptsächlich ätherische Öle abgelagert werden, finden sich die als Terpentine bezeichneten Öl-Harzgemische (Balsame) in den Exkreträumen des Stammes. Der Harzanteil wird Colophonium genannt und enthält Diterpensäuren (z. B. Abietinsäure, Pimarsäure). Hauptbestandteile der ätherischen Öle (=Terpentinöle) sind Monoterpenkohlenwasserstoffe (z. B. α- und β-Pinen, Limonen, Caren u. a.). In den durch Destillation gewonnenen Blattölen kommen im Gegensatz dazu reichlich Terpenalkohole und Ester vor (z. B. Borneol und Bornylester).

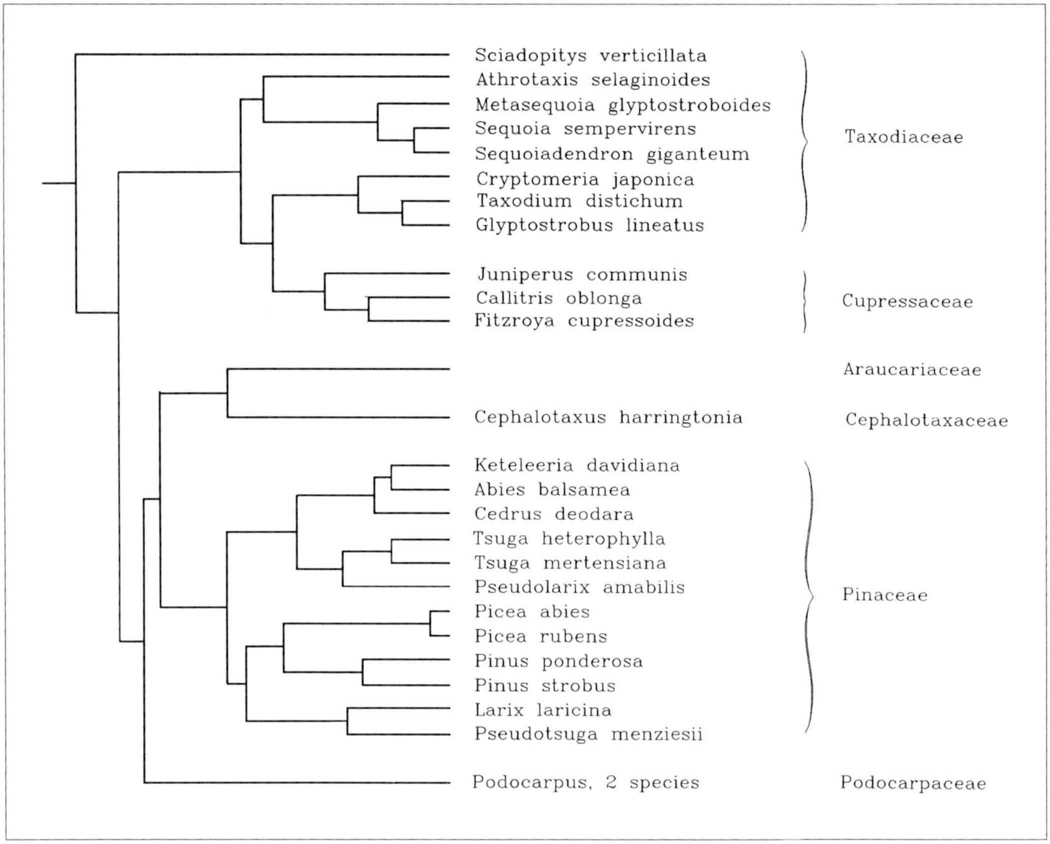

Abb. 49: Verwandtschaftszusammenhänge bei Coniferen auf der Grundlage immunologischer Ähnlichkeiten pufferlöslicher Samenproteine. (Nach Price et al. 1987, Price & Lowenstein 1989.)

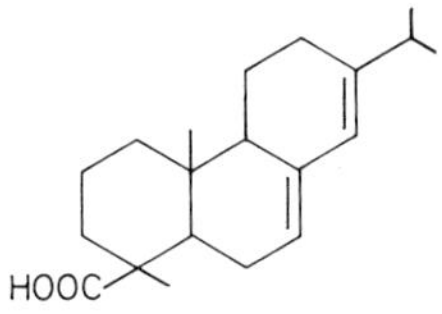

Abietinsäure

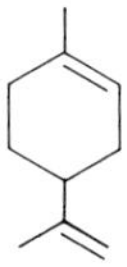

Limonen

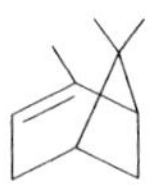

α-Pinen

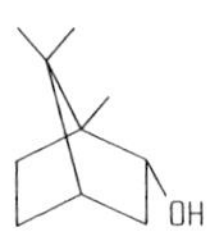

Borneol

Verbreitet sind flavonoide Verbindungen, zu denen wir auch die vor allem in Rinden angehäuften kondensierten Gerbstoffe zählen können. Lignane im Holz – z. B. Pinoresinol im sogenannten «Überwallungsharz» von *Pinus* und *Picea* – und Stilbene, z.B. Pinosylvin im Holz von *Pinus* sind weitere charakteristische, gattungsspezifische chemische Verbindungen, während Bis-Flavonoide fehlen.

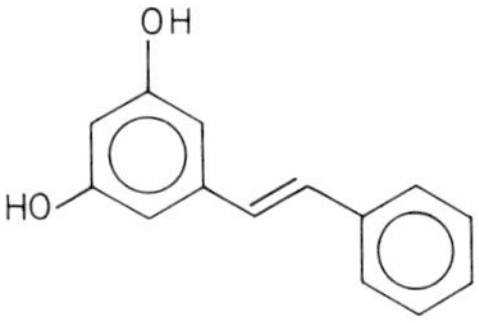

Pinosylvin

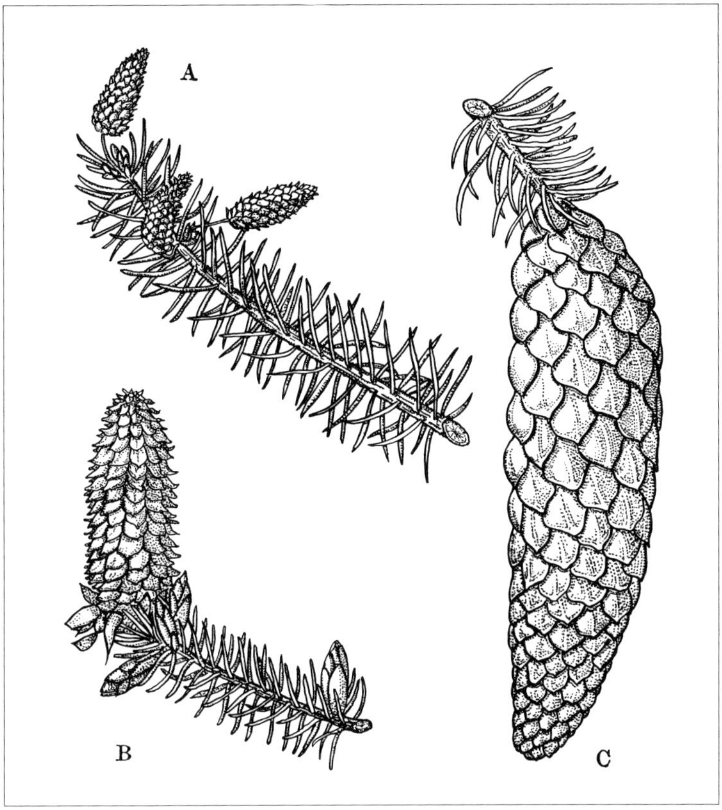

Abb. 50: *Picea abies.* – **A:** Sproß mit männl. Blüten. – **B:** Sproß mit weibl. Blütenzapfen (verkl.). – **C:** Älterer weibl. Zapfen, hängend (verkl.). (Nach Karsten.)

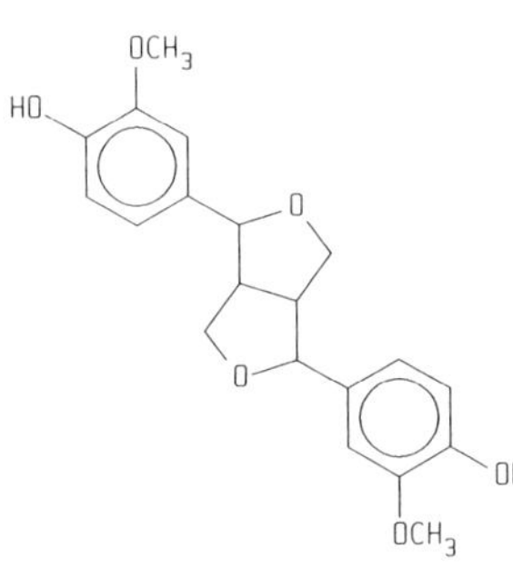

Pinoresinol

Serologisch lassen sich die Pinaceae in zwei Gattungsgruppen trennen (vgl. Abb. 49): *Abies, Cedrus, Keteleeria, Pseudolarix* und *Tsuga* auf der einen Seite, *Larix, Picea, Pinus* und *Pseudotsuga* auf der anderen. Nach der Benadelung unterscheiden wir:

a) Nadeln an Langtrieben:

Picea (40) abies,* Fichte. Ältere Zweige durch ansitzende, alte Nadelkissen «rauh». Samenzapfen hängend, als Ganzes abfallend (Abb. 50). Fichtenrinde ist ein wichtiges Rohmaterial für die Gewinnung technisch genutzten Gerbstoffs. Durch Wasserdampfdestillation frischer Zweigspitzen von *P. abies,* aber auch *Abies sibirica,* wird das offizinelle Fichtennadelöl gewonnen, das reichlich Bornylacetat enthält.

Abies (40) alba, Weißtanne. Ältere Zweige ohne Nadelkissen, glatt. Samenzapfen aufrecht, bei der Reife an der Pflanze zerfallend (Abb. 51). *Abies balsamea* liefert ein als Kanadabalsam bezeichnetes Terpentin.

Tsuga (14), Hemlocktanne; *Pseudotsuga (7) menziesii,* die nordamerikanische Douglasie, auch bei uns von forstwirtschaftlicher Bedeutung. Die Gattungen Tsuga und *Pseudotsuga* fanden sich im Tertiär auch in Europa.

* Hier wie im folgenden: Artenzahl.

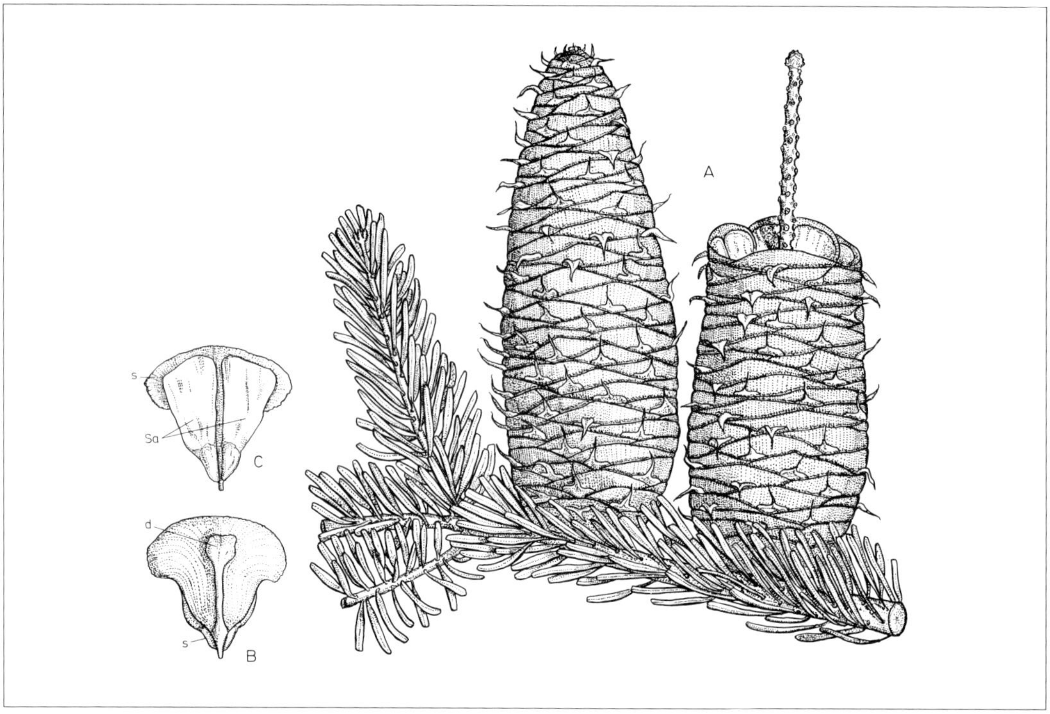

Abb. 51: A: *Abies nordmanniana*, Sproß mit reifen, z.T. schon zerfallenden Zapfen (etw. verkl.). – **B, C:** *Abies alba*, reife weibl. Blüte mit Deckschuppe (d), Samenschuppe (s) und 2 Samen (Sa) (etw. verkl.). – (A nach Berg u. Schmidt, B, C nach Firbas.)

b) Blätter an Lang- und Kurztrieben (zu 15–50 gebüschelt):

Cedrus (4), die immergrüne Zeder.

Larix (10), sommergrün, z. B. die alpin verbreitete Lärche, *Larix decidua,* die hochwertiges «Lärchenterpentin» liefert.

c) Nadeln an Kurztrieben (zu 2–5):

Pinus (ca. 90), Kiefer (Abb. 52). Die beiden Subgenera *Strobus* («Haploxylon») und *Pinus* («Diploxylon») sind durch ihre Sekundärstoffmuster, durch Samenreserveproteine und (Kern-, Chloroplasten-, Mitochondrien-)DNA-Strukturen scharf unterschieden. Die Waldkiefer *Pinus sylvestris* ist in Mitteleuropa in ihrem natürlichen Vorkommen durch Konkurrenz eher auf Grenzstandorte beschränkt: Sande, Hochmoore, Kalkfelshänge. Die Bergkiefer *Pinus mugo* findet man demgegenüber in den südlich gelegenen Mooren und Gebirgen, in den Kalkalpen bildet sie als «Krummholz» die Baumgrenze.

Bei beiden Arten stehen die Nadeln zu 2, während die in den Zentralalpen nahe der Baumgrenze verbreitete Arve (= Zirbe, P. *cembra)* und die nordamerikanische, gern gepflanzte Weymouths-Kiefer (*P. strobus*) je 5 Nadeln am Kurztrieb besitzen.

Pinus-Arten sind die Hauptlieferanten des technisch genutzten «Terpentins». Die Balsamgewinnung erfolgt durch künstliche Verwundung der Stämme. Der aus den Wundstellen austretende Balsam wird aufgefangen und gereinigt. Das durch Destillation von Terpentin gewonnene Terpentinöl wird u. a. arzneilich als hautreizendes Einreibungsmittel gebraucht. Von *Pinus mugo* ssp. *pumilio* stammt das durch Wasserdampfdestillation aus den Nadeln gewonnene «Latschenkieferöl», während das offizinelle Kiefernnadelöl aus den frischen Zweigspitzen von *P. sylvestris* destilliert wird. Beide werden als Inhalationsmittel bei Bronchitiden, zu Einreibungen oder als Badezusätze verwendet.

Der xeromorphe Bau der Coniferenblätter sowie die hohe Frostresistenz vieler Arten sind unter anderem die Ursache für die starke Konkurrenzkraft und damit das massenhafte Vorkommen in der nicht zu stark ozeanisch beeinflußten, arktisch-subarktischen Waldzone rund um die Nordhalbkugel. Aus gleichen Gründen bilden die Coniferen in den Gebirgen bis weit nach Süden hin

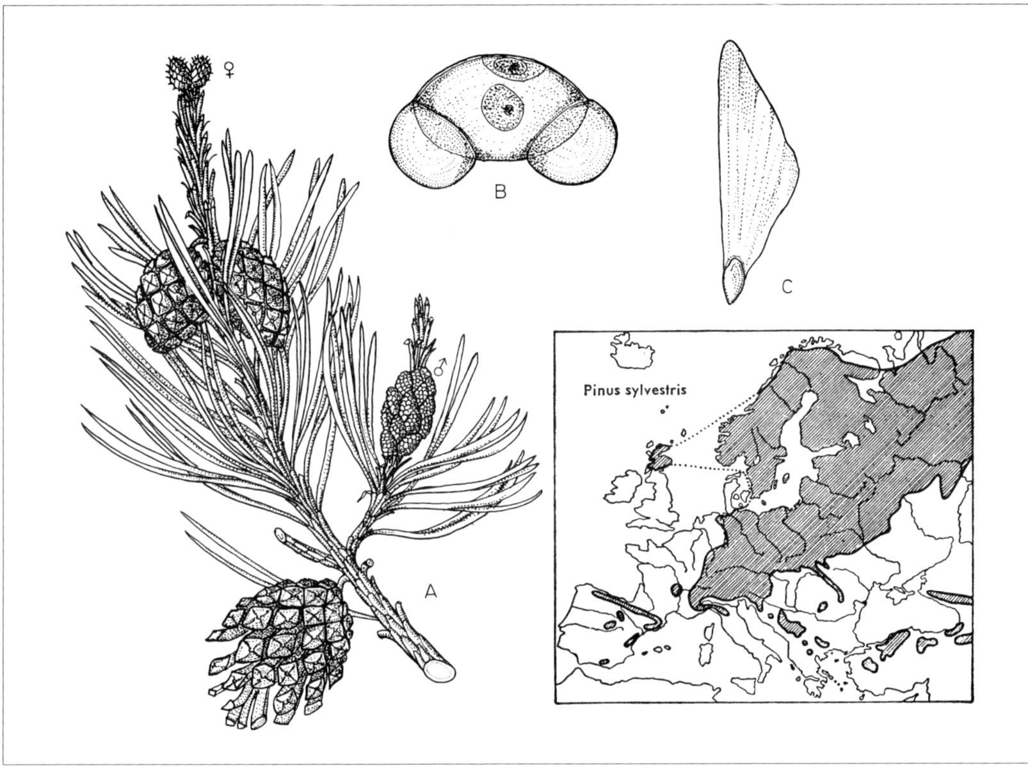

Abb. 52: *Pinus sylvestris*. – **A:** Zweig mit männl. Blüten sowie 2 diesjährigen blühenden, 2 letztjährigen unreifen und 1 vorletztjährigen reifen weibl. Zapfen (etw. verkl.). – **B:** Pollenkorn mit Luftsäcken (400 x). – **C:** Geflügelter Same (etw. vergr.). – Natürliches Verbreitungsgebiet von *Pinus sylvestris* in Europa. (A und C nach Berg u. Schmidt, B nach Strasburger.)

vielfach eine nur schwach von Laubhölzern durchsetzte Formation.

3. *Familie*: **Taxodiaceae.** Hierzu gehören u. a. *Sequoia sempervirens* («Redwood») der nordkalifornischen Küstenlandschaft. Sequoien waren im Tertiär auch bei uns verbreitet und spielten eine große Rolle bei der Bildung der Braunkohle. Der verwandte Mammutbaum *Sequoiadendron giganteum* aus der Sierra Nevada kann 3000 Jahre alt werden; seine Stämme erreichen eine Höhe von 100 m und einen Durchmesser von 8 m. Die 1944 in China als «lebendes Fossil» gefundene und seither viel kultivierte *Metasequoia glyptostroboides* war früher bereits aus Ablagerungen des Mesozoikums und Tertiärs bekannt. Ihre fiederartigen Kurztriebe fallen im Herbst ab, wie auch bei der Sumpfzypresse *(Taxodium distichum)*, die in den Everglades von Florida ausgedehnte Sumpfwälder bildet.

4. *Familie*: **Cupressaceae.** Die z. T. schuppenförmigen Blätter sind gegenständig oder stehen zu dritt in Wirteln. Hierzu gehören u. a. die Zypresse *Cupressus sempervirens* des Mittelmeergebietes, die Gattungen *Chamaecyparis* und *Thuja* (Lebensbaum).

Fleischige Beerenzapfen hat der zweihäusige, einheimische Wacholder *(Juniperus communis)*, Abb. 53. Hier werden die 3 reifenden Samen von den fleischig werdenden drei obersten Schuppenblättern allmählich ganz umhüllt. Beim Sadebaum *(J. sabina)* mit gegenständigen Schuppenblättern (Heimat: Südeuropa bis Zentralasien) werden die «Beerenzapfen» meist aus 6 Schuppen gebildet.

Im Gegensatz zu den Pinaceae werden vor allem ätherische Öle, weniger Balsame akkumuliert. Während die Öle der Nadeln verbreitet vorkommende Mono-, z. T. auch Sesquiterpene enthalten (Pinen, Camphen, Borneol), finden sich in den Holzölen aromatische Terpene, insbesondere Thymol und Carvacrol, durch deren Besitz sich die Cupressaceae von den übrigen Gymnospermen-Familien unterscheiden. Von weiteren familienspezifischen Inhaltsstoffen seien hier nur die Tropolonderivate, wie z.B. die Thujaplicine, erwähnt.

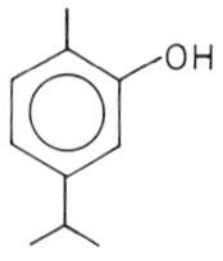

Carvacrol

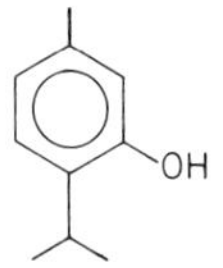

Thymol

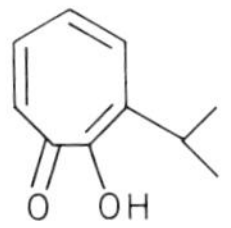

α-Thujaplicin

Juniperus communis, der Wacholder, liefert aufgrund des Gehalts an ätherischem Öl aquaretisch wirksame Drogen: Wacholderholz (ohne Exkretgänge!) und Wacholderbeeren («Beerenzapfen»), deren Bedeutung auch für die Herstellung von Genever bzw. Gin nicht unerwähnt bleiben soll.

Juniperus sabina enthält ein stark hautreizendes Öl; an der Giftwirkung der Pflanze sind auch Lignane (Podophyllotoxin) beteiligt.

C. Unterklasse: Taxidae

Die weibl. Blüten der Taxidae [nur eine Familie: **Taxaceae** (15)] tragen eine einzige, apikale und aufrechte Samenanlage.

Weder im Samenprotein- noch im Sekundärstoff-Muster unterscheiden sich die Taxaceae auffällig von den Coniferen. Allerdings fehlt – zumindest in der Gattung *Taxus* – die Produktion ätherischer Öle und Harze. Auch die schizogenen Exkretgänge fehlen meist bzw. treten nur nach Verwundung auf.

Charakteristische, in der Gattung *Taxus* vorkommende Inhaltsstoffe sind Diterpene vom Taxan-Typus und cyanogene Verbindungen, insbesondere Taxiphyllin. Die **Taxan-**Derivate sind Diterpenpolyalkohole, die mit verschiedenen Säuren verestert sein können. Ist eine der acylierenden Säuren die β-Dimethylamino-dihydrozimtsäure, so haben die Verbindungen basischen Charakter und sind somit Pseudoalkaloide (*Taxus*-Alkaloide; Taxine). Weitere Substanzen dieses Typs sind die Baccatine, Polyester mit Essigsäure, 2-Methylbuttersäure und Benzoesäure sowie die Taxole, beide mit einem 4gliedrigen, O-haltigen sog. Oxetanring.

Taxol hemmt Mitose und Zellteilung und erzeugt vielkernige Riesenzellen in Testpflanzen (Algen). Im Gegensatz zu Colchicin führt es zur Festlegung des gesamten zellulären Tubulinvorrates dieser Pflanzen

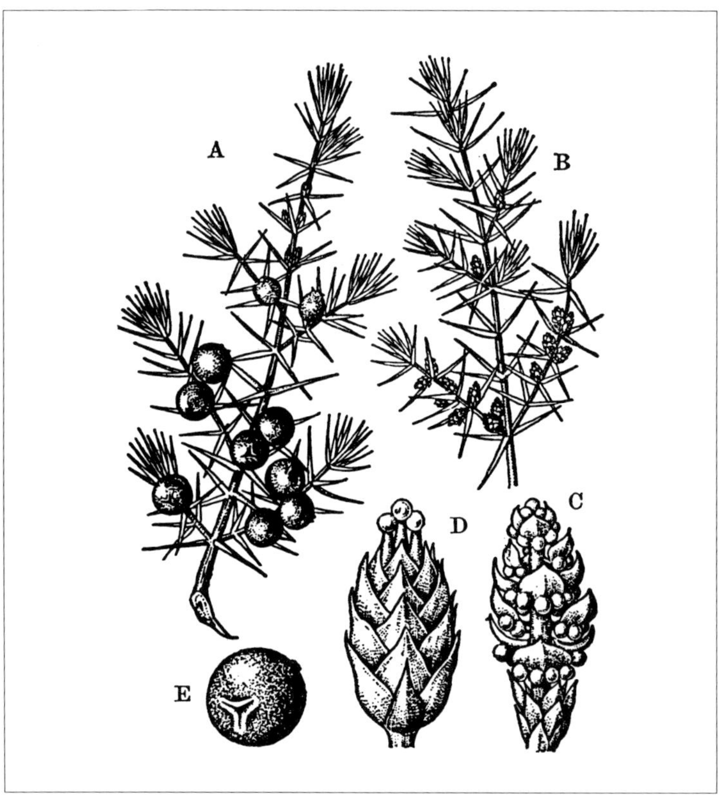

Abb. 53: *Juniperus communis.* – **A:** Sproß einer weibl. Pflanze mit weibl. Blüten (auch **D**, mit Bestäubungstropfen) sowie 1- bis 2jährigen Beerenzapfen (auch **E**). – **B:** Sproß einer männl. Pflanze mit männl. Blüten (auch **C**). – (A-B ca. 2/3 x, C-E vergr.; A-B nach Firbas, C-E nach Berg u. Schmidt.)

in überzähligen Mikrotubuli, so daß es zu erheblichen Störungen Mikrotubuli-abhängiger Prozesse kommt. Damit hängt auch die cancerostatische, insbesondere antileukämische Wirkung zusammen. Eine Verwendung von Taxol A (aus der Rinde der nordamerikanischen *T. brevifolia*) als Mittel der Krebstherapie erscheint trotz der hohen Toxizität aussichtsreich.

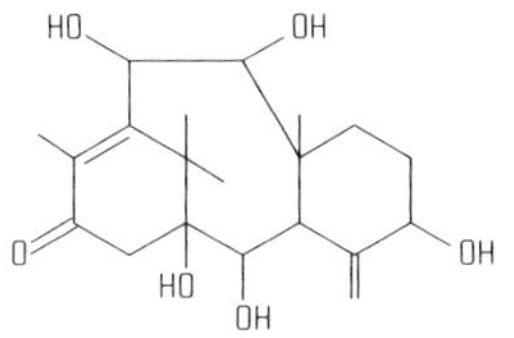

Taxicin I: ein Polyalkohol mit Taxan-Gerüst

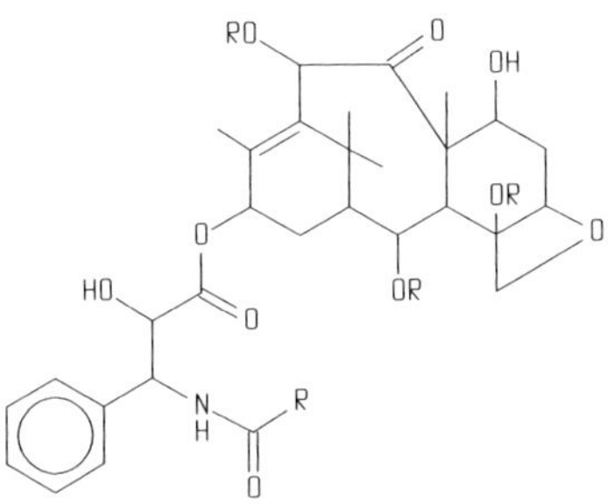

Taxol A (R = Acetyl- oder Benzoylrest)

Taxus baccata, die einheimische Eibe, enthält in allen Organen mit Ausnahme des roten, fleischigen Arillus, der der Samenverbreitung durch Vögel dient, stark wirksame Taxan-Derivate und ist deshalb eine seit alters her bekannte Giftpflanze.

2. Unterabteilung: Cycadophytina (= Gymnospermae p.p.), fiederblättrige Nacktsamer

- Blätter groß, farn- oder palmartig gefiedert oder fiedernervig.
- Megasporophylle und Mikrosporophylle oft mit geteilten Abschnitten, mit zahlreichen Samenanlagen und Pollensackgruppen.

1. Klasse: Lyginopteridatae (=Pteridospermae), Samenfarne

Ausgestorbene, farnähnliche Wurzelgruppe der Cycadophytina (und Angiospermae?); noch ohne Blüten.

2. Klasse: Cycadatae

Palmenähnliche (aber gymnosperme!), kurzstämmige Bäume mit sekundärem Dickenwachstum. Heute nur noch mit 10 artenarmen Gattungen stark zerrissener, (sub-)tropischer Verbreitung: «lebende Fossilien» als Reste einer im Mesozoikum allgemein verbreiteten Pflanzengruppe. Die Staubblätter (mit vielen Pollensäcken) und Fruchtblätter (mit 2 bis mehreren Samenanlagen) bilden, zweihäusig verteilt, zapfenartige Blüten (Abb. 54). Schizogene Exkretgänge sind wie bei den Coniferophytina vorhanden, enthalten jedoch anstelle von Balsamen Schleim.

Aus dem stärkereichen Mark einiger Arten kann Sago gewonnen werden. Toxische Verbindungen, die für die Cycadeen sehr typische Inhaltsstoffe sind, müssen bei der Gewinnung sorgfältig ausgewaschen werden. Diese auch in Samen vorkommenden Gifte sind pseudocyanogene Verbindungen, aus denen durch Laugeneinwirkung HCN abgespalten werden kann. Es handelt sich um Azoxyverbindungen in glykosidischer Bindung, deren unbeständige Aglyka hepatotoxische Wirkungen haben. Cycasin aus den Samen von *Cycas*-Arten ist z. B. das Glykosid eines Methylazoxymethanols, dem auch cancerogene Wirkungen zugeschrieben werden.

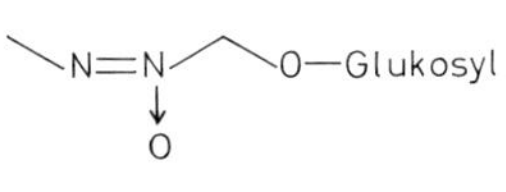

Cycasin

3. Klasse: Bennettitatae

Aus dieser ausgestorbenen Sippe des Mesozoikums sind die Bennettitales bedeutungsvoll, weil sie erstmals echte, wohl von Insekten bestäubte Zwitterblüten hervorgebracht haben. Die Bennettitales waren aber im Konkurrenzkampf mit den Angiospermen offensichtlich unterlegen.

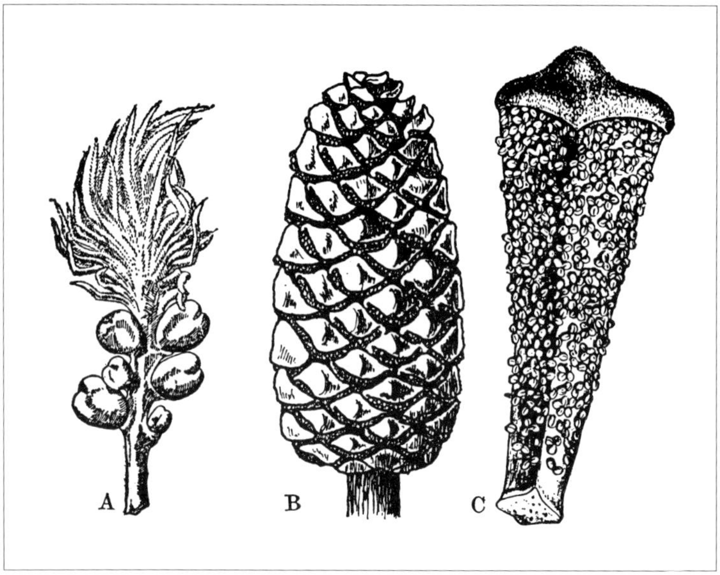

Abb. 54: Cycadales. – **A:** (Weibl.) Megasporophyll von *Cycas revoluta* mit mehreren Samenanlagen. – **B:** Männl. Blüte von *Encephalartos altensteinii* (verkl.). – **C:** Einzelnes Staubblatt von *Cycas circinalis* (ca. 2 x). – (A nach Troll, B nach Karsten, C nach Firbas.)

4. Klasse: Gnetatae

Nacktsamige Pflanzen mit stark reduzierten, z.T. zwittrig angelegten Blüten, in verschiedenen Merkmalen Anklänge an dikotyle Pflanzen zeigend. Bei *Ephedra* ist sogar eine «doppelte Befruchtung» nachgewiesen worden. Auch in manchen chemischen Eigenschaften nähern sich die Gnetatae den Angiospermen. Syringylreiches Lignin (vgl. Tab. 3), C-Glykosylflavone, das außerhalb der Magnoliatae erstmals hier nachgewiesene Gallussäurederivat Bergenin und die in *Gnetum*-Arten gefundenen di- und trimeren Stilbenderivate (Gnetine) sind ebenso von Interesse wie die Zusammensetzung des Samenöls von *Gnetum gnemon;* Hier wurden cyclopropenoide Fettsäuren vom Typus der Sterculiasäure gefunden, wie wir sie von den Malvales her kennen. Nur drei isolierte Gattungen: *Welwitschia, Gnetum* und *Ephedra.*

Die Gattung *Ephedra* ist vor allem durch das Vorkommen des Protoalkaloids Ephedrin und verwandter Basen von medizinisch-pharmazeutischem Interesse. Der Alkaloidgehalt schwankt sehr stark, manche Arten sind auch alkaloidfrei. Die Droge ist heute nur noch von geringer Bedeutung, da Ephedrin inzwischen leicht synthetisch zugänglich ist.

Ephedrin ist ein Sympathomimeticum, das durch Freisetzung von Noradrenalin aus den sympathischen Nervenendigungen wirkt und als Broncholytikum sowie zur lokalen Gefäßverengung (Blutdrucksteigerung) verwendet werden kann. Die schwach zentralerregenden und stimulierenden Wirkungen sind beim Nor-Pseudoephedrin (vgl. Cathin, Celastraceae) noch deutlicher ausgeprägt. In den Wurzeln verschiedener *Ephedra*-Arten kommen auch hypotensiv wirksame Verbindungen vor.

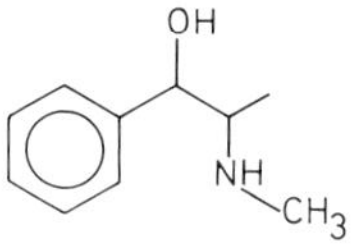

Ephedrin

❖ Arznei- und Nutzpflanzen der Gymnospermen

Ginkgoaceae. *Ginkgo biloba* L. (Extr. aus den Blättern).

Araucariaceae. *Agathis*-Arten (Kopale).

Pinaceae. *Abies balsamea* (L.) MILL. (Kanadabalsam), *Larix*-Arten (Terpentine), *Picea abies* (L.) KARSTEN und *Abies sibirica* LEDEB. («Fichtennadelextrakt» und Fichtennadelöl DAB 9), *Pinus*-Arten (Terpentine), *Pinus mugo* agg. («Latschenkiefernöl»: Aetheroleum Pini Pumilionis), *Pinus sylvestris* u.a. Arten (Kiefernnadelöl DAB 9).

Cupressaceae. *Juniperus communis* L. («Fructus», Lignum und Aetheroleum Juniperi).

Ephedraceae. *Ephedra distachya* L., *E. nebrodensis* TIN., *E. sinica* STAPF u. a. (Herba Ephedrae; Ephedrin).

Literatur Gymnospermae

Agrawal, P.K. & R.P. Rastogi: Chemistry of the true cedars. Biochem. Syst. Ecol. 12: 133-144, 1984.

Beck, C.B. (ed.): Origin and evolution of Gymnosperms. Columbia University Press, New York, 1988.

Blagrove, R.J., G.G. Lilley & T.J.V. Higgins: Macrozin, a novel storage globulin from seeds of *Macrozamia communis* L. Johnson. Aust. J. Plant Physiol. 11: 69-77, 1984.

Chamberlain, C.J.: Gymnosperms. Structure and evolution, 1935 (Reprint 1966).

Conkle, M.T., G. Schiller & C. Grunwald: Electrophoretic analysis of diversity and phylogeny of *Pinus brutia* and closely related taxa. Syst. Bot. 13: 411-424, 1988.

Czeczuga, B.: Carotenoids in gymnosperms. Biochem. Syst. Ecol. 14: 13-15, 1986.

Friedman, W.E.: Double fertilization in *Ephedra*, a non-flowering seed plant: Its bearing on the origin of angiosperms. Science 247: 951-954, 1990.

Gottlieb, O.R. & K. Kubitzki: Chemosystematics of the Gnetatae and the chemical evolution of seed plants. Planta Med. 50: 380-385, 1984.

Guéritte-Voegelein, D.G. & P. Potier: Taxol and derivates: A biogenetic hypothesis. J. Nat. Prod. 50: 9-18, 1987.

Kingston, D.G.I., G. Samaranayake & C.A. Ivey: The chemistry of taxol, a clinical useful anticancer agent. J. Nat. Prod. 53: 1-12, 1990.

Kramer, K.U. & P.S. Green (eds.): Pteridophytes and gymnosperms, Vol. I of: The families and genera of vascular plants (K. Kubitzki, ed.), Springer-Verlag, Berlin, Heidelberg, New York, 1990.

Kriegelstein, J. & H. Oberpichler: *Ginkgo biloba* und Hirnleistungsstörungen. Pharm. Ztg. 134: 2279-2289, 1989.

Moretti, A., S. Sabato & G.S. Gigliano: Taxonomic significance of methylazoxymethanol glycosides in the Cycads. Phytochemistry 22: 115-117, 1983.

Price, R.A. & J.M. Lowenstein: An immunological comparison of the Sciadopityaceae, Taxodiaceae, and Cupressaceae. Syst. Bot. 14: 141-149, 1989.

Price, R.A., J. Olsen-Stojkovich & J.M. Lowenstein: Relationships among the genera of Pinaceae: An immunological comparison. Syst. Bot. 12: 91-97, 1987.

Schilcher, H.: *Ginkgo biloba*. Z. Phytotherapie 9: 119-127, 1988.

Sporne, K.R.: The morphology of gymnosperms. London, 1965.

Strauss, S.H. & A.H. Doerksen: Restriction fragment analysis of pine phylogeny. Evolution 44: 1081-1096, 1990.

Vidensek, N., P. Lim, A. Campbell & C. Carlson: Taxol content in bark, wood, root, leaf, twig and seedling from several *Taxus* species. J. Nat. Prod. 53: 1609-1610, 1990.

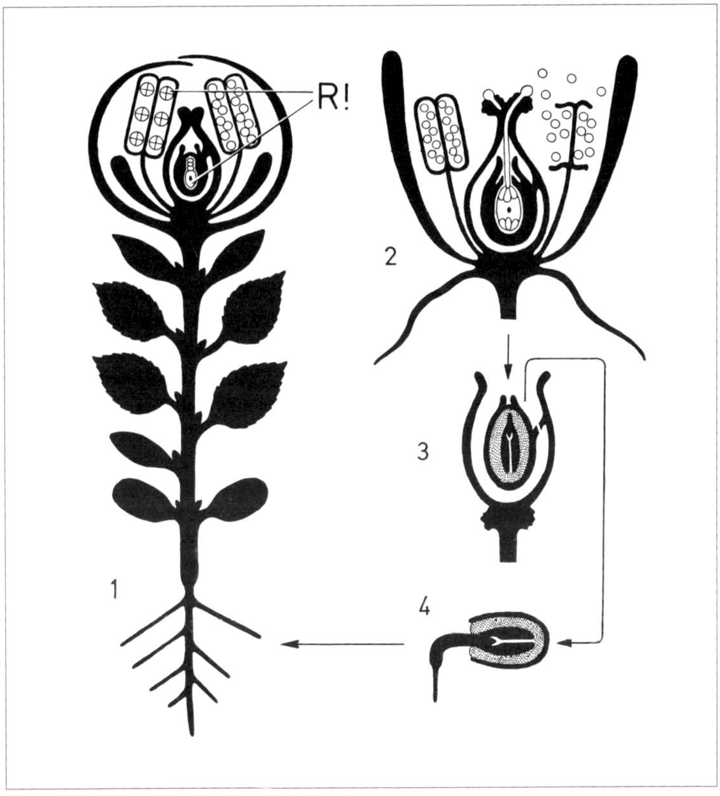

Abb. 55: Generationswechsel einer Angiosperme, schematisch. **1** Pflanze mit Blütenknospe; in der Samenanlage Embryosackmutterzelle, in den Pollensäcken Pollenkörner nach der Meiose. **2** Blüte mit männl. Gametophyten (= Pollenkörnern) in Staubblättern und weibl. Gametophyten (= Embryosack) im Fruchtknoten; einer der zwei Pollenschläuche ist durch die Mikropyle der Samenanlage zur Eizelle des Embryosacks vorgedrungen. **3** Samen, bestehend aus Embryo, sekundärem Endosperm (triploid, punktiert) als Nährgewebe und Samenschale, sich von der Fruchtwand lösend. **4** Keimender Samen. (Nach Firbas.)

3. Unterabteilung: Magnoliophytina (= Angiospermae), Bedecktsamer

Bis auf den heutigen Tag ist es üblich, die Evolution der Angiospermen eng mit der Einbeziehung der Insekten in den Bestäubungsprozeß zu verknüpfen (wobei nicht verschwiegen werden soll, daß auch die ausgestorbenen gymnospermen Bennettitatae bereits einen ähnlichen Versuch unternahmen, die Samenanlagen zu schützen). Die Entstehung zwittriger Blüten, aber auch die Entwicklung zur Bedecktsamigkeit (Fruchtknoten als Schutz der zarten Samenanlagen vor eben den bestäubenden Insekten) kann dadurch verständlich werden. Zwittrigkeit, Tierbestäubung und Bedecktsamigkeit sind – neben doppelter Befruchtung – die wichtigsten Merkmale der reproduktiven Phase, die die Angiospermen neu erwarben. Nach neueren paläontologischen Befunden wären allerdings auch Ur-Angiospermen denkbar, die durch Windblütigkeit, unscheinbare und z.T. eingeschlechtige Blüten mit spiralig gestellten, balgartigen, unverwachsenen Einzelfrüchten an eine Kombination aus windblütigen Amentiferen und heutigen Magnoliiden erinnern.

Der Generationswechsel der Angiospermen zeichnet sich durch extreme Reduktion der haploiden Phase aus. Der Entwicklungsablauf im einzelnen geht aus Abb. 55 hervor.

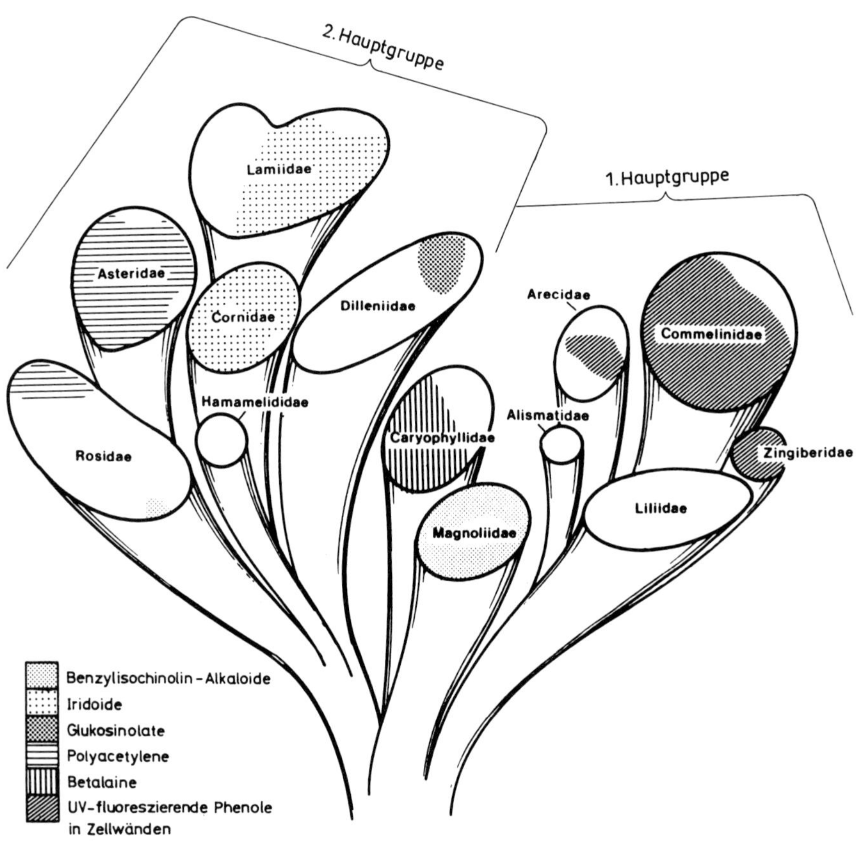

Abb. 56: Synoptische Darstellung der 13 Unterklassen der Angiospermen (1. und 2. Hauptgruppe), die sich durch vorherrschende Sekundärstoffe kennzeichnen lassen. Die Schnittflächen sind den Artenzahlen proportional. Stammbaum-Entwurf: Rolf Dahlgren, Original.

In biochemischer Hinsicht fällt auf, daß die Angiospermen einen lebhaften Sekundärstoff-Metabolismus entwickelt haben (Abb. 2). Zwar war auf der Stufe der Gymnospermen der Shikimisäureweg schon voll entwickelt, aber erst durch dessen stufenweise Verkürzung und gleichzeitig beträchtliche Verbreiterung der enzymatischen Basis für das Oxidations-Reduktions-Potential der einzelnen Synthesestufen sind offensichtlich die entscheidenden Voraussetzungen geschaffen worden für lebhafte evo-

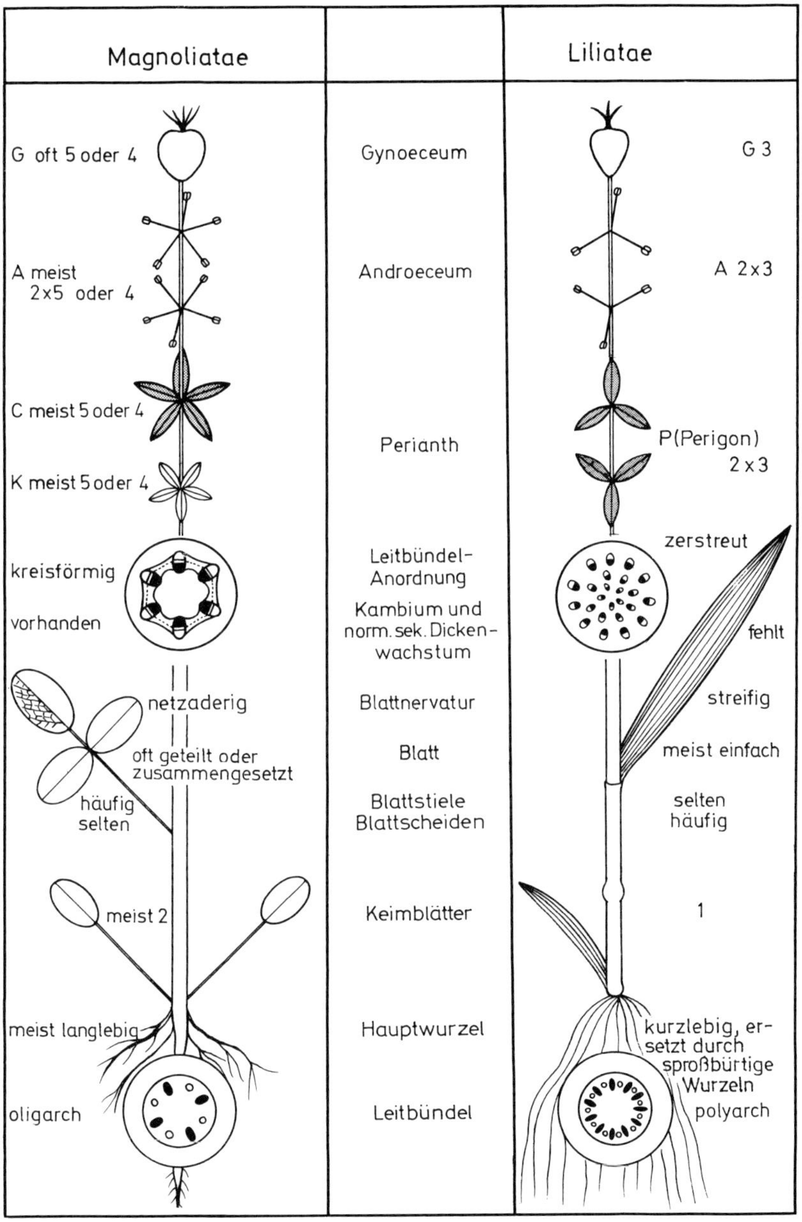

Abb. 57: Die wichtigsten morphologisch-anatomischen Unterscheidungsmerkmale zwischen Magnoliatae (Dicotyledonen) und Liliatae (Monocotyledonen).

lutive Entwicklungen in dieser als Repellentien wichtigen Stoffklasse. Bei primitiven Angiospermengruppen entstand so die molekulare Diversität in den Substanzklassen der Lignine und Lignane, der Benzylisochinolin-Alkaloide, Anthranilsäure-abgeleiteten Alkaloide und Betalaine, der kondensierten Gerbstoffe sowie der Gallo- und Ellagitannine. Im Verlauf der Evolution der Zweiten Hauptgruppe (s.u.) traten dann die Verbindungen des Acetatweges (Polyacetylene und Polyketide) und des vom Acetyl-CoA-abgeleiteten Mevalonsäureweges mit Iridoiden, Sesquiterpenlactonen, Saponinen und Steroidalkaloiden in den Vordergrund (Abb. 2).

Die Angiospermen teilt man üblicherweise in zwei Klassen auf, und zwar in die zweikeimblättrigen Magnoliatae und in die einkeimblättrigen Liliatae. Wir schließen uns dieser Verfahrensweise an, obwohl aufgrund einiger Indizien eine solche Zweiteilung den natürlichen Verwandtschaftszusammenhängen nicht unbedingt gerecht werden muß. So weist Huber (1991) darauf hin, daß die basale Spaltung der Angiospermen nicht die in Ein- und Zweikeimblättrige ist, sondern vielmehr in einen Ast, auf dem die Progressionen der Einkeimblättrigen entstanden sind und sich ausgebreitet haben («Erste Hauptgruppe») und einen anderen, der davon frei geblieben ist («Zweite Hauptgruppe»). Vgl. hierzu Abb. 56.

Insofern wäre es konsequenter, die Monocotyledonen an den Anfang zu stellen, die Magnoliidae mit den Nymphaeales, Piperales, Aristolochiales, Magnoliales, Laurales und Ranunculales folgen und die Erste Hauptgruppe mit den Caryophyllidae enden zu lassen. In Anbetracht der Tatsache jedoch, daß in jedem Falle von einer eindeutig phylogenetisch begründbaren Gliederung der Angiospermen noch nicht gesprochen werden kann, bleiben wir bei der «klassischen» Gliederung. Auf diese Weise können zumindest die Magnoliidae als diejenige Pflanzengruppe der Ersten Hauptgruppe an den Anfang gestellt werden, die neben den Hamamelididae der Zweiten Hauptgruppe die engsten Beziehungen zu den ursprünglichen Angiospermen aufweisen.

Tab. 4: Wichtige chemische Unterscheidungsmerkmale zwischen Magnoliatae und Liliatae.

Magnoliatae		**Liliatae**
verbreitet	Ellagsäure und Ellagitannine	fehlen
verbreitet; neben kondensierten auch hydrolysierbare Gerbstoffe	Gerbstoffe	wenig; vorwiegend kondensierte Gerbstoffe (keine «Gerbstoffpflanzen»)
verbreitet; in Einzelzellen, mehrzelligen Exkretbehältern, Drüsen etc.	ätherische Öle	wenig; falls vorkommend, dann in Einzelzellen (z.B. Zingiberaceae), die manchmal auch schlauchförmig gestreckt sein können (Poaceae)
häufig als Triterpensäuren	Triterpene	verbreitet als Alkohole oder deren Methylether
z.T. häufig	Polyterpene (Kautschuk)	wenig
verbreitet	Alkaloide	insgesamt selten; nur bei einigen Sippen gehäuft (Amaryllidaceae, Orchidaceae, *Areca*)
häufig; fast immer Triterpensaponine (Steroidsaponine u.a. bei *Digitalis, Trigonella, Solanum*)	Saponine	verschiedentlich; fast immer Steroidsaponine (ein Triterpensaponin z.B. in *Avena*)
vielfach als Drusen	Calciumoxalat	meist als Raphiden
verschiedene Aminosäuren als Precursoren	Cyanogene Glykoside	überwiegend solche, die sich vom Tyrosin ableiten (Dhurrin, Taxiphyllin, Triglochinin)
häufig mit Uronsäurekomponente	Schleime	meist uronsäurefrei; d. h. neutrale Schleime

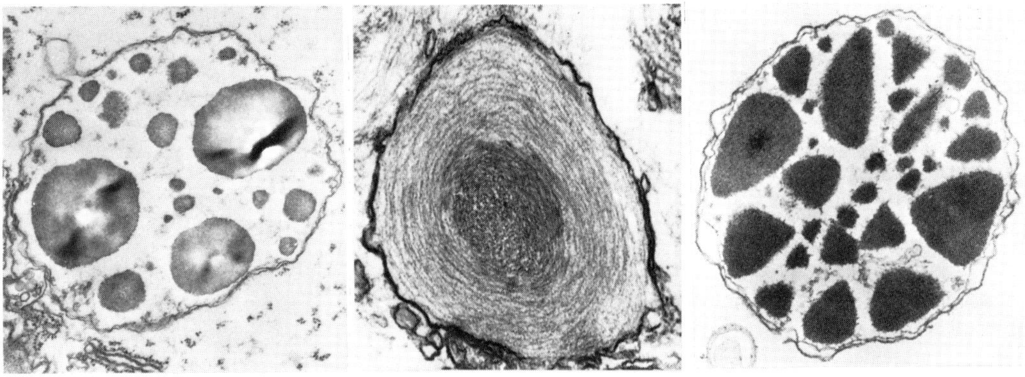

Abb. 58: Siebröhrenplastiden bei Angiospermen. – **A:** S-Typ mit Stärkeeinschlüssen (*Nuphar*, Nymphaeaceae). – **B:** P-Typ mit fädigen Proteineinschlüssen (*Allenrolfea*, Chenopodiaceae). – **C:** P-Typ mit kristalloiden Proteineinschlüssen (*Gloriosa*, Colchicaceae). – (A 20.000 x, B und C 30.000 x; nach Behnke.)

Die wichtigsten morphologisch-anatomischen Unterscheidungsmerkmale zwischen beiden Klassen gehen aus der Abb. 57 hervor. Unter den Ultrastrukturmerkmalen haben sich unlängst die der Siebröhren-Plastiden als systematisch bedeutungsvoll herausgestellt: Bei den Magnoliatae findet man in der Regel den S-(= Stärke)Typ (bei Caryophyllales auch den echten P-(= Protein)Typ mit fädigen Proteineinschlüssen), bei den Liliatae hingegen Siebröhren-Plastiden vom P-Typ mit kristalloiden Proteineinschlüssen (Abb. 58).

Charakteristische Stoffgruppen sind der Tab. 4 zu entnehmen.

1. Klasse: Magnoliatae (= Dicotyledoneae), zweikeimblättrige Bedecktsamer (ca. 170.000)

Die Zweikeimblättrigkeit, die sich ja bei adulten Pflanzen in der Regel nicht mehr feststellen läßt, ist mit einer Reihe von z.T. leicht erkennbaren Merkmalen gekoppelt, deren wichtigste in der Abb. 57 zusammengestellt sind. Netznervigkeit der Blattspreiten, kreisförmige Anordnung der Leitbündel im Stengel(-querschnitt) und 5 (auch 4-)Zähligkeit der Blüten sind die bemerkenswertesten.

In chemischer Beziehung ist das verbreitete Vorkommen von u.a. ätherischen Ölen, Alkaloiden und Gerbstoffen zu beachten; als eine besonders spezifische Verbindung der dikotylen Pflanzen kann Ellagsäure gelten, auch wenn sie mehr oder weniger auf manche Unterklassen beschränkt ist. Saponine kommen fast immer als Triterpenglykoside vor, Calciumoxalat in verschiedenen Kristallformen, relativ selten als Raphiden.

Wir unterscheiden 8 Unterklassen, die größtenteils auch chemisch durch das schwerpunktmäßige Vorkommen interessanter Stoffgruppen charakterisierbar sind; siehe Abb. 56.

Diese Unterklassen repräsentieren verschiedene **Entwicklungsstufen** und lassen sich in **Entwicklungsreihen** anordnen (Abb. 59). Mit der untersten Entwicklungsstufe, d.h. mit den Magnoliidae und Hamamelididae stellen wir diejenigen Unterklassen an den Anfang, die durch das Vorherrschen von Holzpflanzen charakterisiert sind und auch die ursprünglichsten Vertreter der frühen Angiospermen mit erfassen dürften. Das trifft insbesondere für die **Magnoliidae** zu, die, zumindest mit ihren nichtkrautartigen Vertretern, eine heute wenig plastische Entwicklungslinie mit ursprünglicher Merkmalskombination darstellen und zahlenmäßig nur noch von relativ geringer Bedeutung sind.

Die **Hamamelididae** enthalten viele unserer einheimischen Laubbäume; mit ihren anemogamen, oft zu auffälligen Kätzchen angeordneten Blüten blühen sie oft schon im zeitigen Frühjahr.

Durch iridoidartige Stoffe ist die Unterklasse der **Cornidae** geprägt. Erst in jüngerer Zeit wurde, insbesondere von Dahlgren, auf diese Pflanzenfamilien aufmerksam gemacht, die bislang bei den Rosidae, Dilleniidae oder Asteridae eingeordnet waren.

Wir schließen uns hier der Auffassung Dahlgrens an und gehen damit bewußt über die im Strasburger'schen Lehrbuch eingeleitete Abtrennung («Cornanae») hinaus in der Formulierung einer eigenen Unterklasse («Cornidae»).

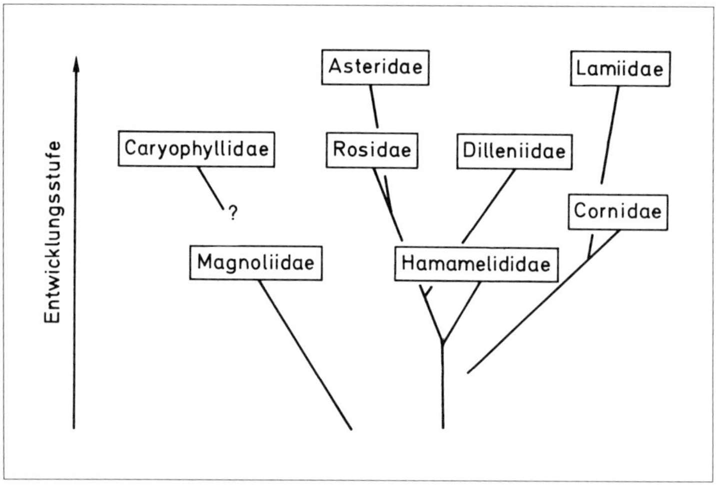

Abb. 59: Mutmaßliche phylogenetische Beziehungen zwischen den Unterklassen der Dicotyledonen.

Weder ursprüngliche noch auffällig viele abgeleitete Merkmale findet man auch bei den nächsten drei Unterklassen, den Rosidae, Dilleniidae und Caryophyllidae. Krautartige Vertreter überwiegen. Die **Caryophyllidae** repräsentieren eine in sich geschlossene Gruppe mit möglicherweise schon lange getrennter Entwicklung. Sie haben sich infolge starker Spezialisierung vielfach an Sonder- und Extremstandorte angepaßt (Wüsten, Meeresstrände, N-reiche Orte). Man kann sie zusammen mit den Magnoliidae den Monokotyledonen naherücken (Zweite Hauptgruppe). Reichste Entfaltung aber gelang den **Rosidae** und **Dilleniidae.** Obwohl sich diese beiden Unterklassen nur schwerlich trennen lassen und nicht unbedingt natürliche Gruppierungen darstellen, behalten wir die praktische Einteilung bei, so lange keine klaren Alternativen gesetzt werden können.

Die **Lamiidae** und **Asteridae** schließlich fassen wir als zwei parallele, stärker abgeleitete Entwicklungsstufen auf.

Unterklasse: Magnoliidae (= Polycarpicae)

Wir stellen die Magnoliidae* an den Anfang der Besprechung der Angiospermen. Hier nämlich findet man eine auffällige Häufung von – auf die Angiospermen bezogen – ursprünglichen («primitiven») Merkmalen, also solchen, die man aufgrund von Merkmalsvergleichen zwischen heutigen Angiospermen und lebenden wie fossil bekannten Gymnospermen frühen («Ur-»)Angiospermen zuschreiben würde; vgl. hierzu die Zusammenstellung S. 104.

Es darf nicht übersehen werden, daß auch abgeleitete Merkmale vorkommen: Krautartige Pflanzen sind unter den Ranunculaceen und Papaveraceen die Regel. Sämtliche Blütenglieder (Perianth bzw. Kelch und Krone, Androeceum und Gynoeceum) können bereits in 3er- oder 5er-Wirteln angeordnet (z.B. bei *Aquilegia)* und ihre Zahl reduziert sein. In manchen Fällen sind die Blüten apetal (z.B. Piperales) und – sekundär – mehr oder weniger windblütig geworden (manche *Thalictrum*-Arten). Coenokarpe Gynoeceen findet man u.a. bei den Papaveraceae, unterständige bei einigen Lauraceae und Aristolochiaceae; statt vielsamiger Balgfrüchte einsamige Nüßchen bei *Ranunculus* und vielen anderen Gattungen und Familien. Diese Liste ließe sich fortsetzen.

Wenn insbesondere eine spiralig aufgebaute Blüte einen ursprünglichen Merkmalszustand verkörpert, ist man geneigt, die Magnolienblüte als Prototyp anzusehen, bei der man wegen ihrer Größe die Zahl und Stellungsverhältnisse der Blütenorgane leicht studieren kann (Abb. 60). Kreidezeitliche Funde lehren indessen, daß die ursprünglichen Angiospermen in ihren Blüten eine auffällige Variabilität aufwiesen und Beziehungen zu getrenntgeschlechtigen und sogar windblütigen Hamamelidales-artigen Angiospermen nicht außer acht gelassen werden dürfen.

Die beträchtliche Variabilität von Merkmalsausprägungen lebender primitiver Vertreter macht sich u.a. im Blütenbau bemerkbar. Neben Familien, deren relativ kompliziert gebaute, große Blüten von auffälligen, blütenblattartigen inneren Staminodien [z.T. mit (ätherisch –) Öldrüsen, wie bei Eupomatiaceae] dominiert werden können, findet man Familien mit kleinen und relativ unauffälligen Blüten sowie schließlich solche mit einer außergewöhnlich großen Variabilität von Zahl und Größe in den einzelnen Blütenorganen (z.B. Winteraceen). – In den **Siebröhren-Plastiden** überwiegen bei den ursprünglichen Vertretern (im wesentlichen Familien der Laurales) die großen S-Typ-Plastiden mit viel Stärke, doch findet sich bei anderen das ganze Spektrum vom S-Typ bis zu stärkefreien S_0-Plastiden oder verschiedensten P-Typ-Plastiden einschließlich der monocotylenartigen P2c-Form. – Als Beispiel für außergewöhnliche chemische Variabilität seien die Samen-Reserveproteine der Ranunculaceen genannt. Hier findet man neben dem «Normalspektrum» mit dominierenden 11S-Proteinen («Leguminen», z.B. *Helleborus)* andere Gattungen, bei denen die Legumine deutlich gegenüber anderen Proteinen zurück-

* Die Unterklasse Magnoliidae verstehen wir in der weiten Fassung wie bei Cronquist oder im Strasburger'schen Lehrbuch (31. Aufl.), d.h. einschließlich der «Ranunculidae», nicht aber in der engen Fassung von Takhtajan oder der 33. Auflage des Strasburger'schen Lehrbuches.

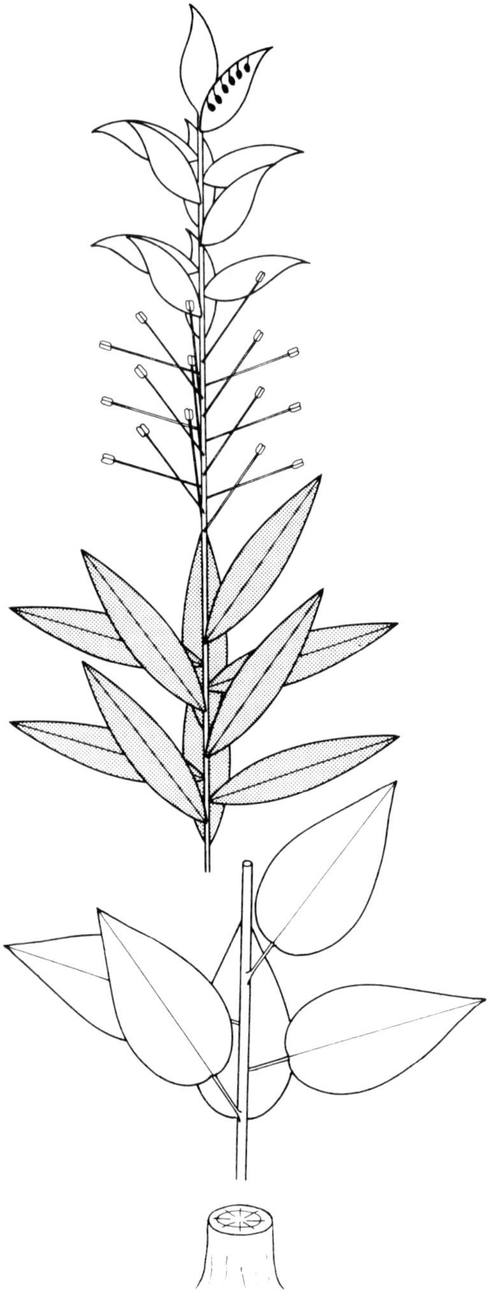

Vielsamige Balgfrüchte.

Fruchtknoten oberständig.
Samen mit kleinem Embryo.
Samenanlagen bitegmisch und crassinucellat.

Pollen anatrem monocolpat und binukleat.

Blüten groß, zwittrig, zoogam; Perianth-, Staub- und Fruchtblätter (zumindest noch teilweise) an verlängerter Achse in unbestimmter, größerer Zahl spiralig gestellt (Abb. 60). Einzelglieder nicht verwachsen. Das bedeutet für das Androeceum: primäre Polyandrie, für das Gynoeceum Polykarpie (vgl. den älteren Namen der Unterklasse!).

Immergrüne Holzpflanzen mit sekundärem Dickenwachstum (Magnolianae). Siebröhren noch ohne Geleitzellen: z.B. bei den Austrobaileyaceae. Gefäße bei einigen Familien (z.B. Winteraceae) noch tracheidal; sonst Endwände steil gestellt mit leiterförmiger Perforation.

Bauplan einer hypothetischen Magnoliide mit «ursprünglicher Merkmalskombination»

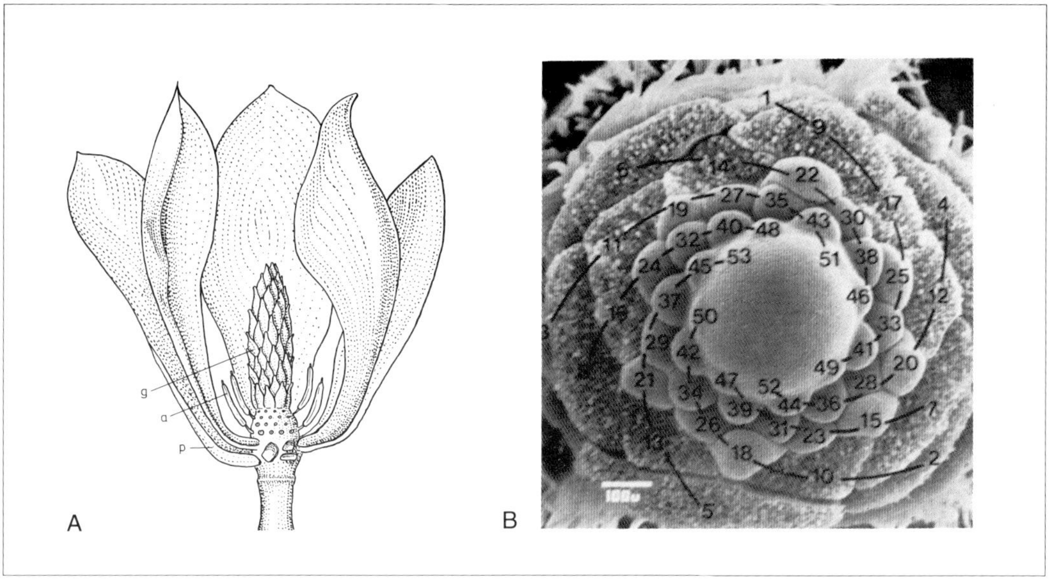

Abb. 60: Spiralstellung bei *Magnolia*-Blüten. – **A:** Spiralig angeordnete und unverwachsene (p) Perianth-, (a) Staub- und (g) Fruchtblätter (vorne z.T. entfernt) an verlängerter Achse. (Ca. 1/2 x; nach Zimmermann.) – **B:** REM-Aufnahme einer *Magnolia stellata*-Blütenknospe mit spiralig angeordneten Blütenhüll- und Staubgefäßanlagen. Die Numerierung entspricht der Anlagenfolge. (Nach Erbar u. Leins.)

gedrängt sind und schließlich solche, bei denen dieses Hauptreserveprotein der Samenpflanzen vollkommen durch andere Proteine ersetzt ist (z.B. *Eranthis*).

Die überraschend hohen Chromosomenzahlen ursprünglicher, holziger Magnoliiden (die Magnoliaceen *Liriodendron* und *Magnolia* z.B. haben n=19), werden als früh erfolgte Polyploidisierung ausgestorbener Ahnpflanzen gedeutet, wobei mit einer ursprünglichen Chromosomen-Basiszahl der Magnoliidae wie auch für die Angiospermen überhaupt von x=7 (oder 6 bzw. 8) gerechnet wird. Diese Auffassung wurde jüngst durch den Nachweis einer erhöhten Anzahl an Isozymen gegenüber den Verhältnissen typischer diploider Taxa bestätigt.

Eine Reihe magnoliider Vertreter (z.B. *Liriodendron, Magnolia)* haben der arkto-tertiären Flora angehört, die bis zum Miozän die circumpolaren arktischen Landmassen besiedelt hatte. Infolge der allmählichen Klimaverschlechterung wanderten diese Arten des warmtemperierten Laubmischwaldes nach Süden, so daß seit etwa dem Ende des Miozäns die amerikanischen und asiatischen Populationen über die Behring-Brücke hinweg nicht mehr in Verbindung standen. Berechnungen aus molekularen Daten für die amerikanische *Liriodendron tulipiferum* und die asiatische *L. chinense* haben unter Annahme einer «molekularen Uhr» für Isozymwerte 10 -16 Mio. Jahre, für Chloroplasten-DNA-Werte 11-14 Mio. Jahre getrennter Entwicklung ergeben. Diese Werte stehen mit den paläontologischen Vorstellungen in Einklang. Aus allem ergibt sich die Vorstellung, daß die Evolution dieser disjunkten, vikariierenden Arten mindestens seit 13 Mio. Jahren vor heute getrennt verlaufen sein dürfte. In Anbetracht der beträchtlichen Zeitspanne einer reproduktiven Isolation ist die auffällige Ähnlichkeit und zumindest noch schwache Interfertilität zwischen beiden *Liriodendron*-Arten bemerkenswert.

Neben den auf S. 104 genannten ursprünglichen Merkmalen tragen auch sekundäre Pflanzenstoffe zur Kennzeichnung der Magnoliidae bei:

1 **Ätherisches Öl** in Exkretzellen (insbesondere für die Magnolianae bezeichnend; s. dort).
2 **Alkaloide** aus der Gruppe der Benzylisochinolinverbindungen, die in manchen Familien allerdings auch fehlen können oder dort in nur schlecht nachweisbaren Mengen vorkommen. Das gilt vor allem für die als besonders primitiv angesehenen Familien Winteraceae, Degeneriaceae, Himantandraceae und Austrobaileyaceae, aber auch z.B. für Myristicaceae und Piperaceae.
Verschiedene Benzylisochinolinalkaloide sind wegen ihrer ausgeprägten pharmakologischen Wirkungen pharmazeutisch-medizinisch von Interesse. Dazu finden sich bei den einzelnen Familien entsprechende Angaben.

3 Unter den phenolischen Pflanzenstoffen fehlen die für die Unterklassen der Zweiten Hauptgruppe (vgl. S. 100) so bezeichnenden trihydroxylierten Verbindungen Ellagsäure, Myricetin (Ausnahme: einige Annonaceae, Nymphaeaceae) und Prodelphinidin. Auch Gerbstoffe scheinen nur eine untergeordnete Rolle zu spielen, zumindest fehlen Gallo- und Ellagitannine vollständig.
4 Freie pentazyklische Triterpene, bezeichnender Bestandteil der Cuticularwachse vieler ledriger Blätter, fehlen oder liegen in unbedeutender Menge vor, obwohl gerade bei den Magnoliales und Laurales ledrige Blätter nicht selten sind.

Die für die Magnoliidae charakteristischen **Alkaloide** sind biogenetisch Abkömmlinge der aromatischen Aminosäuren Phenylalanin, Tyrosin und Dihydroxyphenylalanin (DOPA), deren Synthese in der Pflanze über den Shikimisäureweg verläuft. Einfachere Derivate dieser Aminosäuren (biogene Amine oder «Protoalkaloide» wie Ephedrin, Mezcalin u.a.; Tetrahydroisochinolinverbindungen) kommen im Pflanzenreich nicht selten vor, manche komplizierten Moleküle letztlich gleichen Ursprungs (Colchicin, Amaryllidaceen-Alkaloide, *Ipecacuanha*- und *Erythrina*-Alkaloide) haben in anderen Gruppen ihre Verbreitungsschwerpunkte; die ganze Fülle der Benzylisochinolin- und davon abgeleiteter Alkaloide aber findet man bei den Magnoliidae mit den Leitalkaloiden Magnoflorin und Berberin. Das gilt insbesondere für die Annonaceen und Magnoliaceen (Magnoliales), für die Lauraceen und Monimiaceen (Laurales), für die drei weiter unten genauer behandelten Familien der Ranunculales wie auch in besonders starkem Maße für die Papaverales. Bei den Wasserpflanzen (Nymphaeales, Nelumbonales) dagegen ist das Vorkommen dieser Stoffgruppe auf die Gattung *Nelumbo* (Nelumbonaceae) beschränkt; vgl. auch S. 120.

Zwar ist die Synthese der Benzylisochinolin-Alkaloide im Prinzip auch Pflanzengruppen außerhalb der Magnoliidae nicht verschlossen, beschränkt sich nach unserem heutigen Wissensstand aber auf Einzelvertreter von etwa einem Dutzend Familien. Lediglich einige Rutaceen-Gattungen vermögen ein ganzes Spektrum von Benzylisochinolin-Alkaloiden zu bilden.

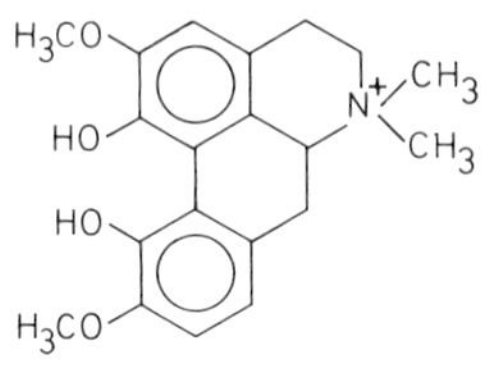

Magnoflorin

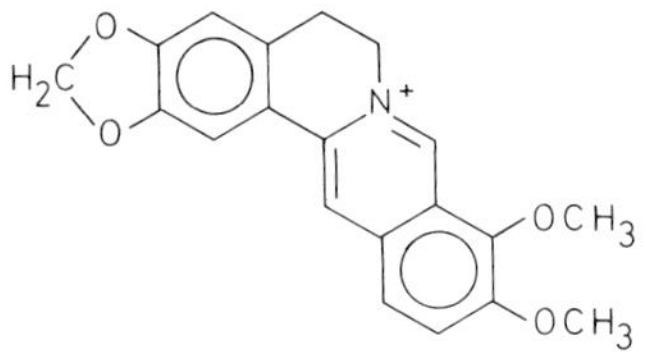

Berberin

Als Bestandteil der **ätherischen Öle** kommen sowohl Phenylpropan- wie Terpenkörper vor. Die gemeinsame Ablagerung beider Stoffgruppen verschiedener biosynthetischer Herkunft ist eine häufig zu beobachtende Erscheinung. Sowohl zwischen beiden Stoffgruppen wie zwischen Einzelstoffen einer Gruppe können je nach Organ, Alter, Biotop usw. ganz wesentliche qualitative und quantitative Verschiebungen festgestellt werden. Besonders interessant sind die genetisch fixierten unterschiedlichen Zusammensetzungen des ätherischen Öles bei infraspezifischen Sippen. Derartige «chemische Rassen» kennt man z.B. vom Campherbaum, *Cinnamomum camphora,* wo eine – nach den dominierenden Verbindungen benannte – Campher-, Cineol- und Linalool-Rasse existiert (vgl. auch S. 109). Auch von *Asarum europaeum,* der Haselwurz, deren Rhizom-Öl pauschal als asaronhaltig beschrieben wurde, sind heute mehrere «chemische Rassen» bekannt (siehe auch S. 113).

Manche typischen Monokotylenmerkmale wie z.B. die Dreizähligkeit der Blüte, zerstreute Anordnung der Leitbündel in der Sproßachse oder das Vorkommen von Einzelölzellen (Idioblasten) sind unter den Dikotyledonen fast ausschließlich auf Vertreter der Magnoliidae beschränkt. Dies begründet enge phylogenetische Zusammenhänge. Auf die weitere Diskussion zu diesen Merkmalsübereinstimmungen bei den Liliatae (S. 270) wird verwiesen.

Die Magnoliidae trennen wir in folgende Ordnungen auf:

– Magnoliales – Laurales – Piperales – Aristolochiales	**Magnolianae**	• Holzpflanzen • (ätherisch-) Ölzellen vorhanden
– Ranunculales – Papaverales	**Ranunculanae**	• Kräuter • (ätherisch-) Ölzellen fehlend
– Nymphaeales		– Wasserpflanzen

1. Ordnung: Magnoliales

Die Magnoliales sind eine heterogene Gruppe von Familien, deren hohes phylogenetisches Alter sich in der Aufsplitterung in viele kleine, monotypische Familien mit disjunkter Verbreitung widerspiegelt. Sie sind besonders in den Tropen und Subtropen verbreitet, wobei einige Familien ganz auf die Inselwelt des SW-Pazifiks beschränkt sind. Es handelt sich um Holzpflanzen mit oft immergrünen, lederigen und ganzrandigen Blättern sowie einzeln oder in lockeren Blütenständen stehenden Blüten, deren Perianth manchmal noch nicht in Kelch und Krone differenziert ist. Die Bestäubung geschieht oft durch Fliegen oder Käfer. Die Siebröhrenplastiden sind von S-Typ mit z.T. hohem Stärkegehalt.

Besonders isoliert stehen die zwei *Austrobaileya*-Arten (Austrobaileyaceae), Lianen NO-Australiens ohne Siebröhren-Geleitzellen, und *Degeneria vitiensis* (Degeneriaceae) der Fidschi-Inseln. Bei *Degeneria* ist das Staubblatt massiv flächig und nicht in Staubfaden, Staubbeutel und Konnektiv gegliedert, während die Fruchtblätter noch nicht voll geschlossen sind und keine abgegrenzte Narbe erkennen lassen.

Zu den **Magnoliaceae** (215) gehören großblütige, immer- bis sommergrüne Holzpflanzen, deren Vorkommen sich bis in die Kreidezeit zurückverfolgen läßt. Hauptverbreitungszentren heute sind Amerika und Ostasien (bis Australien). Die Gattungen *Magnolia* (Magnolie) und *Liriodendron* (Tulpenbaum) wuchsen im Tertiär auch in Europa; heute werden sie bei uns vielfach gepflanzt. Die immergrünen, z.T. eingeschlechtigen **Winteraceae** (120) sind auf der Südhalbkugel disjunkt verbreitet. Das tracheenlose Holz und das primitive Lignin (geringere Anteile der Sinapyl-Komponente; s.Tab. 3) unterstreichen den ursprünglichen Charakter dieser Pflanzenfamilie.

Die **Schisandraceae** und **Illiciaceae** dagegen bilden Tracheen aus. Die Teilfrüchte der Illiciaceen stehen wirtelig, sind basal verwachsen und enthalten je eine Samenanlage. Aus dem Perikarp der Balgfrüchte von *Illicium verum* (Abb. 61; Heimat: China) wird das Sternanisöl destilliert. Trans-Anethol dominiert im gewonnenen Öl bis zu 90%, ähnlich wie beim ätherischen Öl von *Pimpinella anisum* (Apiaceae; dort aber nicht in Ölzellen lokalisiert; vgl. S. 180); im Gegensatz zum echten Anisöl kommen jedoch auch verschiedene Terpenkohlenwasserstoffe vor, deren gaschromatographischer Nachweis zur Unterscheidung herangezogen werden kann. Als «Anisöl» wird im Handel überwiegend das (billigere) Sternanisöl angeboten.

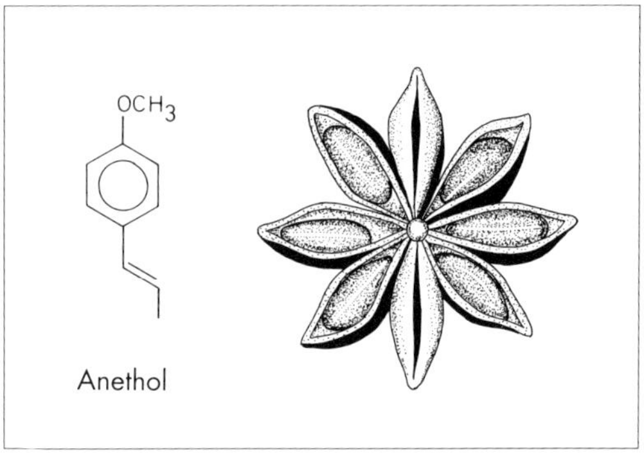

Abb. 61: Sammelfrucht von *Illicium verum* (ca. nat. Größe).

Von *Illicium anisatum* stammen die giftigen, dem Sternanis sehr ähnlichen Shikimifrüchte; sie enthalten als toxische Inhaltsstoffe die Sesquiterpendilactone Anisatin und Isoanisatin.

Die beiden folgenden Familien unterscheiden sich durch das Vorkommen von ruminiertem Endosperm und durch oft dreizählige Blüten; sie werden mitunter als eigene Ordnung (Annonales) abgetrennt. Die

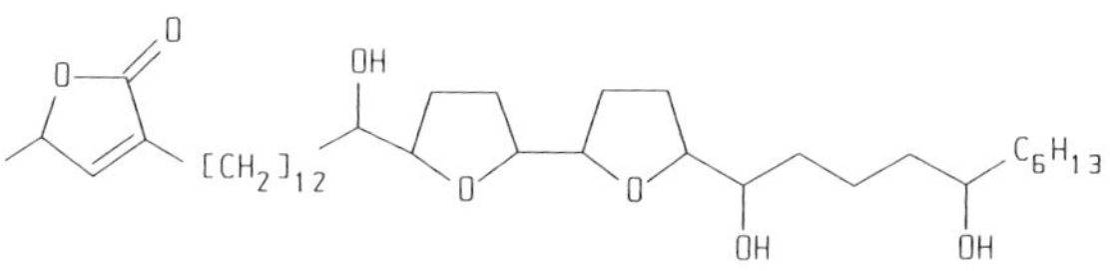

Annonin – ein Annonaceen-Acetogenin

Annonaceae (2100) sind eine in den Tropen und Subtropen weit verbreitete Familie mit baum-, strauch- oder lianenartigen Vertretern.

Ein auffälliges chemisches Merkmal sind die sog. Annonaceen-Acetogenine, C_{35}- bis C_{38}-Abkömmlinge von Fettsäuren mit ein oder zwei Tetrahydrofuranringen und einem endständigen γ-Lactonring. Diese über den Polyketidweg synthetisierten Verbindungen zeigen cytotoxische und cancerostatische, aber auch pestizide und andere biologische Wirkungen. In den Tropen Amerikas und Afrikas werden *Annona*-Arten als Obstbäume kultiviert. Aus ihren stammbürtigen Blüten entstehen fleischige Sammelbeeren («Rahmapfel», «Cherimoya»), deren aromatisches Innere genießbar ist. Aus den wohlriechenden Blüten von *Cananga odorata* wird das in der Parfümerie geschätzte und auch in der sog. Aromatherapie benutzte Ylang-Ylang-Öl destilliert.

Zu den **Myristicaceae** (250) gehört der Muskatnußbaum *Myristica fragrans.* Er stammt von den Molukken und Banda-Inseln und wird heute vornehmlich im tropischen Ostasien angebaut. Er liefert als Gewürz den Samen (Muskat«nuß») und einen rotbraunen Samenmantel = Arillus («Macis»); vgl. Abb. 62. Das Endosperm ist durch Perispermfalten «ruminiert». Im ätherischen Öl des Gewürzes stellen Terpenkohlenwasserstoffe die Hauptkomponente, während die Phenylpropanderivate Myristicin, Elemicin und Safrol als Ursache der toxischen und rauscherzeugenden Wirkungen angesehen werden.

❖ Arznei-, Gewürz- und Nutzpflanzen der Magnoliales

Annonaceae. *Annona cherimola* MILL. u.a. Arten (Cherimoya), *Cananga odorata* HOOK. f. et THOMS. (Ylang-Ylang-Öl).

Illiciaceae. *Illicium verum* HOOK. f. (Fructus Anisi stellati, Sternanisöl, auch «Anisöl» des DAB 9).

Myristicaceae. *Myristica fragrans* HOUTT. (Muskatnüsse; Macis = «Muskatblüte»; Oleum Myristicae aeth.; Oleum Nucistae = «Muskatbutter», d.h. aus den Samen gepreßtes fettes Öl).

2. Ordnung: Laurales

Im Gegensatz zu den Magnoliales besteht bei den Laurales die Tendenz, die Samenanlagen in Blütenbechern zu versenken. Die Antheren öffnen sich vielfach mit Klappen und haben an ihren Filamenten oft paarige Nektarien-Anhängsel. Die Pollenkörner sind häufig inaperturat. Die Fruchtknoten entwickeln nur **eine** Samenanlage, die zur Reife oft einen großen Embryo ohne Endosperm ausbildet. Die kleinen Blüten stehen meist in reichblütigen Infloreszenzen. Unterschiede zu den Magnoliales spiegeln sich auch in den serologisch nachweisbaren Strukturen der Reserveproteine wider (Abb. 63).

Vertreter der **Calycanthaceae** (9; Gewürzstrauchgewächse) werden gern als Ziersträucher gepflanzt. Unter den **Monimiaceae** (450) liefert *Peumus boldus* (Chile) als Droge die cholagog wirksamen Boldoblätter mit dem Aporphinalkaloid Boldin; ferner Ascaridol als Bestandteil des unangenehm riechen-

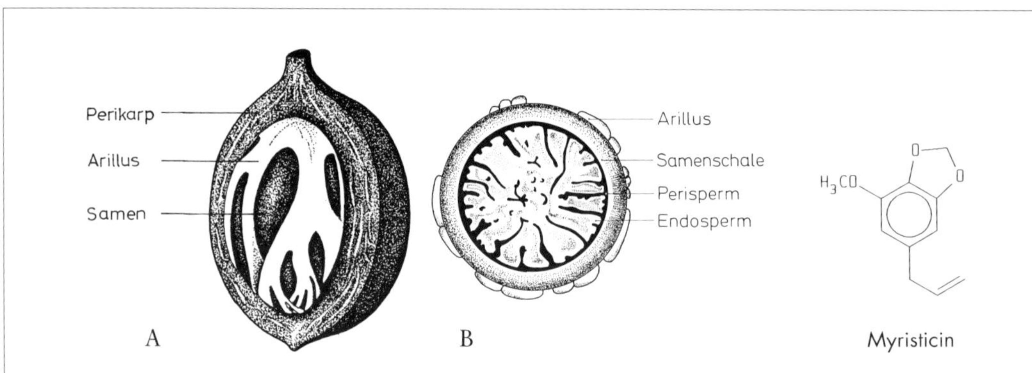

Abb. 62: *Myristica fragrans,* Muskatnuß. – **A:** Aufgesprungene (Einblatt-)Beere mit dem Samen, der von dem unterbrochenen, roten Arillus («Macis») umhüllt wird; vordere Fruchthälfte entfernt (etw. verkl.). – **B:** Querschnitt durch den Samen mit dem von Perisperm (dunkel) durchfurchten (ruminierten) Endosperm (ca. 1 x).

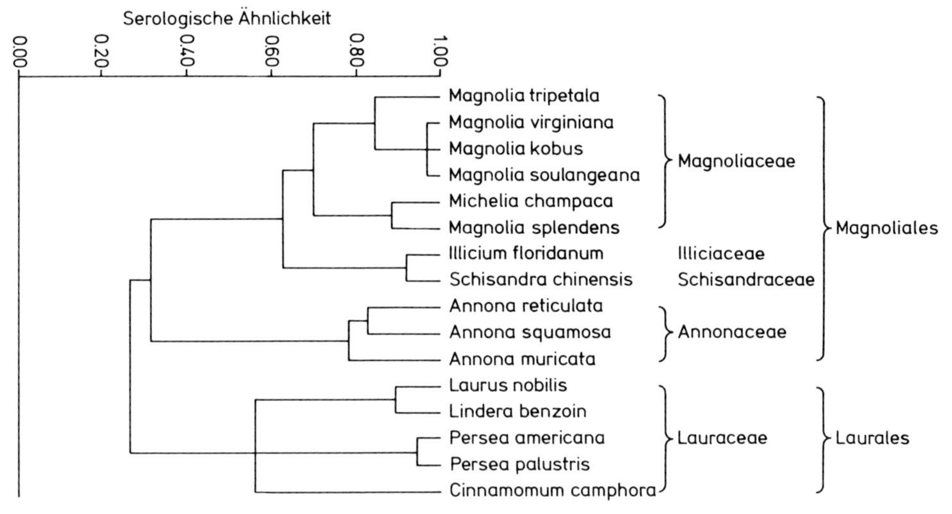

Abb. 63: Dendrogramm serologischer Ähnlichkeiten zwischen Samenproteinen von 16 Arten der Magnolianae. (Nach Fairbrothers & Petersen.)

den ätherischen Öls. Die artenreiche Familie der **Lauraceae** (2250) hat tropisch-subtropische Verbreitung; der europäisch-mediterrane Lorbeer *Laurus nobilis* hat als einziger Vertreter der Lauraceen das Pleistozän in Europa überlebt. Die Blüten sind meist aus 3zähligen Wirteln aufgebaut und lassen das ursprüngliche Merkmal einer schraubigen Anordnung der Blütenorgane vermissen. Aus dem pseudomonomeren Fruchtknoten entwickeln sich Beeren («Lorbeeren») oder Steinfrüchte.

Der Chemismus der Lauraceen ist schon gut bekannt. Benzylisochinolin-Alkaloide sind charakteristische Inhaltsstoffe aller Lauraceen; Berberin- und Chelerythrin-artige Verbindungen fehlen allerdings faktisch ganz. – Die Magnoliidae werden zwar zu Recht als Polyphenol-arme Unterklasse bezeichnet, doch kommen gerade bei den Lauraceen solche Inhaltsstoffe nachweislich vor; die Gerbstoffe gehören dem kondensierten Typ an (Catechingerbstoffe). In den Spektren der wenig flüchtigen Furanosesquiterpene und Sesquiterpenlactone (Germacranolide, Elemanolide, Eudesmanolide, Guajanolide, vgl. S. 197) ähneln die Lauraceen den zu den Piperaceen vermittelnden, primitiv organisierten Chloranthaceae. Phenylpropane (auch als Bestandteile der ätherischen Öle), Lignane und Neolignane kommen in großer Mannigfaltigkeit vor.
Schließlich sind die charakteristischen ätherischen Öle in den einzelligen Ölbehältern (Idioblasten) zu erwähnen, deren Vorkommmen die Verwendung von Vertretern aus den Gattungen *Laurus, Cinnamomum* und *Sassafras* als Arznei- und Gewürzdrogen bedingt. Von *Laurus nobilis* stammen die Lorbeerblätter und Lorbeerfrüchte mit cineolreichem ätherischen Öl. Die im Lorbeeröl enthaltenen Sesquiterpenlactone Dehydrocostuslacton und Costunolid können allerdings allergische Reaktionen auslösen. Das in der Veterinärmedizin als Eutersalbe verwendete Lorbeeröl wird durch Auspressen der Früchte gewonnen und ist eine Mischung aus fettem und ätherischem Öl.

Als Zimt kommen Rinden von Ästen und Wurzelschößlingen verschiedener *Cinnamomum*-Arten (Abb. 64) in den Handel. Hauptbestandteil des ätherischen Öls ist der Zimtaldehyd; Geschmacksnuancen gehen auf unterschiedliche Zusammensetzung des Gesamtöles an verschiedenen Phenylpropan- und Terpenkörpern zurück. Während in den Rindenölen der *Cinnamomum*-Arten Zimtaldehyd überwiegt, kommen in Blatt- oder Wurzelölen z.T. ganz andere Bestandteile vor (Eugenol, Campher). Zur Gewinnung von (natürlichem) Campher kann das Holz des Campherbaumes, *C. camphora,* herangezogen werden. Das ätherische Öl aus dem Wurzelholz eines anderen Lorbeergewächses, nämlich *Sassafras albidum var. molle,* zeichnet sich durch

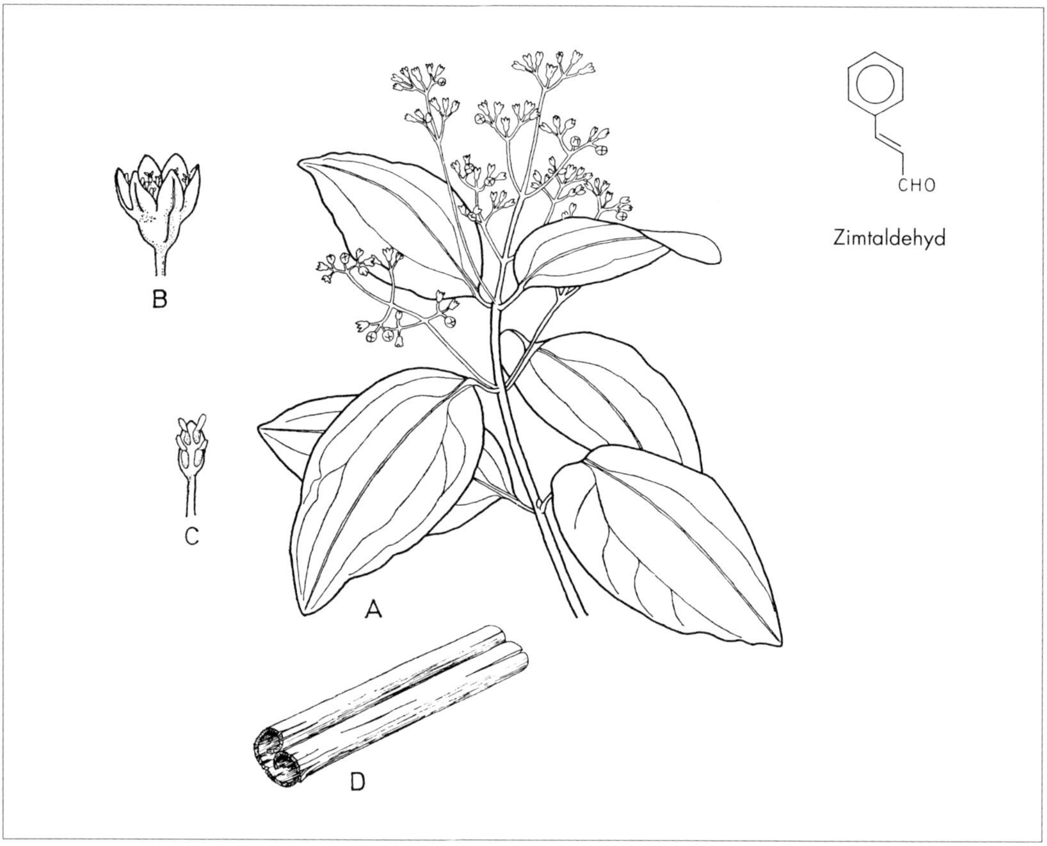

Abb. 64: *Cinnamomum verum,* Zimtpflanze. – **A:** Blühender Zweig. – **B:** Blüte. – **C:** Staubblatt (mit aufgesprungenen Klappen). – **D:** Stück der Rindendroge. – (A, D ca. 1/2 x; B ca. 2,5 x; C ca. 7,5 x; A-C nach Köhler.)

hohen Safrolgehalt (bis 80%) aus. Sassafrasöl und Safrol, früher vor allem in N-Amerika beliebte Aromatisierungsmittel, werden wegen potentieller carcinogener Wirkungen nicht mehr verwendet.

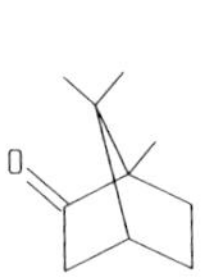

Campher

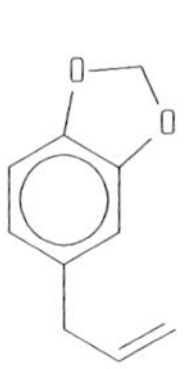

Safrol

Von *Persea americana* stammen die Avocadobirnen, deren weiches, fettreiches Mesokarp gegessen wird. Das aus den Früchten gewonnene fette Öl («Avocadoöl») ist als Naturprodukt für die Herstellung von Kosmetika von Bedeutung. Es zeichnet sich durch einen hohen Anteil an Glycerololeat aus und ist vor allem wegen des Gehalts an Phytosterolen ein geschätzter Grundstoff.

❖ Arznei-, Gewürz- und Nutzpflanzen der Laurales

Lauraceae. *Cinnamomum verum* J.S. PRESL (Ceylonzimt), *C. aromaticum* NEES (= *C. cassia* BL., chinesischer Zimt), *C. burmanii* BL. (Padangzimt), *C. loureirii* NEES (Saigonzimt) u.a. Arten (Cortex Cinnamomi, Zimtrinde; Zimtöl), *Cinnamomum camphora* NEES et EBERM. (natürlicher Campher), *Laurus nobilis* L. (Folia, Fructus Lauri; Oleum Lauri), *Persea americana* MILL. (Avocadofrüchte, -öl), *Sassafras albidum* (NUTT.) NEES *var. molle* (RAF.) FERN. (Lignum Sassafras; Aetheroleum Sassafras; Safrol).

Monimiaceae. *Peumus boldus* MOL. (Folia Boldo).

3. Ordnung: Piperales

mit der wichtigsten, tropischen Familie: **Piperaceae** (1400), den Pfeffergewächsen. Es sind oft Schlingpflanzen mit anomalem Sproßaufbau aufgrund des Vorkommens von zerstreut angeordneten Leitbündeln. Die perianthlosen, oft eingeschlechtigen Blüten sind in ähren- oder kolbenartigen Blütenständen zusammengefaßt. Aus dem einfächerigen, aus bis zu 5 miteinander verwachsenen Fruchtblättern gebildeten Fruchtknoten entstehen kleine, einsamige Steinfrüchte. Der kleine, aus einer atropen Samenanlage hervorgegangene Embryo ist zwar im Endosperm eingebettet, doch überwiegt als Nährgewebe das Perisperm bei weitem (Abb. 65B). Es enthält viel kleinkörnige Stärke als Reservestoff. In allen Organen führen die Piperaceen ätherisch Öl- oder Harzzellen. Verschiedene *Piper*-Arten werden genutzt, einige der scharfschmeckenden Säureamide (Piperin und ähnliche Verbindungen) wegen als Gewürzpflanzen.

Piper nigrum (Abb. 65), eine in den Tropen viel kultivierte, mit sproßbürtigen Haftwurzeln versehene Kletterpflanze (Heimat: SO-Asien) liefert das Pfeffergewürz: die unreif geernteten, beim Trocknen schwarz und runzelig gewordenen Früchte den schwarzen Pfeffer, die reifen, nach kurzem Fermentationsprozeß von den äußeren Perikarpschichten befreiten Früchte den weißen Pfeffer.

Piper cubeba, Kubebenpfeffer (Heimat: Indonesien). Unreif getrocknete Früchte enthalten das Lignan Cubebin (karminrote Färbung mit 80%iger H_2SO_4).

Piper betle. Betel-Blätter sind ein wichtiger Bestandteil beim Betelkauen (vgl. S. 306).

Piper methysticum, der Rauschpfeffer. Die Rhizome liefern den entspannend-sedativen «Kawa»-Trank Polynesiens. Als Inhaltsstoffe mit z.T. sedativen, analgetischen und muskelrelaxierenden Wirkungen sind α-Pyronderivate («Kawa-Lactone») gefunden worden. Von diesen wird das Kawain auch in sog. «Geriatrika» verwendet.

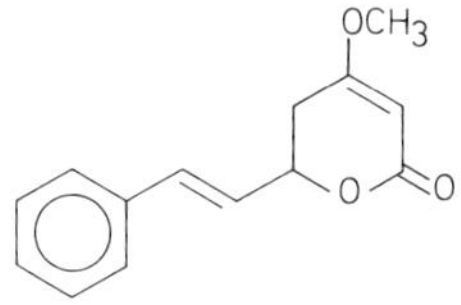

Kawain

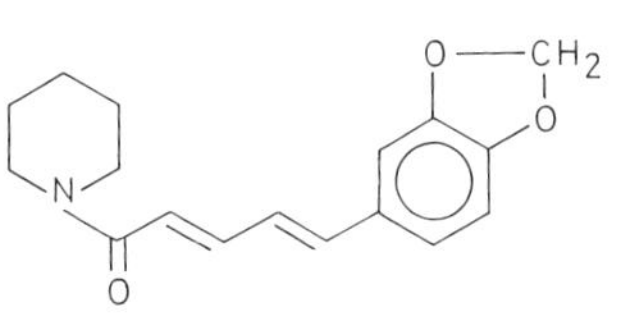

Piperin

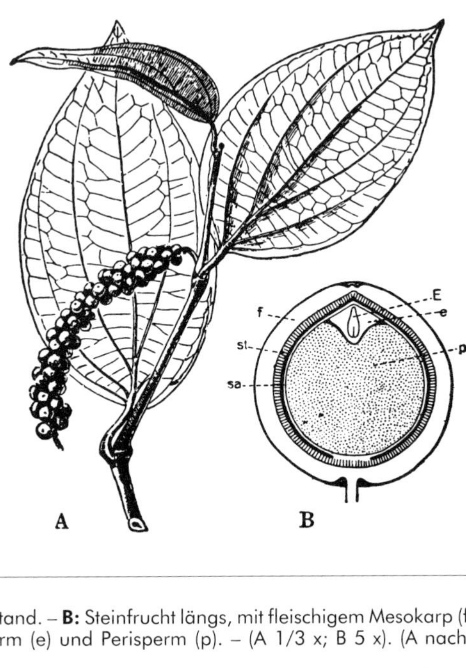

Abb. 65: Piperales, *Piper nigrum.* – **A:** Sproß mit Fruchtstand. – **B:** Steinfrucht längs, mit fleischigem Mesokarp (f), holzigem Endokarp (st), Samenschale (sa), Embryo (E), Endosperm (e) und Perisperm (p). – (A 1/3 x; B 5 x). (A nach Karsten, B nach Baillon.)

❖ Arznei- und Gewürzpflanzen der Piperales

Piperaceae. *Piper nigrum* L. (Fructus Piperis nigri et albi, Pfeffer), *P. cubeba* L. (Fructus Cubebae, Kubebenpfeffer), *P. methysticum* FORST. fil. (Extr.; Kawain).

4. Ordnung: Aristolochiales

Einzige Familie: **Aristolochiaceae** (600). Wie für die Piperales dürften auch für die Aristolochiales die nächstverwandten Taxa unter den Magnoliales, insbesondere den Annonaceae zu suchen sein. Die monotypische Gattung *Saruma (S. henryi,* China) mit freien Balgfrüchten wird als Bindeglied betrachtet. Andererseits wird verstärkt auf interessante Merkmalsbeziehungen zu monocotylen Pflanzen hingewiesen, und zwar neben Dioscoreaceae auf die der Alismataceae, in deren 3zähligen Blüten als erste androeceale Bildungen ebenfalls gleichzeitig 6 Staubgefäßanlagen ausdifferenziert werden.

Alkaloide, insbesondere quartäre Aporphinbasen wie z.B. Magnoflorin sind in geringen Mengen zwar vorhanden, im wesentlichen aber durch die sog. Aristolochiasäuren ersetzt worden. Diese gelbgefärbten Phenanthrencarbonsäuren (mit einer bei biogenen Stoffen seltenen Nitrogruppe) entstehen aus Aporphinen durch Öffnung des stickstoffhaltigen Ringes und Oxidation des Stickstoffs zur Nitrogruppe; eine in *Aristolochia debilis* gefundene Verbindung («Debilsäure») ist als Zwischenstufe dieses Biogeneseweges aufzufassen. Die aus *Aristolochia clematitis* isolierte Aristolochiasäure I, in hoher Dosierung ein Kapillargift, vermag in kleinen Dosen die Phagozytoseaktivität von Leukozyten zu erhöhen und wurde daher einige Zeit therapeutisch genutzt («Steigerung körpereigener Abwehrkräfte»). Wegen carcinogener Wirkungen der Aristolochiasäure (die im Tierversuch allerdings erst bei hoher Dosierung sichtbar wurden), sind die zahlreichen aristolochiahaltigen Arzneimittel inzwischen wieder aus dem Verkehr gezogen worden.

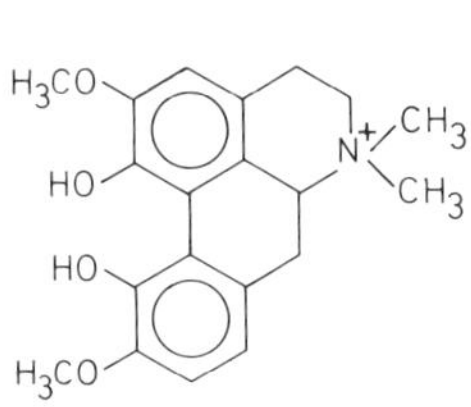

Magnoflorin

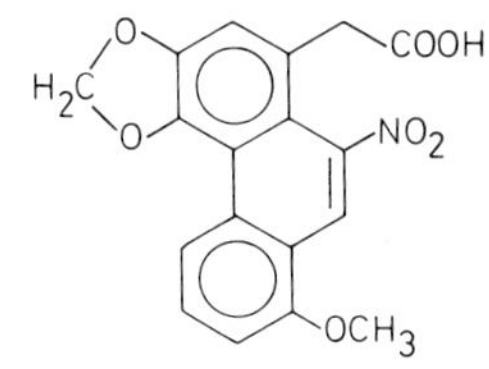

Debilsäure

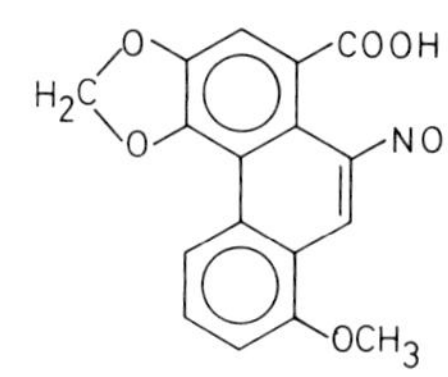

Aristolochiasäure I

Aus der schwerpunktmäßig in den Tropen und Subtropen verbreiteten Familie kommen bei uns vor: Die schon erwähnte mediterrane, hier und da verwilderte Osterluzei *Aristolochia clematitis,* deren Perianth sog. Gleitfallenblumen bildet, sowie die Haselwurz *Asarum europaeum* in Laubwäldern auf vorwiegend kalkreichen Böden. Das ätherische Öl der Haselwurzrhizome enthält neben Phenylpropankörpern auch Sesquiterpene. Man kennt heute drei «chemische Rassen» (Chemovarietäten) mit verschiedenen Hydroxyphenylpropankörpern als Hauptbestandteilen des Öles sowie eine vierte, die durch Terpen- und Sesquiterpenalkohole mit Eudesmol als Hauptkomponente gekennzeichnet ist (Abb. 66). Extrakte mit hohem Gehalt an trans-Isoasaron und trans-Isoeugenolmethylether werden als Expektorans und Bronchospasmolytikum therapeutisch eingesetzt.

❖ Arzneipflanzen der Aristolochiales

Aristolochiaceae. *Asarum europaeum* L. (Rhizoma Asari, Extr.), *Aristolochia clematitis* L. (Aristolochiasäure, Extr.).

Die folgenden zwei Ordnungen Ranunculales und Papaverales (**«Ranunculanae»**) enthalten krautige oder holzige Pflanzen, die keine (ätherisch-) Ölzellen führen. Ursprüngliche Merkmale sind weit weniger zahlreich als bei den holzigen Magnoliales und Laurales.

5. Ordnung: Ranunculales

Die Ranunculales, so variabel sie auch in vielen (vor allem Blüten-)Merkmalen sind, lassen sich durch das Vorkommen von Honigblättern (Nektarblättern, nektarfertilen Petalen) am besten charakterisieren. Diese verschieden gestalteten staminodialen Bildungen

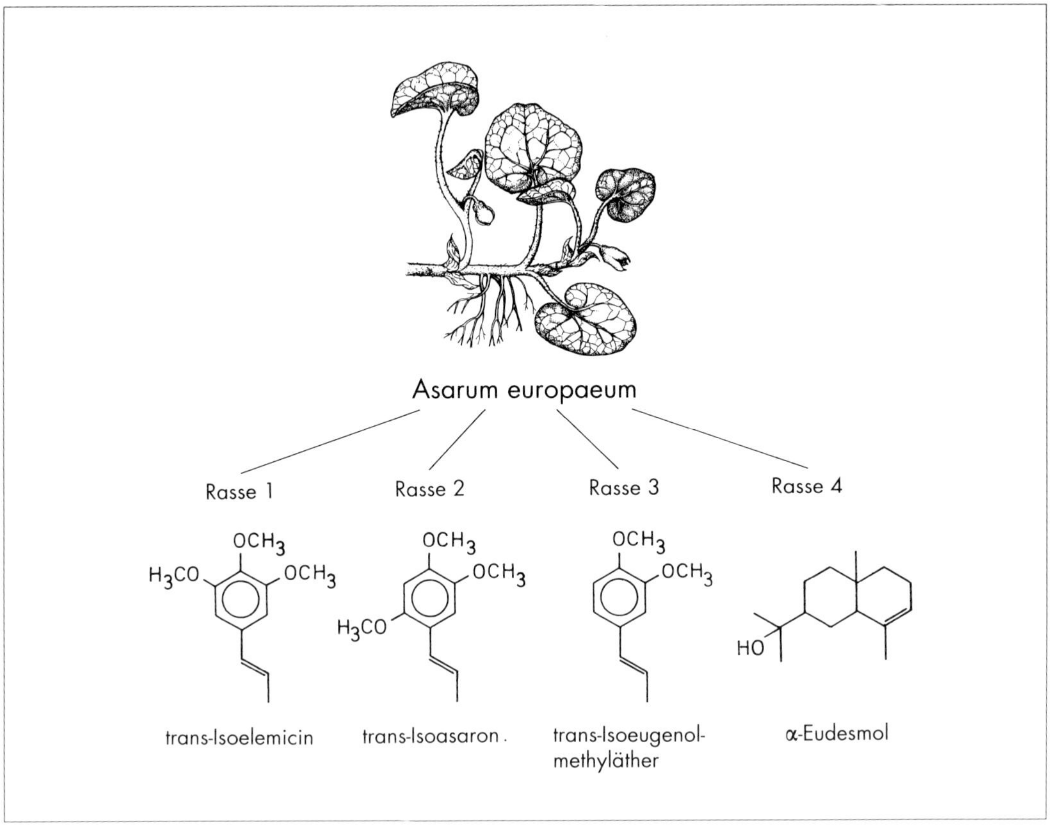

Abb. 66: Die 4 bisher bekannten «chemischen Rassen» von *Asarum europaeum,* der Haselwurz, und ihre Hauptinhaltsstoffe. (Nach Stahl, Jork et al.)

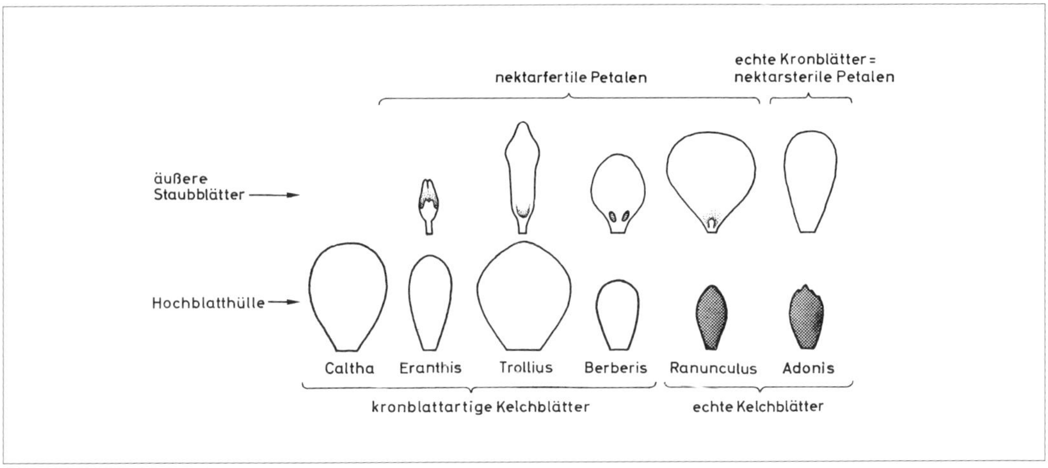

Abb. 67: Homologe Reihen der Hochblatthüll- und Nektarblätter bei Ranunculales, zur Ableitung der echten Kelch- (dunkel) und Kronblätter.

demonstrieren sehr schön eine Entstehungsmöglichkeit der Blütenkrone, wie sie zumindest in dieser Ordnung durchweg gegeben sein dürfte (die Krone der Magnoliales scheint dagegen auf Hochblätter zurückzugehen). Jeder Schritt dieses Umwandlungsprozesses wird durch bestimmte Arten und Gattungen verdeutlicht: Abb. 67.

Die wichtigsten Familien sind Ranunculaceae, Berberidaceae und Menispermaceae.

1. *Familie:* **Ranunculaceae** (2000). Die Hahnenfußgewächse mit ihren auffällig, z.T. früh im Jahr blühenden Arten (Abb. 69), ihren Gift- und Heilpflanzen fanden seit jeher das besondere Interesse des Menschen. Sie haben ihre Hauptverbreitung in den nördlichen extratropischen Gebieten. Mit fast 100 Arten sind sie in unserer Flora die am stärksten vertretene Familie der Magnoliidae.

Es sind meist ausdauernde Stauden mit wechselstän-

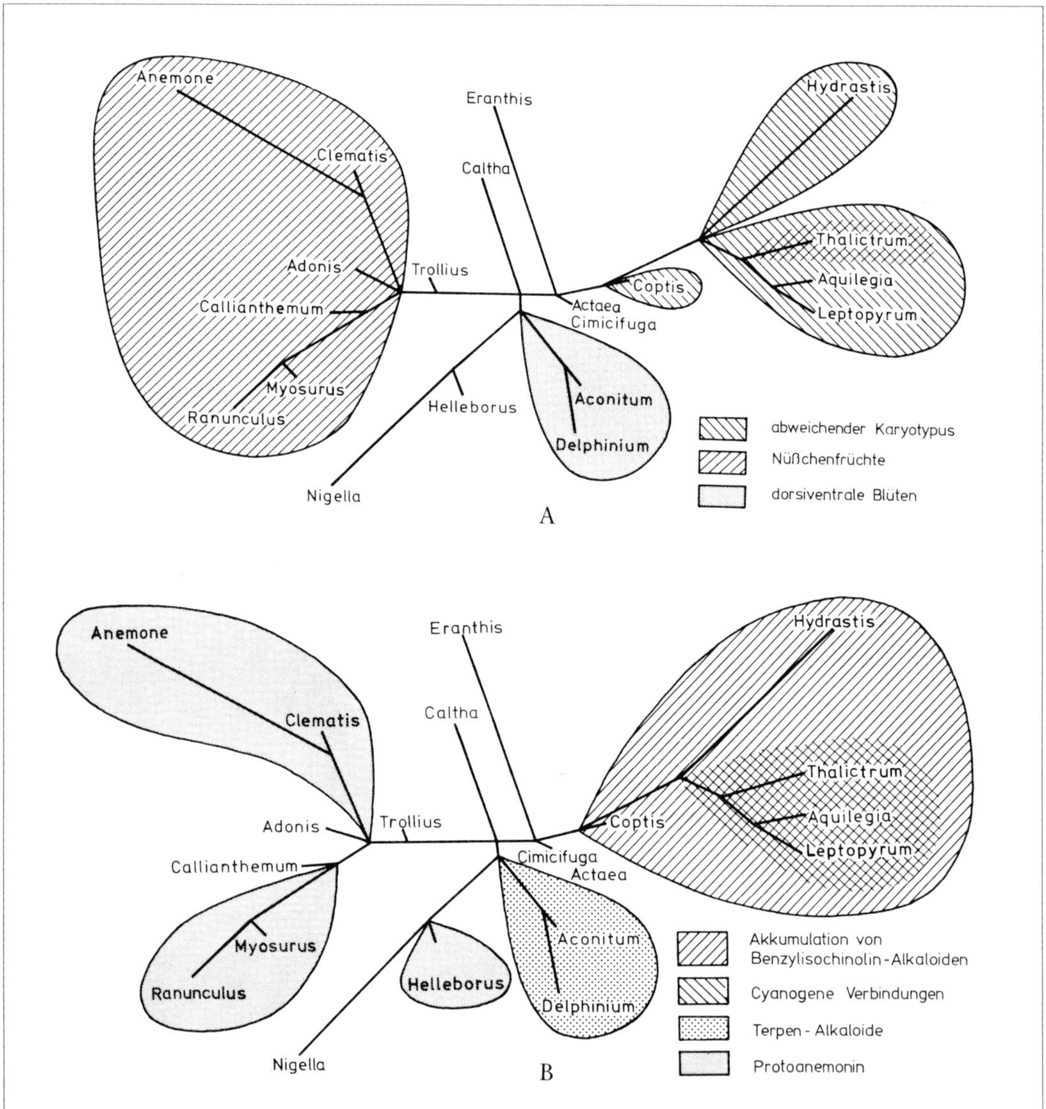

Abb. 68: Die Verteilung wichtiger nichtchemischer **(A)** und chemischer **(B)** Merkmale bei den Ranunculaceen, auf der Grundlage eines serologisch festgestellten Ähnlichkeitssystems.

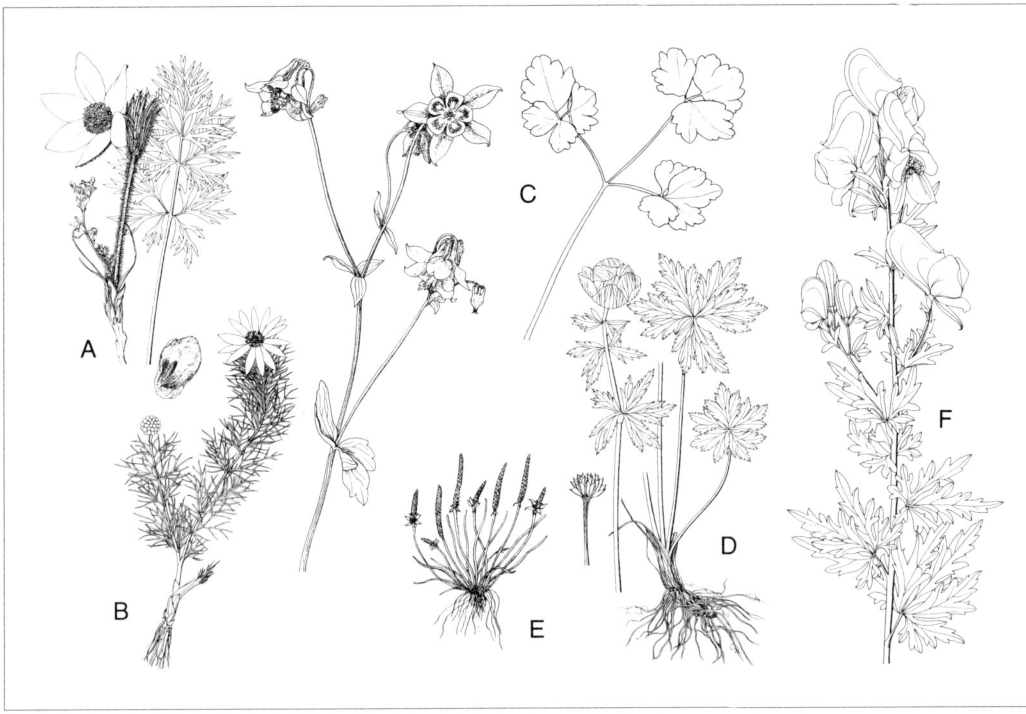

Abb. 69: Ranunculaceae: **A:** *Pulsatilla spec.*, **B:** *Adonis vernalis*, **C:** *Aquilegia vulgaris*, **D:** *Trollius europaeus*, **E:** *Myosurus minimus*, **F:** *Aconitum napellus*. (Nach Hess, Landolt u. Hirzel, Flora der Schweiz.)

digen, nebenblattlosen und sehr oft handförmigen oder fiederigen Blättern. Die meist großen Zwitterblüten sind in manchen ihrer Glieder noch gestaucht-spiralig angeordnet und nicht immer auf die Grundzahl 5 reduziert. Das Androeceum ist durchgehend polyandrisch. Im Perianth läßt sich oft eine Differenzierung in eine grünliche oder auch lebhaft gefärbte, große Außenhülle (dem Kelch homolog) und innere, kleine nektarfertile Petalen erkennen. Diese Honigblätter können ganz unterschiedlich ausgeformt, in manchen Fällen sogar lang gespornt sein (Akelei, *Aquilegia)*. Beim Hahnenfuß *(Ranunculus)* übernimmt das auffällige Petalum sogar die optische Anlockung der Insekten, während die ursprüngliche Außenhülle zum Kelch geworden ist. Nur ein kleines Schüppchen am Grunde des Kronblattes zeugt noch von der «staminodialen Vergangenheit». Die Gattung *Adonis* schließlich hat auch diese Schuppe verloren.

Über die Verwandtschaftszusammenhänge der Gattungen sind wir schon recht gut unterrichtet und können uns anhand der Abb. 68 eine Vorstellung von dem Vorkommen der wichtigsten Merkmale machen.

Die durch die Chromosomenform und geringe -größe herausfallenden Sippen (1. Tribus Hydrastideae: *Hydrastis*, 2. Tribus Thalictreae: *Isopyrum, Aquilegia* (Akelei), *Thalictrum* (Wiesenraute), 3. Tribus Coptideae: *Coptis, Xanthorrhiza)* unterscheiden sich von den übrigen Ranunculaceen auch durch die Akkumulation von Benzylisochinolin-Alkaloiden (Berberin, Magnoflorin u.a.). Die Thalictreae besitzen darüberhinaus cyanogene Verbindungen.

Die restlichen Ranunculaceen teilen sich in zwei Gruppen auf: Die Triben Actaeeae mit *Actaea* (Christophskraut) und *Cimicifuga* sowie Caltheae mit *Aconitum* (Eisenhut), *Delphinium* (Rittersporn), *Helleborus* (Christrose), *Eranthis* (Winterling), *Nigella* (Schwarzkümmel) und *Caltha* (Sumpfdotterblume) haben ein oligomeres Gynoeceum (bei *Cimicifuga* und *Consolida* u.a. auf 1 Fruchtblatt reduziert), das sich zu vielsamigen Balgfrüchten (Abb. 70E) entwickelt; die Honigblätter sind man-

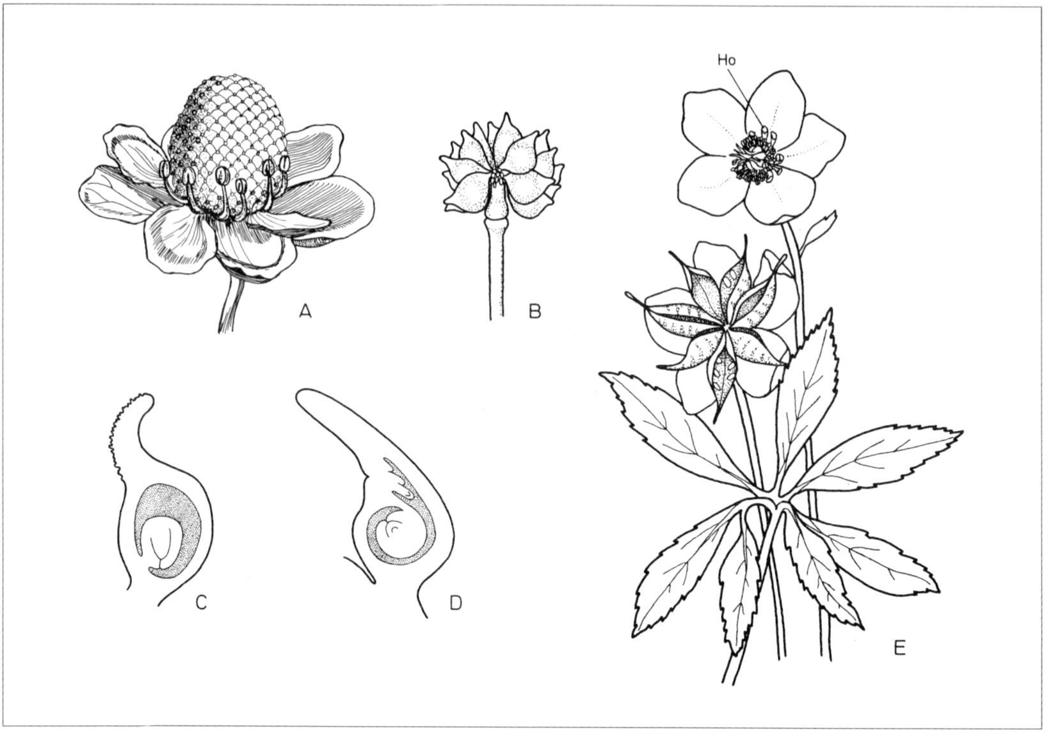

Abb. 70: Nüßchenfrüchtige Ranunculaceen. – **A:** *Ranunculus sceleratus,* Blüte (vergr.). – **B:** *Ranunculus acris,* Frucht aus vielen einsamigen und einblättrigen Nüßchen (ca. 2 x). – **C:** *Ranunculus auricomus,* Teilfrüchtchen längs (10 x). – **D:** *Anemone nemorosa,* Teilfrüchtchen längs, mit verkümmerten Samenanlagen (10 x). – **E:** *Helleborus niger,* Christrose. Blüte mit Ho Honigblättern, Frucht mit aufgesprungenen Einzelfrüchten (Balgfrüchten) und Blatt (ca. 1/2 x, Blatt stärker verkleinert). – (A nach Baillon, B nach Troll, C nach Firbas, D nach Rasner, E nach Hegi.)

nigfaltig, aber nie ausgesprochen kronblattartig. Über die Gattung *Trollius* (Trollblume) mit echt polykarpem Gynoeceum sind diejenigen Gattungen verbunden, deren meist polykarpe Gynoeceen sich zu Sammel-Nußfrüchten entwickeln (Abb. 70).

Bei einigen, z.B. *Anemone nemorosa* (Buschwindröschen), sind noch verkümmerte Samenanlagen der ursprünglich vielsamigen Einzelfrucht zu erkennen. Viele dieser nüßchenfrüchtigen Gattungen sind durch den Scharfstoff **Protoanemonin,** dem Lacton einer γ-Hydroxyvinyl-Acrylsäure ausgezeichnet, der aus labilen Vorstufen (z.B. aus dem Glukosid Ranunculin?) entsteht und beim Trocknen in das inaktive, dimere Anemonin übergeht: Tribus Ranunculeae mit *Myosurus* und *Ranunculus* (Hahnenfuß) sowie Tribus Anemoneae mit *Clematis* (Waldrebe), *Anemone* und *Pulsatilla.* Außerhalb der Ranunculaceae kommt Protoanemonin nicht vor.

Das Perikarp der Balgfrüchte ist z.B. bei *Actaea spicata* fleischig geworden (Balgbeere). *Nigella*-Arten haben ein teilweise synkarpes Gynoeceum entwickelt (Kapseln). Einige Ranunculaceae sind einjährig (z.B. *Ranunculus arvensis, Adonis flammea, Consolida regalis, Myosurus minimus),* die Gattung *Clematis* (Waldrebe) repräsentiert ausdauernde Holzpflanzen. *Aconitum* (Eisenhut), *Consolida* und *Delphinium* (Rittersporn) haben dorsiventrale Blüten und sind wegen des Vorkommens stark wirkender Esteralkaloide – biogenetisch gesehen Diterpenabkömmlinge – allgemein bekannte Giftpflanzen. Das gilt vor allem für den Eisenhut, dessen Hauptinhaltsstoff, das Aconitin, früher als schmerzlinderndes Mittel bei Neuralgien gebräuchlich war, wegen der starken Toxizität in der Heilkunde jedoch kaum mehr verwendet wird.

Bemerkenswert für die Familie ist die alternative Akkumulation von Giftstoffen, nämlich von Protoanemonin, Diterpen-Alkaloiden oder Isochinolin-Alkaloiden. Die nicht betroffenen Gattungen führen zumindest Magnoflorin; nur *Eranthis, Actaea* und *Cimicifuga* scheinen «ungiftig» zu sein. Es ist

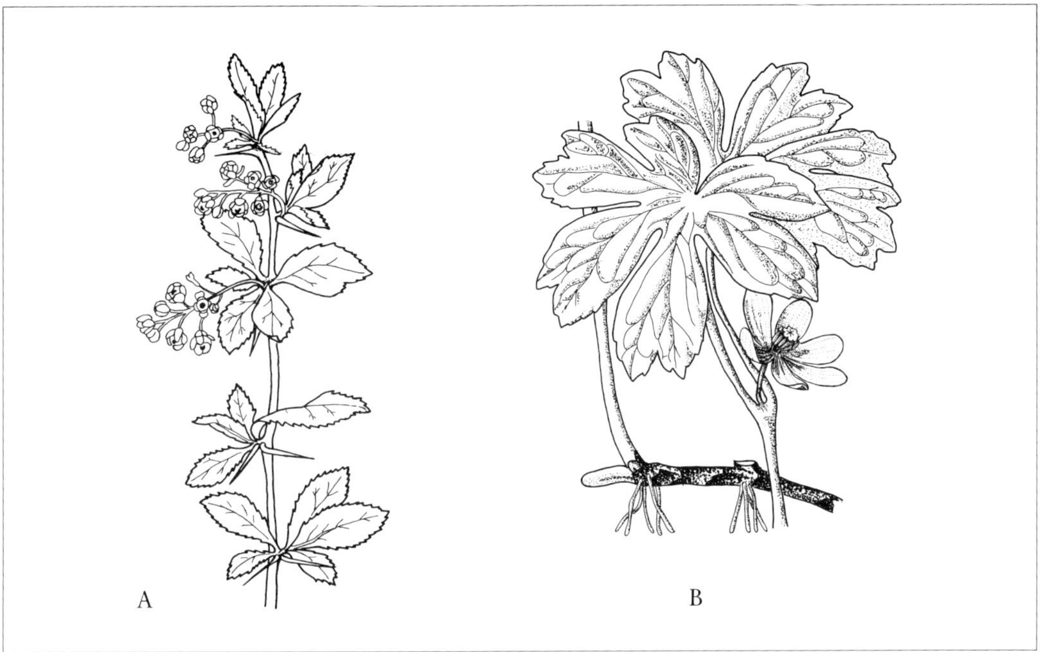

Abb. 71: A: Blütenzweig von *Berberis vulgaris* (Berberitze). **B:** Blütensproß und Rhizom von *Podophyllum peltatum*. Ca. 1/3 nat. Größe.

möglich, daß sich aus ursprünglich giftfreien Ur-Ranunculaceen (ähnlich *Actaea, Cimicifuga?)* solche entwickelten, die durch die Akkumulation oder zumindest das Vorkommen eines der genannten «Kampfstoffe» besonders gut gerüstet waren.

Herzwirksame Glykoside enthalten *Adonis vernalis* (Cardenolide) und *Helleborus*-Arten (Bufadienolide).

2. *Familie:* **Berberidaceae** (650), Berberitzengewächse. Die Familie ist in den gemäßigten Zonen der Nordhemisphäre, besonders Nordamerikas und Asiens zu Hause. Sie ist gekennzeichnet durch

- Sträucher neben Kräutern (Stauden)
- 3- (oder 2-)zählige Blüten (vgl. monokotyle Pflanzen, einige Papaveraceae)
- Gynoeceum monomer
- die Antheren öffnen sich öfters mit Klappen (z.B. *Berberis)*
- Akkumulation von Benzylisochinolin-Alkaloiden.

Die einheimische Berberitze *(Berberis vulgaris,* Abb. 71A) ist ein durch seine Blattdornen, seine reizbaren Filamente und als Zwischenwirt des Getreiderostes bekannter Strauch wärmeliebender Gebüsche. Auffällig ist die Gelbfärbung von Rinden- und Holzzellen und die Fluoreszenz unter UV-Licht infolge der Einlagerung des Alkaloids Berberin in die Zellwände. Die der Berberitze nah verwandte Mahonie *(Mahonia aquifolium)* aus den Wäldern des pazifischen Nordamerika ist bei uns ein beliebter Zierstrauch.

In den kapselfrüchtigen, nah miteinander verwandten Gattungen *Leontice* und *Caulophyllum* (mit der abweichenden Chromosomen-Grundzahl x=8) werden Isochinolin-Alkaloide von Chinolizidin-Alkaloiden (vgl. Fabaceae) begleitet.

Während bei den einander nahestehenden, beerenfrüchtigen Gattungen *Podophyllum* und *Diphylleia* (mit der Chromosomengrundzahl x=6) die sonst in der Familie allgemein vorkommenden Benzylisochinolin-Alkaloide fehlen, werden in den gleichen Taxa Lignan-β-glykoside, d.h. sog. Podophyllotoxinglykoside und verwandte Verbindungen («Peltatine») schwerpunktmäßig gebildet. Der harzartige Extrakt aus dem Rhizom von *Podophyllum peltatum* («Podophyllin»), früher als drastisches Laxans gebräuchlich, wird heute noch zur Feigwarzenbehandlung verwendet. Die partialsynthetisch abgewandelten Podophyllotoxine vor allem aus *Podophyllum hexandrum* werden dagegen wegen ihrer antimitotischen Wirkungen als Cytostatica eingesetzt.

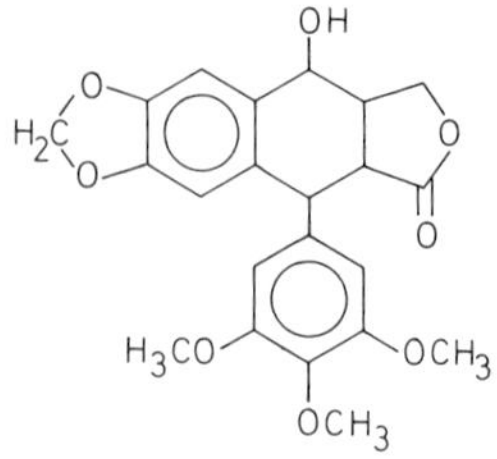

Podophyllotoxin

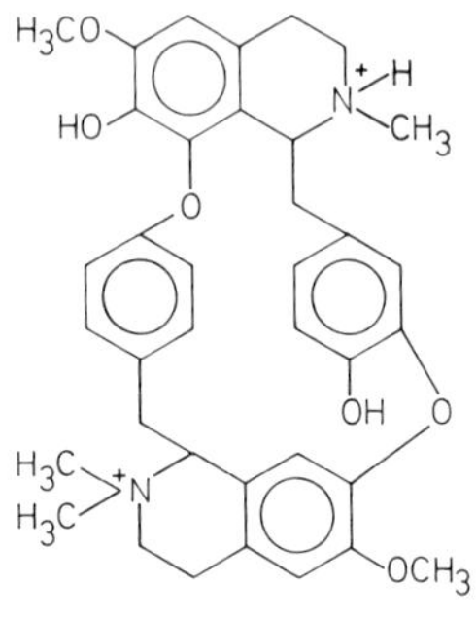

d-Tubocurarin

3. *Familie:* **Menispermaceae** (425). Vielfach tropische, diözische Lianen, die durch anomales Dickenwachstum (extrafaszikuläre Kambiumringe) gekennzeichnet sind; Blüten ohne Honigblätter, die Samen meist mit großen Embryonen.

Die meisten Menispermaceen sind stark bitter aufgrund des Vorkommens von N-freien, sesquiterpenoiden oder diterpenoiden Bitterstoffen. Eine Bitterstoffdroge stellen die Wurzeln von *Jateorhiza palmata* dar, während das bitter schmeckende Pikrotoxin der «Kokkelskörner» von *Anamirta cocculus* zugleich ein Krampfgift ist. Allen diesen Bitterstoffen sind – wie auch sonst häufig – Lactongruppierungen gemeinsam.

Auch in dieser Familie sind Benzylisochinolin-Alkaloide verbreitet, insbesondere vom Berberin- und Bis-Benzylisochinolin-Typ. Die spezifisch muskellähmende Wirkung der aus verschiedenen Vertretern der Familie gewonnenen Pfeilgifte südamerikanischer Indianer («Tubo-Curare»; vgl. auch Loganiaceae) dürfte auf derartigen Alkaloiden beruhen; man kennt sie jedenfalls vom d-Tubocurarin, das aus *Chondodendron tomentosum* isoliert wurde. Dieses Alkaloid spielt heute in der Anästhesiologie zwar keine große Rolle mehr, hat aber zur Synthese strukturanaloger Pharmaka (beide vierbindige N-Atome ca. 14 Å voneinander entfernt und durch Molekülbrücken von je 10 Atomen verbunden) geführt, die in gleicher Weise wie das d-Tubocurarin die neuromuskuläre Erregungsübertragung hemmen.

❖ Arznei- und Gewürzpflanzen der Ranunculales

Ranunculaceae. *Aconitum napellus* L. (Aconitin), *Adonis vernalis* L. (Herba Adonidis), *Helleborus*-Arten (Hellebrin), *Hydrastis canadensis* L. (Rhizoma Hydrastis), *Nigella sativa* L. (Schwarzkümmel).

Berberidaceae. *Podophyllum*-Arten (Podophyllin; Podophyllotoxinglykoside).

Menispermaceae. *Chondodendron*-Arten (Tubocurarinchlorid), *Jateorhiza palmata* (LAM.) MIERS (Radix Colombo).

6. Ordnung: Papaverales

mit der wichtigsten Familie der **Papaveraceae** (700), den Mohngewächsen.

Der mannigfaltige Bau der Blüten bei den Ranunculales ist bei den ganz überwiegend krautigen Papaverales auf den recht einheitlichen Typus einer weitgehenden 2-(3-) Gliedrigkeit reduziert worden (Abb. 72): Ursprüngliche Merkmale sind nur noch in kleiner Zahl vorhanden. So findet man Anklänge an primitiver gebaute Vorfahren in der «primären» Polyandrie der Papaveraceen, während die Fumariaceae, aber auch die Gattung *Hypecoum* bereits dimere Staubblattwirtel entwickelt haben. Bei der Gattung *Papaver,* dem Mohn, ist das Gynoeceum vielblättrig. Die Karpelle sind ausnahmslos zu einem coenokarpen Fruchtknoten mit parietaler Plazentation verwachsen und bilden eine vielsamige Kapsel. Bei der Gattung *Platystemon* trennen sich die Karpelle sekundär bei der reifen Frucht.

Chemisch sind die Papaveraceae als bedeutende alkaloidführende Familie charakterisiert, deren Alkaloide in gegliederten Milchsaftschläuchen akkumuliert werden. Das Protopin kann als Leitalkaloid dieser an Benzylisochinolin-Abkömmlingen reichen Familie aufgefaßt werden. Grundverschieden sind die Papaveraceae in ihrem Gesamtspektrum an Sekundärstoffen von den Brassicaceae (= Cruciferae), mit denen sie früher in der Ordnung «Rhoeadales» vereinigt wurden.

Die wichtigste Nutzpflanze unter den Papaveraceae, *Papaver somniferum* ssp. *somniferum* (Abb. 72), ist eine reine Kultursippe und stammt vermutlich von diploiden Formen des nah verwandten mediterranen *P. somniferum* ssp. *setigerum* ab. Sie ist bereits seit dem Neolithikum als Öllieferant angebaut worden (Samen mit ölreichem Nährgewebe). Erst später (sicher belegt ab. 7. Jahrh. v. Chr.) wurde, offenbar von ägyptischen Ärzten, die schmerzstillende Wir-

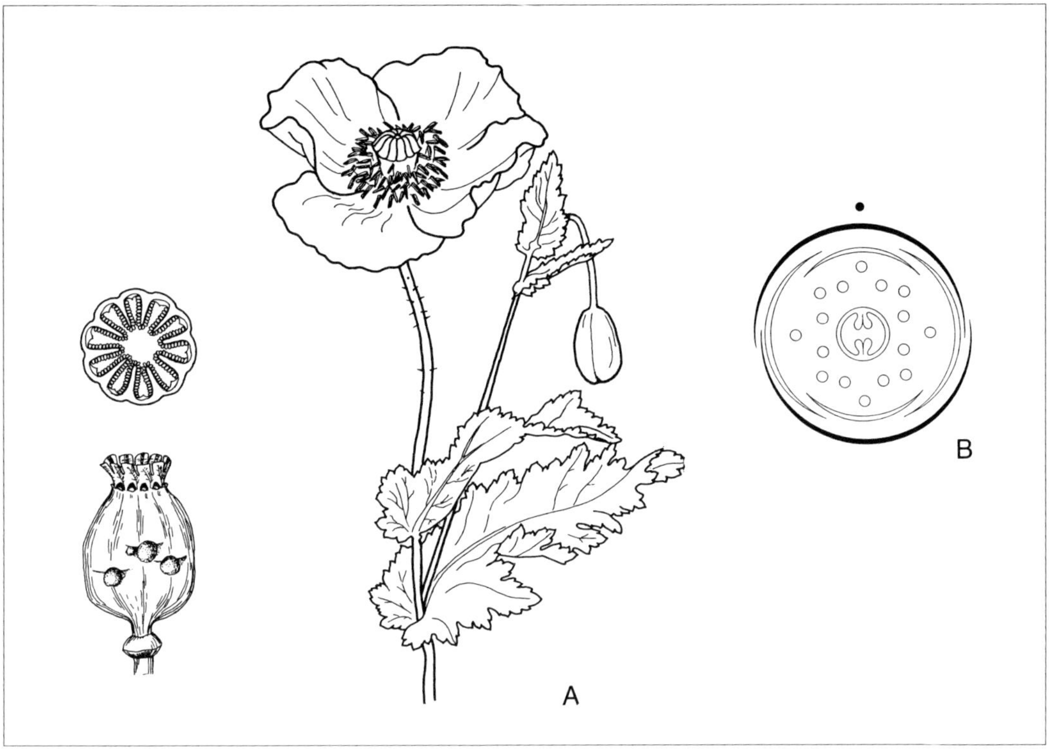

Abb. 72: Papaveraceae. – **A:** *Papaver somniferum,* Schlafmohn. Blütensproß; Kapsel quer und in Seitenansicht (mit ausgetretenem Milchsaft nach dem Anritzen) (ca. 1/2 x; nach Köhler). – **B:** *Chelidonium majus,* Blütendiagramm (nach Murbe).

kung des Mohns entdeckt. Sie ist dem Morphin zuzuschreiben, dem Hauptalkaloid des Opiums; in der wildwachsenden ssp. *setigerum* scheinen Morphin, Codein und Thebain allerdings zu fehlen.

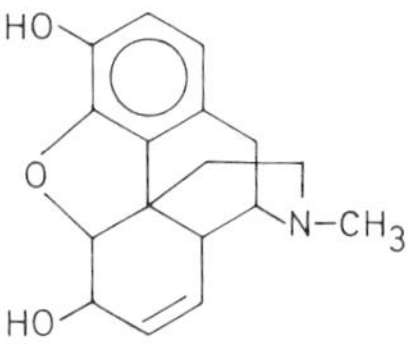

Morphin

Neben Morphin finden sich im Opium, dem eingetrockneten Milchsaft unreifer Mohnkapseln, eine ganze Reihe weiterer (vorwiegend Benzyl-)Isochinolinalkaloide, die an Mekonsäure und verschiedene andere Säuren gebunden sind. Der Gesamtalkaloidgehalt des Rohopiums beträgt 20-30%, der Morphingehalt des Handelsopiums ca. 12%, während das pharmazeutisch gebräuchliche Opiumpulver auf einen Morphingehalt von 10% eingestellt ist.

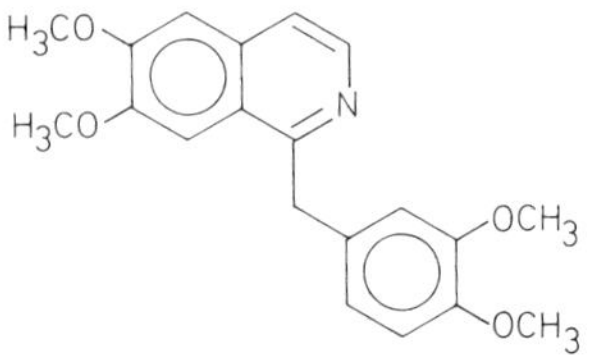

Papaverin

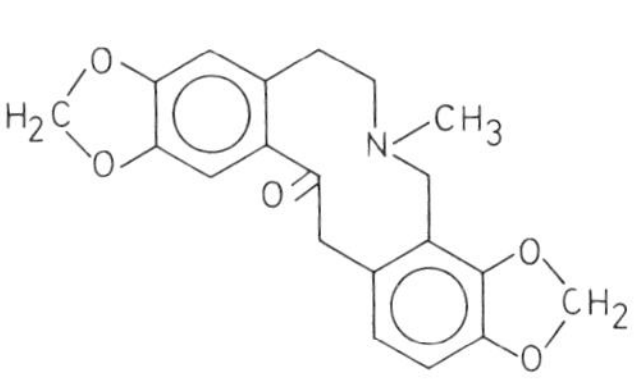

Protopin

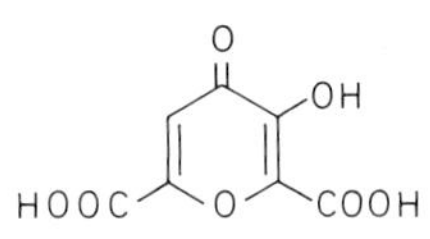

Mekonsäure

Therapeutisch genutzt werden als Reinalkaloide außer dem zentral wirkenden Analgetikum Morphin vor allem Codein (mit hustenreizdämpfender Wirkung), Papaverin (spasmolytisch wirksam mit peripherem Angriffspunkt durch Lähmung der glatten Muskulatur) und z.T. auch Narcotin (analgetische, hustenreizdämpfende Wirkung). Die verschiedenartigen pharmakologischen Wirkungen der Opiumalkaloide setzen sich synergistisch und antagonistisch zur spezifischen Wirkung des Opiums zusammen, wobei die euphorisierende Wirkung dem Morphin zuzuschreiben ist.

Um die mißbräuchliche Verwendung von Opium (und Derivaten der Opiumalkaloide wie z.B. Heroin) als Rauschgift zu verhindern, soll in den Anbauländern – Indien, Türkei u.a. – der Anbau unter streng kontrollierten Bedingungen erfolgen. Dabei kann auch auf die eigentliche Opiumgewinnung verzichtet und zur Gewinnung der Reinalkaloide «Mohnstroh» direkt extrahiert werden. Benötigt wird für medizinische Zwecke vor allem Codein, das relativ leicht partialsynthetisch aus Thebain hergestellt werden kann. In diesem Zusammenhang war die Auffindung einer vornehmlich Thebain führenden Chemovariante von *Papaver bracteatum* von besonderem Interesse. Ob eine kommerzielle Nutzung von *P. bracteatum* zur Codeinherstellung möglich sein wird, bleibt abzuwarten.

Der Milchsaft aller übrigen Papaveraceae ist ebenfalls alkaloidreich. Neben Alkaloiden vom Protopin- und Protoberberintyp enthält z.B. das einheimische Schöllkraut, *Chelidonium majus,* vor allem die den Milchsaft rötlich-orange färbenden Benzophenanthridin-Alkaloide mit örtlich reizenden (Chelerythrin, Sanguinarin) oder spasmolytischen, analgetischen und cytostatischen Wirkungen (Chelidonin). Anstelle der Mekonsäure findet sich hier die verwandte Chelidonsäure, die als phytochemisches Merkmal mancher Liliatae-Sippen, aber auch der Lobeliaceae von Interesse ist (s.S. 275 und 187).

Auch bei den **Fumariaceae** sind Alkaloide in schlauchförmigen Idioblasten verbreitet. Charakteristisch ist das Vorkommen von Aporphinabkömmlingen wie dem Bulbocapnin des Lerchensporns. Auch in dieser Familie findet man einheimische Arten: In Wäldern die Gattung *Corydalis,* Lerchensporn; als Ackerunkräuter die *Fumaria*-Arten (Erdrauch), beide mit transversal-zygomorphen Blüten. *Fumaria officinalis* ist als Arzneipflanze wieder von Interesse, da Extrakte der Pflanze als «Amphocholereticum» empfohlen werden.

Disymmetrische Blüten finden wir bei der als Zierpflanze bekannten *Dicentra spectabilis* («Tränendes Herz»).

❖ Arznei- und Nutzpflanzen der Papaverales

Papaveraceae. *Chelidonium majus* L. (Herba Chelidonii, Extr.), *Papaver somniferum* L. (Opium, Opium titratum, Extraktum Opii, Tinctura Opii, Opiumalkaloide).

Fumariaceae. *Fumaria officinalis* L. (Herba Fumariae, Extr.).

7. Ordnung: Nymphaeales (einschl. **Nelumbonales)**

Vermutlich heterogene Gruppe von primitiven Wasserpflanzen, die nicht alle eng miteinander verwandt sind: Die für die Magnoliidae charakteristischen Benzylisochinolin-Alkaloide sind bisher nur für die Nelumbonaceae (einzige Familie der Nelumbonales, hierzu die Indische Lotosblume *Nelumbo nucifera)* nachgewiesen worden. Die Alkaloide der Nymphaeaceae (ca. 50) sind dagegen von ganz anderer Struktur (Sesquiterpen-Alkaloide). Da die Nymphaeaceae außerdem die für die Unterklasse der Magnoliidae so untypischen Gallo- und Ellagitannine führen, wird eine Ausklammerung dieser Familie (nicht aber der Nelumbonaceae, die sich auch serologisch von den Nymphaeaceen unterscheiden) aus den Magnoliidae diskutiert. Die z.T. markständigen, zerstreut angeordneten Leitbündel in der Sproßachse, die meist laminare Plazentation der Samenanlagen u.a. deuten auf enge Beziehungen zu den Monokotyledonen, insbesondere den Alismatidae hin.

Der primitive Charakter manifestiert sich in monoaperturaten Pollenkörnern, laminaler Plazentation und fehlenden Tracheen. Das Fehlen der Tracheen (falls bei Stammformen vorhanden gewesen und dann ausschließlich im sekundären Xylem gebildet) kann auch ein abgeleitetes Merkmal sein und mit dem Kambiumverlust in Verbindung stehen, der infolge Anpassung an einen besonderen Lebensraum (Wasser) eingetreten ist.

Einheimische Vertreter gibt es in folgenden Familien:

Nymphaeaceae (80). *Nymphaea alba,* die weiße Seerose, und *Nuphar lutea,* die gelbe Teichrose, haben noch eine große, unbestimmte Zahl von Perianth-, Staub- bzw. Fruchtblättern in teilweise spiraliger Anordnung. Die weißen Kronblätter der Seerose wie auch die kleinen, inneren, mit einem Drüsengewebe ausgestatteten Petalen der Teichrose sind durch alle Übergänge mit den Staubblättern verbunden, was als Beleg für die Blattnatur der Stamina gelten kann. Die Fruchtblätter beider Gattungen sind von einem Gewebemantel der Blütenachse umhüllt und dadurch scheinbar verwachsen. Erwähnt sei ferner die bekannte südamerikanische *Victoria amazonica (V. regia).*

Die **Ceratophyllaceae** (6) mit der einzigen Gattung *Ceratophyllum,* dem Hornblatt, sind eine isolierte, offenbar sehr alte Familie der Angiospermen. Untergetaucht lebende, wurzellose Wasserpflanzen.

Literatur Magnoliidae

Bhandari, N.N.: Embryology of the Magnoliales and comments on their relationships. J. Arnold Arbor. 52: 1-39; 285-304, 1971.

Behnke, H.-D.: Sieve-element plastids, phloem protein, and evolution of flowering plants: III. Magnoliidae. Taxon 37: 699-732, 1988.

Böhm, H.: *Papaver bracteatum Lindl.* Results and problems of the research on a potential medicinal plant. Pharmazie 36: 660-667, 1981.

Endress, P.K.: Reproductive structures and phylogenetic significance of extant primitive angiosperms. Pl. Syst. Evol. 152: 1-28, 1986.

Erbar, C. & P. Leins: Zur Spirale in Magnolien-Blüten. Beitr. Biol. Pflanzen 56: 225-241, 1981.

Fairbairn, J.W. & E.M. Williamson: Meconic acid as a chemotaxonomic marker in the Papaveraceae. Phytochemistry 17: 2087-2089, 1978.

Fairbrothers, D.E. & F.P. Petersen: Serological investigation of the Annoniflorae (Magnoliifloreae, Magnoliidae). In: Jensen, U. & D.E. Fairbrothers (eds.). Proteins and nucleic acids in plant systematics. Springer-Verlag, Berlin, Heidelberg, New York, Tokyo, 1983.

Friis, E.M. & P.K. Endress: Origin and evolution of angiosperm flowers. Adv. Bot. Res. 17: 99-162, 1990.

Grund, C., J. Gilroy, T. Gleaves, U. Jensen & D. Boulter: Systematic relationships of the Ranunculaceae based on amino acid sequence data. Phytochemistry 20: 1559-1565, 1981.

Janchen, E.: Die systematische Gliederung der Ranunculaceen und Berberidaceen. Akad. Wiss. Wien, Math.-naturw. Kl. Denkschr. 108: 1-82, 1949.

Jensen, U.: Serologische Beiträge zur Systematik der Ranunculaceae. Bot. Jb. 88: 204-310, 1968.

Kadereit, J.W.: Experimental evidence on the affinities of *Papaver somniferum* (Papaveraceae). Pl. Syst. Evol. 156: 189-195, 1987.

Kadereit, J.W.: *Papaver somniferum* L. (Papaveraceae): A triploid hybrid? Bot. Jahrb. Syst. 106: 221-244, 1986.

La Valva, V., S. Sabato & G.S. Gigliano: Morphology and alkaloid chemistry of *Papaver setigerum* DC. (Papaveraceae). Taxon 34: 191-196, 1985.

Leboeff, M., A. Cave, P.K. Bhaumink, B. Mukherjee & R. Mukherjee: The phytochemistry of the Annonaceae. Phytochemistry 21: 2783-2813, 1982.

Leins, P. & C. Erbar: Ein Beitrag zur Blütenentwicklung der Aristolochiaceen, einer Vermittlergruppe zu den Monokotylen. Bot. Jahrb. Syst. 107: 343-368, 1985.

Les, D.H.: The origin and affinities of the Ceratophyllaceae. Taxon 37: 326-345, 1988.

Loconte, H. & J.R. Estes: Phylogenetic systematics of Berberidaceae and Ranunculales (Magnoliidae). Syst. Bot. 14: 565-579, 1989.

Okada, H. & M. Tamura: Karyomorphology and relationship in the Ranunculaceae. J. Jap. Bot. 54: 65-77, 1979.

Parks, C.R. & J.F. Wendel: Molecular divergence between asian and north american species of *Liriodendron* (Magnoliaceae) with implications for interpretation of fossil floras. Amer. J. Bot. 77: 1243-1256, 1990.

Rupprecht, J.K., Y.-H. Hui & J.L. McLaughlin: Annonaceous acetogenins: A review. J. Nat. Product. 53: 237-278, 1990.

Schultze, W., A. Zänglein, G. Lange & K.-M. Kubeczka: Sternanis und Shikimi. Dtsch. Apoth. Ztg. 130: 1194-1201, 1990.

Schweitzer, H.-J.: Wie sah die Urblüte der bedecktsamigen Pflanzen aus? Spektr. d. Wissensch. Dez. 1980: 22-33, 1980.

Soltis, D.E. & P.S. Soltis: Isozyme evidence for ancient polyploidy in primitive angiosperms. Syst. Bot. 15: 328-337, 1990.

Unterklasse: Caryophyllidae

Die Caryophyllidae sind mit rund 11.000 Arten eine kleinere Unterklasse der dikotylen Pflanzen. Das weitaus größte Kontingent stellen die Caryophyllales mit ca. 10.000 Arten, denen die jeweils nur aus einer Familie bestehenden Polygonales und Plumbaginales angeschlossen werden.

Sie stellen eine relativ isolierte Unterklasse dar. Erste Sequenzvergleiche am Cytochrom c von Spinat (Chenopodiaceae) und Buchweizen (Polygonaceae) deckten bemerkenswerte Unterschiede zu Vertretern der anderen dikotylen Unterklassen auf (Abb. 11) und können ein Ausdruck früher Abtrennung in der Phylogenese der Angiospermen sein. Neuerdings werden Beziehungen zu den Ranunculales vermutet.

Die Besonderheiten der Caryophyllidae liegen im Androeceum, Gynoeceum und in speziellen Pflanzeninhaltsstoffen begründet:
- Die Zahl der Staubblätter, ursprünglich wohl 2x5, ist oft reduziert. Bei den Cactaceae ist ein komplexes zentrifugales Androeceum ausgebildet (wie bei Dilleniidae und Alismatales).
- Die Pollenkörner sind zur Zeit der Bestäubung dreikernig («trinukleat»).
- Die Samenanlagen stehen meist in Vielzahl an einer zentralen Säule («freie zentrale Plazentation», bei vielen Caryophyllales) oder in Einzahl an der Fruchtknotenbasis («basale Plazentation»); ein starker, mehrschichtiger Nucellus («crassinucellate» Samenanlage) wird von 2 Integumenten («bitegmisch») umhüllt.
- In den meisten Familien der Caryophyllales und nur dort sind die sonst üblichen Anthocyane durch die chemisch andersartigen **Betalaine** ersetzt (s.u. Caryophyllales). Ein weiteres auffälliges Merkmal der Unterklasse ist die Akkumulation von **(Triterpen-)**Saponinen in vielen Familien. Auch **Calciumoxalat** kommt überall reichlich vor, meist in Form großer Drusen, aber auch als Kristallsand (besonders Chenopodiaceae und Amaranthaceae) oder Raphiden (z.B. manche Sippen der Phytolaccaceae, Aizoaceae und Cactaceae).
- Viele Vertreter der Caryophyllales sind typische **C_4-Pflanzen;** es ist interessant, daß von den 11 angiospermen Familien mit C_4-Photosynthese 6 zu den Caryophyllales gehören, nämlich Molluginaceae, Nyctaginaceae, Portulacaceae, Aizoaceae, Chenopodiaceae und Amaranthaceae. Auch der ähnliche Crassulaceen-Säurestoffwechsel (CAM) ist bei den mehr oder weniger sukkulenten Aizoaceae, Cactaceae, Didiereaceae und Portulacaceae anzutreffen.

Zu den Caryophyllidae gehören meist krautige Pflanzen, die häufig an besondere Standorte gebunden sind (Sukkulenten, Halophyten, N-liebende Ruderalpflanzen).

1. Ordnung: Caryophyllales (≙ Centrospermae)

Der früher gebräuchliche Name «Centrospermae» deutet auf ein wichtiges Charakteristikum dieser Ordnung hin, nämlich die basale oder frei-zentrale Plazentation der Samen(anlagen) in der Fruchtknotenmitte (Abb. 73). Fruchtknoten mit freier zentraler Plazentation an einer Mittelsäule hat Tahktajan «lysikarp» genannt, weil man sich ihre Entstehung durch «Auflösen» der Trennwände eines ursprünglich echt gefächerten Fruchtknotens entstanden denken kann. Eine ähnliche «Centrospermie» findet sich auch bei den Primulales, die sich jedoch entgegen früher geäußerten Vermutungen nicht von den Caryophyllales ableiten lassen (vgl. auch S. 225).

Über den Bauplan unterrichtet die Zusammenstellung auf S. 123.

Chemische Charakteristika

1 Sehr bezeichnend sind **N-haltige Pigmente**, die – mit Ausnahme der Caryophyllaceae und der tropisch-subtropischen Molluginaceae – in allen Familien die sonst üblichen, andersartigen Anthocyane ersetzen. Diese blauvioletten bis roten «**Betacyane**» oder gelben bis orangeroten «**Betaxanthine**» (Gesamtheit = «**Betalaine**») sind Indolderivate, die sich biogenetisch vom Dihydroxyphenylalanin ableiten. Sie werden als Glykoside in der Vakuole akkumuliert.
Taxonomisch außerordentlich wichtig ist die Tatsache, daß außerhalb der Caryophyllales bis heute Betalaine nicht gefunden wurden. Daß auch bei Pilzen (*Amanita*) ähnlich strukturierte Verbindungen entdeckt wurden, überrascht weniger, wenn man an die hochstehenden phytochemischen Leistungen und mannigfachen chemischen Konvergenzerscheinungen bei diesen Organismen denkt.

G: Fruchtknoten zumeist mehrblättrig und verwachsen, coenokarp oder parakarp («lysikarp»), bei den Phytolaccaceae aber auch ± chorikarp; Zahl der Karpelle vielfach kleiner als 5. Samenanlagen in der Regel kampylotrop, zentral (-winkelständig) und meist zahlreich, oder einzeln basal; fast stets bitegmisch und crassinucellat. Samen im Zentrum der reifen Frucht («Centrospermae»), meist mit Perisperm. Embryo gekrümmt.

A: meist 5 + 5, diplostemon, oft scheinbar obdiplostemon. Insbesondere bei Aizoaceae und Cactaceae zentrifugal komplex, in anderen Fällen aber auch auf 1 Kreis reduziert. Pollen trinukleat.

C: meist 0 oder 5, staubblattbürtig. Aizoaceen-Perianth u.a. aber auch vielzählig.

K: meist 5.

Blü: radiär, auffällig (z.B. Nelkengewächse) oder unauffällig gefärbt (z.B. Meldengewächse) und dann reduziert und oft eingeschlechtig.

Bl: gegenständig oder wechselständig, einfach; meist ohne Stipeln. Sukkulent bei Aizoaceae, dornig bei Cactaceae.

Sproßachse: öfter sukkulent, besonders bei Cactaceae. Siebröhren mit Plastiden, die ringförmige Bündel von proteinhaltigen Filamenten enthalten (P-Typ).

Wurzeln: anomales sekundäres Dickenwachstum (auch in Sproßachsen), resultierend in konzentrischen Holz-Bast-Zonen, besonders verbreitet bei Aizoaceae, Chenopodiaceae und Amaranthaceae.

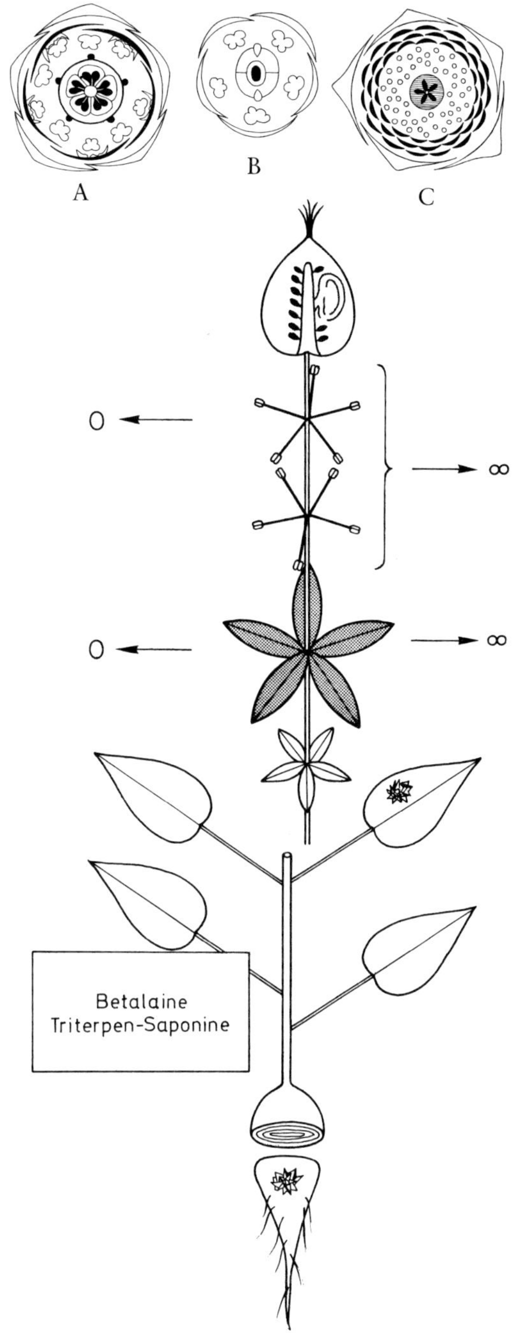

Bauplan der Caryophyllales, mit den Blütendiagrammen von **A** *Viscaria vulgaris* (Caryophyllaceae), **B** *Suaeda maritima* (Chenopodiaceae) und **C** *Mesembryanthemum violaceum* (Aizoaceae). (Nach Eichler.)

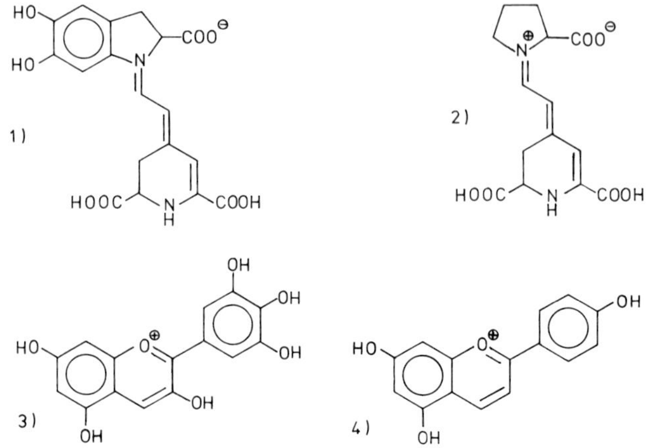

Rote und gelbe Pigmente vom Betalain- und Anthocyanintyp. 1) Ein rotes Betalain (Betacyan), 2) ein gelbes Betalain (Betaxanthin), 3) ein rotes Anthocyanin, 4) ein gelbes Anthocyanin.

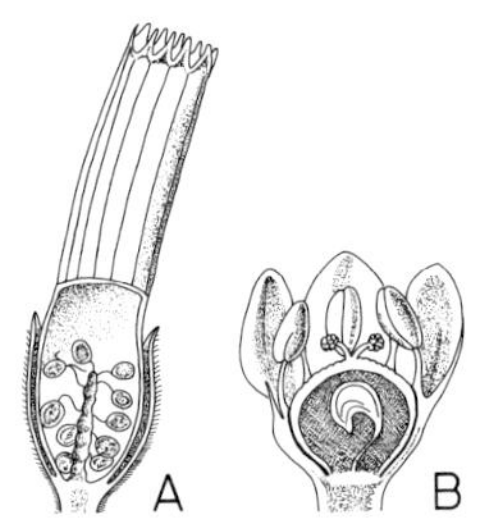

Abb. 73: A: Kapsel von *Cerastium holosteoides* (unten aufgeschnitten); Samen an zentraler Säule. – **B:** Blüte von *Herniaria glauca,* längs (beide vergr.; nach Beck-Mannagetta).

2 Die schon als chemisches Merkmal der Unterklasse erwähnten **Triterpen-Saponine** sind besonders charakteristisch und offenbar durchgehend in allen Familien, wenn auch nicht immer bei allen Arten vorhanden. In halophytischen Chenopodiaceae (Salicornieae, Salsoleae, Suaedeae) ist nur sporadisches Saponinvorkommen feststellbar.

Aufgrund des z.T. sehr hohen Gehaltes fanden und finden manche Vertreter der Caryophyllales als saponinliefernde Drogen Verwendung. Bekannte Sapogenine sind z.B. Gypsogenin (besonders in Caryophyllaceae und Cactaceae) und die Oleanolsäure (besonders in Chenopodiaceae und Amaranthaceae).

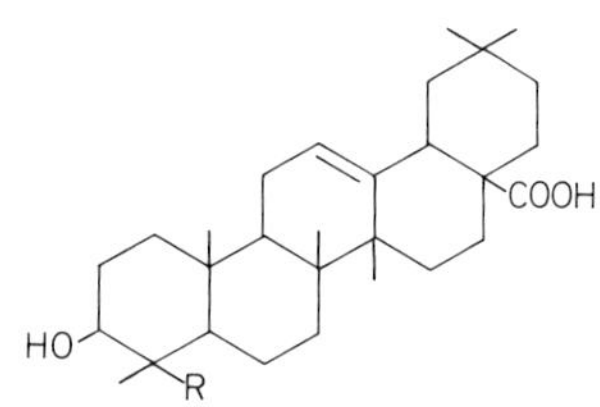

R = CHO: Gypsogenin
R = CH_3: Oleanolsäure

3 **Alkaloide** kommen verschiedentlich vor, ohne durchgehend die Ordnung zu charakterisieren. In Chenopodiaceae überwiegen Protoalkaloide und einfach gebaute Alkaloide, und zwar Derivate des Phenylalanins, Tryptophans, Ornithins und Lysins. Cactaceae (und hier nur die Unterfamilie Cactoideae) enthalten Protoalkaloide (Mezcalin etc.) und Tetrahydroisochinolinalkaloide, einige auch Coffein. Auch die Aizoaceae sind alkaloidreich.

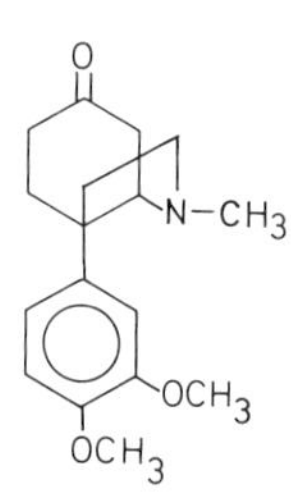

Mesembrin

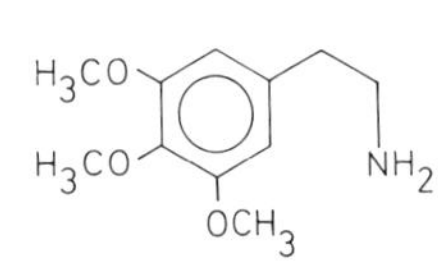

Mezcalin

4 **Pinitol**: Verbreitet vorkommender Cyclitol, vor allem bei Phytolaccaceae und Caryophyllaceae.

5 **Ferulasäure** ist als charakteristischer Bestandteil der Zellwände von Caryophyllales entdeckt worden und scheint den Polygonales und Plumbaginales zu fehlen.

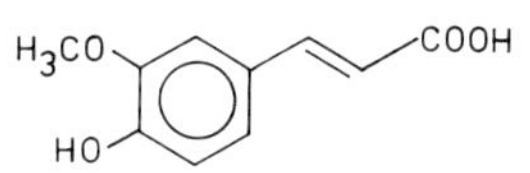

Ferulasäure

Die Frage nach den möglichen Verwandtschaftszusammenhängen der Caryophyllales-Familien ist eines derjenigen Themen, die lange im Mittelpunkt systematischer Überlegungen standen. Moderne vergleichende Untersuchungen über die Morphologie der Pollen, den Bau der Siebröhrenplastiden, die Chromosomenverhältnisse, die Betalaine, die serologischen Reaktionen der Samenproteine, DNA-RNA-Hybridisierungen und die Epicuticularwachse haben die grundlegenden Kenntnisse erheblich erweitert.

Man wird daraufhin die Phytolaccaceen (n=9; z.T. chorikarpes Gynoeceum; reichhaltiges Spektrum an Betalainen) als den gemeinsamen Vorfahren aller Caryophyllales besonders ähnlich ansehen können, wenngleich die ursprüngliche Pigmentführung (Anthocyane) sich nur in den Molluginaceen und Caryophyllaceen erhalten hat, die sich überdies durch einen besonderen Siebröhrenplastiden-Untertyp unterscheiden (vgl. Abb. 74).

An die Phytolaccaceen sind die überwiegend sukkulenten Aizoaceen, Portulacaceen, Basellaceen und auch Cactaceen anzuschließen, denen die auf Madagaskar endemischen Didiereaceen nahestehen. Die Chenopodiaceen und Amaranthaceen gehen ebenfalls auf die Phytolaccaceen zurück. Sie sind im Zusammenhang mit der zunehmenden Spezialisierung auf Windblütigkeit in ihrem Blütenbau stärker reduziert; den Siebröhrenplastiden fehlen jegliche Kristalloide.

Die wichtigsten Familien der Caryophyllales

1. *Familie:* **Phytolaccaceae** (150) mit *Phytolacca americana*, der «Kermesbeere», von der besonders wirksame Mitogene (Lektine) isoliert wurden. Die rote Farbe der Früchte geht auf Betanin und iso-Betanin als überwiegende Farbstoffkomponenten zurück. Monodesmosidische Saponine, z.B. aus *Phytolacca dodecandra* (Endod), haben molluskizide Wirkungen und werden zur Schneckenbekämpfung eingesetzt, um diese als Zwischenwirte der Bilharziose-Erreger (*Schistosoma*-Arten) auszuschalten.

2. *Familie:* **Portulacaceae** (500). *Portulaca oleracea* (Portulak), als Gemüsepflanze und alte Arzneipflanze bekannt, zeichnet sich durch einen relativ hohen Gehalt an ω-3-Fettsäuren aus.

3. *Familie:* **Aizoaceae** (2500). Vielfach Blattsukkulenten (Abb. 75), vor allem die südafrikanischen Mittagsblumen (Gattung *Mesembryanthemum*). Akkumulation organischer Säuren, auch von Oxalsäure, ist – wie bei anderen Sukkulenten – häufig. Alkaloide vom Typ des Mesembrins (Formel S. 124) kommen verbreitet vor. An der Biosynthese sind, wie bei den strukturell ähnlichen Amaryllidaceen-Alkaloiden, Phenylalanin und Tyrosin beteiligt.

4. *Familie:* **Cactaceae** (2000). Die beblätterten Pereskioideae, die sukkulenten Opuntioideae mit häufig abgeflachten Sproßgliedern («Platycladien») und Arillus-umhüllten Samen, sowie die ca. 1800 Arten umfassenden, vorwiegend als Kugel- und Säulensukkulenten ausgebildeten, neuweltlichen Cactoideae bilden drei gut abgegrenzte Unterfamilien. Charakteristisch für die Familie sind Blattdornbüschel («Areolen») sowie (Heteropolysaccharid-) Schleime in Schleimzellen und lysigenen Schleimhöhlen. Getrocknete Sproßabschnitte des mexikanischen Kaktus *Lophophora williamsii* (Abb. 75) stellen die als «Peyotl» bekannte halluzinogene Droge dar. Hauptwirkstoff ist das Protoalkaloid Mezcalin (vgl. S. 124), das auch im San-Pedro-Kaktus *Trichocereus pachanoi* enthalten ist (bis zu 2%). Der Feigenkaktus *Opuntia ficus-indica* mit eßbaren Früchten ist im Mittelmeergebiet verwildert. Die Giftigkeit anderer *Opuntia*-Arten wird auf hohe Oxalsäuregehalte (> 10% i.T.) zurückgeführt. Extrakte von *Selenicereus grandiflorus* gelten als herzwirksam und sind nicht selten Bestandteil entsprechender (vor allem homöopathischer) Arzneimittel; zwar ist neuerdings Hordenin als cardiotone Komponente nachgewiesen worden, doch bleibt abzuwarten, ob damit die Gesamtwirkung der Droge hinreichend begründet werden kann.

5. *Familie:* **Caryophyllaceae** (2000), Nelkengewächse. Über die ganze Erde verbreitete Pflanzen mit gegenständigen Blättern und häufig dichasialen Blütenständen. Eine Übersicht über die Mannigfaltigkeit im Blütenbau gibt Abb. 76.

Die drei Unterfamilien lassen sich leicht voneinander unterscheiden. Die Bruchkrautartigen (Paronychioideae) sind durch das Vorkommen von Nebenblättern charakterisiert, die Mierenartigen (Alsinoideae)

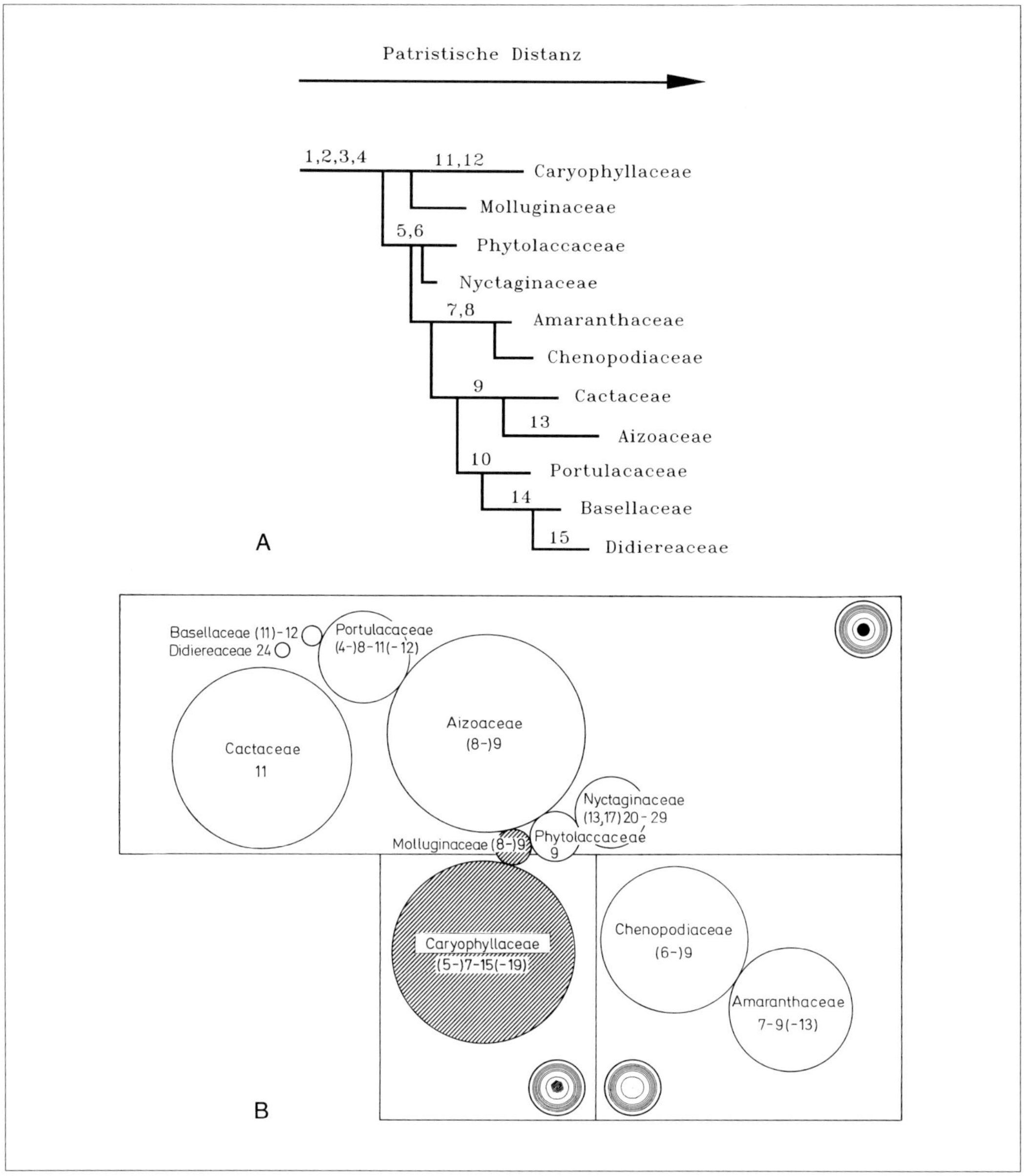

Abb. 74: Mutmaßliche Verwandtschaftszusammenhänge der Caryophyllales-Familien. – **A:** Cladogramm auf der Grundlage von 71 apomorphen Merkmalen (nach Rodman 1984). Danach ergibt sich eine basale Stellung der Betalain-freien Caryophyllaceae (und Molluginaceae), eine ursprüngliche Stellung der Phytolaccaceae in Bezug auf die Betalain-führenden Familien sowie eine enge Verwandtschaft zwischen Amaranthaceae und Chenopodiaceae und zwischen den sukkulenten Familien Cactaceae, Aizoaceae, Portulacaceae, Basellaceae und Didiereaceae. 1 Ferulasäure an nicht-lignifizierte Zellwände gebunden, 2 P-Typ der Siebröhrenplastiden, 3 Embryo normalerweise kampylotrop, 4 Perisperm normalerweise vorhanden, 5 Betalaine, 6 Anthocyane fehlen, 7 Isoflavone, 8 Pollenaperturen meist porat, 9 Hypanthium, 10 zwei Sepalen, 11 Dihydroflavonole, 12 polygonale Proteinkristalloide in Siebröhrenplastiden, 13 Pollen tricolpat oder tricolporat, 14 Pollenexine granulat, 15 eingeschlechtige Blüten. – **B:** Darstellung von 3 wichtigen Merkmalsgruppen. Die Kreisflächen sind den Artenzahlen proportional. Es sind angegeben: 1. Chromosomenzahlen (nach Ehrendorfer), 2. Vorkommen von Betalainen (helle Kreise) oder Anthocyanen (schraffierte Kreise), 3. Untertypen der Siebröhrenplastiden vom P-Typ, und zwar oben mit globulärem Kristalloid, links unten mit polygonalem Kristalloid, rechts unten ohne Kristalloid (nach Behnke).

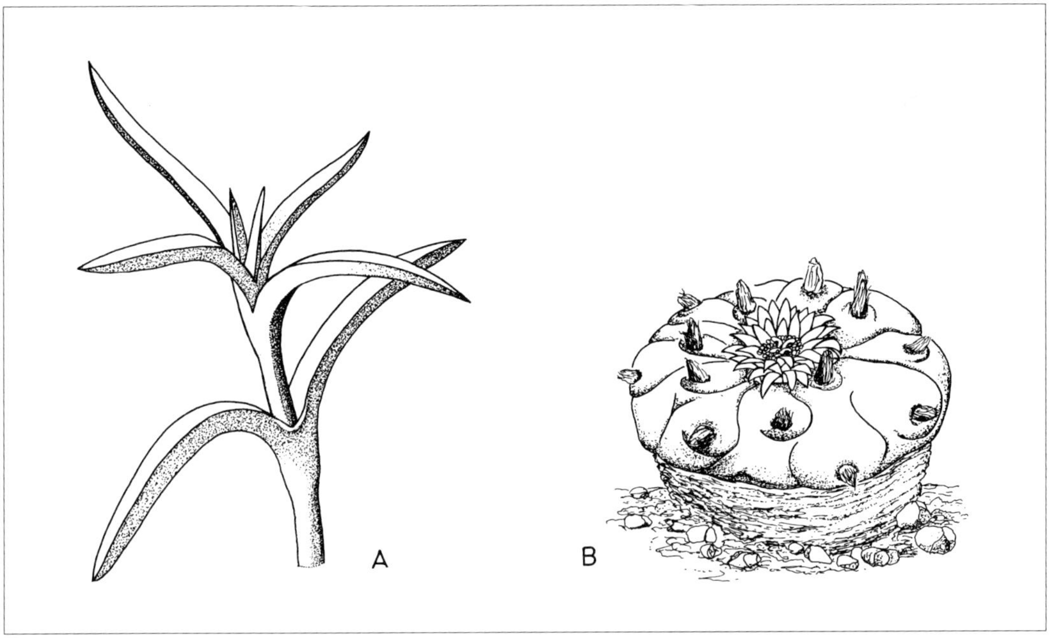

Abb. 75: Sukkulente Vertreter der Caryophyllidae. – **A:** *Carpobrotus edulis* (Aizoaceae); Blattsukkulenz (1/2 x). – **B:** *Lophophora williamsii* (Cactaceae); Stammsukkulenz (ca. 1 x; nach H. Wagner, verändert).

durch freie Kelchblätter. Die Nelkenartigen (Silenoideae) schließlich erkennt man an den nur hier – meist zu einer Röhre – verwachsenen Kelchblättern. In dieser Röhre stehen die «genagelten» Kronblätter, an denen zwischen «Platte» und «Nagel» oft eine «Ligula» (Nebenkrone) erkennbar ist (Abb. 77 B).

Für die Caryophyllaceen sind Mono- und Di-C-Glykosylflavone und davon abgeleitete O-Glykoside charakteristisch. Daneben kommen auch Flavonole und Flavone vor. In den unterirdischen Organen der Silenoideen wird statt Stärke ein als «Lactosin» bezeichnetes Saccharidgemisch, das überwiegend aus kurzkettigen Galaktanen besteht, gespeichert, und in ihrer Saponinführung scheint es im Unterschied zu den anderen Unterfamilien kaum eine Ausnahme zu geben.

Vertreter der Familie sind vor allem wegen ihrer Saponine als Arznei- oder Giftpflanzen von Interesse: *Gypsophila*-Arten liefern das Saponinum album (Saponin-Standard) des Handels, *Saponaria officinalis* (Abb. 77) enthält etwa 5% Saponin. *Herniaria*, das Bruchkraut, mit unscheinbaren Blüten (Krone fehlt), ist eine als Diureticum gebräuchliche Droge, die außer Saponinen Flavonoide und die Cumarine Umbelliferon und dessen Methylether Herniarin enthält. Als früher häufige, unerwünschte Verunreinigung des Getreides seien die Samen der Kornrade, *Agrostemma githago*, erwähnt. Ihr Saponingehalt (Hauptsaponin: Githagosid) ist mit 6-7% besonders hoch, so daß es – möglicherweise erst nach einer Schleimhautschädigung – zu einer resorptiven Saponinintoxikation kommen kann.

	Cerastium arvense, Agrostemma githago						
Ursprüngliche Blütenformel	✳ K_5	C_5	A_{5+5}		$G_{\underline{(5)}}$		vielsamige Kapsel
		↓	↓		↓		↓
Reduktion einzelner Blütenglieder	✳ K_5	C_0	A_{5+0} →	$A_{4,3+0}$	$G_{\underline{(3)}}$ →	$G_{\underline{(2)}}$	einsamige Nuß
bei		Scleranthus Stellaria media ssp. apetala	Herniaria	Stellaria media-Formen	Silene Stellaria	Dianthus Saponaria Gypsophila Herniaria	Scleranthus Herniaria

Abb. 76: Blütenbau der Caryophyllaceae.

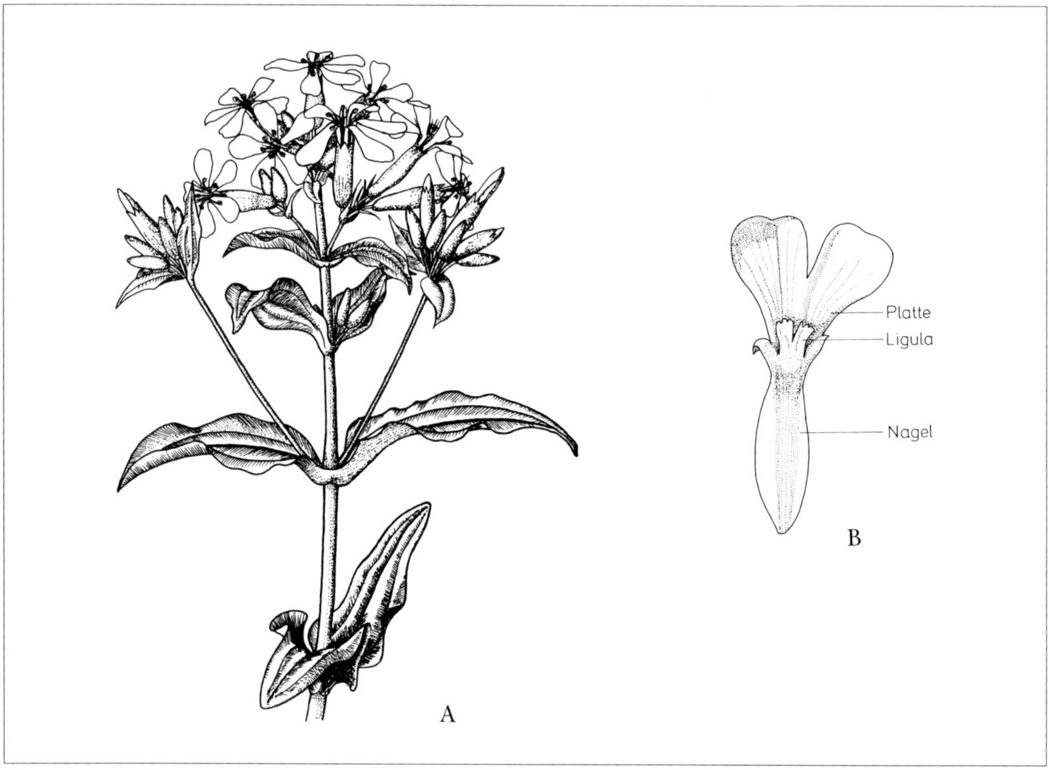

Abb. 77: A: *Saponaria officinalis* (1/2 x). – **B:** *Silene dioica,* Blütenblatt (ca. 2 x).

6. *Familie:* **Chenopodiaceae** (1500), Gänsefußgewächse und

7. *Familie:* **Amaranthaceae** (900), Fuchsschwanzgewächse, sind zwei nahe verwandte Familien. Das unscheinbare, nur mehr einkreisige Perianth ist ein Ausdruck der Windblütigkeit.

Insbesondere unter den Chenopodiaceae finden sich viele Ruderalpflanzen (Melden, Gänsefuß-Arten) mit auffälliger Nitratakkumulation. Zum Abfangen des damit im Zusammenhang stehenden Kationenüberschusses dient Oxalsäure, die in z.T. toxischen Mengen nachweisbar ist. Andere Chenopodiaceen sind ausgesprochen salzliebende Pflanzen. Die meisten dieser Halophyten besiedeln Spülsäume oder Watträ nder des Meeres, wo vermodernde Tang- und Kleintierreste eine lebhafte Nitrifikation erzeugen. In solchen Spülsaumgesellschaften der Nord- (und z.T. auch Ost-)see findet man regelmäßig u.a. das Salzkraut (*Salsola kali*), den Strandsoda (*Suaeda maritima*, früher zur Sodagewinnung verwendet), den graugrünen Gänsefuß (*Chenopodium glaucum*), die spießblättrige und die Strand-Melde (*Atriplex hastata* und *A. littoralis*). Als erstem Pionier des Wattenmeeres begegnet man bereits 30-40 cm unterhalb der Mittelhochwasserlinie dem Queller (*Salicornia europaea* agg.).

Diese stammsukkulente Pflanze ist ganz an den salzhaltigen Standort angepaßt. Ihre Samen keimen optimal erst bei der halben Salinität des Nordseewassers (ca. 1,5% NaCl); die Pflanzen gedeihen selbst bei 4-5facher Meerwasserkonzentration. Das aufgenommene Salz wird in der Pflanze gespeichert und bedingt einen außergewöhnlich hohen osmotischen Wert des Zellsafts, wodurch eine ungestörte Wasseraufnahme auch unter den extremen Standortbedingungen ermöglicht wird.

Als Gemüsepflanzen werden trotz des hohen Oxalsäuregehalts der Spinat* *(Spinacia oleracea)* und die verschiedenen Kulturformen der Runkelrübe *(Beta vulgaris)*, wie Mangold, Futterrübe, Zuckerrübe und Rote Rübe, geschätzt. Die zur Gewinnung von «Rübenzucker» dienenden Zuckerrüben können Mitte Oktober maximale Saccharosewerte bis 20% erreichen.

* dessen angeblich hoher Eisengehalt sich aufgrund eines Kommafehlers (in einer aus der Jahrhundertwende stammenden Analyse) in die Literatur eingeschlichen hat.

Chenopodium- und *Amaranthus*-Arten haben auf dem amerikanischen Kontinent, bevor im 16. Jahrhundert die eurasiatischen Cerealien Eingang fanden, als «Meldengetreide» eine wichtige Rolle gespielt. Auch heute noch werden in tropischen Gebieten diese «Pseudo-Cerealien» (dazu zählt man auch noch *Fagopyrum*) lokal begrenzt angebaut, wobei der z.T. hohe Saponingehalt (Bittergeschmack, Giftigkeit?) vor dem Verzehr durch Wässern reduziert werden muß. Samen von *Chenopodium quinoa* werden neuerdings auch hierzulande in «Körnerläden» angeboten.

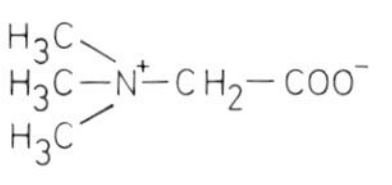

Betain

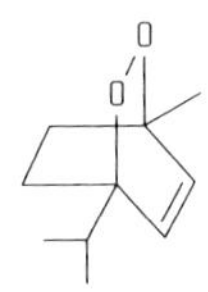

Ascaridol

Von den chemischen Besonderheiten der Chenopodiaceae ist das außerordentlich reiche Vorkommen von Betain, dem Trimethylderivat des Glycins erwähnenswert. Das Vorkommen von sonst in der Familie seltenen und als ursprünglich erachteten Flavonolen (6,7-Methylendioxy- und 6-Methoxy-Flavonole, Flavonol-3-methylester) kennzeichnen neben anderen, allgemein vorkommenden die Gattung *Spinacia.* Eine Besonderheit von *Chenopodium ambrosioides* und einiger anderer *Chenopodium*-Arten ist das Vorkommen von Ascaridol im ätherischen Öl (Oleum Chenopodii), das als Wurmmittel gegen Spul- und Hakenwürmer Verwendung fand, heute in der Veterinärmedizin hin und wieder noch gegen bestimmte Lungenegel eingesetzt wird.

❖ Arznei- und Nutzpflanzen der Caryophyllales

Phytolaccaceae. *Phytolacca americana* L. (schwarzrote Betalainfarbstoffe der Kermesbeeren, früher als Farbstoff verwendet).

Portulacaceae. *Portulaca oleracea* L. ssp. *sativa* (HAW.) CELAK. (Portulak: Blattgemüse).

Aizoaceae. *Tetragonia tetragonioides* (PALL.) O.KUNTZE (Neuseeländer Spinat).

Cactaceae. *Lophophora williamsii* COULT. (Peyotl; Mezcalin), *Selenicereus* sp. (homöopath.: Extr.), *Opuntia ficus-indica* (L.) MILL. (Feigenkaktus).

Caryophyllaceae. *Gypsophila*-Arten (Radix Saponariae alba, «Standard-Saponin»), *Herniaria*-Arten (Herba Herniariae), *Saponaria officinalis* L. (Radix Saponariae rubra).

Chenopodiaceae. *Beta vulgaris* L. ssp. *vulgaris* var. *altissima* DÖLL (Zuckerrübe), var. *alba* DC (Futterrübe), var. *conditiva* ALEF. (Rote Rübe; Rote Bete; Extr.), var. *vulgaris* (Mangold), *Chenopodium ambrosioides var. anthelminticum* (L.) A.GRAY (Oleum Chenopodii, Ascaridol), *Spinacia oleracea* L. (Spinat; Extr.).

Die beiden folgenden Ordnungen lassen sich wegen der einzelnen, basalen, bitegmischen, crassinucellaten Samenanlagen im verwachsenblättrigen, einfächerigen Fruchtknoten, wegen trinukleater Pollenkörner und des reichen Vorkommens von Oxalaten zwar an die Caryophyllales anschließen; ihre Stellung ist aber keinesfalls als gesichert anzusehen, zumal beide Ordnungen anthocyanführend sind, also keine Betalaine synthetisieren und außerdem nicht wie die Caryophyllales Siebröhrenplastiden vom P-Typ, sondern vom allgemein verbreiteten S-Typ besitzen.

2. Ordnung: Polygonales

Die einzige Familie **Polygonaceae** (800), Knöterichgewächse, unterscheidet sich von den Caryophyllales besonders durch die – wenn auch nicht durchgehend vorhandene – Ochrea, eine atrope Samenanlage, das Endosperm als Nährgewebe und das verschiedentliche Vorkommen von Anthraglykosiden. Vgl. dazu Abb. 78 und den Bauplan S. 130.

Bei einigen Polygonaceen bestehen Leitbündel-Anomalien im Achsengewebe, von denen hier die besonderen Verhältnisse beim Medizinal-Rhabarber erwähnt seien: Die eigentümlichen Masern, die man an Schnittflächen der Rübe beobachten kann, werden durch leptozentrische, im Inneren liegende Gefäßbündel hervorgerufen. Diese entstehen aus ursprünglich isoliert liegenden, markständigen Phloemsträngen, um die herum ein Kambium gebildet wird, das nach innen weiteres Phloemgewebe, nach außen Xylemelemente produziert.

An charakteristischen Inhaltsstoffen sind erwähnenswert:

1 Viel **Calciumoxalat** (z.T. sehr große Drusen oder Einzelkristalle) neben löslicher Oxalsäure.

2 **Anthraglykoside**. Das Vorkommen von Anthraglykosiden ist zwar für die Polygonaceae charakteristisch, der Wert dieses phytochemischen Familienmerkmals wird jedoch durch 2 Tatsachen eingeschränkt:

- Es bestehen bei den Polygonaceae auffällige intrafamiliäre Differenzierungen: In bestimmten Sippen (Gattungen, Triben) fehlen Anthraglykoside ganz, in anderen sind sie weit verbreitet, wie in der Unterfamilie der Polygonoideae (wozu die bekanntesten Vertreter *Rumex, Rheum, Polygo-*

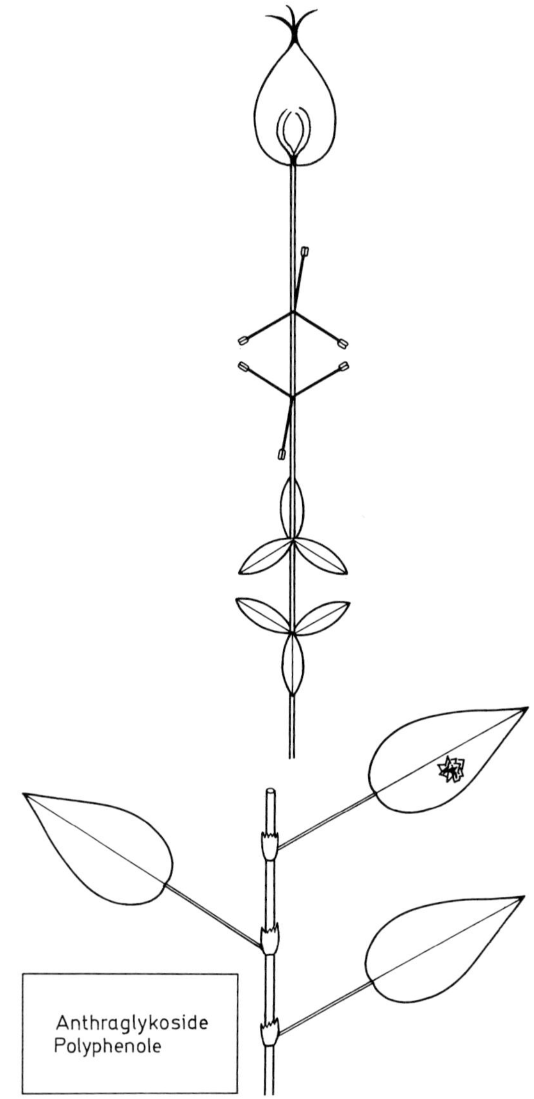

Bauplan der Polygonales

num und *Fagopyrum* gehören). *Fagopyrum* und möglicherweise einige *Polygonum*-Arten sind durch Fagopyrin und andere photosensibilisierend wirkende Naphthodianthrone ausgezeichnet (vgl. Hypericin, S. 225).

– Aufgrund verbesserter analytischer Nachweismethoden wird immer häufiger über das Vorkommen von Anthranoiden aus den verschiedensten systematischen Bereichen berichtet (Pilze, Flechten, viele Familien der Magnoliatae), und selbst im Tierreich sind sie ausnahmsweise vorhanden (Schildläuse, Seelilien). Offenbar werden die zum Aufbau dieser Verbindungsklasse führenden verschiedenen Biosynthesewege (bei den Polygonaceae aus Acetateinheiten, vgl. dazu S. 230) häufiger beschritten, ohne daß dies in jedem Falle zur Akkumulation größerer Mengen führen muß.
Anthrachinonderivate kommen besonders viel in

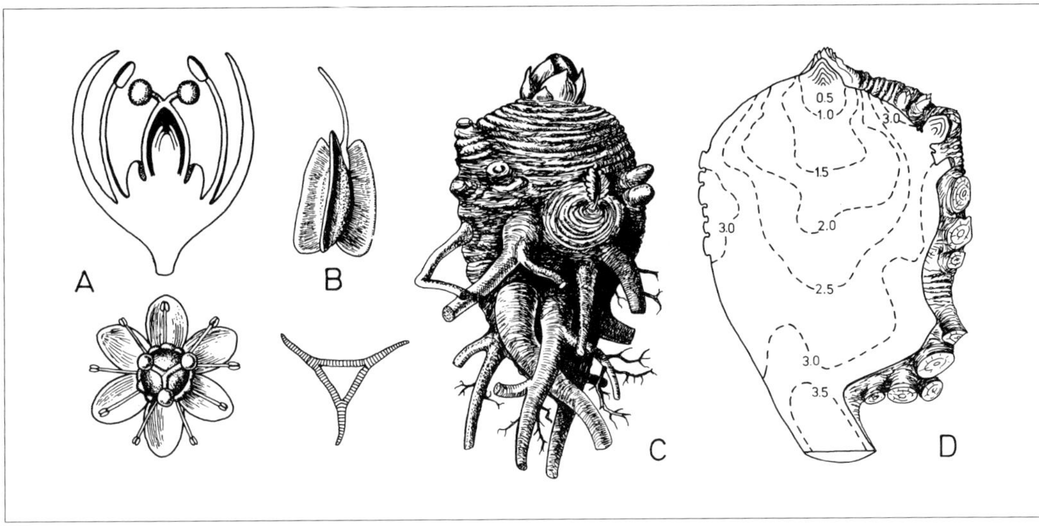

Abb. 78: *Rheum palmatum,* Medizinal-Rhabarber. – **A:** Blüte im Längsschnitt und in Aufsicht (vergr.). – **B:** Geflügelte Frucht, von der Seite und quer. – **C:** Wurzelrübe (verkl.). (Nach H. Weber.) – **D:** Längsschnitt mit Linien gleicher Anthrachinongehalte (in %; nach Schratz).

den unterirdischen Organen von Rhabarber-Arten vor und zeigen hier im oxidierten Zustand eine typische Gelbfärbung, die sich nach Zusatz von Lauge zu einem intensiven Rot vertieft («Bornträger-Reaktion»). Sie wirken laxierend (abführend), weswegen auch heute noch Präparate von Radix Rhei viel im Gebrauch sind. Die Droge soll von *Rheum palmatum* oder *Rheum officinale* (meist Bastarde; reine Arten sind heute nur noch in Ausnahmefällen anzutreffen) stammen und Glykoside fünf verschiedener Anthrachinon-Aglyka (vgl. Formelübersicht), nicht jedoch das Stilbenderivat Rhaponticosid enthalten. Genuin kommen im Rhabarber wie auch in anderen anthraglykosidführenden Pflanzen, z.B. dem Faulbaum, auch Dianthronverbindungen vor. – Inhaltsstoffe mit gerbender Wirkung (s.u.) sind ein als Rhatannin bezeichnetes Gemisch kondensierter Gerbstoffe sowie verschiedener Gallotannine; ferner kommen Phenylbutanonderivate mit antiphlogistischer und analgetischer Wirkung vor (Lindleyin).

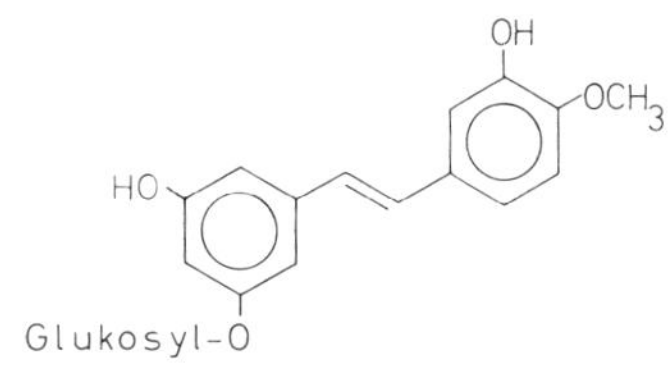

Rhaponticosid

3 **Stilbene**. Diese sind vor allem als Glykosid Rhaponticosid in *Rheum*-Arten enthalten und von systematischem Interesse, da das Vorkommen mit bestimmten Sektionen der Gattung *Rheum* korreliert:

Sectio Ribesiformia:	+	Sectio Palmata:	–
Sectio Rhapontica:	+	Sectio Spiciformia:	–
		Sectio Nobilia:	–

Rhaponticosidhaltige Drogen, z.B. von *Rheum rhaponticum*, sind wegen der östrogenen Wirkung des Rhaponticosids und meist geringeren

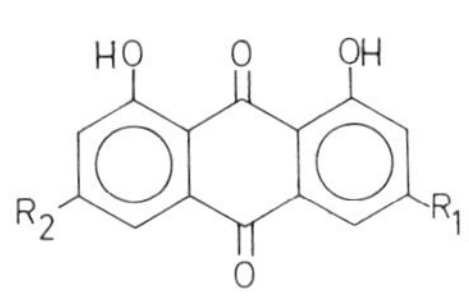

	R_1	R_2
Rheumemodin	CH_3	OH
Aloeemodin	CH_2OH	H
Chrysophanol	CH_3	H
Rhein	COOH	H
Physcion	CH_3	OCH_3

Aglyka der in der offizinellen Rhabarber-Droge vorkommenden Anthraglykoside

Anthraglykosidgehalts als Abführmittel nicht offizinell, doch werden Extrakte als sogenannte «Phyto-Östrogen»-Präparate therapeutisch eingesetzt.

4 **Polyphenole**: Sowohl Flavonoide als auch Gerbstoffe kommen in der Familie allgemein vor, vor allem die Flavonol-(Quercetin-)Glykoside Rutin, Hyperosid und Quercitrin. Rutin, das Quercetin-3-rhamnoglukosid, wird in technischem Maßstab aus *Fagopyrum esculentum* gewonnen. Es ist wegen «kapillarabdichtender» Wirkungen Bestandteil zahlreicher sog. «Venenmittel»; sein therapeutischer Wert ist jedoch zweifelhaft. Die Gerbstoffe der Polygonaceae sind meist Gemische hydrolysierbarer und kondensierter Verbindungen, wobei Proanthocyanidine überwiegen.

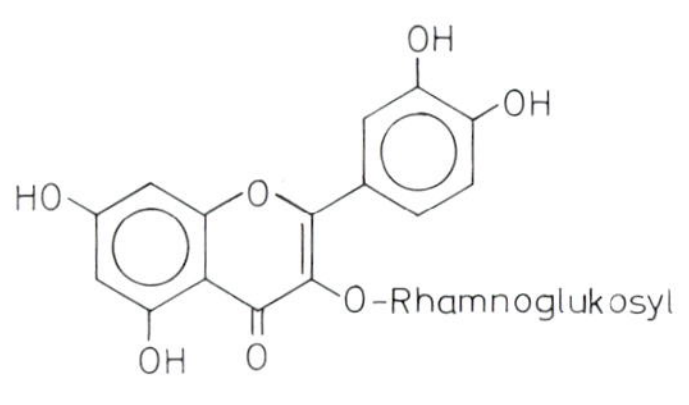

Rutin

Außer den bereits erwähnten Medizinalpflanzen sind als Nutzpflanzen der Buchweizen *Fagopyrum esculentum* (ausnahmsweise corollinisches Perianth; stärkehaltige, eßbare Samen) und der Speiserhabarber (*Rheum rhabarbarum*) mit den relativ anthraglykosid- und oxalatarmen, eßbaren Blattstielen erwähnenswert.

❖ Arznei- und Nutzpflanzen der Polygonales

Polygonaceae. *Fagopyrum esculentum* MOENCH (Buchweizen; Rutin), *Polygonum aviculare* agg. (Herba Polygoni avicularis), *Rheum palmatum* L. und *R. officinale* BAILL. (Radix Rhei; Extr.), *R. rhabarbarum* L. (Speiserhabarber), *R. rhaponticum* L. (Extr., Rhaponticosid), *Rumex acetosa* L. var. *hortensis* DIERB. (Gartensauerampfer).

3. Ordnung: Plumbaginales

Zur einzigen Familie, den **Plumbaginaceae** (350) gehören viele salzliebende Pflanzen, wie die einheimischen *Limonium vulgare* (Halligflieder) und *Armeria maritima* (Grasnelke). Ein wichtiges Familienmerkmal (wahrscheinlich nur der Unterfamilie Plumbagineae) ist das acetogene 2-Methyl-5-hydroxy-naphthochinon Plumbagin, dem eine – allerdings nur sehr schwache – antihämorrhagische Wirkung zugeschrieben wird.

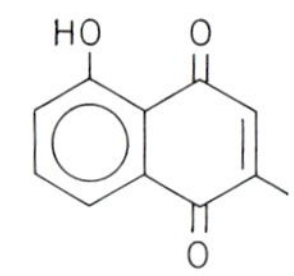

Plumbagin

Literatur Caryophyllidae

Backeberg, C.: Das Kakteenlexikon, Enumeratio diagnostica Cactacearum. G.Fischer-Verlag, Stuttgart, 1979.

Bader, G. & K. Hiller: Neue Ergebnisse zur Struktur und Wirkungsweise von Triterpensaponinen. Die Pharmazie 42: 577-597, 1987.

Barthlott, W.: Über die systematischen Gliederungen der Cactaceae. Beitr. Biol. Pflanzen 63: 17-40, 1988.

Behnke, H.-D.: Die Siebelement-Plastiden der Caryophyllaceae, eine weitere spezifische Form der P-Typ-Plastiden bei Centrospermen. Bot. Jahrb. Syst. 95: 327-333, 1976.

Bittrich, V. & H.E.K. Hartmann: The Aizoaceae – a new approach. Bot. J. Linn. Soc. 97: 239-254, 1988.

Buxbaum, F.: Vorläufige Untersuchungen über Umfang, systematische Stellung und Gliederung der Caryophyllales (Centrospermae). Beitr. Biol. Pfl. 36: 3-56, 1961.

Carolin, R.: A review of the family Portulacaceae. Aust. J. Bot. 35: 383-412, 1987.

Eckardt, T.: Classical morphological features of centrospermous families. Pl. Syst. Evol. 126: 5-25, 1976.

Ehrendorfer, F.: Chromosome numbers and differentiation of centrospermous families. Pl. Syst. Evol. 126: 27-30, 1976.

Engel, T. & W. Barthlott: Micromorphology of epicuticular waxes in Centrosperms. Pl. Syst. Evol. 161: 71-85, 1988.

Heide, L.: Pflanzliche Schneckengifte. Dtsch. Apoth. Ztg. 130: 1723-1728, 1990.

Hershkovitz, M.A.: Phylogenetic studies in Centrospermae: A brief appraisal. Taxon 38: 602-610, 1989.

Koch, H.P.: Portulak, Omega-3-Fettsäuren in einer alten Arzneipflanze. Dtsch. Apoth. Ztg. 128: 2493-2495, 1988.

Mabry, T.J. & H.-D. Behnke (eds.): Evolution of centrospermous families. Pl. Syst. Evol. 126: 1-106, 1976.

Mabry, T.J., L. Kimler & C. Chang: The betalains; structure, function, and biogenesis, and the plant order Centrospermae. In: V.C. Runeckles & T.C. Tso (eds.) Recent advances in phytochemistry 5: 105-134, Academic Press, New York, 1972.

Nowicke, J.W.: Pollen morphology in the order Centrospermae. Grana 15: 51-77, 1975.

Nowicke, J.W. & J.J. Skvarla: Pollen morphology and the relationship of the Plumbaginaceae, Polygonaceae, and Primulaceae to the order Centrospermae. Smithson. Contr. Bot. 37, 1977.
Nyananyo, B.L.: A survey of leaf flavonoids in the Portulacaceae. Biochem. Syst. Ecol. 14: 633-635, 1986.
Patterson, G.W. & S. Xu: Sterol composition in five families of the order Caryophyllales. Phytochemistry 29: 3539-3541, 1990.
Richardson, P.M.: Flavonols and C-glycosylflavonoids of the Caryophyllales (Centrospermae). Biochem. Syst. Ecol. 6: 283-286, 1978.
Rodman, J.E., M.K. Oliver, R.R. Nakamura, J.U. McClammer JR. & A.H. Bledsoe: A taxonomic analysis and revised classification of Centrospermae. Syst. Bot. 9: 297-323, 1984.
Rodman, J.E.: Centrospermae revisited, Part I. Taxon 39: 383-393, 1990.
Ronse Decraene, L.-P. & J.R. Akeroyd: Generic limits in *Polygonum* and related genera (Polygonaceae) on the basis of floral characters. Bot. J. Linn. Soc. 98: 321-371, 1988.
Sanderson, S.C., C. Geling, E.D. MacArthur & H.C. Stutz: Evolutionary loss of flavonoids and other chemical characters in the Chenopodiaceae. Biochem. Syst Ecol. 16: 143-149, 1988.
Schnelle, F.J. & E. Schratz: Unterschiede im Vorkommen von Anthrachinonaglyka und Rhaponticin in *Rheum*-Arten. Planta Med. 14: 149-199, 1966.
Wolfe, G.R., S. Xu, G.W. Patterson & T.A. Salt: Polygonales and Plumbaginales: Sterol composition in relation to the Caryophyllidae. Phytochemistry: 143-145, 1989.

Die folgenden Unterklassen der Dicotyledonen, nämlich Hamamelididae, Rosidae, Asteridae, Dilleniidae, Cornidae und Lamiidae, unterscheiden sich von den vorher beschriebenen Magnoliidae und Caryophyllidae durch eine ganze Reihe von morphologischen und chemischen Merkmalen so auffällig, daß sie z.B. von Huber (1991) zu einer taxonomischen Einheit zusammengeführt worden sind (« **Zweite Hauptgruppe der Angiospermen** »).

Die Hamamelididae und mit ihnen eine Vielzahl von Vertretern aus den Unterklassen Rosidae, Dilleniidae und Cornidae, die einer mittleren Entwicklungsstufe zuzurechnen sind und mehr oder weniger auf die Hamamelididae zurückgeführt werden können, sind chemisch unter anderem durch die Akkumulation phenolischer Inhaltsstoffe charakterisiert. Vor allem einfache Flavonole wie Quercetin, Kämpferol und auch Myricetin werden oft in großen Mengen gebildet. Bei den diagnostisch interessanten phenolischen Inhaltsstoffen handelt es sich um die am B-Ring trihydroxylierten Verbindungen **Myricetin** und **Prodelphinidin** sowie um Derivate der ebenfalls durch drei vicinale Hydroxylgruppen ausgezeichneten Gallussäure, hier insbesondere der Ellagsäure. Daher finden sich auch die entsprechenden **kondensierten Gerbstoffe** (Proanthocyanidine) und auch Ellaggerbstoffe, hier in weiter Verbreitung, was als eine allgemeine und unspezifische Abwehr gegenüber Herbivoren aufgefaßt werden kann. Bei den stärker abgeleiteten und daher auf hoher Entwicklungsstufe stehenden Asteridae und Lamiidae sind diese Verbindungen im Laufe der Evolution weitgehend wieder auf Kosten anderer, oft spezifischer Sekundärstoffe verlorengegangen.

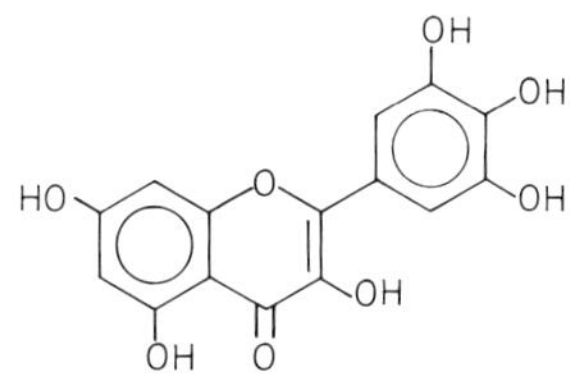

Myricetin

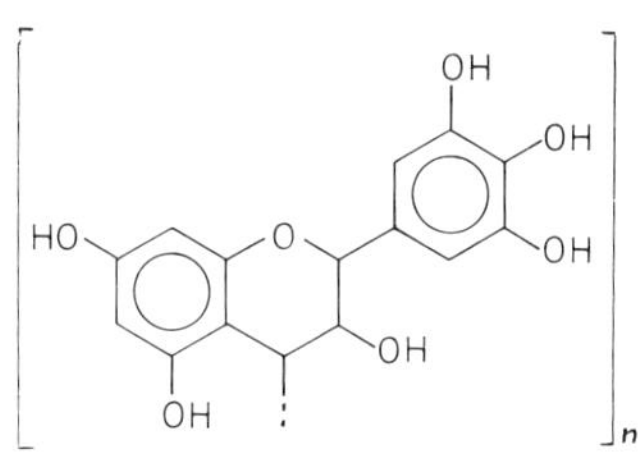

Prodelphinidin

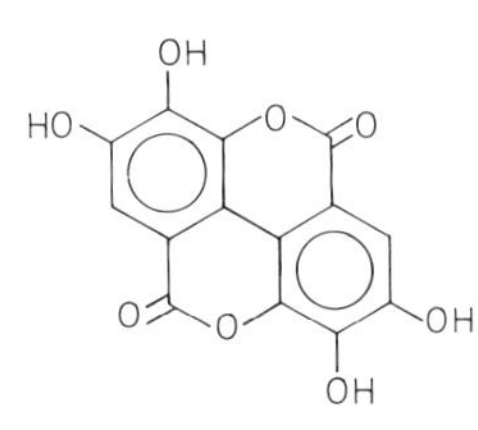

Ellagsäure

Auch der Alkaloid-Metabolismus ist verschieden von dem der «Ersten Hauptgruppe». Im Gegensatz zu den Magnoliidae (und Caryophyllidae) ähneln die Hamamelididae eher den Rosidae-Dilleniidae-Cornidae, indem sie keine auf Tyrosin bzw. Phenylalanin basierenden Isochinolin-Alkaloide, sondern von Aminosäuren aus dem Citratzyklus ableitbare Verbindungen bilden.

Schließlich sind die **iridoiden Verbindungen** zu nennen, die in einigen Hamamelididae vorkommen und in den mit dieser Unterklasse in Zusammenhang gebrachten Cornidae und Lamiidae große Bedeutung gewonnen haben (s.S. 229), in den Magnoliidae (und Caryophyllidae) aber gänzlich fehlen.

Unterklasse: Hamamelididae (≙ Amentiferae)

Die Hamamelididae sind eine artenzahlmäßig kleine Pflanzengruppe, beherbergen aber die wichtigsten und verbreitetsten Laubbäume der nördlich temperierten Regionen. Es handelt sich um Gehölze mit meist leiterförmig durchbrochenen Gefäßen und einfachen Blättern mit Nebenblättern. Auffällig ist die Vereinigung der reduzierten und oft eingeschlechtigen Blüten in **Kätzchen** («Amentiferae»), wenngleich nicht alle kätzchenblütigen Holzpflanzen (vgl. Weidengewächse, Salicaceae) hierher gehören. Die Samenanlagen sind bitegmisch und crassinucellat. Endosperm wird nur spärlich gebildet, die Speicherung der Reservestoffe erfolgt größtenteils in den Embryonen.

pentazyklische Triterpene

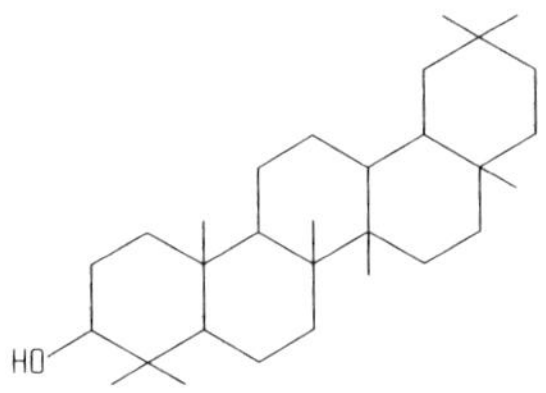

β-Amyrin-Typ

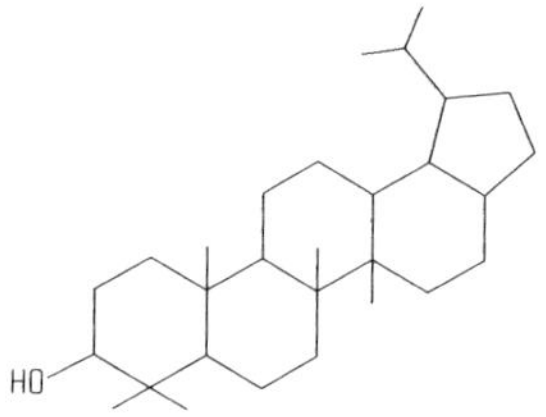

Betulin-Typ

Phytochemisch sind die Hamamelididae durch das verbreitete Vorkommen von **Polyphenolen** und **Gerbstoffen** (insbesondere trihydroxylierten Verbindungen, s.o.) und durch **freie pentazyklische Triterpene** gekennzeichnet. In der Exine von Pollenkörnern sind neben Hydroxyzimtsäure-Spermidin-Amiden auch Flavonoide lokalisiert, deren Aufgabe es sein könnte, das Innere gegen schädigende UV-Bestrahlung oder auch gegen mikrobielle Infektion zu schützen. Quercetin-3-O-glukosylgalaktosid scheint dabei weitgehend auf Hamamelididae beschränkt zu sein; es ist das Hauptflavonoid der Betulaceen-Pollen, wird aber auch in *Quercus*-, *Platanus*-, *Myrica*- und *Juglans*-Pollen akkumuliert.

Die Hamamelididae sind als ein alter Zweig der Angiospermen anzusehen; ihre Vertreter finden sich bereits unter den ersten Angiospermen-Funden in der Unteren Kreide (*Cercidiphyllum*, *Platanus*). Das Auftreten von Taxa mit einfachen, «reduzierten» Blüten in der Frühzeit der Angiospermenevolution, wie es durch *Platanus*-artige fossile Blüten und Früchte belegt wird, wirft die Frage nach Ausmaß und Richtung der Blütenevolution auf. Es sieht so aus, als wenn sich seit der Kreidezeit infolge nur geringer Evolutionsdrucke auf die reproduktiven Strukturen weder eine bemerkenswerte Verschiebung in Richtung zur Wind- noch zur Insektenbestäubung vollzogen hat. Das hohe phylogenetische Alter der Hamamelididae erschließt sich auch aus dem heutigen Kenntnisstand über das Spektrum der phenolischen Inhaltsstoffe; in dem allgemeinen Vorkommen von Proanthocyanidinen, von Ellagsäure und Myricetin sowie in einem generellen Konservatismus im übrigen Flavonoidspektrum sieht man ursprüngliche chemische Züge. Aus allen diesen Gründen ist damit zu rechnen, daß die Hamamelididae als eine primitive Unterklasse der Angiospermen mindestens das phylogenetische Alter der Magnoliidae haben und als Parallelentwicklung offenbar die «Zweite Hauptgruppe» (s.o.) begründeten.

Wir unterscheiden folgende Ordnungen:
(1) Trochodendrales und (2) Hamamelidales als ursprüngliche, (3) Fagales, (4) Myricales, (5) Juglandales und (6) Casuarinales als mehr abgeleitete Gruppen.

1. Ordnung: Trochodendrales

Die hierher gestellten vier ostasiatischen Familien **Trochodendraceae**, **Tetracentraceae**, **Eupteleaceae** und **Cercidiphyllaceae** enthalten nur je 1 oder 2 Arten und stellen archaische Reliktgruppen dar. Sie lassen in ihrer z.T. primitiven Merkmalsstruktur (Fehlen von Tracheen, ± freien Karpellen, zelluläre Endospermbildung) Beziehungen zu den Magnoliidae erkennen. *Trochodendron aralioides* ist in Korea, Japan und auf Taiwan heimisch und wird bei uns in Botanischen Gärten verschiedentlich mit Erfolg kultiviert. Ihre kleinen Blüten mit Wind- oder Insektenbestäubung haben ein völlig reduziertes Perianth und stehen in reichblütigen Infloreszenzen. Das 4- bis vielzählige Gynoeceum bildet bei der Reife Balgfrüchte aus. Auch die 2 *Euptelea*-Arten (Eupteleaceae) und die 2 *Cercidiphyllum*-Arten (Cercidiphyllaceae) sind perianthlos und windblütig.

2. Ordnung: Hamamelidales

Auch die Hamamelidales stellen eine alte Reliktgruppe dar und lassen sich zumindest bis in die Obere Kreide, platanenartige Funde sogar bis in die Untere Kreide nachweisen. Die südhemisphärischen hochendemischen Hamamelidaceen-Gattungen *Ostrearia*, *Neostrearia*, *Noahdendron*, *Trichocladus* und *Dicoryphe* mit ihren einklappig sich öffnenden Theken sind offenbar letzte Reste einer in der Oberen Kreide verbreiteten Pflanzengruppe.

Die Hamamelidales nehmen eine interessante taxonomische Zwischenposition ein und vermitteln einerseits zu windblütigen, eingeschlechtigen Kätzchenblütlern [man denke etwa an die Ähnlichkeit der Scheinhasel *Corylopsis* (Hamamelidaceae) mit der Hasel *Corylus* (Betulaceae)], andererseits zu Pflanzen mit zwittrigen, entomogamen Blüten und doppeltem Perianth, wie z.B. den Rosidae.

1. *Familie:* **Platanaceae** (7). Nur *Platanus*, die Platane. Kugelige Fruchtstände aus vielen oberständigen, chorikarpen Gynoeceen (je 5 -10 Karpelle).

2. *Familie*: **Hamamelidaceae** (102). Blüten in Köpfchen oder Kätzchen, ein- oder zweigeschlechtig. Perianth doppelt, einfach oder fehlend; Androeceum mit 4 oder 5 Staubblättern bzw. – bei perianthlosen Arten – vielzählig. Die 2 Karpelle sind frei oder mehr oder weniger miteinander verwachsen. Arten der Unterfamilie Hamamelidoideae haben nur 1 fertilen Samen, der von der reifen Frucht abgeschleudert wird. Die Narben sind mit mehrzelligen Papillen oder Platten besetzt; bei den übrigen Familien der Hamamelidales sind die Papillen einzellig.

Chemische Merkmale

Polyphenolakkumulation; verbreitet sind vor allem Gerbstoffe, darunter reichlich Gallotannine, z.T. auch Ellaggerbstoffe. In der Rinde von *Hamamelis virginiana* sind Hamamelitannin, einer der ersten rein dargestellten und strukturell abgeklärten Gerbstoffe, Gallotannine sowie große Mengen an Proanthocyanidinen enthalten.*

Typisch für die Familie ist auch der hohe Gehalt an Chinasäure oder Shikimisäure in den Zellsäften (Formeln siehe S. 87). Besonders reich an Shikimisäure ist die Unterfamilie der Liquidambaroideae, die zusätzlich gekennzeichnet ist durch das Vorkommen iridoider Verbindungen (Monotropein) und schizogener balsamführender Exkretgänge; u.a. liefern *Liquidambar orientalis* und *L. styraciflua* nach Verwundung Harzprodukte, die als «Styrax» bezeichnet werden.

❖ Arzneipflanzen der Hamamelidales

Hamamelidaceae. *Hamamelis virginiana* L. (Cortex, Folia Hamamelidis; Extr.), *Liquidambar*-Arten (Styrax).

3. Ordnung: Fagales

Die Fagales mit den Familien Fagaceae (600) und Betulaceae (100) sind zwar artenzahlmäßig eine kleine Ordnung, enthalten aber unsere wichtigsten und verbreitetsten belaubten Waldbäume: Kastanien, Buchen, Eichen, Haseln, Hainbuchen, Erlen, Birken (Abb. 79).

Alle diese fast immer einhäusigen Holzpflanzen sind gekennzeichnet durch (vgl. auch den Bauplan) folgende Merkmale:

---

* Als Externa (Dermatica) verwendete «Hamamelis»-Präparate enthalten auch im Destillat frischer blühender Zweige angereicherte wasserdampfflüchtige Substanzen.

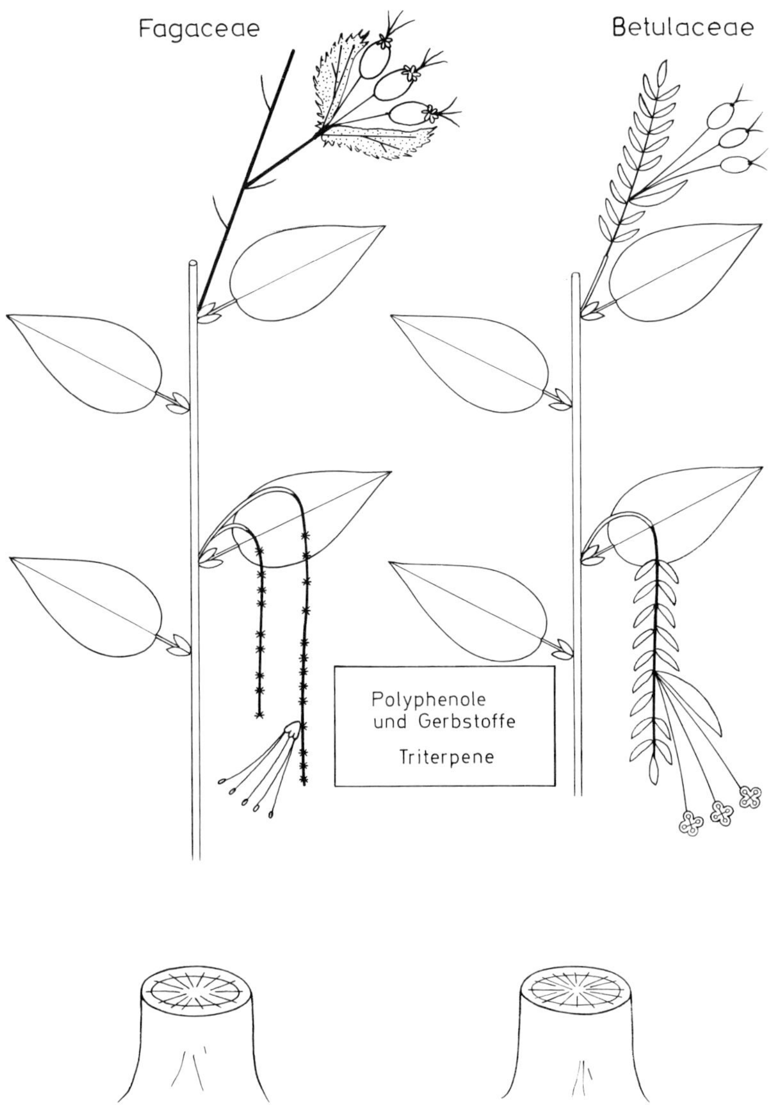

Bauplan der Fagales

- Hinfällige **Nebenblätter,** die auch die Funktion von Knospenschuppen übernehmen und z.B. bei der Blattentfaltung der Buche in großer Zahl abfallen. Blätter wechselständig.
- **Windblütigkeit** und damit auch stark reduziertes bis fehlendes Perianth. Der Sicherung der Bestäubung ist die frühe Blütezeit (vor dem Blattaustrieb) dienlich; die Pollenkörner sind klein und weit verwehbar (vereinzelt noch in 2 km Höhe und 1000 km Entfernung nachweisbar).
- Die Blüten stehen in – meist 3blütigen – Dichasien.
- Unterständige und coenokarpe Fruchtknoten mit mehreren apikalen, hängend-anatropen Samenanlagen, aus denen sich aber nur 1samige Nüsse entwickeln.

	Fagaceae	**Betulaceae**
Blüten	im Prinzip **3zählig**	im Prinzip **2zählig** Blüten in der Achsel auffälliger, z.T. miteinander verwachsener Deck- und Vorblätter (Schuppen)
weibl. Blüten	Perianth unscheinbar, meist 6blättrig (P 3+3)	Perianth unscheinbar, meist ± 4blättrig (*Alnus, Betula*) oder fehlend (*Corylus, Carpinus*)
	Fruchtknoten aus 3 (oder 6) Fruchtblättern verwachsen	Fruchtknoten aus 2 Fruchtblättern verwachsen
	Fruchtknoten unterständig	
	Samenanlagen mit **2 Integumenten** (1 Integument bei *Nothofagus*)	Samenanlagen mit **1 Integument** (Ausn. *Carpinus*)
männl. Blüten	Perianth unscheinbar, Zahl der Perianth- und Staubblätter variabel, meist P 4-7 und A 4-40	Perianth unscheinbar, 4- (*Alnus*), 2blättrig (*Betula*) oder fehlend (*Corylus, Carpinus*). Pro Blüte meist 4 Staubblätter oder 2 (*Betula*), vielfach mit gespaltenen Antheren
Blütenstände	männliche Blüten in reichblütigen, kätzchen- oder köpfchenförmigen einfachen Ähren oder Thyrsen	männliche und weibliche Blüten in maximal 3-blütigen Dichasien, die meist zu kätzchen- oder zapfenförmigen Blütenständen vereinigt sind
	weibliche Blüten in 3- oder wenigerblütigen, dichasialen Blütenständen. Diese sind von einer – oft stachelig beschuppten – **Cupula** umgeben	keine Cupula
Blätter	wechselständig, mit hinfälligen Nebenblättern	
Pflanze	Holzpflanzen mit sekundärem Dickenwachstum	
N-Transport in Leitungsbahnen	wie üblich als Asparagin und Glutamin	vorwiegend als **Citrullin** (auch als Speicherstoff)

– Große Kotyledonen mit Reservestoffspeicherung; ein Endosperm fehlt.

Chemische Merkmale

– Calciumoxalat reichlich in Form von Drusen und großen Einzelkristallen. Polyphenol- und Gerbstoffakkumulation; verbreitet Triterpene .

1. *Familie:* **Fagaceae** (600), Buchengewächse. Die Familie stellt zweifellos einen alten, natürlichen Formenkreis dar und umfaßt ausschließlich Holzgewächse. Im Unterschied zu den Betulaceen sind die weiblichen Blüten der Fagaceen 3zählig, und ihre Früchte bzw. Fruchtstände werden von einer beschuppten oder bestachelten **Cupula** umhüllt. Diese Cupula interpretiert man heute als das Verwachsungsprodukt einer von der Anlage her reich verzweigten cymösen Infloreszenz; jede der 4 Klappen bei *Castanea* oder *Fagus* stellt bereits ein Teilverzweigungssystem dar. Weitere Kennzeichen sind dem Bauplan (S. 136) und den Angaben zur Ordnung zu entnehmen.

Viel untersucht sind die Gerbstoffe der Familie. In

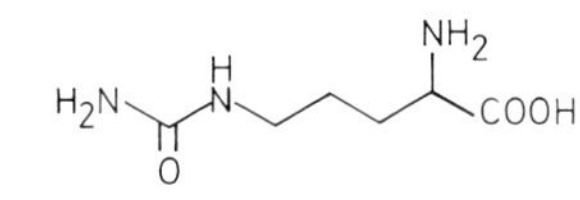

Citrullin

den früher technisch genutzten, heute als Gerbstoffdrogen nur noch eine bescheidene Rolle spielenden Blättern, Früchten und Rinden kommen neben Gallussäureestern überwiegend (z.T. methylierte) Ellagitannine und kondensierte Gerbstoffe (Proanthocyanidine) vor. Besonders hoch ist der Gerbstoffgehalt in den als Gallen bezeichneten Wachstumsabnormitäten, der bis zu 75% betragen kann und fast ausschließlich aus Gallotannin besteht (Acidum tannicum; «Tannin»). Verbreitet sind auch die polyphenolischen Vorstufen dieser Gerbstoffe.

Anklänge an zwitterblütige und zoogame Pflanzen zeigt die Edelkastanie *Castanea sativa* des Mittelmeergebietes durch ein rudimentäres Gynoeceum in den männlichen Blüten bzw. Insektenbestäubung neben Windbestäubung; kleine Käferarten werden durch den Trimethylamin-Geruch der männlichen Blüten angelockt

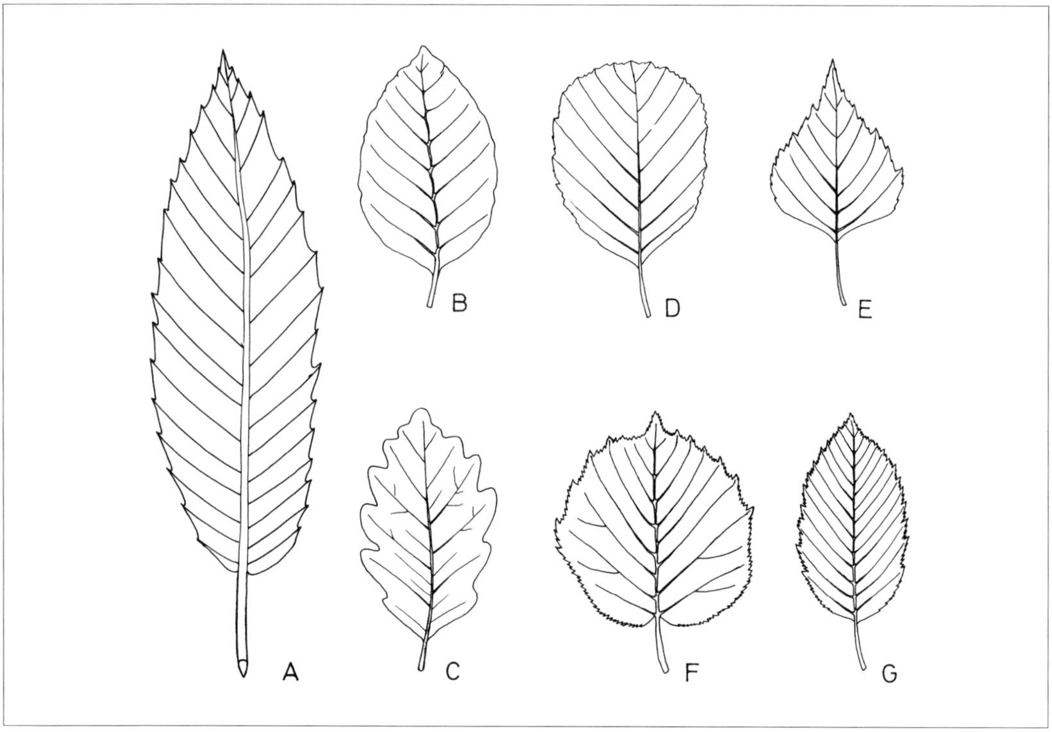

Abb. 79: Blätter der Fagales. Fagaceae mit *Castanea sativa* (**A**), *Fagus sylvatica* (**B**) und *Quercus petraea* (**C**); Betulaceae mit *Alnus glutinosa* (**D**), *Betula pendula* (**E**), *Corylus avellana* (**F**) und *Carpinus betulus* (**G**). (1/3 bis 1/2 x).

und dort mit dem schwach klebrigen Pollen beladen. Die Früchte (geröstet: Maronen) stehen zu dritt in der Cupula (Abb. 80A). Verwendung der Blätter als Gerbstoffdroge. In der Rinde Hamamelitannin (vgl. Hamamelidaceae).

Die Rotbuche *Fagus sylvatica* ist ein bestandsbildender Baum des subatl.-submedit. Mitteleuropa. Jeweils 2 einsamige Früchte («Bucheckern») werden in einer Cupula gebildet (Abb. 80B). Sie enthalten im großen Embryo bis zu 46% fettes Öl, das zu 80-90% aus Glyzeriden der Öl- und Linolsäure besteht und zu Speisezwecken hervorragend geeignet ist. Allerdings ist die zuweilen festgestellte Giftwirkung von Bucheckern zu beachten. Sie beruht offenbar auf dem Vorkommen von Oxalsäure und/oder nichtproteinogenen Aminosäuren. Diese kommen frei oder als Di- und Tripeptide vor und werden von γ-Glutamylpeptiden begleitet.

Die Gattung *Quercus*, Eiche, enthält als gattungsspezifischen Inhaltsstoff den Cyclit Quercitol. In Mitteleuropa kommen die Stieleiche (*Quercus robur*)

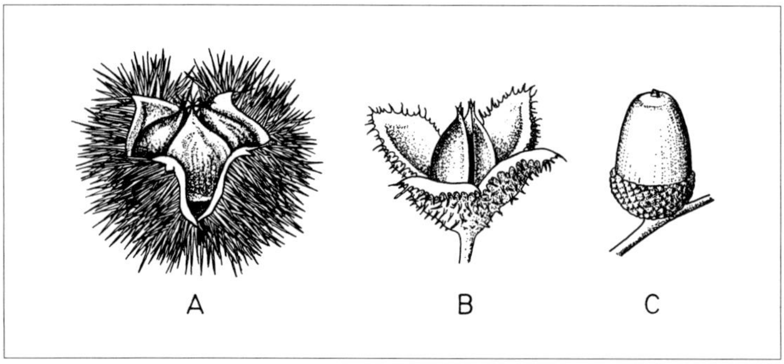

Abb. 80: Cupula-Früchte der Fagales: – **A:** *Castanea sativa*. – **B:** *Fagus sylvatica*. – **C:** *Quercus robur* (1/2 x).

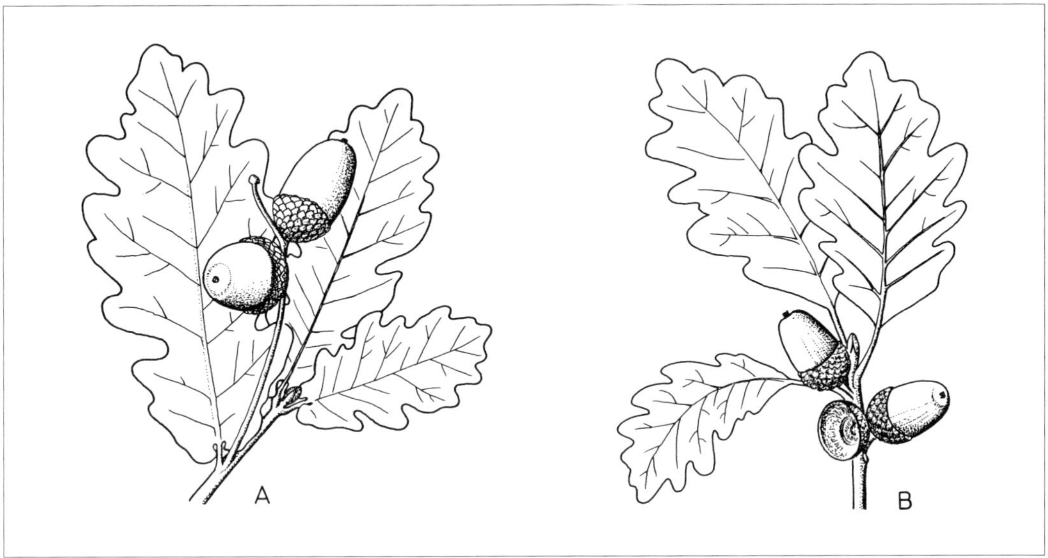

Abb. 81: Fruchtende Sprosse einheimischer Eichen. – **A:** *Quercus robur* (Stieleiche). – **B:** *Quercus petraea* (Traubeneiche). (1/2 x).

und die Traubeneiche (*Quercus petraea*) vor (Abb. 81), deren Rinde (von Zweigen und jüngeren Stämmen) als Gerbstoffdroge genutzt wird.

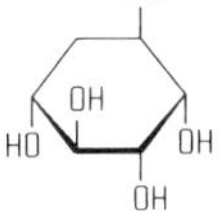

Quercitol

Im submediterranen Raum findet man die Flaumeiche (*Quercus pubescens*), im mediterranen die immergrüne Steineiche (*Quercus ilex*), die niedrigbuschige Kermeseiche (*Quercus coccifera*) und die westliche (Spanien, Portugal) Korkeiche (*Quercus suber*).

Zur Gewinnung des technisch genutzten Korks werden die nach Entfernung des ursprünglichen Periderms («Jungfernrinde») sich neu bildenden Korkschichten alle 10 Jahre geschält. Die Korkplatten werden mit Wasser ausgekocht; beim anschließenden Lagern überziehen sie sich mit einem Schimmelrasen. Aus den in Streifen geschnittenen Platten werden dann z.B. Korken gebohrt, die für kurze Zeit in chlorhaltige Bleichbäder eingebracht und anschließend mit Oxalsäure behandelt und gewaschen werden.

Aus dem im Kork enthaltenen Lignin entstehen bei der Chlorbehandlung chlorierte Phenole, die unter bestimmten Bedingungen durch Pilze zu den entsprechenden Anisolen methyliert werden können. So kann als eine charakteristische Komponente bei «Weinen mit Korkgeschmack» das sehr geruchsintensive 2,4,6-Trichloranisol entstehen.

2. *Familie*: **Betulaceae** (100), Birkengewächse. Sie haben oft 2zählige Blüten; der Fruchtknoten aus 2 Fruchtblättern wird auch hier zu einer einsamigen Nuß. Sie sitzt in der Achsel von z.T. schuppenförmigen, mehr oder weniger miteinander verwachsenen Deck- und Vorblättern, die bei der Hainbuche an der abfallenden Frucht verbleiben und als Flugorgan zur Verbreitung beitragen.

Über die Gerbstoffe der Familie liegen im Vergleich zu denen der Fagaceae nur wenige Untersuchungen vor; soweit bekannt, handelt es sich um Proanthocyanidine. Über die Flavonoide sind wir dagegen gut unterrichtet. Die Hauptblattflavone sind fast immer Hyperosid (Quercetin-3-galaktosid) oder Myricitrin (Myricetin-3-rhamnosid), die eigenartigerweise nie gemeinsam auftreten. Bei *Alnus* und verschiedenen *Betula*-Arten (die Blattdroge ist als Diureticum im Gebrauch) herrscht Hyperosid vor (ca. 80% der Gesamtflavonoidfraktion), bei den meisten *Corylus*-Arten dagegen ist Myricitrin das Hauptflavonoid. Verbreitet finden sich neben den Flavonoidglykosiden auch lipophile Methylether von freien Flavonoiden. – In Rinden, Blättern, Knospen und Blütenständen kommen Triterpene reichlich vor.

In Bruchwäldern gedeiht die Schwarzerle (*Alnus glutinosa*), die im Norden Europas und im Gebirge durch die Grauerle (*Alnus incana*) ersetzt wird. Nahe der alpinen Waldgrenze findet sich statt Krummholz an feuchteren (bodensauren) Orten das Grünerlengebüsch (*A. viridis*). Alle Erlen beherbergen N-fixierende Actinomyceten in Wurzelknöllchen.

Betula pendula (Warzen-Birke; Abb. 82) und *B. pubescens* (Moorbirke) sind anspruchslose Baumarten bodensaurer Standorte. Der Schwerpunkt ihrer Verbreitung liegt in Eichen-Birken-Wäldern und in nordischen Nadelwäldern. Nach dem Rückzug des Eises leiteten sie in Westeuropa die spätglaziale Bewaldung ein. Eine knorrige Form der *B. pubescens* (*B. «tortuosa»*) bildet in Nordeuropa den subalpinen, obersten Waldgürtel. Ihre Blattknospen weisen im Frühjahr hohe Gehalte an ätherischem Öl auf. Die kleine nordische Zwergbirke (*B. nana*) kommt als Eiszeitrelikt vereinzelt auch in Mooren Mitteleuropas vor.

Die Weißfärbung der Borke vieler Birken beruht auf dem Gehalt an Betulin, einem Triterpen. Es findet sich bis zu 25% in der weißen Borke von *Betula pendula*.

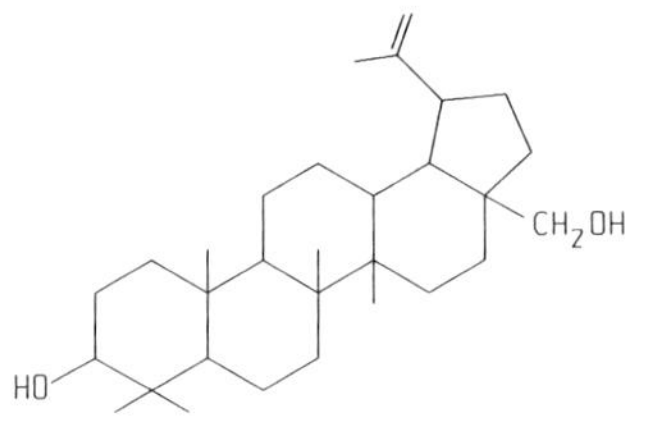

Betulin

Bei dem einheimischen Haselstrauch (*Corylus avellana*) sind wie bei anderen *Corylus*-Arten auch die kurzen weibl. Blütenstände von Knospenschuppen umhüllt; nur die roten Narben sind sichtbar. Die reifen Samen enthalten in ihrem großen Embryo über 60% fettes Öl, das überwiegend aus Glyzeriden der Ölsäure besteht.

Das auffällige Haselpollenmaximum der frühen Wärmezeit (ca. 6000 v.Chr.) wird zwar kaum anthropogen erklärt werden können, durch Funde von Haselnußresten in mesolithischen Siedlungen hat man jedoch das Sammeln zu Nahrungszwecken seit frühester Zeit nachweisen können.

Als weitere bekannte Vertreter der Betulaceen sind schließlich die mitteleuropäische Hainbuche *Carpinus betulus* sowie die submediterrane Hopfenbuche *Ostrya carpinifolia* zu nennen.

❖ Arznei- und Nutzpflanzen der Fagales

Fagaceae. *Castanea sativa* MILL. (Folia Castaneae; Eßkastanien = Maronen), *Quercus robur* L. u.a. Arten (Cortex Quercus), *Quercus infectoria* OLIV. (ostmediterrane Galleiche) (Gallae; Türkisches Tannin), *Quercus suber* L. (Kork).

Betulaceae. *Betula*-Arten (Folia Betulae), *Corylus avellana* L. (Haselnüsse).

4. Ordnung: Juglandales

Einzige Familie: **Juglandaceae** (60). Ebenfalls kätzchenblütige Holzpflanzen, mit unpaarig gefiederten Blättern. Übereinstimmungen mit den vorigen Ordnungen bestehen in serologisch ähnlichen löslichen Samenproteinen und im Vorkommen von Polyphenolen und hydrolysierbaren Gerbstoffen. Mit den Betulaceae haben sie das Vorherrschen von Citrullin im N-Transport gemeinsam.

Für die Juglandaceae ist das Naphthochinonvorkommen bezeichnend. Die Schwarzfärbung absterbender Organe wie auch die phytotoxische («Hemmstoff»-) Wirkung des Traufen-Wassers geht auf das Naphthochinonderivat **Juglon** bzw. das genuine Hydrojuglon-β-glukosid zurück (Abb. 83, siehe S. 142). Neuerdings wurden auch fungitoxische und ichthyotoxische Wirkungen des Juglons beschrieben.

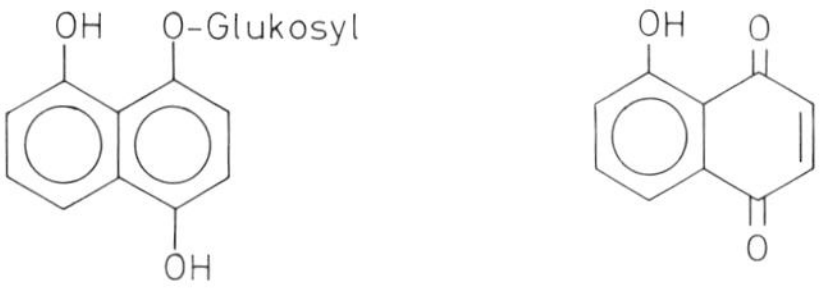

Hydrojuglon-β-Glykosid Juglon

Wasserdampfdestillation der Blätter von *Juglans regia* liefert ein reichhaltig zusammengesetztes ätherisches Öl mit fungistatischen Eigenschaften, in dem neben Terpenoiden (allein 21 verschiedenen Monoterpenen) und Phenylpropan -Verbindungen (Eugenol), Alkane und Fettsäuren nachgewiesen wurden.

Die Walnuß *Juglans regia* stammt aus dem östl. Mittelmeergebiet. Ihre «Nüsse» sind Steinfrüchte, deren Steinkern sich bei der Keimung längs einer vorgebildeten Trennungslinie öffnet, die senkrecht zu der Verwachsungsnaht der Fruchtblätter steht. Das

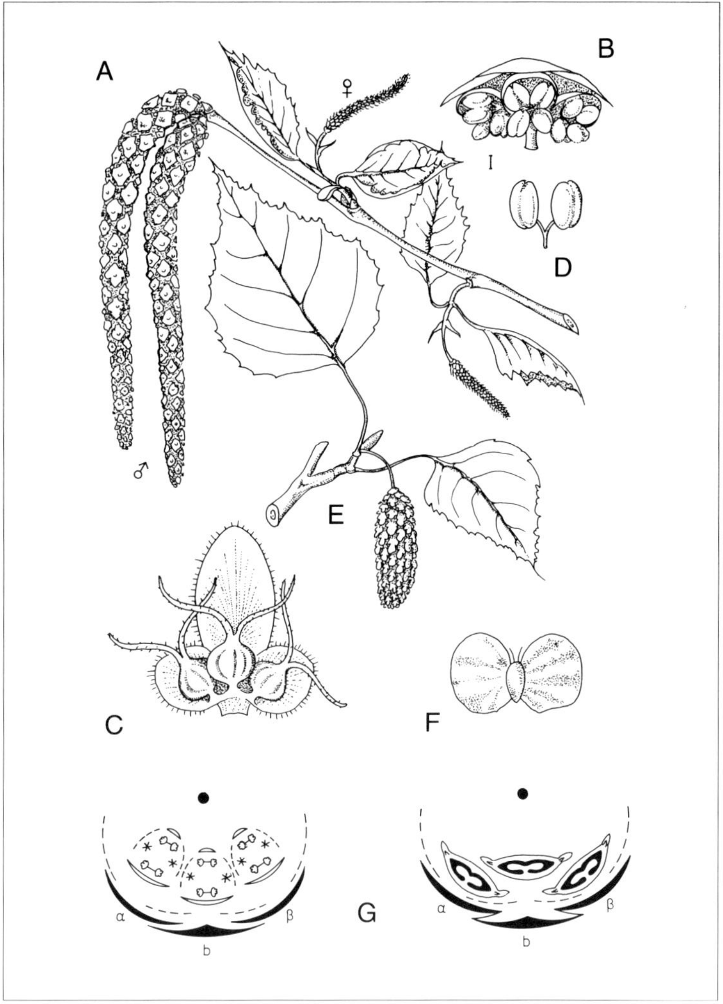

Abb. 82: *Betula pendula.* – **A:** Blühender Sproß mit männl. und weibl. Kätzchen, männl. **(B)** und weibl. **(C)** Dichasium. – **D:** gespaltenes Staubblatt; Fruchtstand **(E)** und Flügelnuß **(F)**. – **G:** Blütendiagramme eines männl. und weibl. Teilblütenstandes. – (A und E 2/3 x, die übrigen vergr.). (Nach Karsten.)

harte Endokarp umschließt einen Embryo mit großen, gelappten Keimblättern, dem sich eine häutige Samenschale anschmiegt. Das aus 2 Karpellen verwachsene Gynoeceum ist am Grunde durch echte Scheidewände zweifächerig; senkrecht dazu verlaufen unechte Scheidewände, denen sich der kompliziert gelappte Embryo einpaßt. Er ist ebenso reich an fetten Ölen (bis über 60%) wie der der Haselnüsse. Die Blätter der Walnuß werden als Gerbstoffdroge verwendet.

Bei uns gepflanzte Bäume sind die nordamerikanischen *Carya*-Arten (Hickory) und *Juglans nigra* sowie die Kaukasische Flügelnuß, *Pterocarya fraxinifolia.*

❖ Arznei- und Nutzpflanzen der Juglandales

Juglandaceae. *Juglans regia* L.(Folia Juglandis; Walnüsse), *Carya illinoensis* K.Koch (Hickorynüsse).

5. Ordnung: Myricales

Einzige Familie: **Myricaceae** (50), deren chemische Merkmale – reichliches Vorkommen von Polyphenolen und Triterpenen – ihre Eingliederung in die Hamamelididae rechtfertigen. In atl.-subatl. Mooren und Heiden ist der an ätherischem Öl reiche Gagelstrauch, *Myrica gale*, verbreitet. Im Norden

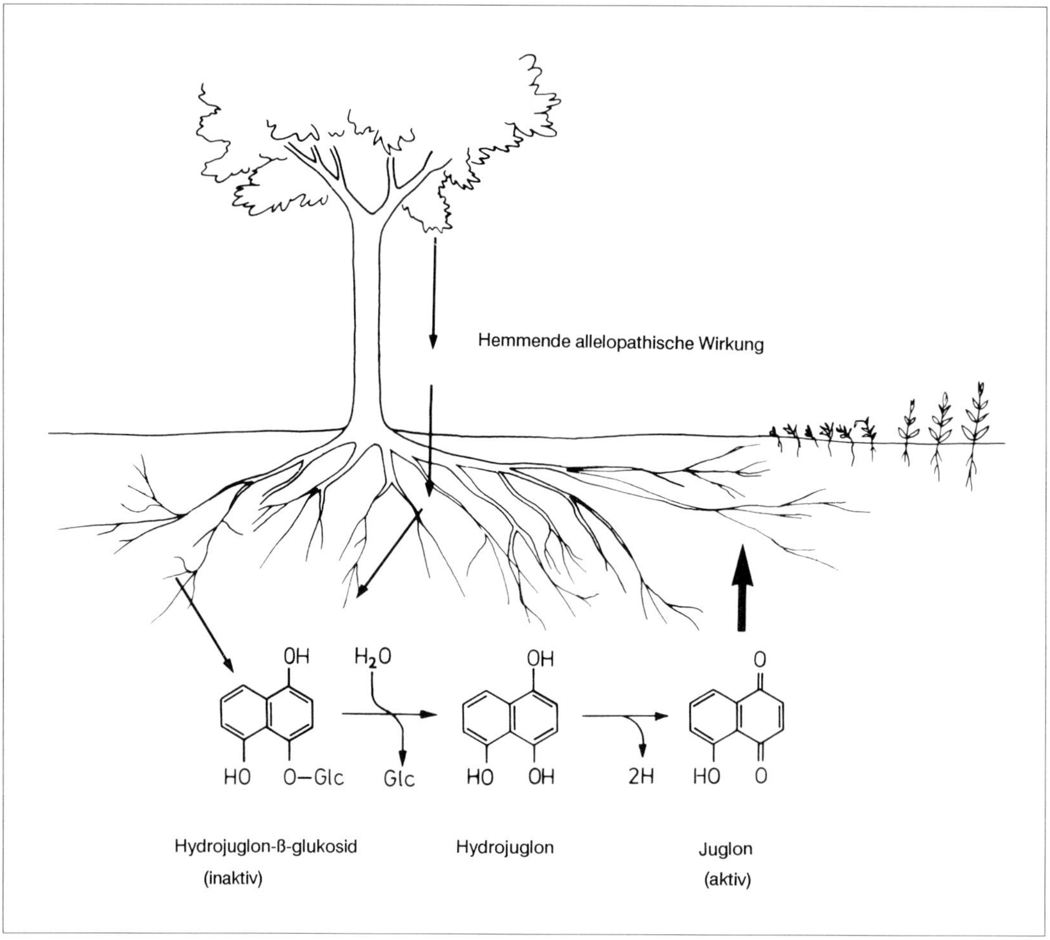

Abb. 83: Hemmwirkung des allelopathisch wirkenden Juglons beim Walnußbaum *(Juglans)*. – (Nach Schlee, verändert.)

dienten Gagelblätter bis ins ausgehende Mittelalter anstelle von Hopfen als Würze zum Bierbrauen («Grutbier»). Sie sind heute noch in manchen dänischen Schnapskräutermischungen enthalten.

6. Ordnung: Casuarinales

Die baumförmigen **Casuarinaceae** (45) haben ihr Verbreitungszentrum in Australien und Neukaledonien. Sie sind charakterisiert durch schachtelhalmartige Rutenzweige und kätzchenartige (männl.) bzw. zapfenartige (weibl.) Blütenstände. Ihre eingeschlechtigen, stark reduzierten Blüten wurden nach der Pseudanthientheorie als besonders ursprünglich gedeutet.

In einigen Systemen der Angiospermen wird an die Hamamelididae auch die Ordnung der Urticales angeschlossen, die in ihren teilweise eingeschlechtigen Blüten mit unscheinbarer und reduzierter Blütenhülle sowie in der Struktur der Pollenkörner Anklänge an die Hamamelididae erkennen läßt. Wir stellen sie allerdings in verwandtschaftlichen Zusammenhang mit den Euphorbiales und Malvales (Dilleniidae).

Literatur Hamamelididae

Abbe, E.C.: Flowers and inflorescences of the «Amentiferae». Bot. Rev. 40: 159-261, 1974.

Bellarosa, R., V. Delre, B. Schirone & F. Maggini: Ribosomal RNA genes in *Quercus* spp. (Fagaceae). Pl. Syst. Evol. 172: 127-139, 1990.

Brunner, F. & D.E. Fairbrothers: Serological investigation of the Corylaceae. Bull. Torrey Bot. Club 106: 97-103, 1979.
Endress, P.K.: Evolutionary trends in the Hamamelidales-Fagales-group. Pl. Syst. Evol. Suppl. 1: 321-347, 1977.
Endress, P.K.: Aspects of evolutionary differentiation of the Hamamelidaceae and the lower Hamamelididae. Pl. Syst. Evol. 162: 193-211, 1989.
Endress, P.K.: A suprageneric taxonomic classification of the Hamamelidaceae. Taxon 38: 371-376, 1989.
Fey, B.S. & P.K. Endress: Development and morphological interpretation of the cupule in Fagaceae. Flora 173: 451-468, 1983.
Giannasi, D.E.: Phytochemical aspects of phylogeny in Hamamelidae. Ann. Missouri Bot. Gard. 73: 417-437, 1986.
Hayek, E.W.H., U. Jordis, W. Moche & F. Sauter: A bicentennial of betulin. Phytochemistry 28: 2229-2242, 1989.
Jones, J.H.: Evolution of the Fagaceae: The implications of foliar features. Ann. Missouri Bot. Gard. 73: 228-275, 1986.
Kaul, R.B.: Evolution and reproductive biology of inflorescences in *Lithocarpus*, *Castanopsis*, *Castanea*, and *Quercus* (Fagaceae). Ann. Missouri Bot. Gard. 73: 284-296, 1986.
Manning, W.E.: The classification within the Juglandaceae. Ann. Missouri Bot. Gard. 65: 1058-1087, 1978.
Meurer, B., R. Wiermann & D. Strack: Phenylpropanoid patterns in Fagales pollen and their phylogenetic relevance. Phytochemistry 27: 823-828, 1988.
Petersen, F.P. & D.E. Fairbrothers: Serological investigation of selected amentiferous taxa. Syst. Bot. 4: 230-241, 1979.
Polechko, M.A. & R.B. Clarkson: A serological study of the systematics of the Juglandaceae. Biochem. Syst. Ecol. 14: 33-39, 1986.
Tanner, H.: Korkgeschmack im Wein. Naturwiss. Rdschau 36: 524-527, 1983.
Zavada, M.S. & D.L. Dilcher: Comparative pollen morphology and its relationship to phylogeny of pollen in the Hamamelidae. Ann. Missouri Bot. Gard. 73: 348-381, 1986.

Unterklasse: Rosidae

Die Rosidae sind mit ungefähr 50.000 Arten die umfangreichste Unterklasse der Angiospermen und erreichen damit in ihrer Zahl die Gesamtheit der monocotylen Pflanzen (Liliatae). Ihre Merkmalsausbildung ist weder als besonders ursprünglich (wie bei den Magnoliidae) noch als ausgesprochen abgeleitet (wie bei den Asteridae) zu betrachten; Dialypetalie herrscht vor. Wichtige Unterscheidungsmerkmale zu den ähnlichen Dilleniidae sind auf S. 201 zusammengestellt.

Die Rosidae lassen sich weiter gliedern (Abb. 84), und zwar in die
- relativ ursprünglichen (1) Saxifragales und
- die davon gern abgeleiteten (2) Rosales und (3) Fabales mit ihrem oft komplex-polymeren Androeceum,
- die eigenständigen (4) Proteales mit unsicheren Verwandtschaftsbeziehungen,
- (5) Myrtales; auch hier ist die Blüte meist polyandrisch, der Blütenboden oft becherförmig vertieft,
- (6) Rutales, (7) Sapindales, (8) Polygalales und (9) Geraniales, die man zur Überordnung Rutanae zusammenfaßt; hier sind die Blütenböden oft verbreitert und Diskusbildungen häufig.
- Noch stärker abgeleitet sind die (10) Celastrales, (11) Rhamnales und (12) Santalales.
- An die doldenblütigen (13) Araliales lassen sich die Asteridae anschließen.

1. Ordnung: Saxifragales

Die Saxifragales gelten unter den Rosidae als ursprünglich. Das zeigt sich besonders im Gynoeceum: die Fruchtblätter sind in manchen Familien noch z.T frei (chorikarp) oder nur im unteren Teil miteinander verwachsen (immer freie Griffel, die Früchte jedoch selten balgfruchtartig). Vgl. im übrigen den Bauplan S. 145.

Von den Rosales und Fabales unterscheiden sie sich u.a. durch fehlende Nebenblätter. Gemeinsamkeiten bestehen in chemischer Hinsicht im verbreiteten Vorkommen von Gerbstoffen verschiedenen Typs, wenn auch hohe Gerbstoffgehalte unter den Saxifragales spärlich sind.

Die wichtigsten Familien

1. *Familie*: **Cunoniaceae** (350). Holzpflanzen der Südhemisphäre.

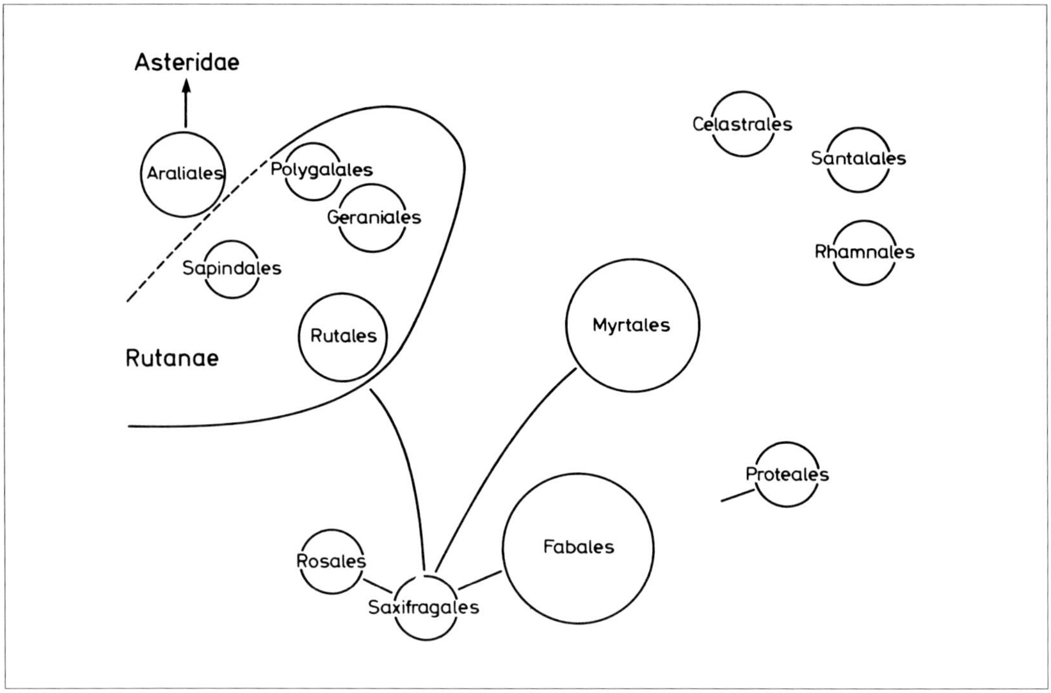

Abb. 84: Die wichtigsten Ordnungen bzw. Überordnungen der Rosidae und ihre mutmaßlichen Verwandtschaftsbeziehungen. An die Araliales Anschluß der Asteridae.

2. *Familie*: **Grossulariaceae** (150). Holzpflanzen mit wechselständigen Blättern. Fruchtknoten immer unterständig, aus 2 Fruchtblättern verwachsen. Beerenfrüchte (Abb. 85D). Einzige Gattung *Ribes*: Frühblühende Zier- und Obststräucher, wie *R. uva-crispa* (Stachelbeere), *R. nigrum* (schwarze Johannisbeere, mit viel Vitamin C), *R. rubrum* agg. (Stammpflanze der roten und weißen Johannisbeere).

3. *Familie*: **Crassulaceae** (1400), Dickblattgewächse. Kräuter; meist mit einer typisch 5zähligen Blüte: K5 C5 A5+5 G5. Fruchtknoten oberständig und frei. Die Wurzelspitzen sind (wie auch bei Saxifragaceen) durch Anthocyane dunkelrot gefärbt.

Zu den Dickblattgewächsen gehören *Sedum* (Fetthenne, z.B. *Sedum acre*, der scharfe Mauerpfeffer) sowie die tropischen, gern kultivierten Gattungen *Kalanchoë* (photoperiodische Versuchspflanze!) und *Bryophyllum* (Brutknospen!).

Die Crassulaceen haben wie auch andere sukkulente Pflanzen als Bewohner trockener Standorte einen den sog. C_4-Pflanzen zum Teil ähnlichen Stoffwechselweg entwickelt, durch den die tagsüber ablaufende Photo-

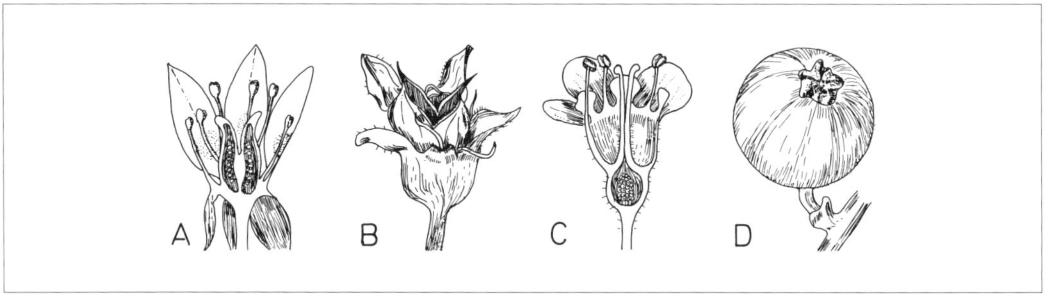

Abb. 85: Blüten und Früchte der Saxifragales. – A, B: Saxifragaceae. **A:** *Saxifraga stellaris*, Blüte (2,5 x). **B:** *Saxifraga caespitosa*, Kapsel mit Kelch (3 x). – C, D: Grossulariaceae. **C:** *Ribes uva-crispa*, Blüte (2,5 x). **D:** *Ribes rubrum*, Beere (2 x). (Nach Firbas.)

G: sehr variabel: Fruchtblätter (5-4-3)2; völlig frei, teilweise oder ganz miteinander verwachsen, Fruchtknoten dann gefächert oder sogar 1fächerig mit parietaler Plazentation der Samenanlagen, oberständig bis unterständig. Samenanlagen meist anatrop, fast immer bitegmisch und crassinucellat, meist in großer Zahl pro Fruchtblatt. Samen mit Endosperm; Embryo klein.

A: meist 5 + 5 und dann vielfach obdiplostemon

C: meist 5

K: meist 5

Bl: gegen- oder wechselständig, ohne Nebenblätter

Pfl: Holzpflanzen oder – meist – Kräuter, Tracheen der Holzpflanzen meist mit leiterförmiger Perforation

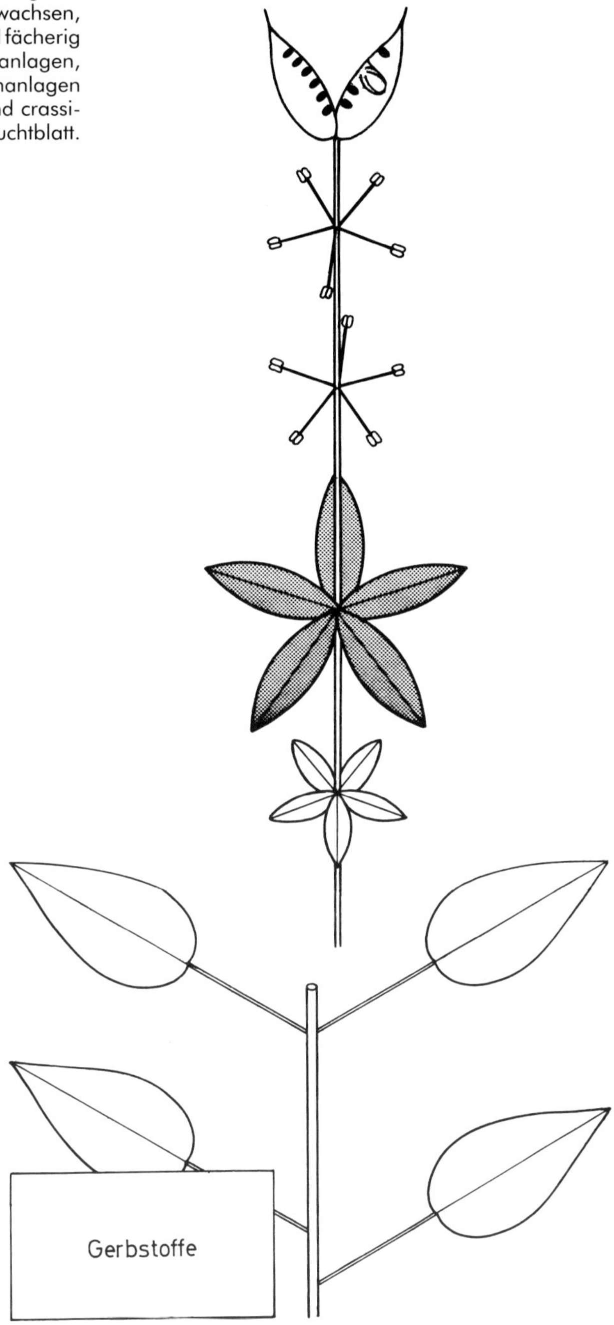

Bauplan der Saxifragales

synthese sichergestellt wird, ohne daß gleichzeitig der Wasserhaushalt gefährdet ist (CAM = Crassulacean Acid Metabolism). Durch die nachts weit geöffneten Spaltöffnungen wird CO_2 aufgenommen, an PEP angelagert und in Malat überführt, das sich im dadurch saurer werdenden Zellsaft anreichert (pH6$\rightarrow$4). Tagsüber werden die C_4-Säuren wieder decarboxyliert, so daß auch bei geschlossenen Spaltöffnungen genügend CO_2 für den Calvinzyklus bereitgestellt werden kann; der pH-Wert des Zellsafts steigt wieder: «diurnaler Säurerhythmus».

Im Kohlenhydratstoffwechsel fällt die Akkumulation von Sedoheptulose auf (auch bei manchen Saxifragaceen). Gerbstoffbausteine wie freie Gallussäure, Gallussäureester und Catechine kommen ebenso vor wie davon ableitbare Gerbstoffe: Proanthocyanidine und wahrscheinlich auch Gallotannine. In der Bildung von Phenolglykosiden, wie z.B. Arbutin, kommen die Crassulaceen den Saxifragaceen nahe.

Ein weiteres Familienmerkmal ist das verbreitete Auftreten von Piperidin-Alkaloiden. Es handelt sich um α-(α'-)substituierte Verbindungen (vgl. *Lobelia*-*Punica*-Alkaloide!), wobei Sedacrin als Hauptalkaloid gelten kann. In *Cotyledon wallichii* und einigen anderen südafrikanischen *Cotyledon*- und *Kalanchoë*-Arten sind Bufadienolide nachgewiesen worden, durch die eine seit langem bekannte Weidetierintoxikation («Krimpsiekte») verursacht wird.

4. *Familie*: **Saxifragaceae** (650), Steinbrechgewächse. Kräuter mit zumeist nur noch 2 Fruchtblättern, die in den Blütenboden eingesenkt und miteinander verwachsen sind (Abb. 85); Griffel aber regelmäßig frei. Einheimisch an nassen Waldstellen *Chrysosplenium* (Milzkraut), besonders im Hochgebirge *Saxifraga* (Steinbrech). Zierpflanzen: *Astilbe*, *Bergenia* (mit arbutin- und gerbstoffreichen Blättern), *Heuchera* (Nordamerika).

5. *Familie*: **Droseraceae** (90), Sonnentaugewächse. Insektenfangende Kräuter (Abb. 86), deren Drüsensekrete proteolytische Enzyme enthalten. Blätter rosettig, meist mit Nebenblättern; Kapselfrüchte.

Chemisch sind die Droseraceae durch das allgemeine Vorkommen von Derivaten des p-Naphthochinons,

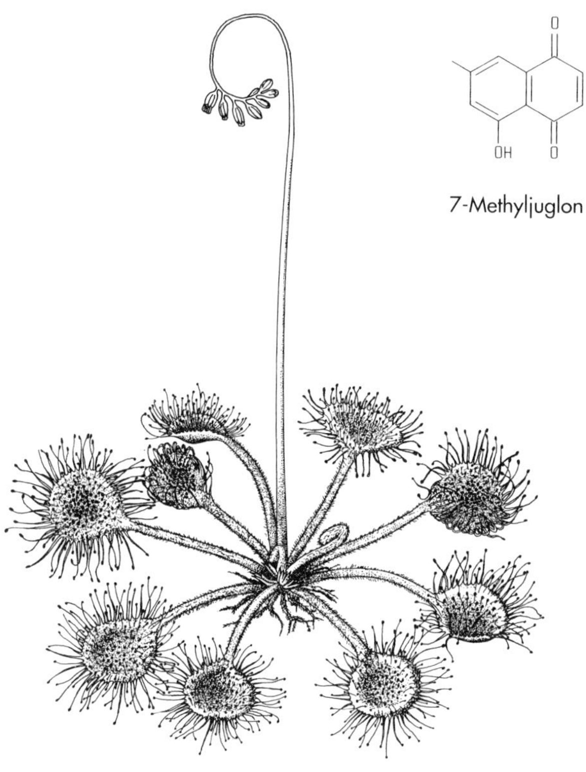

7-Methyljuglon

Abb. 86: *Drosera rotundifolia* (1 x; nach Kny).

insbesondere von Plumbagin und 7-Methyljuglon gekennzeichnet. Es bestehen formalchemisch Beziehungen zum Vitamin K; die Biogenese erfolgt aus aktivierten Acetateinheiten («Acetogene»).

Die 3 europäischen Sonnentau-Arten *Drosera rotundifolia, D. intermedia* und *D. anglica* haben ihre Hauptverbreitung auf extrem N-armen Hoch- und Niedermooren. Ihre Stickstoffversorgung ist durch die besondere Einrichtung des Tierfangs sichergestellt.

Extrakte von *Drosera*-Arten werden als Antitussivum, speziell als Mittel gegen Keuchhusten verwendet. Handelsdroge ist vielfach das Kraut von *Drosera ramentacea* (Madagaskar, Ostafrika) mit Ramentaceon (= 7-Methyljuglon) u.a. Naphthochinonen.

❖ Arznei- und Nutzpflanzen der Saxifragales

Grossulariaceae: *Ribes uva-crispa* L. (Stachelbeere), *R. rubrum* L. (Rote Johannisbeere), *R. nigrum* L. (Schwarze Johannisbeere).

Crassulaceae: *Sedum reflexum* L. (Tripmadam;Isocitronensäure u.a. organ. Säuren als würzende Inhaltsstoffe).

Droseraceae: *Drosera*-Arten (Herba Droserae; Extr.).

2. Ordnung: Rosales

Zu den Rosales stellen wir nur die Familie der **Rosaceae** (3000, davon – ohne die z.T. agamospermen, formenreichen Gattungen *Alchemilla, Rosa* und *Rubus* – ca. 100 einheimisch). Es handelt sich um Holzpflanzen oder Kräuter mit wechselständigen und oft zusammengesetzten Blättern. Die Staubblätter einer Blüte sind in größerer Zahl vorhanden: auch in dem – im übrigen sehr verschiedenartig gestalteten – Gynoeceum kommt Polymerie vor. Da die Fruchtblätter zudem vielfach frei sind (sogar Balgfrüchte kommen vor!), sah man in den Rosales eine primitive Formengruppe mit unmittelbarem Anschluß an die «Polycarpicae». Heute werden die Rosales (mit Fabales, Saxifragales) als ursprüngliche Gruppen eines eng mit den Hamamelididae verknüpften Stammes angesehen. Die komplexe Polyandrie der Rosales muß wohl als abgeleitet gedeutet werden, und auch das Inhaltsstoffmuster an sekundären Pflanzenstoffen ist von dem der äußerlich manchmal ähnlichen Magnoliidae (vgl. *Potentilla – Ranunculus*) grundverschieden.

Die Unterfamilien der Spiraeoideae, Rosoideae, Maloideae und Prunoideae bringen insbesondere die Variabilität des Gynoeceums deutlich zum Ausdruck (Abb. 87).

Die **Spiraeoideae** sind durch vielsamige Balgfrüchte gekennzeichnet. – Viel gepflanzte Ziersträucher: *Spiraea-* und *Sorbaria*-Arten.

Die balgartigen, einsamigen Früchte von *Filipendula* öffnen sich bei der Reife nicht mehr und vermitteln so zu den übrigen Fruchtformen der **Rosoideae** (einsamige Schließfrüchte). Die Zahl der Fruchtblätter, d.h. der Einzelfrüchte/Blüte, ist beim Fingerkraut (*Potentilla*, Abb. 88), bei der Silberwurz (*Dryas*; Leitfossil der spätglazialen Tundra Mitteleuropas), Nelkenwurz (*Geum*) u.a. stark vermehrt. Bei der Erdbeere (*Fragaria*) ist die Blütenachse fleischig verdickt, bei der Rose (*Rosa*) krugförmig vertieft. Die Sammel-Steinfrüchte der Brombeere, Himbeere, Moltebeere (*Rubus*) werden wegen des fleischigen Mesokarps gesammelt. Nur 2 oder 1 einsamige, zur Fruchtreife von dem erhärteten Blütenbecher fest umschlossene Nüßchen findet man beim Frauenmantel (*Alchemilla*), Wiesenknopf (*Sanguisorba*) und Odermennig (*Agrimonia*); hierher gehört auch *Hagenia abyssinica*, die Stammpflanze der Koso-Blüten.

Während in allen übrigen Unterfamilien der Fruchtknoten fast stets ± mittelständig ist, ist die Unterfamilie der **Maloideae** durch einen unterständigen Fruchtknoten ausgezeichnet. Ein – vielfach saftiges – Achsengewebe hat die Fruchtblätter (= das Kerngehäuse) umwachsen. Die 5 vielsamigen Karpelle der Quitte (*Cydonia*) zeigen noch enge Beziehungen zu den Spiraeoideae auf. Bei Apfel und Birne (*Malus, Pyrus*) ist die Zahl der Samen schon geringer. Sie ist bei der Mispel (*Mespilus*) auf 1 Samen/Fruchtblatt reduziert; statt des pergamentartigen Gehäuses ist hier eine Sklerenchymatisierung zum Steinkern eingetreten. Beim Weißdorn (*Crataegus*) ist schließlich auch eine Reduktion der Zahl der Karpelle erfolgt.

Die **Prunoideae** liefern mit Kirsche, Pflaume, Aprikose, Pfirsich das sogenannte Steinobst, einsamige Steinfrüchte.

Viele der aufgeführten Obstbäume haben ihre Heimat im Raum Vorderasien bis China, nur der Apfel (*Malus domestica*), die Birne (*Pyrus communis*) und die Süßkirsche (*Prunus avium*) haben in Mitteleuropa Wildformen, die nachweislich schon seit der jüngeren Steinzeit genutzt wurden.

Die wichtigsten morphologischen und chemischen Unterscheidungsmerkmale zwischen den Unterfamilien sind in der Tabelle 5 dargestellt.

Chemische Charakteristika der Rosaceae

1 **Gerbstoffe:** Die Rosaceae sind eine typische Gerbstoff-Familie. Praktisch alle Vertreter enthalten – z.T. in beachtlicher Menge – Gerbstoffe, diffus im Gewebe verteilt oder auch in Gerbstoff-Idioblasten. Es handelt sich vor allem um kondensierte Gerbstoffe (Proanthocyanidine), bei den Rosoideae werden aber auch reichlich Gallo- und Ellagitannine akkumuliert. Weit verbreitet kommen in der Familie die monomeren Vorstufen wie Catechine [vor allem (–)-Epicatechin und (+)-Catechin] ebenso wie Flavonolglykoside (des Kämpferols und Quercetins) vor. Ellagsäure fehlt bei Spiraeoideae, Maloideae und Prunoideae gänzlich.
Bei arzneilich genutzten Rosaceae herrschen Gerbstoffdrogen vor: Das Rhizom von *Potentilla erecta,* die Blätter von *Rubus fruticosus* agg., der Brombeere (z.T. auch fermentiert als Ersatz des schwarzen Tees im Handel), das Kraut von *Agrimonia eupatoria,* dem Odermennig und *Alchemilla vulgaris* agg., dem Frauenmantel. Proanthocyanidine (4-8-gebundene Epicatechin-Di-bis-Tetramere) sind neben Flavonoiden diejenigen Inhaltsstoffe des Weißdorns (*Crataegus*-Arten), die als Wirkstoffe der zahllosen, bei Altersherzbeschwerden empfohlenen Arzneipräparate angesehen werden.

2 **Triterpene und Saponine:** pentazyklische Triterpene wie Oleanolsäure und Ursolsäure sind in der Familie als Bestandteile der Cuticularwachse verbreitet, in Rinden oftmals auch Triterpenalkohole (Lupeol, Betulin). Neben freien Triterpensäuren sind solche, die über die COOH-Gruppe mit Zuckern verestert sind, für die Rosaceae typische Inhaltsstoffe («Pseudosaponine»). Eine charakteristische Verbindung (die allerdings bei den Spiraeoideae und Prunoideae fehlt) ist das Pseudosaponin Tormentol (Tormentosid), bei dem Tormentillsäure mit 2 Mol. Glukose verestert ist. Aber auch echte Saponine (OH-Gruppe am C-3 glykosidiert) sind nicht selten. Eine altbe-

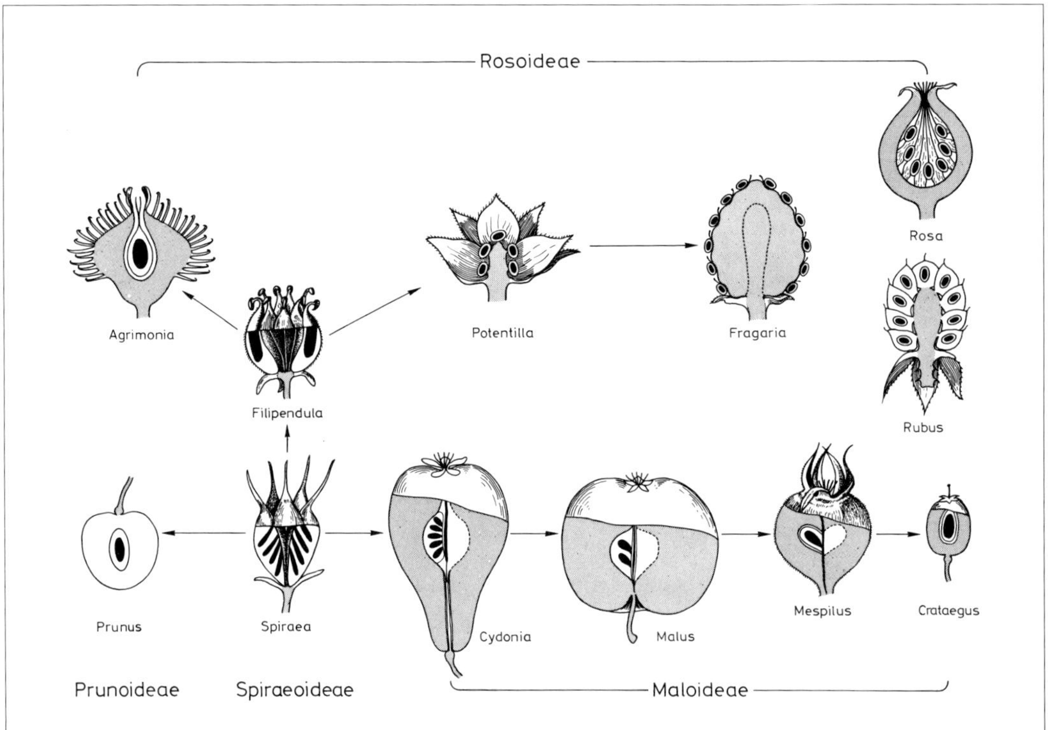

Abb. 87: Die Unterfamilien der Rosaceen und die Progressionsreihen ihrer Fruchtformen. Achsengewebe gerastert, Samen schwarz; z.T. etw. schematisiert.

kannte Saponindroge ist z.B. die Rinde von *Quillaja saponaria* (Seifenrinde). Sie ist wegen schleimhautreizender (Saponin-)Wirkungen auch Bestandteil von Niespulvern gewesen.

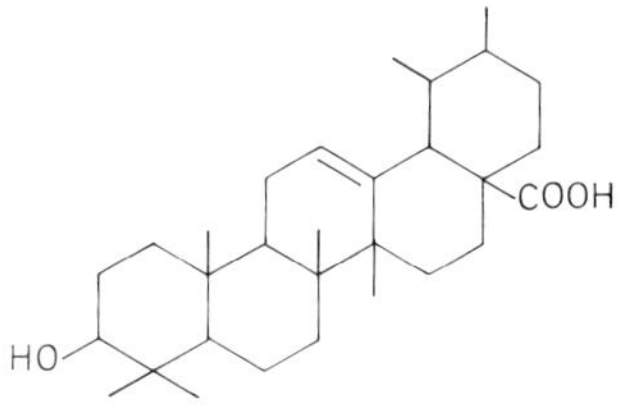

Ursolsäure

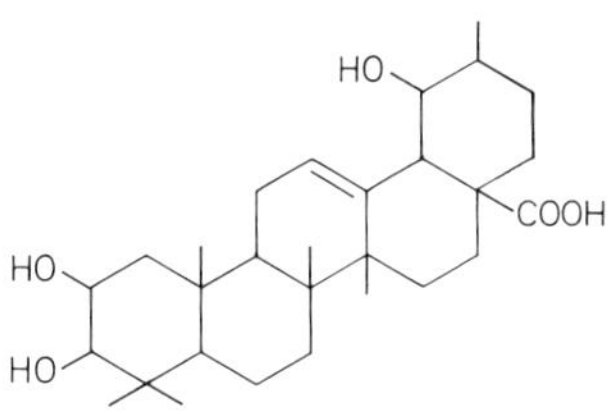

Tormentillsäure

3 **Samenöle**: Die Samen der Rosaceae sind fast stets stärkefrei. Stattdessen werden Eiweiß und fettes Öl gespeichert. Geschätzt wird z.B. das aus bitteren Mandeln gepreßte (sehr teure) Mandelöl in der Kosmetik.

4 **Cyanogene Verbindungen:** Das Prunasin der vegetativen Pflanzenteile und das Amygdalin der Samen gelten als Charakterstoffe der Familie, sind jedoch nach unseren heutigen Kenntnissen auf die Maloideae, Prunoideae und möglicherweise Spiraeoideae beschränkt.

Amygdalin ist in den bitteren Mandeln, den Samen von *Prunus dulcis* var. *amara*, dem Mandelbaum, zu 3-8% enthalten. Pro Mandel kann durch Spaltung des cyanogenen Glykosids bis zu 1 mg Blausäure entstehen, so daß bei kleineren Kindern bereits wenige Mandeln zu gefährlichen Intoxikationen

Abb. 88: *Potentilla erecta* (Rosaceae). (1/2 x; nach H. Weber.)

führen können. Die var. *dulcis* ist eine «süße», d.h. amygdalinarme Mutante.

Amygdalinpräparate werden – ohne daß bisher einwandfrei dokumentierte Erfolge nachgewiesen sind – auch zur Krebstherapie empfohlen («Nitrilosidtherapie»). Die Möglichkeit einer Blausäurevergiftung ist dabei nicht auszuschließen.

Pflanzen mit cyanogenen Glykosiden enthalten gleichzeitig die zur Spaltung erforderlichen Enzyme. Das aus Mandeln angereicherte Enzymgemisch enthält vorwiegend β-Glykosidasen und Mandelonitril-Lyasen und wird als Emulsin bezeichnet.

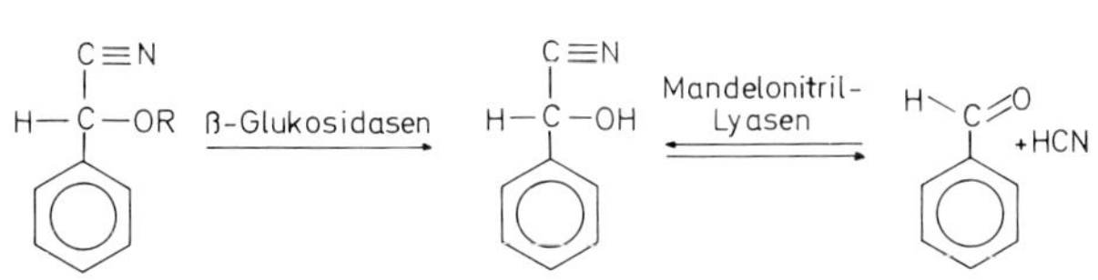

R = β-Glukosyl:
Prunasin
R = β-Gentiobiosyl:
Amygdalin

Mandelonitril
(Benzaldehyd-
cyanhydrin

Benzaldehyd
+ Blausäure

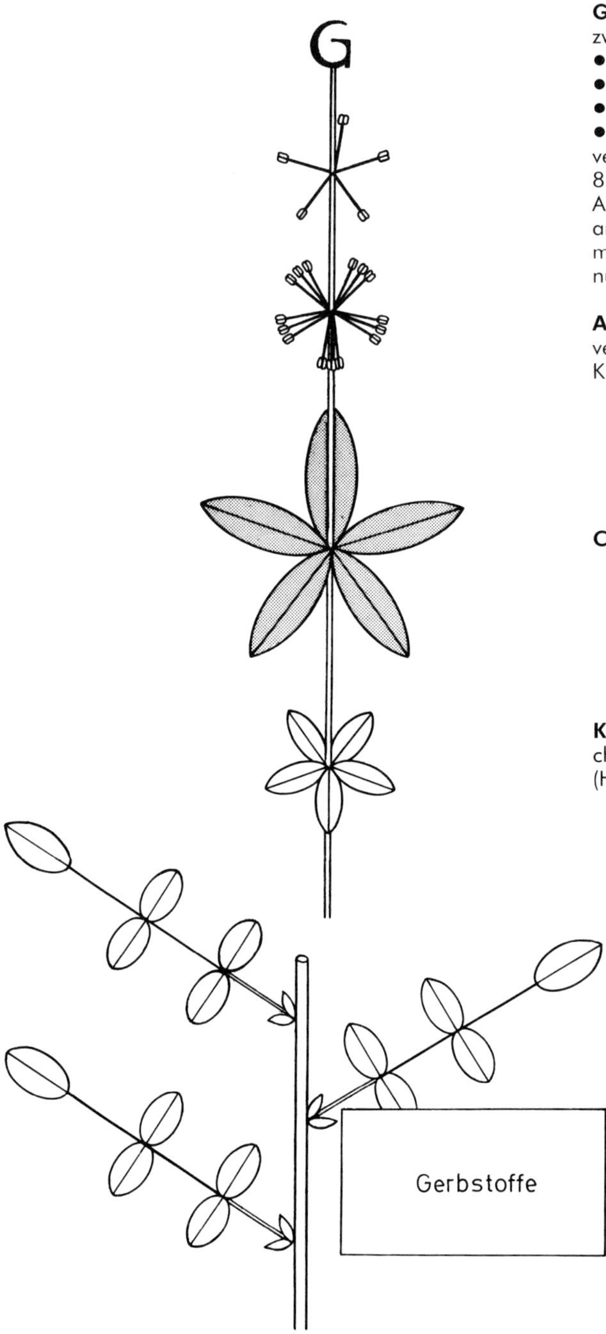

G: sehr variabel, alle Übergangsformen zwischen
- Karpelle $\infty \rightarrow 1$
- Samenanlagen $\infty \rightarrow 1$
- Fruchtkn. (o)m(u)ständig
- Einzelfrüchte u. Sammelfrüchte mit diversen resultierenden Fruchtformen (Abb. 87), bei denen der Blütenbecher bzw. Achsengewebe beteiligt sein kann. Samenanlagen crassinucellat, bi- oder unitegmisch. Reife Samen in der Regel ohne das nukleär angelegte Endosperm.

A: Staubblätter regel- oder unregelmäßig vermehrt (oft ca. 20), in 2 bis mehreren Kreisen; selten in reduzierter Zahl.

C: fast immer 5

K: fast immer 5, bisweilen mit zusätzlichem, gleichzähligem, alternierendem (Hochblatt-)Außenkelch.

Blü: radiärsymmetrisch

Bl: wechselständig, gefiedert, gefingert oder einfach, meist mit Nebenblättern.

Pfl: Bäume, Sträucher oder Kräuter, besonders auf der Nordhalbkugel reich entwickelt.

Bauplan der Rosales

Tab. 5: Wichtige Differentialmerkmale zwischen den Unterfamilien der Rosaceen.

	Spiraeoideae	**Rosoideae**	**Maloideae**	**Prunoideae**
Habitus	Holzpflanzen oder Kräuter	oft Kräuter	Holzpflanzen	Holzpflanzen
Gynoeceum	mittelständig	ober-, mittel-, unterständig	unterständig	mittelständig
Karpelle/Blüte	(8-) 5 (-1)	$5 \begin{smallmatrix}\nearrow \infty \\ \searrow 1\end{smallmatrix}$	$5 \rightarrow 1$	1
Samen/Karpell	viele		viele $\rightarrow$ 1	1 (2)
Frucht	Balgfrucht, Sammelbalgfrucht	Nüßchen, Sammelnüßchen, Sammelsteinfrucht; keine Beeren!	Kernapfelfrucht, Steinapfelfrucht	Steinfrucht
Obstform	–	«Beeren»obst	Kernobst	Steinobst
Sorbitol	meist +	meist – *	+	+
Ellagsäure	–	+	–	–
Tormentol	–	+	+	–
Cyanogene Verbindungen				
a) in Samen (Amygdalin)	–	–	meist +	+
b) in Sproß und Wurzel (Prunasin)	oft + (?)	–	meist +	+

* Sorbitol nur in den Triben Adenostomeae, Dryadeae (z.B. in Spuren in *Dryas octopetala*) und Kerrieae (z.B. *Kerria japonica*)

5 **Sorbitol**: Eine Besonderheit des Kohlenhydrat-Stoffwechsels vieler Rosaceen ist die Akkumulation von Sorbitol in Blättern und Früchten (z.B. von *Sorbus aucuparia*, der Vogelbeere). Lediglich bei den meisten Triben der Rosoideae fehlt Sorbitol gänzlich.
Der Sorbitolnachweis im Fruchtsaft des «Beeren» -obstes – Himbeersaft, Brombeersaft – kann als Nachweis einer Verfälschung mit Apfel- oder Birnensaft gelten.

6 **Schleim**: Die Wände der Samenschalen-Epidermis sind bei den Maloideae stark verschleimt; das gilt insbesondere für die Quitte, *Cydonia oblonga*.

7 **Fruchtsäuren**: Äpfel-, Zitronen-, zum Teil auch Bernsteinsäure sind in Rosaceen-Früchten verbreitet. Das gilt auch für Ascorbinsäure (Vitamin C), die in höherer Konzentration in Hagebutten, den Sammel-Nußfrüchen z.B. von *Rosa canina* vorkommt. In der Droge bleiben allerdings nur noch Spuren erhalten.

Neben den für die Familie oder Unterfamilien typischen chemischen Merkmalen sind noch einige gattungsspezifische, pharmazeutisch interessante Verbindungen erwähnenswert: Die Blüten des Kosobaums (*Hagenia abyssinica*) enthalten bandwurmwirksame Acylphloroglucide, weshalb die Droge (Flores Koso) früher als Anthelminthicum benutzt wurde. Arbutin (vgl. auch S. 235) ist ein charakteristischer Inhaltsstoff der Gattung *Pyrus* (Birne), fehlt aber der nahe verwandten Gattung *Malus* (Apfel) vollkommen. Bei dieser findet man andererseits das Phlorrhizin, ein Dihydrochalkon, das von toxikologischem Interesse ist (Phlorrhizin-Diabetes durch Vergiftung der Nierenphosphatase).

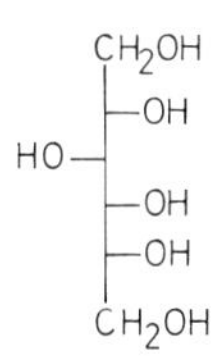

D-Sorbitol

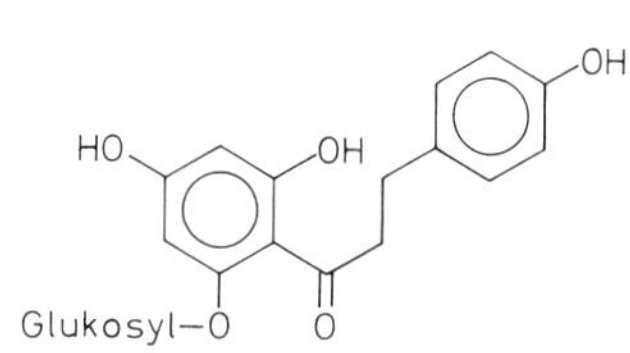

Phlorrhizin

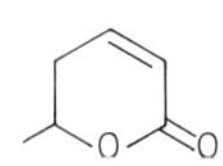

Parasorbinsäure

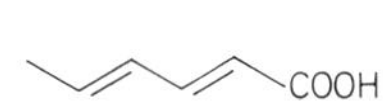

Sorbinsäure

Wenn auch ätherisches Öl für die Rosaceae insgesamt nicht bezeichnend ist, so stammt doch ein sogar sehr wertvolles Öl aus dieser Familie: Das aus den Kronblättern von *Rosa*-Arten destillierte Rosenöl.

Das Vorkommen der Parasorbinsäure* in den Früchten der Vogelbeere, *Sorbus aucuparia*, ist wegen ihrer stoffwechselphysiologischen Wirkungen interessant: Keimverzögerung bei Samen, schwach carcinogene Wirkung beim Menschen. Nach Aufspaltung des Lactonringes entsteht durch Wasserabspaltung die Sorbinsäure (= Hexadien-(2,4)-säure), die zur Nahrungsmittelkonservierung zugelassen ist. Reich an Sorbitol und Zuckern sind die Früchte von *Sorbus aucuparia* L. var. *edulis*, der sog. süßen Eberesche.

❖ Arzneipflanzen der Rosales

Rosaceae. *Agrimonia eupatoria* L. und *A. procera* WALLR. (Herba Agrimoniae), *Alchemilla vulgaris* agg. (Herba Alchemillae), *Crataegus*-Arten (Folia Crataegi c. flor.; Extr.), *Cydonia oblonga* MILL. (Semen Cydoniae), *Filipendula ulmaria* (L.) MAXIM. (Flores Spiraeae), *Fragaria vesca* L. (Herba Fragariae), *Hagenia abyssinica* GMELIN (Flores Koso), *Potentilla anserina* L. (Herba Anserinae), *Potentilla erecta* (L.) RÄUSCHEL (Rhizoma Tormentillae), *Prunus dulcis* (MILL.) D. A. WEBB. var. *amara* (Oleum Amygdalarum; fettes Öl; bittere Mandeln; Amygdalin; Emulsin), *Prunus spinosa* agg. (Flores Pruni spinosae), *Quillaja saponaria* MOLINA (Cortex Quillajae, «Seifenrinde», «Panamaspäne»), *Rosa canina* L. u.a Arten (Flores, Aetheroleum Rosae; Fructus Cynosbati, Pseudofructus Rosae), *Rubus fruticosus* agg. (Herba, Folia Rubi fruticosi), *Rubus idaeus* L. (Folia, Sirupus Rubi idaei).

❖ Obstpflanzen der Rosales

Rosaceae. *Cydonia oblonga* MILL. (Quitte), *Eriobotrya japonica* (THUNB.) LINDL. (Japanische Wollmispel), *Fragaria x ananassa* DUCH. u.a. Arten u. Hybriden (Gartenerdbeere), *Fragaria vesca* L. (Wald-, Monatserdbeere), *Malus sylvestris* MILL. (Apfel), *Mespilus germanica* L. (Mispel), *Prunus armeniaca* L. (Aprikose), *Prunus avium* L. (Süßkirsche), *P. cerasus* L. (Sauerkirsche), *P. domestica* L. ssp. *domestica* (Zwetschge), – ssp. *insititia* (Pflaume), – ssp. *syriaca* (Mirabelle), *P. persica* (L.) BATSCH (Pfirsich; Heimat: China; entbitterte Samen zur Persipan-Herstellung), *P. spinosa* agg. (Schlehe), *Pyrus communis* L. (Birne), *Rubus chamaemorus* L. (Moltebeere: circumpolare Moore), *Rubus fruticosus* agg. (Brombeere), *Rubus idaeus* L. (Himbeere), *Sorbus aucuparia* L. var. *edulis* (Süße Eberesche).

3. Ordnung: Fabales (= Leguminosae)

Bei den Fabales handelt es sich um Holzpflanzen oder Kräuter mit wechselständigen, meist gefiederten Blättern mit Nebenblättern. In vielem sind sie den Rosales ähnlich, unterscheiden sich aber vor allem durch die für sie so bezeichnende Hülsenfrucht (= Legumen). Sie ähnelt einer – vielsamigen – Balgfrucht, öffnet sich aber an Rückenseite und Bauchnaht.

Für die Leguminosen sind **Wurzelknöllchen** charakteristisch**, die aufgrund einer Infektion durch symbiotische Bakterien der Gattung *Rhizobium* entstanden sind. Wenn sich die Bakterien in vielgeformte Bakteroide umwandeln und die Wirtszellen sich durch Bildung des Pigments Leghämoglobin rot färben, setzt die durch das Nitrogenasesystem katalysierte N_2-Bindung ein. Bei feldmäßigem Anbau von Leguminosen können über 200 kg Stickstoff pro ha und Jahr festgelegt werden.

An bemerkenswerten Inhaltsstoffen ist auch hier das reichliche Vorkommen von Gerbstoffen verschiedenen Typs erwähnenswert. Charakteristisch ist ferner das häufige Auftreten von Balsamen, Gummen sowie die Bildung von Schleimen im Endosperm der Samen (vgl. S. 159). Lektine sind bei zahlreichen Vertretern der Fabales anzutreffen.

Über den Bauplan unterrichtet S. 153.

Von Ausgangsformen mit Saxifragales-artigen Blüten kann man sich die drei Familien der Fabales entstanden denken:

a) Reduktion des Perianths, kombiniert mit erhöhter Auffälligkeit der Filamente eines vielzählig gewordenen Androeceums: → Mimosaceae.

b) Allmählicher Übergang zur dorsiventralen Blüte in Anpassung an die bestäubenden Insekten:
→ Caesalpiniaceae → Fabaceae.

1. *Familie*: **Mimosaceae** (2000). Tropisch-subtropische Familie. Die radiären Blüten sitzen meist in dichten Blütenständen und fallen durch die langen, oft lebhaft gefärbten Filamente der in vermehrter Zahl gebildeten Staubblätter auf, wie bei den Akazien (Gattung *Acacia*) mit z.T. spreitenartig verbreiterten Blattstielen (Phyllodien). Ihre Blütenstände sind als

* = δ-Lacton der 5-Hydroxy-hexen(2)-säure; in der Pflanze in glykosidischer Bindung vorliegend (Parasorbosid).

** Bei der Mehrzahl der Caesalpiniaceae jedoch fehlend.

G: monomer. Frucht meist eine vielsamige Hülse. Die Samen vieler Leguminosen mit weitgehend übereinstimmendem Bau: Die Samenschale ist außen in «Palisadenzellen» und «Trägerzellen» differenziert; sie umschließt einen großen Embryo. Ein Endosperm fehlt oder ist vorhanden, dann normalerweise schleimführend.

A: bei den Mimosaceae meist vermehrt, sonst oft regelmäßig 10zählig. Filamente bei den Fabaceae weitgehend miteinander verwachsen, z.T. auch 1 Staubblatt frei.

C: meist 5, bei den Mimosaceae noch mit radiärer Symmetrie, bei Caesalpiniaceae und Fabaceae zunehmend zygomorph («Schmetterlingsblüte», Abb. 91A).

K: meist 5, ± verwachsen.

Bl: meist wechselständig und gefiedert (→ dreizählig → einfach), selten ohne Nebenblätter.

Pfl: Holzpflanzen oder Kräuter. Tracheen immer mit einfacher Perforation. Meist mit Wurzelknöllchen.

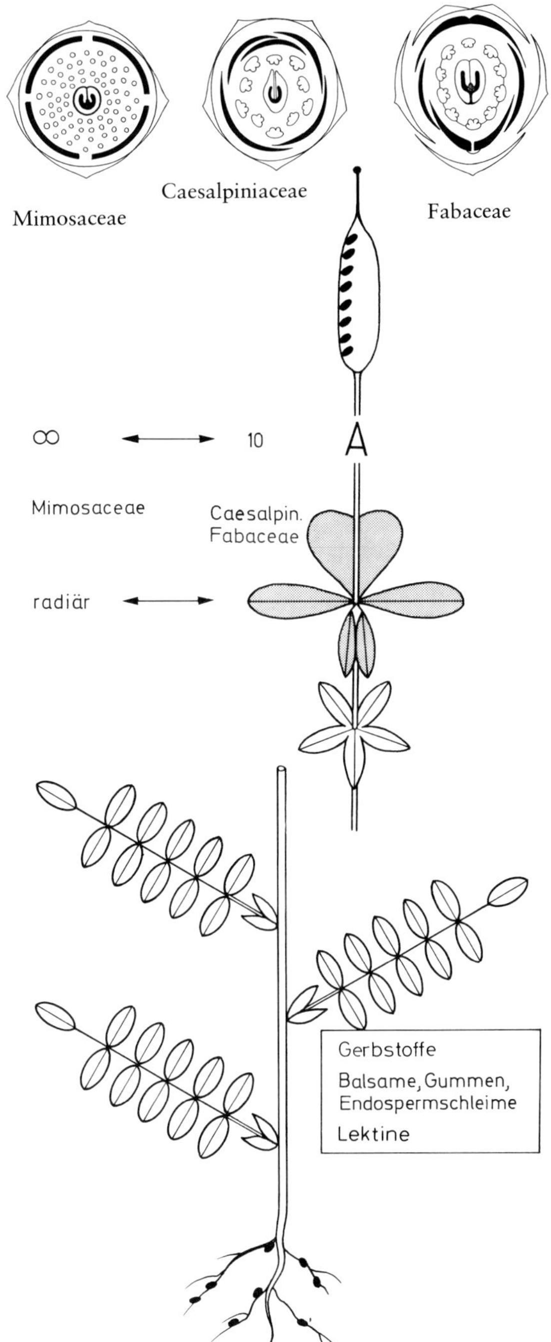

Bauplan der Fabales, mit dem Blütendiagramm von *Acacia latifolia* (Mimosaceae), *Cercis siliquastrum* (Caesalpiniaceae) und *Vicia faba* (Fabaceae) (nach Eichler).

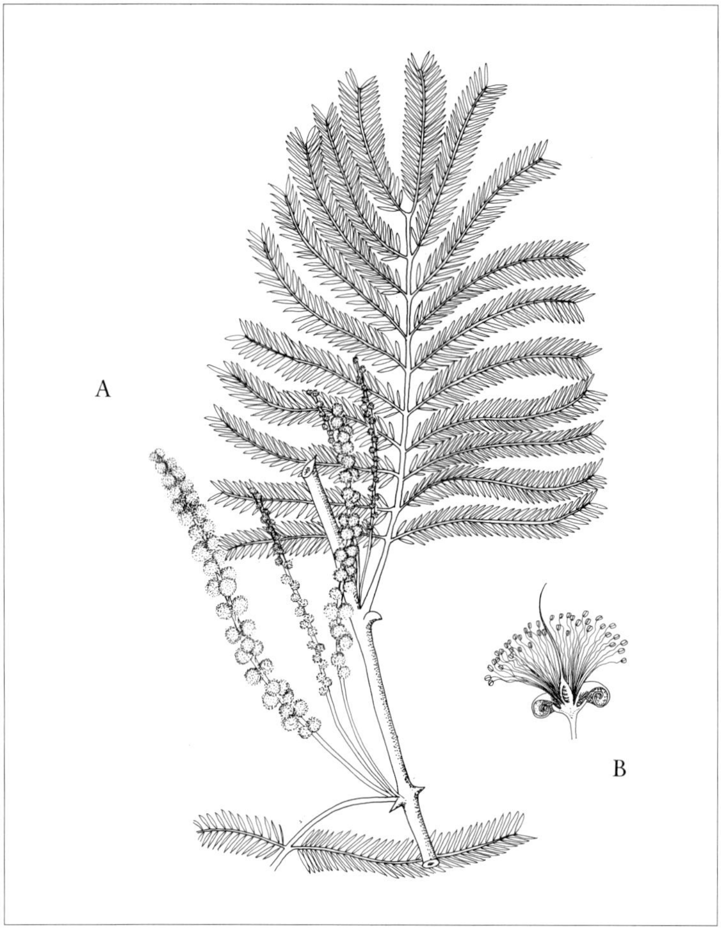

Abb. 89: *Acacia catechu* (Mimosaceae). – **A:** Blühender Sproß (1/2 x) und **B:** Einzelblüte (5 x). – (A nach Berg u. Schmidt, B nach Baillon.)

«Mimosen» im Handel. *Mimosa pudica* ist ein pantropisches Unkraut mit reizbaren Blattpolstern am Grunde von Fiederchen, Fiedern und Blattstiel.

Verschiedene *Acacia*-Arten sind durch hohen Gehalt an kondensierten Gerbstoffen ausgezeichnet. Von *A. catechu* (Abb. 89) stammt die als «Katechu» bezeichnete gerbstoffhaltige Masse; die Rinden anderer Akazien spielen als Lieferanten technisch genutzten Gerbstoffs (z.B. die «Mimosenrinde» von den aus Australien stammenden Akazien *A. mearnsii* u.a. Arten) auch weltwirtschaftlich eine Rolle.

Nach Verletzung bilden sich – wie auch bei manchen Fabaceae und Rosaceae – mitunter gummiartige, aus sauren Polysacchariden (mit Glukuronsäure im Molekül) bestehende Schleimmassen. Von *Acacia senegal* u.a. afrikanischen *Acacia*-Arten stammt das als «Gummi arabicum» bezeichnete, technisch als Klebe- und Verdickungsmittel, aber auch als Mucilaginosum gebrauchte Produkt; es ist ein Arabino-3,6-galaktan mit einem kovalent gebundenen Proteinanteil im Molekül und verschiedenen anderen Kohlenhydrat-Komponenten in den Seitenketten.

2. *Familie*: **Caesalpiniaceae** (2000). Tropisch-subtropische Holzpflanzen. Aufsteigende Knospendeckung der Krone, d.h. das innerste Kronblatt befindet sich – in Normallage – oben; Abb. 90.

Aufgrund des Vorkommens laxierend wirkender Anthraglykoside haben bestimmte *Cassia*-Arten («Sennespflanzen», Abb. 90) wirtschaftliche Bedeutung erlangt.

Die beiden wichtigsten, aus Ostafrika stammenden Arten sind die in Ägypten und dem Sudan gepflanzte *Cassia senna* (= *C. acutifolia*, liefert die «Alexandrinische» Droge) und die besonders in Südindien viel angebaute *C. angustifolia* (liefert die «Tinnevelly»-Droge). Ihre Blätter und Früchte sind häufiger Bestandteil vieler Abführmittel. Unter den Anthra-

Abb. 90: *Cassia angustifolia* (Caesalpiniaceae). Blühender Sproß, Hülse (beide 1/2 x, nach Berg u. Schmidt) und Blüte (1 x; Original).

glykosiden sind die Dianthronglykoside (Sennoside) mengenmäßig vorherrschend: Blätter von anthraglykosidarmen *Cassia*-Arten sind als Verfälschung im Handel anzutreffen. Als leichtes Laxans findet auch das Fruchtmus der Röhrenkassie, *Cassia fistula*, Verwendung.

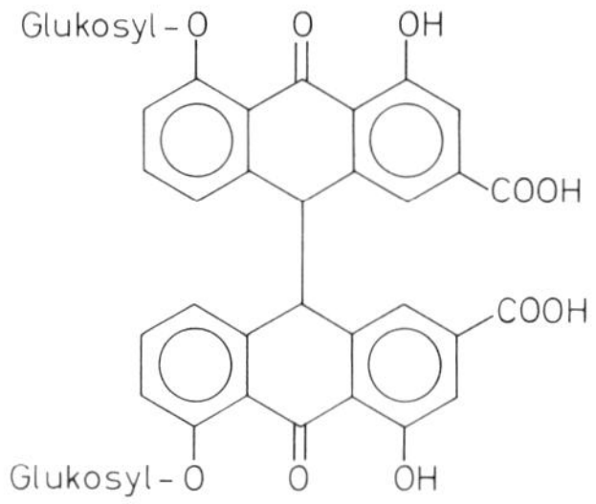

Sennosid

Verschiedene baumartige Vertreter der Familie liefern Balsame, z.B. der Copaiva-Balsam von der südamerikanischen *Copaifera reticulata* u.a. *Copaifera*-Arten.

Die Früchte von *Tamarindus indica* (Tamarindenmus) werden wegen des Gehalts an Fruchtsäuren als Abführmittel benutzt. Die schleim- und gerbstoffhaltigen Früchte von *Ceratonia siliqua*, dem Johannisbrotbaum, finden als Kaffeesurrogat Verwendung (Caroben-Kaffee), während die Samen ein technologisch genutztes Verdickungsmittel liefern: Das von Testa und Embryo befreite, gemahlene Endosperm (Karobenkernmehl) enthält ein Galaktomannan (Carubin); vgl. auch S. 159: Guar.

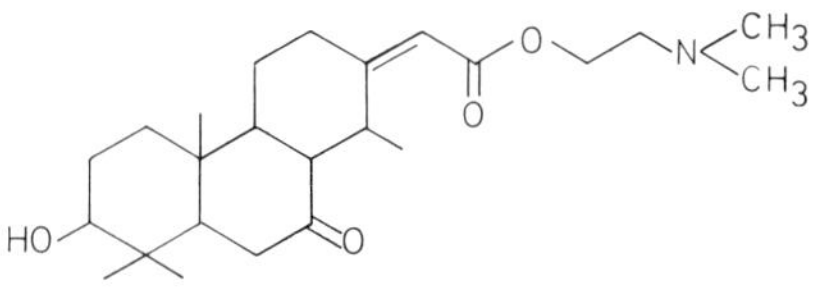

Cassain

Aus der Gattung *Erythrophleum* sind Pseudoalkaloide bekannt (z.B. Cassain), die – obwohl strukturell den Cardenoliden nicht ähnlich – wegen ihrer Digitalis-artigen Wirkungen interessante und intensiv untersuchte Naturstoffe sind.

3. *Familie:* **Fabaceae** (= Papilionaceae, 9000), Schmetterlingsblütler. Die Blüte der Fabaceen ist ausgesprochen zygomorph und zeigt einen oft zweilippigen Kelch sowie eine aus «Fahne», 2 «Flügeln» und einem aus 2 weiteren Kronblättern verwachsenen «Schiffchen» gebildete schmetterlingsartige Krone. Die Knospendeckung der Krone ist absteigend, d.h. das innerste Kronblatt befindet sich – in Normallage – unten; Abb. 91. Das Androeceum besteht aus 10 Staubblättern, die bei einheimischen Arten (öfter außer einem) mit ihren Filamenten weit hinauf zu einer den Fruchtknoten umschließenden Röhre verwachsen sind.

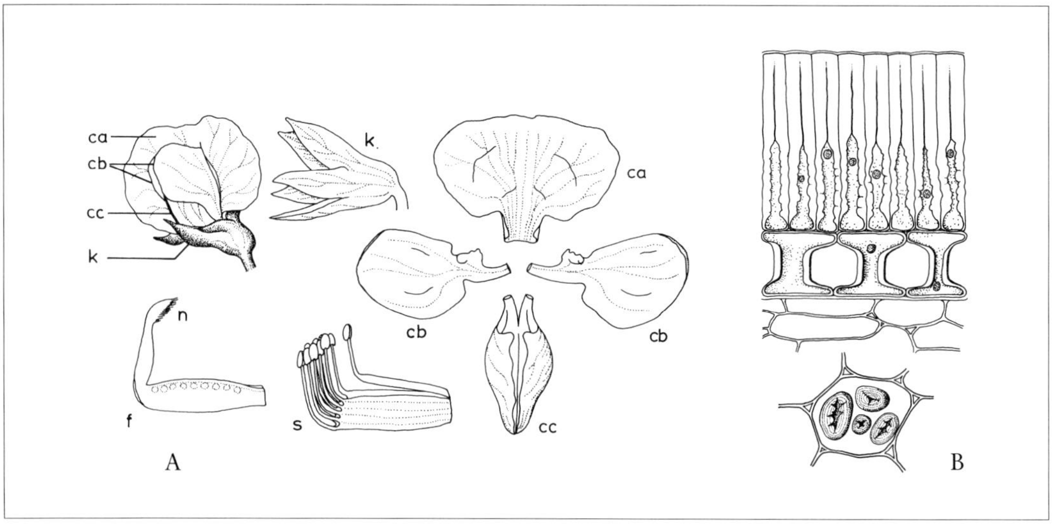

Abb. 91: A: Blüte von *Pisum sativum,* gesamt (1 x) und zerlegt in Kelch (k), Krone mit den Teilen Fahne (ca), Flügeln (cb) und Schiffchen (cc), Androeceum (s) und Gynoeceum (f) mit Narbe (n) und Samenanlagen. – **B:** Querschnitt durch den äußeren Teil der Samenschale von *Vicia faba* mit Palisadenzellen (außen) und Trägerzellen sowie Keimblattzelle mit Stärkekörnern (beides 200 x). – (A nach Firbas, B nach Gassner, z.T. verändert.)

Die N_2-Bindung durch Bakterien (*Rhizobium*) in Wurzelknöllchen wird z.B. bei der Rekultivierung von humusarmen Abraumflächen genutzt.

Eine weitere Gliederung dieser großen Familie in Triben ist möglich, wobei die Reserveproteine der Samen neben verschiedenen Sekundärstoffen besondere Berücksichtigung finden (Abb. 92). Wir nennen hier nur die wichtigsten, auch in der Abb. 92 aufgeführten Triben. Es zeigt sich, daß aufgrund mancher Merkmale und Entwicklungstendenzen zwei Gruppen unterschieden werden können:

A. Mit den Sophoreae eng verknüpfte Triben, deren Vertreter vorwiegend Holzpflanzen der Tropen und Subtropen sind. Nur die Genisteae + Thermopsideae (Zentrum: Mediterrangebiet) und die Abreae, Robinieae, Amorpheae und Aeschynomeneae (Zentrum: temperiertes Amerika) haben sich auch in extratropische Regionen ausgebreitet.

1 **Sophoreae**. Relativ ursprüngliche Merkmale; z.T. noch keine Schmetterlingsblüten; Stamina noch frei. Verbreitungszentrum im tropischen Afrika. Einige Arten sind durch Entwicklung des Chinolizidin-Alkaloids Ormosanin besonders konkurrenzkräftig geworden und haben vom zentralen Afrika aus Südostasien, die Philippinen und Australien erreicht; ein anderer Migrationsweg läßt sich nach Südamerika hin verfolgen (Abb. 93). Aus dem Vorkommen vorwiegend Matrin*-haltiger Pflanzen im südwestasiatischen Raum kann auf einen weiteren Ausbreitungsweg geschlossen werden. Südamerikanische Vertreter scheinen zumindest in den Samenproteinen nach serologischen Befunden von den altweltlichen weit getrennt zu sein und auch keine Übereinstimmungen mit den Genisteen oder Thermopsideen (wie es bei den altweltlichen der Fall ist) zu haben. – *Myroxylon balsamum* [Südamerika; liefert Balsame, die einerseits als granulationsförderndes, antiseptisches Mittel zur äußerlichen Anwendung (Perubalsam), andererseits als Expektorans (Tolubalsam) dienen]; *Sophora japonica* (Japanischer Schnurbaum; relativ tolerant gegen Luftverschmutzung).

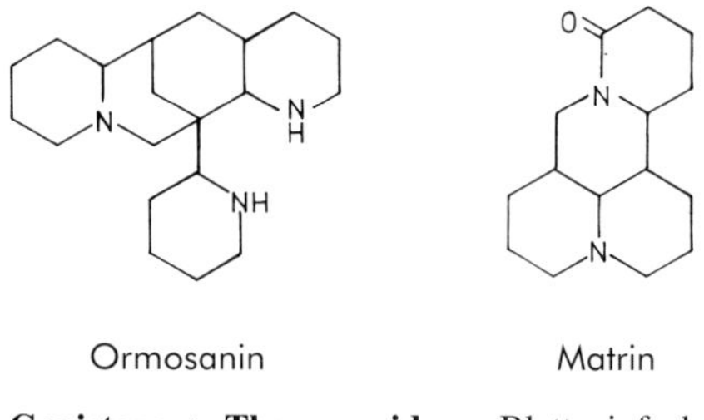

Ormosanin Matrin

2 **Genisteae + Thermopsideae**. Blatt einfach oder gefiedert. Diese mit den Sophoreae eng verbundenen, Chinolizidin- und z.T. Pyrrolizidin-Alkaloid-haltigen Triben haben insbesondere den Mediter-

* Matrin ist ebenfalls ein Chinolizidin-Alkaloid.

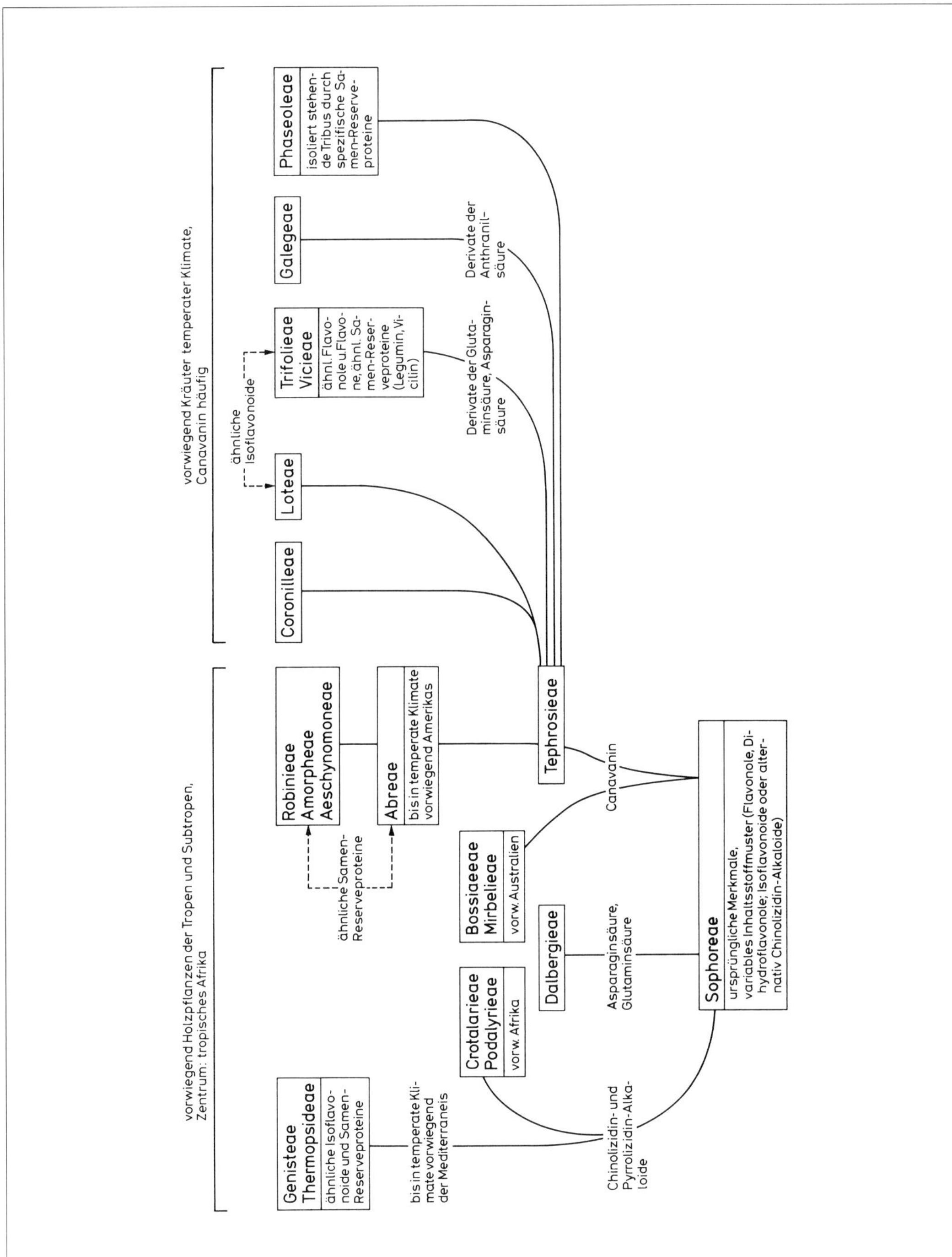

Abb. 92: Fabaceae: Die wichtigsten Triben, ihre Charakteristika und mutmaßlichen Verwandtschaftszusammenhänge. (Nach G. Cristofolini, O.R. Gottlieb u.a.)

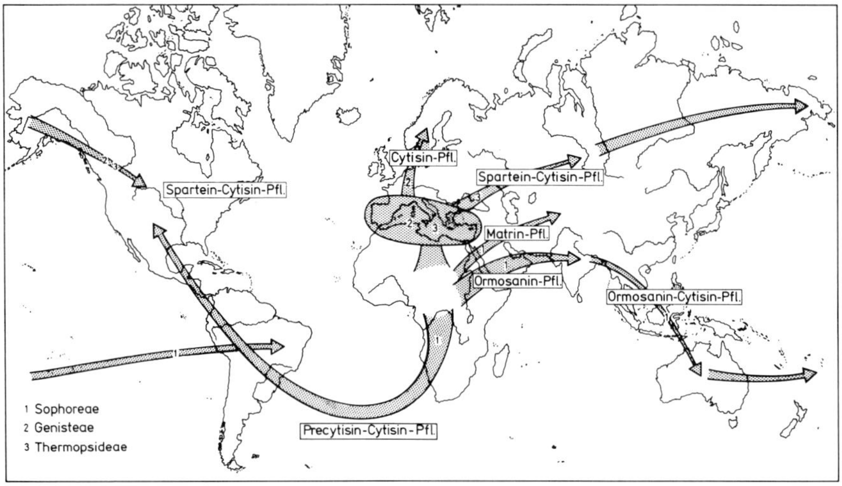

Abb. 93: Migrationswege der Sophoreae (Verbreitungszentrum: Afrika), Genisteae und Thermopsideae mit den wichtigsten Chinolizidin-Alkaloidtypen. (Nach O.R. Gottlieb, 1982.)

ranraum erfolgreich besiedelt. Am effizientesten hat sich hier und in anderen extratropischen Bereichen schließlich das Cytisin als Hauptalkaloid erwiesen. Mögliche Wanderungswege der beiden Triben illustriert die Abb. 93. Neben den Alkaloiden sind die Genisteae und Thermopsideae vor allem durch spezifische Isoflavonoide gut gekennzeichnet. – *Genista* (Ginster), *Laburnum* (Goldregen), *Lupinus* (Lupine), *Ulex* (Stechginster).

3 **Crotalarieae** mit der vorwiegend afrikanischen Gattung *Crotalaria* (500) und **Podalyrieae** mit vorwiegend südafrikanischen Arten schließen sich biochemisch (vor allem durch das Vorkommen von Pyrrolizidin-Alkaloiden), nicht aber in der Struktur der Samen-Reserveproteine eng an die vorige Gruppe an.

4 **Dalbergieae**. Pantropische Holzpflanzen. *Dalbergia brasiliensis* und andere *Dalbergia-* und *Machaerium*-Arten liefern das dunkle, echte Palisanderholz; von *Pterocarpus santalinus* stammt das Rote Sandelholz. Die Tribus teilt mit den Sophoreae das Vorkommen von isoflavonoiden (+)-Pterocarpanen, die anstelle der allgemein verbreiteten (–)-Pterocarpane offensichtlich in holzigen Vertretern erst nach Migration aus ihren afrikanischen Ursprungszentren in die heutigen Areale von Asien und Südamerika entstanden.

5 **Bossiaeeae** und **Mirbelieae**. Australische Holzpflanzen mit einfachen Blättern.

6 **Robinieae** mit der in Nordamerika beheimateten *Robinia pseudacacia* (Robinie), **Amorpheae** und **Aeschynomeneae** (vorwiegend Holzpflanzen amerikanischer Verbreitung).

7 **Abreae**. Pantropische Kittersträucher mit *Abrus precatorius* (Paternostererbse).

8 **Tephrosieae.** Holzpflanzen Afrikas, Asiens und Amerikas. *Derris-* und *Lonchocarpus*-Arten reich an Rotenon; Extrakte sind als Insektizide und Pfeilgifte von Bedeutung. – *Wisteria* (Glyzine).

B. Aus ursprünglichen, holzigen Vorfahren dürften sich die folgenden, vorwiegend **krautigen** Triben entwickelt haben. Nachdem dadurch der Ligninstoffwechsel im Zuge der Evolution an Bedeutung verlor, konnte der Shikimisäureweg stärker zu Aminosäuren und deren Abkömmlingen umgepolt werden, wodurch sich neue, erfolgreiche Abwehrstoffe gegen den Befall von Phytophagen entwickeln konnten. Diese Triben besiedeln überwiegend temperate Klimabereiche.

9 **Coronilleae**. Meist Fiederblätter und Bruchfrüchte («Gliederhülsen»). – *Coronilla* (Kronwicke), *Hippocrepis* (Hufeisenklee), *Onobrychis* (Esparsette).

10 **Loteae.** *Anthyllis* (Wundklee), *Lotus* (Hornklee).

11 **Vicieae**. Blätter meist paarig gefiedert, häufig mit Endranke, manchmal auf Kosten der vergrößerten Nebenblätter reduziert. – *Lathyrus* (Platterbse), *Lens* (Linse), *Pisum* (Erbse), *Vicia* (Wicke).
Trifolieae. Viele Übereinstimmungen in chemischen Merkmalen mit den Vicieae unterstreichen die nahe Verwandtschaft. Blätter hier zur Dreizähligkeit reduziert. – *Medicago* (Schneckenklee, Luzerne), *Melilotus* (Steinklee), *Trifolium* (Klee), *Trigonella* (Bockshornklee).

12 **Galegeae**. Blätter gefiedert. – *Astragalus* (Tragant), *Galega* (Geißraute), *Glycyrrhiza* (Süßholz).

13 **Phaseoleae**. Blätter dreizählig mit Stipellen. – *Dolichos*, *Cajanus cajan* (beide liefern eßbare Hülsenfrüchte des tropischen Afrika und Asien),

Erythrina, Glycine max (Sojabohne), *Physostigma* (Calabarbohne), *Canavalia ensiformis* (Schwertbohne, bildet bis zu 70 cm lange Hülsen).
Die Subtribus Phaseolinae mit den Gattungen *Phaseolus* (Gartenbohne) und *Vigna* ist durch eine 78-kb-Inversion in der cpDNA als monophyletische Gruppe ausgewiesen. In dem reichen Spektrum an isoflavonoiden Phytalexinen bestehen enge Beziehungen zu der Subtribus Glycininae (*Glycine max*). Serologische Vergleiche der Samenglobuline deckten tiefgreifende Unterschiede zwischen den großsamigen Bohnenarten amerikanischer Herkunft (hierzu die Busch- und Stangenbohne *Phaseolus vulgaris* und die Feuerbohne *Ph. coccineus*) und den meist recht kleinsamigen Bohnenarten asiatischer Herkunft (hierzu die Mungobohne *Ph. aureus*, die Adzukibohne *Ph. angularis* und die Reisbohne *Ph. pubescens*) auf und sind als Ausdruck einer bereits seit langem getrennten (oder relativ schnellen) Evolution zu werten.

Chemische Charakteristika

Reservestoffe: Die Samen vieler Fabaceen dienen der menschlichen Ernährung. Neben Fett und Eiweiß wird in den mächtig entwickelten Kotyledonen reichlich Stärke akkumuliert, deren Körner bei den verschiedenen Arten von ähnlicher Größe, am Rande geschichtet und strahlig zerklüftet sind (Abb. 91B). Während bei den fettarmen Samen die Eiweiß- und Kohlenhydratkomponente im Vordergrund steht (Erbsen, Bohnen, Linsen), werden andere, fettreichere zur Ölgewinnung herangezogen: *Arachis hypogaea* (Erdnuß) und *Glycine max* (Sojabohne). Die Sojabohne ist darüberhinaus auch als Quelle von hochwertigem Pflanzeneiweiß und von Sojalezithin von Bedeutung.

Etwa 60% der Fabaceen-Arten sollen in den reifen Samen ein – dann erhalten gebliebenes – Schleimendosperm enthalten. Es handelt sich um Schleim in Form sekundärer Wandverdickungen. Dieser ist bei den Fabaceae chemisch sehr einheitlich aufgebaut und liefert nach Hydrolyse D-Galaktose (der Seitenketten) und D-Mannose (der Hauptkette). Eine Schleimdroge stellen z.B. die Samen von *Trigonella foenum-graecum*, dem Bockshornklee, dar.

Cyamopsis tetragonoloba, die Guarbohne, liefert das Guarmehl (Guargummi); es ist im wesentlichen ein Galaktomannan (Guaran), das technisch, neuerdings aber auch als Adjuvans bei der Diabetestherapie (zur Verhinderung des zu schnellen Blutzuckeranstiegs nach der Nahrungsaufnahme) medizinisch genutzt wird.

Von *Astragalus gummifer* und anderen *Astragalus*-Arten stammt Tragacantha, der echte Tragant, ein aus Sproßachsen ausgetretener, erhärteter Schleim. Er besteht aus stark quellenden, wasserunlöslichen (Bassorin, ein Glukan) und wasserlöslichen Polysacchariden (Tragacanthin, bestehend aus einem Galakturonan und einem Arabinogalakan-Protein) und wird vielfach in Pharmazie und Nahrungsmittelindustrie verwendet.*

Die **Samenreserveproteine** von Fabaceen sind biochemisch, genetisch und taxonomisch eingehend untersucht und zum Ausgangspunkt der Homologisierung mit entsprechenden Proteinen in den Samen anderer Spermatophyten geworden. Unter den Globulinen haben sich die hexameren sog. 11S-Proteine («Legumine»), die im Samenproteinspektrum von *Vicia faba, Pisum sativum* oder *Glycine max* dominieren und samt ihrer Gene eingehend analysiert (z.T. auch sequenziert) worden sind, bei den meisten Spermatophyten als Hauptreserveproteine erwiesen; die 7S-Proteine («Viciline»), die beispielsweise in der Gartenbohne *Phaseolus vulgaris* das Hauptreserveprotein darstellen, sind ebenfalls weit verbreitet. Zur Verbesserung des Aminosäureangebotes für die menschliche Ernährung (insbesondere Erhöhung des Anteils an den basischen Aminosäuren Methionin und Cystein) werden umfangreiche Untersuchungen zur modifikatorischen (Bodenbedingungen) und genetischen Optimierung vorgenommen.

In den Samen vieler Fabaceen kommen (Glyko-) Proteine vor, die spezifische, einer Antigen-Antikörper-Reaktion ähnliche Bindungen mit Kohlenhydratgruppen von Glykolipiden oder Glykoproteinen an Zelloberflächen einzugehen vermögen. Dadurch können Erythrozyten – z.T. sogar blutgruppenspezifisch – , Lymphozyten oder auch andere Zellen agglutiniert werden. Derartige Substanzen werden als **Lektine** bezeichnet. Viele wirken als Phythämagglutinine. Die meisten Lektine haben ein Molekulargewicht von ca. 40.000 bis 150.000, sind Tetramere, die aus einer oder zwei verschiedenen Untereinheiten aufgebaut sind und 2 bis 4 Kohlenhydrat-Bindungsstellen besitzen. Alle bislang bekannt gewordenen Leguminosen-Lektine haben entweder Bindungsstellen für Galaktose (und ihre Derivate, wie N-Acetylgalaktosamin oder Fucose) oder für Glukose oder

---

* Der indische Tragant (= Karaya-Gummi), Ersatz bzw. Verfälschung des echten, stammt von *Sterculia*-Arten (Sterculiaceae).

Mannose [so in *Canavalia ensiformis* (Phaseoleae) und in vielen Vicieae: *Vicia cracca, V. sativa, Lathyrus odoratus, Lens culinaris, Pisum sativum*]. Aufgrund von serologischen Kreuzreaktionen und Aminosäuren-Sequenzbestimmungen muß es sich zumindest bei jeder der beiden Gruppen um homologe Proteine handeln. Abb. 94 zeigt diese mit dem Grad der Verwandtschaft abgestufte Homologie für die α-Untereinheit der Glukose/Mannose-reaktiven Lektine bei Vertretern von Vicieae und Phaseoleae. Diese Lektine kommen offenbar noch in vielen weiteren Fabaceen vor, ohne immer Phythämagglutinationsfähigkeit zu besitzen. Neuerdings wird vermutet, daß evolutive Beziehungen zu möglicherweise allgemein verbreiteten α-Galaktosidasen bestehen.

Besonders gut untersucht ist vor allem das Lektin aus *Canavalia ensiformis*, der Schwert- oder Jackbohne, das Concanavalin A. Es vermag mit α-D-glukopyranosyl- und sterisch ähnlichen Kohlenhydrat-Anteilen spezifische Bindungen einzugehen, so daß durch Affinitätschromatographie mit polymer gebundenem Con A die präparative Isolierung und Reinigung einer Vielzahl biologisch interessanter Substanzen gelungen ist.

Einige dieser Lektine haben toxische Wirkungen, so z.B. das Robin von *Robinia pseudacacia*, das Phasin der *Phaseolus*-Arten (das die Giftigkeit roher Bohnen bedingt) und vor allem das Abrin von *Abrus precatorius*, der Paternostererbse, deren leuchtend rot-schwarze Samen gelegentlich in exotischen Schmuckketten und Trockengestecken zu finden sind. Ihre Giftigkeit beruht zum einen auf der stark hämolysierenden Wirkung des *Abrus*-Agglutinins, das für die hämorrhagische Enteritis bei peroraler Aufnahme der zerkleinerten Samen verantwortlich ist. Zum anderen kommt den Abrinen (man kennt bisher mehrere Isomere) eine hohe systemische Toxizität zu. Hierbei ist die A-Kette (die Abrine sind wie das Ricin der Euphorbiaceae aus 2 Polypeptidketten, verknüpft durch eine Disulfidbrücke, aufgebaut) das toxische Agens, das durch Inaktivierung des Elongationsfaktors EF-2 die Proteinsynthese der Zelle an der 60S-Ribosomenuntereinheit zum Erliegen bringt. Obwohl die Fabaceen nicht enger mit den Euphorbiaceen verwandt sind, überrascht doch die hochgradige Sequenzähnlichkeit zwischen dem Abrin und Ricin (Abb. 95).

Einige Lektine werden heute als Diagnostika in der Blutgruppenanalyse benutzt, z.B. diejenigen von *Vicia cracca* oder *Dolichos biflorus* zur Ermittlung von A oder der Untergruppen A_1 und A_2.

Erwähnenswert ist in diesem Zusammenhang auch die Beobachtung, daß aus Pflanzen mit hoher Hämagglutinationsaktivität Extrakte gewonnen werden können, die in Leukozytenkulturen mitosefördernd wirken («Mitogene»).

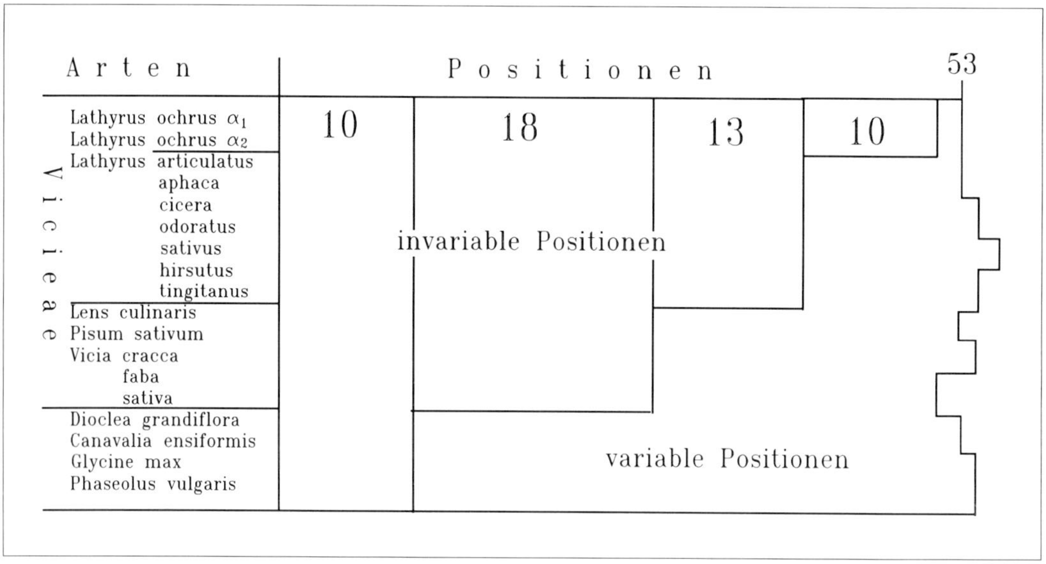

Abb. 94: Sequenzähnlichkeiten in der α-Untereinheit homologer Lektine bei Vicieae und Phaseoleae (Fabaceae). 10 invariable Positionen bei Vicieae + Phaseoleae, zusätzlich 18 in der Tribus Vicieae, 13 in der Gattung *Lathyrus* und 10 in der Spezies *L. ochrus*. α_1 und α_2 sind Isolektine. Die Lektine haben die Struktur $(\alpha, \beta)_2$ und ca. 53 Positionen. (Daten nach Yarwood et al. und Sousa-Cavada et al.)

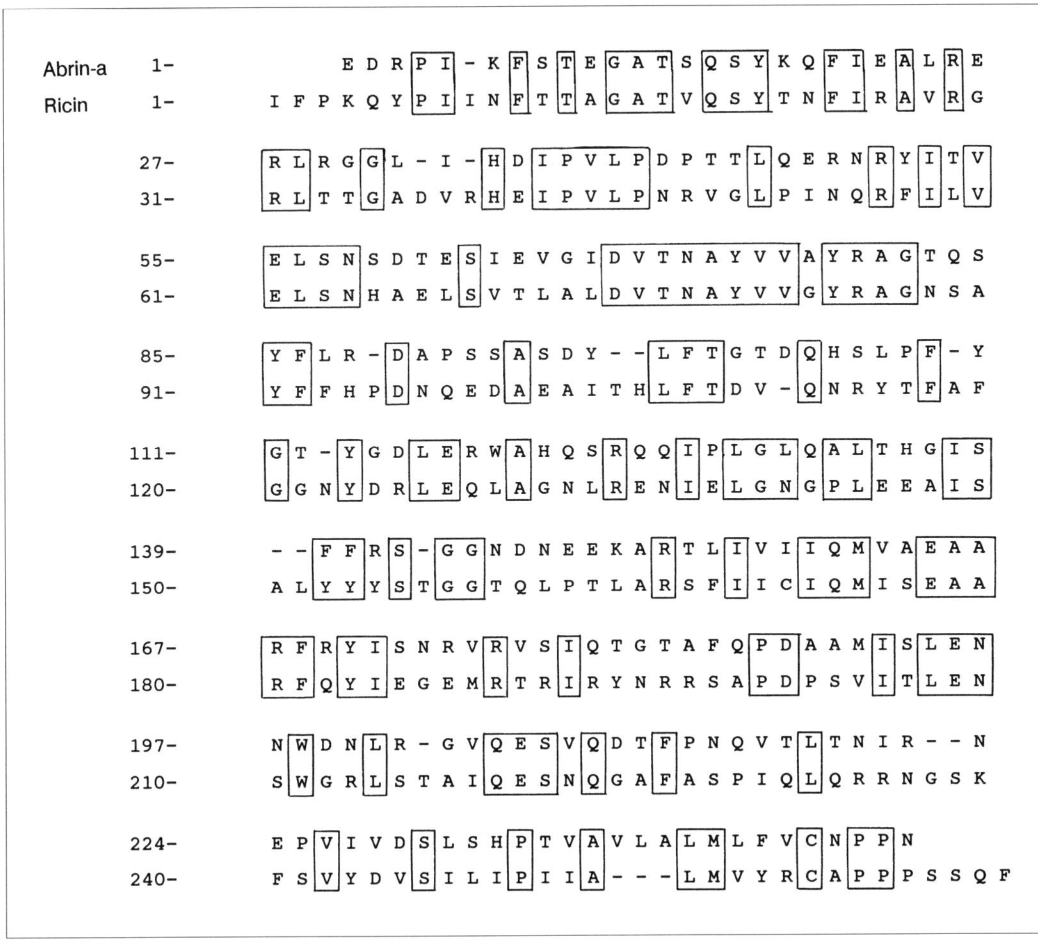

Abb. 95 : Die Aminosäuren-Sequenzen der A-Ketten von Abrin-a und Ricin. Die Übereinstimmungen sind markiert. (Nach Funatsu et al.)

Seltene, **nichtproteinogene Aminosäuren** sind in der Familie in großer Zahl gefunden worden. In 60% der bisher getesteten 540 Arten wurde z.B. Canavanin nachgewiesen, außerhalb der Familie trotz vielfachen Suchens bisher jedoch nicht.

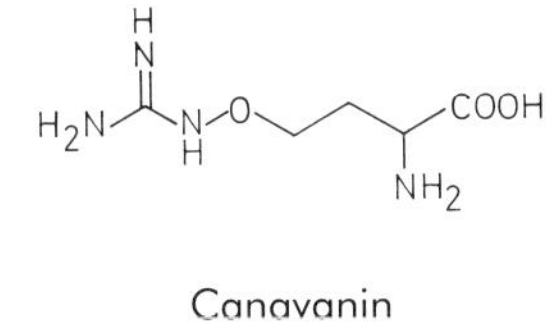

Canavanin

Die Giftigkeit von *Lathyrus* (nach Verzehr der Samen kann es zu Erkrankungen kommen, die in Indien als Neuro- bzw. Osteo-«Lathyrismus» bekannt sind) beruht auf dem Vorhandensein derartiger ungewöhnlicher Aminosäuren («Lathyrogene»).

Aus den Samen von *Vicia faba*, *Mucuna* spec. und einigen anderen Fabaceen kann L-Dihydroxyphenylalanin in technischem Maßstab gewonnen werden. L-DOPA hat als Arzneimittel zur symptomatischen Behandlung der Parkinsonschen Krankheit Bedeutung erlangt.

Alkaloide sind bei den Fabaceae nicht selten anzutreffen, jedoch ist ihr Vorkommen auf bestimmte Sippen (zumeist Tribus) beschränkt.

Chinolizidin-Alkaloide («Lupinenalkaloide») sind charakteristisch für die Triben Sophoreae, Podalyrieae, Thermopsideae und Genisteae (vereinzelt auch Dalbergieae). Besonders unter den in Europa vorkommenden Genisteae finden sich viele derart ausgezeichnete Alkaloidpflanzen: Lupinen (exklusive der «süßen», zu Futterzwecken entbitterten Mutanten), Besenginster (*Cytisus scoparius*), Ginster (z.B. der Färberginster, *Genista tinctoria*) sowie der als Giftpflanze bekannte Goldregen (*Laburnum anagyroides*). Lupinin, Cytisin, N-Methylcytisin und Spartein (das therapeutisch wegen seiner chinidinähnlichen Wirkung bei Herzrhythmusstörungen angewendet werden kann) sind die Hauptalkaloide. Die Biosynthese geht von zwei oder drei Molekülen Lysin aus.

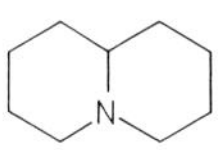

Chinolizidin

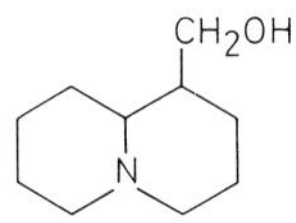

Lupinin

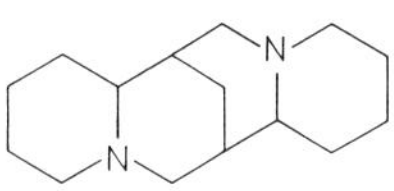

Spartein

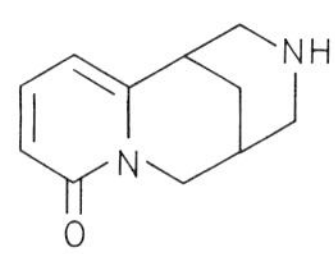

Cytisin

Arten anderer Fabaceen -Triben haben die Fähigkeit zur Bildung von Chinolizidin-Alkaloiden offenbar verloren. Füttert man z.B. *Vicia faba* (Tribus Vicieae) mit Spartein, so vermag diese Pflanze das Alkaloid so zu oxidieren wie jene, die den gesamten Biosyntheseprozeß vollziehen. Möglicherweise sind den Vicieae (und anderen Fabaceen) in der Evolution manche der zur Biosynthese benötigten Enzyme verlorengegangen, ohne daß die Oxidasen gleichzeitig verschwanden. Demnach könnte man das Vorkommen von Chinolizidin-Alkaloiden bei Fabaceen als ursprüngliches Merkmal werten, was mit dem Auftreten bei den – primitiven – Sophoreae übereinstimmen würde.

Außerhalb der Fabaceae kommen Alkaloide des gleichen Typs nur vereinzelt vor, wobei eine Häufung bei den Magnoliidae festzustellen ist.

Alkaloide anderer Strukturtypen treten innerhalb der Familie mehr sporadisch auf. Von besonderem toxikologischem Interesse ist das Vorkommen von Pyrrolizidin-Alkaloiden in einigen Vertretern der Genisteae, insbesondere aber *Crotalaria*-Arten (Crotalarieae). Strukturell ähnliche Verbindungen gibt es bei Asteraceen (*Senecio*) und Boraginaceen. Ferner seien kurz erwähnt:

1 Dipiperidylalkaloide (z.B. Hystrin) in einigen Gattungen der Genisteae (z.B. *Genista*) und evtl. Sophoreae.
2 Erythrina-Alkaloide verschiedener *Erythrina*-Arten (Phaseoleae); sie können als Isochinolin-Alkaloide speziellen Typs aufgefaßt werden.

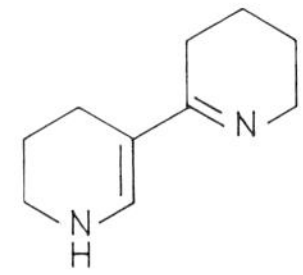

Hystrin

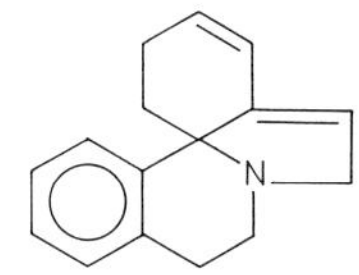

Erythrina-Alkaloide (Grundgerüst)

3 Physostigmin der Calabarbohnen (*Physostigma venenosum*, Phaseoleae), das durch Hemmung der Cholinesterase als Parasympathomimeticum wirkt und deshalb vor allem in der Ophthalmologie als pupillenverengendes Mittel therapeutisch Verwendung findet. Historisch von Interesse sind die Calabarbohnen zur Durchführung von Gottesurteilen in Westafrika (Ordealgift).

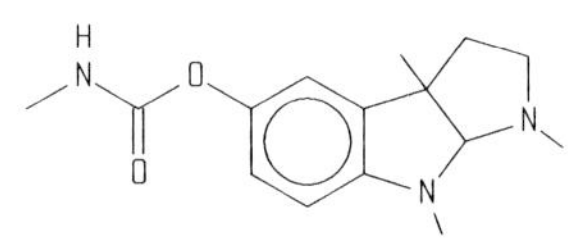

Physostigmin

Saponine: Triterpensaponine sind weit verbreitet. Das bekannteste ist das süß schmeckende, kaum hämolysierend wirkende Glycyrrhizin (Aglykon: Glycyrrhetinsäure), das vor allem in den unterirdischen Organen von *Glycyrrhiza glabra* enthalten ist («Süßholz»; «Lakritz»; Anwendung als Expektorans und zur Ulcusbehandlung). Interessant ist das Vorkommen von Steroidsaponinen (s. Tab. S. 100) in *Trigonella foenum-graecum*.

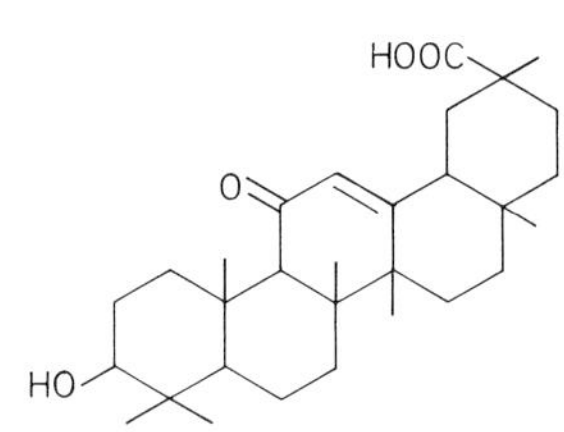

Glycyrrhetinsäure

Isoflavone: Unter den flavonoiden Verbindungen, die auch in der Familie der Fabaceen weit verbreitet sind, interessieren besonders die Isoflavone (3-Phenylchromonderivate), die wie die Flavone aus gemeinsamen Flavanonvorstufen durch eine 1,2-Arylwanderung entstanden sein dürften. Es handelt sich um Verbindungen mit oestrogener Wirkung, die, im Pflanzenreich sonst erratisch vorkommend, nur bei den Fabaceae in einer Fülle von strukturell ähnlichen Substanzen eine weite Verbreitung gefunden haben. Besonders in den Tribus Genisteae und Thermopsideae werden isoflavonoide Verbindungen (vielfach Derivate des Genisteins) akkumuliert. In biogenetischer Beziehung zu isoflavonoiden Verbindungen stehen wahrscheinlich auch das Rotenon und verwandte Stoffe aus z.B. *Derris*- und *Lonchocarpus*-Arten. Diese als Fischgifte und Insektizide benutzten «Rotenoide» sind bisher nur in Fabaceae gefunden worden. Holzige, tropische Fabaceen besitzen einen reichen Bestand an Isoflavonoiden, die in dem Holz dieser Pflanzen wichtige natürliche Fungizide darstellen. Es scheint, daß durch die evolutive Entstehung der krautartigen aus den holzigen Formen in kühleren oder trockeneren Regionen die Bedeutung und damit die Synthese von Isoflavonoiden abnahm. Infolge von Pilzinfektionen können aber auch diese zu reicherer Isoflavonoid-Produktion fähig sein. Man kennt diese Substanzen als Phytalexine von einer Reihe von Fabaceen (z.B. *Pisum, Phaseolus*).

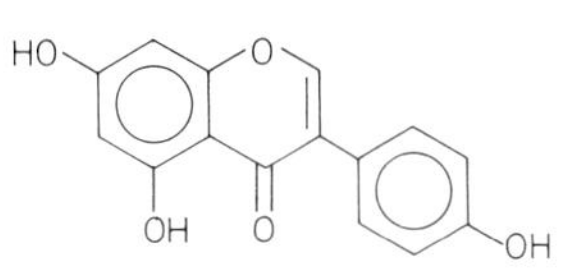

Genistein

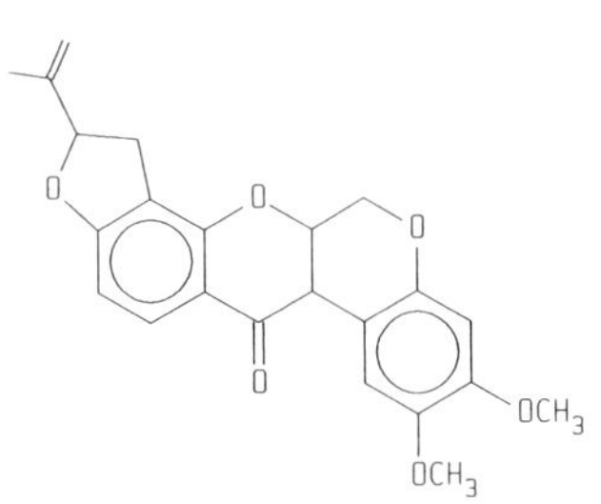

Rotenon

Cyanogene Verbindungen kommen insbesondere in den Gattungen *Lotus* (Hornklee) und *Trifolium* (Klee) vor. Ähnlich wie bei den cyanogenen Verbindungen der Rosaceae, Linaceae und Sapindaceae (alle: Rosidae) liegt ihnen Leucin oder Valin als Aminosäure-Baustein zugrunde.

Bei der Verletzung des pflanzlichen Gewebes (Tierfraß!) setzen pflanzeneigene β-Glukosidasen das Cyanhydrin frei, aus dem in saurem Milieu die hochtoxische Blausäure entsteht. Blausäure inhibiert insbesondere Enzymsysteme, die an Redoxprozessen beteiligt sind, z.B. solche der Atmungskette. Cyanogene Substanzen besitzen infolgedessen allgemeine Gifteigenschaften gegenüber pflanzenfressenden Tieren. So wurde an *Lotus corniculatus* und *Trifolium repens* experimentell nachgewiesen, daß cyanogen-freie Populationen bzw. Genotypen weit stärkerem Schneckenfraß ausgesetzt sind als cyanogenhaltige. Allerdings haben eine Reihe von Tierarten evolutiv die Fähigkeit zur enzymatischen Detoxifikation solcher Cyanide gewonnen (z.B. Rind, Schaf).

❖ Arzneipflanzen der Fabales

Mimosaceae. *Acacia catechu* WILLD. («Katechu»); *Acacia senegal* (L.) WILLD. u.a. Arten (Gummi arabicum, Acaciae gummi).

Caesalpiniaceae. *Cassia fistula* L. (Extr.); *Cassia senna* L. (= *C. acutifolia* DEL.) und *C. angustifolia* VAHL (Folia und Fructus Sennae); *Ceratonia siliqua* L. (Fructus und Semen Ceratoniae); *Copaifera reticulata* DUCKE u.a. Arten (Copaiva-Balsam); *Tamarindus indica* L. (Pulpa Tamarindorum).

Fabaceae. *Arachis hypogaea* L. (Oleum Arachidis); *Astragalus gummifer* LABILL. u.a. Arten (Tragacantha); *Cyamopsis tetragonoloba* (L.) TAUB. (Guargummi, Guaran); *Derris*- und *Lonchocarpus*-Arten (Rotenon); *Galega officinalis* L. (Herba Galegae); *Glycine max* (L.) MERR. (Lezithin); *Glycyrrhiza glabra* L. (Radix, Succus Liquiritiae; Lakritz); *Melilotus*-Arten (Herba Meliloti); *Myroxylon balsamum* (L.) HARMS var. *pereirae* (Balsamum peruvianum), – var. *balsamum* (Balsamum tolutanum); *Ononis spinosa* L. (Radix Ononidis); *Phaseolus vulgaris* L. (Pericarpium Phaseoli); *Physostigma venenosum* BALF. (Physostigmin); *Pterocarpus santalinus* L. (Lignum Santali rubrum); *Trigonella foenum-graecum* L. (Semen Foenugraeci).

❖ Nutzpflanzen der Fabales

Mimosaceae. *Acacia*-Arten (Gerbstoff(rinden)extrakte).

Caesalpiniaceae. *Ceratonia siliqua* L. (Karobenkaffee, Carubin); *Haematoxylum campechianum* L. (Hämatoxylin = Farbstoff zur Chromosomenfärbung).

Fabaceae. *Arachis hypogaea* L. (Erdnüsse); *Cajanus cajan* (L.) HUTH. (Straucherbse); *Cicer arietinum* L. (Kichererbse); *Dalbergia*- und *Machaerium*-Arten (Palisanderholz); *Glycine max* (L.) MERR. (Sojabohne, Eiweiß, fettes Öl mit hohem Anteil an essentiellen Fettsäuren); *Lens culinaris* MEDIK. (Linse); *Phaseolus vulgaris* L. (Gartenbohne) neben anderen *Phaseolus*- und *Vigna*-Arten; *Pisum sativum* L. (Erbse); *Vicia faba* L. (Saubohne, Pferdebohne).

4. Ordnung: Proteales

Die einzige Familie dieser Ordnung, die **Proteaceae**, ist eine phylogenetisch isolierte Sippe des alten südhemisphärischen Gondwanalandes, die sich auf den heutigen Kontinenten der Südhalbkugel (einschließlich Südostasien) seit der späten Kreidezeit getrennt entwickelt hat. Es sind Holzpflanzen, die in subtropischen Regenwäldern, insbesondere aber in der Trockenbuschvegetation Australiens (z.B. mit den Gattungen *Banksia, Grevillea* und *Hakea*) und Südafrikas eine große und manchmal dominierende Rolle spielen. Die meist zwittrigen Blüten stehen in zum Teil mächtigen zapfenartigen Blütenständen. Die Einzelblüten sind vierzählig (P4 A4 G1) und können interessante Anpassungen an die vorwiegend von Vögeln (auch Kleinsäugern!) vermittelte Bestäubung aufweisen.

Chemische Charakteristika

Die Proteaceen zeichnen sich durch ein vielfältiges Spektrum phenolischer Inhaltsstoffe aus: Flavonolderivate (des Quercetins und Kämpferols), kondensierte Gerbstoffe, Phenolglykoside (Arbutin und Arbutinester), phenolische Spirobislactone und Naphthochinone. Auch die hautirritierend wirkenden 5-Alkyl- und 5-Alkenylresorcine (vgl. Anacardiaceen, Araceen, *Ginkgo*) sind familientypische Verbindungen. Schließlich sind cyanogene Glykoside zu nennen, darunter Dhurrin bzw. dessen Bisglukosid Proteacin, sowie Alkaloide vom Pyrrolidin- und Tropantyp, also solche, die sich vom Ornithin ableiten.

❖ Nutzpflanzen der Proteales

Proteaceae. *Macadamia ternifolia* F. MUELL. und *M. tetraphylla* L. JOHNS. (Macadamia-Nüsse); australische (*Banksia, Grevillea* u.a.) und südafrikanische Arten (*Protea* u.a.) im europäischen Blumenhandel.

5. Ordnung: Myrtales

Ursprung und spätere Radiation der Myrtales dürfte – mit Ausnahme der vorwiegend australasiatischen Myrtaceae – im westlichen Gondwanaland gelegen haben. Die Ordnung schließt sich eng an die Rosales an (mittel- bis unterständige Fruchtknoten, z.T. vermehrtes Androeceum, Gerbstoff-Akkumulation u.a.m.), unterscheidet sich aber insbesondere durch:

- Blüte oft in 4blättrigen Wirteln
- inneres Phloem (bikollaterale Leitbündel)
- Fruchtblätter einschließlich der Griffel miteinander verwachsen.

Wichtige Inhaltsstoffe

1 Allgemein verbreitet sind **Polyphenole**. Das Flavonoidspektrum umfaßt hauptsächlich häufige Flavonole und deren O-Methylderivate, daneben auch C-Glykosylflavone. Die **Gerbstoffe** sind überwiegend Ellagi- und Gallotannine; es kommen aber auch Proanthocyanidine vor. Methylierte Ellagsäuren werden als Schlüsselmerkmal der Ordnung aufgefaßt.

2 **Triterpene**, besonders bei den Punicaceae und Myrtaceae. Sie finden sich vorwiegend in Rinde und Holz und sind Bestandteile der Blüten- und Blattwachse.

3 **Calciumoxalat** kommt reichlich vor; lösliche Salze der Oxalsäure bei den Melastomataceae und Onagraceae.

1. *Familie*: **Myrtaceae** (3000). Die in den Tropen und auf dem australischen Kontinent verbreiteten Myrtaceen unterscheiden sich von den folgenden Familien durch die Akkumulation von **ätherischen Ölen** in schizo-lysigenen Ölbehältern der oberirdischen Pflanzenteile. Ihre Blüten sind durch zahlreiche, oft auffällig gefärbte Staubblätter charakterisiert.

Wegen der reichen Produktion an ätherischen Ölen sind viele Myrtaceen als Gewürz- und Heilpflanzen von Bedeutung. Hauptbestandteile der ätherischen Öle sind zumeist Monoterpene oder auch Sesquiterpene, seltener Phenylpropankörper, oft mit bemerkenswert unterschiedlicher Zusammensetzung bei infraspezifischen Sippen: Der wilde, auf den Molukken heimische Gewürznelkenbaum *Syzygium aromaticum* (Abb. 96) liefert z.B. nur wenig und praktisch eugenolfreies ätherisches Öl, während die durch den Menschen selektionierten Populationen (kultiviert auf Sansibar, Pemba, Madagaskar; auch

A: 4 + 4zählig, oft aber auch sekundär vermehrt oder – bisweilen – in geringerer Zahl.

C: meist 4 (oder 5).

K: meist 4 (oder 5).

G: Fruchtknoten mittel- bis unterständig, in einem oft becherförmig vertieften Blütenboden stehend, der sogar stark verlängert sein kann (Hypanthium z.B. bei Onagraceen). Karpelle 2-4, oft auch mehr, vollkommen verwachsen, Narben manchmal noch frei. Samenanlagen gewöhnlich zahlreich und meist zentralwinkelständig. Endosperm im reifen Samen schwach entwickelt oder fehlend.

Bl: überwiegend ungeteilt, meist gegenständig; mit oft rudimentären Nebenblättern.

Pfl: Holzpflanzen oder Kräuter, häufig mit bikollateralen Leitbündeln.

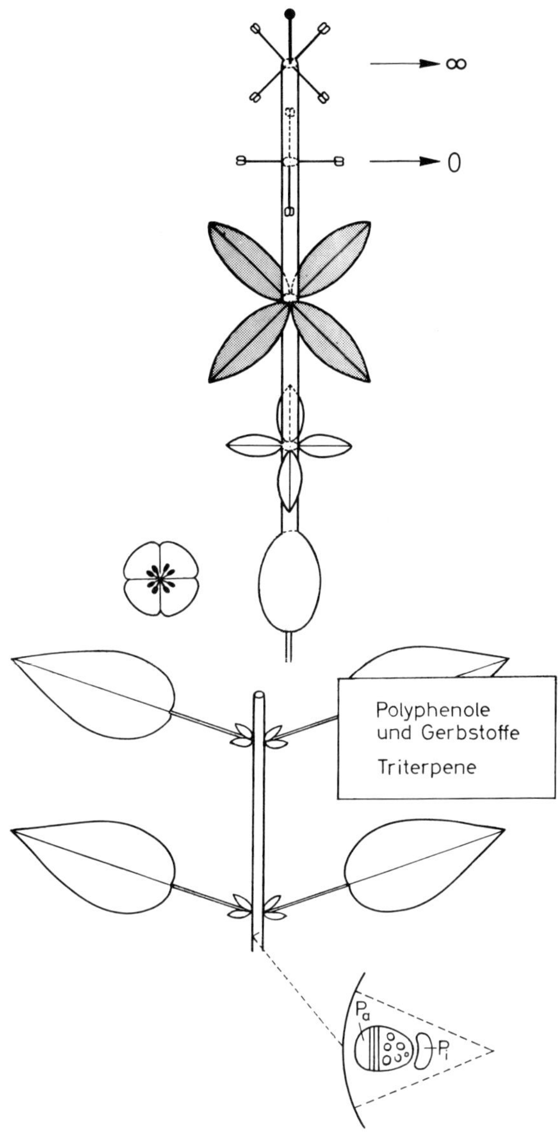

Bauplan der Myrtales

Molukken) im Öl bis über 80% Eugenol enthalten. Verwendung finden die Blütenknospen als Gewürz bzw. das daraus gewonnene «Nelkenöl» als Desinfiziens in der Zahnmedizin. Über 2/3 der Weltproduktion werden jedoch in Form einer Mischung mit Tabak geraucht (Kretekzigaretten; vor allem in Indonesien). Eugenolreich ist auch das Öl der als Gewürz dienenden Früchte von *Pimenta dioica* («Nelkenpfeffer»).

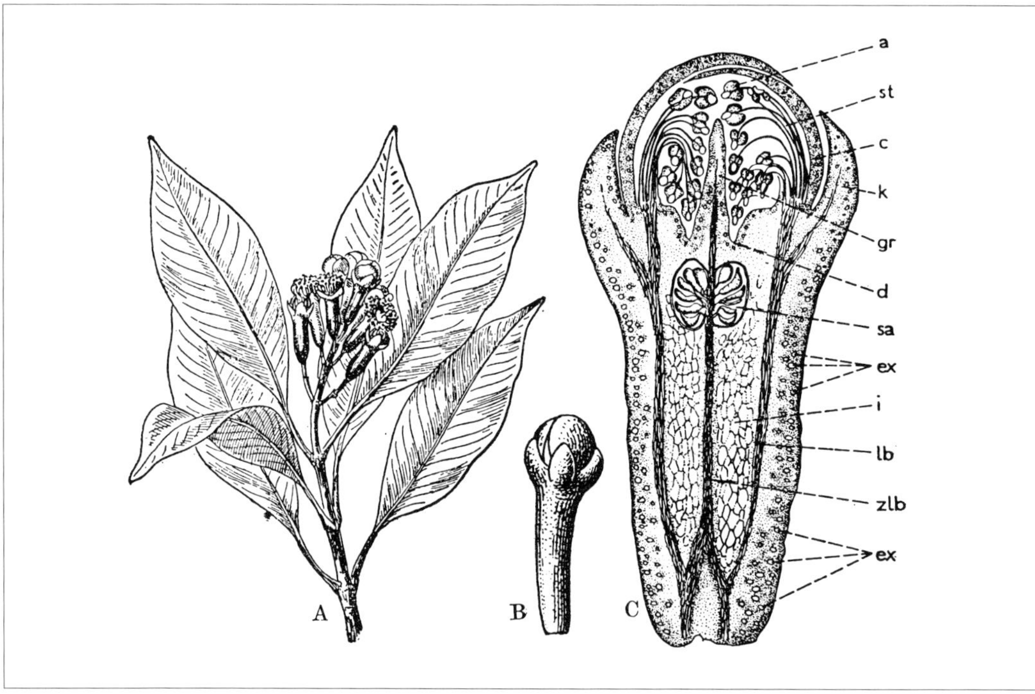

Abb. 96: *Syzygium aromaticum* (Myrtaceae). – **A:** Blühender Sproß (ca. 1/2 x). – **B:** Gewürznelke (etw. vergr.), bei **C** stärker vergr. und längs geschnitten. a Antheren, st Staubfäden, c Kronblatt, k Kelchblatt, gr Griffel, d Diskus, sa Samenanlagen, ex Exkretbehälter, i Gewebe mit Interzellularen, lb und zlb Leitbündel. – (A nach Karsten, B und C nach Oltmanns.)

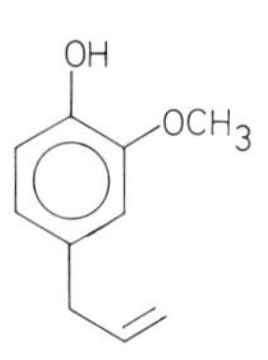

Eugenol

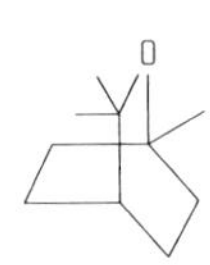

Cineol

Vorwiegend in Australien sind die ca. 700 *Eucalyptus*-Arten beheimatet. *Eucalyptus globulus* (Droge: die sichelförmig gebogenen, lanzettlichen Folgeblätter älterer Bäume), ein schnellwüchsiger, im Mittelmeerraum gern gepflanzter Baum, liefert cineolreiches ätherisches Öl. Eucalyptusöl wird als Einreibungs- oder Inhalationsmittel bei Bronchialerkrankungen geschätzt. Auch das Cajeputöl von *Melaleuca leucadendra* enthält bis zu 65% Cineol.

Unter den Polyphenolen sind O- und C-methylierte Flavanone und Flavone, Gallo- und Ellagitannine bei den Myrtaceae weit verbreitet. Viele *Eucalyptus*-Arten erzeugen nach Verwundung der Stämme «Kino», einen Wundsaft, der überwiegend Proanthocyanidine enthält. Auch die Gewürznelken enthalten ca. 10% Galloylgerbstoffe.

Der einzige europäische Vertreter ist die mediterrane Myrte (*Myrtus communis*), deren ätherisches Öl als Sekretolytikum Verwendung findet.

2. *Familie*: **Punicaceae** (2). Exkretbehälter fehlen. *Punica granatum*, der Granatapfelbaum, wird als Obstbaum in den Subtropen viel angebaut. In der Blüte werden 2 bis 3 Kreise von Fruchtblättern übereinander angelegt! Das saftige Innere der «Granatäpfel» sind fleischig gewordene Samenschalen (Sarcotesta der zahlreichen Samen), ist also kein Perikarpgewebe.

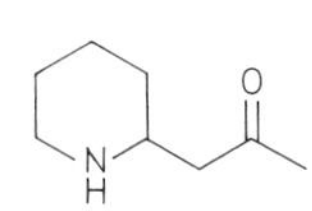

Isopelletierin

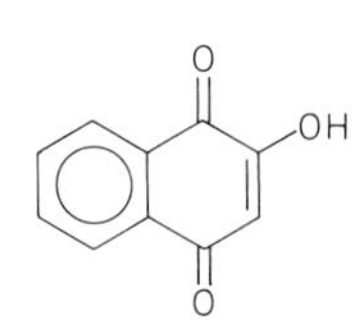

Lawson

Interessante Inhaltsstoffe der Wurzel-, Zweig- und Stammrinde sind α-substituierte Piperidinalkaloide wie Pseudopelletierin, Isopelletierin u.ä. (vgl. Lythraceae). Wegen dieser Alkaloide kann die Rinde, die außerdem 20-25% vorwiegend Ellaggerbstoffe enthält, als Bandwurmmittel verwendet werden (früher in der Veterinärmedizin).

Mit den Punicaceen offenbar eng verwandt sind die tropischen Mangrovepflanzen der 3. *Familie*: **Sonneratiaceae** (7).

In der Regel nur 4 bis 8 Staubblätter haben die Lythraceae und Trapaceae mit mittelständigem sowie die Onagraceae und Melastomataceae mit unterständigem Fruchtknoten.

4. *Familie*: **Lythraceae** (500). Im außertropischen Bereich überwiegend krautige Pflanzen. Sie enthalten z.T. Chinolizidinalkaloide (Lythrin), die möglicherweise über α-substituierte Piperidinverbindungen, z.B. Isopelletierin, synthetisiert werden; vgl. Punicaceae!

Eine alte Färberpflanze ist *Lawsonia inermis* («Henna»; auch heute wieder als Haarfärbemittel interessant) mit dem 2-Hydroxy-1,4-naphthochinon Lawson der Blätter, das als Lebensmittelfarbstoff zugelassen ist. Einheimisch *Peplis portula* (Sumpfquendel) und Gattung *Lythrum* (Weiderich, z.B. *L. salicaria* mit trimorpher Heterostylie).

5. *Familie*: **Trapaceae** (3). Die wärmeliebende, einjährige Wassernuß, *Trapa natans*, während der postglazialen Wärmezeit in stehenden Gewässern bis nach Skandinavien verbreitet, ist heute auch in Mitteleuropa stark zurückgegangen.

6. *Familie:* **Onagraceae** (= Oenotheraceae, 650). Oenothera, die Nachtkerzen, enthalten aus Amerika stammende, weltweit eingebürgerte Ruderalsippen; Bestäubung durch Nachtfalter; bekanntes Objekt der Vererbungsforschung. Das aus den Samen von Oenothera biennis gewonnene fette Öl (Primrose oil) ist reich an ungesättigten Fettsäuren und enthält, wie auch das Boretschöl, reichlich γ-Linolensäure. Ebenfalls – vorwiegend – amerikanischer Herkunft und wahrscheinlich südhemisphärischer Entstehung ist die vogelblütige Gattung *Fuchsia* mit auffälliger Akkumulation von Flavonol-monoglykosiden, insbesondere von 3-O-Glukosiden des Quercetins und Kämpferols. Die nordamerikanische Gattung *Clarkia* ist taxonomisch, genetisch und phylogenetisch intensiv erforscht worden. Die Aufdeckung der monotypischen Gattung *Heterogaura* als Schwestersippe einer *Clarkia*-Art hat die unterschiedliche Evolutionsgeschwindigkeit morphologischer Merkmale und damit deren Grenzen als phylogenetische Verwandtschaftskriterien aufgezeigt (siehe S. 11). Einheimisch sind u.a. die Gattungen *Epilobium* (Weidenröschen) und *Circaea* (Hexenkraut). Die (volksmedizinische) Anpreisung des Krautes kleinblütiger Weidenröschen als «Prostatamittel» entbehrt bisher wissenschaftlicher Grundlagen.

7. *Familie*: **Melastomataceae** (3000) mit tropischer Verbreitung, insbesondere in Südamerika. Pflanzen dieser Familie weisen unter allen Angiospermen mit die höchste Aluminiumakkumulation auf: 10.000 ppm bzw. 25% in der Asche. Auffallend ist die katadrome (= leiterförmige) Nervatur der Blätter.

Schließlich sollen zwei Familien umstrittener systematischer Stellung erwähnt werden, die sich zumindest in ihrem Gerbstoff- und Flavonoidspektrum den genannten Familien der Myrtales eng anschließen, bezüglich ihrer morphologischen Merkmale (z.B. keine bikollateralen Leitbündel) aber abweichen: Die **Haloragaceae** (160) sind bei uns durch die einheimische Gattung *Myriophyllum* (Tausendblatt) vertreten, untergetauchte Wasserpflanzen mit quirlständigen, fein kammartig gefiederten Blättern. Zu den **Rhizophoraceae** (120) gehören wichtige Mangrovepflanzen, z.B. *Rhizophora* mit verzweigten Stelzwurzeln und viviparer Vermehrung. «Mangrovenextrakt» ist ein Rohstoff für die Gerberei (kondensierte Gerbstoffe).

Auch wenn zwischen Ordnungen der Rosidae und Dilleniidae verschiedentlich enge phylogenetische Verknüpfungen angenommen werden müssen, erscheinen die u.a. aufgrund der sehr ähnlichen Aminosäurensequenzen in der kleinen Untereinheit der Rubisco postulierten Beziehungen von den Myrtales zu den Euphorbiaceae und Thymelaeaceae (s. S. 221) noch als ungenügend abgesichert.

❖ Arznei-, Gewürz- und Nutzpflanzen der Myrtales

Myrtaceae. *Eucalyptus*-Arten (Folia, Aetheroleum Eucalypti); *Melaleuca leucadendra* L. (Oleum Cajeputi); *Myrtus communis* L. (Myrtol); *Pimenta dioica* (L.) MERR. (Fructus Pimentae, Piment); *Psidium guajava* L. (Guave); *Syzygium aromaticum* (L.) MERR. et PERRY (Flores, Aetheroleum Caryophylli).

Punicaceae. *Punica granatum* L. (Cortex Granati; Granatäpfel).

Lythraceae. *Lawsonia inermis* L. (Folia Hennae, «Henna»).

Trapaceae. *Trapa natans* L. und insbesondere *T. bicornis* OSB. (Chines. Wasserkastanie).

Onagraceae. *Oenothera biennis* L. (Primrose oil, Nachtkerzenöl); «kleinblütige» *Epilobium*-Arten (Herba Epilobii).

Die jetzt folgenden Rutales mit den angegliederten Ordnungen der Sapindales, Polygalales und Geraniales (Überordnung «**Rutanae**», vgl. Abb. 84) repräsentieren den «Mittelbau» der Dicotyledonen insofern in besonderem Maße, als hier weder ursprüng-

G: aus (2-4) 5 oder manchmal mehr verwachsenen Karpellen; Fruchtknoten meist gefächert, jedes Fach mit 1-2 zentralwinkelständigen, bitegmischen und crassinuzellaten Samenanlagen, 1 Griffel; oft intrastaminaler Diskus. Die Endospermentwicklung verläuft überwiegend nukleär.

A: meist 5 + 5, vorwiegend obdiplostemon.

C: meist 5.

K: meist 5.

Blü: radiärsymmetrisch.

Bl: fast immer wechselständig, einfach oder zusammengesetzt (dann meist gefiedert).

Pfl: vorwiegend trop.-subtropische Holzpflanzen.

Bauplan der Rutales

liche noch stärker abgeleitete Merkmale die Regel sind. Die Blütenformel lautet infolgedessen häufig ✻ K5 C5 A5+5 G($\underline{5}$) mit Tendenz zur dorsiventralen Symmetrie.

Die Gliederung ist aus der folgenden Tabelle (S. 169) ersichtlich.

6. Ordnung: Rutales

Diese Ordnung ist durch einen meist intrastaminalen Diskus (Abb. 98B) und schizolysigene (auch schizogene) Exkretbehälter (z.T. -kanäle, -zellen) charakterisiert; ihre Blüten sind radiär. Über den Bauplan unterrichtet die Übersicht oben.

Tab. 6: Taxonomische Gliederung der Rutanae.

Rutales, Sapindales, Polygalales («Terebinthales»)	Geraniales («Gruinales»)
• meist Holzpflanzen • mit Diskus und / oder • Exkretbehältern mit ätherischen Ölen, Harzen, Balsamen (Rutales) oder reich an Saponinen (Sapindales, Polygalales) • deshalb viele Arznei- und Nutzpflanzen	• meist Kräuter • ohne Diskus • ohne Exkretbehälter

		Blütensymmetrie:			
Rutales	Rutaceae Burseraceae Meliaceae Simaroubaceae Anacardiaceae	*	*	Oxalidaceae Geraniaceae Linaceae Zygophyllaceae Erythroxylaceae	Geraniales
Sapindales	Aceraceae Sapindaceae Hippocastanaceae	±↓	↓	Balsaminaceae Tropaeolaceae	Geraniales
Polygalales	Polygalaceae	↓			

Wichtige Inhaltsstoffe

1 **Ätherische Öle** (vorwiegend Terpenkörper), Harze, Schleime, Gummi oder Gemische (Balsame, Gummibalsame, Gummiharze) sind weit verbreitet.

2 Die bei allen Familien der Rutales (auch Burseraceae und Anacardiaceae?) verbreitet vorkommenden **Bitterstoffe** sind überwiegend Tetranortriterpene (Limonoide oder Meliacine), die sich von tetrazyklischen Triterpenen (Protolimonoiden) herleiten, wobei das ursprüngliche Triterpenskelett bis auf C_{18} reduziert sein kann (Simaroubaceae).

3 Systematisch interessant sind diejenigen Verbindungen, die bei den Rutales zwar weniger allgemein verbreitet sind, jedoch Hinweise auf Ähnlichkeiten zwischen den Familien gestatten. So kommen die bei den Rutaceae verbreiteten Canthin-6-on- und 2-Chinolon-Alkaloide auch bei Simaroubaceen vor (Abb. 97). Andere Rutaceen-Alkaloide werden auch in Vertretern der Meliaceae vermutet.

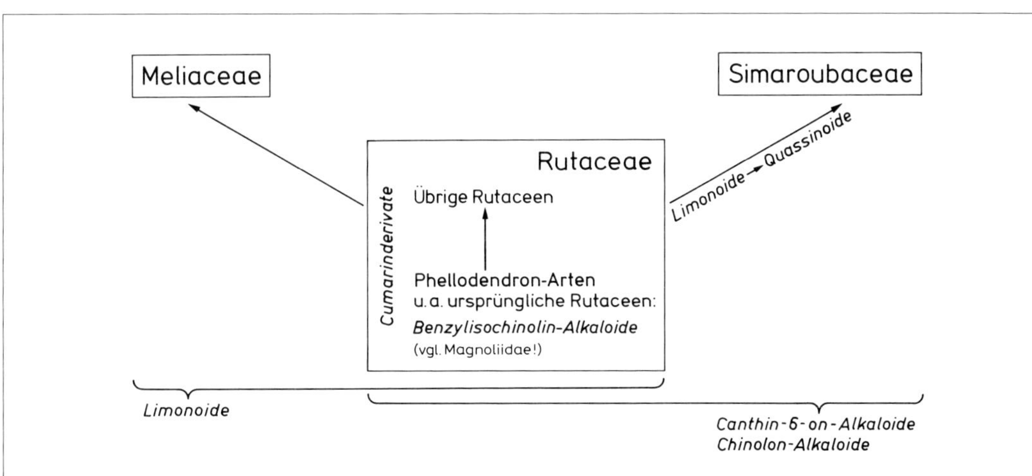

Abb. 97: Rutaceae und verwandte Familien unter Berücksichtigung wichtiger Inhaltsstoffe. (Nach Gershenzon und Mabry.)

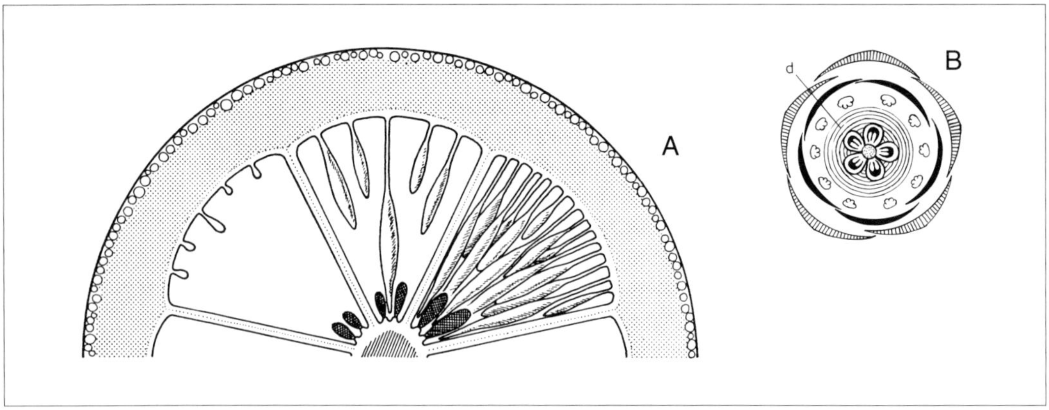

Abb. 98: Rutaceae. – **A:** *Citrus sinensis*, Frucht, quer, mit Exkretbehältern im Perikarp, die Entwicklung der Zotten zeigend; schematisiert (1 x). – **B:** *Ruta graveolens*, Diagramm einer 5zähligen Gipfelblüte mit Diskus (d). – (A nach W. Troll, B nach Eichler.)

1. *Familie*: **Rutaceae** (1600). Unter den Rutaceen gilt die in den Tropen verbreitete Holzpflanzen-Gattung *Zanthoxylum* als ursprünglich, weil sie neben eindeutigen (auch chemischen) Rutaceen-Charakteristika interessanterweise auch solche Merkmale besitzt, die man eher bei magnoliiden Vertretern suchen würde: eine unspezialisierte Blütenmorphologie, chorikarpe Gynoeceen, ein breites Spektrum an Benzylisochinolin-Alkaloiden sowie Alkamide, die außer einer reichen Entfaltung bei den Anthemideen und Heliantheen (Asteraceae) nur noch von Piperaceen und Aristolochiaceen bekannt sind. Alkamide, insbesondere olefinische Isobutylamide, zeichnen sich durch vielfältige biologische (z.B. insektizide, molluskizide) Wirkungen aus und sind bei *Zanthoxylum* auch für den scharfen Geschmack mancher Arten verantwortlich. Im übrigen sind die Rutaceae besonders reich an **ätherischen Ölen,** die in schizolysigenen Exkretbehältern gebildet und gespeichert werden (in Blättern als durchscheinende Punkte erkennbar). Die wichtigste Gattung ist *Citrus*, die, ursprünglich in Südasien heimisch, in allen wärmeren, wintermilden Gebieten (z.B. im Mittelmeergebiet bis zum Gardasee) angebaut wird. Das Fruchtfleisch ihrer Beerenfrüchte wird aus großen – von einer Endokarphaut überzogenen – Mesokarp-Ausstülpungen (Zotten) gebildet; Abb. 98A. Die verschiedenen Arten, Varietäten und Rassen liefern geschätzte Früchte (Zitrone, Apfelsine, Mandarine, Grapefruit), eine Reihe von Drogen sowie die durch Destillation oder Auspressen gewinnbaren Öle. Bitter schmeckende *Citrus*-Früchte enthalten Neohesperidoside (Flavanone) oder (in den Samen) triterpenoide Bitterstoffe vom Typ des Limonins.

Interessant ist der Nachweis bemerkenswerter Mengen an Synephrin in den Blättern von *Citrus*-Arten, einer dem Ephedrin und Cathin verwandten, kreislaufaktiven Substanz, die als synthetisches Arzneimittel (Sympatol) bereits seit langem in Gebrauch ist.

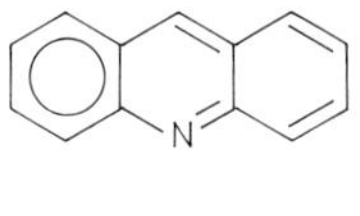

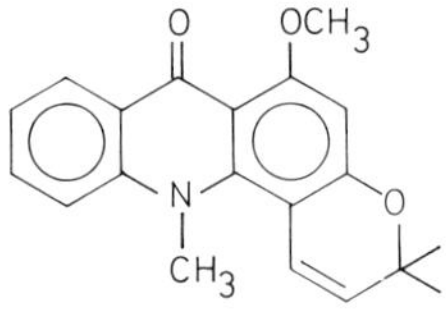

Acridin

Acronycin

In der Familie sind **Alkaloide** verbreitet. Charakteristisch sind – außer den schon erwähnten Benzylisochinolin-Alkaloiden – die bisher nur hier gefundenen gelbgefärbten Acridonalkaloide, von denen das Acronycin wegen seiner onkolytischen Wirkungen bekannt ist. Vergesellschaftet mit diesen Anthranilsäureabkömmlingen kommen bei den Rutaceen Furanochinolinbasen, ferner Carbazol- und Imidazolalkaloide vor. Zu den letzteren zählt das Pilocarpin der Blätter von *Pilocarpus*-Arten, eine parasympathomimetisch wirksame Substanz, die medizinisch genutzt wird (in der Augenheilkunde zur Pupillenverengung).

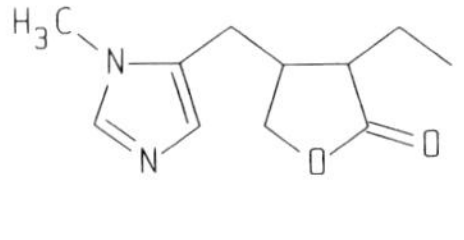

Pilocarpin

Ein weiteres Familienmerkmal ist das Vorkommen von Cumarinen, Furano- und Pyranocumarinen (vgl. dazu auch Araliales, S. 177), von denen die linearen Furanocumarinderivate als photosensibilisierende Substanzen auch toxikologisches Interesse besitzen: so z.B. das Bergapten (= 5-Methoxypsoralen) des Bergamotteöls als Ursache der sog. «Kölnischwasser-Dermatitis». 5-MOP wird wie auch das 8-MOP (→ Apiaceae, S. 183) bei der PUVA-Therapie eingesetzt.

Bis nach Mitteleuropa dringen die wärmeliebenden Arten Diptam (*Dictamnus albus*) und Weinraute (*Ruta graveolens*) vor.

Aus Rutaceen mit reichhaltigem Sekundärstoff-Metabolismus haben sich die Meliaceen und Simaroubaceen mit stärker spezifischem Sekundärstoffmuster entwickelt (Abb. 97). Auch die Burseraceen lassen sich hier unschwer anschließen.

2. *Familie*: Die **Meliaceae** (1400) sind wie fast alle Rutales tropische Holzpflanzen. Das Holz verschiedener Arten wird genutzt (z.B. Mahagoni). *Azadirachta indica*, der Neem-Baum, ist wegen seiner insektiziden Inhaltsstoffe (z.B. Azadirachtin, ein komplexes Limonoid) von Interesse.

3. *Familie*: **Simaroubaceae** (100). Bei den «Nutz»-hölzern (als Magenmittel der Eingeborenen) stehen Bitterstoffe im Vordergrund. Die Quassinoide sind in der Mehrzahl Decanortriterpene (C_{20}-Quassinoide), es kommen aber auch C_{18}-, C_{19}- und C_{25}-Quassinoide vor. Sie zeigen insektizide, cytotoxische u.a. biologische Wirkungen. *Quassia amara* und *Picrasma excelsa* liefern Bitterdrogen. In Parkanlagen findet man den aus China stammenden Götterbaum *Ailanthus altissima*.

4. *Familie*: **Burseraceae** (600) liefern harzartige Extrakte, u.a. Weihrauch (*Boswellia sacra* u.a. Arten) und Myrrhe (von *Commiphora*-Arten).

5. *Familie*: Die **Anacardiaceae** (600) lassen sich wegen ihrer Exkretgänge und intrastaminalen Diskus-Nektarien am besten den Rutales anschließen, obwohl sie in ihren chemischen Merkmalen z.T. eigene Züge erkennen lassen. Die Exkretgänge führen ätherisch-ölreiche oder gummiartige Balsame, in manchen Fällen auch Milchsaft mit eiweißartigen Kristallen. In den ätherischen Ölen überwiegen, soweit bekannt, Monoterpene. Wichtige Lieferanten für Balsame sind die *Pistacia*-Arten, besonders die auf der griechischen Insel Chios kultivierte *P. lentiscus* var. *chia* (liefert «Mastix»). Die Stammart ist ein bekannter Vertreter der mediterranen Macchienvegetation. Im Balsam von *Toxicodendron*-Arten (Giftsumach, Giftefeu; früher zur Gattung *Rhus* gerechnet) finden sich Hautreizstoffe, die eine gefährliche, allergen bedingte Kontaktdermatitis hervorrufen können. Es handelt sich um 3-Alkyl- und 3-Alkenyl-brenzkatechine, die als Urushiole bezeichnet werden (Seitenkettenlänge C_{15} oder C_{17}).

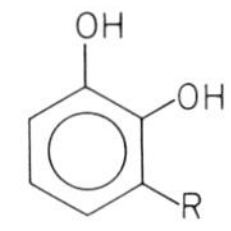

Urushiol

In der gerbstoffreichen Familie kommen sowohl Gallotannine und Ellagitannine – diese meist in Blättern und Rinden – als auch (in den Hölzern) Proanthocyanidine vor. Das chinesische Tannin der Zackengallen von *Rhus semialata* u.a. *Rhus*-Arten ist ein reines Gallotannin. Bedeutung für die Gerberei haben Extrakte aus den Blättern von *Rhus coriaria*, dem «Gerbersumach», und aus dem Holz von *Schinopsis*-Arten (*Sch. balansae* und *Sch. quebracho-colorado*; daher der irreführende Handelsname «Quebrachoextrakt»). – Das Vorkommen von Biflavonoiden erinnert an die Burseraceen.

In Parkanlagen kultiviert: *Rhus typhina*, der Essigbaum. Manche Anacardiaceen sind Obstbäume der Tropen, *Mangifera indica* liefert z.B. die Mango-Früchte. Von anderen werden die Samen als Nahrungs- und Genußmittel geschätzt: so z.B. die Cashew-Nüsse von *Anacardium occidentale* oder die Pistazien von *Pistacia vera* mit den bereits ergrünten Speichercotyledonen.

❖ Arznei- und Nutzpflanzen der Rutales

Rutaceae. *Citrus aurantium* L. ssp. *aurantium* (Flores, Folia, Pericarpium Aurantii; Fructus Aurantii immaturi), – ssp. *bergamia* (Aetheroleum Bergamottae); *C. limon* (L.) BURM. (Aetheroleum, Pericarpium Citri); *Citrus*-Arten (Citrusfrüchte: Apfelsine, Mandarine, Grapefruit, Pampelmuse, Zitrone u.a.); *Pilocarpus*-Arten (Folia Jaborandi; Pilocarpin); *Ruta graveolens* L. (Herba Rutae; Rutin).

Meliaceae. *Swietenia*-Arten (Mahagoniholz).

Simaroubaceae. *Quassia amara* L. und *Picrasma excelsa* (SW.) PLANCH. (Lignum Quassiae).

Burseraceae. *Boswellia*-Arten («Weihrauch» = Olibanum); *Commiphora molmol* ENGL. u.a. *C.*-Arten («Myrrhe»= Myrrha).

Anacardiaceae. *Anacardium occidentale* L. (Cashew-Nüsse); *Mangifera indica* L. (Mango-Früchte, reich an β-Carotin); *Pistacia vera* L. (Pistazien), *P. lentiscus* (Mastix); *Rhus semialata* L. (Acidum tannicum, Tannin); *Schinopsis*-Arten («Quebracho»-Gerbstoffextrakt); *Schinus molle* L. (Rosa-Pfeffer).

7. Ordnung: Sapindales

Im Unterschied zu den Rutales kommen hier keine Exkretbehälter vor, und der Diskus ist zumindest zum Teil extrastaminal. Die Blüten sind schwach bis stark zygomorph. Der Cyclit Quebrachitol wird in allen 3 genannten Familien in bemerkenswertem Maße akkumuliert. Eine weitere Übereinstimmung bezieht sich auf das Vorkommen von nichtproteinogenen, z.T. toxischen Methylencyclopropyl-Aminosäuren und ihrer γ-Glutamylpeptide in den Samen.

Beim Stickstofftransport in den Leitungsbahnen wie bei der Stickstoffspeicherung spielen Allantoin und Allantoinsäure eine große Rolle (bezügl. Allantoin siehe auch S. 259).

Gerbstoffe kommen allgemein vor, insbesondere Proanthocyanidine, aber auch Gallo- und Ellagitannine. Auch Triterpensaponine scheinen in allen Familien verbreitet zu sein.

Bei den vorwiegend tropischen **Sapindaceae** (1500) sind die südamerikanischen *Paullinia*-Arten durch ihren Gehalt an den Purinbasen Coffein und Theobromin von besonderem Interesse. Die aus den Cotyledonen von *P. cupana* und *P. sorbilis* hergestellte «Pasta Guarana» ist mit 4-8% die coffeinreichste Droge überhaupt. Aus den unreifen Früchten der Akee-Pflaume (Früchte von *Blighia sapida*) sind Hypoglycin A und B, stark hypoglykämisch wirksame Aminosäuren mit Cyclopropanring, isoliert worden.

Zu den **Hippocastanaceae** (15) gehört die ursprünglich in den Gebirgen des Balkans heimische Roßkastanie, *Aesculus hippocastanum*, deren Samen besonders saponinreich sind (3-5%). Das «Aescin» ist ein Gemisch mehrerer, einander sehr ähnlicher Saponine mit Protoaescigenin und Barringtogenol als Aglyka, verschiedenen Zuckerketten und am Ring E veresterten kurzkettigen Säuren (Essig-, Angelica- oder Tiglinsäure). Es wird wegen antiödematöser und «kapillarabdichtender» Wirkungen vielfach therapeutisch eingesetzt.

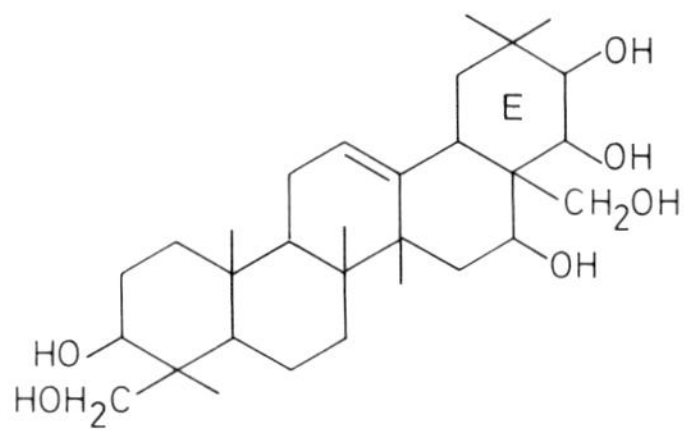

Protoaescigenin

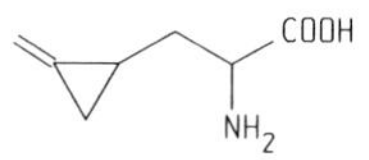

Hypoglycin A

Bei den **Aceraceae** (150) ist die Zygomorphie schwach ausgebildet: Im Androeceum sind nur 2 x 4 der ursprünglich 2 x 5 Staubblätter vorhanden und das Gynoeceum besteht aus 2 Fruchtblättern, die sich bei der Reife als geflügelte Spaltfrüchte voneinander lösen (Abb. 99). Einheimische Baumarten sind die großblättrigen *Acer pseudo-platanus* (Bergahorn) und *A. platanoides* (Spitzahorn) sowie der kleinblättrige *A. campestre* (Feldahorn). Der (Frühjahrs-)Blutungssaft nordamerikanischer Arten, besonders des Zuckerahorns *A. saccharum*, liefert Ahornsirup und saccharosereichen Ahornzucker.

Mit den Polygalaceae haben die Aceraceae das Vorkommen von Polygalitol (1,5-Anhydro-D-Sorbitol) gemeinsam.

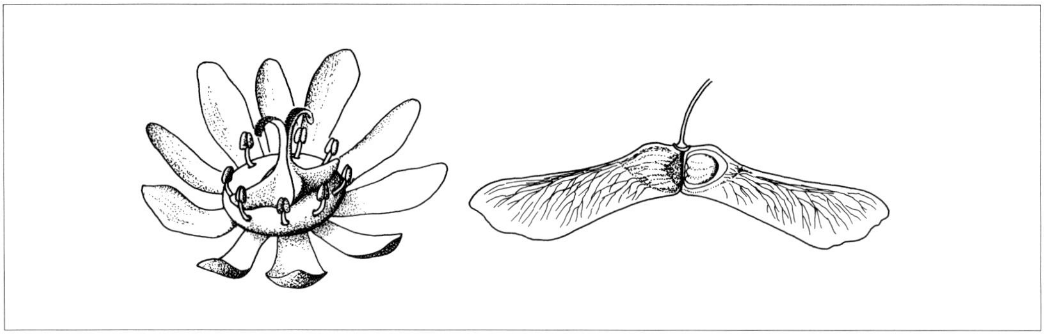

Abb. 99: *Acer platanoides* (Aceraceae), weibl. Blüte (vergr.) und Frucht (verkl.). (Nach Walt. Müller, veränd.)

❖ Arznei- und Nutzpflanzen der Sapindales

Sapindaceae. *Paullinia cupana* H.B.K. u.a. Arten (Pasta Guarana, Coffein); *Blighia sapida* C. KÖNIG (Akeepflaume); *Litchi chinensis* SONN. (Litchipflaume); *Nephelium lappaceum* L. (Rambutan-Früchte).

Hippocastanaceae. *Aesculus hippocastanum* L. (Semen Hippocastani, Aescin).

Aceraceae. *Acer saccharum* MARSH., N.O.-Amerika (Ahornsirup, Ahornzucker).

8. Ordnung: Polygalales

Die Polygalales mit der Familie **Polygalaceae** (800) ähneln in ihrer Blüte scheinbar den Fabaceae: Auch hier sind die (meist 8) Staubblätter mit ihren Filamenten verwachsen – wenn auch zu einer offenen Rinne; die ebenfalls schmetterlingsartige Krone besteht jedoch aus 3 (etwas verwachsenen) Kronblättern, zu denen 2 der insgesamt 5 Kelchblätter, kronblattartig gefärbt, flügelartig hinzutreten (Abb. 100A).

Mit den Sapindales teilen die Polygalales die reiche Saponinführung. Die nordamerikanische *Polygala senega* ist aus diesem Grunde in den Arzneischatz eingegangen. Eine Reihe von *Polygala*-(Kreuzblumen-) Arten sind einheimisch.

Holzanatomische, blütenbiologische und neuere serologische Untersuchungen sprechen dafür, auch die **Krameriaceae** (früher zu den Caesalpiniaceen gerechnet) zu den Polygalales zu stellen. *Krameria triandra*, ein in höheren Lagen der Anden wachsender Strauch, liefert als gerbstoffreiche Droge die Ratanhiawurzel.

❖ Arzneipflanzen der Polygalales

Polygalaceae. *Polygala senega* L. (Radix Polygalae); *P. amara* L. (Herba Polygalae).

Krameriaceae. *Krameria triandra* RUIZ et PAVON (Radix Ratanhiae).

9. Ordnung: Geraniales

Zu den Geraniales rechnen wir eine Reihe von zumeist krautigen Familien mit oft pentameren und pentazyklischen Blüten, die sich eng an die Rutales anschließen (S. 169). Allerdings fehlen ihnen die typischen Exkretbehälter der Rutales.

Vermutlich bestehen nicht zwischen allen hierzu gerechneten Familien engere Verwandtschaftsbeziehungen: Die u.a. auch serologisch sehr nahestehenden Erythroxylaceae und Linaceae mit ihren einfachen, ungeteilten Blättern könnten als Ordnung Linales abgetrennt werden, die z.T. holzigen Zygophyllaceae möglicherweise an die Sapindales angeschlossen werden, die senfölglykosidführenden Tropaeolaceae bei den Dilleniidae besser plaziert sein (vgl. S. 175), und selbst die Balsaminaceae mit ihren stark dorsiventralen Blüten sind u.a. durch ihren besonderen Chemismus hier nur vorläufig einzureihen.

1. *Familie*: **Oxalidaceae** (950). Noch freie Griffel findet man bei den Sauerkleegewächsen, für die eine Akkumulation löslicher (Kalium-)Oxalate charakteristisch ist. Einheimisch ist der weißblühende Wald-Sauerklee, *Oxalis acetosella*.

Die stark sauer schmeckende, gelegentlich auch nach Europa importierte Karambole ist die Frucht einer baumförmigen, tropischen Oxalidacee.

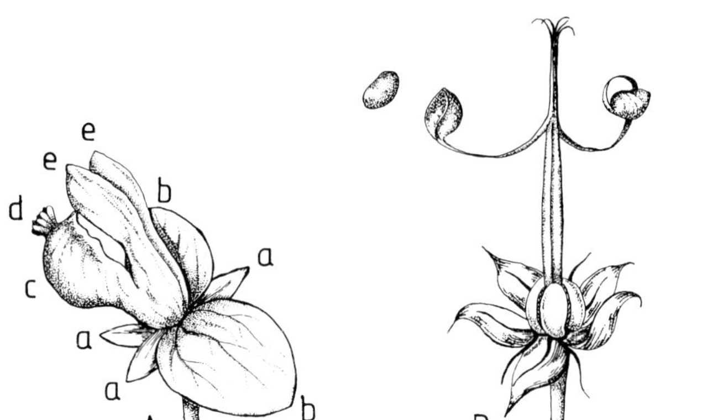

Abb. 100: A: Blüte von *Polygala senega* (Polygalaceae), vergr. – **B:** Frucht von *Geranium sanguineum* (Geraniaceae) mit abschleuderndem Samen (1,6 x): a grünliche, b korollinische Kelchblätter, c vorderes Kronblatt mit d Anhängsel, am Grunde mit den seitlichen Kronblättern (e) verwachsen. – (A nach Berg u. Schmidt, B nach Firbas.)

2. *Familie*: **Geraniaceae** (800). «Die Storchschnabelgewächse» haben schnabelförmig verlängerte Früchte (*Geranium*, Storchschnabel; *Erodium*, Reiherschnabel), die als Schleuder- bzw. Verbreitungsmechanismen fungieren (Abb. 100B). Schwach dorsiventrale Blüten hat die süd- und mittelafrikanische Gattung *Pelargonium*, bei uns ihrer auffallenden Blüten wegen gern kultiviert: Die kleinen Drüsenhaare der Sprosse von *Pelargonium* und einigen *Geranium*-Arten enthalten ein ätherisches Öl, dessen Hauptbestandteile die Monoterpene Geraniol und Citronellol sind.

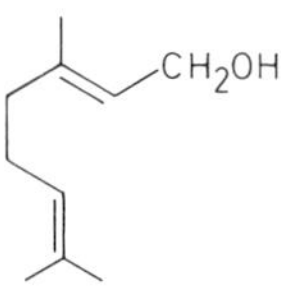

Geraniol

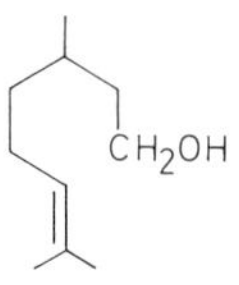

Citronellol

Als Reservestoffe treten Allantoin und Allantoinsäure (vgl. Sapindales) gehäuft auf. Gerbstoffe sind weit verbreitet; Catechingerbstoffe überwiegen in unterirdischen Pflanzenteilen, im übrigen Gallo- und Ellagitannine. Charakteristisch sind komplexe Ellagitannine vom Geraniin-Typus mit Dehydro-hexahydroxy-diphensäure im Molekül, die auch in Vertretern der Anacardiaceen, Aceraceen, Tiliaceen und Euphorbiaceen vorkommen; die Euphorbiaceen werden bei uns zwar den Dilleniidae zugeordnet, zeigen aber zumindest im Legumin serologisch bemerkenswert hohe Übereinstimmungen mit den im folgenden besprochenen Linaceen.

3. *Familie*: **Linaceae** (500). Die Blüten sind durchweg 5zählig. Im Androeceum kann der innere Staubblattkreis reduziert oder ausgefallen sein (Tendenz zur Haplostemonie); nur selten sind die Staubblätter vermehrt. Der Fruchtknoten ist meist 5fächerig, oft aber ist jedes Fach durch eine falsche Scheidewand noch mehr oder weniger vollständig geteilt. So entsteht z.B. beim Lein eine in 10 einsamige Fächer geteilte Frucht.

Bekanntester Vertreter der Familie ist der Lein oder Flachs (*Linum usitatissimum*), eine alte, seit dem Frühneolithikum in Mitteleuropa nachgewiesene Kulturpflanze. Die Bastfasern der Stengel liefern den Flachs, die Samen ein Öl, das wegen des hohen Gehaltes an stärker ungesättigten Fettsäuren (vorwiegend Linol- und Linolensäure) gut trocknet (autoxidiert). Bedingt durch den stark quellenden Schleim (Polysaccharid, bestehend aus Arabinoxylan und Rhamnogalakturonanen) der Samenschalen-Epidermis stellen die «Leinsamen» auch ein mildes Abführmittel dar. Der Gehalt an Blausäureglykosiden (Linamarin und Lotaustralin bzw. Linustatin und Neolinustatin als instabile genuine Diglykoside) ist bei üblicher Anwendung toxikologisch unbedenklich.

4. *Familie*: **Erythroxylaceae** (200), tropische Holzpflanzen, die den Linaceae nahestehen. Viele Vertreter, besonders *Erythroxylum coca*, der in den südamerikanischen Andenländern beheimatete Cocastrauch, führen Ecgonin- und Tropan-Alkaloide, unter denen das Cocain, ein – suchterregendes – Lokalanästhetikum, das bekannteste ist. Als Arzneimittel ist es heute praktisch bedeutungslos geworden, da synthetische Lokalanästhetika, für die Cocain jedenfalls zum Teil strukturell Vorbild gewesen ist, zur Verfügung stehen. Biogenetisch gehören die *Coca*-Alkaloide ebenso wie die verwandten Tropan-Abkömmlinge der Solanaceae und Convolvulaceae zu den Naturstoffen, bei denen Prolin und Ornithin als Precursoren in Frage kommen. Ferner ist Acetat am Aufbau des Moleküls beteiligt.

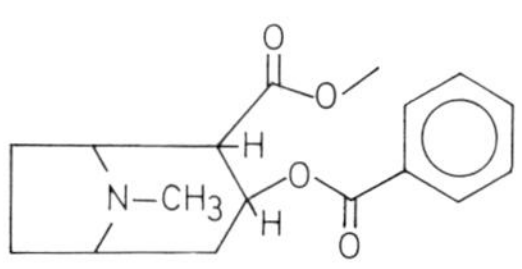

Cocain

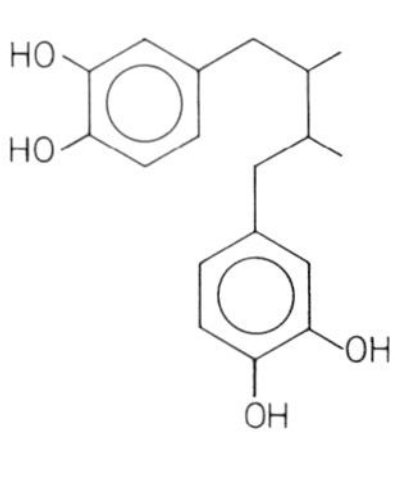

Nor-Dihydroguajaretsäure

5. *Familie*: **Zygophyllaceae** (250) sind besonders in Wüsten und Salzsteppen verbreitet. Sie sind reich an Lignanen. Pharmazeutisch von Interesse ist die aus dem Harz von *Larrea tridentata* (Kreosotstrauch) gewinnbare nor-Dihydroguajaretsäure («NDGA»), die als Antoxidans z.B. zur Stabilisierung oxidationsempfindlicher Vitamine verwendet werden kann.

Peganum harmala, die Steppenraute, enthält Alkaloide vom β-Carbolintyp, von denen das vor allem in den Samen akkumulierte Harmin halluzinogene Wirkungen besitzt.

Neben Triterpensaponinen kommen auch Steroidsaponine vor, die sonst ja – bis auf wenige Ausnahmen – auf die Monocotyledonen beschränkt sind.

Das aus dem Holz von *Guajacum* -Arten extrahierbare Harz wird als Reagenz zum Nachweis oxidierender Substanzen verwendet (Blaufärbung).

Die **Balsaminaceae** (450) können wir hier anschließen. Sie sind durch zygomorphe, lebhaft gefärbte Blüten ausgezeichnet.

Einzigartig für die Familie sind die Samenöle mit essigsäurehaltigen (bisher sonst nirgends mit Sicherheit nachgewiesen!) und parinarsäurehaltigen [bisher nur von einigen *Parinari*-Arten (Rosales) bekannt] Glyzeriden*. Auch das massenhafte Vorkommen von Oxalat-Raphiden ist für dicotyle Pflanzen ungewöhnlich.

Einheimisch bzw. eingebürgert sind die Springkräuter *Impatiens noli-tangere* bzw. *I. parviflora*. Das Ausschleudern der Samen geschieht durch momentanen Ausgleich der Gewebespannungen im Perikarp beim Zerfall (Berührung) der Frucht.

Die **Tropaeolaceae** (80) mit den südamerikanischen Kapuzinerkressen, z.B. *Tropaeolum majus*, scheinen zwar zytologisch und embryologisch (tenuinucellate Samenanlagen, endospermfreie Samen mit geradem Embryo) der vorigen Familie nahezustehen, in ihrem Chemismus aber sind sie – mitsamt den Limnanthaceae – grundverschieden. Nähere Beziehungen zu den Brassicaceae sind allerdings fraglich, mit denen sie durch die Bildung von Senfölglukosiden und Myrosinzellen sowie erucasäurehaltigen Samenölen und durch den Oxalatstoffwechsel übereinstimmen.

Das Benzylsenföl von *Tropaeolum majus* wirkt antibakteriell und wird deshalb arzneilich genutzt.

❖ Arznei- und Nutzpflanzen der Geraniales

Oxalidaceae. *Averrhoa carambola* L. (Karambole, «Baumstachelbeere»).

Linaceae. *Linum usitatissimum* L. (Semen, Oleum Lini; Flachs).

Erythroxylaceae. *Erythroxylum coca* LAM. (Folia Cocae; Cocain).

Zygophyllaceae. *Guajacum officinale* L. u.a. Arten (Lignum, Resina Guajaci; Guajazulen); *Larrea*-Arten (Nor-Dihydroguajaretsäure = NDGA).

Tropaeolaceae. *Tropaeolum majus* L. (Extr.; Benzylsenföl).

Die folgenden Ordnungen **Celastrales**, **Rhamnales**, **Santalales** und **Araliales** sind bereits stärker abgeleitet. In den weißlichen oder gelblich-grünen, unscheinbaren und kleinen (und dann z.B. bei den Apiaceen zu Pseudanthien vereinigten) Blüten ist ein Staubblattkreis ausgefallen und die Zahl der Karpelle (meist 2) und Samenanlagen (meist 1 oder 2) reduziert. In den Blüten kommen Diskusbildungen verbreitet vor. Die Santalales sind im Zusammenhang mit dem (Halb-)Parasitismus stärker reduziert.

10. Ordnung: Celastrales

Die wichtigste Familie **Celastraceae** (850) ist reich an Dulcitol und am Polyterpen Guttapercha. Besonders *Euonymus*-Arten bieten sich zur Gewinnung der in Milchsaftschläuchen abgelagerten kautschukartigen Gutta an (Gutta ist im Gegensatz zum cis-Polyisopren Kautschuk optisch anisotrop, d.h. doppelbrechend und aus Isoprenresten in trans-Form aufgebaut; Guttapercha ist die Mischung aus Gutta und Harz). Die bekannteste einheimische Celastraceen-Art ist das «Pfaffenhütchen», *Euonymus europaea*. Ihre giftigen Samen (Digitaloide und Alkaloide) sind von einem durch Carotinoide leuchtend gelb bis rot gefärbten Arillus umgeben. In vielen Celastraceen sind Alkaloide, vorzüglich Proto- und Pseudoalkaloide verbreitet. Neben chinoiden (Noroder Bisnor-)Triterpenpigmenten (den sog. Celastroloiden) scheinen vor allem Sesquiterpen-Polyesteralkaloide – mit z.T. insektizider Wirkung – ein spezifisches Familienmerkmal zu sein.

Derartige Verbindungen (Catheduline) kommen auch in *Catha edulis* vor. Für die Blätter (bzw. die Rinde junger Triebe) des Khatstrauches, im arabischen Raum schon seit ältesten Zeiten als Stimulans und Genußmittel im Gebrauch, sind jedoch andere, ZNS-wirksame Inhaltsstoffe von Bedeutung: Das schon lange bekannte (+)-Nor-pseudoephedrin (= Cathin), als synthetische Substanz auch fragwürdiger Bestandteil von Schlankheits- und Abmagerungs-Präparaten («Appetitzügler»); ferner das Diastereomere (–)-Norephedrin sowie das Cathinon [(S)-(–)-α-Aminopropriophenon]. Dieses Khatamin ist zweifellos die eigentliche ZNS-aktive Substanz, die aber beim Trocknen der Droge in das fünffach schwächer wirksame Cathin umgewandelt wird. Dies erklärt auch, warum nur frische Ware zum Khatkauen geeignet ist und die Droge außerhalb der Anbaugebiete (Arabischer Raum; Kenia) keine Rolle spielt.

* Parinarsäure ist die Δ9,11,13,15-Octadecatetraensäure.

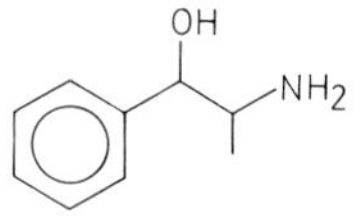

Cathin

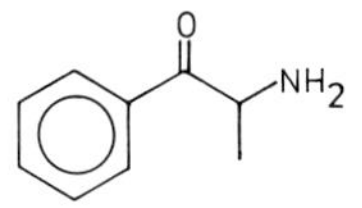

Cathinon

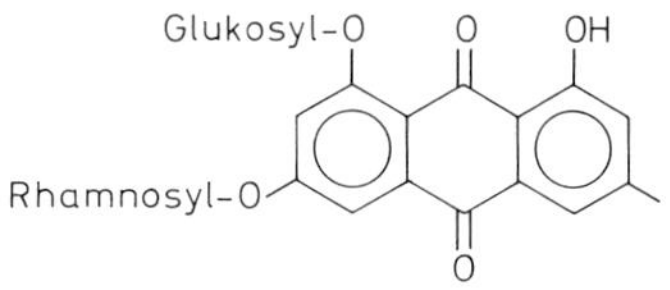

Glukofrangulin

❖ Arzneipflanzen der Celastrales

Celastraceae. *Catha edulis* (VAHL.) FORSSK. («Khat»; Cathin = D-Nor-pseudoephedrin).

11. Ordnung: Rhamnales

mit den beiden Familien Rhamnaceae und Vitaceae. Ihre Blüten sind haplostemon, wobei im Gegensatz zu den Celastrales der vor den Kronblättern stehende Staubblattkreis erhalten geblieben ist.

1. *Familie*: **Rhamnaceae** (900). Holzpflanzen mit ungeteilten Blättern und Nebenblättern und mit radiären, kleinen, grünlich-gelben Zwitterblüten. Perianth oft mehr oder weniger perigyn an einer schüssel- bis röhrenförmigen Blütenachse. Charakteristisch ist ferner ein intrastaminaler Diskus.

Einige Vertreter der Familie, darunter die pharmazeutisch bedeutsame Gattung *Rhamnus,* enthalten Anthraglykoside. Wichtige Abführdrogen gewinnt man aus der Rinde des einheimischen Faulbaums *Frangula alnus* (*Rhamnus frangula*; Abb. 101; Blüten zwittrig, 5zählig) oder des nordamerikanischen Faulbaums *Rhamnus purshianus*. Auch andere *Rhamnus*-Rinden sind als Abführdrogen im Handel anzutreffen, so z.B. von *Rhamnus alpinus* ssp. *fallax* (Südosteuropa) oder von *Rhamnus catharticus*, dem Kreuzdorn (Blüten zweihäusig verteilt, 4zählig), dessen Steinfrüchte ebenfalls Anthraglykoside enthalten.

Während in der Faulbaumrinde, die erst nach einjähriger Lagerung als Droge benutzt werden sollte (Oxidation der in frischer Rinde enthaltenen Anthron- bzw. Dianthronverbindungen), O-Glykoside vorherrschen, z.B. das Glukofrangulin, ein Frangulaemodin-6 α-rhamnosid-8β-glukosid, kommen in der amerikanischen Faulbaumrinde überwiegend C-Glykosylverbindungen, nämlich Aloine und die sog. Cascaroside (gemischte C- und O-Glykoside) vor; vgl. auch Aloe, S. 279.

Die biosynthetische Potenz der Rhamnaceen zeigt sich im übrigen auch darin, daß in den Gattungen *Maesopsis*, *Karwinskia*, *Rhamnus* und *Ventilago* außer Anthranoiden auch biogenetisch verwandte 1,8-Dihydroxynaphthalinderivate, Naphthochinone und Bianthracene vorkommen.

Abb. 101: *Frangula alnus* (Rhamnaceae). Blühender und fruchtender Sproß (1/2 x; nach Karsten) sowie Blüte im Längsschnitt (vergr.).

In der Familie sind auch Alkaloide nicht selten. Neben Benzylisochinolinen sind vor allem Cyclopeptidalkaloide (mit einem 1,2-Dehydrotyraminrest im Molekül) in struktureller Hinsicht interessante Verbindungen.

Ein Vertreter der anthrachinonhaltigen Sippen, *Karwinskia humboldtiana* (südl. USA; Mexiko) ist wegen neuro- (und pneumo-)toxischer Inhaltsstoffe der Samen von toxikologischem Interesse.

Zu den **Vitaceae** (700) gehört die Weinrebe *Vitis vinifera*, eine alte Kulturpflanze mit sympodialem Sproßaufbau und Sproßranken. Bei einigen *Partheno-*

cissus-Arten («Wilder Wein») sind die Rankenenden zu Haftscheiben umgewandelt. Die in der Familie reichlich vorkommenden Gerbstoffe (Proanthocyanidine; auch Ellagitannine) sind z.B. charakteristische Bestandteile eines «schweren» Rotweins.

❖ Arznei- und Nutzpflanzen der Rhamnales

Rhamnaceae. *Frangula alnus* MILL. (Cortex Frangulae), *Rhamnus purshianus* DC. (Cortex Rhamni purshiani), *R. catharticus* L. (Fructus Rhamni cathartici).
Vitaceae. *Vitis vinifera* L. (Wein).

12. Ordnung: Santalales

Eine relativ ursprüngliche Stellung innerhalb der Ordnung nehmen die tropischen, Celastrales-ähnlichen **Olacaceae** (230) ein, die meist noch voll autotroph leben. Sie liefern eine auch heute noch – oder wieder – als Aphrodisiacum geltende Droge: das brasilianische Potenzholz von *Ptychopetalum olacoides*.

Die einheimischen *Thesium*-(Leinblatt-)Arten gehören zu den im Boden wurzelnden **Santalaceae** (400), die immergrüne, dichasial verzweigte Mistel (*Viscum album*) und Eichenmistel (*Loranthus europaeus*) zu den meist in Stämmen holziger Wirtspflanzen durch Haustorien befestigten **Loranthaceae** (1400). Alle diese Arten sind grüne Halbschmarotzer. Der Verbreitung von Misteln und Eichenmisteln ist der in den Früchten vorhandene Schleim bzw. Kautschuk dienlich.

Die Suche nach wirksamen Inhaltsstoffen wird durch die innigen Stoffwechselbeziehungen mit den verschiedenen Wirtsarten erschwert, deren Inhaltsstoffspektren sich teilweise im Parasiten wiederfinden. Immerhin läßt sich z.Zt. folgendes feststellen: Die in morphologischer Hinsicht ursprünglicheren Santalaceae sind durch einen charakteristischen Fettsäurestoffwechsel ausgezeichnet. Sowohl die Blattlipoide als auch insbesondere die Samenöle enthalten Triglyzeride, an deren Aufbau Polyinfettsäuren beteiligt sind. Aus dem Holz von *Santalum*-Arten stammen die – offenbar nicht in besonderen Ölidioblasten abgelagerten – «Sandelöle». *Santalum album* liefert das «echte» Sandelöl, das überwiegend aus Sesquiterpenalkoholen besteht.

Die Sprosse der Mistel, *Viscum album*, stellen eine alte (Zauber-)Droge dar. Extrakte der Mistel besitzen heute wegen der ihnen zugeschriebenen, jedoch nicht unumstrittenen cancerostatischen Wirkungen therapeutisches Interesse. Als verantwortliche Inhaltsstoffe kommen (bei parenteraler Anwendung) einerseits gewebsnekrotisierende Polypeptide, sog. Viscotoxine, in Frage, zum anderen zeigen die Lektine der Mistel mit ihrem spezifischen Bindungsvermögen an Zelloberflächen bei der Injektion in Krebsgewebe deutliche Hemmwirkungen. Darüberhinaus wird eine Steigerung der Immunabwehr diskutiert. Die verbreitete Verwendung von Mistelpräparaten oder Misteltee zur Senkung überhöhten Blutdrucks ist (bei peroraler Anwendung!) unbegründet.

❖ Arznei- und Nutzpflanzen der Santalales

Olacaceae. *Ptychopetalum olacoides* BENTH. (Lignum Muira puama).
Santalaceae. *Santalum album* L. (Lignum Santali album; Sandelholzöl).
Loranthaceae. *Viscum album* agg. (Herba Visci; Extr.).

13. Ordnung: Araliales

Die Araliales sind in ihrer Mehrzahl durch geteilte und **zusammengesetzte** Blätter, schizogene **Exkretgänge** und **Diskus**bildungen charakterisiert und schließen damit eng an die Rutales-Sapindales an. Im Gegensatz zu diesen ist der Fruchtknoten der Araliales aber unterständig.

In den **chemischen Merkmalen** ist die Ordnung charakterisiert durch ätherische Öle und Balsame, durch Polyacetylene (= Polyine), Triterpensaponine und petroselinhaltige Samenöle. Auch das Fehlen von Iridoiden und echten Gerbstoffen ist ein gemeinsames Merkmal. Beziehungen zu den zuvor genannten Familien der Rosidae kommen durch manche Gemeinsamkeiten in Sekundärstoffen zum Ausdruck:
- Exkrete, insbesondere ätherische Öle sind u.a. bei Rutales verbreitet,
- Petroselinsäure ist im Samenöl von *Picrasma* (Simaroubaceae) nachgewiesen,
- Cumarinverbindungen kommen bei Araliales und Rutaceen vor,
- Polyacetylenverbindungen werden auch für Simaroubaceen und Vertreter der Santalales angegeben (Tab. 7 und Abb. 102) und lassen besonders deutlich die Ursprünglichkeit der C_{18}-Verbindungen erkennen, die sich erst in den – krautigen! – Umbelliferen zu einer Fülle von insbesondere kürzerkettigen und höher oxidierten Derivaten entwickelten; die Einzel-

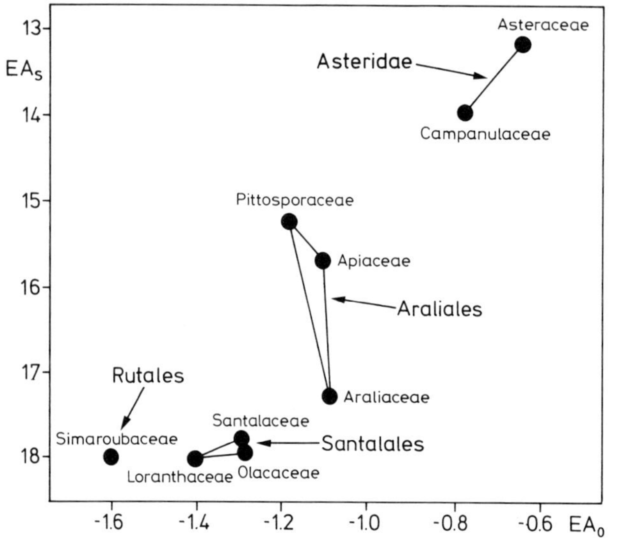

Abb. 102: C-Kettenlänge **EA_S** (Ordinate) in Abhängigkeit vom mittl. Oxidationsgrad **EA_O** (Abszisse) der Polyacetylene von Familien der Rosidae und Asteridae. (Nach O.R. Gottlieb, 1982; vgl. auch Tab. 7.)

Tab. 7: Übersicht über Kettenlänge und Oxidationsgrad bei den bisher bekannten Polyacetylenverbindungen der Angiospermen, ohne Einzelvorkommen in Annonaceae, Fabaceae, Goodeniaceae, Myoporaceae und Sterculiaceae. (Nach einer Zusammenstellung von O.R. Gottlieb [1982] und Strukturaufklärungen von Bohlmann.)

	C_8	C_9	C_{10}	C_{11}	C_{12}	C_{13}	C_{14}	C_{15}	C_{16}	C_{17}	C_{18}	C_{19}	C_{21}	D	EA_o	EA_s
Simaroubaceae											1/–1.6			1	–1.60	18.0
Loranthaceae											2/–1.4			2	–1.40	18.0
Santalaceae										4/–1.3	12/–1.3			16	–1.30	17.8
Olacaceae										1/1.2	12/–1.3			13	–1.29	17.9
Pittosporaceae						2/–1.2		9/–1.2		4/–1.2				15	–1.20	15.3
Araliaceae										4/–1.1	2/–1.1			6	–1.10	17.3
Apiaceae			3/–0.8	2/–1.0	1/–1.0	32/–1.0	1/–1.0	13/–1.1	6/–1.1	84/–1.2	4/–1.0	1/–0.8	1/–1.1	148	–1.12	15.7
Campanulaceae							11/–0.8							11	–0.80	14.0
Asteraceae	4/–0.7	13/–0.3	130/–0.6	45/–0.5	132/–0.4	327/–0.5	160/–0.8	41/–1.0	39/–1.1	111/–1.1	20/–1.2			1022	–0.67	13.2

Für alle Verbindungen einer C-Kettenlänge ist angegeben: (Zähler) Zahl der Verbindungen und (Nenner) mittlerer Oxidationsgrad, der sich für die C-Bindungen berechnet durch – 1 für C – H, 0 für C – C und + 1 für C – O oder ein anderes Heteroatom

D = Gesamtzahl der Verbindungen pro Familie
EA_o = Mittlerer Oxidationsgrad für die Gesamtzahl der Verbindungen pro Familie
EA_s = Mittlere C-Kettenlänge für die Gesamtzahl der Verbindungen pro Familie

Griffel: meist (bei den Apiaceae immer) 2, am Grunde mit dem Diskus zu einem Griffelpolster verwachsen.

A: fast immer 5 und episepal, d.h. über den Kelchblättern stehend.

C: meist 5, vorwiegend weißlich gefärbt.

K: meist 5, unscheinbar bis undeutlich klein.

G: unterständig, aus (∞ –) 5-2 (-1), bei den Apiaceae immer aus 2 Karpellen gebildet. Fruchtknoten gefächert, mit je 1 Samenanlage. Diese ist tenuinucellat und unitegmisch. Frucht eine Beere, Steinfrucht (Araliaceae) oder eine in 2 Teilfrüchte zerfallende Spaltfrucht (Apiaceae). Samen mit stark entwickeltem Endosperm (Bildung: nukleär) und kleinem Embryo.

Blü: klein, in dichten, verzweigten Blütenständen, bei den Apiaceae in Dolden bzw. Doppeldolden («Umbelliferae»).

Bl: meist ein- bis mehrfach gefiedert oder gefingert, wechselständig, oft (Apiaceae) mit auffälliger, z.T. aufgeblasener Blattscheide.

Pfl: vorwiegend (Araliaceae) oder selten Holzgewächse (Apiaceae).

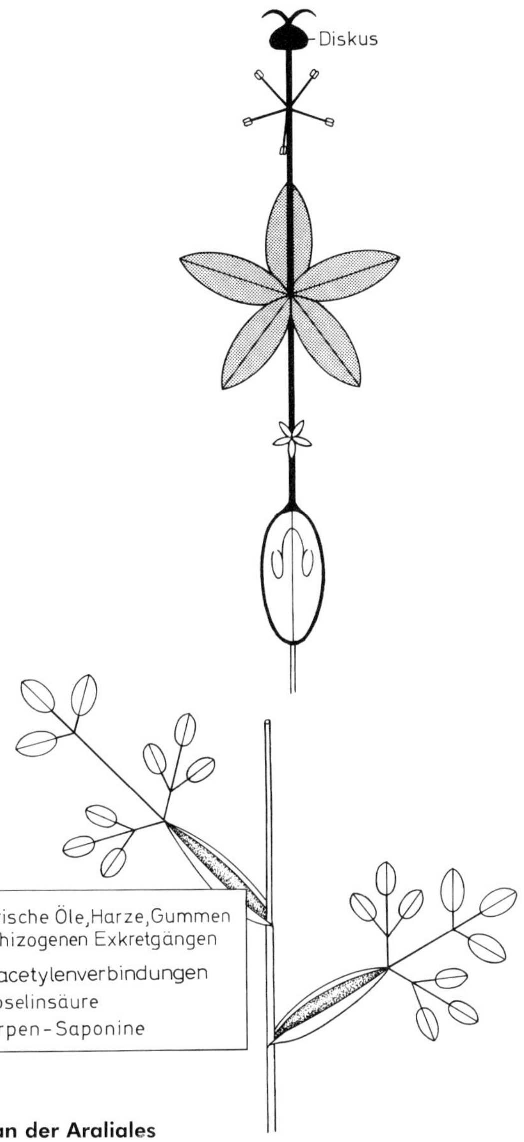

Bauplan der Araliales

vorkommen der Polyacetylene in Annonaceen, Sterculiaceen, Fabaceen, Goodeniaceen und Myoporaceen haben in diesem Zusammenhang dagegen keine entscheidende Aussagekraft.

Auf die mit den Araliales verwandten **Pittosporales** (*Pittosporum tobira* ist ein im Mediterrangebiet gern gepflanzter Strauch mit starkduftenden Blüten) wird hier nur verwiesen.

Wir unterscheiden zwei sicher nahe verwandte Familien, Araliaceae und Apiaceae, die auch in ihren chemischen Merkmalen eine Reihe von Gemeinsamkeiten erkennen lassen:

1 **Ätherische Öle** und **Balsame** (Harze und Gummen) werden in schizogenen Exkretgängen abgelagert. Wenn auch Untersuchungen über den Inhalt der Araliaceen-Exkretgänge weniger zahl-

reich sind, so ist doch bekannt, daß Mono- und Sesquiterpene, aber auch Polyine als Komponenten der ätherischen Öle in Frage kommen. Zwischen Vertretern beider Familien gibt es auffällige Geruchsübereinstimmungen (z.B. Ginseng – *Angelica*).

2 In den Samenölen sind Petroselinsäure und Petroselidinsäure wichtige, z.T. Hauptbestandteile.

3 Das in den Wurzeln vieler Apiaceae häufig vorkommende Polyin-Keton Falcarinon ist für den Efeu und andere Araliaceae nachgewiesen worden und gilt für *Schefflera arboricola* als Allergen. Der entsprechende Alkohol Falcarinol ist mit dem Panaxinol aus *Panax ginseng* (sowie dem Carotatoxin aus *Daucus carota*) identisch.

4 **Triterpensaponine** sind vor allem bei den Araliaceae, aber auch häufig in den Unterfamilien Hydrocotyloideae und Saniculoideae der Apiaceae anzutreffen.

Bei den Apiaceae sind über diese Gemeinsamkeiten hinaus weitere charakteristische Inhaltsstoffe bekannt; dabei sollte allerdings berücksichtigt werden, daß sie intensiver untersucht worden sind als die Araliaceae.

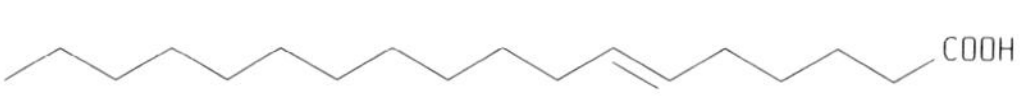

Petroselinsäure (cis-Form)
Petroselidinsäure (trans-Form)

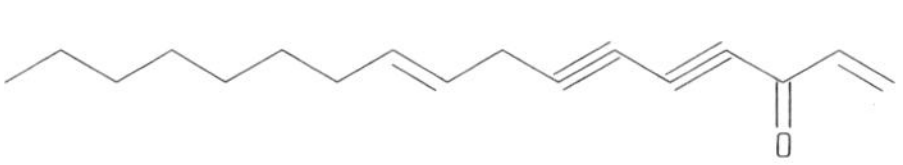

Falcarinon

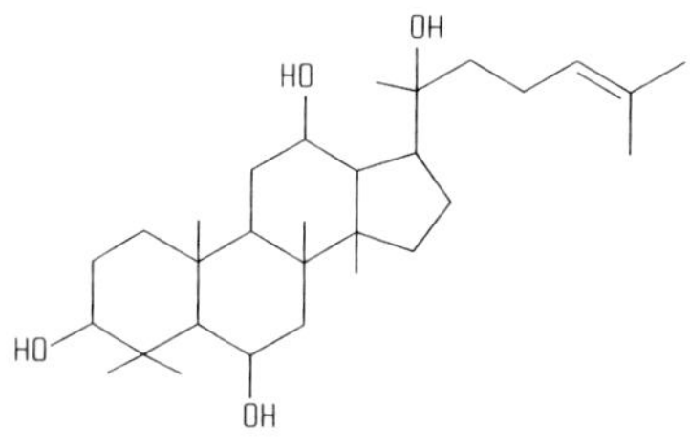

Protopanaxatriol

1. *Familie*: **Araliaceae** (700). Überwiegend im trop.-subtropischen Asien und Amerika beheimatete (meist Holz-)Pflanzen; einheimisch ist nur der Efeu, *Hedera helix*. Meist 5 Karpelle, die gewöhnlich eine Beere bilden; kein Karpophor.

An Inhaltsstoffen sind Triterpen-Saponine verbreitet, die z.B. für die Wirkung der als Antitussivum und Sekretolytikum arzneilich verwendeten Extrakte aus Efeublättern verantwortlich sein dürften. Auch in den Wurzeln von *Panax ginseng* sind verschiedene – überwiegend tetrazyklische – Triterpensaponine (Ginsenoside mit den Aglyka Protopanaxadiol bzw. -triol; Dammaran-Abkömmlinge) nachgewiesen worden. Ginseng, eine alte asiatische Wunderdroge, wird in Form zahlreicher Arzneispezialitäten als «Tonikum», «Roborans», «Geriatrikum» usw. angepriesen; gleiches gilt auch für Extrakte von *Acanthopanax senticosus* (= *Eleutherococcus senticosus*). Inhaltsstoffe der «Taigawurzel» (Eleutheroside) sind Lignane, einfache Phenylpropane (z.B. Syringin), Cumarine oder Sitosterol, z.T. als Glykoside vorliegend. Die ebenfalls vorhandenen, von der Oleanolsäure ableitbaren Triterpensaponine sind in den arzneilich verwendeten Extrakten nicht enthalten.

2. *Familie*: **Apiaceae** (3000) = «Umbelliferen», Doldengewächse. Im Gegensatz zur vorigen Familie handelt es sich bei den Apiaceae um fast immer krautige, hauptsächlich in temperierten Gebieten beheimatete Pflanzen. Mit knapp 100 Arten sind sie in unserer Flora vertreten. Die Blätter sind wechselständig und meist mehrfach gefiedert mit auffällig vergrößerten Blattscheiden. Die Blüten mit der Blütenformel ✻ K5 C5 A5 G($\overline{2}$) stehen in der Regel in Doppeldolden mit Tragblättern, die als «Hüllen» bzw. «Hüllchen» bezeichnet werden. Dem aus 2 Karpellen gebildeten Fruchtknoten sitzt ein Griffelpolster als Nektarium auf. Der Fruchtbau ist bezeichnend und gestattet eine weitere Untergliederung der Familie. In den 5 (Haupt-)Rippen verlaufen die Leitbündel, in den dazwischenliegenden 4 Außenriefen («Tälchen») und beiden Seiten der Fugenfläche die 6 schizogenen Exkretgänge («Ölstriemen», Abb. 103D), deren Zahl z.B. bei der Anisfrucht stark erhöht sein kann. In der Mitte der Fugenfläche zwischen beiden Karpellen findet man in Fortsetzung der Achse einen Sklerenchymfaserstrang. Er ist nach oben hin gespalten und trägt als sogenannter Karpophor die beiden reifen Teilfrüchte (Spaltfrucht!), bei denen ähnlich wie bei den Asteraceen-Achänen Perikarp und Samenschale verwachsen sind. Das mächtige Endosperm enthält einen sehr kleinen Embryo und ist reich an fettem Öl und Aleuronkörnern («protein bodies») mit je einer kleinen Calciumoxalatdruse im Innern; Stärke fehlt. Als Reservekohlenhydrat wird den Zellwänden des Endosperms ein Mannan angelagert.

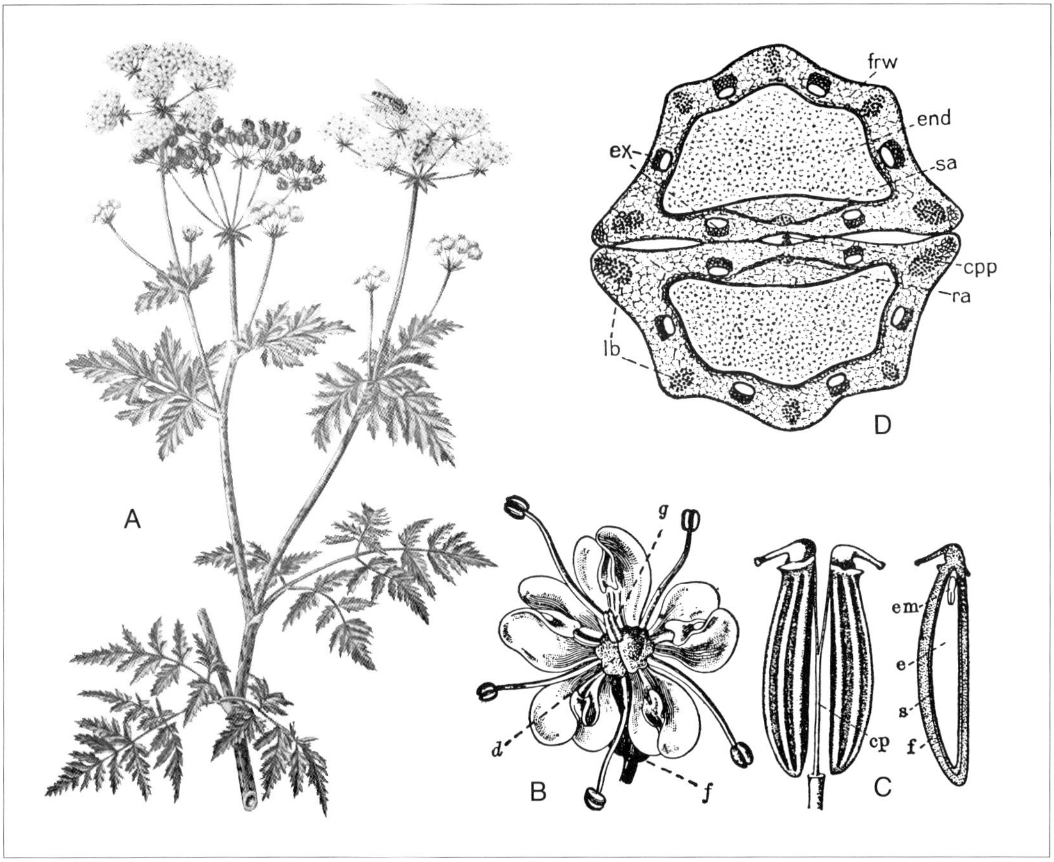

Abb. 103: Apiaceae. – **A:** *Conium maculatum*, Sproß (1/2 x). – **B:** *Ammi majus*, Blüte (ca. 12 x) mit d Diskus, g Griffel und f Fruchtknoten. – C, D: Umbelliferen-Früchte. – **C:** *Carum carvi*, Spaltfrucht, gesamt und längs (10 x) mit cp Karpophor, em Embryo, e Endosperm, s Samenschale und f Perikarp. – **D:** *Foeniculum vulgare*, Frucht quer (20 x) mit frw Fruchtwand, sa Samenschale, end Endosperm, cpp Karpophor, ra Raphenbündel, lb Leitbündel, ex Exkretgänge. – (A aus Kosmos, B nach Thellung, C nach Berg & Schmidt, D nach Weber.)

Die Mehrzahl der Apiaceen wird zur Unterfamilie Apioideae gestellt. *Eryngium* (z.B. *E. maritimum*, die Stranddistel) mit köpfchenartigen Pseudanthien, *Astrantia* und *Sanicula* mit einfachen Dolden gehören zur Unterfamilie Saniculoideae, während der einheimische Wassernabel, *Hydrocotyle vulgaris*, mit kreisrunden, schildförmigen Blättern zur Unterfamilie Hydrocotyloideae zählt. Das aus dem asiatischen Wassernabel *Centella* (*Hydrocotyle*) *asiatica* isolierte Triterpensaponin Asiaticosid wird zur Unterstützung und Beschleunigung der Wundbehandlung therapeutisch eingesetzt.

Bei den beiden kleineren Unterfamilien stand lange Zeit die Kenntnis der Saponine im Vordergrund. Inzwischen hat sich gezeigt, daß – abgesehen von den Sesquiterpenlactonen, Alkylphthaliden und 2-Methylchromonen – die meisten durchgehend bei den Apioideen gefundenen Inhaltsstoffe auch bei den Saniculoideen und Hydrocotyloideen vorkommen, so daß die Familie bezüglich ihres Sekundärstoffwechsels eine Einheit bildet.

Chemische Charakteristika

1. Der Gehalt an **ätherischen Ölen** in Wurzel, Kraut und Früchten bedingt die Verwendung vieler Apiaceae als Gewürz- und Arzneipflanzen. Hierbei können als Hauptbestandteile des ätherischen Öls sowohl **Terpenkörper** (T) wie **Phenylpropankörper** (P) auftreten. Das Vorkommen von «chemischen Rassen» ist zu beachten. Früchte: *Coriandrum sativum*, Koriander, mit vorwiegend (+)-Linalool (T); *Carum carvi*, Kümmel, mit vorwiegend (+)-Carvon (T), beide als Karminativa, Spasmolytica und Stomachica im Gebrauch; *Foeniculum vulgare*, Fenchel, und *Pimpinella anisum*, Anis, in beiden

überwiegend Anethol (P), als sekretolytisch wirksame Expektorantien und Karminativa genutzt; *Petroselinum crispum*, Petersilienfrüchte, Myristicin (P), Apiol (P) oder Allyltetramethoxybenzol («chemische Rassen») vorherrschend; *Oenanthe aquatica*, Wasserfenchel, mit vorwiegend β-Phellandren (T). Kraut: Als Gewürze finden *Petroselinum crispum* (Petersilie), *Anethum graveolens* (Dill), *Levisticum officinale* («Maggikraut»), *Apium graveolens* (Sellerie) u.a. Verwendung. Wurzel: Auch in den – oft rübenartig verdickten – Wurzeln sind ätherische Öle enthalten. Während *Petroselinum crispum* ssp. *tuberosum* und *Levisticum officinale* diuretisch wirkende Drogen liefern, sind Auszüge der Wurzeln von *Angelica archangelica* und *Pimpinella saxifraga* als Stomachica, aber auch zur äußerlichen Anwendung (als hautreizende Mittel bzw. zum Gurgeln) in Gebrauch.

2. **Cumarinverbindungen**: Neben einfachen Cumarinen wie dem weit verbreiteten Hydroxycumarin Umbelliferon liefern die Apiaceen (vor allem Apioideae) eine Fülle von prenylierten, geranylierten und farnesylierten Umbelliferonderivaten, zu denen auch die Furano- und Pyranocumarine zu rechnen sind. Derartige Verbindungen kommen bevorzugt in Wurzeln und Früchten vor und sind von besonderem Interesse, da sie ein eindrucksvolles Beispiel liefern für eine miteinander gekoppelte evolutive Entwicklung bei Pflanze und Tier:

Während dem Precursor p-Cumarsäure keine deterrenten Wirkungen zukommen, besitzen Hydroxycumarine und die davon abgeleiteten Furanocumarine als Sekundärstoffe deterrente Aktivität gegenüber Herbivoren und phytophagen Organismen; sie wirken darüberhinaus als Phytoalexine und gegenüber manchen Pflanzenarten als Keimungsinhibitoren. Hierbei nimmt die Toxizität von (2) über (3) nach (4) hin zu, vgl. dazu Tab. 8.

Die höhere Toxizität gegen phytophage Insekten von (3) gegenüber (2) erklärt sich durch das Vorhandensein einer Doppelbindung im Furanring, wodurch nach Einwirken von UV-Licht die DNA inaktiviert wird (Photosensibilisierung). Die Raupen der Lepidoptere *Spodoptera eridania* ernähren sich ohne Schaden von hydroxycumarinhaltigem Pflanzenmaterial, Furanocumarine in der Nahrung hingegen bedingen in Gegenwart von UV-Licht hochgradige Mortalität. Andere Schmetterlingsraupen haben sich dadurch angepaßt, daß sie Wirtsblätter einrollen und dadurch vor dem UV-Licht geschützt überleben.

Die auf Apiaceen lebenden Raupen des Schwalbenschwanzes *Papilio polyxenes* nehmen beim Fressen lineare Furanocumarine ohne Schaden auf, während durch Angelicin, ein anguläres Furanocumarin, in der künstlichen Diät die Fruchtbarkeit dieser Art drastisch reduziert wird. Die Ursache der stärkeren Toxizität der angulären gegenüber den linearen Furanocumarinen ist nicht bekannt (die Phototoxizität ist geringer bis ganz fehlend).

Aufgrund der abgestuften Toxizität der verschiedenen Cumarinderivate läßt sich eine abhängige Evolution und Radiation von Umbelliferen und Insekten gut vorstellen. Während viele monotypische Gattungen der Umbelliferen und Gattungen mit stark

Tab. 8: Die Verbreitung von Cumarinverbindungen in Angiospermen (nach Berenbaum).

Precursoren		Cumarinverbindungen	und ihre Verbreitung im Pflanzenreich
↓			
Zimtsäure	→	Cumarine (1)	in mindestens 33 Familien
↓			
p-Cumarsäure	→	Hydroxycumarine (2) (z.B. Umbelliferon)	in mindestens 31 Familien
		↓	
		lineare Furanocumarine* (3)	in ca. 23 Gattungen der Apiaceen**, in ca. 19 Gattungen der Rutaceen sowie in Einzelvertretern von Leguminosen und 5 weiteren Familien
		↓	
		anguläre Furanocumarine* (4)	in ca. 10 Gattungen der Apiaceen und 2 Gattungen der Leguminosen

* Die entsprechenden Pyranocumarine haben eine ähnliche Verbreitung.
** «Spitzenreiter» sind hier die *Angelica archangelica*-Früchte mit ca. 1,3% (des Trockengewichtes) photoaktiver (linearer) Furanocumarine.

eingeschränkter geographischer Verbreitung keine Furanocumarine produzieren, enthalten die meisten holarktisch verbreiteten, in viele Arten gegliederten Gattungen als evolutiv stärker fortgeschritten neben linearen auch anguläre Furanocumarine, wie z.B. *Bupleurum* (150 Arten), *Angelica* (80), *Heracleum* (70), *Ligusticum* (25), *Pastinaca* (15), *Peucedanum* (120), *Pimpinella* (150) und *Seseli* (80). Gleichzeitig haben manche herbivoren Insekten detoxifizierende Mechanismen entwickelt, die es ihnen ermöglichen, die Cumarinderivate der Evolutionsstufe (2), (3) oder (4) zu tolerieren. Die derartig adaptierten Insekten haben sich dann ihrerseits jeweils spezialisiert und in viele nahestehende Arten aufgespalten.

Als Inhaltsstoffe von Arzneipflanzen und Drogen spielen die verschiedenen Cumarinverbindungen wegen ihrer spasmolytischen oder coronargefäßerweiternden Wirkungen eine Rolle. Von den photosensibilisierenden linearen Furanocumarinen (Psoralenen) hat das 8-Methoxypsoralen (8-MOP, früher auch als Xanthotoxin bezeichnet), das mit dem Thymin der DNA ein Photoaddukt bildet, als Reinsubstanz therapeutische Bedeutung erlangt: Es wird am Menschen zur Photochemotherapie der als Psoriasis (Schuppenflechte) bekannten Hautkrankheit eingesetzt (PUVA-Therapie: Psoralen + UVA-Licht).

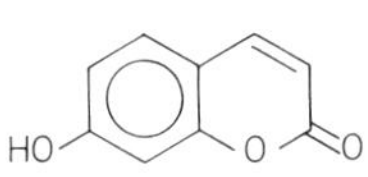

Umbelliferon

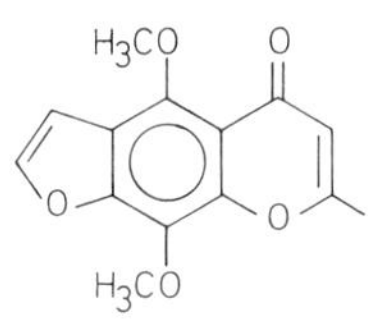

Khellin

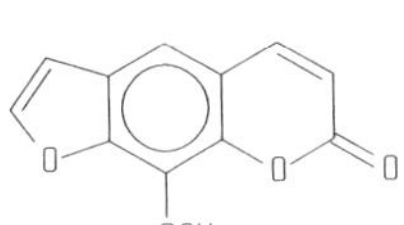

8-Methoxypsoralen (ein lineares Furanocumarin)

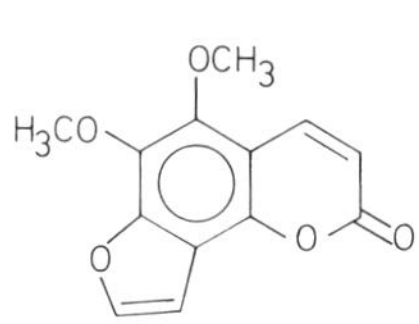

Pimpinellin (ein anguläres Furanocumarin)

Als photosensibilisierende Pflanzen sind vor allem *Heracleum*-Arten zu nennen: *H. sphondylium*, der einheimische Wiesen-Bärenklau als Ursache der «Wiesendermatitis» und die aus dem Kaukasus stammende, vielfach verwilderte Herkulesstaude (= Riesenbärenklau, 3 bis 4 m hoch werdend), *H. mantegazzianum*, die nicht selten zu schweren Hautentzündungen führt. Die phototoxischen Furanocumarine sind hier – wie auch bei manchen Rutaceen – nicht nur Komponenten der Exkretgänge, sondern wurden auch in Form epicuticularer Ablagerungen gefunden, was die schon bei Berührung der Pflanzen mögliche Sensibilisierung erklärt.

Coronargefäßerweiternde Wirkungen werden auch für strukturell (nicht biogenetisch) nahe verwandte Verbindungen angegeben, die in den Früchten von *Ammi visnaga* vorkommen und therapeutisch genutzt werden: Khellin, Visnagin und weitere Verbindungen sind Furano-2-methyl-γ-Chromonderivate, während das Visnadin (und Verwandte) zur Gruppe der Dehydropyranocumarine gehört.

Durch eine Vielzahl von Cumarinen und z.T. auch photosensibilisierend wirkenden Furano- und Pyranocumarinen sind auch die Rutaceae gekennzeichnet, möglicherweise ein Ausdruck der auch anderweitig belegbaren Verwandtschaftsbeziehungen.

3. **Sesquiterpenlactone.** Die bei den Asteraceen in großer Fülle vorhandenen Sesquiterpenlactone sind immerhin mit über 100 verschiedenen Verbindungen auch bei den Apiaceen (bisher nur Apioideae) nachgewiesen worden. Es finden sich zumeist die gleichen Strukturtypen wie bei den Asteraceen, z.B. Germacranolide, Eudesmanolide, Eremophilanolide und Elemanolide (siehe Tab. 9 und S. 197). Dennoch sind die Verbindungen bei beiden Familien stereochemisch unterschiedlich, was möglicherweise auf unterschiedliche Wege während der Bildung des C_{15}-Precursors zurückgeht. Darüberhinaus zeigen die Sesquiterpenlactone der Apiaceen eine größere Tendenz zur Hydroxylierung und Esterbildung, insbesondere am C-11.

4. **Polyacetylenverbindungen,** *Conium*-Alkaloide, Alkylphthalide und die schon erwähnten 2-Methyl-γ-Chromone als charakteristische Inhaltsstoffe der Apiaceae können insofern hier zusammengefaßt werden, als an ihrem Aufbau Acetateinheiten einen überwiegenden Anteil haben (Acetogenine).

a) In den bisher untersuchten Arten der Apiaceae sind ca. 150 Polyacetylenverbindungen nachgewiesen worden (Tab. 7). Ein derartig gehäuftes Vorkommen findet man nur noch bei Asteraceen, was für die Diskussion über deren «Ableitung» (S. 186) von Interesse ist.

Am häufigsten kommen die auch bei den Araliaceae verbreiteten C_{17}-Diin-diene der Falcarinolgruppe vor. Die hohe Giftigkeit mancher Apiaceen, z.B. des Wasserschierlings (*Cicuta virosa*) oder der Safranrebendolde (*Oenanthe crocata*) beruht auf toxischen, allerdings leicht zersetzlichen Polyinen, z.B. Cicutoxin oder Oenanthotoxin.

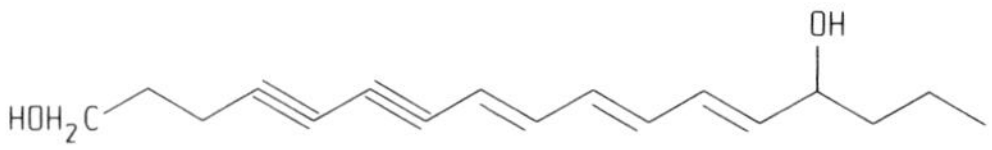

Cicutoxin

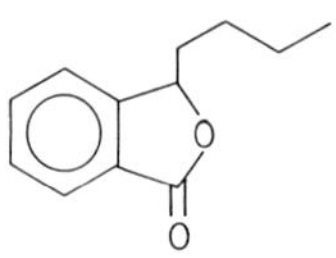

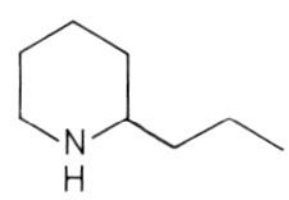

n-Butylphthalid Coniin

b) **Coniin** und verwandte Piperidinabkömmlinge sind curareähnlich wirkende Alkaloide des gefleckten Schierlings (*Conium maculatum*), einer auch bei uns an Ruderalstellen vorkommenden Giftpflanze.

c) **Alkylphthalide** wie das N-Butylphthalid u.ä. sind die aus *Angelica-, Apium-, Meum-* und *Levisticum*-Arten isolierten, für den charakteristischen (Maggi-) Geruch verantwortlichen Bestandteile des ätherischen Öls dieser Pflanzen.

5. Während als Produkt des Fettsäurestoffwechsels die schon erwähnte Petroselinsäure der Samenöle hervorgehoben werden kann, ist charakteristisch für den Kohlenhydratstoffwechsel die Bildung des Trisaccharids Umbelliferose und von Mannitol. Bemerkenswert ist auch der oftmals hohe Pektingehalt der Wurzeln vieler Apiaceae: *Daucus carota* wird zur technischen Pektingewinnung herangezogen.

Gummiharze, z.T. mit stark riechenden, schwefelhaltigen Verbindungen (Disulfide) sind bei den in asiatischen Steppen wachsenden *Ferula*-Arten häufig (z.B. Asa foetida, der «Teufelsdreck»).

❖ Arznei- und Gewürzpflanzen der Araliales

Araliaceae. *Acanthopanax (Eleutherococcus) senticosus* HARMS («Taigawurzel»; Extr.); *Hedera helix* L. (Folia Hederae; Extr.); *Panax pseudoginseng* WALL. (Radix Ginseng; Extr.).

Apiaceae. *Ammi visnaga* (L.) LAM. (Fructus Ammi visnagae; Extr.; Khellin); *Anethum graveolens* L. (Fructus Anethi, Dill); *Angelica archangelica* L. (Fructus, Radix Angelicae, Engelwurz); *Carum carvi* L. (Fructus, Aetheroleum Carvi, Kümmel); *Centella asiatica* (L.) URB. (Extr.; Asiaticosid); *Coriandrum sativum* L. (Fructus Coriandri, Koriander); *Daucus carota* L. ssp. *sativus* (HOFFM.) ARCANG. (Pektin; β-Carotin); *Dorema ammoniacum* D. DON. (Ammoniacum); *Ferula assa-foetida* L. (Asa foetida, «Teufelsdreck»); *F. gummosa* BOISS. (Galbanum); *Foeniculum vulgare* MILL. (Fructus, Aetheroleum Foeniculi, Fenchel); *Levisticum officinale* KOCH (Radix Levistici, Liebstöckel, Maggikraut); *Petroselinum crispum* (MILL.) NYM. ssp. *crispum* (Fructus, Radix Petroselini, Petersilie); *Pimpinella anisum* L. (Fructus, Aetheroleum Anisi, Anis); *Trachyspermum ammi* (L.) SPRAGUE (Fructus Ajowani).

❖ Gemüsepflanzen der Araliales

Apiaceae. *Apium graveolens* L. var. *rapaceum* (MILL.) GAUD. (Sellerie); *Chaerophyllum bulbosum* L. (Kerbelrübe); *Daucus carota* L. ssp. *sativus* (HOFFM.) ARCANG. (Mohrrübe, Möhre, Gelbe Rübe, «Wurzel»); *Foeniculum vulgare* MILL. var. *azoricum* (MILL.) Thell. (Gemüsefenchel); *Pastinaca sativa* L. (Pastinak); *Petroselinum crispum* (MILL.) NYM. convar. *radicosum* SOO (Wurzelpetersilie).

Literatur Rosidae

Ahmed, S., & M. Grainge: Potential of the Neem tree (*Azadirachta indica*) for pest control and rural development. Econ. Bot. 40: 201-209, 1986.

Averett, J.E., W.J. Hahn, P.E. Berry & P.H. Raven: Flavonoids and flavonoid evolution in *Fuchsia* (Onagraceae). Amer. J. Bot. 73: 1525-1534, 1986.

Banerji, B. & S.K. Nigam: Wood constituents of Meliaceae: A review. Fitoterapia 55: 3-36. 1984.

Barrett, H.C. & A.M. Rhodes: A numerical taxonomic study of affinity relationships in cultivated *Citrus* and its close relatives. Syst. Bot. 1: 105-136, 1976.

Becker, H.: Das Öl der Nachtkerze *Oenothera biennis*, eine Quelle therapeutisch und diätetisch interessanter Fettsäuren. Z. Phytotherapie 4: 531-536, 1983.

Berenbaum, M.: Coumarins and caterpillars: A case of coevolution. Evolution 37: 163-179, 1983.

Bernsmann, W.: Über 100 Jahre Khat-Forschung. Pharm. Ztg. 129: 2612-2618, 1984.

Brenneisen, R. & S. Geisshüsler: Psychotropic drugs III: Analytical and chemical aspects of *Catha edulis* Forssk. Pharm. Acta Helv. 60: 290-301, 1985.

Bruhn, G., H. Faasch, H. Hahn, B.J. Hansen, J. Bröhan, & W.A. König: Natürliche Allergene I. Das Auftreten von Falcarinol und Didehydrofalcarinol in Efeu (*Hedera helix* L.). Z. Naturforsch. 42b: 1328-1332, 1987.

Bruneau, A., J.J. Doyle & J.D. Palmer: A chloroplast DNA

inversion as a subtribal character in the Phaseoleae (Leguminosae). Syst. Bot. 15: 378-386, 1990.
Brüning, R. & H. Wagner: Übersicht über die Celastraceen-inhaltsstoffe: Chemie, Chemotaxonomie, Biosynthese, Pharmakologie. Phytochemistry 17: 1821-1858, 1978.
Ceska, O., S.K. Chaudhary, P.J. Warrington & M.J. Ashwood-Smith: Photoactive furocoumarins in fruits of some umbellifers. Phytochemistry 26: 165-169, 1987.
Cristofolini, G.: Serological relationships among Sophoreae, Thermopsideae and Genisteae (Fabaceae). Bot. J. Linn. Soc. 94: 421-432, 1987.
Cristofolini, G.: A serological contribution to the systematics of the genus *Lupinus* (Fabaceae). Pl. Syst. Evol. 166: 265-278, 1989.
Dahlgren, R. & R.F. Thorne: The order Myrtales: Circumscription, variation, and relationships. Ann. Missouri Bot. Gard. 71: 633-699, 1984.
Da Silva, M.F.das G.F. & O.R. Gottlieb: Evolution of quassinoids and limonoids in the Rutales. Biochem. Syst. Ecol. 15: 85-103, 1987.
Da Silva, M.F.das G.F., O.R. Gottlieb & F. Ehrendorfer: Chemosystematics of the Rutaceae: suggestions for a more natural taxonomy and evolutionary interpretation of the family. Pl. Syst. Evol. 161: 97-134, 1988.
Doyle, J.J., J.L. Doyle & A.H.D. Brown: A chloroplast-DNA phylogeny of the wild perennial relatives of soybean (*Glycine* subgenus *Glycine*): Congruence with morphological and crossing groups. Evolution 44: 371-389, 1990.
Fehrenbach, S. & W. Barthlott: Mikromorphologie der Epicuticular-Wachse der Rosales s.l. und deren systematische Stellung. Bot. Jahrb. Syst. 109: 407-428, 1988.
Funatsu, G., Y. Taguchi, M. Kamenosono & M. Yanaka: The complete amino acid sequence of the A-chain of Abrin a, a toxic protein from the seeds of *Abrus precatorius*. Agric. Biol. Chem. 52: 1095-1097, 1988.
Hansen, L. & P.M. Boll: Polyacetylenes in Araliaceae: their chemistry, biosynthesis and biological significance. Phytochemistry 25: 285-293, 1986.
Harborne, J.B., D. Boulter & B.L. Turner (eds.): Chemotaxonomy of the Leguminosae. Academic Press, London, New York, San Francisco, 1971.
Hegnauer, R.: Chemotaxonomy of Erythroxylaceae (including some ethnobotanical notes on old world species). J. Ethnopharmacol. 3: 279-292, 1981.
Heywood, V.H. (ed.): The biology and chemistry of the Umbelliferae. Bot. J. Linn. Soc. 64, Suppl. 1, 1971.
Hoffman, D.L., D.E. Soltis, F.J. Muehlbauer & G. Ladizinsky: Isozyme polymorphism in *Lens* (Leguminosae). Syst. Bot. 11: 392-402, 1986.
Holub, M. & M. Budesinsky: Sesquiterpene lactones of the Umbelliferae. Phytochemistry 25: 2015-2026, 1986.
Holub, M., J. Toman & V. Herout: The phylogenetic relationships of the Asteraceae and Apiaceae based on phytochemical characters. Biochem. Syst. Ecol. 15: 321-326, 1987.
Huber, H.: Die Verwandtschaftsverhältnisse der Rosifloren. Mitt. Bot. Staatssamml. München, V: 1-48, 1963.
Ingham, J.L.: Systematic aspects of phytoalexin formation within tribe Phaseoleae of the Leguminosae (subfamily Papilionoideae). Biochem. Syst. Ecol. 18: 329-343, 1990.
Johnson, L.A.S. & B.G. Briggs: On the Proteaceae – The evolution and classification of a southern family. Bot. J. Linn. Soc. 70: 83-182, 1975.
Johnson, L.A.S. & B.G. Briggs: Myrtales and Myrtaceae – A phylogenetic analysis. Ann. Missouri Bot. Gard. 71: 700-756, 1984.
Kalkman, C.: The phylogeny of the Rosaceae. Bot. J. Linn. Soc. 98: 37-59, 1988.
Luther, P. & H. Becker: Die Mistel. Botanik, Lektine, medizinische Anwendung. 188 S., Springer Verl., Berlin, Heidelberg, New York, 1987.
Martin, P.G. & J.M. Dowd: Phylogenetic studies using protein sequences within the order Myrtales. Ann. Missouri Bot. Gard. 73: 442-448, 1986.
Martinetz, D., K. Lohs & J. Janzen: Weihrauch und Myrrhe. Kulturgeschichte und wirtschaftliche Bedeutung. Botanik, Chemie, Medizin. 236 S., Wiss. Verl. Gesellsch., Stuttgart, 1988.
Pfänder, H.J. & D. Frohne: Szechuan-Pfeffer, die Früchte von *Zanthoxylum piperitum* DC. (Rutaceae). Dtsch. Apoth. Ztg. 127: 2381 – 2384, 1987.
Polhill, R.M. & P.H. Raven (eds.): Advances in legume systematics. Roy. Bot. Gard. Kew, 1981.
Polonsky, J.: Quassinoid bitter principles II. Progr. Chem. Org. Nat. Prod. 47: 221-264, 1985.
Rosenthal, G.A.: The biochemical basis for the deleterious effects of L-Canavanine. Phytochemistry 30: 1055-1058, 1991.
Rougé, P., M. Richardson, P. Ranfaing, A. Yarwood & B. Sousa-Cavada: Single- and two-chain legume lectins as phylogenetic markers of speciation. Biochem. Syst. Ecol. 15: 341-348, 1987.
Salatino, A. & O.R. Gottlieb: Quinolizidine alkaloids as systematic markers of the Papilionoideae. Biochem. Syst. Ecol. 8: 133-147, 1980.
Schöneberg, H.-J.: Gummi-Akazien, Akazien-Gummi. Pharm. i.u.Z. 18: 33-42, 1989.
Scholz, E. & H. Rimpler: Proanthocyanidins from *Krameria triandra* root. Planta Med. 55: 379-384, 1989.
Siddiqui, S., B.S. Siddiqui, S. Faizi & T. Mahmood: Tetracyclic triterpenoids and their derivatives from *Azadirachta indica*. J. Nat. Prod. 51: 30-43, 1988.
Singh, A.K.: Putative genome donors of *Arachis hypogaea* (Fabaceae), evidence from crosses with synthetic amphidiploids. Pl. Syst. Evol. 160: 143-151, 1988.
Sousa-Cavada, B., M. Richardson, A. Yarwood, D. Pere & P. Rougé: The amino acid sequences of the α subunits of the lectins from *Lathyrus cicera*, *L. aphaca* and L. *articulatus*. Phytochemistry, 25: 115-118, 1986.
Speroni, E. & A. Minghetti: Neuropharmacological activity of extracts from *Passiflora incarnata*. Planta Med. 55: 488-491, 1988.
Stuhlfauth, T., H. Fock, H. Huber & K. Klug: The distribution of fatty acids including petroselinic and

tariric acids in the fruit and seed oils of the Pittosporaceae, Araliaceae, Umbelliferae, Simarubaceae and Rutaceae. Biochem. Syst. Ecol. 13: 447-453, 1985.
Sytsma, K.J. & L.D. Gottlieb: Chloroplast DNA evidence for the origin of the genus *Heterogaura* from a species of *Clarkia* (Onagraceae). Proc. Natl. Acad. Sci. USA 83: 5554-5557, 1986.
Tanaka, O. & R. Kasai: Saponins of ginseng and related plants. Progr. Chem. Org. Nat. Prod.. 46: 1-76, 1984.
Taylor, D.A.H.: The chemistry of the limonoids from Meliaceae. Progr. Chem. Org. Nat. Prod. 45: 1-102, 1984.
T'Hart, H. & J. Koek-Noorman: The origin of the woody Sedoideae (Crassulaceae). Taxon 38: 535-544, 1989.
Wallaart, R.A.M.: Distribution of sorbitol in Rosaceae. Phytochemistry 19: 2603-2610, 1980.
Waterman, P.G.: Alkaloids of the Rutaceae: their distribution and systematic significance. Biochem. Syst. Ecol. 3: 149-180, 1975.
Yarwood, A., M. Richardson, B. Sousa-Cavada, D. Pere & P. Rougé: The amino acid sequences of the α subunits of the lectins from the seeds of *Lathyrus hirsutus* and *Lathyrus tingitanus*. Phytochemistry 25: 2109-2112, 1986.
Zobel, A.M. & S.A. Brown: Determination of furanocoumarins in the leaf surface of *Ruta graveolens* with an improved extraction technique. J. Nat. Prod. 51: 941-946, 1988.
Zobel, A.M. & S.A. Brown: Dermatitis-inducing furanocoumarins on leaf surfaces of eight species of rutaceous and umbelliferous plants. J. Chem. Ecol. 16: 693-700, 1990.

Unterklasse: Asteridae (s.str.) (= Synandrae)

Die Unterklasse Asteridae schließt an die Rosidae als höchste Entwicklungsstufe an. **Abgeleitete Merkmale** charakterisieren deren meist krautige Vertreter in höchstem Maße, z.B. die postgenital mehr oder weniger miteinander verwachsenen Antheren (Synandrae, Abb. 104), sowie:

- die – meist – 5 Blütenblätter sind zu einer Kronröhre verwachsen (weshalb die Synandrae früher allgemein zu den «Sympetalae» gestellt wurden)
- Fruchtknoten unterständig; Fruchtblätter in der Regel auf 2 reduziert
- Samenanlagen tenuinucellat und unitegmisch
- nur noch 1 – episepaler, d.h. über den Kelchblättern stehender – Staubblattkreis; die Blüten sind also tetrazyklisch
- 5 Staubblätter; niemals Polyandrie; Pollen trinukleat (3kernig)
- Tendenz zu dorsiventralen Blüten, Pseudanthien
- Nebenblätter fehlen.

In biochemischer Hinsicht fällt auf, daß trihydroxylierte Verbindungen vom Typ des Prodelphinidins und des Myricetins, aber auch Gallussäure und Ellagsäure sowie von diesen Vorstufen ableitbare Gerbstoffe (vgl. S. 133) weitgehend fehlen. Offensichtlich ist hier ein Merkmalsverlust dieser relativ unspezifischen Fraßabwehrstoffe in der Phylogenie eingetreten, müssen wir doch mit einem verbreiteten Vorkommen bei den Rosidae-artigen Ahnpflanzen rechnen (vgl. Rosidae). An ihre Stelle sind spezifisch wirksamere Verbindungen, wie Alkaloide, Sesquiterpenlactone und Polyacetylenverbindungen (= Polyine) getreten. Viele Sekundärstoffe kommen in besonderen, gegliederten Milchsaftschläuchen oder in Exkretgängen vor. Weiterhin ist charakteristisch die Speicherung von Fruktanen (Inulin oder ähnliche Verbindungen) anstelle von Stärke vor allem in unterirdischen Organen.

Weitere Kennzeichen entnehme man den Bauplänen.

Auf den ersten Blick mag die Anbindung der Asteridae (Hauptfamilie: Asteraceae) an die Doldenblütler-Gewächse der Rosidae (man vergleiche etwa die Pseudanthien bei der Strand**distel** *Eryngium* mit denen der Kratz**distel** *Cirsium*) zufällig erscheinen und auf konvergente Entwicklung zurückgeführt werden. Biochemische Befunde aber haben gezeigt, daß durchaus mit engeren Verwandtschaftsbeziehungen gerechnet werden kann. Bei dieser Argumentation spielen insbesondere die **Polyacetylenderivate** eine wichtige Rolle. Sie sind bei den Asteridae nicht nur – wie bei den Apiaceen – in einer Fülle von Einzelverbindungen vorhanden, sondern auch biogenetisch gegenüber denen der Apiaceen weiter «abgeleitet», d.h. durch verringerte C-Kettenlänge und erhöhten Oxidationsgrad weiter vom Prototyp der C_{18}-Polyine entfernt (vgl. Abb. 102 und Tab. 7, S. 178).

1. Ordnung: Campanulales

Die Campanulales sind im allgemeinen weniger stark abgeleitet als die folgenden Asterales. Die Blüten sind meist noch einzeln, seltener zu Pseudanthien vereinigt, ihre Früchte vielsamige Kapseln. Die Polyine in Campanulaceen und Lobeliaceen sind von ähnlicher Konfiguration (C_{14}-Dien-diine).

1. *Familie*: **Campanulaceae** (1200), Glockenblumengewächse. Ihre radiären Blüten lassen höchstens locker verbundene Antheren und einen meist 3fächerigen Fruchtknoten erkennen. Neben den erwähnten Polyinen kommen Cumaringlykoside, vereinzelt Triterpensaponine und als lipophile Bestandteile des Milchsaftes Triterpene und Phytosterole vor. Im Gegensatz zu ihrer medizinischen Verwendung in China und Japan spielen Campanulaceen in unserem Arzneischatz keine Rolle.

Griffel: 1, mit Fegehaaren an den Narbenästen.

A: meist 5, episepal. Antheren ± frei (Campanulaceae) oder verbunden (Lobeliaceae), sich nach innen öffnend.

C: meist 5, ± verwachsen.

K: meist 5.

G: unterständig, aus 5, 3 (Campanulaceae) oder 2 (Lobeliaceae) Karpellen verwachsen, synkarp. Samenanlagen ∞, meist zentralwinkelständig, anatrop, tenuinucellat und unitegmisch. Frucht meist eine vielsamige Kapsel. Samen mit fleischigem Endosperm.

Blü: radiär (Campanulaceae) oder zygomorph (Lobeliaceae), meist 5zählig, sympetal, ± auffällig gefärbt.

Bl: meist wechselständig, ungeteilt. Nebenblätter fehlen.

Pfl: mit gegliederten Milchröhren.

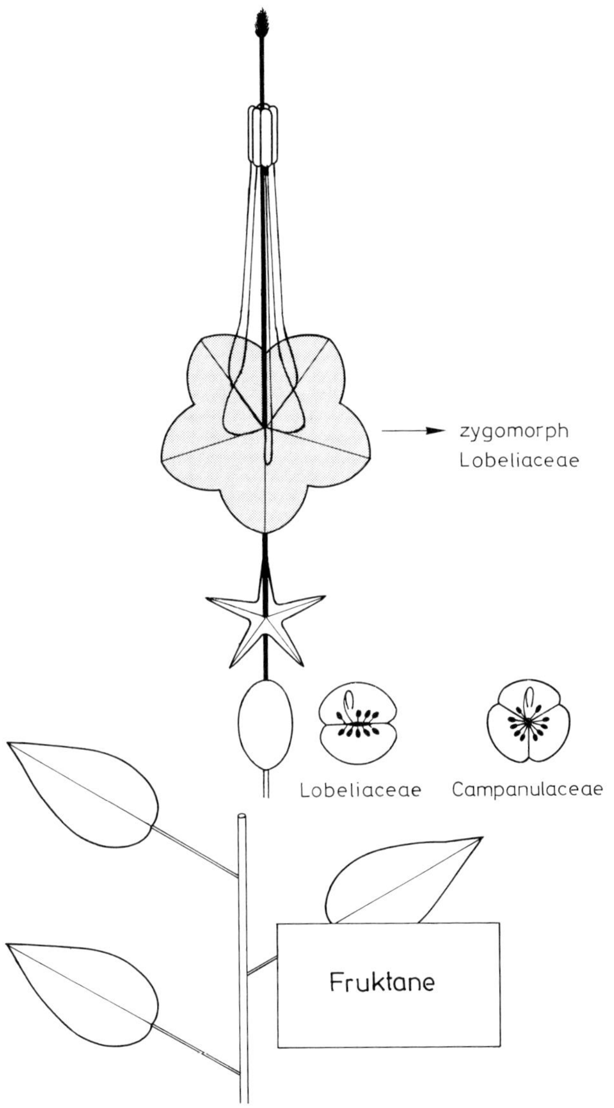

Bauplan der Campanulales

Bekannte einheimische Gattungen: *Campanula*, die Glockenblume, mit radiären Einzelblüten; *Phyteuma*, die Teufelskralle, und *Jasione*, mit kopfigen Blütenständen.

2. *Familie*: **Lobeliaceae** (800). Im Gegensatz zu vielen Campanulaceen akkumulieren die meisten der vorwiegend tropischen Lobeliaceen (mit zygomorphen Blüten!) Alkaloide; verbreitet kommt Chelidonsäure vor (vgl. auch S. 120 und S. 275).

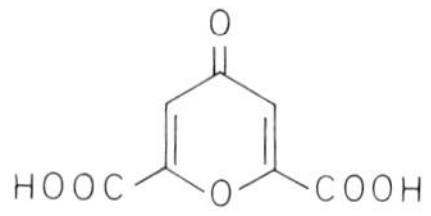

Chelidonsäure

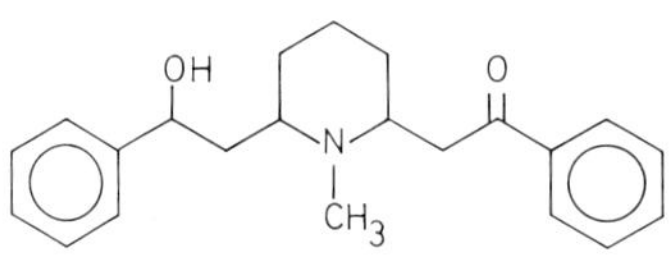

Lobelin

Die über 20 Alkaloide der Gattung *Lobelia* sind Piperidin- oder N-Methylpiperidinderivate. Das aus der nordamerikanischen *Lobelia inflata* isolierte Lobelin erregt reflektorisch das Atemzentrum, wird wegen unsicherer Wirkung therapeutisch aber kaum mehr benutzt. Lediglich in einigen Asthmapräparaten, ferner auch in Raucherentwöhnungsmitteln ist es gelegentlich enthalten. Einige *Lobelia* -Alkaloide – z.B. Isolobinin – wirken schleimhautreizend und (reflektorisch) expektorierend.

In selten gewordenen extrem nährstoffarmen Seen findet man in Mitteleuropa manchmal noch *Lobelia dortmanna*, eine Wasserpflanze nordisch-subatlantischer Verbreitung.

❖ Arzneipflanzen der Campanulales

Lobeliaceae. *Lobelia inflata* L. (Herba Lobeliae, Lobelin: früher als Antiasthmatikum).

2. Ordnung: Asterales

Einzige Familie: **Asteraceae** (= **Compositae**, ca. 25.000)

Die «Korbblütler» bilden eine weltweit in verschiedensten Habitaten verbreitete, sehr artenreiche Familie. Sie zeigen bemerkenswerte ökologische Plastizität. Sowohl Wasserpflanzen und Sukkulente als auch kleine, höchstens 1 cm hohe einjährige Kräuter und bis zu 20 m hohe tropische Schopfbäume kommen vor. Die relativ hoch entwickelte, «abgeleitete» Familie ist erst aus dem mittleren bis oberen Oligozän belegt und damit ca. 30 Mio. Jahre alt (oder älter). Manche holzigen Vertreter werden als ursprünglich angesehen, während sich auch krautige Sippen sekundär wieder zu holzigen umwandeln konnten (Anthemideae).

Morphologisch ist ein Bündel von abgeleiteten Merkmalen für die Familie charakteristisch: Unterständiger, 2blättriger, einfächriger Fruchtknoten mit nur einer tenuinucellaten und unitegmischen Samenanlage; Nußfrüchte, deren Perikarp der Samenschale eng anliegt (sog. Achänen), endospermlose (eiweiß- und ölreiche*) Samen, reduzierter Kelch (meist Pappus) und Pseudanthien. Die Zusammenfassung der Einzelblüten zu den auffälligen «Pseudo-Blüten» führte zu einer verbesserten Befruchtungsrate. Andererseits bietet das Compositenkörbchen nach der Blüte durch hohe Fruchtdichte und einen zum Teil massig ausgebildeten Blütenstandsboden erhöhte Attraktivität für die Larvenstadien verschiedener Insekten (Bohrfliegen, Rüsselkäfer). Dies erfordert eine sorgfältige Prüfung der als Drogen genutzten Blütenköpfchen, z.B. der viel gebräuchlichen (echten) Kamillenblüten.

Besonders sinnvollen Bau zeigt das **Androeceum:** Die 5 Staubblätter sind im Bereich ihrer Antheren mittels der Cuticula zu einer Röhre verbunden (die Filamente jedoch sind frei!). In diese wird – proterandrisch – der Pollen entleert, der durch den sich streckenden Griffel (evtl. auch durch Verkürzung der Filamente) mittels Fegehaaren herausgeschoben wird. Erst dann klaffen, ohne mit eigenem Pollen in Berührung gekommen zu sein, die beiden Narbenäste auseinander und sind bestäubungsfähig (Abb. 105).

* Sonnenblumenöl von *Helianthus annuus* ist z.B. ein geschätztes Speiseöl.

Griffel: 1; 2 Narben, außen mit Fegehaaren.

A: 5, Antheren zu einer Röhre verbunden, sich nach innen («introrse») öffnend.

C: 5, röhren- oder zungenförmig verwachsen.

K: reduziert oder als Kranz von Schüppchen, Borsten oder Haaren («Pappus») entwickelt.

G: 2, verwachsen und unterständig. Fruchtknoten 1fächerig mit 1 aufsteigenden Samenanlage. Samenanlage anatrop, tenuinucellat und unitegmisch. Samenschale des reifen Samens meist mit der Fruchtwand verwachsen («Achäne»). Samen ohne Endosperm.

Blü: z.T. in der Achsel von Tragblättern («Spreublättern»), die wie der Kelch ausnahmsweise pappusartig entwickelt sein können; zu vielen in einem von Hüllblättern umgebenen «Körbchen» vereinigt (Pseudanthium).
Blüten radiär («Röhrenblüten») oder zygomorph («Zungenblüten»).

Bl: vorwiegend wechselständig, ohne Nebenblätter.

Pfl.: meist krautig, mit gegliederten Milchsaftröhren (Lactuceae) oder schizogenen Öl- bzw. Harzgängen.

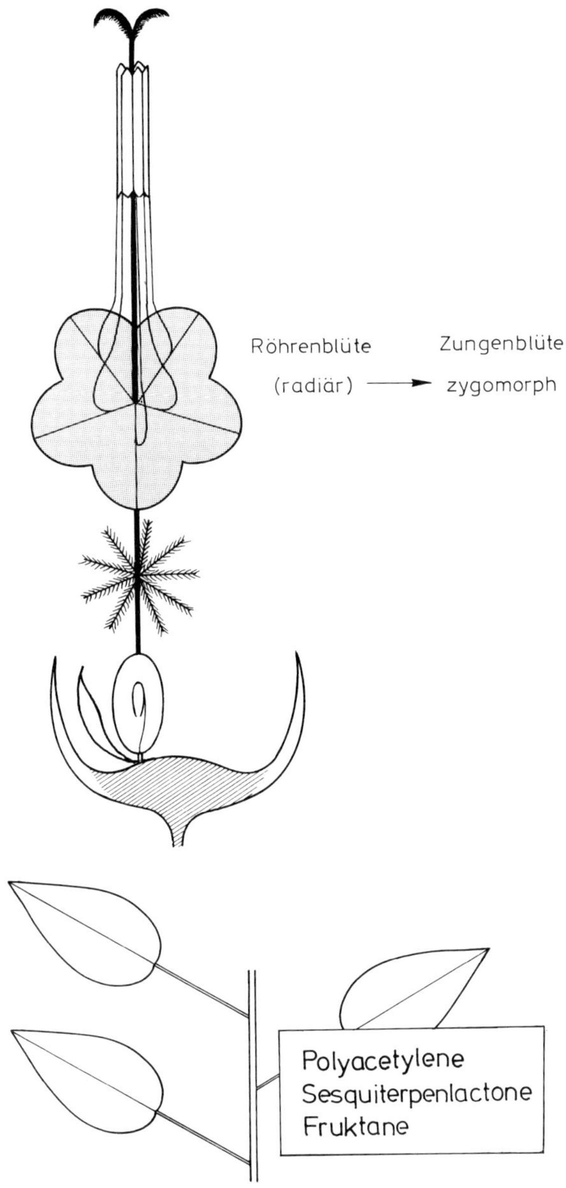

Bauplan der Asterales

Chemisch sind die Asteraceen vor allem durch die Akkumulation von – bisher über 700 bekannten – Polyacetylen-(Polyin-)Verbindungen, einem reichen Spektrum an Sesquiterpenlactonen und Diterpenen sowie durch die Bildung von Fruktanen anstelle von Stärke charakterisiert. Demgegenüber wurden u.a. iridoide Verbindungen und echte Gerbstoffe in der Familie bisher nicht beobachtet.

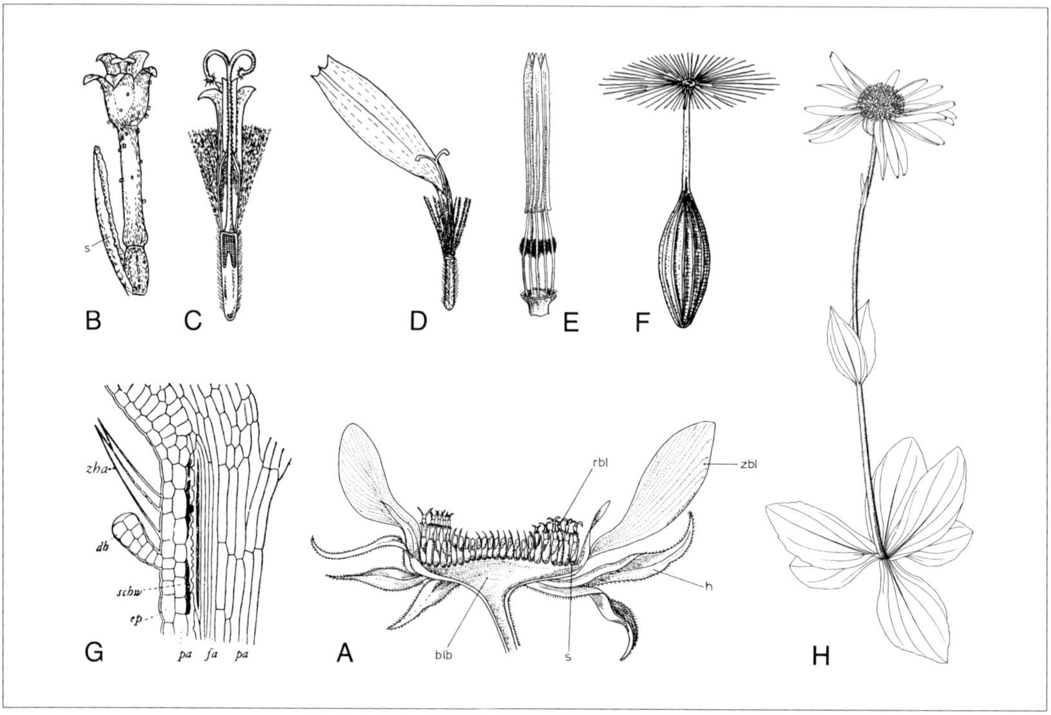

Abb. 104: Asteraceae (Compositen). – **A**: Pseudanthium («Körbchen») längs; blb Achsengewebe, h Hüllblätter, zbl Zungenblüten, rbl Röhrenblüten, s Spreuschuppen. – **B**: Röhrenblüte von *Chamaemelum nobile* mit kleinen «Compositen-Drüsenschuppen» und s Spreublatt (vergr.). – **C, D:** Röhrenblüte (längs) und Zungenblüte von *Arnica montana* (vergr.). – **E:** Androeceum von *Carduus crispus* (8 x). – **F:** Frucht (Achäne) von *Lactuca virosa* mit Pappus (vergr.). – G,H: *Arnica montana*. – **G:** Fruchtknotenwand, längs; ep Epidermis, dh «Compositendrüsenschuppe», zha Zwillingshaar, pa Parenchym, fa Sklerenchymfaserschicht, schw Phytomelane in Interzellulare (vergr.). – **H:** Habitus, ganze Pflanze. – (A nach Engler-Prantl, B-D nach Berg u. Schmidt, E-F nach Baillon, G nach Stahl, H aus Kosmos.)

Zum Bauplan der Asteraceen vgl. S. 189 und Abb. 104.

Die **systematische Gliederung** dieser großen Familie ist bis in die jüngste Zeit hinein umstritten gewesen. Neue, voneinander unabhängige molekulare Merkmalsvergleiche (cpDNA, Legumin, Sekundärstoffe) und eine umfassende cladistische Bearbeitung der morphologischen und chemischen Merkmale haben zu einer derart hohen Übereinstimmung geführt, daß die phylogenetische Stellung der Unterfamilien und Triben nun in groben Umrissen erkennbar wird (Abb. 106).

Über die Ursprünglichkeit der **Barnadesiinae** (Untertribus der Tribus Mutisieae) gibt es kaum mehr Zweifel, nachdem sich herausgestellt hat, daß die Barnadesiinae die einzige Compositengruppe ist, deren cpDNA colinear zu der cpDNA anderer Angiospermen aufgebaut ist, während die cpDNA bei allen übrigen Compositen eine 22 Kilobasen große Inversion aufweist. Diese außerordentlich signifikante Mutation, die eine erste, wichtige phylogenetische Verzweigungsstelle markiert (Abb. 106B), geht mit Ähnlichkeiten in der Sequenz der Rubisco- (große Untereinheit) Gene und mit morphologischen Kriterien parallel. Die zweilippige Blüte der Barnadesiinen kann daher als Prototyp der ursprünglichen Compositen-Blüte gelten. Das Verbreitungsgebiet der Barnadesiinae in den nördlichen Anden unterstützt gleichzeitig die alte These, daß die Familie ihren Ursprung in den montanen Regionen Südamerikas hatte.

Die überwiegend (zu 97%) holzigen Barnadesiinen (auch als gesonderte Unterfamilie im Gespräch) gehören in die Unterfamilie Lactucoideae, die folglich als die ursprünglichere der beiden Compositen-Unterfamilien zu gelten hat.

Die beiden Unterfamilien Lactucoideae und Asteroideae unterscheiden sich durch eine große Zahl an morphologischen und chemischen Merkmalen (s.u. und Tab. 9).

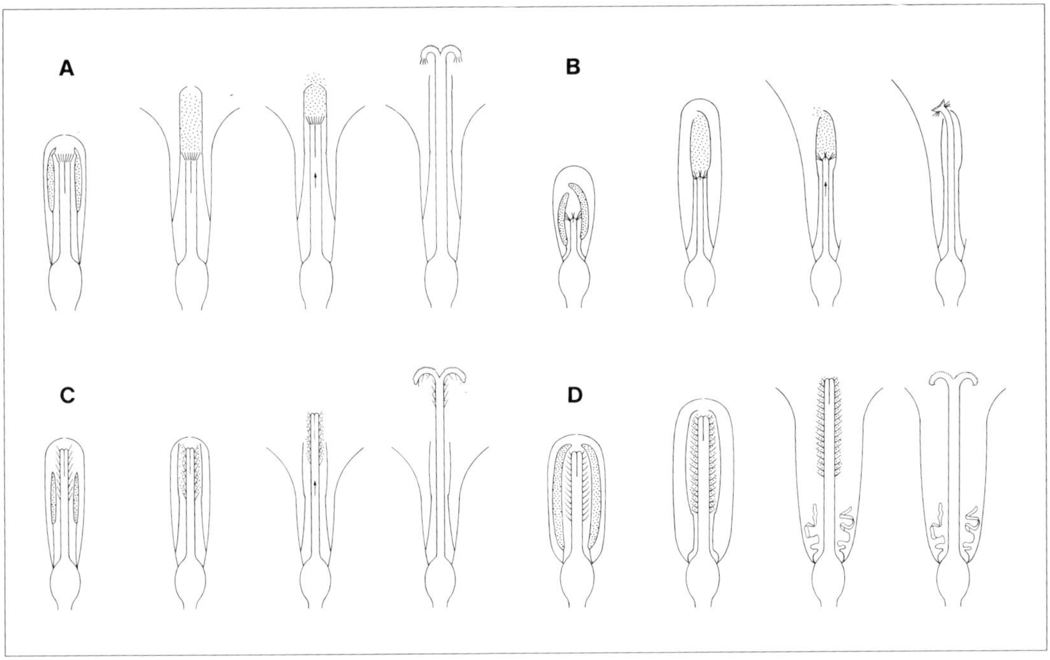

Abb. 105: Sekundäre Pollen-Präsentation bei den Asteridae. Der Kelch ist in allen Zeichnungen weggelassen. (Nach Leins & Erbar 1989.) – **A:** Pumpmechanismus bei Compositen. In der Blütenknospe sind Staubbeutel und Griffel etwa gleich hoch. Wachstum der Filamente (bzw. der Stamina-Corolla-Röhre) und Öffnung der Antheren. Vorschub des Griffels, Ausstoß der Pollenkörner durch das behaarte Griffelende und Präsentation auf dem Antherentubus (männl. Blühphase). Auseinanderweichen der Narbenäste und Narbenfreilegung (weibl. Blühphase). – **B:** Pumpmechanismus bei Lobeliaceen. Ähnlich A; Antherentubus leicht gekrümmt. – **C:** Bürstenmechanismus bei Compositen. Pollenkörner werden aus den Antheren in die Bürstenhaare des Griffels entlassen und den Insekten am wachsenden Griffel präsentiert. – **D:** Ablagerungsmechanismus bei *Campanula*. Ähnlich C, aber die nicht fusionierten Antheren werden mit Hilfe der jungen, tubenförmig zusammenneigenden Corolla in die Griffelbürste entlassen.

Die häufigste **Chromosomenzahl** ist 2n = 18 und 2n = 20, obwohl Aneuploidie und Polyploidie zu einer breiten Spanne von zumeist 2n = 8 bis 2n = 36 geführt haben, insbesondere bei den stark krautigen Triben Cardueae und Heliantheae: *Haplopappus gracilis* hat mit 2n = 4 die niedrigste Chromosomenzahl bei Angiospermen überhaupt.

1. Unterfamilie: Lactucoideae

Hier finden sich Vertreter mit vorwiegend homogamen Blütenkörbchen, d.h. nur mit Zungenblüten («Liguliflorae») oder nur mit Röhrenblüten. Ihr Hauptrespons gegenüber Herbivoren ist die Ausbildung von Milchsaft mit repellent wirksamen Bestandteilen bzw. eines distelartigen Habitus.

Die meist «anthemoiden» Pollenkörner (Ausnahme: Arctotideae) sind größer als bei den Asteroideen, nämlich ca. 37-49 μm im Durchmesser; ihre Exine mit ca. 6-6.7 μm dicker als bei jener Unterfamilie. In ihrem Chemismus erscheinen die Vertreter der Lactucoideae in Anbetracht der Fülle von Verbindungen bei den Asteroideae als ärmlich (Tab. 9), wenn auch die meisten Stoffklassen vertreten sind.

Die ursprünglichen **Mutisieae** (einschl. Barnadesiinae) mit der Zierpflanze *Gerbera* sowie die meisten **Vernonieae** sind südamerikanischer Verbreitung. Nur Vertreter dieser beiden Triben bilden acetogene 5-Alkyl-Cumarine und Chromone (Tab. 9). Die **Arctotideae** (hierzu die Zierpflanze *Gazania*) haben ihr Verbreitungszentrum in Südafrika.

Für die Tribus **Lactuceae** (= Cichorieae) charakteristisch ist die einlippige Zungenblüte und das Vorkommen von Milchsaft in gegliederten Milchsaftschläuchen (aus anderen Triben der Lactucoideae nur von wenigen Gattungen bekannt); schizogene Öl- und Harzgänge fehlen; Sesquiterpenlactone kommen vor, während Polyine nur sporadisch zu finden sind (Tab. 9). Die Lactuceen haben sich im eurasiatischen, vorwiegend temperaten Raum zu einer Fülle von meist gelbblühenden Kräutern entwickelt, von denen hier nur *Taraxacum*, der

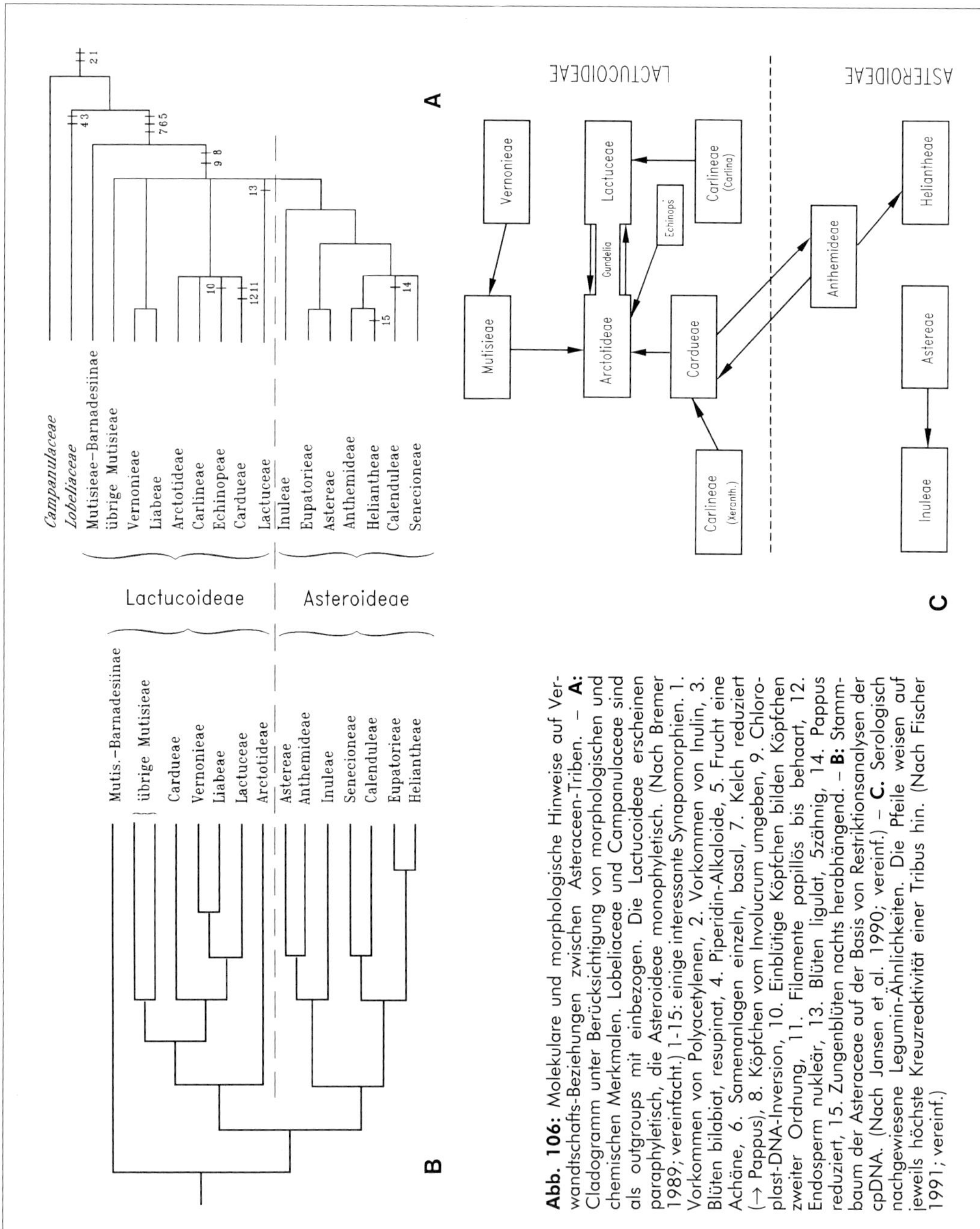

Abb. 106: Molekulare und morphologische Hinweise auf Verwandtschafts-Beziehungen zwischen Asteraceen-Triben. – **A:** Cladogramm unter Berücksichtigung von morphologischen und chemischen Merkmalen. Lobeliaceae und Campanulaceae sind als outgroups mit einbezogen. Die Lactucoideae erscheinen paraphyletisch, die Asteroideae monophyletisch. (Nach Bremer 1989; vereinfacht.) 1-15: einige interessante Synapomorphien. 1. Vorkommen von Polyacetylenen, 2. Vorkommen von Inulin, 3. Blüten bilabiat, resupinat, 4. Piperidin-Alkaloide, 5. Frucht eine Achäne, 6. Samenanlagen einzeln, basal, 7. Kelch reduziert (→ Pappus), 8. Köpfchen vom Involucrum umgeben, 9. Chloroplast-DNA-Inversion, 10. Einblütige Köpfchen bilden Köpfchen zweiter Ordnung, 11. Filamente papillös bis behaart, 12. Endosperm nukleär, 13. Blüten ligulat, 5zähnig, 14. Pappus reduziert, 15. Zungenblüten nachts herabhängend. – **B:** Stammbaum der Asteraceae auf der Basis von Restriktionsanalysen der cpDNA. (Nach Jansen et al. 1990; vereinf.) – **C.** Serologisch nachgewiesene Legumin-Ähnlichkeiten. Die Pfeile weisen auf jeweils höchste Kreuzreaktivität einer Tribus hin. (Nach Fischer 1991; vereinf.)

Löwenzahn, und *Lactuca*, der Lattich, genannt seien; die Wegwarte, *Cichorium intybus*, mit blauen Blüten. Untereinander und mit den Lactuceen offensichtlich nah verwandt sind Compositen von vorwiegend distelartigem Habitus und mit eurasiatischer Verbreitung: Die **Cardueae** (hierzu die Gattungen *Centaurea*, *Carduus* und *Cirsium*), **Echinopeae** (mit der Kugeldistel *Echinops*) und **Carlineae** (mit der Eberwurz *Carlina*). In diesen Pflanzen kommen Polyine verbreitet vor; Sequiterpenlactone sind häufig (insbesondere Germacranolide und Guajanolide, Tab. 9).

Die früher zu einer Tribus zusammengefaßten Cardueae, Echinopeae und Carlineae sind nicht nur durch unterschiedliche Ausbildung der Legumine (Abb. 106C) klar voneinander getrennt, sondern zeigen auch unterschiedliche Muster in den Polyinen. Für die Echinopeen sind Thiophene mit ein, zwei oder drei Thiophen-Ringen charakteristisch. Bei den Cardueen herrschen neben vielen weit verbreiteten Polyacetylenen insbesondere C_{13}-Verbindungen vor mit Doppelbindungen an C-1 (auch C-11) und Dreifachbindungen an C-3,5,7,9. Die Carlineen ihrerseits lassen sich nach den serologischen Ähnlichkeiten im Legumin offensichtlich zwei verschiedenen, auch durch andere Merkmale getrennten Gruppen zuordnen: Für *Carlina*, *Atractylodes* und *Atractylis* sind O-heterozyklische Polyine charakteristisch, während *Xeranthemum* Monothiophene als spezifische Polyine enthält; *Xeranthemum* und die nah verwandte *Chardinia* unterscheiden sich von der *Carlina*-Gruppe offenbar auch durch stark cyanogene Achänen, wobei Mandelonitril-Glykoside die repellenten Hauptwirkstoffe darstellen.

2. Unterfamilie: Asteroideae

Die Asteroideae bilden überwiegend heterogame Blütenkörbchen aus, d.h. Pseudanthien mit einlippigen Zungenblüten als strahlenden Randblüten und Röhrenblüten als Scheibenblüten. Die Pollenkörner sind im Gegensatz zu denen der 1. Unterfamilie «helianthoid» (Ausnahme: Anthemideae) und sehr klein (25-34,3 μm im Durchmesser) mit dünner Exine (2,3-4,2 μm).

Das Spektrum an Sekundärstoffen, die mehr oder weniger auch als Repellentien wirksam sein können, ist besonders umfangreich: Sesquiterpenlactone werden (mit Ausnahme der Senecioneae, Astereae und Calenduleae) in einer Fülle von biogenetisch zum Teil stärker abgeleiteten Verbindungen gebildet. Polyine unterschiedlichster Struktur kommen ebenso verbreitet vor wie ungesättigte Amide oder verschiedenartige Diterpene (Ausnahme: Anthemideae). Einfache und prenylierte p-Hydroxy-acetophenone und die davon ableitbaren Benzofurane und -pyrane (= Chromene) sind charakteristische Verbindungen wie auch Cumarine u.a. Phenylpropane oder Pyrrolizidinalkaloide (nur Senecioneae, Eupatorieae). Dieses reiche Stoffmuster unterscheidet die 2. Unterfamilie ganz klar von der 1. Unterfamilie (Tab. 9) und erklärt die große Zahl von Arznei- und Giftpflanzen aus diesem Bereich.

Vorwiegend eurasiatisches Vorkommen gilt für die **Anthemideae**. Für ihre im extratropischen Bereich liegenden Lebensräume ist der Anteil an Holzpflanzen mit 39% (Tab. 9) relativ hoch und wird in diesem Fall vornehmlich als abgeleitete Entwicklung gedeutet. Bekannte Gattungen sind *Anthemis*, *Achillea* (Schafgarbe), *Matricaria* (Kamille), *Chrysanthemum* (Wucherblume) und – vorwiegend in Steppengebieten – die Gattung *Artemisia*.

Die **Astereae** (*Aster*, *Bellis*, *Solidago*) stehen den Anthemideae offenbar sehr nahe, was chemisch z.B. mit der Häufung von Cumarinen korreliert; hierbei scheinen prenylierte bzw. mit Terpenen oder Sesquiterpenen verbundene Cumarine besonders spezifisch für die beiden Triben zu sein. Die im übrigen bei den Asteraceen weit verbreiteten C_{13}-Polyine mit 5 Dreifachbindungen (sog. Tridecapenta-in-ene) treten bei beiden Triben zugunsten von C_{17}- und den außerordentlich spezifischen C_{10}-Acetylenen zurück.

Im Sekundärstoffmuster der **Inuleae** (u.a. mit den Gattungen *Gnaphalium*, *Helichrysum* und *Inula*) sind prenylierte Phloroglucinderivate tribusspezifische Verbindungen.

Die Triben **Heliantheae** (mit der Sonnenblume *Helianthus*) und **Eupatorieae** (mit dem Wasserdost *Eupatorium*) haben ihren Schwerpunkt auf dem amerikanischen Kontinent. Ihre nahe Verwandtschaft kommt durch hochgradige Ähnlichkeiten in der cpDNA zum Ausdruck (vgl. Abb. 106B), bei den Sekundärstoffen in einer auffälligen Bevorzugung der C-8β-substituierten Germacranolide, im gehäuften Vorkommen von Benzofuranen und Benzopyranen sowie von Thymolderivaten (Tab. 9). Kaurane und davon abgeleitete Verbindungen sind in den Heliantheen besonders verbreitet.

Die **Calenduleae** mit *Calendula*, der Ringelblume, und **Senecioneae** sind durch ein stark eingeschränktes und gleichzeitig spezialisiertes Sekundärstoffmuster charakterisiert, so die Calenduleae durch eine gehäufte Bildung der diterpenoiden Pimarane oder die Senecioneae durch die biogenetisch stark abgeleiteten Eremophilanolide als nahezu einzigem Sesquiterpenlactontyp (Tab. 9), verbunden mit einem Massenvorkommen von Furoeremophilanen. Bei den Senecioneen sind aber insbesondere Pyrrolizidin-Alkaloide («PA», «Senecio-Alkaloide») verbreitet, die sich in ihrer Struktur von denen der Eupatorieae und Boraginaceen unterscheiden.

Tab. 9: Übersicht über das Vorkommen wichtiger Sekundärstoffe in den Triben der Asteraceen. Angaben vorwiegend nach Heywood et al. (1977), Proksch & Rodriguez (1983) und Zdero & Bohlmann (1990). Bei den Sesquiterpenlactonen ist die Zahl der Arten angegeben, für die der entsprechende Strukturtyp festgestellt wurde. I, II und III bedeuten Stadien in der Biosynthese (Formelbild s.S. 197). Ge = Germacranolide, Gu = Guajanolide, Eu = Eudesmanolide, El = Elemanolide, Ps = Pseudoguajanolide, Er = Eremophilanolide, 8α und 8β kennzeichnen Strukturunterschiede bei Germacranoliden (in % der Ge-Werte).
Bei den Diterpenen bedeuten: La = Labdane, Cl = Clerodane, Ka = Kaurane, Be = Beyerane, Pr = Primarane, Th = Thymolderivate. An Phenolen sind aufgeführt: p-H = p-Hydroxyacetophenone (die hier subsumierten Benzofurane und Chromane sind unter B, C gesondert hervorgehoben), Pr = Prenyl-Phloroglucine, Ph = Phenylpropane, Li = Lignane, Cu = Cumarinderivate (die prenyl- und geranyl-Verbindungen auch extra unter p,g aufgeführt), 5-M = 5-Methylcumarine und Chromane.
P.A. = Pyrrolizidin-Alkaloide.
Bei den Polyinen überwiegen meist C_{13}-Verbindungen, oft mit 5 Dreifachbindungen (z.B. Formel S. 195).
* = einschließlich Echinopeae und Carlineae, ** = ohne Kleinarten, # = nur bei wenigen Arten vorkommend.

Tribus	Sesquiterpenlactone								Diterpene					
	I			II			III							
	Ge, davon	8α	8β	Gu	Eu	El	Ps	Er	La	Cl	Ka	Be	Pr	Th
Mutisieae	48	21	6	27	23	1	–	–	–	9	–	–	1	–
Vernonieae	485	98	–	134	5	23	–	–	–	–	7	–	–	–
Liabeae	33	15	–	22	8	–	–	–	–	–	–	–	–	1
Arctotideae	8	88	–	26	–	–	–	–	–	–	3	–	–	–
Lactuceae	33	18	–	83	13	–	–	–	–	–	–	–	–	–
Cardueae*	91	73	–	244	17	19	–	–	–	–	12	–	–	1
Anthemideae	270	14	3	386	343	2	2	1	–	–	–	–	1	4
Astereae	1	–	–	4	4	–	3	–	300	220	59	13	3	–
Inuleae	97	17	11	75	124	5	23	2	37	9	64	21	6	112
Eupatorieae	377	3	78	230	48	23	7	7	243	70	122	5	40	133
Heliantheae	722	8	79	236	216	93	513	5	101	1	845	26	47	165
Calenduleae	–	–	–	–	–	–	–	–	–	–	2	5	67	16
Senecioneae	–	–	–	–	–	–	–	90	3	2	15	1	18	–

Tribus	Phenole								P.A.	Polyine				Artenzahl	% Holzpfl.	Hauptvorkommen
	p-H	B,C	Pr	Ph	Li	Cu Σ	Cu p,g	5-M		C_{17}	C_{13} 5≡	C_{13} übr.	C_{10}			
Mutisieae	13	#	–	–	–	12	8	57		–	++	–	–	900	72	trop. Amerika, Afrika, SO-Asien
Vernonieae	–	–	–	10	5	2	–	52		–	++	–	–	1500	45	südhemisphärisch
Liabeae	–	–	–	4	–	4	–	–		–	+	+	–	160	58	Mittel-Süd-Amerika
Arctotideae	–	–	–	1	–	1	–	–		–	++	–	–	180	35	Südafrika
Lactuceae	–	–	–	17	1	70	–	–		+	–	+	–	1000**	4	vorwiegend Eurasien
Cardueae*	–	–	–	19	21	3	–	–		++	++	+++	–	2600	12	vorwiegend Eurasien
Anthemideae	23	+++	–	52	67	196	67	–		+++	–	+++	+++	1650	39	vorwiegend Eurasien
Astereae	76	+++	–	67	–	249	193	–		++	–	+	+++	2500	36	nordhemisphärisch
Inuleae	54	–	90	40	12	33	21	–		–	++	+	–	2100	40	weltweit
Eupatorieae	348	–	–	31	15	56	9	–		–	++	–	–	2000	42	Nord- und Süd-Amerika
Heliantheae	258	–	5	126	11	21	5	–	#	++	+++	++	–	2000	29	Nord- und Süd-Amerika
Calenduleae	7	–	–	4	–	–	–	–		–	++	–	–	110	35	Südafrika, Mediterran-Gebiet
Senecioneae	108	–	–	34	2	1	–	–	+	#	#	#	–	2000	34	weltweit

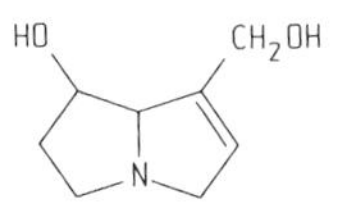

Retronecin

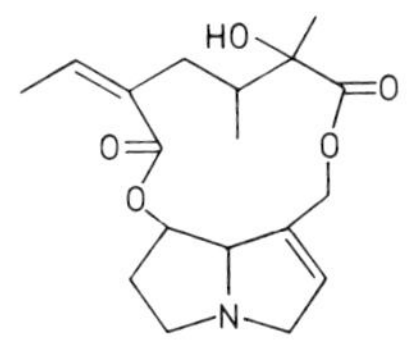

Senecionin

Diese Alkaloide, unter bestimmten strukturellen Voraussetzungen Lebergifte mit cancerogenen Eigenschaften, sind Ester von Aminoalkoholen mit isoprenoiden Säuren («Nec-Säuren»). Ein häufig vorkommender Aminoalkohol mit einem Pyrrolizidin-Grundgerüst ist das Retronecin. Die Senecioneae besiedeln vorwiegend den amerikanischen Kontinent. Einheimisch ist z.B. *Tussilago*, der Huflattich, *Petasites*, die Pestwurz und *Senecio*, das Kreuzkraut. Alle drei Gattungen enthalten cancerogene Pyrrolizidinalkaloide, allerdings in unterschiedlichen Konzentrationen und mit unterschiedlicher Organverteilung. Als Arzneidroge sollte daher Kreuzkraut nicht mehr verwendet werden, während der Einsatz spasmolytisch wirksamer Zubereitungen aus der Pestwurz (Rhizom) und den als Schleimdroge gebräuchlichen Huflattichblättern mit gewissen Einschränkungen, z.B. begrenzter Dauer der Anwendung, als noch vertretbar angesehen wird.

Wichtige Inhaltsstoffe der Asteraceen

Inzwischen sind etwa 7000 chemische Verbindungen von etwa 5.000 der ca. 25.000 Arten umfassenden Familie isoliert und identifiziert worden, so daß die Asteraceen in dieser Hinsicht als eine der am besten untersuchten Familien gelten können.

1. **Polyacetylenverbindungen (Polyine)** kommen in der Familie verbreitet vor. Von diesen hoch instabilen Verbindungen sind bisher ca. 700 bei den Compositen nachgewiesen worden. Sie können Bestandteil der ätherischen Öle sein. In biogenetischer Beziehung zu den Polyinen stehen möglicherweise auch die seit langem aus vielen Compositen-Triben bekannten Phytomelane, in Interzellularen abgelagerte, sehr widerstandsfähige, schwarze Massen, wie sie insbesondere von der Fruchtknotenwand von *Arnica montana* bekannt sind (Abb. 104G); das Verschwinden der Polyacetylene bei der Reifung der *Carthamus tinctorius*-Samen könnte ein Indiz dafür sein.

Die Polyacetylene leiten sich ursprünglich von der Ölsäure (C_{18}) ab, sind aber vielfach abgewandelt. Am verbreitetsten sind die Tridecapenta-in-ene [mit 5(!) Dreifachbindungen] und biogenetisch verwandte Verbindungen. Die Kettenlänge von C_{18} kann bis auf C_9 verringert sein. Nichtzyklische oder zyklische schwefelhaltige Verbindungen (Thiophene) sind nicht selten (siehe Formeln).

Tridecapenta-in-en

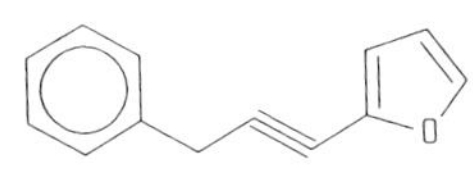

Carlinaoxid

Bemerkenswert ist die starke fungizide und bakterizide Wirkung mancher Polyine, wie des Carlinaoxids (aus *Carlina acaulis*) und des Capillins (aus *Artemisia capillus*); ein *Carlina*-Extrakt verhindert *Staphylococcus aureus*-Wachstum noch in einer Verdünnung von 1:200.000. Viele Polyine, insbesondere solche mit Thiophenringen entfalten ihre Toxizität erst bei Anwesenheit von UV-Licht. Inzwischen ist die Wirksamkeit derartiger phototoxischer Polyine (z.B. von α-Terthienyl = 2,2':5',2'-Trithiophen) nicht nur für Pilze, Bakterien und Viren, sondern auch für Algen, höhere Pflanzen, Nematoden (z.B. Thiophene von *Tagetes*), Insekten und humane Erythrocyten nachgewiesen worden.

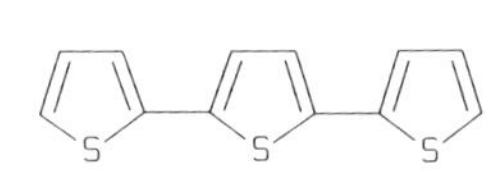

α-Terthienyl

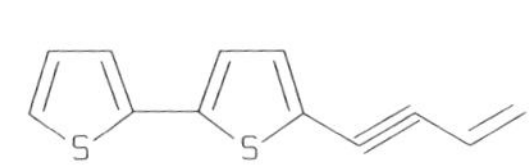

C_{12}-Dithiophen aus *Echinops*

Interessant für die diskutierten Verwandtschaftsbeziehungen mit den Araliales ist der Nachweis von Falcarinon (Formel S. 180) in *Galinsoga parviflora*, dem Franzosenkraut.

2. **Isoprenoide Verbindungen**: Als Bestandteile der in Drüsenschuppen oder schizogenen Exkretgängen gebildeten ätherischen Öle überwiegen Monoterpene (Thujon, Cineol, Limonen u.a.) und Sesquiterpene. Verbreitet finden sich in der Unterfamilie Asteroideae auch Diterpene, frei, als Ester oder Glykoside. Zur Gruppe der Kaurane gehört das Steviosid, ein

Diterpenglykosid mit starkem Süßgeschmack, das in Mengen von 2-7% neben weiteren Verbindungen ähnlicher Struktur in den Blättern von *Stevia rebaudiana*, einem ursprünglich in Paraguay beheimateten Strauch vorkommt. Sein kommerzieller Anbau zur Gewinnung des biogenen Süßstoffs (300mal stärkere Süßkraft als Rohrzucker) wird erwogen. Diterpensäuren vom Grindelantyp sind die in *Grindelia*-Arten gefundenen Grindeliasäuren (Kraut von *G. robusta* u.a. Arten dient gelegentlich noch als Bronchotherapeutikum).

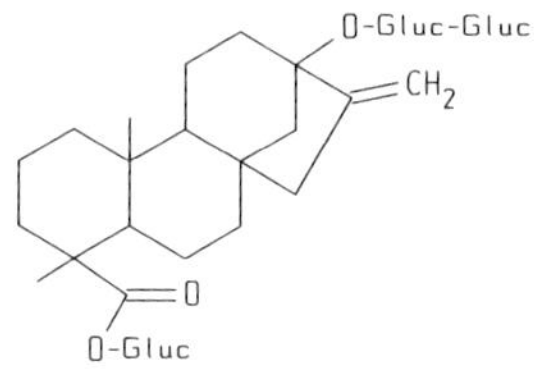

Steviosid

Recht charakteristisch sind Triterpen-Alkohole, die bei vielen Lactuceen Hauptbestandteil der Latex-Koagulate darstellen. Triterpensaponine sind nicht selten; in höherer Konzentration u.a. Inhaltsstoffe der Blüten von *Calendula officinalis* sowie von *Solidago virgaurea* und anderen *Solidago*-Arten, deren Kraut als diuretisch wirksame Droge gebräuchlich ist.

In den Milchsäften vieler Lactuceen, aber auch im Parenchym anderer Asteraceen wird in erheblichem Umfang auch das Polyterpen Kautschuk akkumuliert. Als Kautschukpflanzen extratropischer Gebiete kommen für technische Nutzung *Taraxacum*- und *Scorzonera*-Arten sowie die in Mexiko heimische *Parthenium argentatum* in Betracht, die Kautschuk in parenchymatischen Zellen in Mengen bis zu 20% speichert.

Besonders auffällige isoprenoide Verbindungen der Compositen sind nichtflüchtige **Sesquiterpenlactone**, die nicht selten glykosidiert vorkommen. Diese Verbindungen leiten sich biogenetisch wahrscheinlich vom Farnesyl-pyrophosphat ab, wobei über die Schlüsselverbindungsgruppe der Germacranolide verschiedenste weitere Strukturgruppen gebildet werden; siehe Abb. 107. Sie finden sich hauptsächlich im Blattgewebe (bis zu 5% TG).

Da sich die meisten Sesquiterpenlactone mit den höchsten Konzentrationen in Blättern und Blütenkörbchen durch intensiven Bittergeschmack auszeichnen, dürften sie als Schutzstoffe gegen pflanzenfressende Tiere eine wichtige Rolle spielen. Das Parthenin aus *Parthenium hysterophorus* hemmt das Wachstum vieler Pflanzen und ist ein kräftiger Mitosehemmer.

Das Vorhandensein von Sesquiterpenlactonen bedingt die Verwendung mancher Asteraceen als Bitterstoffdrogen, so z.B. von *Artemisia absinthium*, dem Wermut, mit Absinthin und Absintholid als dimeren Sesquiterpenlactonen. Weiterhin werden genutzt *Taraxacum officinale*, der Löwenzahn, und *Cnicus benedictus*, das Benedikten-Kraut. *Cynara scolymus*, die Artischocke, enthält neben dem Bitterstoff Cynaropikrin noch Caffeoylchinasäuren (Cynarin = Artefakt) und findet auf Grund beider Inhaltsstoffe als gallenwirksame Droge Verwendung.

Außer der Bitterwirkung können Sesquiterpenlactone auch cytotoxische, antiphlogistische, anthelminthische, bacterizide, fungizide, allergene u.a. physiologische Wirkungen zeigen. Einige Arzneipflanzen oder Drogen seien in diesem Zusammenhang genannt:

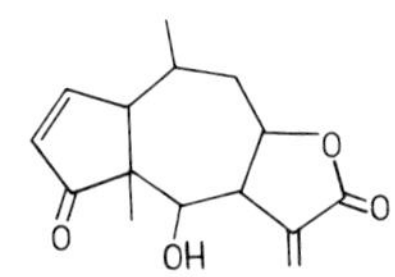

Helenalin

Aus den Blüten von *Arnica montana* (in manchen Arzneibüchern ist auch die nordamerikanische *A. chamissonis* zugelassen) wird die in der Volksmedizin als Einreibungsmittel bei Verstauchungen und Verletzungen geschätzte Arnikatinktur hergestellt. Allergische Hautreaktionen nach häufigem Gebrauch der Tinktur sind ebenso wie toxische Wirkungen bei innerlicher Anwendung von «Arnikatee» auf Sesquiterpenlactone vom Guajanolidtypus zurückzuführen. Von diesen sind Ester des Helenalins inzwischen auch pharmakologisch geprüfte Inhaltsstoffe, denen einerseits die antiphlogistischen und antiseptischen, andererseits aber auch die allergisierenden und allgemein toxischen Wirkungen zugeschrieben werden können.

Sesquiterpenlactone vom Guajanolidtyp können auch **«Proazulene»** sein. Proazulene kommen vor allem in der Tribus Anthemideae vor, so z.B. in den Blütenköpfchen der echten Kamille, aber auch in Arten der Gattungen *Achillea* und *Artemisia*. Aus Matricin, dem Proazulen der Kamillenblüten, wird durch Lactonspaltung und anschließende CO_2-Abspaltung von der intermediär auftretenden Cham-

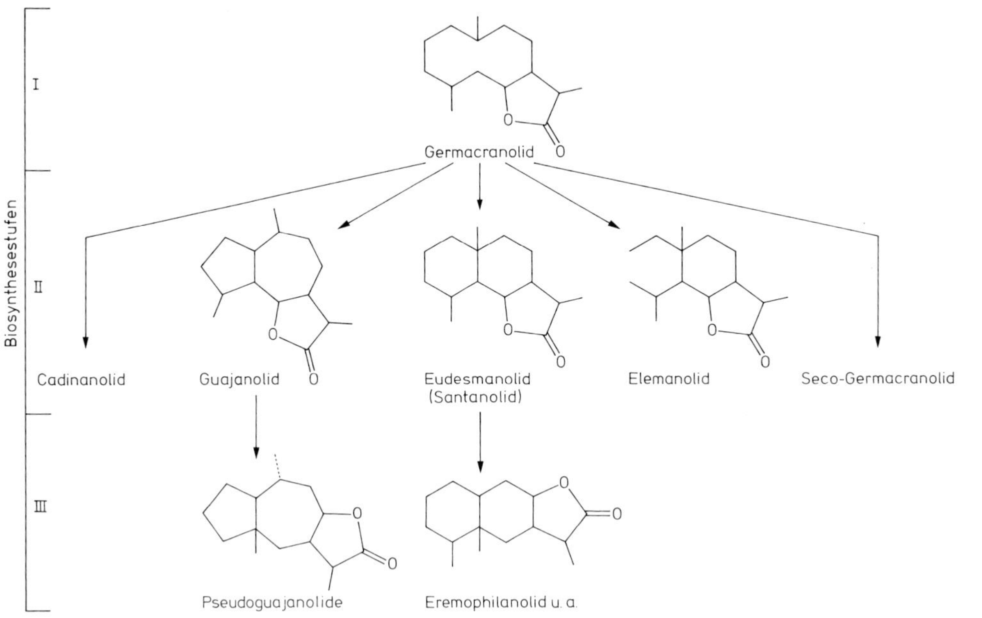

Abb. 107: Wichtige Biosynthesestufen der Sesquiterpenlactone; vgl. dazu auch Tab. 9.

azulencarbonsäure Chamazulen gebildet (vgl. Formelschema). Dieses kräftig blau gefärbte Azulen ist Bestandteil des destillierten ätherischen Öls und gilt zusammen mit anderen Sesquiterpenen wie z.B. dem (-) α-Bisabolol, als das *antiphlogistische* (entzündungshemmende) Prinzip. Die *spasmolytischen* Wirkungen der Droge werden dagegen Polyinverbindungen (En-in-Dicycloether und ähnliche Substanzen), lipophilen Kamillenflavonen und dem Herniarin (= Methylumbelliferon; ein Cumarinderivat) zugesprochen.

Wir wissen heute, daß die chemische Variabilität selbst innerhalb von Arten groß sein kann. So kommen im *Achillea millefolium*-Aggregat sowohl azulenogene wie auch nichtazulenogene Pflanzen vor. Proazulene findet man regelmäßig bei den diploiden Kleinarten *A. asplenifolia* und *A. roseo-alba* (umfaßt auch tetraploide Sippen) und der mutmaßlich allotetraploiden *A. collina,* während sie bei der diploiden *A. setacea* und der octoploiden *A. pannonica* fehlen. Die in Mitteleuropa verbreitetste Kleinart, die hexaploide *A. millefolium* s.str., ist meist frei von azulenogenen Sesquiterpenlactonen.

Viele Sesquiterpenlactone erzeugen eine allergen bedingte Kontaktdermatitis beim Menschen, wobei eine α-Methylen-Gruppe, exozyklisch zum γ-Lactonring, als ursächliche Struktur erkannt worden ist. Besonders aggressiv ist das Parthenin aus *Parthenium hysterophorus,* einer aus Texas stammenden Pflanze, die nach Indien eingeschleppt, in vielen Regionen des Subkontinents zu einer massenhaften Sensibilisierung der Menschen durch mit der Luft

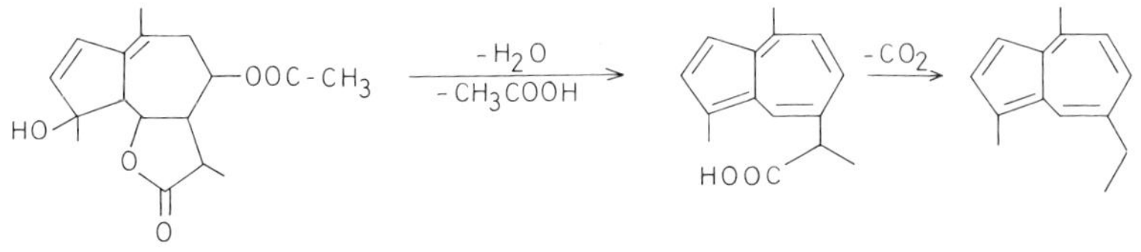

Matricin

Chamazulen-
carbonsäure

Chamazulen

umherfliegende welke Pflanzenteile geführt hat («airborne contact dermatitis»). Ähnliche Kontaktallergene wie bei dieser auch als «Geißel Indiens» bezeichneten Composite kennen wir von den Lauraceen (S. 109) und von der Moosgattung *Frullania,* s. S. 71.

Antiparasitäre Wirkungen besitzen sowohl die Sesquiterpenlactone Santonin (aus *Artemisia*-Arten, insbesondere *A. cina)* und das Alantolacton aus *Inula helenium* (Anthelminthika, insbesondere gegen Ascariden wirksam) als auch die Inhaltsstoffe verschiedener *Chrysanthemum*-Arten. Aus dem «Insektenpulver», den getrockneten Blüten von *C. cinerariifolium, C. coccineum* (syn. *Pyrethrum roseum)* oder *C. marschallii,* lassen sich Extrakte gewinnen, die als Insektizid wirksame Verbindungen, sogenannte Pyrethrine bzw. Cinerine, enthalten. Es handelt sich um Ester terpenoider Säuren («Chrysanthemumsäuren») mit Pyrethrolon (Cinerolon).

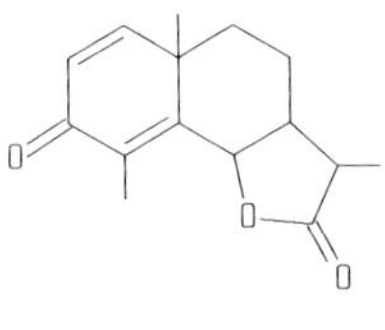

Santonin

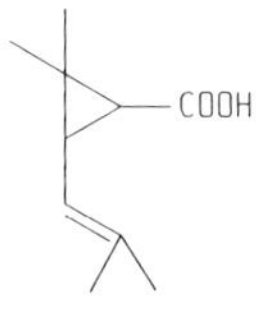

Chrysanthemum-monocarbonsäure

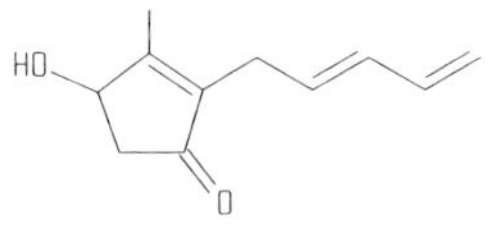

Pyrethrolon

Bei einer ganzen Reihe von Sesquiterpenlactonen (vorwiegend Germacranolide) hat sich eine cancerostatische Wirksamkeit herausgestellt. Allerdings verbietet ihre relativ hohe Toxizität bisher den Einsatz in der Krebstherapie.

3. **Phenylpropankörper und Flavonoide.** Nur selten kommen Phenylpropankörper als Hauptbestandteile der ätherischen Öle vor, z.B. Methylchavicol bei *Artemisia dracunculus,* dem Estragon. Verbreitet findet man Kaffeesäure und Derivate wie z.B. Chlorogensäure und andere Caffeoylchinasäuren oder die zuerst in *Cichorium intybus* gefundene Cichoriumsäure (Dicaffeoylweinsäure). Flavonoide sind in einer Vielzahl verschiedener Strukturen bekannt, wobei das Auftreten methylierter Flavonole und das häufige Vorkommen von Chalkonen und Auronen als Blütenpigmente (sog. Anthochlore) charakteristisch ist.

So war z. B. Carthamin, der rote Farbstoff der Blüten von *Carthamus tinctorius,* der Färberdistel, lange Zeit ein wichtiger Farbstoff; aus den Achänen der Pflanze wird heute ein fettes Öl («Safloröl», «Distelöl») gewonnen, das wegen seines hohen Gehalts an der ungesättigten essentiellen Linolensäure als Diätetikum geschätzt wird.

Verbreitet finden sich einfache Cumarine, während das Vorkommen prenylierter oder mit Terpenen/Sesquiterpenen verknüpfter Cumarine begrenzt ist (Astereae, Anthemideae). Die schon erwähnten 5-Alkylcumarine und Chromone sind biogenetisch keine Phenylpropanabkömmlinge, sondern Polyketide.

Verbindungen von Flavanonolderivaten mit Coniferylalkohol sind als eine interessante Stoffklasse in den Achänen von *Silybum marianum,* der Mariendistel, gefunden worden; ein Gemisch derartiger Substanzen wird als «Silymarin» zur Leberschutztherapie empfohlen und die Silibinin genannte Komponente als Antidot bei Knollenblätterpilzvergiftungen eingesetzt; vgl. auch S. 47. Neben diesen nicht ganz korrekt als Flavanolignane bezeichneten Mariendistel-Inhaltsstoffen kommen auch sesaminähnliche Lignane z.B. in der Gattung *Artemisia* vor.

4. **Alkaloide** sind bei den Asteraceen nicht selten. Eine auffällige Akkumulation von Pyrrolizidinalkaloiden findet man jedoch nur bei den Senecioneae. Höchste Alkaloidgehalte mit bis zu 18% des Blatt-Trockengewichtes wurden bei *Senecio riddellii* beobachtet. Bei *Senecio vulgaris* wurde gezeigt, daß die Pyrrolizidinalkaloide als N-Oxide in der Wurzel synthetisiert und als solche in den Sproß transportiert werden. Sie finden sich auch im Nektar und können in Kuhmilch übergehen. Im übrigen siehe S. 195.

5. **Fruktane:** Während annuelle Asteraceae häufig reduzierende Zucker und Saccharose akkumulieren, findet man bei perennierenden Pflanzen als Reservekohlenhydrat an Stelle von Stärke Inulin, eine polymere Verbindung aus ~ 40 Fruktose-Einheiten (1 Glukose endständig) sowie auch Fruktane mit niedrigerem Molekulargewicht. Das z.B. in den Schwarzwurzeln *(Scorzonera hispanica),* in den Sproßknollen des Topinambur *(Helianthus tuberosus)* oder in den fleischigen Böden und Hüllblattbasen junger Infloreszenzen der Artischocke *(Cynara scolymus)* enthaltene Inulin ist ein für Diabetiker gut verträgliches Kohlenhydrat. Als Testsubstanz für Nierenfunktionsprüfungen («Clearance») hat es aber auch medizinische Bedeutung. Der durch Rösten

unterirdischer Organe von *Cichorium intybus,* der Wegwarte, hergestellte «Cichorienkaffee» erhält sein charakteristisches Aroma durch einen Karamelisierungsprozeß des Inulins.

Als Arzneipflanzen seien noch *Echinacea angustifolia* und *E. purpurea* erwähnt: Extrakte dieser aus N-Amerika stammenden Pflanzen werden seit langem zur Steigerung körpereigener Abwehrkräfte durch «unspezifische Reizkörpertherapie» (Immunstimulation?) eingesetzt. Als mögliche Wirkstoffe gelten, wie auch bei anderen Asteraceen mit ähnlichem Anwendungsbereich *(Eupatorium cannabinum; Achyrocline satureoides)* hochmolekulare Polysaccharide.

❖ Arznei- und Nutzpflanzen der Asterales

Asteraceae. *Achillea millefolium* agg. (Herba Millefolii); *Arnica montana* L., A. *chamissonis* L. (Flores Arnicae; Extr.); *Artemisia absinthium* L. (Herba Absinthii); *A. abrotanum* L. (Herba Abrotani, Eberraute); *A. dracunculus* L. (Estragon); *A. cina* BERG. u. a. Arten (Flores Cinae; Santonin), *A. vulgaris* L. (Herba Artemisiae); *Calendula officinalis* L. (Flores Calendulae; Extr.); *Carthamus tinctorius* L. (Flores Carthami; Saflоröl, «Distelöl»); *Centaurea cyanus* L. (Flores Cyani); *Chamaemelum nobile* (L.) ALL. (Flores Anthemidis = «Römische Kamille»); *Chrysanthemum cinerariifolium* (TREV.)VIS. u. a. Arten (Flores Pyrethri; Extr. «Pyrethrum»); *Cichorium intybus* L. (Radix Cichorii; «Cichorie» = Kaffee-Ersatz, Chicorée); *C. endivia* L. (Endivie); *Cnicus benedictus* L. (Herba Cardui benedicti); *Cynara scolymus* L. (Extr.; Artischocke); *Echinacea angustifolia* DC. (Extr.; Echinacin^{R}); *Eupatorium cannabinum* L. (Extr.); *Grindelia robusta* NUTT. (Herba Grindeliae); *Helianthus annuus* L. (Sonnenblumenöl); *H. tuberosus* L. (Topinambur); *Helichrysum arenarium* (L). MOENCH (Flores Stoechados); *Inula helenium* L. (Radix Helenii); *Lactuca sativa* L. (Salat); *L. virosa* L. (Lactucarium); *Matricaria chamomilla* L. *(Chamomilla recutita* RAUSCH.) (Flores Chamomillae = Matricariae flos; Oleum Chamomillae; Extr.; Chamazulen); *Petasites*-Arten (Extr.: Petasine)*; Scorzonera hispanica* L. (Schwarzwurzel); *Silybum marianum* (L.) HALL. (Fructus Cardui mariae; Extr.: Silymarin); *Solidago*-Arten (Herba Solidaginis, Herba Virgaureae); *Tagetes*-Arten (Helenien); *Tanacetum vulgare* L. (Flores Tanaceti); *Taraxacum officinale* agg. (Radix Taraxaci cum herba); *Tussilago farfara* L. (Folia Farfarae).

Literatur Asteridae

Bauer, R. & H. Wagner: *Echinacea,* ein Handbuch für Ärzte, Apotheker, Botaniker. Wiss. Verlagsges., Stuttgart, 1990.

Bolick, M.R.: Taxonomic, evolutionary, and functional considerations of Compositae pollen ultrastructure and sculpture. Pl. Syst. Evol. 130: 209-218, 1978.

Boulter, D., J.T. Gleaves, B.G. Haslett, D. Peacock & U. Jensen: The relationships of 8 tribes of the Compositae as suggested by plastocyanin amino acid sequence data. Phytochemistry 17: 1585-1589, 1978.

Bremer, K.: Tribal interrelationships of the Asteraceae. Cladistics 3: 210-253, 1987.

Christensen, L.P. & J. Lam: Acetylenes and related compounds in Astereae. Phytochemistry 30: 2453-2476, 1991.

Christensen, L.P. & J. Lam: Acetylenes and related compounds in Cynareae. Phytochemistry 29: 2753-2785, 1990.

Christensen, L.P. & J. Lam: Acetylenes and related compounds in Heliantheae. Phytochemistry 30: 11-49, 1991.

Engvild, K.C.: Chlorine-containing natural compounds in higher plants. Phytochemistry 25: 781-791, 1986.

Fischer, H.: Vergleichende serologische Untersuchungen am Samen-Reserveprotein Legumin in der Familie Asteraceae, Unterfamilie Cichorioideae (sensu BREMER). Diss. Univ. Bayreuth, 1990.

Heywood, V.H., J.B. Harborne & B.L. Turner (eds.): The biology and chemistry of the Compositae. Academic Press, London, New York, 1977.

Holub, M., J. Toman & V. Herout: The phylogenetic relationships of the Asteraceae and Apiaceae based on phytochemical characters. Biochem. Syst. Ecol. 15: 321-326, 1987.

Jansen, R.K. & J.D. Palmer: Phylogenetic implications of chloroplast DNA restriction site variation in the Mutisieae (Asteraceae). Amer. J. Bot. 75: 753-766, 1988.

Jansen, R.K., H.J. Michaels, R.S. Wallace, K.-J. Kim, S.C. Keeley, L.E. Watson & J.D. Palmer: Chloroplast DNA variation in the Asteraceae: Phylogenetic and evolutionary implications. Plant Mol. Syst., im Druck, 1991.

Kagan, J.: Naturally occuring di- and trithiophenes. Progr. Chem. Organ. Nat. Prod. 56: 87-169, 1991.

Lam, J., L.P. Christensen & T. Thomasen: Thiophen derivatives from Echinops species. Phytochemistry 30: 1157-1159, 1991.

Lam, J., H. Breteler, T. Arnason & L. Hansen (eds.): Chemistry and biology of naturally occuring acetylenes and related compounds. Elsevier, Amsterdam, 1988.

Leins, P. & C. Erbar: On the mechanisms of secondary pollen presentation in the Campanulales-Asterales-Complex. Bot. Acta 103: 87-92, 1990.

Mabry, T.J. & G. Wagenitz (eds.) Research advances in the Compositae. Pl. Syst. Evol. Suppl. 4, 1990.

McLachlan, D., T. Arnason & J. Lam: Structure-function relationships in the phototoxicity of acetylens from the Asteraceae. Biochem. Syst. Ecol. 14: 17-23, 1986.

Picman, A.K.: Biological activities of sesquiterpenlactones. Biochem. Syst. Ecol. 14: 255-281, 1986.
Proksch, P. & E. Rodriguez: Chromenes and Benzofurans of the Asteraceae, their chemistry and biological significance. Phytochemistry 22: 2335-2348, 1983.
Schilcher, H.: Die Kamille, Handbuch für Ärzte, Apotheker u.a. Naturwissenschaftler. Wiss. Verlagsges., Stuttgart, 1987.
Seaman, F.: Sesquiterpene lactones as taxonomic markers in the Asteraceae. Bot. Rev. 48: 121-595, 1982.
Seaman, F., F. Bohlmann, C. Zdero & T.J. Mabry: Diterpenes of flowering plants – Compositae (Asteraceae). Springer-Verlag, New York, Berlin, Heidelberg, 1990.
Shulkina, T.V.: The significance of life-form characters for systematics, with special reference to the family Campanulaceae. Pl. Syst. Evol. 136: 233-246, 1981.
Wagenitz, G. Systematics and phylogeny of the Compositae. Pl. Syst. Evol. 125: 29-46, 1976.
Willuhn, G.: Die Wirkstoffe der Arnikablüten in der externen Therapie als Wundheilmittel, Antiseptikum und Antiphlogistikum. Z. Phytotherap. 5: 765-767, 1984.
Willuhn, G.: Sesquiterpenlactone, potentielle Leitsubstanzen für die Arzneistoffindung. Dtsch. Apoth. Ztg. 127: 2511-2517, 1987.
Zdero, C. & F. Bohlmann: Systematics and evolution within the Compositae, seen with the eyes of a chemist. Pl.Syst.Evol. 171: 1-14, 1990.

Unterklasse: Dilleniidae

Die Dilleniidae fallen ebenso wie die auf der gleichen Entwicklungsstufe stehenden Rosidae weder durch den Besitz besonders ursprünglicher noch abgeleiteter Merkmale auf. Eine klare Abgrenzung von den Rosidae zu vollziehen, ist schwer. Zukünftig wird unter Aufgabe der allzu scharfen Zuordnung zu einer der beiden Unterklassen eine Neugliederung auf der Ebene von Überordnungen anzustreben sein, um dadurch die vielfältigen, heute erst in Umrissen erkennbaren phylogenetischen Verwandtschaftsverhältnisse besser zum Ausdruck zu bringen. Nichts illustriert diese schwierig darstellbaren Verhältnisse besser als die Stellung der Euphorbiales (Euphorbiaceen). Sie werden entweder (so in diesem Lehrbuch) in die Dilleniidae eingereiht oder (so im Strasburgerschen Lehrbuch) in die Rosidae. Diese Ambivalenz spiegelt sich auch in den serologischen Untersuchungen am Euphorbiaceen-Legumin wider, die bemerkenswerte Ähnlichkeiten zu den Ordnungen Rutales (Rosidae) wie auch zu den Violales und Malvales (beide Dilleniidae) aufdeckten (s. S. 221).

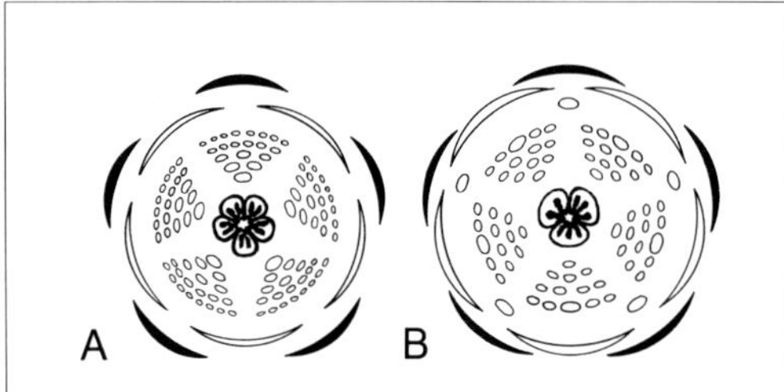

Abb. 108: Schema einer Blüte mit **(A)** zentrifugalem und **(B)** zentripetalem komplexem Androeceum. (Nach Ehrendorfer.)

Insofern sind die in der folgenden Tabelle zusammengestellten Kriterien als Tendenzmerkmale für beide Unterklassen aufzufassen.

Wir unterscheiden 4 Überordnungen, nämlich:

Dillenianae mit	(1) Dilleniales
Violanae mit	(2) Violales
	(3) Cucurbitales
	(4) Capparales
	(5) Salicales
Malvanae mit	(6) Malvales
	(7) Urticales
	(8) Euphorbiales
	(9) Thymelaeales
	(10) Elaeagnales
Theanae mit	(11) Theales
	(12) Ebenales
	(13) Primulales

Die 1. Ordnung Dilleniales

aus der Überordnung **Dillenianae** stellen wir an den Anfang wegen verschiedener ursprünglicher Merkmale: Oft vielzählige Blütenglieder, insbesondere im Androeceum; chorikarpe Gynoeceen; nicht selten

	Dilleniidae	**Rosidae**
Blätter	meist einfach; Fiederblätter sehr selten	oft gefingert oder gefiedert
Androeceum	Haplostemonie selten	Haplostemonie häufig
falls A ∞ (immer komplexe Androeceal-organe; vgl. Abb. 108):	Staubblätter werden **zentrifugal** angelegt (auch bei den Caryophyllidae!)	Staubblätter werden **zentripetal** angelegt
coenokarper Fruchtknoten	oft parakarp	meist septiert
Plazentation	oft parietal (wandständig)	meist zentralwinkelständig
Zahl der Samenanlagen pro Fruchtblatt	meist viele	meist 1-2
Blütenboden		Tendenz zur Bildung becher- oder scheibenförmiger Blütenböden mit Diskus

sind Balgfrüchte sowie bitegmische und crassinucellate Samenanlagen mit kleinem Embryo und mächtigem Endosperm.

Zur Ordnung gehören die südhemisphärischen **Dilleniaceae** (350) und die nordhemisphärischen **Paeoniaceae** (33). Die letztgenannte Familie enthält nur die Gattung *Paeonia* (Pfingstrose), die man früher wegen ihrer Balgfrüchte und des vielzähligen und schraubig angeordneten Androeceums und Perianths zu den Ranunculaceen gestellt hat. Durch die zentrifugale Anlage des Androeceums und den ringförmigen Diskus zwischen Androeceum und Gynoeceum, durch einen andersartigen Karyotypus und eine andersartige Struktur der Samenreserveproteine ist sie jedoch deutlich von den Ranunculaceen verschieden. Besonders auffällig sind die gleitenden Übergänge zwischen den schraubig gestellten Hoch- und (persistierenden) Kelchblättern.

Während in beiden Familien pentazyklische Triterpene vorkommen, unterscheiden sie sich im Gerbstoffspektrum: kondensierte und hydrolysierbare Gerbstoffe bei den Dilleniaceae, bei den Paeoniaceae offenbar nur Gallotannine.

Die Überordnung **Violanae** setzt sich aus den folgenden Ordnungen Violales, Cucurbitales, Capparales und Salicales zusammen. Der alte Name «Parietales» verweist auf die wandständige Stellung der Samenanlagen. Die parakarpen Fruchtknoten werden oft aus 3 (aber auch aus 2 oder 4) Karpellen gebildet. Viele Sippen sind im Gegensatz zu vielen anderen Dilleniidae frei von Gerbstoffen; dort, wo sie vorkommen, sind es – so weit heute bekannt – nur kondensierte Gerbstoffe (Ausnahme: Tamaricaceae).

2. Ordnung: Violales

Die Violales stellen die zentrale Ordnung der Violanae dar mit vielen Familien mannigfaltiger Merkmalsausprägung; die meisten lassen sich durch den Bauplan auf S. 202 beschreiben. Bemerkenswerte Inhaltsstoffe charakterisieren bestenfalls einzelne Familien, von denen die folgenden 6 besprochen werden:

1. *Familie:* **Flacourtiaceae** (1300). Die tropischen, holzigen Flacourtiaceae gelten als relativ primitiv; ihre Blüten sind teilweise noch spiralig («spirozyklisch») und haben meist zahlreiche Staubblätter. Sie schließen an die Dilleniales an und lassen sich als Ausgangspunkt einer möglicherweise stark aufgefächerten Entwicklung zu den einzelnen Familien der Violales bis hin zu den Cucurbitales, Capparales und Salicales verstehen. Ein auffälliges chemisches Merkmal ist das Vorkommen **cyclopentenoider Fettsäuren** (Chaulmoogra-, Hydnocarpussäure). Auch cyanogene Verbindungen mit cyclopentenoidem Ringsystem (Gynocardin-Typ) sind von Interesse, da sie bisher nur hier sowie bei Passifloraceae, Caricaceae und verwandten Familien (alle: Violales) gefunden worden sind.

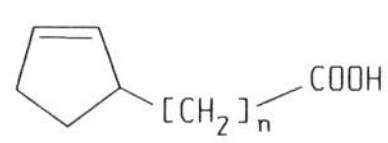

n = 10 : Hydnocarpussäure
n = 12 : Chaulmoograsäure

2. *Familie:* **Cistaceae** (175). Die Cistaceae mit der für die mediterranen Macchien bezeichnenden Gattung *Cistus* (Cistrose) und den bis nach Nordeuropa

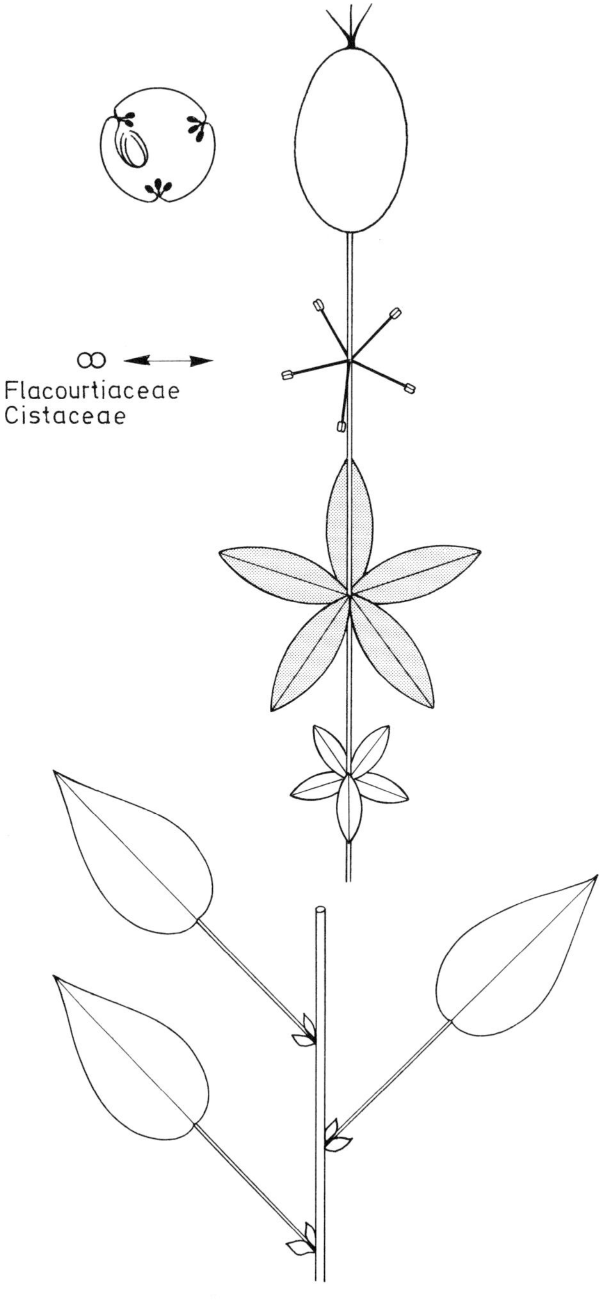

G: aus (10-5) 3 (-2) Karpellen verwachsen. Ovar einfächerig, sehr oft aber auch durch vorspringende Plazenten («falsche Scheidewände») ± tief «unecht» gefächert; dadurch die Samenanlagen ± weit von der Peripherie nach innen gerückt. Meist viele Samenanlagen pro Karpell, anatrop, mit 2 Integumenten.
Samen oft mit Endosperm, das bei den Cistaceae und Tamaricaceae stärkehaltig, sonst ölhaltig ist. Fruchtknoten durchweg oberständig; mittelständig bei den Passifloraceae und Caricaceae. Früchte meist lokulizide Kapseln oder Beeren.

A: meist 5, 2 x 5 oder auch häufig stark vermehrt.

C: meist 5, bei den Caricaceae weitgehend verwachsen.

K: meist 5, bei den Caricaceae weitgehend verwachsen.

Blü: radiärsymmetrisch; viele Violaceen (Veilchen) aber dorsiventral. Bei den Caricaceae meist eingeschlechtige Blüten.

Bl: vorwiegend wechselständig (bei Cistaceae aber meist gegenständig), einfach (bei Passifloraceae und Caricaceae auch gelappt bis gefingert).

Pfl.: Kräuter, Sträucher oder Bäume.

Bauplan der Violales

vordringenden wärmeliebenden Gattungen *Fumana* und *Helianthemum* (Sonnenröschen; Abb. 109A) haben ebenfalls ein vermehrtes Androeceum. Das Endosperm ist – wie bei den folgenden Tamaricaceae – stärkehaltig, während im übrigen bei den Violales nur ölhaltiges Endospermgewebe vorkommt. Durch Zurücktreten von Kaffeesäure, aber regelmäßiges Vorkommen von Myricetin und Prodelphinidin ergeben sich unmittelbare Beziehungen zu den Dilleniales.

3. *Familie:* **Tamaricaceae** (100). Schuppenblättrige Pflanzen, wie die viel gepflanzte Tamariske *(Tamarix)* und – auf Flußschottern besonders im alpinen und skandischen Raum – der Rispelstrauch *(Myricaria germanica)*.

4. *Familie:* **Violaceae** (850). Die meisten Gattungen dieser Familie sind tropisch-subtropische Holzpflanzen. Die Gattung *Viola* (Veilchen; 450), deren Arten durchweg Kräuter sind, hat weltweite Verbreitung gefunden. Ihre Blüten haben einen 5zähligen Kelch und eine 5zählige Krone und sind von dorsiventraler Symmetrie, wobei das vordere Kronblatt gespornt ist. Das Garten-Stiefmütterchen geht auf *V. altaica* und *V. lutea* als Stammarten zurück. Viele Gattungen haben schleimreiche Blätter und Blüten; der Schleim ist vorwiegend in der Epidermis lokalisiert.

5. *Familie:* **Passifloraceae** (600). Sproßrankende Kletterpflanzen mit Androgynophor und Nebenkrone («Dornenkrone Christi»; Abb. 109B). Ein chemisches Merkmal der Familie ist das verbreitete Vorkommen von cyanogenen Glykosiden, wobei Verbindungen vom Gynocardintyp (vgl. Flacourtiaceae, S. 201) überwiegen. Passionsblumen *(Passiflora-*Arten) sind als Zierpflanzen, manche tropischen Arten auch als Lieferanten eßbarer Früchte (Grenadilla, «Maracuja»-Saft) geschätzt. Extrakte von *Passiflora incarnata* gelten – möglicherweise auf Grund des Gehalts an Maltol (2-Methylpyromekonsäure) und Vitexin – als leichte Sedativa.

6. *Familie:* **Caricaceae** (45), mit dem in den Tropen viel kultivierten Melonenbaum, *Carica papaya* (Abb. 109C). Wichtige Inhaltsstoffe sind Senfölglukoside und Myrosinase (Beziehungen zu den Capparales; siehe dort) sowie das proteolytische Enzym Papain im Milchsaft der gegliederten Milchsaftschläuche, das als Bestandteil von «Steakzartma-

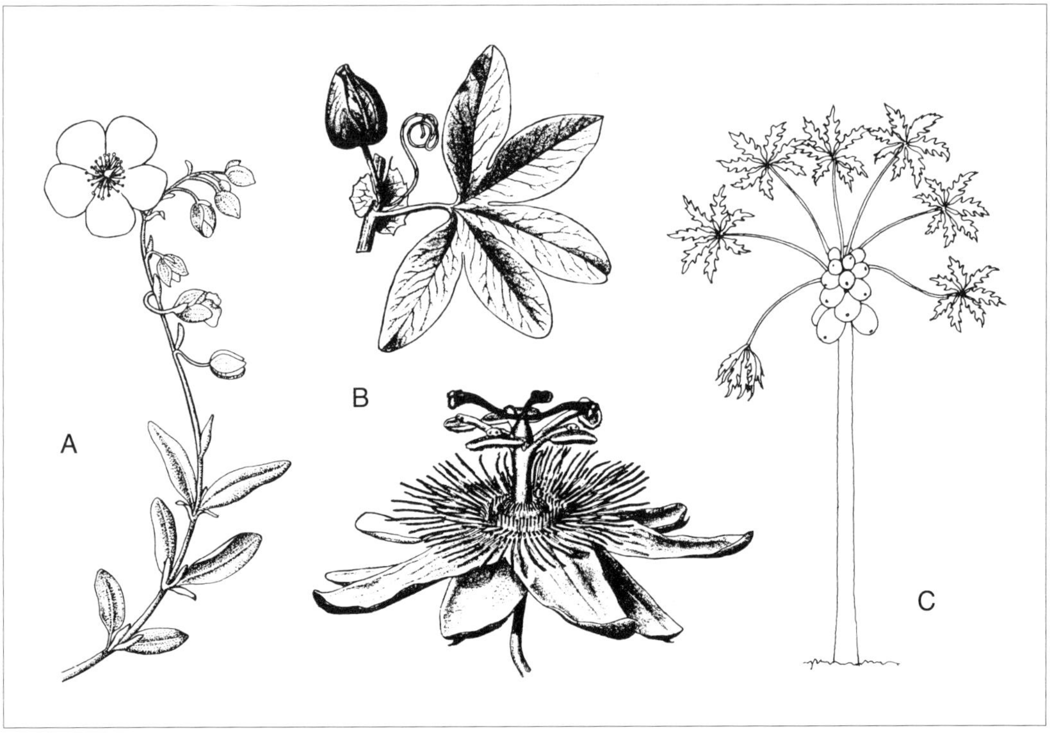

Abb. 109: Violales. – **A:** *Helianthemum nummularium* (Cistaceae) (etw. verkl.). – **B:** *Passiflora caerulea* (Passifloraceae), Blüte und Blütenknospe mit Blatt (etw. verkl.). – **C:** *Carica papaya* (Caricaceae), Pflanze (stark verkl.). – (A nach W. Müller, B nach Wettstein, C nach Harms.)

chern» sowie «verdauungsfördernder» Präparate verwendet wird. Handelspapain enthält auch eine Reihe weiterer Enzymaktivitäten. Papain und Chymopapain sind elektrophoretisch rein darstellbare Proteasen, von denen letztere auch zur Behandlung des Bandscheibenvorfalls eingesetzt wird («Chymonukleolyse»).

❖ Arznei- und Nutzpflanzen der Violales

Flacourtiaceae. *Hydnocarpus*-Arten (Chaulmoograsäure).
Violaceae. *Viola*-Arten (Herba Violae tricoloris).
Passifloraceae. *Passiflora*-Arten (Herba Passiflorae; Extr.; eßbare Früchte: Grenadilla, Maracuja).
Caricaceae. *Carica papaya* L. (Papain; Chymopapain; Papaya-Früchte).

3. Ordnung: Cucurbitales

Die Cucurbitales mit der einzigen Familie **Cucurbitaceae** (850), Kürbisgewächse, schließen sehr eng an die Violales an. Sie besitzen Sproßranken wie die Passifloraceae und sympetale, eingeschlechtige Blüten wie die Caricaceae. Über den Bauplan unterrichtet die S. 205.

Chemische Charakteristika

Zu den bemerkenswertesten Inhaltsstoffen gehören **Triterpen-Bitterstoffe.** Vor allem die Früchte von Cucurbitaceen schmecken, abgesehen von den durch Züchtung gewonnenen Kulturformen (Gurken, Kürbisse, «süße» Melonen) intensiv bitter. Die Analyse der Bitterstoffe hat ergeben, daß es sich in vielen Fällen um charakteristische, in gestreckten Idioblasten lokalisierte Verbindungen handelt, die in der Familie allgemein verbreitet, außerhalb der Cucurbitaceen nur vereinzelt vorkommen.

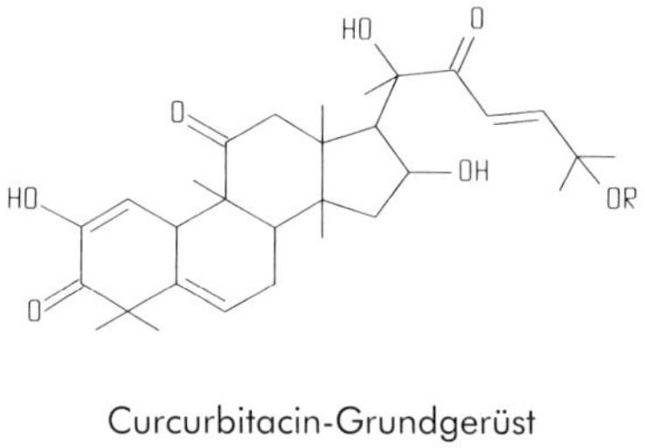

Curcurbitacin-Grundgerüst

Diese **Cucurbitacine** (auch Elatericine genannt) sind triterpenoide tetrazyklische Bitterstoffe, meist in glykosidischer Bindung vorliegend, die die Giftigkeit vieler Vertreter der Familie bedingen. Sie dürften auch für die früher geübte Verwendung von Cucurbitaceen-Drogen als drastische Laxantia verantwortlich sein, so z. B. Koloquinthen, den geschälten Früchten von *Citrullus colocynthis*. Interessant sind die Cucurbitacine auch wegen ihrer tumornekrotisierenden Wirkungen, wobei die geringe therapeutische Breite ihre Anwendung als Cancerostatika bisher verbietet.

Die Biogenese der Cucurbitacine führt durch unterschiedliche Substitutionen und Abwandlung des Cucurbitacin-Grundgerüsts (vgl. Formel) zu einer Schar einander ähnlicher Verbindungen, von denen das Cucurbitacin B offenbar am häufigsten vorkommt. Die Ausbildung eines spezifischen Cucurbitacin-Typs wird – ebenso wie das Ausmaß der Cucurbitacin-Produktion oder das Vorkommen als Aglykon oder Glykosid – jeweils durch bestimmte Gene determiniert.

Neben den tetrazyklischen Cucurbitacinen kommen verbreitet in der Familie auch die ebenfalls bitter schmeckenden pentazyklischen Triterpen-Saponine vor. Man findet hierbei alle Übergänge zwischen den Cucurbitacinen und den Saponinen mit Dammaran-, Cucurbitan- oder Lanostanskelett. Weitere interessante Verbindungen sind nichtproteinogene Aminosäuren in Samen und Früchten, wobei Citrullin meist überwiegt. Samenöle enthalten unter anderem konjugierte Triensäuren.

Bekannte Vertreter der Cucurbitaceae sind der Kürbis *(Cucurbita pepo*, aus dem tropischen Amerika), dessen Samen – früher als Bandwurmmittel gebraucht – als Mittel gegen Prostatabeschwerden empfohlen werden, die Gurke *(Cucumis sativus*, aus dem tropischen Asien), die gelbfleischige Zuckermelone *(Cucumis melo)* und die rotfleischige Wassermelone *(Citrullus lanatus)*. Einheimisch ist *Bryonia*, die Zaunrübe mit roten oder schwarzen Früchten, deren Wurzel früher wie die Koloquinthen als drastisches Laxans benutzt wurde; Verwendung von *Bryonia* als Rheumamittel heute nur noch in der Homöopathie.

❖ Arznei- und Nutzpflanzen der Cucurbitales

Cucurbitaceae. *Bryonia dioica* JACQ. (Radix Bryoniae), *Citrullus colocynthis* (L.) SCHRAD. (Fructus Colocynthidis), *C. lanatus* (THUNB.) MATSUM. et NAKAI (Wassermelone), *Cucumis melo* L. (Melone), *C. sativus* L. (Gurke), *Cucurbita pepo* L. (Kürbis, Zucchini; Semen Cucurbitae), *Lagenaria siceraria* (MOL.) STANDL. (Flaschenkürbis, Kalebasse; weltweit in den Tropen angebaut).

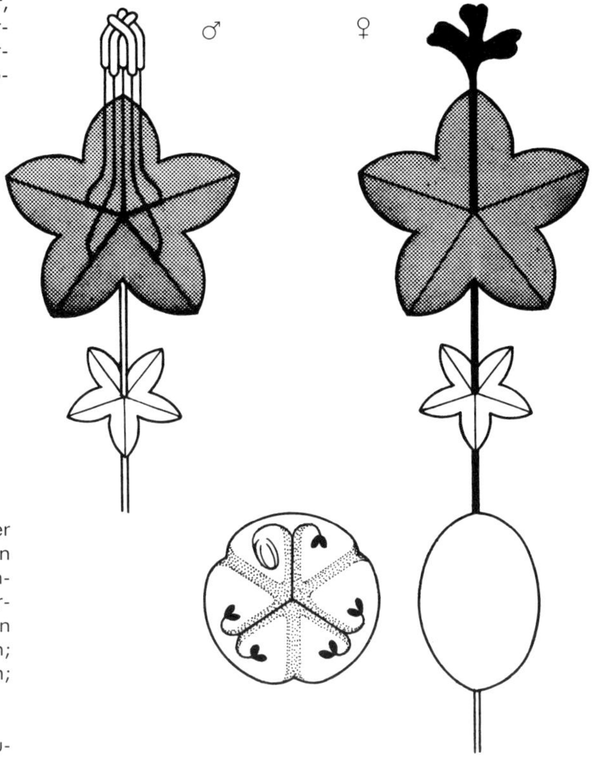

A: (männliche Blüte): meist 5 Staubblätter, ± hoch mit dem Blütenbecher und untereinander (gruppenweise oder ganz) verwachsen. Staubblätter gewöhnlich monothezisch, Theken oft gekrümmt.

C: (5), selten frei.

K: (5).

G: (weibliche Blüte): meist 3 Fruchtblätter zu einem parakarpen, unterständigen Fruchtknoten verwachsen. Viele Samenanlagen an dicken, nach innen gewucherten und nach außen zurückgebogenen Plazenten, anatrop, meist bitegmisch; 1 Griffel mit 3 ± gegabelten Narben; Frucht meist eine Beere.

Blü: eingeschlechtig (ein- oder zweihäusig), radiärsymmetrisch.

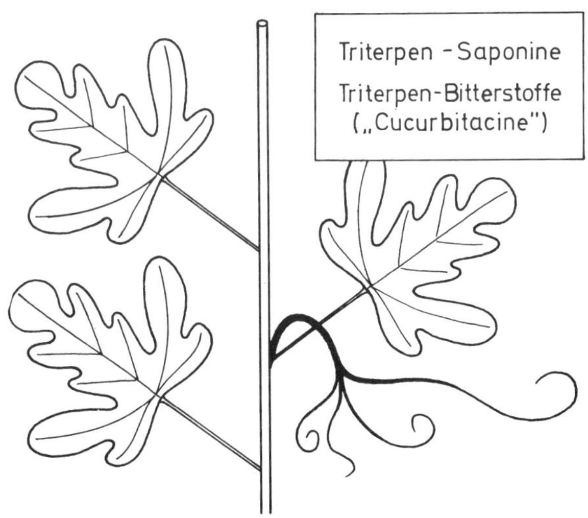

Bl: wechselständig, meist gelappt, mit Sproßranken.

Pfl: meist einjährige Kräuter mit bikollateralen Leitbündeln.

Bauplan der Cucurbitales

4. Ordnung: Capparales

Die Capparales schließen sich an die Violales und Cucurbitales durch ihre parakarpen Fruchtknoten mit parietaler Stellung der Samenanlagen an. In der Blüte herrscht 4-Zähligkeit vor.

Auch der Nachweis von m-Carboxy-phenylalanin bei Vertretern der Cucurbitaceae, das sporadische Vorkommen von Cucurbitacinen bei Brassicaceen (in *Iberis*-Arten) wie auch das Auftreten von Senfölglukosiden und Myrosinzellen bei Caricaceen könnte die Verwandtschaft der Capparales mit den Violales und Cucurbitales untermauern.

In diesem Zusammenhang sind die AS-Sequenzanalysen von Cytochrom c (Abb. 11) von besonderer Bedeutung, die die große Ähnlichkeit zwischen *Cucurbita* und *Brassica* auch von dieser Seite her stützen (nur 5 unterschiedliche AS-Positionen!).

Die «Ableitung» von der Papaveraceen-Blüte wie auch Homologisierung der Schotenfrüchte beider Pflanzengruppen läßt sich nicht mehr aufrecht erhalten, so daß sich auch die frühere Zusammenfassung der Papaverales und Capparales zu einer Ordnung («Rhoeadales») als unnatürlich erwiesen hat. Die schon seit langem bekannten Unterschiede in wichtigen Inhaltsstoffen (z.B. Benzylisochinolin-Alkaloide einerseits, Senfölglukoside andererseits) stellten eine nähere Verwandtschaft ohnehin in Frage.

Den Hauptanteil der Ordnung stellen die Brassicaceae und Capparaceae mit einem einigermaßen übereinstimmenden Bauplan. An diese lassen sich die Resedaceae anschließen. Über den Bauplan dieser Familien unterrichtet die Übersicht auf S. 207.

Chemische Eigenschaften

1. Sehr bezeichnend sind die in allen Familien der Capparales vorkommenden schwefelhaltigen **Senfölglukoside** (= Glukosinolate), die Muttersubstanzen der scharf schmeckenden bzw. stechend riechenden «Senföle». Diese Verbindungen, Ester der Isothiocyansäure, entstehen durch eine intramolekulare Umlagerung des instabilen Aglykons, wenn durch das Enzym Myrosinase die Glukose abgespalten wird. Diese Thioglukosidase ist intrazellulär durch Assoziierung an das glatte ER oder Mitochondrien von den in der Vakuole lokalisierten Glukosinolaten getrennt und kann erst nach einer Zerstörung der Zellstruktur mit dem Substrat in Kontakt treten. Das einfachste Senfölglukosid ($R=CH_3$) ist das in allen Familien der Capparales vertretene Glukocapparin.

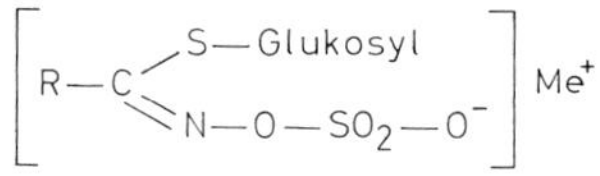

Glukosinolate (allgemeine Formel)

$$R-N=C=S$$

Senföle (allgemeine Formel)

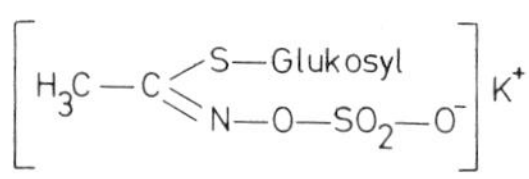

Glukocapparin

Charakteristisch für die Capparales ist das Vorkommen von **heteroaromatischen** (z. B. Indol-)Glukosinolaten, insbesondere in Keimpflanzen und im Jugendstadium. Dadurch unterscheiden sie sich von allen übrigen senfölglukosidführenden Familien, bei denen derartige Verbindungen bisher nicht gefunden worden sind.

Neben der zu Senfölen führenden Spaltungsreaktion können aus Glukosinolaten unter besonderen Bedingungen auch Thiocyanate (Rhodanide) gebildet werden. Hohe Rhodanidkonzentration kann beim Verzehr großer Mengen von Kohl zu Kropfbildung führen (SCN^- als kompetitiver Hemmstoff der für die Jodthyroninsynthese in der Schilddrüse benötigten Jodid-Ionen). Strumigen* wirken auch Verbindungen vom Typ des Thio-Oxazolidons (Goitrine), die durch intramolekulare Zyklisierung von solchen Senfölen entstehen, die am C-2 des Restes R eine OH-Gruppe tragen.

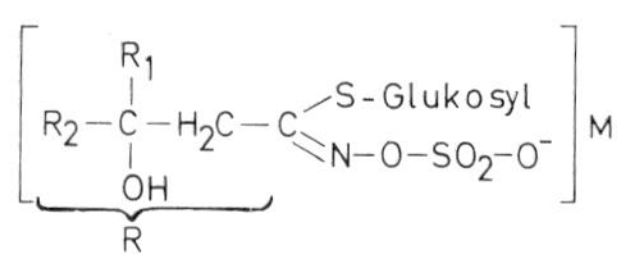

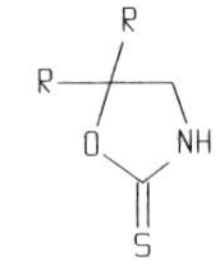

Progoitrine (allgemeine Formeln) Goitrine

Senföle bedingen den scharfen Geschmack vieler Capparales und damit ihre Verwendung als Gewürz: Senf, Meerrettich, Kapern. Außer der früher arznei-

* Kropferzeugend; in diesem Falle kompensatorische Vergrößerung der Schilddrüse infolge der thyreostatischen Wirkung der Goitrine.

G: 2-4 bis mehrere Fruchtbl. zu einem parakarpen Fruchtkn. verwachsen; bei den Brassicaceae als G(2) gedeutet; die Fruchtblätter bilden den Rahmen («Replum»), in den eine häutige, «falsche» Scheidewand eingespannt ist. – Früchte mehrsamige Kapseln («Schoten», «Schötchen») oder einsamige Schließfrüchte (Brassicaceae), bei Capparaceae und Resedaceae Beeren, Kapseln oder Steinfrüchte. Samenanlagen ± kampylotrop, mit parietaler Plazentation. – Reife Samen ohne Endosperm, mit gekrümmtem, ölhaltigem Keimling. – Verschiedentlich Gynophor oder Androgynophor.

A: ursprünglich wohl 2kreisig; entweder im äußeren Kreis nur 2 kürzere Staubgefäße (die 2 übrigen ausgefallen): Brassicaceae und einige Capparaceae, z.B. *Cleome spinosa;* oder nur 1 episepaler, tetramerer Staubblattkreis *(Cleome tetranda)*, der bei vielen Capparaceen und Resedaceen stark vermehrt sein kann (∞: *Capparis spinosa*).

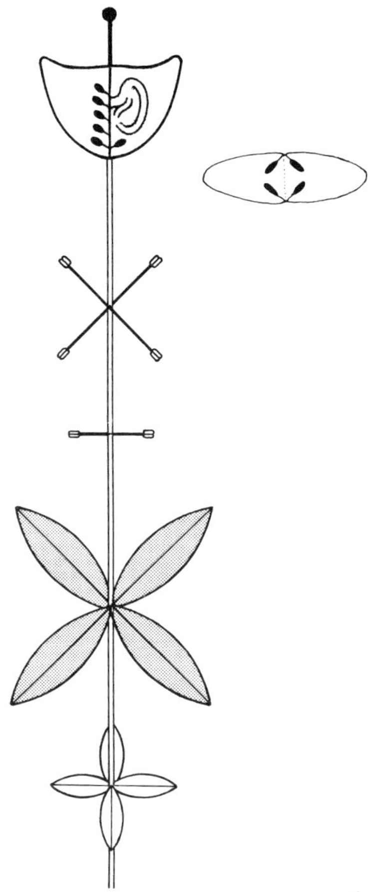

C+K: meist 4zählig; bei Resedaceae selten 4- *(R. luteola)*, meist aber 5- oder 6zählig (z.B. *R. lutea*).

Bl: wechselständig, einfach oder geteilt, ohne (Brassicaceae) oder z.T. auch mit Nebenblättern.

Pfl: Kräuter, selten Holzpflanzen.

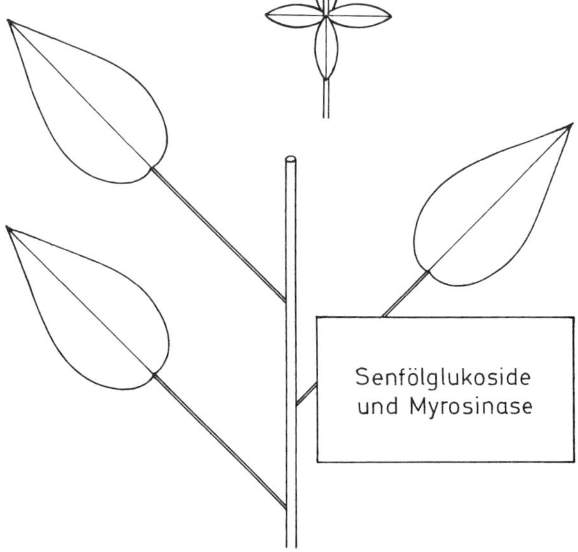

Bauplan der Capparales

lich genutzten Hautreizwirkung z.B. des Allylsenföles ist auch die z.T. beachtliche antibiotische Wirkung mancher Senföle erwähnenswert.

2. Die Samen der Capparales sind reich an **fettem Öl.** Hier dominieren Glyzeride der ungesättigten Fettsäuren, wobei meist die Erucasäure (eine C_{22}-, Δ 13-Fettsäure, diese aber nur bei den Brassicaceen vorkommend), Ölsäure (C_{18}, Δ 9) oder Linolsäure (C_{18}, Δ 9, 12) überwiegen.

3. Gerbstoffe und deren Bausteine (Catechine, Gallus- und Ellagsäure) fehlen fast gänzlich.

4. Unter den Zimtsäurederivaten fällt besonders die Akkumulation von **Sinapinsäure** und Ferulasäure auf. Beide Verbindungen sind häufig an andere Körper geknüpft, wie an Anthocyane (Rubrobrassicin, das rote Hauptpigment des Rotkohls, ist z.B. eine Verbindung von Cyanidin-glukosid mit 2 Mol. Sinapinsäure) oder an Cholin (Sinapin = Sinapinsäure + Cholin, in Samen der Brassicaceen weit verbreitet; eine ähnliche Verbindung ist auch bei den Capparaceen bekannt).

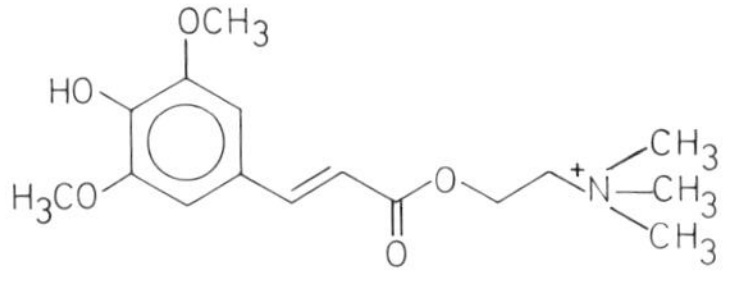

Sinapin

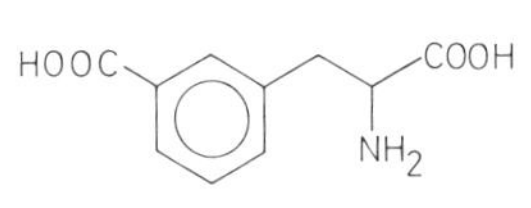

m-Carboxy-phenylalanin

5. Resedaceen und (manche) Brassicaceen ähneln sich in der Synthese nichtproteinogener aromatischer Aminosäuren, die in meta-Position eine Carboxylgruppe tragen (sog. **m-Carboxysäuren** wie z.B. m-Carboxy-phenylalanin). Das Auftreten dieser seltenen Aminosäuren ist im Hinblick auf die Biogenese der Glukosinolate (aus Aminosäuren) sehr interessant.

Im Mittelpunkt der Ordnung steht die

1. *Familie:* **Brassicaceae** (= Cruciferae, Kreuzblütler; 3000, von denen mehr als 100 in Mitteleuropa wild vorkommen). Ihr Verbreitungsschwerpunkt liegt auf «offenen» Böden, wo die z.T. autogamen, 1jährigen Arten (Therophyten) als Ruderalpflanzen oder Ackerunkräuter optimale Bedingungen finden. Trotz der hohen Zahl an Arten und Gattungen sind die Brassicaceen von erstaunlich einheitlichem Bau. Die Blätter stehen wechselständig und haben keine Nebenblätter. Die Blüten lassen sich durch die Blütenformel K4 C4 A2:0+4 G(2) kennzeichnen. Neben den 2 kurzen und 4 langen Staubblättern fallen die charakteristischen Früchte auf, die als Schoten bzw. Schötchen oder einsamige Nüßchen entwickelt sind (vgl. dazu den Bauplan S. 207 und die Abb. 110).

Die kampylotropen Samenanlagen entwickeln sich zu Samen, deren Endosperm höchstens als schmale, wandständige Zellage erhalten bleibt und einen großen, gekrümmten Embryo umschließt. Für manche Samen (z.B. *Brassica nigra*, *Sinapis alba*) ist eine quellbare **Schleimepidermis** über einem Gewebe aus Palisaden- und Großzellen charakteristisch.

Eine Reihe von Arten sind als **Nutzpflanzen** von Bedeutung, wobei in manchen Fällen die bei den meisten Brassicaceen nachgewiesenen Senfölglukoside erwünschte Inhaltsstoffe darstellen, die den scharfen Geschmack bedingen.

Dies gilt z.B. für die Kulturvarietäten von *Raphanus sativus* (Rettich, Radieschen; Hypocotylknollen mit Anteilen der Pfahlwurzel) oder für die Rüben von *Armoracia rusticana*, dem Meerrettich ebenso wie für die Samen von *Brassica nigra* (schwarzer Senf) und *Sinapis alba* (weißer Senf), die nach dem Vermahlen mit verschiedenen Zusätzen die scharfschmeckende Würze «Senf» liefern. Das früher aus den schwarzen Senfsamen gewonnene Allylsenföl wird heute synthetisch hergestellt.

Als Gemüse- und Futterpflanzen sind die Kulturvarietäten der Kohlpflanze *Brassica oleracea,* die als Wildform noch heute an der Atlantikküste vorkommt (S-England, Helgoland), der weißen Rübe *Brassica rapa* (Stoppelrübe) und *Brassica napus* (Steckrübe) von Bedeutung.

Die Verwandtschaftsverhältnisse von *Brassica*-Arten sind durch Untersuchungen am Enzym Ribulose-1,5-bisphosphat-carboxylase-oxygenase (= Rubisco) aufgeklärt worden. Da die große Untereinheit des Enzyms im Chloroplasten codiert und gebildet wird, wird sie in der Regel mütterlich vererbt und kann – falls beide Hybrisisierungspartner unterschiedliche Rubisco-Typen aufweisen – als «Vaterschaftstest» die Herkunft aufklären. So ist der «indische Braunsenf» *Brassica juncea* ein Hybrid aus dem schwarzen Senf *B. nigra* (männlich) und dem Feldkohl *B. campestris* (weiblich); für *B. carinata* war *B. oleracea* der väterliche und *B. nigra* der mütterliche Elter (Abb. 111).

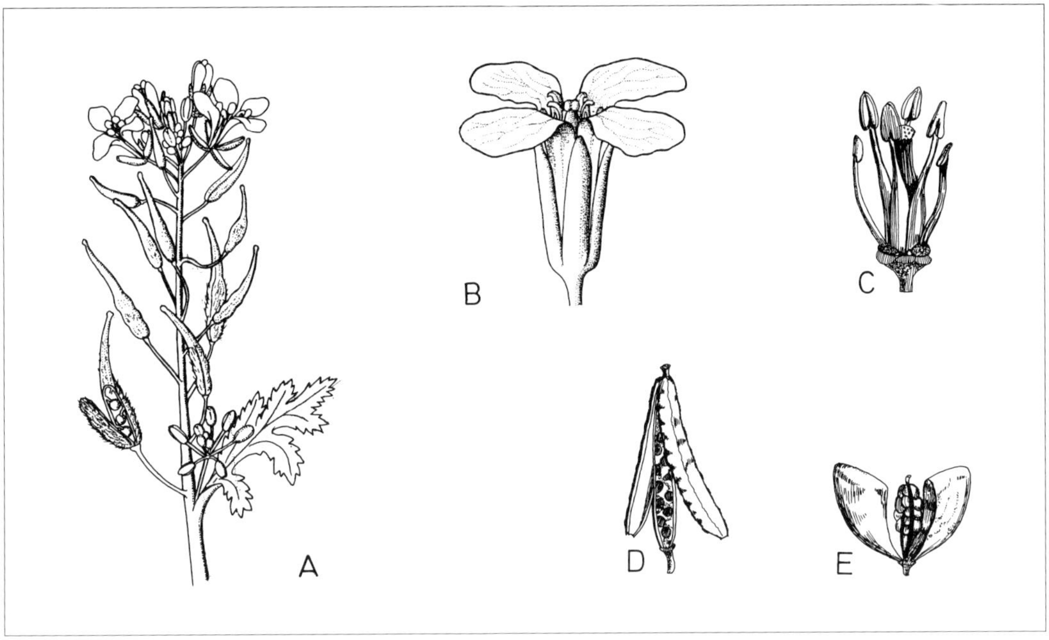

Abb. 110: Brassicaceae. – **A:** *Sinapis alba,* Sproß mit Blüten und geschnäbelten Früchten (Schoten); eine geöffnet (1/2 x). – **B:** *Brassica nigra,* Blüte (vergr.). – **C:** *Cardamine pratensis,* Blüte nach Entfernung des Perianths (4 x). – **D, E:** Früchte von *Cheiranthus cheiri* (Schote) bzw. *Capsella bursa-pastoris* (Schötchen). – (A nach Walt. Müller (veränd.), B,C,E nach Baillon, D nach Firbas.)

Bestätigt wurden diese Befunde durch Restriktionsanalysen am ebenfalls mütterlich vererbten Chloroplastengenom. Für die amphidiploide *Brassica juncea* konnte eine mit *B. campestris* identische Chloroplasten-DNA, für die amphidiploide *B. carinata* eine mit *B. nigra* identische nachgewiesen werden. Die Entstehung von *B. napus* ist nach den molekularen Befunden komplizierter; es ist möglich, daß diese Art neben den Cytoplasmen der Eltern auch das Cytoplasma einer weiteren, unbekannten Art durch Introgression erhielt.

Zur Gewinnung der Samenöle werden vor allem Raps *(Brassica napus subsp. napus)* und Rübsen *(B. rapa subsp. oleifera)* angebaut. In gehärtetem Zustand sind diese fetten Öle wichtige Rohstoffe zur Margarineherstellung. Die bis zu 50% im Rapsöl enthaltene, kratzend schmeckende Erucasäure verbietet die unmittelbare Verwendung als Speiseöl, zumal nach Beobachtungen von Tierversuchen sie zu einer Reihe von Organschädigungen führen kann, doch sind Erucasäure-arme Sorten bereits im Anbau.

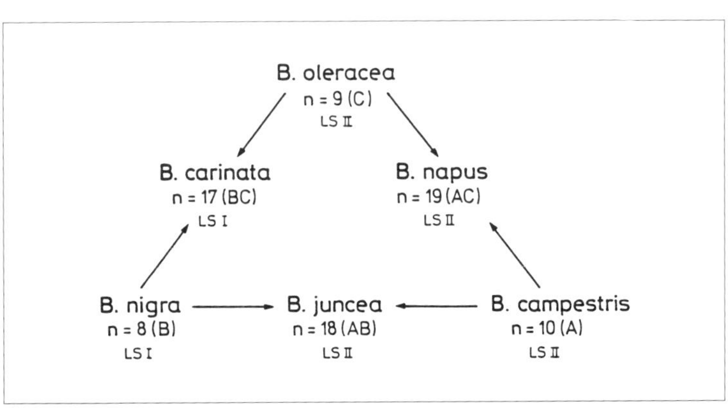

Abb. 111: Das Hybridisierungsschema von drei *Brassica*-Arten mit haploidem Chromosomensatz n, Genombezeichnung und Typ der großen Untereinheit (LS) der Rubisco. (Nach Robbins und Vaughan.)

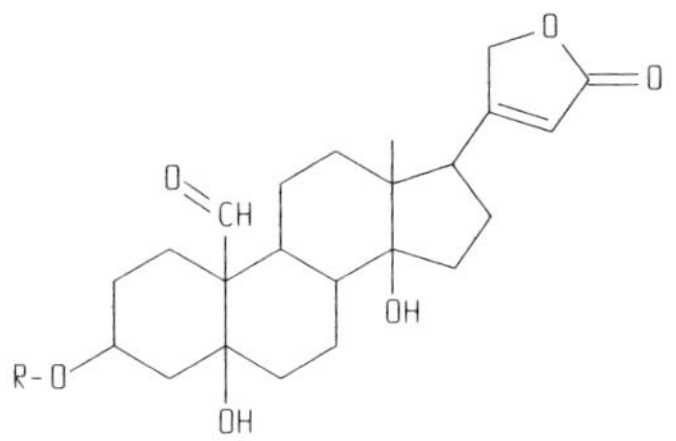

Helveticosid: R = Digitoxose
Erysimosid: R = Digitoxose + Glukose

Arzneilich ist das Vorkommen von Cardenoliden (Helveticosid und Erysimosid, mit Strophantidin als Aglykon) im Goldlack, *Cheiranthus cheiri,* und *Erysimum*-Arten erwähnenswert.

2. *Familie:* **Capparaceae** (800). Insbesondere das vermehrte Androeceum unterscheidet diese meist holzigen Pflanzen von den Brassicaceae. Aromatische Glukosinolate (Glukotropaeolin) und Protoalkaloide vom Typ des Stachydrins sind für die Familie typische Inhaltsstoffe. Die Blütenknospen von *Capparis spinosa,* einem kleinen mediterranen Felsenstrauch, kommen als Kapern in den Handel (Senföle!).

3. *Familie:* **Resedaceae** (70) mit den weiß- oder gelbblühenden, bei uns verwilderten und eingebürgerten *Reseda*-Arten.

❖ Arznei- und Nutzpflanzen der Capparales

a) Senfölpflanzen

Brassicaceae. *Brassica nigra* (L.) KOCH (Semen Sinapis, Schwarzer Senf) und *Sinapis alba* L. (Semen Erucae, Weißer Senf), sowie *Brassica juncea* (L.) CZERN., *Armoracia rusticana* GAERTN., MEY et SCHERB. (Meerrettich), *Lepidium sativum* L. (Gartenkresse).

Capparaceae. *Capparis spinosa* L. (Kapern).

b) Ölpflanzen

Brassicaceae. *Brassica napus* L. subsp. *napus* (Raps) und *Brassica rapa* subsp. oleifera (Rübsen): Oleum Rapae; weitere Samenöle von geringerer wirtschaftlicher Bedeutung u. a. in *Brassica campestris* s.l., *B. nigra* (L.) KOCH, *Crambe maritima* L., *Camelina sativa* (L.) CRANTZ, *Eruca sativa* (MILL.) THELL., *Sinapis alba* L.

c) Gemüsepflanzen

Brassicaceae. *Brassica rapa* L. subsp. *chinensis* (L.) HANELT (Chinakohl), *B.napus* L. subsp. *rapifera* METZG. (Steckrübe), B. *oleracea* L. (Kohl, in verschiedenen Varietäten), *Raphanus sativus* L. (Rettich, Radieschen).

5. Ordnung: Salicales

Zur einzigen Familie **Salicaceae** (350) gehören die beiden zweihäusigen Gattungen *Salix* (Weide) und *Populus* (Pappel). Ihre Blüten sind von stark vereinfachtem Bau (Abb. 112) und zu **Kätzchen** vereint. Trotz des unauffälligen Perianths sind nur die Pappeln anemogam (Weiden als Bienen«futter» im Frühjahr!).

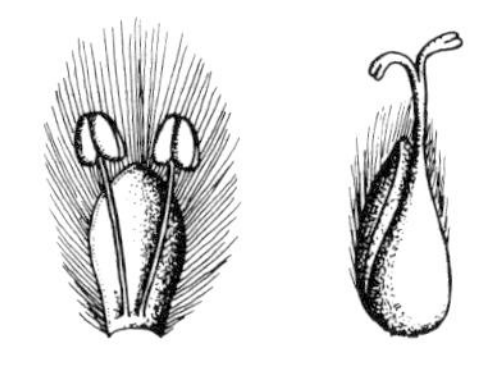

Abb. 112: *Salix viminalis,* Salicaceae: männl. und weibl. Blüte mit ihren Tragblättern (vergr.). (Nach Schimper.)

Durch die zahlreichen Samenanlagen im parakarpen, aus 2 Fruchtblättern verwachsenen Fruchtknoten schließen sich die Salicales an die vorhergehenden Ordnungen an. Eine Verwandtschaft mit den übrigen Kätzchenblütlern (vgl. Hamamelididae) ist u.a. aufgrund des offenbar völligen Fehlens von Ellagsäure und Ellagitanninen schwer vorstellbar; Catechine sowie davon abgeleitete Gerbstoffe kommen dagegen vor.

Charakteristische Inhaltsstoffe der Salicaceae sind **Phenolheteroside**, die einerseits Repellentien gegen Pflanzenfresser und phytopathogene Organismen sind, zum anderen für Spezialisten auch Signalstoffe zur Futterwahl sein können. Manche Chrysomeliden benötigen sogar Salicinderivate zur Produktion ihres Abwehrstoffes Salicylaldehyd.

Weidenrinde, früher als «europäische Fieberrinde» in hohem Ansehen und dann durch die Entwicklung synthetischer Salicylsäurederivate (z.B. Aspirin) aus dem Arzneischatz verdrängt, enthält das Salicylalkoholglukosid Salicin, Salicortin und ähnliche Verbindungen. Rinden mit hohem Gesamtsalicingehalt werden heute wieder für die Herstellung antirheumatisch und analgetisch wirkender Präparate genutzt.

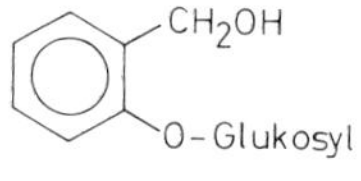

Salicin

In Propolis, dem in Pharmazie und Kosmetik verwendeten Bienenharz von Pappelknospen *(Populus nigra)* sind Dihydrochalcone, lipophile Flavonoide, Zimtsäurederivate und als Kontaktallergen u. a. Prenylkaffeat nachgewiesen.

Viele Salicaceae lieben feuchte, nährstoffreiche Böden. Die nur wenige cm hohen Spalierweiden der Hochgebirge und der Arktis (z.B. *Salix herbacea)* vermögen selbst noch die kurze Vegetationsperiode in «Schneetälchen» zu überdauern.

❖ Arzneipflanzen der Salicales

Salicaceae. *Salix*-Arten (Cortex Salicis); *Populus*-Arten (Gemmae Populi; «Pappelsalbe»; Propolis-Harz).

Die Überordnung der **Malvanae** setzt sich aus den Ordnungen Malvales, Urticales und Euphorbiales zusammen, denen die Thymelaeales und Elaeagnales angeschlossen werden können. Bei diesen Ordnungen ist die Tendenz zur Reduktion der Blüten (Eingeschlechtigkeit! Windblütigkeit!) unverkennbar. Die Samenanlagen stehen im Gegensatz zu denen der Violanae meist zentralwinkelständig im gekammerten Fruchtknoten. Durch charakteristische Inhaltsstoffe sind nur einzelne Ordnungen oder Familien gekennzeichnet: Schleime bei den Malvales und Urticales, toxische Diterpene bei den Euphorbiales und Thymelaeales, Methylxanthinderivate bei den Sterculiaceen.

Die Einordnung der Urticales und Euphorbiales bei den Malvanae ist nicht unumstritten, wobei die Bewertung der Merkmale unterschiedlich ist. Die Urticales mit ihren apetalen Blüten werden z.B. auch den Hamamelididae zugestellt, zeigen mit diesen allerdings in den chemischen Merkmalen (keine Gerbstoffe) wenig Übereinstimmung; von den Euphorbiales werden auch Beziehungen zu den Rosidae gesehen.

6. Ordnung: Malvales

Diese Ordnung ist durch eine Reihe von Merkmalen gut charakterisiert (vgl. dazu auch den Bauplan S. 212):

- durch die Knospenlage der Blütenblätter: Kelch klappig, Krone häufig gedreht
- durch die Abweichung von der 2 x 5-Zähligkeit des Androeceums: äußerer Staubblattkreis meist ausgefallen, innerer (zentrifugal!) vermehrt
- durch die ± weit miteinander zu einer Röhre verwachsenen Filamente (daher der alte Name Columniferae (Columna = Säule) für die Malvales)
- durch Büschelhaare und kleine, tonnenförmige Drüsenhaare mit antiklinen Wänden.

Für die chemische Kennzeichnung der Ordnung stehen zwei Merkmale im Vordergrund, die durchweg bei Vertretern aller Familien anzutreffen sind:

- Fettsäuren mit einem Cyclopropenring und
- in Idioblasten (Schleimzellen, Schleimlücken) angehäufte Schleime.

Die recht giftigen, charakteristischen **cyclopropenoiden Fettsäuren** vom Typ der Sterculia- oder Malvalsäure sind mit Ausnahme von Einzelvorkommen (Gnetaceen, Sapindaceen, Thymelaeaceen) nur von den Malvales bekannt, wo sie vor allem in vielen Malvaceen, aber auch Tiliaceen, Bombacaceen und Sterculiaceen vorkommen. Auf ihrer Anwesenheit beruht die sogenannte Halphensche Probe*, durch die z.B. die Anwesenheit von Baumwollsamenöl in anderen Ölen festgestellt werden kann. Sie kommen zwar in der ganzen Pflanze vor, wo sie am Aufbau von Triglyzeriden, Phospholipiden und Glykolipiden teilhaben, treten aber insbesondere als Bausteine der Samenöle auf. Sie entstehen durch C-Methylierung aus Ölsäure oder homologen Verbindungen mit Hilfe von S-Adenosylmethionin über die im Pflanzenreich viel weiter verbreiteten cyclopropanoiden Fettsäuren.

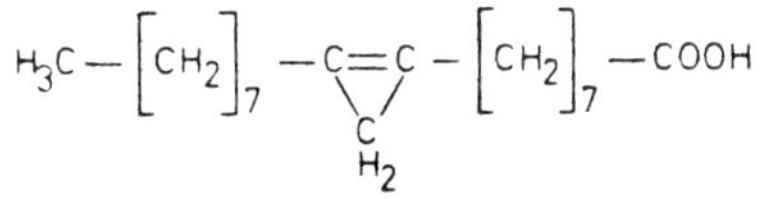

Sterculiasäure

Auch gossypolartige, biologisch hochaktive (antibiotische) phenolische und chinoide Sesqui-, Sester- und Bis-sesquiterpene (Cadalinderivate) scheinen Tendenzmerkmale bei den Malvales zu sein. Sie gelten zum Teil als Phytoalexine und haben als präformierte Abwehrstoffe gegen phytophage Organis-

---

* Rotfärbung beim Erhitzen einer Lösung des Öls in mit Schwefel gesättigtem Schwefelkohlenstoff, dem noch Isoamylalkohol zugesetzt ist.

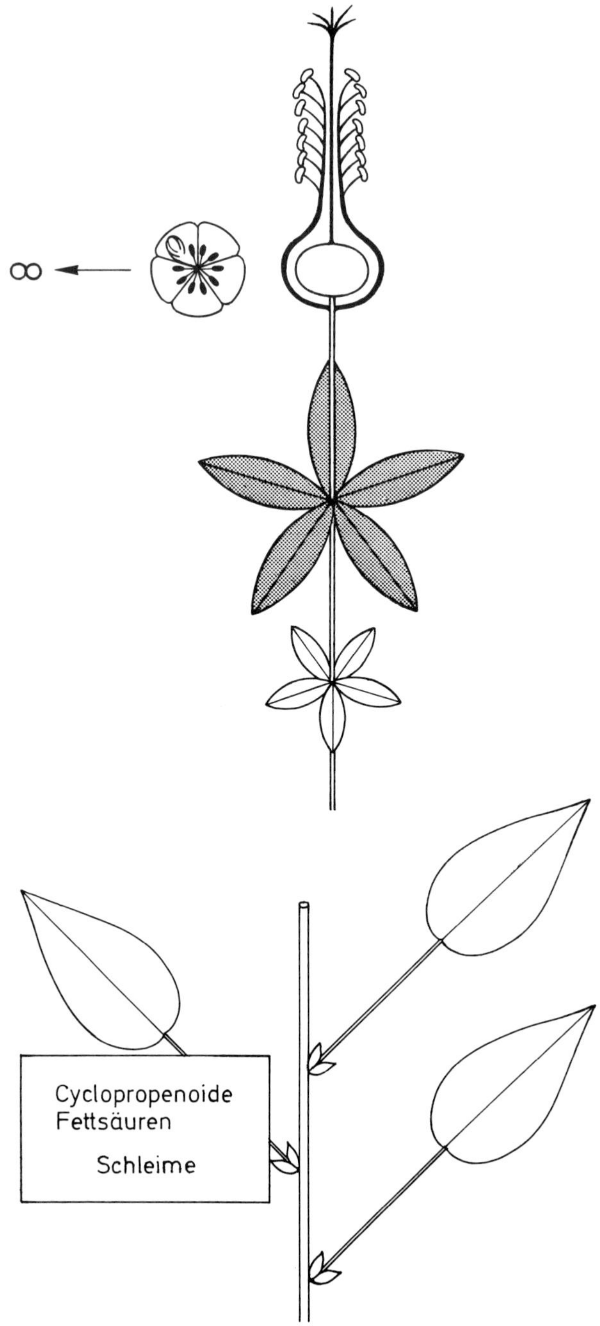

G: aus (2-) 5 (– ∞) Karpellen, durchweg echt synkarp mit zentralwinkelständigen Samenanlagen (1– ∞). Diese meist bitegmisch und crassinucellat.

A: innerer Staubblattkreis zumeist vermehrt, äußerer Staubblattkreis oft staminodial oder fehlend. Filamente meist zu einer Röhre verwachsen (bei den Tiliaceen noch weitgehend frei). Antheren z.T. (Malvaceae) nur noch monothezisch, sich mit Längsklappen öffnend.

C: meist 5. In der Knospenlage vielfach gedreht.

K: meist 5, z.T. mit Außenkelch (3 Außenkelchblätter: *Malva)* (6-9 Außenkelchblätter: Althaea). Kelchblätter in der Knospenlage meist klappig.

Bl: wechselständig, meist ungeteilt, häufig auch gelappt bis gefingert; Nebenblätter meist hinfällig.

Pfl: Holzpflanzen oder – weniger häufig – Kräuter.
Zumeist in den Tropen.

Bauplan der Malvales

men eine wichtige biologische Funktion. Man kennt sie von Bombacaceen, Sterculiaceen und Malvaceen.

Die **Schleime** der Malvales sind Gemische stark verzweigter Heteropolysaccharide mit einem bestimmten Anteil an Polypeptiden. Es sind saure Schleime mit hohem Galakturon- und Glukuronsäuregehalt; Saccharid-OH-Gruppen können acetyliert sein. Die Zusammensetzung der Schleime ist – ebenso wie der Gehalt der Organe an Schleim – erheblichen Schwankungen unterworfen.

Die wichtigsten Familien der Malvales sind die Tiliaceae, Dipterocarpaceae, Bombacaceae, Sterculiaceae und Malvaceae.

1. *Familie:* **Tiliaceae** (400). Überwiegend tropische Holzpflanzen, die wir wegen ihrer noch meist freien Staubblätter an den Anfang der Malvales stellen. Einheimisch sind die Winterlinde *Tilia cordata* (kleinere Blätter, unterseits mit braunen Haarbüscheln in den Achseln der Adern) und die Sommerlinde *T. platyphyllos* (größere Blätter mit weißen Haarbüscheln). Die Blütenstände sind dichasial gebaut und 5- bis 11- *(T. cordata)* bzw. 2- bis 5blütig *(T. platyphyllos*, Abb. 113A), am Grunde mit dem flügelartigen Vorblatt verwachsen. Der 5fächerige Fruchtknoten mit 2 x 5 Samenanlagen wird zu einer 1samigen Nuß. Von den tropisch-subtropischen Vertretern seien erwähnt: *Corchorus*-Arten als Lieferanten von Jute (gelbliche, verspinnbare Stengelfasern; zur Herstellung von Jutesäcken und Jutetaschen u. a. m.) und *Sparmannia africana*, die Zimmerlinde aus dem Kapland, mit thigmonastisch reizbaren Staubblättern.

2. *Familie:* **Dipterocarpaceae** (400). Bei diesen Bäumen der außeramerikanisch-tropischen Regenwälder wachsen die 2 (oder 5) Kelchblätter an der fertigen Nußfrucht zu bis über 10 cm langen Flügeln aus («Flügelnußgewächse»).

Die Dipterocarpaceen besitzen schizogene Exkretgänge. Diese enthalten Balsame, und zwar Mischungen von tetra- und pentazyklischen Triterpenharzen mit ätherischen Ölen, in denen Sesquiterpene überwiegen. Das Dammarharz z.B. stammt von *Shorea wiesneri*. Als familienspezifisches, sonst unbekanntes Triterpen scheint sich das Dammaran-Derivat Dipterocarpol herauszustellen.

Interessant ist, daß besonders in Markhöhlungen älterer Bäume von *Dryobalanops aromatica* weiße Kristalle entstehen, die aus fast reinem D-Borneol bestehen («Borneo-Campher»). In Holz und Rinde kommen antimikrobiell wirksame, für die Familie charakteristische tri- und tetramere Stilbenderivate («Hopeaphenole») vor.

In Blättern und Rinden sind Schleimzellen und Schleimlücken verbreitet. Dieses Merkmal sowie ein in manchem (Phloem! Haare!) recht übereinstimmender anatomischer Bau nähern die Dipterocarpaceae den übrigen Malvales, speziell den holzigen Tiliaceae.

3. *Familie:* **Bombacaceae** (200). Tropische Bäume, z.B. der afrikanische Affenbrotbaum *Adansonia digitata* oder der SO-asiatische Durianbaum *(Durio zibethinus)* mit seinen «höllisch stinkenden, aber himmlisch schmeckenden» Früchten; Geruchsstoffe der eßbaren Arilli sind S-haltige Verbindungen, darunter – wie beim Knoblauch – Dialkylpolysulfide. Die Haare der inneren Epidermis der Fruchtwand von *Ceiba pentandra, Bombax malabaricum* u. a. Arten spielen als Füll- und Polstermaterial («Kapok») eine Rolle.

4. *Familie:* **Sterculiaceae** (1000). Vertreter dieser ebenfalls tropischen Pflanzenfamilie sind reich an Methylxanthinderivaten, wobei beim Kakao Theobromin, bei den Cola-Samen Coffein überwiegt. Sowohl für den Kakaobaum *Theobroma cacao* (Heimat Mittel- und Südamerika, aber überall in den Tropen, bes. Westafrika und Brasilien kultiviert) wie für die Colabäume *Cola nitida, C. acuminata* u. a. (Heimat tropisches Westafrika) ist Kauliflorie bezeichnend (Abb. 113B).

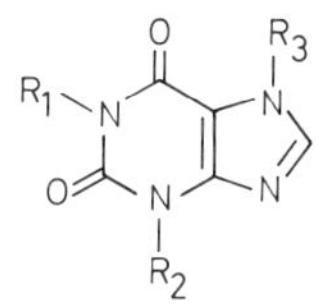

	R1	R2	R3
Coffein	CH_3	CH_3	CH_3
Theobromin	H	CH_3	CH_3
Theophyllin	CH_3	CH_3	H
Xanthin	H	H	H

Aus der Gattung *Brachychiton* stammen die bekannten «bottle trees» Australiens, während die Flaschenbäume der Baobabs (Gattung *Adansonia*, aus der verwandten Familie Bombacaceae) ursprünglich in Afrika und Madagaskar beheimatet waren.

Zur Gewinnung von Kakao und Schokolade werden die zahlreichen Samen den bis zu 25 cm langen Schließfrüchten des Kakaobaums (Abb. 113C) entnommen und einem Fermentationsprozeß unterworfen. Er führt zur Bildung erwünschter Aromastoffe und durch Oxidation polyphenolischer Inhaltsstoffe zur Braunfärbung der ursprünglich weißen Samen. Nach dem Rösten werden sie von der Samenschale befreit und nach Entfernung der sandig schmeckenden Radicula fein vermahlen. Die erhitzte Masse, die 1-2% Theobromin, ca. 0,2-0,3% Coffein und 50% Fett enthält, wird in Blöcke gegossen und stellt die

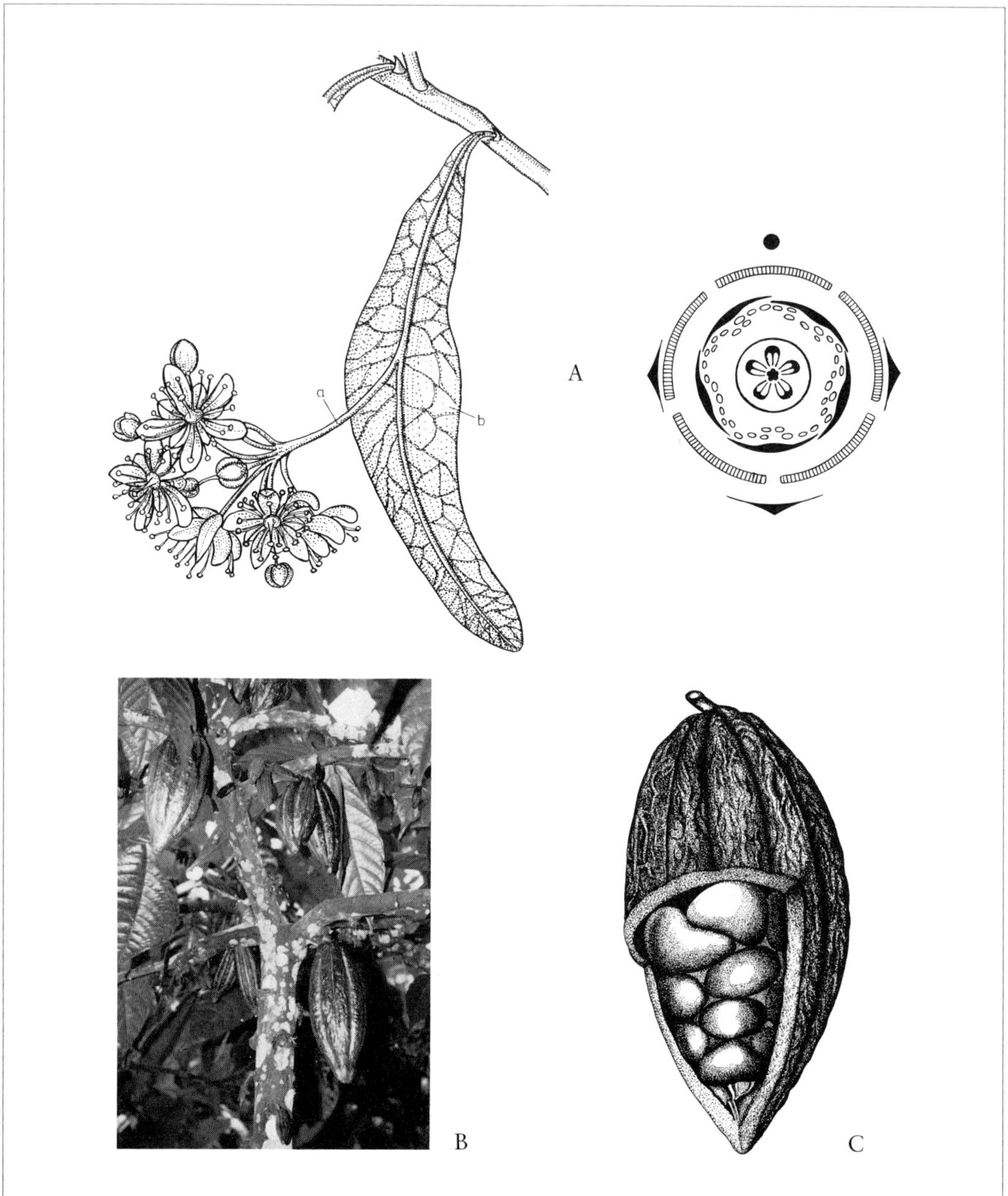

Abb. 113: Malvales. – **A:** *Tilia cordata,* Tiliaceae. Blütendiagramm und Blütenstand. Stiel (a) mit dem Vorblatt (b) verwachsen. – **B, C:** *Theobroma cacao,* Sterculiaceae. Pflanze mit stammbürtigen Früchten und einzelne Frucht, z.T. aufgeschnitten. – (A 1 x, nach Berg u. Schmidt; B 1/10 x, Original, C ca. 1/3 x, nach Wettstein, etwas verändert.)

Rohschokolade dar. Kakaopulver entsteht durch Abpressen des Fettes (der «Kakaobutter») aus den gemahlenen Samen. Pharmazeutisch hatte Oleum Cacao als ein bei Zimmertemperatur festes Fett mit einem knapp unter der Körpertemperatur liegenden Schmelzpunkt als Zäpfchengußmasse Bedeutung. Auch bei der Colapflanze sind die Samen (genauer die Cotyledonen) Ausgangsstoff für die Gewinnung

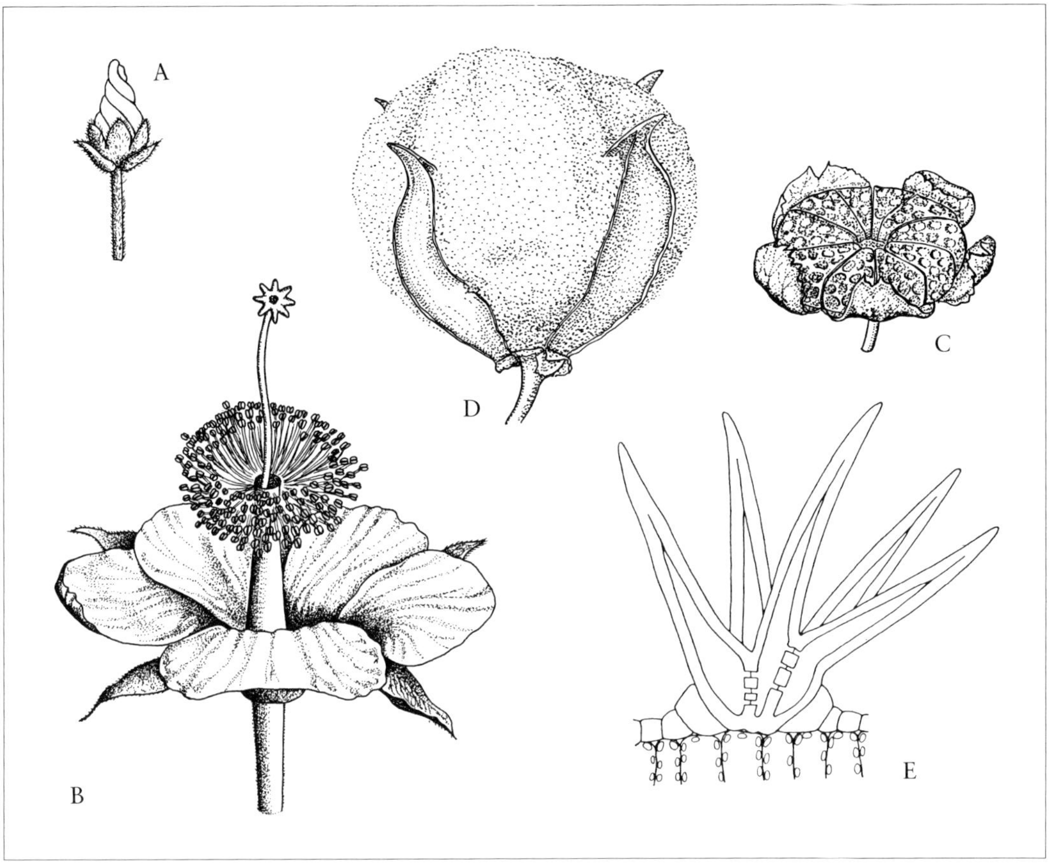

Abb. 114: Malvales. – **A:** *Malva*-Knospe mit gedrehten Kronblättern (1 x). – **B:** Blüte von *Adansonia digitata*, Bombacaceae (ca. 1/2 x). – Früchte von Malvaceen: **C:** Spaltfrucht von *Malva sylvestris* (vergr.); **D:** Aufgesprungene Kapsel mit den Samenhaaren von *Gossypium* (3/4 x). – Haare der Malvales: **E:** Büschelhaar von *Helicteres hirsuta*, Sterculiaceae (260 x). – (A nach Schenck, B, D nach Wettstein, C nach Baillon, E nach Staesche.)

von Anregungsmitteln. Sie enthalten 1,5-2,5% Coffein.

5. *Familie:* **Malvaceae** (1500), Malvengewächse. Vorwiegend krautige Pflanzen, häufig mit Ausscheidungen von Carbonaten und Bicarbonaten durch die Drüsenhaare der Blätter (Blattoberfläche alkalisch bis pH 11). Ihre Blüten (oft mit Außenkelch! Abb. 114) sind durch die zahlreichen, mit ihren Filamenten zu einer Röhre verwachsenen monothezischen Staubfäden charakterisiert. Die Fruchtknoten setzen sich aus manchmal bis zu 50 Fruchtblättern zusammen und entwickeln sich entweder zu typischen Spaltfrüchten mit 1samigen Teilfrüchten (so z.B. bei *Malva* und *Althaea)* oder vielsamigen Kapselfrüchten wie bei der Baumwolle *(Gossypium,* vgl. Abb. 114D) oder bei *Hibiscus.*

Vertreter dieser Familie haben wegen der schon erwähnten Schleime als «einhüllende» Drogen (Mucilaginosa) pharmazeutisches Interesse. *Althaea officinalis,* der Eibisch, liefert die getrocknete, meist geschälte Wurzel und die Blüten als Drogen. Weitere Schleimdrogen sind die Blätter und Blüten von *Malva sylvestris* und die Blüten von *Alcea rosea,* der Stockrose.

Wirtschaftlich von ungleich größerer Bedeutung ist die Baumwollpflanze, die seit ältesten Zeiten in Kultur ist. Ihre strauchförmigen oder 1jährigen Kulturformen sind durch Kreuzung und Polyploidisierung aus asiatisch-afrikanischen Arten *(Gossypium arboreum* und *G. herbaceum* mit 2n = 26) und amerikanischen Arten *(G. vitifolium* = *G. barbadense* sowie *G. hirsutum* mit 2n = 52 Chromosomen) entstanden. Die Baumwolle besteht aus den bis 6 cm langen, einzelligen Haaren der Samenschale, die nach Reinigung und Aufbereitung versponnen werden können. Entfettete und gereinigte Baumwolle ist «Gossypium depuratum», die Verbandwatte. Das Samenöl («Cottonöl») ist für die Margarineherstellung von Bedeutung; seine Verwendung erfordert die vorherige Entfernung des «Gossypols», des in Exkreträumen lokalisierten Gemisches toxischer Cadalinderivate; die abgebildete Formel eines Bis-Sesquiterpens entspricht dem sog. «gelben Gossypol». Gossypol hemmt die Lactatdehydrogenase X (einen Cofaktor?), die für den Stoffwechsel der Spermien und die Spermiogenese von Bedeutung ist und daher als «Pille für den Mann» propagiert wird.

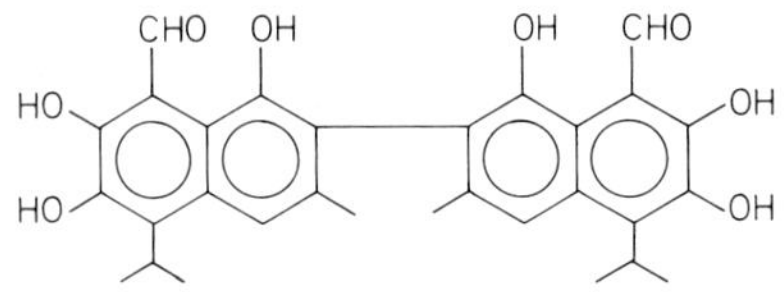

Gossypol

Die rotgefärbten Kelche und Außenkelche von *Hibiscus sabdariffa* werden wegen ihres säuerlichen Geschmacks (Hibiscussäure; ein Hydroxycitronensäurelacton) gern zur Bereitung von Erfrischungsgetränken verwendet.

❖ Arznei- und Nutzpflanzen der Malvales

Tiliaceae. *Tilia cordata* Mill. und *T. platyphyllos* Scop. (Flores Tiliae).

Dipterocarpaceae. *Shorea wiesneri* Schiffn. (Dammar-Harz).

Bombacaceae. *Adansonia digitata* L. (Affenbrotbaum, Baobab), *Ceiba pentandra* (L.) Gaertn. (Kapok), *Durio zibethinus* Murr. (Durianfrüchte).

Sterculiaceae. *Cola*-Arten (Semen Colae, Extr., Kolanüsse), *Theobroma cacao* L. (Oleum, Semen, Testa Cacao; Kakao; Theobromin).

Malvaceae. *Alcea rosea* L. (Flores Malvae arboreae), *Althaea officinalis* L. (Folia, Radix Althaeae), *Gossypium*-Arten (Gossypium depuratum, Lanugo gossypii absorbens: Verbandwatte; Baumwolle), *Hibiscus sabdariffa* L. (Flores Hibisci; «Malventee»), *Malva neglecta* Wallr. und *M. sylvestris* L. (Flores, Folia Malvae).

7. Ordnung: Urticales

Bei den Urticales sind die Blüten eingeschlechtig und deutlich vereinfacht (Abb. 116A,B). Die perigonartigen Blütenhüllblätter sind klein und unauffällig. Windbestäubung überwiegt. Im oberständigen Fruchtknoten wird nur eine crassinucellate Samenanlage mit zwei Integumenten gebildet. Die Endospermbildung ist durchgehend nukleär.

Gerbstoffe und ihre Bausteine spielen in dieser Ordnung keine große Rolle. Gallussäure und Ellagsäure fehlen praktisch ganz. Hervorzuheben ist aber die für die Ordnung bezeichnende **Mineralisierungstendenz**. Calciumoxalat (Drusen, Einzelkristalle) und Kieselsäure finden sich reichlich, insbesondere in Blattzellen; Calciumcarbonat in den Cystolithen der Epidermis.

Verbreitet kommen saure **Schleime** vor, und zwar in Schleimzellen, die z.T. zu lysigenen Schleimhöhlen oder -gängen verschmelzen können. Ihr Vorkommen begründet u.a. die Einordnung der Urticales bei den Malvanae ebenso wie das Vorkommen von Milchsaftschläuchen (bei manchen Urticaceen). Die phenolischen oder o-chinoiden Sesquiterpenoide des Ulmenholzes (Cadalinderivate) ähneln den entsprechenden Verbindungen der Malvales und sind wie diese Phytoalexine mit fungistatischen Eigenschaften.

Die Urticales gliedern sich in die folgenden 4 Familien:

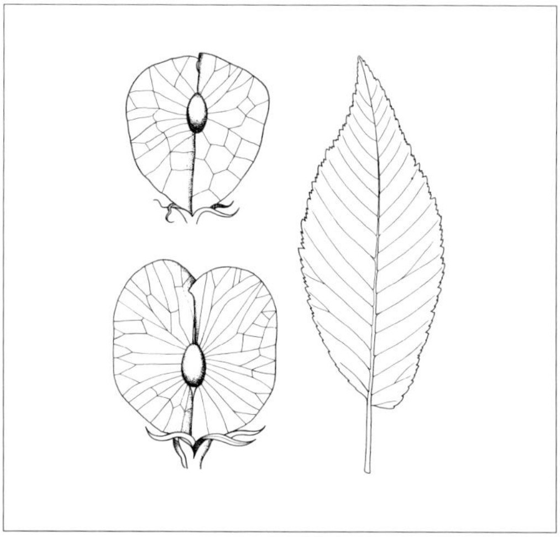

Abb. 115: Ulmaceae. Früchte der Feldulme *Ulmus minor* (oben) und der Bergulme *U. glabra* (etw. vergr.; nach Rauh, etw. veränd.); Blatt von *Ulmus minor* (ca. 1/2 x).

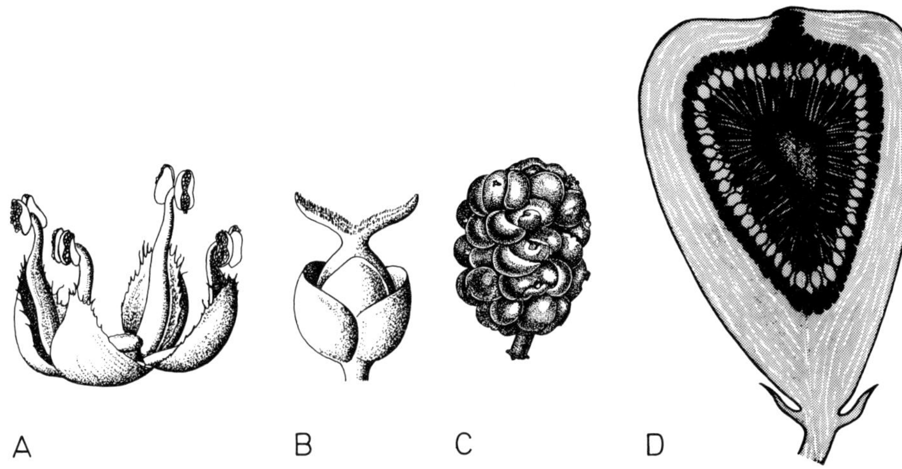

Abb. 116: Moraceae. Männl. **(A)** und weibl. **(B)** Blüte des weißen Maulbeerbaumes, *Morus alba* (vergr.). Fruchtstände von *Morus nigra* **(C)** (1 x) und *Ficus carica* (längs, **D**). (A und B nach Syllabus, C nach Duchartre, D nach Rauh.)

1. *Familie:* **Ulmaceae** (150) mit den einheimischen windblütigen Ulmen (Rüstern) *Ulmus glabra* (Bergulme), *U. minor* agg. (Feldulme) und *U. laevis* (Flatterulme). Ihre wechselständig angeordneten Blätter sind leicht asymmetrisch, ihre zwittrigen Blüten stehen büschelig, das Perikarp ist geflügelt («Flügelnüsse»; Abb. 115). Steinfrüchte trägt der südosteuropäische Zürgelbaum *(Celtis australis).*

2. *Familie:* **Moraceae** (1500). Auch diese Familie enthält nur Holzpflanzen, die Milchsaft in ungegliederten Milchröhren führen. Der ostasiatische weiße Maulbeerbaum *(Morus alba)* wird u.a. im Mittelmeergebiet (Po-Ebene) viel kultiviert; seine Blätter dienen Seidenraupen als Nahrung. Verschiedentlich kommen Fruchtstände vor (Abb. 116C,D):

a) Die Früchte werden durch fleischig gewordene Perianthblätter zu Fruchtständen verbunden: «Maulbeeren» des Maulbeerbaumes *(Morus)* und Fruchtgebilde des indomalaiischen Brotfruchtbaumes *(Artocarpus).* Beide sind eßbar.

b) Die Früchte sind in einem krugförmigen Achsenorgan vereinigt: Fruchtstände des mediterranen Feigenbaumes *(Ficus carica)* und anderer *Ficus*-Arten. Bei der in Warmhäusern viel kultivierten *Dorstenia* liegen die Einzelfrüchte noch frei auf einem flachen Achsenorgan. Die Eßfeigen *(Ficus carica* var. *domestica)* entstehen bei einigen Rassen parthenogenetisch; bei anderen Rassen, die nur weibl. Blüten ausbilden, sind sie auf die Bestäubung durch Gallwespen aus männl. Blüten der Bocksfeige *(F. carica* var. *caprificus)* angewiesen.

Die Milchsäfte («Latex») der Moraceae enthalten feinemulgierte Polyisoprene, die z.B bei der mittelamerikanischen Gattung *Castilloa elastica* (Carthagena-Kautschuk) und dem ostindischen Gummibaum *Ficus elastica* (Assam-Kautschuk) in begrenztem Maße zur Kautschukgewinnung herangezogen wurden. Der Proteinanteil des Latex kann manchmal zu >20% aus papainartigen Proteinasen bestehen (z.B. das Ficin von *Ficus carica).*

Phototoxische Furanocumarine (Psoralene) sind in der Familie (z.B. alle *Dorstenia*-Arten, einige *Ficus*-Arten) nicht selten.

Die Toxizität mancher Milchsäfte (die SO-asiatische *Antiaris toxicaria* liefert das «Ipo»-Pfeilgift) beruht auf dem Gehalt an Cardenoliden.

Die technische Verwendung von Moraceen-Hölzern beruht z.T. auf dem Vorkommen insektizider und fungizider Verbindungen (Benzophenone, Xanthone, Stilbene). Verbreitet kommt das als Nachweisreagenz für Aluminium dienende Pentahydroxyflavon Morin vor.

3. *Familie:* **Cannabaceae** (3). Sie ähneln den Moraceae in vielen Merkmalen, sind aber krautig; den im Phloem liegenden Milchsaftschläuchen fehlt der typische Latex. Für die Epidermiszellen sind verkieselte Wände charakteristisch. Die mitunter retortenartig erweiterten Haarzellen führen **Zystolithen** (Abb. 117A). Die beiden einzigen Gattungen *Cannabis* und *Humulus* besitzen anemogame, einge-

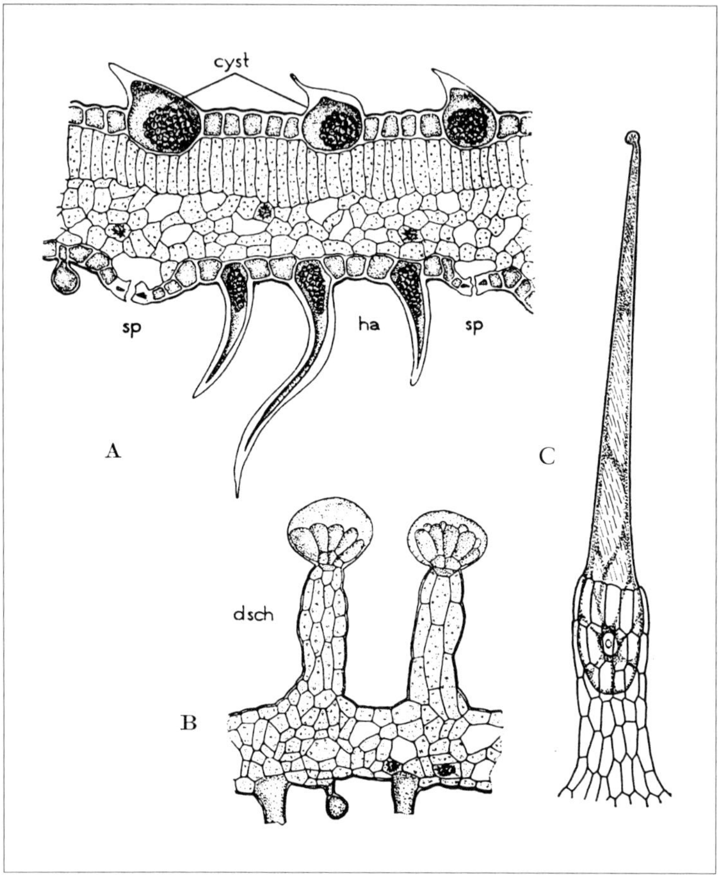

Abb. 117: A: Querschnitt durch ein Laubblatt von *Cannabis sativa,* mit cyst Zystolithen, sp Spaltöffnungen, ha Haaren. – **B:** Deckblättchen mit Drüsenschuppen dsch. (Nach Tschirch). – **C:** Brennhaar der Brennessel, *Urtica dioica* (60 x; nach v. Denffer).

schlechtige Blüten mit 5blättrigem, unscheinbarem oder fehlendem Perianth.

Interessant sind die Exkrete, die in den mehrzelligen, z.T. gestielten Drüsenschuppen besonders im weibl. floralen Bereich gebildet und in den Raum zwischen Epidermis-Außenwand und abgehobener Cuticula abgeschieden werden (vgl. Abb. 117B). Der Harzfraktion dieser Exkrete gehören die bekannten Wirkstoffe von Hanf und Hopfen an, bei denen isoprenoide Reste mit Phenolen kombiniert sind.

Cannabis sativa, der Hanf, ist eine einjährige, aus den Steppengebieten Asiens stammende, alte Kulturpflanze, die in nördlich-temperierten Klimaregionen vorwiegend auf erwünschte Faser- (und nebenbei auch auf Samenöl-)Eigenschaften (*Cannabis sativa* subsp. *sativa*), im südlichen Asien vor allem auf Rauschgift-Eigenschaften (*C. sativa* subsp. *indica*) selektioniert wurde.

Die durch einen Rösteprozeß gewonnene technische Faser (= Sklerenchymstränge) kann je nach Sproßlänge bis zu 2 m lang sein. Sie ist wenig elastisch, aber hochgradig reißfest und eignet sich besonders zur Herstellung von Seilen, Netzen u.ä.

Für die Rauschgiftgewinnung werden die weibl. Blütenstände verwendet, deren unscheinbare Blüten, zu Scheinähren vereinigt, zu zweit in den Achseln kleiner Laubblätter stehen. Mit Haschisch bezeichnet man das Harz, mit Marihuana die getrockneten und zerkleinerten Spitzen der weibl. Pflanzen.

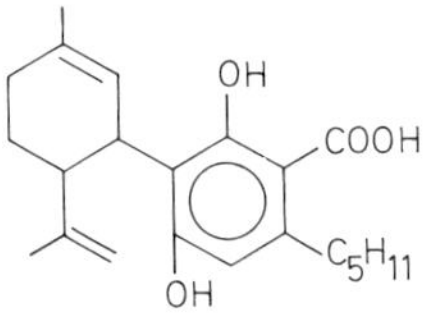

Cannabidiolsäure

Als rauscherzeugende Wirkstoffe, deren Menge nach neueren Untersuchungen in erster Linie genetisch bedingt ist, aber auch von externen Faktoren wie der

Dauer der Vegetationsperiode, Licht, Wärme u. ä. abhängt, sieht man ein Gemisch isomerer Tetrahydrocannabinole an, von denen das Δ 9-Tetrahydrocannabinol (THC) als die eigentlich wirksame Verbindung gilt. Das sedative und antibiotische Prinzip dürfte indessen die Cannabidiolsäure sein. Der charakteristische Haschischgeruch, auf den Suchhunde dressiert werden, ist auf Caryophyllenepoxid, einen Bestandteil des ätherischen Öls, zurückzuführen.

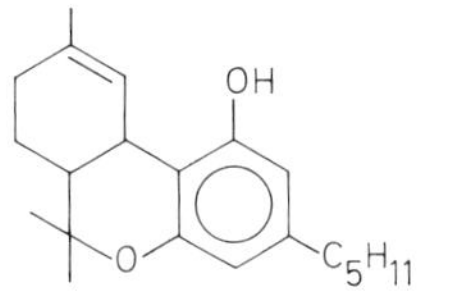

Δ 9-Tetrahydrocannabinol

Humulus lupulus, der Hopfen, ist eine ausdauernde (rechts-)windende Staude unserer Erlen- und Auenwälder. Hopfenkulturen, durch vegetative Vermehrung weiblicher Pflanzen angelegt, dienen der Gewinnung der für die Bierbrauerei als bitteraromatisierender und konservierender Zusatz wichtigen «Hopfendolden». Diese zapfenförmigen Fruchtstände entwickeln sich aus den dichtblütigen Scheinähren der weibl. Blütenstände, wobei sich vor allem die Deckblätter zur Fruchtzeit stark vergrößern. Die exkrethaltigen Drüsenschuppen befinden sich besonders am Grunde der Deckblätter und können von dort als rötliches Pulver (Lupulin) abgesiebt werden.

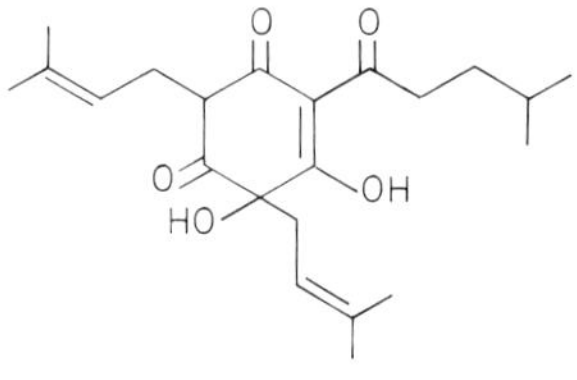

Humulon

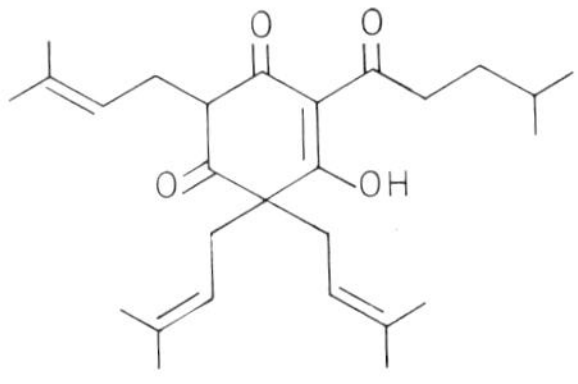

Lupulon

Die mutmaßliche antibiotische und oestrogene sowie die bitter-sedative Wirkung, deretwegen Hopfenextrakte auch heute noch in Arzneispezialitäten zu finden sind, hat man vielfach den Bitterstoffen der Humulon- und Lupulon-Reihe zugeschrieben. Neuerdings wurde die sedative Wirkung von 2-Methyl-3-buten-2-ol nachgewiesen, einer leicht flüchtigen Komponente des Hopfens, die beim Abbau der leicht oxidablen Hopfenbittersäuren gebildet werden kann.

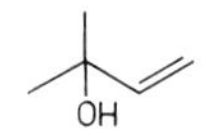

2-Methyl-3-buten-ol

4. *Familie:* **Urticaceae** (700). Hierzu gehören meist krautige Pflanzen, die sich von den übrigen Urticales z.B. durch die atrope (sonst anatrope!), basal stehende (sonst meist hängende!) Samenanlage und das verschiedentliche Vorkommen von **Brennhaaren** unterscheiden. Die in einen vielzelligen Sockel eingesenkten Brennhaarzellen der «Brennesseln» (vgl. Abb. 117C) enthalten Acetylcholin, Histamin und auch Serotonin als Komponenten, die die auffälligen Hautreizwirkungen hervorrufen. Für die wesentlich gefährlicheren und schmerzhaften Hautläsionen durch *Laportea moroides* (NO-Australien) ist ein bizyklisches Octapeptid verantwortlich.

Als Droge und zur Gewinnung von Chlorophyll im technischen Maßstab dient das Kraut von *Urtica urens* und *U. dioica.* Wurzelextrakte (von *U. dioica)* werden zur Behandlung des benignen Prostata-Adenoms empfohlen.

Faserpflanzen sind *Urtica dioica* («Nessel») und die asiatische *Boehmeria nivea* («Ramie»-Faser).

❖ Arznei- und Nutzpflanzen der Urticales

Ulmaceae. *Ulmus*-Arten («Rüster»-Holz).
Moraceae. *Ficus carica* L. (Caricae, Feigen, Ficin), *Morus alba* L. (Seidenraupen-Futterpflanzen).
Cannabaceae. *Cannabis sativa* L. (Herba Cannabis, Haschisch; Hanf), *Humulus lupulus* L. (Glandulae und Strobuli Lupuli, Extr., «Hopfen»).
Urticaceae. *Urtica*-Arten (Herba, Radix, «Semen» Urticae), *Boehmeria nivea* (L.) GAUDICH. (Ramie-Faser).

8. Ordnung: Euphorbiales

Die Euphorbiales sind gekennzeichnet durch einen oberständigen, meist dreifächrigen Fruchtknoten, der bei der Reife häufig in drei Teilfrüchte («Tricoccae» = alter Name der Euphorbiales) zerfällt. Ihre Blüten sind unscheinbar und meist getrenntgeschlechtig.

Wenngleich die Euphorbiales heute in engerer Beziehung zu den Malvales und Urticales gesehen werden, ist ihre Stellung innerhalb der Dilleniidae keineswegs gesichert.

1. *Familie:* **Buxaceae** (60). Aus Vertretern der Familie wurden Pseudoalkaloide (z.T. Aminopregnanderivate, teilweise mit charakteristischem Cyclopropanring) isoliert, die auch für die Giftigkeit des mediterran-atlantischen Buchsbaums, *Buxus sempervirens,* verantwortlich sind. Viel angepflanzt als Bodendecker für schattige Standorte wird *Pachysandra.* An Bedeutung gewinnt in jüngster Zeit eine in ariden Gebieten wachsende Buxacee, *Simmondsia chinensis.* Aus ihren Samen wird Jojobaöl gepreßt, das ausschließlich aus langkettigen Wachsestern (C_{38} bis C_{44}) besteht und in kosmetischen Präparaten als Ersatz für das – nicht mehr zur Verfügung stehende – Spermacetöl des Pottwals dienen kann.

2. *Familie:* **Euphorbiaceae** (7500), Wolfsmilchgewächse. Diese schwerpunktmäßig tropische Familie weist mit ihren ca. 300 Gattungen eine beträchtliche Diversität auf, von breitblättrigen Bäumen des tropischen Regenwaldes bis zu Stammsukkulenten arider Klimate; auch Einjährige und selbst *Salvinia*-artige Wasserpflanzen *(Phyllanthus fluitans)* kommen vor. Durch die Gliederung in 5 Unterfamilien wird zumindest ein Teil der tiefgreifenden Merkmalsunterschiede innerhalb der Familie erfaßt, wobei sich zwei klare Verwandtschaftskreise herausgestellt haben (Abb. 118).

Die ursprünglicheren **Phyllanthoideae** und **Oldfieldioideae** haben keinen Milchsaft, bilden noch 2 Samenanlagen pro Fruchtknotenfach aus und besitzen eine relativ hohe Chromosomen-Basiszahl von n=12 oder 13. Einige Gattungen produzieren cyanogene Glykoside. Im übrigen spielen physiologisch aktive Sekundärstoffe kaum eine Rolle. Als Besonderheit ist die Bildung von Glukosinolat in der Art *Putranjiva roxburghii* anzumerken.

Von größerem pharmazeutischen Interesse sind die übrigen 3 Unterfamilien (**Acalyphoideae, Crotonoideae, Euphorbioideae**) mit nur noch 1 Samenanlage pro Fruchtknotenfach und n = 8,9,10 oder 11 Chromosomen. Den Acalyphoideen, zu denen *Ricinus* wie auch die heimischen Bingelkräuter *(Mercurialis,* Abb. 119) gehören, fehlt Milchsaft zwar (obwohl Milchsaftzellen vorkommen können), in den Crotonoideen aber ist er als klarer, rötlich-weißlicher Latex, in den Euphorbioideen als milchigweiße Suspension allgemein verbreitet. Die Bildung von Milchsaft ist mit der Produktion eines reichen Spektrums an interessanten Sekundärstoffen gekoppelt (siehe Chem. Eigenschaften).
Unter den Euphorbioideae ist die Gattung *Euphorbia*

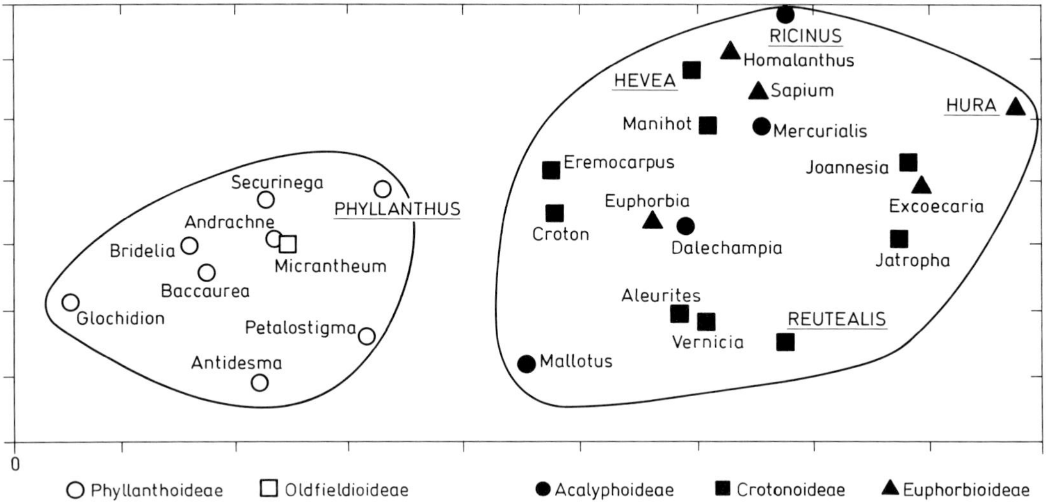

Abb. 118: Euphorbiaceae. Durch Hauptkomponentenanalyse serologischer Merkmale des Legumins bei Euphorbiaceen (Bezugssysteme *Phyllanthus, Ricinus, Hura, Hevea, Reutealis)* werden die biovulaten Vertreter (Phyllanthoideae und Oldfieldioideae) von den monoovulaten (Acalyphoideae, Crotonoideae, Euphorbioideae) getrennt. Original.

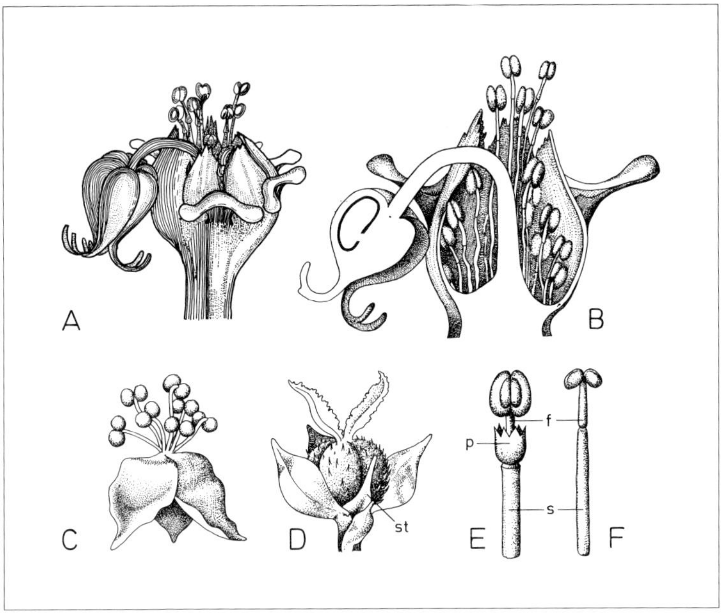

Abb. 119: Blüten der Euphorbiaceae. – **A, B:** *Euphorbia*-Cyathium total und längs. – **C, D:** Männl. und weibl. Blüte von *Mercurialis annua* (st Staminodien). – **E:** Männl. Einzelblüte von *Anthostema senegalense* mit Perigon (p). – **F:** Männl. Einzelblüte von *Euphorbia platyphyllos* mit Blütenstiel (s) und Filament (f). – (Alle Abb. vergr.; A, B, E nach Baillon, C, D nach Wettstein, veränd., F nach Pax.)

durch stark reduzierte Blüten gekennzeichnet, die als Pseudanthien («Cyathien») gedeutet werden. Die Einzelblüten gleichenden Cyathien (Abb. 119) könnten aus einer Vielzahl von auf je 1 Staubblatt reduzierten männl. Blüten und einer ebenfalls perianthlosen weibl. Gipfelblüte bestehen. Diese Deutung gründet sich u.a. auf die Einschnürung, die an jedem Staubblatt das Filament vom Blütenstiel trennt; an dieser Stelle findet man bei der mit *Euphorbia* nah verwandten Gattung *Anthostema* noch ein einfaches Perianth (Abb. 119E). Die Scheinblüten werden perianthartig von 5 Hochblättern umschlossen, zwischen denen elliptische oder halbmondförmige Nektardrüsen sitzen.

Obwohl die Euphorbiaceen mit den anschließend beschriebenen Thymelaeaceae sowie den vorher genannten Urticales serologisch enge Beziehungen aufweisen, haben sich insbesondere auch zu den Passifloraceen (Violales) sowie den Cneoraceen und Linaceen (Geraniales) überraschenderweise nicht minder eindeutige molekulare Ähnlichkeiten herausgestellt. Auch manche morphologischen Merkmalsbeziehungen deuten sowohl in Richtung auf eine roside wie auf eine dilleniide Abstammung hin.

Chemische Eigenschaften

Polyphenole: Unter den Flavonoiden überwiegen die Flavonole, die nicht selten auch von C-Glykosylflavonen und/oder Biflavonen begleitet sein können. Kondensierte Gerbstoffe dürften zumindest bei Phyllanthoideen und Crotonoideen reichlich gebildet werden, jedoch sind auch Gallo- und Ellagitannine vorhanden; verbreitet sind insbesondere komplexe Ellagitannine wie das Geraniin (auch bei Geraniaceen) und die bislang nur bei Euphorbiaceen gefundene Mallotusinsäure.

Wichtigster Bestandteil des Milchsaftes der Crotonoideae und Euphorbioideae ist das Polyisopren **Kautschuk.** Unter den Crotonoideen sind besonders *Hevea brasiliensis* und *Manihot glaziovii* interessant, die wichtigsten Lieferanten natürlichen Kautschuks (des sog. Parakautschuks). Die Milchsäfte enthalten abweichend geformte (knochenförmige) Reservestärke.

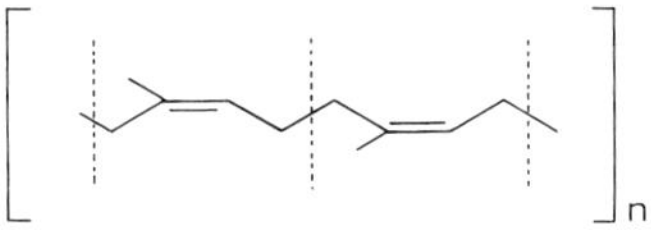

Kautschuk (Grundeinheit)

Terpenoide des Milchsaftes von *Euphorbia*-Arten (*E. tirucalli, E. lathyris*) werden neuerdings versuchsweise zur Kraftstoffgewinnung herangezogen («nachwachsende Rohstoffe»). Die niedermolekularen Olefine gewinnt man durch «Cracken» bei hohen Temperaturen. – Bei vielen *Euphorbia*-Arten sind Triterpenole und deren Ester Hauptbestandteile des Latex.

Vielfach kommen Alkaloide vor. Die bisher identifizierten Verbindungen gehören den unterschiedlichsten Struktur-Typen an und machen die Vielfalt des Alkaloidstoffwechsels in der Familie deutlich.

Cyanogene Verbindungen kommen verbreitet vor, insbesondere in den Crotonoideen, aber auch z.B. in *Mercurialis* und *Euphorbia*. Isoliert wurden Linamarin und Taxiphyllin. Wegen des Gehalts an Linamarin sind z.B. die stärkereichen Wurzelknollen von *Manihot esculenta* (Maniok, Cassava), die in tropischen Gebieten, insbesondere in Afrika, Indien und Brasilien als Nahrungsmittel von großer Bedeutung sind, in rohem Zustand nicht genießbar. Die süßen Cassava-Rassen enthalten cyanogene Glykoside nur in der Schale der Wurzelknollen.

Die Samen der Euphorbiaceen sind in der Regel stärkefrei, aber reich an **fetten Ölen.** Beim Ricinusöl (Oleum Ricini) stellt die Ricinolsäure (12-Hydroxy-Ölsäure) mit 91-95% den Hauptanteil der Gesamtfettsäuren. Sie ist auch für die abführende Wirkung verantwortlich (nach Verseifung des Öles durch Lipasen im Dünndarm). Die gefährlich-drastische Abführwirkung des Crotonöls (aus *Croton tiglium)* geht dagegen nicht auf Fettsäuren, sondern auf harzartige Wirkstoffe zurück. Aus dem Crotonöl isolierte Substanzen mit stark hautreizenden und cocarcinogenen Wirkungen sind **Diterpene,** und zwar Diester eines tetrazyklischen Diterpenalkohols, des Phorbols (Tiglian-Grundgerüst), mit verschiedenen Fettsäuren. Toxische Diterpenester ähnlicher Struktur, die sich von den Grundgerüsten des Daphnans, Tiglians oder Ingenans ableiten, kommen auch in den Latices oder Samenölen anderer Euphorbiaceen (nur Crotonoideen und Euphorboideen) vor.

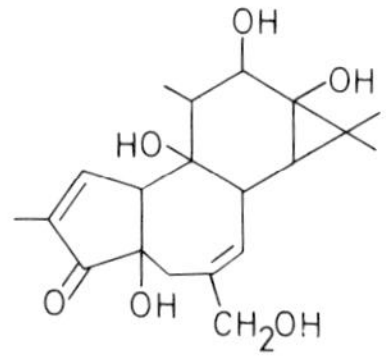

Phorbol

Neben gewöhnlichen Samen-Reserveproteinen können Euphorbiaceen-Samen auch **hochtoxische Polypeptide** (vgl. auch → Fabaceae) enthalten, wie das Curcin von *Jatropha curcas,* einer tropischen Ölpflanze, das Hurin von *Hura crepitans* und das Ricin von *Ricinus communis,* das bereits in reiner Form isoliert wurde.

Ricin besitzt ein Molekulargewicht von ca. 60.000 und besteht aus 2 Polypeptidketten, die durch eine Disulfidbrücke miteinander verbunden sind (vgl. dazu auch Abb. 95). Während die B-Kette über eine spezifische Bindungsfähigkeit gegen galaktosehaltige Rezeptoren verfügt, ist die A-Kette das eigentlich toxische Prinzip, das nach dem Eindringen in die Zelle die Proteinsynthese am Ribosom (Angriffspunkt: die 60S-Untereinheit) verhindert. Allerdings ist die A-Kette allein nicht toxisch und kann erst nach Kombination mit der B-Kette das Zytoplasma durchdringen. Begleitet wird das Ricin von einem agglutinierenden, nichttoxischen Protein vom Molekulargewicht 120.000. Zur Denaturierung des Ricins wird das durch kalte Pressung gewonnene Ricinusöl noch einer Hitzebehandlung unterzogen. – Neben diesen toxischen Proteinen sind insbesondere die Latices der Euphorbiaceen eine Quelle von **Lektinen** mit N-Acetylgalaktosamin-Spezifitäten.

Das Vorkommen von Ricin und Ricin-homologen Proteinen bei Euphorbiaceen (festgestellt durch serologische Kreuzreaktionen) folgt offensichtlich nicht den infrafamiliären Verwandtschaftsstrukturen. Dadurch, daß insbesondere großsamige Arten aus mehreren Unterfamilien betroffen sind, liegt die Vermutung nahe, daß gerade bei diesen Arten mit den besonders gefährdeten großen (und damit auch wenigen) Samen infolge eines relativ starken Selektionsdruckes durch fressende Samenkäfer die evolutive Bildung der toxischen Ricine bzw. deren Akkumulation mehrfach und unabhängig voneinander erfolgt ist.

❖ Arznei- und Nutzpflanzen der Euphorbiales

Euphorbiaceae. *Aleurites*-Arten («Tungöl»), *Croton eluteria* BENN. (Cortex Cascarillae), *C. tiglium* L. (Oleum Crotonis; Phorbolester), *Hevea brasiliensis* MUELL. ARG. u.a. Euphorbiaceen (Kautschuk), *Mallotus philippinensis* MUELL. ARG. (Kamala), *Manihot esculenta* CRANTZ (Maniok-Knollen, «Tapioka»), *Ricinus communis* L. (Oleum Ricini; Lipasen).

Neben pollenmorphologischen Gesichtspunkten hat sich ein weiteres gewichtiges Argument für den schon oft vermuteten Anschluß der **Thymelaeaceae** (650) **(9. Ordnung: Thymelaeales)** an die Euphorbiaceae ergeben: der Nachweis von hautreizenden und cocarcinogenen Diterpenestern in *Daphne* (z.B. *Daphne mezereum,* dem Seidelbast) und allen anderen bisher untersuchten Thymelaeaceen. Die aufgefundenen Verbindungen sind Derivate des Daphnans (Mezerein, Daphnetoxin) oder Tiglians, wie sie auch in Euphorbiaceen vorkommen, sowie Derivate des 1-α-Alkyldaphnans.

Unsicher ist insbesondere die Stellung der

10. Ordnung: Elaeagnales

mit den **Elaeagnaceae** (65). Pflanzen mit Schuppen- und Sternhaaren; Wurzeln mit Wurzelknöllchen (Actinomyceten-Symbiose). *Elaeagnus*-Arten (Ölweide) werden viel als Ziergehölze verwendet. Einheimisch auf Küstendünen und Flußschottern der Sanddorn *Hippophaë rhamnoides.* Seine Früchte, besonders der Pflanzen auf den alpinen Flußschottern, sind sehr reich an Ascorbinsäure.

Nutzpflanze: *Hippophaë rhamnoides L.* (Sanddornbeeren, -saft).

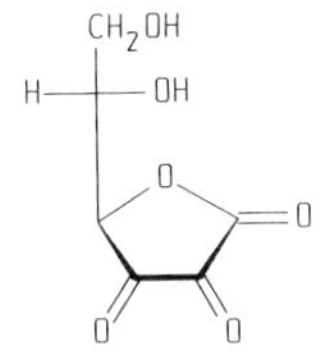

Dehydroascorbinsäure

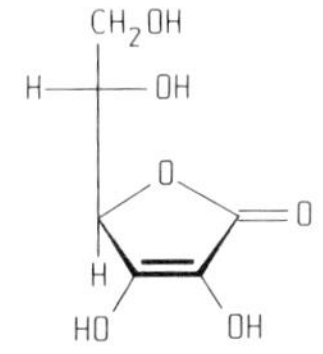

Ascorbinsäure

Zu den **Theanae** vereinigen wir die Theales, Ebenales und Primulales. Sie führen reichlich Gerbstoffe und/oder Saponine und sind ebenso wie die Malvanae durch meist zentralwinkelständige Samenanlagen in coenokarpen Fruchtknoten charakterisiert. Die Samenanlagen sind meist bitegmisch und tenuinucellat, eine im übrigen sehr ungewöhnliche Merkmalskombination. Die Endospermbildung ist durchweg nukleär (Ausnahme: Styracaceae). Die Blätter sind ungeteilt.

11. Ordnung: Theales

Die Theales mit z.T. ursprünglichen Merkmalen (z.B. leiterförmig durchbrochenen Perforationsplatten zwischen den Gefäßen im Holz) schließen eng an die Dilleniales an, denen sie bis auf deren Chorikarpie stark ähneln. Ihr Androeceum ist sekundär in zentrifugaler Entwicklungsfolge vermehrt.

Die Theales sind reich an **Gerbstoffen**, wobei kondensierte Gerbstoffe und deren Bausteine weit verbreitet sind. Aber auch Ellagi- und Gallotannine sind nicht selten, jedenfalls bei den Theaceae.

1. *Familie:* **Theaceae** (600). Hier finden sich sogar noch Vertreter mit schraubiger Blütenhülle. Die Pflanzen sind gerbstoffreich und akkumulieren bemerkenswert viel Fluoride. Die Tee-Blätter gehören zu den fluorreichsten vom Menschen genutzten pflanzlichen Produkten; ältere Blätter können bis 1530 ppm Fluor enthalten.

Der wichtigste Vertreter ist der Teestrauch *Camellia sinensis* (= *Thea sinensis*, Abb. 120), ein Verwandter der Kamelie *Camellia japonica*. Nur die erste Art enthält die im Tee wegen ihrer ZNS-anregenden Wirkung erwünschten Purinbasen Coffein (2,5-4%), Theobromin und Theophyllin (letztere in geringen Mengen), wobei der hohe Coffeingehalt eine Folge der jahrhundertelangen Selektion durch den Menschen sein dürfte. Heutige Wildvorkommen sind zweifelhaft (evtl. am Fuße des Himalaja). Hauptanbaugebiete der verschiedenen Zuchtvarietäten sind Indien, Ceylon, China, Japan und Java. Während durch schnelles Trocknen nach dem Pflücken der Blätter «grüner Tee» entsteht, werden bei der Bereitung des «schwarzen Tees» phenolische Inhaltsstoffe, insbesondere Catechine und deren Gallussäureester, durch die Tätigkeit blatteigener Enzyme (Phenoloxidasen) verändert. Die bei dieser «Fermentation» sich abspielenden Vorgänge sind auch die Ursache für die Entstehung der typischen Aromastoffe und für die dunkle Farbe des schwarzen Tees.

2. *Familie:* **Guttiferae** (900). Auch bei dieser Familie ist die Zahl der Staubblätter häufig sekundär vermehrt. Als Folge kann man bei manchen *Hypericum*-Arten entsprechende Büschel von Stamina beobachten (Abb. 120).

Die Familienbezeichnung «Guttiferae» drückt ein wichtiges Familienmerkmal aus, nämlich das Vorkommen von Latices, Balsamen und exkretgefüllten Gewebslücken.

Ein auffälliges chemisches Merkmal der Familie sind die **Xanthone**, gelb gefärbte phenolische Verbindungen, die sporadisch im Pflanzenreich bis hin zu Farnen und Pilzen vorkommen, in ihrer Mehrzahl

aber in zwei Familien, nämlich den Gentianaceen und den Guttiferae: Hier sind es vor allem mono- bis pentahydroxylierte, oftmals prenylierte Xanthone und verwandte Benzophenone.
In vielerlei Beziehung hebt sich die Gattung *Hypericum* von den anderen ab: Einzige Gattung mit krautigen und außertropischen Vertretern. Ihre schizogenen, kugeligen Exkretbehälter enthalten vorwiegend ätherisches Öl, die Exkrete der Gewebslücken (besonders in Blütenblättern) rote, photosensibilisie-

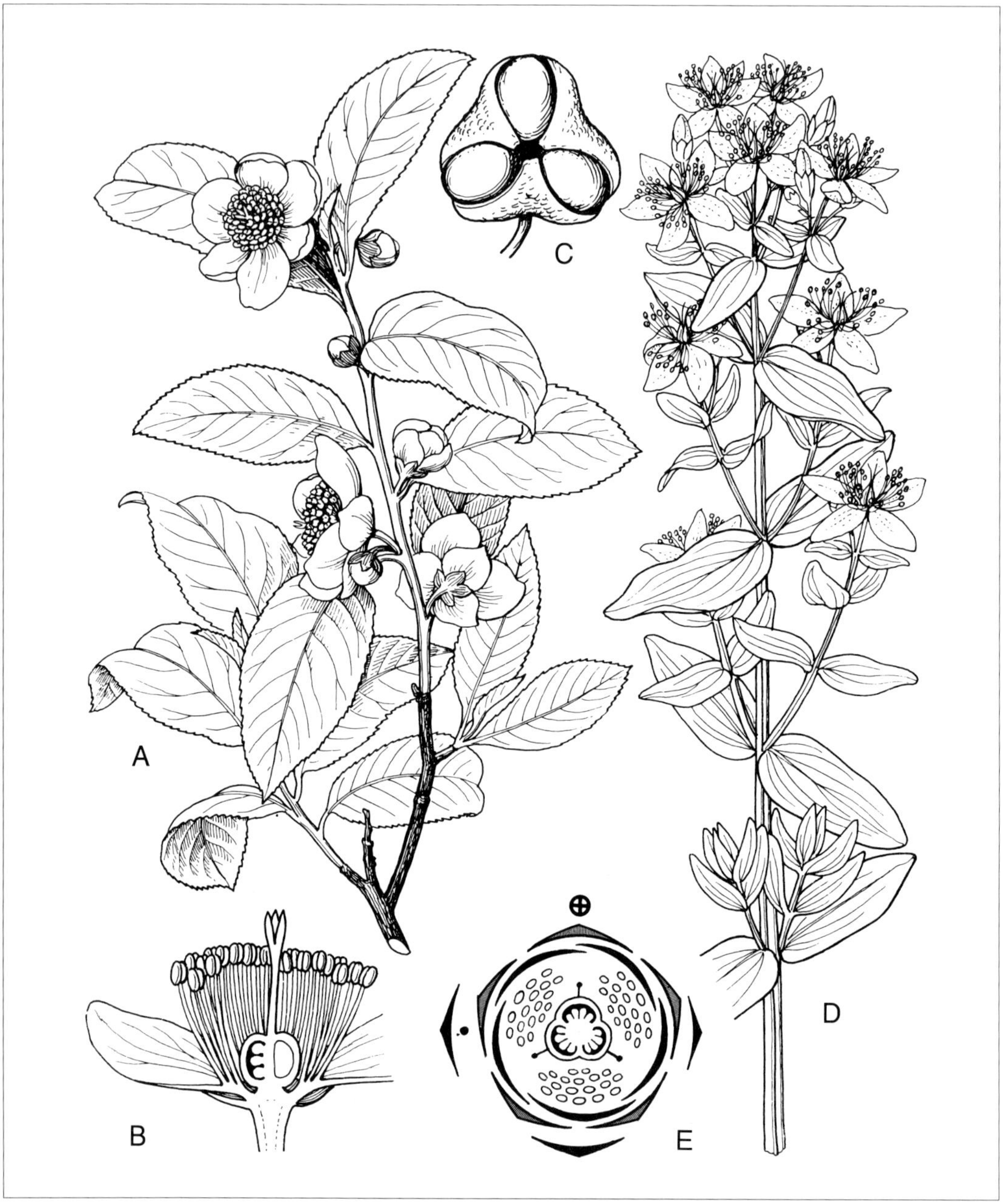

Abb. 120: Theales. – A-C: *Camellia sinensis* (Theaceae). **A:** Blühender Zweig; **B:** Blüte längs; **C:** Frucht. – D, E: *Hypericum maculatum* (Guttiferae). **D:** Pflanze; **E:** Blütendiagramm. – (Nach Johnsen aus Larsen.)

rend wirkende Pigmente, deren Hauptvertreter das Naphthodianthron Hypericin ist. Hypericin-Vorkommen ist auf bestimmte Sektionen (hierzu u.a. *Hypericum perforatum*, das Tüpfel-Johanniskraut, und fast alle anderen einheimischen Arten) beschränkt und ist gekoppelt mit dem Vorkommen von Flavonoiden wie Rutin, Quercitrin und Hyperosid (= Quercetin-3-galaktosid).

Hypericinhaltige Extrakte werden therapeutisch bei leichteren Formen neurotischer Depressionen eingesetzt, die Verwendung des Johanniskrautöls (Auszug aus dem blühenden Kraut mit Oliven- oder Weizenkeimöl) als Wundheil- und Einreibungsmittel beruht dagegen auf dem Gehalt an Gerbstoffen.

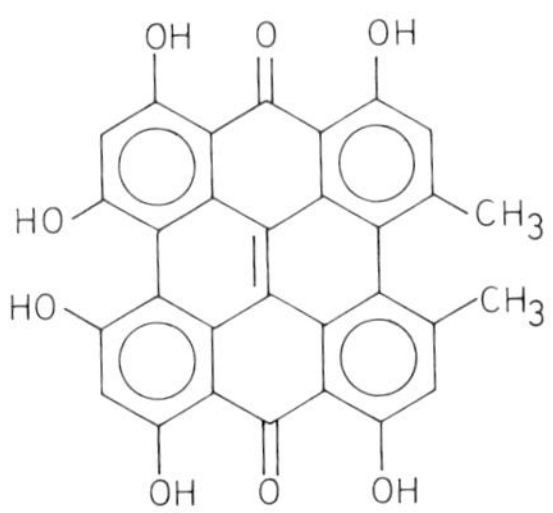

Hypericin

In Malaysia ist die baumförmige Mangostane *(Garcinia mangostana)* heimisch. In ihren tomatengroßen, purpurbraunen Beerenfrüchten sind 5-7 Samen enthalten, deren mächtiger Arillus («Samenmantel») eßbar ist.

Extrakte von *Harungana madagascariensis* sind wegen ihrer pankreotropen Wirkungen auch Bestandteil des europäischen Arzneischatzes.

❖ Arznei- und Nutzpflanzen der Theales

Theaceae. *Camellia sinensis* (L.) O. KUNTZE (Folia Theae, schwarzer und grüner «Tee»).

Guttiferae. *Garcinia hanburyi* HOOK. f. (Gutti), G. *mangostana* L. (Mangostane-Frucht), *Harungana madagascariensis* CHOISY (Extr.), *Hypericum perforatum* L. (Herba, Oleum Hyperici).

12. Ordnung: Ebenales

Die Ebenales sind eine heterogen zusammengesetzte Ordnung mit tropisch-subtropischen Holzpflanzen. Sie führen zum Teil ähnliche Milchsäfte wie die Celastraceen.

Wir erwähnen nur folgende Familien:
Sapotaceae (800), mit Milchsaftröhren. Aus den Milchsaftcoagula werden die kautschukartigen Handelsprodukte Guttapercha (Polyisopren mit trans-Verknüpfung; vorwiegend aus *Palaquium*-Arten Indonesiens und der Philippinen), Balata (hauptsächlich aus *Manilkara*-Arten Mittel- und Südamerikas) und Chicle (aus *Manilkara zapota,* Mittelamerika; liefert die Grundmasse des Kaugummis) hergestellt.

Styracaceae (150). *Styrax*-Arten lagern aromatische, harzige Exkrete in schizolysigenen Räumen ab bzw. bilden sie vermehrt nach Verwundung: Benzoeharze, deren bekannteste die Siambenzoe (von *St. tonkinensis)* und Sumatrabenzoe (von *St. benzoin* und *St. paralleloneurus)* sind.

Das durch Gerbstoffe und Naphthochinonderivate dunkel gefärbte und sehr widerstandsfähige Ebenholz stammt von *Diospyros*-Arten **(Ebenaceae).**

❖ Arznei- und Nutzpflanzen der Ebenales

Sapotaceae. Aus den Samen von *Argania sideroxylon* ROEM. (Marokko) und *Vitellaria paradoxa* GAERTN. (Sudan) werden Fette gewonnen. *Manilkara zapota* (L.) VAN ROYEN (Chicle-Gum), weitere *Manilkara*-Arten (Balata), *Palaquium*-Arten (Guttapercha).

Styracaceae. *Styrax tonkinensis* (PIERRE) CRAIB EX HARTWICH (Benzoe tonkinensis, Siam-Benzoe), *Styrax benzoin* DRYAND. *St. paralleloneurus* PERKIN (Sumatra-Benzoe).

Ebenaceae. *Diospyros ebenum* J.G. KÖNIG u.a. Arten (Ebenholz), *D. kaki* L. (Kakipflaume).

13. Ordnung: Primulales

Im Mittelpunkt der Ordnung steht die Familie der **Primulaceae** (800), Primelgewächse, mit vorwiegend krautigen Pflanzen temperierter Klimazonen. Die charakteristische Merkmalskombination ist:

- Kronblätter ± verwachsen
- äußerer Staubblattkreis reduziert (staminodial)
- Fruchtblätter einschließlich der Griffel verwachsen
- tenuinucellate Samenanlagen mit 2 Integumenten, an zentraler Plazentasäule
- Triterpensaponine.

Früher wurden die Primulales wegen der übereinstimmenden Plazentation bei den «Centrospermen» nahe den Plumbaginales eingeordnet, zu denen jedoch keine Verwandtschaftsbeziehungen bestehen dürften; auch vergleichend-serologische Untersuchungen haben

G: einfächeriger, aus mehreren (5) Fruchtblättern verwachsener, parakarper Fruchtknoten, oberständig. Nur ein Griffel. Meist viele ± bitegmische und tenuinucellate Samenanlagen an zentraler Plazentasäule.
Die Samen enthalten Reservezellulose statt Stärke («Amyloid»). Kapselfrüchte bei Primulaceae, sonst Steinfrüchte oder Beeren.

A: durch Ausfall (evtl. Staminodien) des äußeren Kreises nur 1, meist 5zähliger Staubblattkreis. Mitunter Filamente am Grunde mit den Petalen (Kronröhre) verwachsen.

C: meist 5, verwachsen, häufig eine Kronröhre bildend.

K: meist 5, ± verwachsen.

Bl: meist wechselständig, oft ungeteilt, ohne Nebenblätter.

Bauplan der Primulales

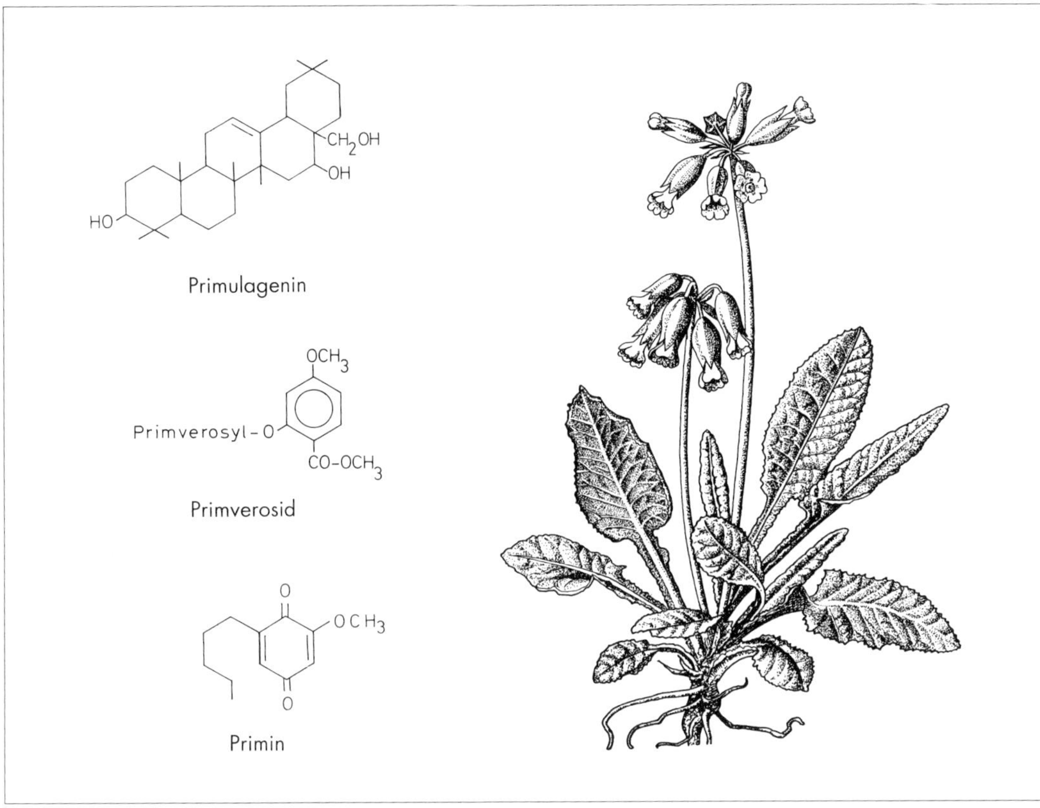

Abb. 121: *Primula veris* (Primulaceae) (1/2 x; nach H. Weber.)

keinerlei Protein-Merkmalsgemeinsamkeiten zwischen beiden Ordnungen erkennen lassen.

Chemische Eigenschaften

Ganz allgemein kommen in den Primulaceae **Triterpensaponine** vor. Das Hauptaglykon ist oft Primulagenin, ein Sapogenin der Oleanan-Reihe. Als Saponindrogen (Expektorantien!) verwendet man die unterirdischen Organe oder die Blüten von *Primula elatior* und *P. veris.* Giftige Saponine finden sich bei den Alpenveilchen (Gattung *Cyclamen).*

Die Wurzeln vieler Primulaceen enthalten spezifische Duftstoffe, und zwar m- bzw. p-Methoxysalicylsäuremethylester in Verbindung mit der Zuckerkomponente Primverose (Glukose + Xylose). Geruchsauslösung erfolgt durch Spaltung der Glykoside durch das Enzym Primverase (Reiben, Trocknen der Wurzeln).

Die artenreichste Gattung ist *Primula* (Abb. 121). In den Drüsenköpfchen der Primeln kommen entweder Flavon und am A-Ring hydroxylierte Flavone oder – alternierend – das Benzochinonderivat Primin vor; letzteres z.B. bei der viel kultivierten *P. obconica.* Das Primin ist stark hautreizend und giftig. Überempfindlichkeit gegen Primeln ist nicht selten.

Viele *Primula*-Arten und weitere Primulaceen *(Androsace, Soldanella)* wachsen im Hochgebirge, andere an Salzstellen *(Glaux, Samolus),* auf Äckern *(Anagallis)* oder gar im Wasser *(Hottonia palustris,* die Wasserfeder). In Wäldern findet sich eine azidophile Art mit siebenzähligen, weißen Blüten: *Trientalis europaea,* der Siebenstern.

❖ Arzneipflanzen der Primulales

Primulaceae. *Primula*-Arten (Flores, Radix Primulae).

Literatur Dilleniidae

Akihisa, T., N. Shimizu, P. Ghosh, S. Thakur. F.U. Rosenstein, T. Tamura & T. Matsumoto: Sterols of the Cucurbitaceae. Phytochemistry 26: 1693-1700, 1987.

Bennett, G. J. & H.-H. Lee: Xanthones from Guttiferae. Phytochemistry 28: 967-998, 1989.
Daxenbichler, M.E, G.F. Spencer, D.G. Carlson, G.B. Rose, A.M. Brinker & R.G. Powell: Glucosinolate composition of seeds from 297 species of wild plants. Phytochemistry 30, 2623-2638, 1991.
Evans, F.J. & S.E. Taylor: Pro-inflammatory, tumor-promoting and anti-tumor diterpenes of the plant families Euphorbiaceae and Thymelaeaceae. Progr. Chem. Org. Nat. Prod. 44: 1-90, 1983.
Frohne, D. & J. John: The Primulales: serological contributions to the problem of their systematic position. Biochem. Syst. Ecol. 6: 315-322, 1978.
Gmelin, R. & A. Kjaer: Glucosinolates in the Caricaceae. Phytochemistry 9: 591-593, 1970.
Grosse, W.: Jojoba – ein Öl, das in der Wüste wächst. Biologie i.u.Z. 13: 21-25, 1983.
Gurni, A.A. & K. Kubitzki: Flavonoid chemistry and systematics of the Dilleniaceae. Biochem. Syst. Ecol. 9: 109-114, 1981.
Hoppe, J. & H. Uhlarz: Morphogenese und typologische Interpretation des Cyathiums von *Euphorbia*-Arten. Beitr. Biol. Pflanzen. 56: 63-98, 1982.
Jeffrey, C.: A review of the Cucurbitaceae. Bot. J. Linn. Soc. 81: 233-247, 1980.
Jørgensen, L.B.: Myrosin cells and dilated cisternae on the endoplasmatic reticulum in the order Capparales. Nord. J. Bot. 1: 433-445, 1981.
John, J. & K.-P. Kolbe: The systematic position of the «Theales» from the viewpoint of serology. Biochem. Syst. Ecol. 8: 241-248, 1980.
Jury, S.L., T. Reynolds, D.F. Cutler & F.J. Evans (eds.): The Euphorbiales; Chemistry, taxonomy & economic botany. Academic Press, 1987.
Levin, G.A.: Systematic foliar morphology of Phyllanthoideae (Euphorbiaceae). I. Conspectus. Ann. Missouri Bot. Gard. 73: 29-85, 1986.
Nahas, G.G., W.D.M. Paton & I.E. Idänpään-Heikkilä (eds.): Marihuana: Chemistry, biochemistry and cellular effects. Springer-Verlag, Berlin, Heidelberg, New York, 1976.
Navot, N. & D. Zamir: Isozyme and seed protein phylogeny of the genus *Citrullus* (Cucurbitaceae). Pl. Syst. Evol. 156: 61-67, 1987.
Olafsdottir, E.S., J.V. Andersen & J.W. Jaroszewski: Cyanhydrin glycosides of Passifloraceae. Phytochemistry 28: 127-132, 1989.
Quian, S.-Z. & Z.-G. Wang: Gossypol: A potential antifertility agent for males. Ann. Rev. Pharmacol. Toxicol. 24: 329-360, 1984.
Robbins, M.P. & J.G. Vaughan: Rubisco in the Brassicaceae. In: Proteins and nucleic acids in plant systematics, Jensen, U. & D.E. Fairbrothers (eds.). Springer-Verlag, Berlin, Heidelberg, New York, Tokyo. 191-204, 1983.
Schmidt, K. M. & G. W. Patterson: Distribution of cyclopropenoid fatty acids in malvaceous plant parts. Phytochemistry 27: 2831-2834, 1988.
Small, E. & A. Cronquist: A practical and natural taxonomy for *Cannabis*. Taxon 25: 405-435, 1976.
Song, K, T.C. Osborn & P.H. Williams: *Brassica* taxonomy based on nuclear restriction fragment length polymorphismus (RFLPs). 3. Genome relationships in *Brassica* and related genera and the origin of B. *oleracea* and *B. rapa* (syn. *campestris*). Theor. Appl. Genet. 79: 497-506, 1990.
Spencer, K. C. & D. S. Seigler: Cyanogenic glycosides of *Carica papaya* and its phylogenetic position with respect to the Violales and Capparales. Amer. J. Bot. 71: 1444-1447, 1984.
·Spencer, K.C.& D.S. Seigler: Cyanogenic glycosides and the systematics of the Flacourtiaceae. Biochem. Syst. Ecol. 13: 421-431, 1985.
Swain, L. A. & K. R. Downum: Light-activated toxins of the Moraceae. Biochem. Syst. Ecol. 18: 153-156, 1990.
Turner, C.E., M.A. Elsohly & E.G. Boeren: Constituents of *Cannabis sativa* L., a review of the natural constituents. J. Nat. Prod. 43: 169-234, 1980.
Vaughan, J.G., A.J. Mcleod & B.M.G. Jones (eds.): The biology and chemistry of the Cruciferae. Academic Press, London, New York, 1976.
Webster, G.L.: Conspectus of a new classification of the Euphorbiaceae: Taxon 24: 593-601, 1975.
Wohlfahrt, R.: Wirkstoffprobleme des Hopfens. Z. Phytotherapie IV: 393-395, 1982.

Die folgenden Unterklassen der Cornidae und Lamiidae lassen sich zu einer Entwicklungsreihe zusammenfassen. Sie führt von Ordnungen mit interessantem, teilweise ursprünglichem Merkmalsbestand zu den stark abgeleiteten Bauplänen der Tubifloren. Chemisch werden beide Unterklassen u.a. geprägt durch die Stoffklasse der **Iridoide** bzw. Seco-Iridoide. Es handelt sich dabei um Naturstoffe, die sich formal vom Grundgerüst des Iridodials, eines im Abwehrsekret der Ameisengattung *Iridomyrmex* gefundenen Dialdehyds, ableiten lassen; biogenetisch gesehen sind es Monoterpenabkömmlinge. Das Grundgerüst wird auch als Iridan bezeichnet.

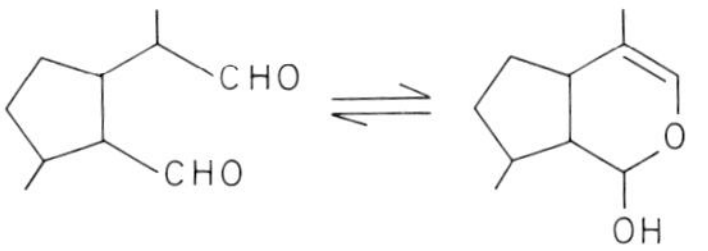

Iridodial Enolhalbacetal (=Iridoidgrundgerüst)

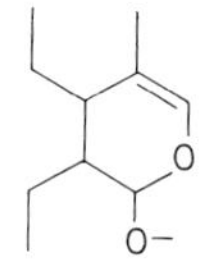

Seco-Iridoidgrundgerüst

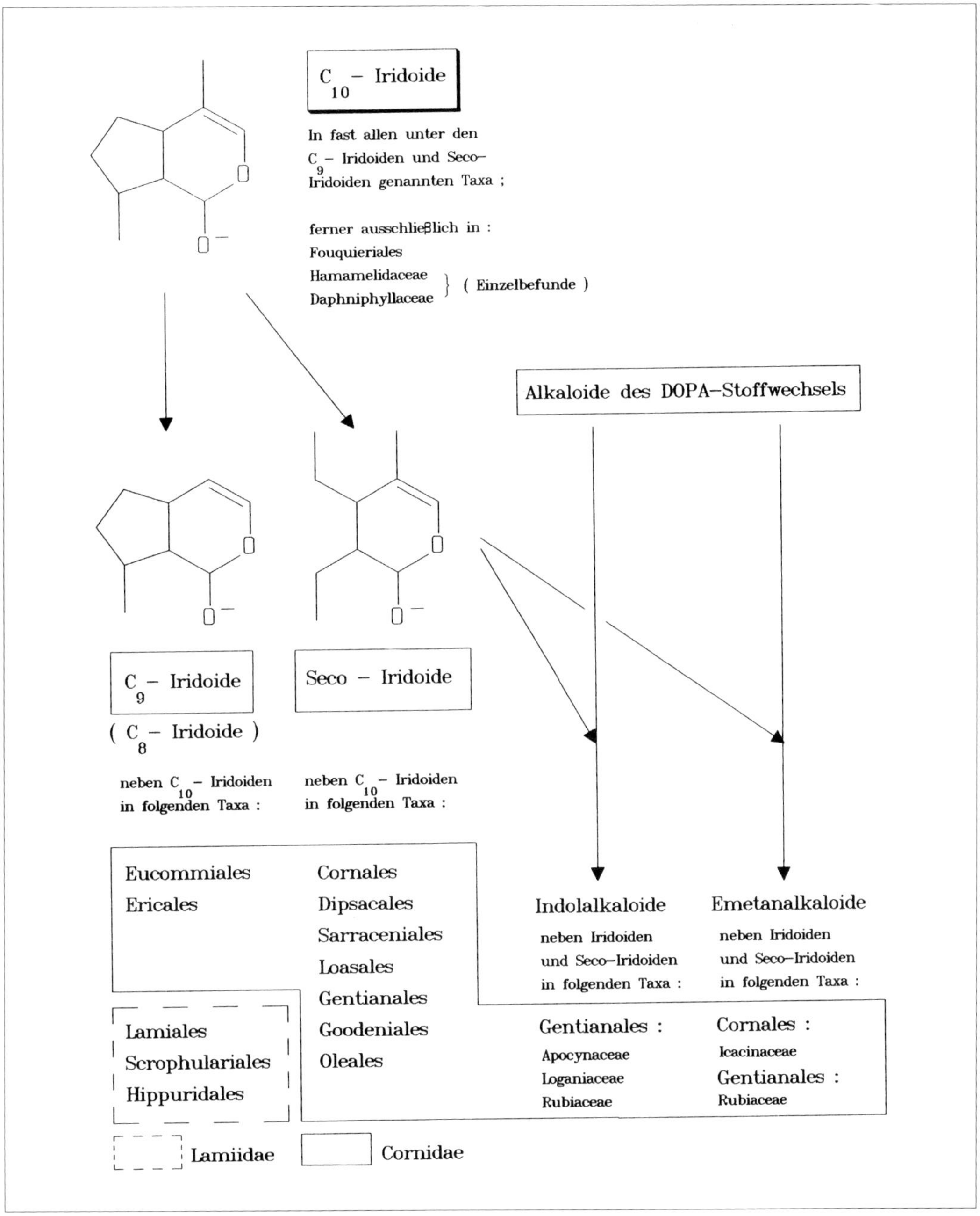

Abb. 122: Entwurf der evolutiven Zusammenhänge bei iridoidartigen Verbindungen.

Der Entstehung der Iridoide (einschl. Seco-Iridoide) im Verlaufe der Evolution der Angiospermen muß als Selektionsprinzip ein – mehr oder weniger bitter schmeckendes – fraßabwehrendes Signal gegenüber herbivoren Tieren zugrunde gelegen haben. Das erklärt auch die vielfältigen, pharmakologisch interessanten Wirkungen mancher dieser Verbindungen als Bittermittel, Desinfizientia zur Wundbehandlung, als Sedativa, Antiphlogistika oder als Wirkstoffe mit antibiotischen, antiparasitären, cytotoxischen, hypotensiven, laxativen oder mit schleimhautirritierenden Eigenschaften.

Ihre genaue Strukturermittlung (vgl. Chem. Glossar) ist erst ab den sechziger Jahren erfolgt, obwohl einige altbekannte Pflanzeninhaltstoffe (z.B. Verbenalin, Asperulosid, Loganin oder das Seco-Iridoid Gentiopikrosid) dieser Gruppe angehören. Dies hat seinen Grund darin, daß viele iridoidartige Verbindungen in Form instabiler Heteroside vorkommen, die durch Enzym- oder Säureeinwirkung gespalten werden können, wobei die Aglyka oftmals unter Bildung blauer oder schwarzer Pigmente in unbekannter Weise polymerisieren (daher der alte Name «Pseudoindikane» für diese Gruppe).

Iridoide sind in ihrem Vorkommen auf Vertreter der Cornidae und Lamiidae beschränkt. Einzelfunde in *Daphniphyllum* (Daphniphyllaceae), *Didymeles* (Didymeleaceae), *Liquidambar* (Hamamelidaceae), *Xylocarpus* (Meliaceae) und *Stigmaphyllon* (Malpighiaceae) mahnen allerdings zur Vorsicht, wenn man allzu strikt von einer monophyletischen Gruppe zu sprechen geneigt ist. Dennoch lassen sich embryologische, holzanatomische, chemische und serologische Ähnlichkeiten zwischen den iridoidführenden Familien als Indiz für engere verwandtschaftliche Beziehungen werten. Deshalb werden sie von uns – entsprechend dem Konzept Dahlgrens – in der Entwicklungsreihe Cornidae-Lamiidae vereinigt. In vielen anderen Klassifikationen sind sie – aufgespalten – bei den Rosidae. Dilleniidae und Asteridae (s.l.) eingeordnet gewesen.

Demgemäß lassen sich die evolutiven Zusammenhänge wie in Abb. 122 dargestellt interpretieren: C_{10}-Iridoide sind allgemein verbreitet und dürften die in der Phylogenie ursprünglicheren Verbindungen repräsentieren (sie sind z.B. die einzigen Verbindungen in den Fouquieriales, die man als besonders ursprüngliche Cornidae-Ordnung auffaßt). Dann aber gewinnen die Einzelvorkommen in Hamamelidaceen, Didymeleaceen und Daphniphyllaceen (die man in enger Beziehung zu den Hamamelidaceen sehen kann) phylogenetisches Interesse, ist doch auch mit großen Ähnlichkeiten in den Samen-Reserveproteinen von Cornidae und Hamamelididae zu rechnen. Von den C_{10}-Iridoiden lassen sich die C_9-Iridoide und die vereinzelt gefundenen C_8-Verbindungen, Seco-Iridoide und die zusammengesetzten Indol- und Emetanalkaloide ableiten. C_9-Iridoide kommen nur in zwei Verwandtschaftsgruppen vor, nämlich den Ericales + Eucommiales sowie den Lamiales + Scrophulariales + Hippuridales. Seco-Iridoide sind für viele Ordnungen der Cornidae bezeichnend. Bei den Gentianales schließlich hat sich neben Seco-Iridoiden auch die Bildung von komplexen Indol- und Emetanalkaloiden durchgesetzt (s. dort).

Anthrachinonderivate. Wenn auch derartige Verbindungen bei den Cornidae und Lamiidae nicht gerade häufig sind, so scheinen sie sich doch durch einen besonderen Biosyntheseweg auszuzeichnen: Es hat sich gezeigt, daß die bisher untersuchten Anthrachinonderivate der Cornidae/Lamiidae, nämlich aus *Rubia tinctorum* (Rubiaceae), *Streptocarpus dunnii* (Gesneriaceae) und einem Vertreter der Scrophulariaceae aus o-Succinylbenzoesäure – Vorstufen sind Isochorisminsäure und α-Ketoglutarsäure – entstehen mit nachfolgender Zyklisierung zur 1,4-Dihydroxy-2-naphthoesäure. Nach Anfügung eines Prenylrestes und gleichzeitiger Decarboxylierung entsteht Desoxylapacholhydrochinon, das zu Anthrachinonen vom Rubiadintypus zyklisieren kann. Anthrachinone von *Rhamnus*-Arten (Rhamnaceae), von *Rumex*- oder *Rheum*-Arten (Polygonaceae) und die der Pilze und Flechten sind dagegen Acetogene.

Die unterschiedliche Substituierung (vgl. hierzu auch Formeln S. 131) läßt vermuten, daß der o-Succinylbenzoeweg wahrscheinlich allen (Ausnahme bisher: Physcion aus den Wurzeln einer *Rubia*-Art) Anthraverbindungen der Cornidae/Lamiidae zukommen dürfte, die ja insbesondere von Rubiaceen, vereinzelt auch von Bignoniaceen, Gesneriaceen, Scrophulariaceen und Verbenaceen bekannt sind. In allen übrigen Fällen dürfte der Polyacetatweg beschritten werden.

Kaffeesäurederivate. Von den zahlreichen Verbindungen dieser weitverbreiteten phenylpropanoiden Säure seien hier nur diejenigen genannt, die in den beiden Unterklassen einen Verbreitungsschwerpunkt haben. Als Polyphenole zeichnen sie sich durch eine gewisse Gerbwirkung aus:

Disaccharidester vom Typ des Verbascosids («Tubifloren-Gerbstoffe») in Oleaceen, Scrophulariaceen und einigen kleineren, diesen nahestehenden Familien, auch in Verbenaceen und Lamiaceen.

Depside vom Typ der Rosmarinsäure («Lamiaceen-Gerbstoffe») und Lithospermsäure in Lamiaceen, Boraginaceen und z.T. Hydrophyllaceen.

Unterklasse: Cornidae

Die Vertreter der Cornidae besitzen einfache, ungeteilte Blätter und vielfach sympetale Blüten mit coenokarpem Gynoeceum. Durch das ursprüngliche Merkmal leiterförmiger Gefäßdurchbrechungen schließen manche Ordnungen der Cornidae an die Hamamelididae und Magnoliidae an. Auch die für Cornidae charakteristische zelluläre Endospermbildung wird heute als ein ursprüngliches Kennzeichen angesehen. Der Besitz von tenuinucellaten und unitegmischen Samenanlagen weist ihnen allerdings eher eine abgeleitete Stellung zu. Der Pollen ist oft tricolpat mit retikulater Oberflächenstruktur. Chemisch sind die Cornidae als **Iridoid**pflanzen charakterisiert.

Wir besprechen im folgenden die Ordnungen:

1. Cornales
2. Dipsacales
3. Sarraceniales
4. Ericales

} «Cornanae»

5. Gentianales
6. Oleales

} «Gentiananae»

1. Ordnung: Cornales

Die Cornales stellen wir an den Anfang der Unterklasse, weil verschiedene Vertreter einige eher ursprüngliche Merkmalsausprägungen erkennen lassen: Freie Kronblätter; zweikreisig angeordnete Staubblätter, deren Filamente nicht mit der Krone verwachsen sind; Holzpflanzen mit leiterförmigen Gefäßdurchbrechungen.

Typisch und für die Diskussion der Verwandtschaftsverhältnisse wichtig ist das Vorkommen **iridoider Verbindungen.** Als eine der ersten Verbindungen dieser Stoffklasse wurde bereits 1835 von Geiger das Cornin aus *Cornus florida* isoliert, das sich später als identisch mit dem Verbenalin erwies. Das Vorkommen von Iridoiden in *Escallonia, Hydrangea* und *Deutzia* wie auch in Caprifoliaceen und Adoxaceen hat zu einer Überprüfung der Verwandtschaftsbeziehungen und letztlich zu einer Revision des natürlichen Systems geführt. Insbesondere serologisch nachgewiesene Strukturähnlichkeiten in den Samen-Reserveproteinen stehen in guter Korrelation mit der Verteilung der iridoidartigen Verbindungen. Danach werden nun die Escalloniaceen und Hydrangeaceen aus den Saxifragales in die Cornales überführt und die Caprifoliaceen und Adoxaceen zumindest aus den Asteridae (s.l.) gelöst und in engere Beziehung zu den Cornales gesetzt. Von den vielen kleineren, in die Cornales zu stellenden Familien sollen hier nur interessieren:

1. *Familie:* **Hydrangeaceae** (250). Die meisten Hydrangeaceen sind Holzpflanzen mit ungeteilten, gegenständigen Blättern ohne Nebenblätter. Ihre 4- bis 5zähligen Blüten stehen zumeist in dichten Blütenständen (z.B. bei der Hortensie), deren Randblüten – vergrößert und steril – den Schauapparat vergrößern. Das Androeceum besteht aus 2 Kreisen und kann (bei *Carpenteria californica)* sekundär stark vermehrt sein. Die meist 3-5 Karpelle bilden bei der Reife eine Kapsel, seltener eine Beere. Aus den Gattungen *Philadelphus* (falscher Jasmin), *Deutzia* (Deutzie) und *Hydrangea* (Hortensie) werden viele Ziersträucher kultiviert.

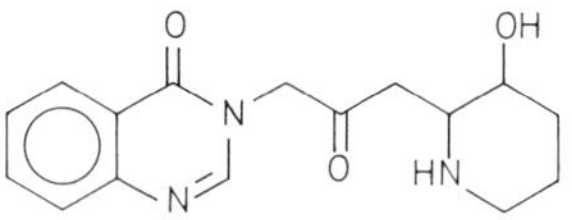

Febrifugin

Aus *Hydrangea*-Arten konnte Febrifugin isoliert werden, ein Chinazolinalkaloid, das auch als Inhaltsstoff der Wurzeln von *Dichroa febrifuga,* einer altchinesischen Droge mit Antimalariawirkung, bekannt ist.

2. *Familie:* **Cornaceae** (95). Die holzigen Cornaceen haben kleine, 4- bis 5zählige Blüten (aber nur noch mit einem Staubblattkreis, Abb. 123A), die oft in Köpfchen oder doldenartigen Blütenständen vereinigt und manchmal von großen, oft weißen Hochblättern (Scheinkrone!) umhüllt sind, wie bei dem kleinen nordischen Hartriegel, *Cornus suecica.* Einheimische Sträucher sind die wärmeliebende Kornelkirsche, *Cornus mas* (gelb, frühblühend) und der blutrote Hartriegel *C. sanguinea.*

Für die 3. *Familie,* die **Aquifoliaceae** (450) mit vielfach eingeschlechtigen Blüten (Abb. 123B) sind vor allem die in verschiedenen *Ilex*-Arten vorkommenden **Purinderivate** bezeichnend. Getrocknete Blätter von *Ilex paraguariensis* und anderen *Ilex*-Arten liefern den stimulierend wirkenden, coffeinhaltigen Maté-Tee, der in vielen Teilen Südamerikas Nationalgetränk ist. Einheimisch ist die immergrüne

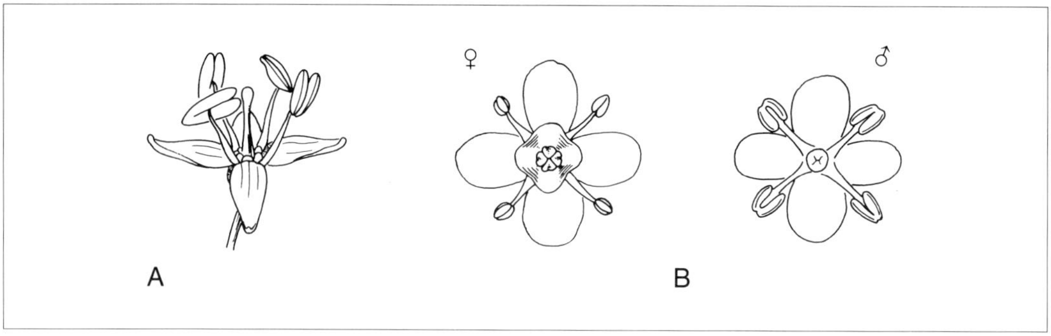

Abb. 123: A: Zwittrige Blüten mit Diskus von *Cornus* spec. (Cornaceae). – **B:** Getrennt-geschlechtige Blüten von *Ilex aquifolium* (Aquifoliaceae); weibl. Blüte mit Diskus. (Nach Dahlgren.)

Stechpalme, *Ilex aquifolium,* die den wintermilden submediterran-atlantischen Raum besiedelt.

❖ Arznei- und Nutzpflanzen der Cornales

Hydrangeaceae. *Dichroa febrifuga* LOUR. (Febrifugin).
Aquifoliaceae. *Ilex paraguariensis* ST.-HIL. (Folia Maté, Maté-Tee).

2. Ordnung: Dipsacales

Die Dipsacales schließen mit den Caprifoliaceen eng an die Cornales an; die Caprifoliaceen und Adoxaceen werden sogar mitunter von den Dipsacales getrennt und den Cornales zugeordnet. Mit den unitegmischen und tenuinucellaten Samenanlagen, der Produktion von iridoiden Verbindungen (insbesondere **Seco-Iridoiden**) und zum Teil primitivem Holzaufbau stimmen die Dipsacales mit den Cornales überein. Andererseits gewinnen abgeleitete Merkmale an Bedeutung: verwachsene Kronblätter und mit diesen verwachsene Filamente eines nur mehr einkreisigen Androeceums; Tendenz zur Rückbildung des Kelches oder sogar Umbildung in ein pappusartiges Gebilde *(Valeriana)*; zunehmende Tendenz zur Ausbildung von Pseudanthien (Dipsacaceen) als konvergente Entwicklung zu den Asteraceen; trotz vielfach radiärer Blüten häufigeres Vorkommen von zygomorphen oder gar asymmetrischen Blüten (Valerianaceen); immer unterständige Fruchtknoten, deren 5 bis 2 Karpelle meist nur noch wenige Samenanlagen pro Fach entwickeln.

1. *Familie:* **Caprifoliaceae** (500; inkl. Viburnaceae und Sambucaceae).

Die Caprifoliaceen schließen sich an die Hydrangeaceen nahtlos an, sind aber in mancherlei Hinsicht stärker abgeleitet. Auch diese Familie enthält Holzpflanzen mit gegenständigen, einfachen oder zusammengesetzten (einige Sambucaceen) Blättern und pseudanthienartigen Blütenständen. Die 5zähligen Blüten sind bei einigen Arten zygomorph (z.B. *Lonicera)* und in der Regel sympetal. Die 5 Staubblätter sind in der Kronröhre befestigt. Als Früchte findet man Kapseln, Steinfrüchte oder Beeren. In den Samen ist ein mächtiges Endosperm mit kleinem Embryo entwickelt.

Die oft als eigene Familie geführten Viburnaceae (200; *Viburnum,* Schneeball) haben eine weite nordhemisphärisch-andine Verbreitung und schließen sich eng an die Hydrangeaceae an.

Im übrigen besitzen die Caprifoliaceen ein reiches Iridoidspektrum, das Iridoide wie auch Seco-Iridoide, zum Teil in Form von komplexen Esterglykosiden, umfaßt.

Zu den Caprifoliaceen im engeren Sinne, die ebenfalls nordhemisphärisch-andine Verbreitung aufweisen, gehören die Gattungen *Lonicera* (Geißblatt), *Symphoricarpos* (Schneebeere; Heimat: Nordamerika), *Weigela* (Weigelie; Heimat: Ostasien), *Kolkwitzia* (Kolkwitzie; Heimat: China). Viele Arten werden als Ziersträucher kultiviert. Eine kleine nordisch-alpine Kriechstaude ist das Moosglöckchen *Linnaea borealis.*

Sambucus (40) wird wegen seiner gefiederten Blätter und den Gefäßen mit einfach perforierter Endplatte gern in einer eigenen Familie Sambucaceae abgetrennt. Holunderblüten von *Sambucus nigra* gelten in der Volksmedizin als schweißtreibende Droge. Sie

Griffel: meist 1.

A: 5 (oft auch 4), insbesondere bei den Valerianaceen oft weniger, bei der medit. *Centranthus ruber* nur noch 1. Stamina episepal, meist der Kronröhre eingefügt. Pollen trinukleat.

C: meist 5 (oder 4), verwachsen.

K: meist 5 (oder 4), klein, z.T. nur noch borstig, bei einigen Valerianaceen zu einem pappusartigen Gebilde auswachsend (Abb. 124 C), bei Dipsacaceae mit Außenkelch (Abb.124E).

G: die ursprüngliche Zahl von 5 miteinander verwachsenen Fruchtblättern vielfach reduziert: 3 z.B. bei allen Valerianaceen, 2 bei Dipsacaceen, bei beiden Familien nur noch eines fertil. Fruchtknoten synkarp, unterständig, 5 → 1fächerig. Samenanlagen bei Caprifoliaceae z.T. noch ∞, sonst auf 1 (hängende) pro – fertiles – Fach reduziert; anatrop, unitegmisch, tenuinucellat.

Blü: tetrazyklisch, 5- (oder 4-) zählig, radiär (z.B. viele Caprifoliaceen) bis dorsiventral (z.B. viele Dipsacaceen) oder asymmetrisch (Valerianaceen).

Bl: gegenständig; gezähnt, geteilt oder zusammengesetzt. Keine Nebenblätter.

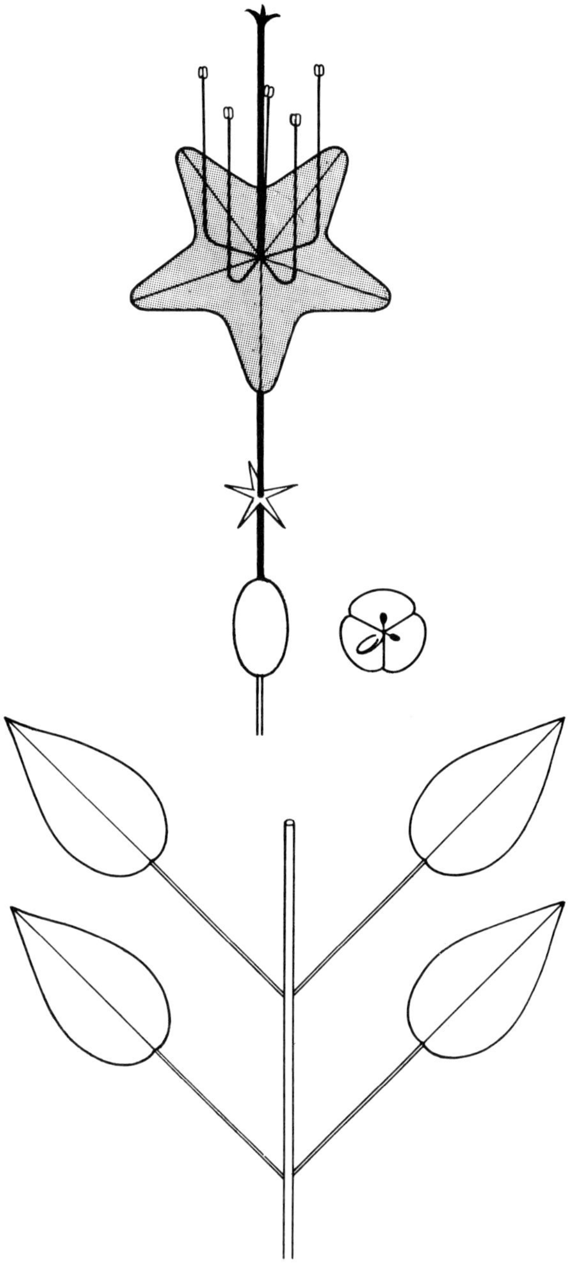

Bauplan der Dipsacales

enthalten Flavonoide (z.B. Rutin) und in geringer Menge ein cyanogenes Glykosid (Sambunigrin).

2. *Familie:* **Adoxaceae** mit 2 Arten in Westchina und der einheimischen *Adoxa moschatellina,* dem kleinen, bis 15 cm hohen Moschuskraut, das im Welkezustand moschusartig riecht (die Geruchsstoffe sind Hexanol, Hexenole, Hexenal und Benzylalkohol). Aufgrund der embryologischen Eigenschaften und eines ähnlichen Iridoidmusters läßt sich *Adoxa* an die Caprifoliaceae anschließen.

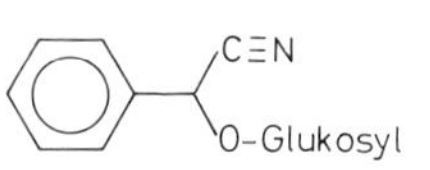

Sambunigrin

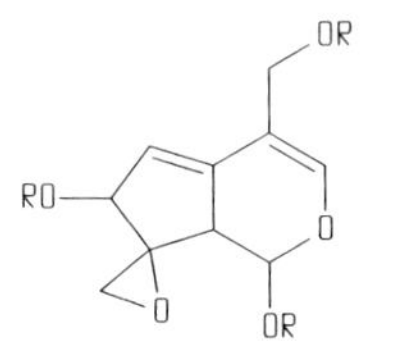

Valepotriat-Grundgerüst

3. *Familie:* **Valerianaceae** (360), Baldriangewächse. Meist Kräuter mit leicht asymmetrischen Blüten, bei denen die Reduktion im Androeceum und Gynoeceum weiter vorangeschritten ist. Aus G $(\overline{3})$ entwickelt sich z.B. nur eine 1samige Nuß (nur 1 Fruchtblatt fertil). Im übrigen vgl. den Bauplan der Dipsacales und Abb. 124. Die Baldrian-Sammelart *Valeriana officinalis* agg. mit den wichtigsten Kleinarten *V. sambucifolia, V. procurrens* (beide 2n = 56), *V. collina* (2n = 28) und *V. exaltata* (2n = 14) liefert die altbekannte, offizinelle Droge Radix Valerianae (Wurzeln, Rhizomanteile, Ausläufer). In den hypodermalen Zellen der Wurzel ist das markant riechende ätherische Öl (mit Isovaleriansäurebornylester und weiteren Mono- und Sesquiterpenen) lokalisiert. Charakteristische Inhaltsstoffe des Baldrians sind auch die als Valepotriate bezeichneten chromogenen Verbindungen, die außer in *Valeriana* auch in anderen Gattungen der Familie (nur Tribus Valerianeae; z.B. in *Centranthus ruber,* der roten Spornblume) nachgewiesen wurden. Es handelt sich um recht labile Tri-ester von Alkoholen mit einem iridoidartigen Grundgerüst; Formel s.o. Besonders reich an Valepotriaten sind die Wurzeln des indischen Baldrians, *Valeriana wallichii* und die des sog. mexikanischen Baldrians (*V. mexicana* = *V. edulis* ssp. *procera*). Sie dienen heute als Ausgangsmaterial für Arzneipräparate, für die eine sedative («äquilibrierende») Wirkung postuliert wird. Spasmolytische und muskelrelaxierende Wirkungen besitzen die nur in *V. officinalis* agg. nachgewiesenen Sesquiterpensäuren (Valerensäure u.ä.), die zusammen mit Komponenten des ätherischen Öls und den Valepotriaten insgesamt für die «beruhigende» Wirkung dieser altbekannten Droge verantwortlich sind.

4. *Familie:* **Dipsacaceae** (270). Die schwach dorsiventralen Blüten stehen in Pseudanthien (z.B. bei der Weberkarde *Dipsacus*), deren Randblüten öfters vergrößert sind, wie bei der Skabiose *(Scabiosa)* und der Witwenblume (*Knautia*). Die Tragblätter einer einzelnen Blüte sind meist noch als Spreublätter vorhanden. Unter jeder Blüte sitzt ein aus Hochblättern gebildeter Außenkelch, der den einsamigen Früchten manchmal als Flugorgan dient (Abb. 124E).

Viele Sippen enthalten β-Methylglukosid. Unter den iridoiden Verbindungen scheinen bis-iridoide Glukoside (Ester eines Seco-Loganinsäurederivates mit Loganin oder einem Loganinderivat) sowie stickstoffhaltige Iridoide und Seco-Iridoide vom Typ des Cantleyins bzw. Gentianins charakteristisch zu sein. Dieses Sekundärstoffmuster ähnelt dem der Caprifoliaceen, Gentianaceen und Oleaceen.

❖ Arznei- und Nutzpflanzen der Dipsacales

Caprifoliaceae. *Sambucus nigra L.* (Flores Sambuci).

Valerianaceae. *Valeriana edulis* ssp. procera MEYER (mexikan. Baldrianwurzel; Extr.), *V. officinalis* agg. (einheimisch; liefert die offizinelle Droge Radix Valerianae; Extr.), *V. wallichii* DC. (indische Baldrianwurzel; Extr.), *Valerianella locusta* (L.) LAT. (Feldsalat).

3. Ordnung: Sarraceniales

mit der Familie **Sarraceniaceae** (16), krautigen Pflanzen feuchter Biotope Amerikas. Die Sarraceniaceen schließen sich mit tenuinucellaten und oft unitegmischen Samenanlagen, mit zellulärer Endospermbildung, leiterförmigen Gefäßendigungen und der Bildung von Iridoiden an die vorigen Ordnungen an. Im übrigen sind sie an eine besondere Form des Tierfangs angepaßt, die Verbindungen mit den Nepenthaceae (Kannenpflanzengewächsen) vermuten lassen: Die schlauch- oder trompetenartigen Blätter besitzen im Innern eine nektarabsondernde Drüsenzone, eine Gleitzone mit abwärts gerichteten Epidermisauswüchsen, eine Reusenzone mit Absonderung von proteolytischen Enzymen und zuunterst eine Absorptionszone. Einige Arten mit seitlichen Blatteingängen haben «Lichtfenster» mit unpigmentierten Flecken an dem gegenüberliegenden, kuppel-

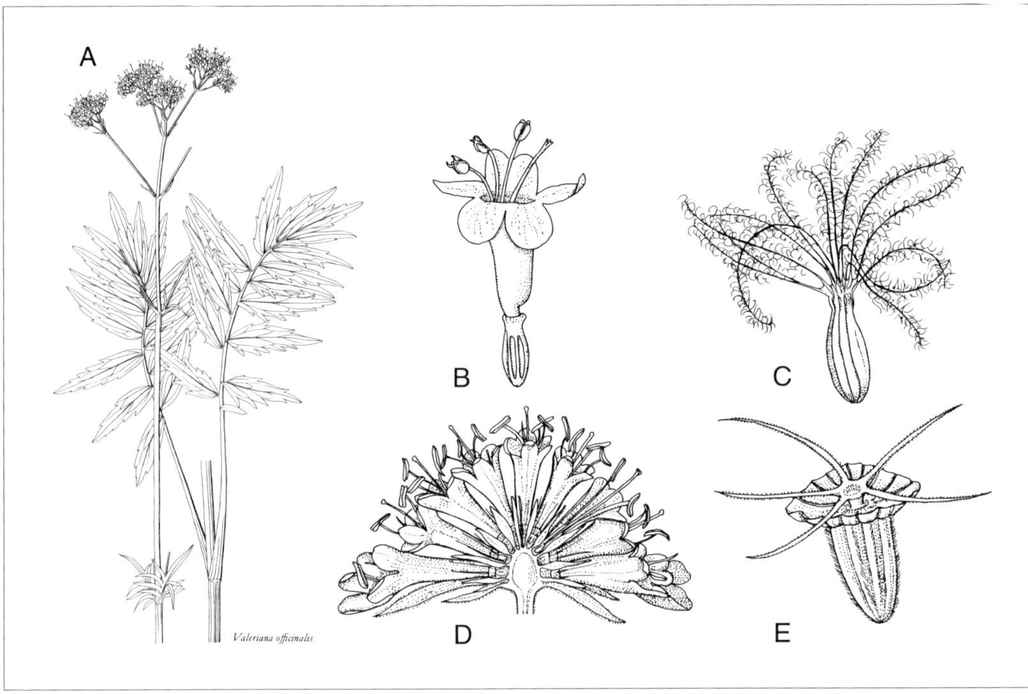

Abb. 124: Dipsacales. – **A:** *Valeriana officinalis,* Pfl. (verkl.). – **B:** Asymmetrische Blüte von *V. officinalis* (ca. 10 x). – **C:** Frucht mit Pappus von *V. tripteris* (ca. 3 x) (alle Valerianaceae). – **D, E:** *Scabiosa columbaria* (Dipsacaceae): Blütenköpfchen, längs, und Frucht mit Kelch und Außenkelch. – (A aus Kosmos, B, C nach Weberling, D, E nach Hegi.)

artig gewölbten Blatteil (Abb. 125A,B). An der Blüte fällt die manchmal große, schirmartig verbreiterte Narbe auf (Abb. 125C). Die Gattung Sarracenia («pitcher plants») ist im atlantischen Nordamerika verbreitet.

4. Ordnung: Ericales

Die vielfach **mykotrophisch,** d.h. mit Mykorrhiza-Pilzen lebenden, meist strauch- oder zwergstrauchartigen Ericales sind in ihren taxonomischen Merkmalen stärker abgeleitet, schließen sich aber durch Gefäße mit leiterförmiger Perforation der langgestreckten Endplatten sowie durch ihre unitegmischen und tenuinucellaten Samenanlagen an die vorhergehenden Ordnungen an.

Viele Vertreter besiedeln extrem stickstoffarme, saure Standorte und sind xeromorph gebaut. An die größte Familie, die Ericaceae, lassen sich die artenarmen Clethraceae, Pyrolaceae, Monotropaceae und Empetraceae, ferner die Epacridaceae anschließen.

Über den Bauplan unterrichtet die Übersicht auf S. 237.

Wichtige Inhaltsstoffe

Von verschiedenen Vertretern der Ericales ist schon die Struktur der **iridoidartigen Verbindungen** bekannt, die sowohl dem C_{10}-Typ (z.B. Monotropein bei *Vaccinium, Arctostaphylos* und *Monotropa;* Vaccinosid bei *Vaccinium* und *Andromeda*) wie dem C_9-Typ angehören (z.B. Aucubin bei *Rhododendron,* Unedosid bei *Arbutus* und *Arctostaphylos*).

Ferner sind die Ericales typische **Polyphenolpflanzen;** sie akkumulieren phenolische Stoffe verschiedenster Art, teils in glykosidischer Bindung («Phenolheteroside»), teils in monomerer (Flavonoide) oder in polymerer Form (Gerbstoffe).

a) **Phenolheteroside:** Als typische bzw. pharmazeutisch interessante Substanzen sind Arbutin (Arbutosid) und Monotropitosid zu nennen.

Arbutin, das Monoglukosid des Hydrochinons ist neben ähnlichen Verbindungen (z.B. Methylarbutin) in höherer Konzentration in den Blättern der Bärentraube, *Arctostaphylos uva-ursi,* enthalten, die als harndesinfizierende Droge gebräuchlich sind. Mit Sicherheit enthalten auch *Arbutus unedo, Rhododendron*-Arten, *Vaccinium vitis-idaea* (alles Ericaceae),

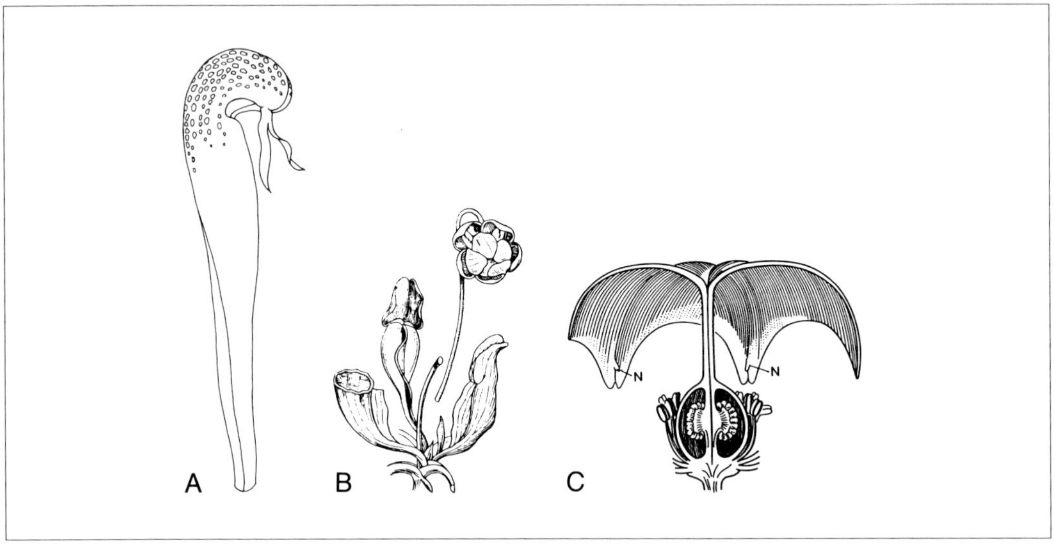

Abb. 125: Sarraceniaceae. – **A:** *Darlingtonia californica*, Blatt mit «Lichtfenstern». – **B:** *Sarracenia purpurea*, Pflanze. – **C:** *Sarracenia* spec., Gynoeceum mit den stark vergrößerten Narbenlappen (N) und Androeceum, längs. – (A nach Rohweder/Endress, B nach Britton u. Brown, C nach Dahlgren.)

verschiedene *Pyrola-* (Wintergrün-) und *Chimaphila*-Arten (Pyrolaceae) sowie *Monotropa* (Monotropaceae) Arbutin.

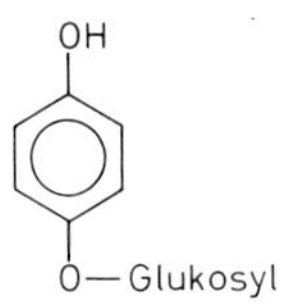

Arbutin

Monotropitosid, das Glykosid aus Salicylsäuremethylester und Primverose (= Glukose + Xylose) ist in *Monotropa hypopitys* und in der Gattung *Gaultheria* (Ericaceae) enthalten. Die arzneiliche Verwendung des an Salicylsäuremethylester reichen «Wintergrünöles» aus der nordamerikanischen *Gaultheria procumbens* ist durch den synthetischen Ester heute vollständig verdrängt worden.

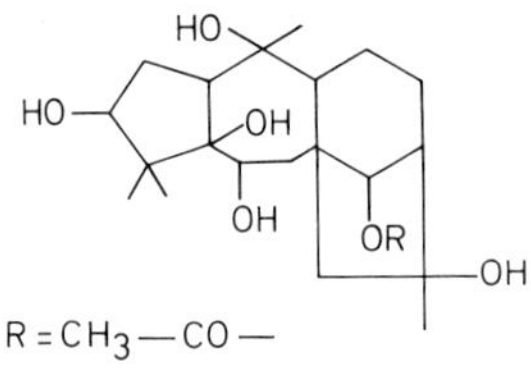

Acetylandromedol

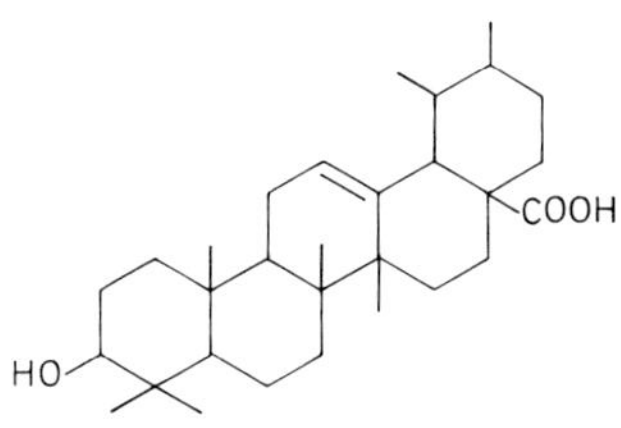

Ursolsäure

b) **Gerbstoffe:** Es überwiegen kondensierte (Catechin-)Gerbstoffe (Proanthocyanidine), die jedoch auch von Gallotanninen – wie in den Bärentraubenblättern – oder Ellagitanninen begleitet oder ersetzt sein können.

Die Giftigkeit mancher Ericales (insbesondere der Rhododendroideae und Arbutoideae unter den Ericaceae) geht auf **toxische Diterpene** vom Typ des Acetylandromedols zurück. Selbst der Nektar kann diese Stoffe enthalten und die Ursache für die Toxizität bestimmten Honigs sein. Wegen seiner in geeigneter Dosierung blutdrucksenkenden Wirkung wird Acetylandromedol auch therapeutisch genutzt.

Die Blatt-(Cuticular-)Wachse sind reich an **Triterpenen.** Unter diesen überwiegt die für Ericales bezeichnende Ursolsäure.

1. *Familie:* **Pyrolaceae** (45) mit den kleinen, immergrünen (Name!) Wintergrün-Arten (*Pyrola* einschl.

G: meist 5 Karpelle, zu einem echt synkarpen Fruchtknoten verwachsen. Dieser oberständig, nur in einigen Fällen (z.B. Gattung *Vaccinium*) unterständig. 1 Griffel. 1 (Empetraceae) bis ∞ Samenanlagen pro Fruchtblatt, anatrop (bis kampylotrop), zentralwinkelständig, unitegmisch und tenuinucellat.

A: bei den Empetraceae und Epacridaceae in 1, sonst fast ausnahmslos in 2 Kreisen, gleichzählig, wie der Kronblattkreis, d.h. meist 2 x 5, obdiplostemon. Staubblätter bei den Monotropaceae, Empetraceae und Epacridaceae mit Längsspalt, sonst mit 2 apikalen Poren sich öffnend, verschiedentlich mit hornartigen Fortsätzen (vgl. den früheren Ordnungsnamen Bicornes!). Pollen in Tetraden zusammenbleibend, bei den Monotropaceae und Clethraceae nur Einzelpollen.

C: meist 5 (oft auch 4) und in der Regel verwachsen; frei z.B. bei den Empetraceae und einigen Ericaceae.

K: meist 5 (oft auch 4).

Bl: meist wechselständig, immer ungeteilt, xeromorph gebaut, oft fast nadelförmig, vielfach immergrün.

Pfl: meist holzige (Zwerg-)Sträucher, Wurzel häufig mit Mykorrhiza.

Biotop: vielfach N-arme, saure Standorte: oligotrophe Moore, Zwergstrauchheiden, acidophile Waldgesellschaften, Tundra.

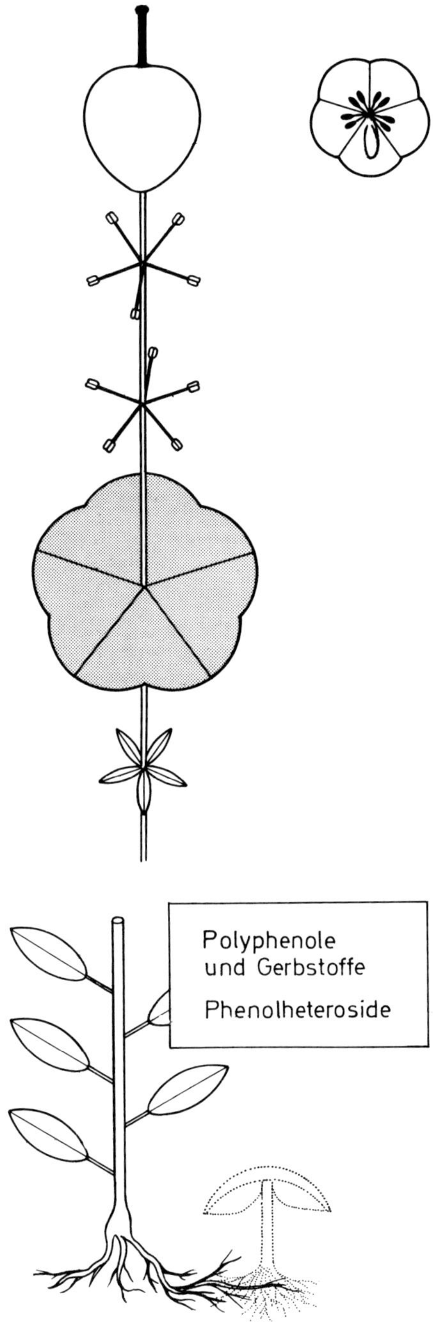

Bauplan der Ericales

Moneses und *Orthilia*) acidophiler, vorwiegend Nadel-Wälder. Ihre Kronblätter sind «noch» nicht verwachsen.

2. *Familie:* **Monotropaceae** (30) mit der einheimischen Art *Monotropa hypopitys,* dem Fichten- (ssp. *hypopitys*) bzw. Buchenspargel (ssp. *hypophegea*). Dieser chlorophyllfreie Saprophyt bezieht die organischen Stoffe möglicherweise durch Vermittlung eines Mykorrhiza-Pilzes *(Boletus?)* aus Waldbäumen.

3. *Familie:* **Ericaceae** (2.500). Die Ericaceen (Abb. 126) sind Holzpflanzen mit z.T. stark xeromorph gebauten Blättern, wie beim Heidekraut *Calluna vulgaris* oder der Gattung *Erica* (Glockenheide *E. tetralix* mit subatlantischer Verbreitung, Schneeheide *E. herbacea,* die mediterrane Baumheide *E. arborea*).

Die Blüten sind normalerweise 5zählig mit verwachsener Krone (beim Sumpfporst *Ledum palustre* aber noch frei); ihre Staubblätter haben teilweise hornartige Fortsätze an den Antheren (daher die ehemalige Ordnungsbezeichnung «Bicornes»). Der Fruchtknoten ist meist oberständig und entwickelt sich zu einer Kapsel, bei der Gattung *Arctostaphylos* aber zu einer beerenartigen Steinfrucht und beim Erdbeerbaum *(Arbutus unedo)* der mediterranen Macchie zu einer Beere, ebenso wie auch der unterständige Fruchtknoten der Gattung *Vaccinium (V. oxycoccos,* Moosbeere; *V. vitis-idaea,* Preiselbeere; *V. myrtillus,* Blaubeere; *V. uliginosum,* Moor- oder Rauschbeere).

Viel gepflanzte Ziersträucher sind die aus Asien stammenden *Rhododendron*-(inkl. *Azalea*-)Arten.

4. *Familie:* **Empetraceae** (5), immergrüne Zwergsträucher mit der einheimischen Gattung *Empetrum,* Krähenbeere, mit schwarzen Beeren. *Empetrum nigrum* ist vorwiegend auf höheren *(Sphagnum fuscum-)*Moorbulten, trockengelegten Hochmooren und in Zwergstrauchheiden zu finden. Im arktisch-alpinen Raum ist sie durch *E. hermaphroditum* ersetzt. *Empetrum* ist wie auch *Vaccinium vitis-idaea* reich an Benzoesäure. Diese soll auch Ursache dafür sein, daß im Herbst geschossene norwegische Schneehühner über lange Zeit ohne zu verderben haltbar sind.

5. *Familie:* **Epacridaceae** (400). Meist niedrige (Halb-) Sträucher, die auf den Heiden der Südhalbkugel in großer Artenfülle vorkommen und in Australien die Ericaceen ersetzen. Viele Arten sind an ihren kleinen, lanzettförmigen Blättern zu erkennen, die vom Stengel mehr oder weniger steif abstehen.

❖ Arznei- und Nutzpflanzen der Ericales

Ericaceae. *Arctostaphylos uva-ursi* (L.) SPRENG. (Folia Uvae Ursi; Arbutin), *Rhododendron*-Arten (Extr., Acetylandromedol), *Vaccinium myrtillus* L. (Folia, Fructus Myrtilli; Blaubeeren), *V. vitis-idaea* L. (Folia Vitis idaeae; Preiselbeeren); *Gaultheria procumbens* L. (Wintergrünöl).

Was sich bei den bisher erwähnten Ordnungen der Cornidae schon mehrfach herausgebildet hat, hat sich bei den folgenden Gentianales und Oleales (den «Gentiananae») ausnahmslos durchgesetzt: Tetrazyklische Blüten, d.h. nur noch ein mit den Kron-

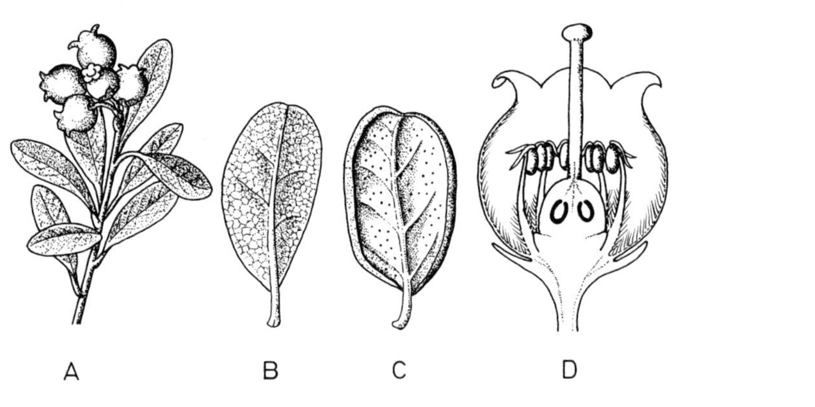

Abb. 126: Ericaceae. – **A:** Blühender Sproß (etw. verkl.). und **D:** Blüte (vergr.) von *Arctostaphylos uva-ursi.* – **B, C:** Blatt(unterseite) von *Arctostaphylos uva-ursi* (B) und *Vaccinium vitis-idaea* (C), (1 x). – (A,D nach Köhler, B,C nach Weber.)

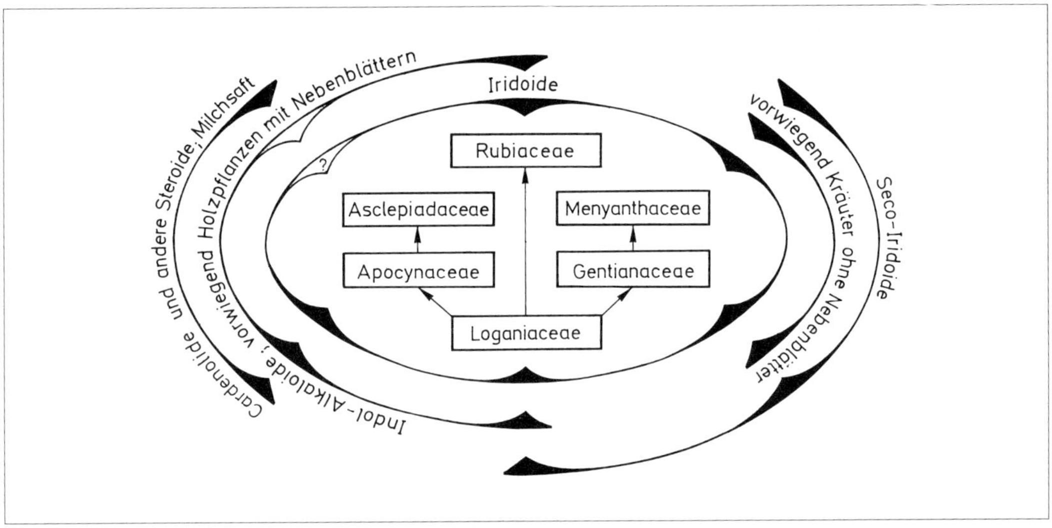

Abb. 127: Die Familien der Gentianales und ihre wichtigsten gemeinsamen Merkmale.

blättern alternierender Staubblattkreis, dessen Filamente teilweise mit den sympetalen Kronblättern verwachsen sind; unitegmische, tenuinucellate Samenanlagen im G(2). Ursprüngliche Merkmale, wie leiterförmig durchbrochene Tracheenwände, finden sich nicht mehr. Bei den Inhaltsstoffen stehen Seco-Iridoide im Vordergrund neben Indolalkaloiden und Cardenoliden, die zumindest die Gentianales als außerordentlich wichtige Gift- und Arzneipflanzenordnung prägen.

5. Ordnung: Gentianales

Die Gentianales zeichnen sich durch radiäre Blüten aus, deren Krone in Knospenlage oft gedreht ist (vgl. Abb. 131A; daher auch der frühere Name der Ordnung: «Contortae»). Die Blätter sind gegenständig, ganzrandig und ungeteilt, oft mit Nebenblättern versehen. An ihrem Blattgrund scheiden oft Leim- und Drüsenzotten (Kolleteren) ein Gemenge von Gummi und Harz ab. Bikollaterale Leitbündel (= intraxyläres Phloem) sind für die meisten Familien bezeichnend.

Chemische Charakteristika

Iridoidartige Verbindungen kommen in den Gentianales allgemein vor; nur für die Asclepiadaceae konnten sie bislang nicht mit Sicherheit nachgewiesen werden (Abb. 127). Neben dem verbreiteten Vorkommen von Iridoiden findet man in Loganiaceen wie in Gentianaceen und Menyanthaceen auch Seco-Iridoide, die oft von ähnlichen, aber N-haltigen Verbindungen begleitet werden (z.B. Gentianin; nur Isolierungsartefakte?). Viele dieser Seco-Iridoide schmecken stark bitter und stellen die bekannten glykosidischen Bitterstoffe dieser Familien dar. Bei Indolalkaloid-führenden Familien (s.u.) sind Seco-Iridoide (z.T. unter Verlust eines C-Atoms) vielfach Bestandteil des Alkaloidmoleküls.

Die folgenden, wichtigen Inhaltsstoffe verbinden nur einzelne Familien, ohne durchgehend die ganze Ordnung zu charakterisieren. Diese chemischen Merkmale gehen parallel mit nichtchemischen und stützen die vermuteten Verwandtschaftszusammenhänge (Abb. 127).

Alkaloide: Für diejenigen Familien, die im wesentlichen aus tropischen Holzpflanzen bestehen, sind insbesondere Indolalkaloide bezeichnend: Loganiaceae, Rubiaceae und Apocynaceae (ob auch in Asclepiadaceae?). Manche dieser Verbindungen sind als stark bitter schmeckende Giftstoffe (z.B. Strychnin, Formel S. 240) bekannt. Bemerkenswert ist, daß sie auf solche Sippen beschränkt sind, die frei von Cardenoliden und anderen toxischen steroiden Verbindungen sind.

Steroide: Die zwei nahe verwandten Familien Apocynaceae und Asclepiadaceae, deren Vertreter insbesondere unter den Asclepiadaceae durch spezielle, abgeleitete Blütenmerkmale auffallen (Verwachsungen von Androeceum und Gynoeceum, Trennung der Fruchtblätter bei der reifen Frucht in zwei balgähnliche Teilfrüchte), haben eine Reihe interessanter Gemeinsamkeiten: In Vertretern beider Familien kommen **Cardenolide** vor (Formeln S. 245). Bei den Apocynaceen findet man sie neben Pregnan-Abkömmlingen in denjenigen infrafamiliären Sippen, denen Indolalkaloide fehlen (s.o.). Bei den Asclepiadaceen sind Steroide allgemein verbreitet, entweder als Cardenolide oder – möglicherweise in der Evolution an deren Stelle getreten – als steroide (Pregnan-)Esterglykoside vom Typus des Condurangins und Vincetoxins (sog. Asclepiadaceen-Bitterstoffe; s.S. 246).

Die ungegliederten Milchröhren beider Familien enthalten einen Milchsaft, dessen Coagulum – in sippenabhängigem Verhältnis – reich an Kautschuk, Triterpenen oder Sterolen sein kann.

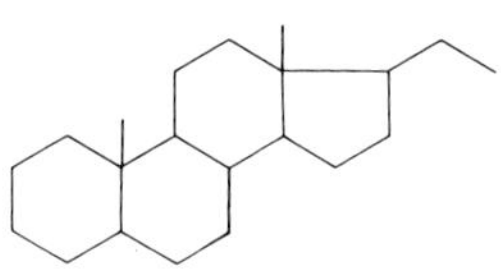

Pregnan

Unter allen Familien der Gentianales erscheinen die Loganiaceae am ursprünglichsten. Von ihnen lassen sich «ableiten»:

- die durch einen unterständigen Fruchtknoten gekennzeichneten Rubiaceae,
- die milchsaftführenden Apocynaceae und Asclepiadaceae
- und die vorwiegend krautigen Gentianaceae und Menyanthaceae.

Über die Gemeinsamkeiten in wichtigen Merkmalen vgl. Abb. 127.

1. *Familie:* **Loganiaceae** (500), meist Holzpflanzen der Tropen und Subtropen mit bikollateralen Leitbündeln und gegenständigen, ganzrandigen Blättern. Blüten radiär und 4- oder 5zählig. Fruchtknoten meist oberständig und zweifächerig, mit vielen Samenanlagen. Sie sind – wie auch alle übrigen Familien der Gentianales – durch verschiedenartige bitterschmekkende Inhaltsstoffe gekennzeichnet. Es handelt sich teils um Seco-Iridoidglykoside, teils um Indolalkaloide.

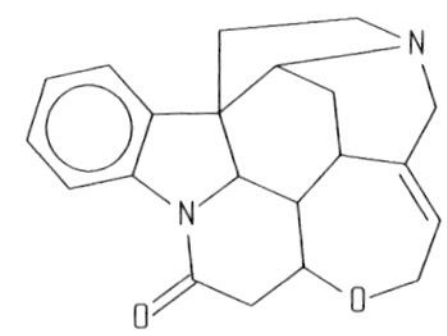

Strychnin

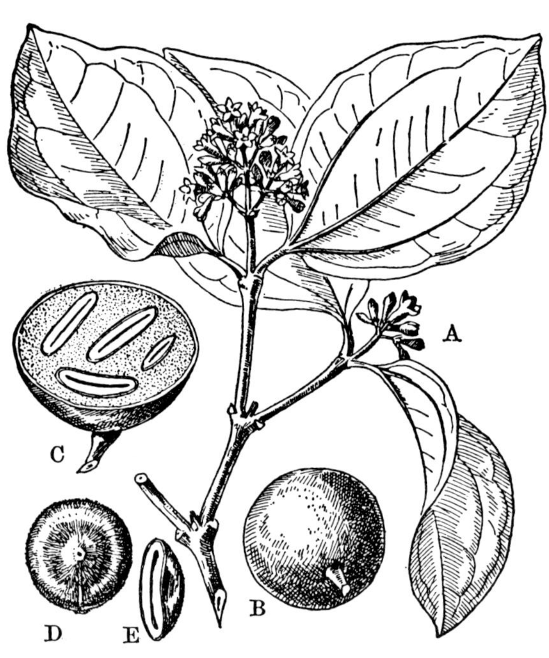

Abb. 128: *Strychnos nux-vomica* (Loganiaceae). Blühender Sproß **(A),** Beere gesamt **(B)** und quer **(C)** sowie Samen gesamt **(D)** und quer **(E).** (1/2 x; nach Karsten.)

G: aus meist 2 Fruchtblättern verwachsen (coenokarp), bei Asclepiadaceae und manchen Apocynaceae auch sekundär chorikarp. Fruchtknoten 2- oder 1fächerig, ± oberständig, bei Rubiaceae aber unterständig. Griffel einfach, mit meist 2spaltiger Narbe. Samenanlagen ∞, selten bis auf 1 pro Fach reduziert, tenuinucellat, unitegmisch, ± anatrop.

A: 5, manchmal 4, episepal, der Kronröhre eingefügt. Androeceum bei den Asclepiadaceae mit dem Gynoeceum zu einem «Gynostegium» eng verbunden (Abb. 130).

C: 5 (oder 4), in der Knospenlage gedreht, oft aber auch klappig oder dachig. Bei Asclepiadaceae Nebenkrone!

K: 5 (oder 4).

Blü: radiär, tetrazyklisch, 5- (oder 4-)zählig, sympetal.

Bl: gegenständig (wechselständig nur bei Menyanthaceae), einfach und ganzrandig, oft mit Stipeln (bei Gentianaceae aber z.B. fehlend).

Pfl: Unter den trop.-subtropischen Vertretern vorwiegend Holzpflanzen, im übrigen auch Kräuter, insbesondere bei Gentianaceae und Menyanthaceae. Intraxyläres Phloem häufig (fehlend bei Menyanthaceae und Rubiaceae).

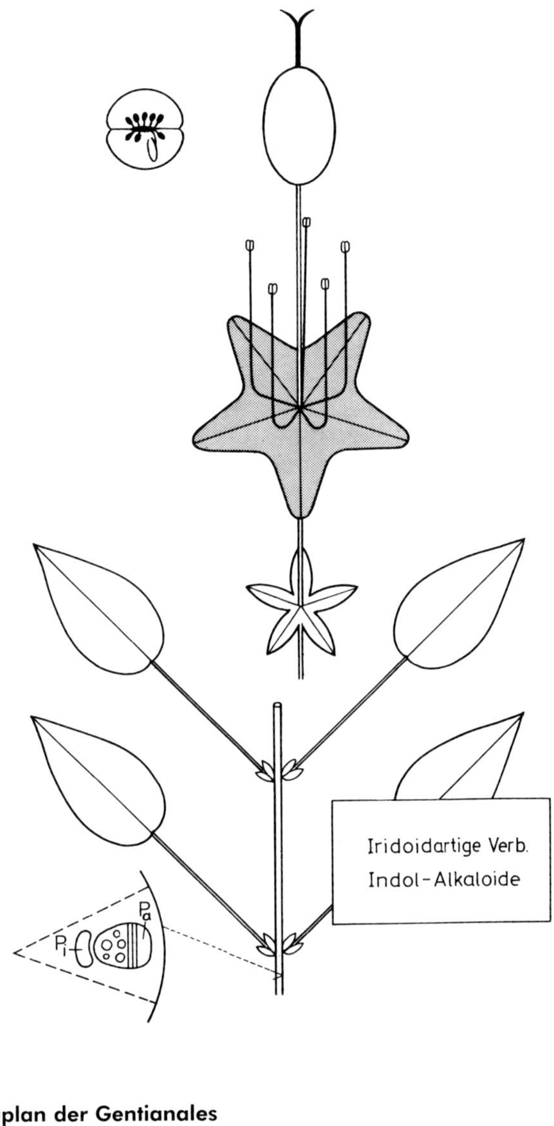

Bauplan der Gentianales

Ein bekanntes Indolalkaloid ist das neben Brucin aus den Samen von *Strychnos nux-vomica* (Abb. 128), den «Brechnüssen» isolierte, stark bittere Strychnin. Es führt zu einer Erhöhung der Reflexerregbarkeit und wirkt in größeren Dosen als Krampfgift. Therapeutisch wird es heute nur noch wenig (z.B. als Bestandteil verschiedener «Tonica») verwendet.

Indolalkaloide sind auch in einer ursprünglich als Pfeilgift dienenden Zubereitung aus der Rinde anderer *Strychnos*-Arten (*S. toxifera, S. castelnaei* u.a.), der sogenannten Calebassen-Curare enthalten. Das (synthetische) Allylderivat des Curarealkaloids C-Toxiferin I., das zur Gruppe der dimeren (C_{40}-) Indolalkaloide gehört, wird in der Anästhesiologie als stabilisierendes Muskelrelaxans benutzt (vgl. auch Menispermaceae, S. 118).

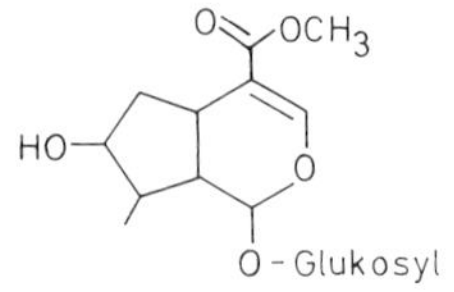

Loganin

Loganin, das in der Familie verbreitet vorkommende Iridoidglykosid, ist – ebenso wie die verwandte Loganinsäure – eine Schlüsselsubstanz für die Biosynthese von Indolalkaloiden, aus der durch Ringöffnungen (→ Secologanin), Umlagerungen und z.T. Verlust eines C-Atoms die charakteristischen Bausteine des «Nicht-tryptophananteils» entstehen.

2. *Familie:* **Rubiaceae** (10.400), überwiegend tropische Holzpflanzen mit kollateralen (!) Leitbündeln und gegenständigen, ganzrandigen Blättern mit Nebenblättern: die einheimischen Gattungen *Sherardia, Asperula* und *Galium* (Labkraut) sind krautig. Bei vielen dieser Sippen sind die Nebenblätter den gegenständig angeordneten Laubblättern ähnlich und täuschen 4- bis mehrzählige Wirtel vor (Laubblätter an Achselsprossen kenntlich!), so bei *Galium odoratum,* dem Waldmeister (Abb. 129B,C).

Die Blüten sind fast immer zwittrig, in z.T. dichten Blütenständen vereinigt und mit trichter- bis radförmiger Krone. Die Blütenformel lautet K4 [C4 A4] G($\underline{2}$), doch kommt auch 5-Zähligkeit vor *(Cinchona).* Der unterständige Fruchtknoten entwickelt sich zu Kapseln *(Cinchona),* Steinfrüchten *(Coffea)* oder Spaltfrüchten *(Galium).*

Chemische Charakteristika

Bemerkenswert ist die bei vielen Gattungen verbreitete Mannitolspeicherung. Bestimmte Sippen führen Xanthinderivate, Anthranoide oder Cumarine. Ca-Oxalat kommt häufig in Form von Kristallsand oder Raphiden (!) vor. Verbreitet sind auch freie Triterpene und Triterpensaponine; die Gerbstoffe (z.B. Gerbstoffdroge Gambir) sind überwiegend Proanthocyanidine, jedoch sind auch Catechin-Kaffeesäureaddukte nicht selten.

Bereits erwähnt (vgl. Abb. 127) ist das Vorkommen von **iridoiden Verbindungen,** von denen heute über 50 in der Familie bekannt sind: C_{10}-Iridoide und Secoiridoide, C_9- und vereinzelt auch C_8-Verbindungen. In den Unterfamilien hat sich dabei ein unterschiedliches Muster an Strukturen entwickelt: So findet man in den Ixoroideae (hierzu z.B. *Coffea*) mit Gardenosid, Geniposid und Ixorosid Iridoide, für die Epi-Iridodial biogenetisch der Precursor ist. Charakteristisch für *Galium*-Arten und die anderen Vertreter der Rubioideae sind Iridoidglukoside der Asperulosid-Gruppe, die sich – wie auch die folgenden – vom Iridodial ableiten. In den Cinchonoideae (und Antirheoideae) schließlich sind Loganin, Secoiridoide sowie die komplexen Indol- (und Emetan-) Alkaloide mit Secoiridoid-Bausteinen im Molekül verbreitet.

Das Yohimbin von *Pausinystalia yohimba* ist ein **Indolalkaloid,** das als α_2-Rezeptorenblocker sympatholytisch wirksam ist und auch als Aphrodisiakum gilt. Es ist mit dem aus der Quebrachorinde isolierten «Quebrachin» identisch und kommt auch in *Rauvolfia*-Arten vor (vgl. auch S. 244).

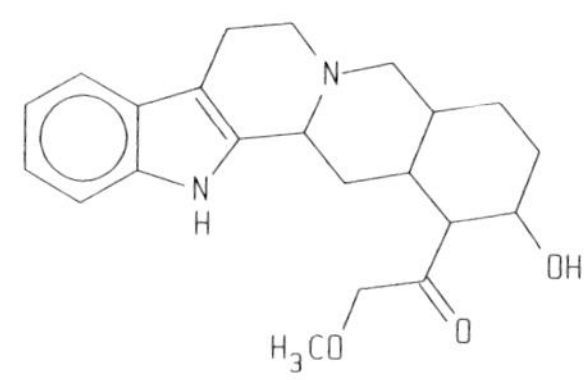

Yohimbin

Biogenetisch können wir auch die Alkaloide der Chinarinde den Indolalkaloiden (und zwar vom abgewandelten Corynantheantyp) zurechnen; ihr Anschluß an den Tryptophanstoffwechsel und die Einbeziehung secoiridoider Bausteine in das Molekül erscheint gesichert (als Nebenalkaloide der *Cinchona*-Blätter findet man auch echte Indolderivate, z.B. Cinchonamin). Formal-chemisch sind die wichtigsten der in Stamm- und Wurzelrinde abgelagerten «China-Alkaloide» (Chinin, Chinidin, Cinchonidin) als Chinolinderivate aufzufassen, die über eine Hydroxymethylenbrücke mit einem weiteren, als Chinuclidin bezeichneten Ringsystem verbunden sind. Die wichtigsten, zur Gewinnung der Chinarinde plantagenmäßig angebauten, ursprünglich in den Kordilleren beheimateten *Cinchona*-Arten sind *C. calisaya, C. ledgeriana* und *C. pubescens* (syn. *C. succirubra*) samt deren Hybriden. Verwendung der Rinde heute nur noch als Bittermittel, wobei der Bitterwert durch bittere Triterpenglykoside (z.B. Chinovin) mitbedingt ist. Das stark bitter schmeckende Chinin (Eichsubstanz bei Bitterwertbestimmungen) wirkt antipyretisch, wehenfördernd und wird als Chemotherapeuticum bei der Bekämpfung der Malaria gebraucht. Das Stereoisomer des Chinins, das Chinidin, ist ein Antiarrhythmikum und wird bei Herzrhythmusstörungen als Arzneimittel verwendet.

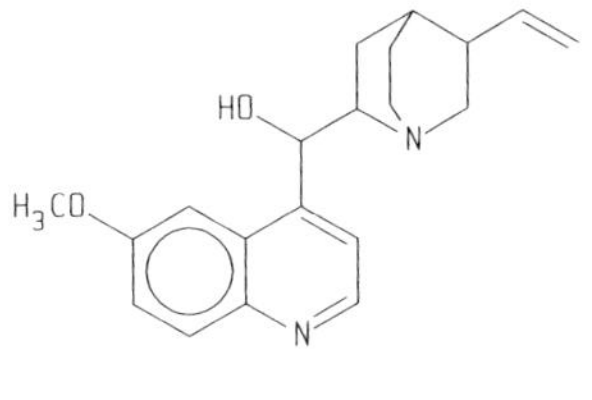

Chinin

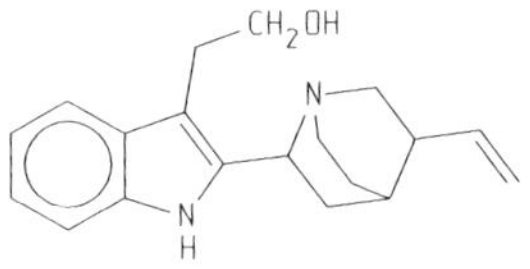

Cinchonamin

Von den übrigen Alkaloiden der Familie interessieren die Emetanalkaloide der südamerikanischen «Brechwurzel» *Cephaëlis ipecacuanha* und *C. acuminata*, nämlich Emetin und Cephaëlin; Extrakte der Wurzeln dienen als Expektorans, in höherer Dosierung als Emeticum (z.B. in Form des Sirupus Ipecacuanhae). Emetin oder 2-Dehydroemetin (DHE) werden wegen ihrer amöbiziden Wirkungen auch gegen Amöbenruhr angewendet.

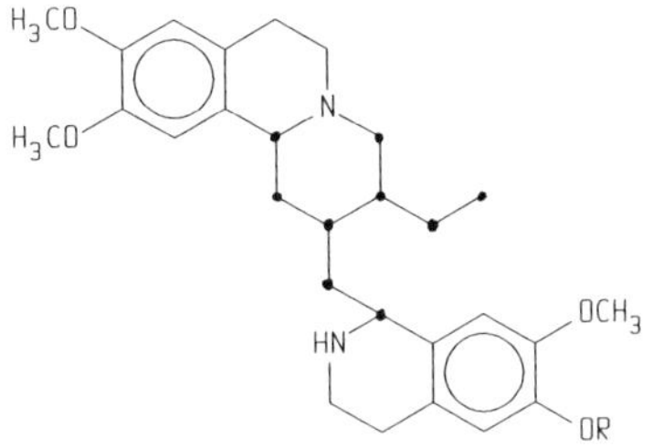

Emetin: R=CH_3
Cephaëlin: R=H

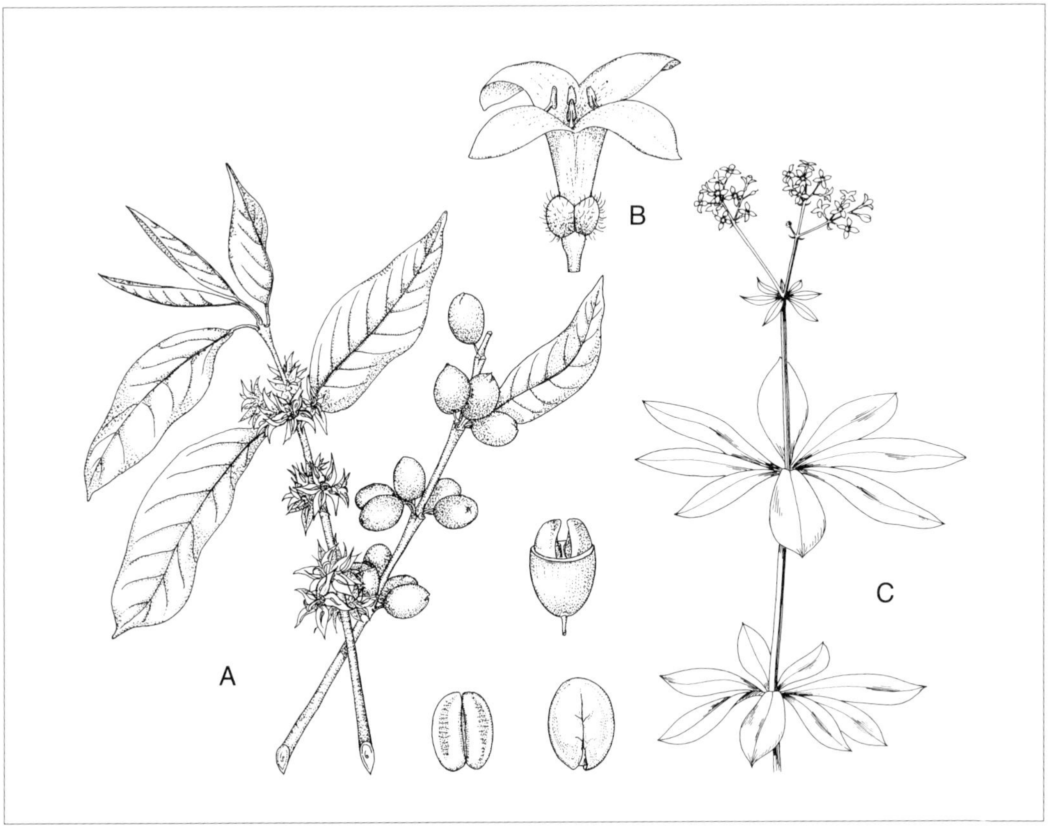

Abb. 129: A: *Coffea arabica,* blühender und fruchtender Sproß (3/8 x); Steinfrucht mit teilweise entferntem Fruchtfleisch und Samen (3/4 x). – **B, C:** *Galium odoratum* (Waldmeister), Blüte (3,5 x) und ganze blühende Pflanze (1/2 x). – (A nach Karsten, B nach Firbas, C Original.)

Die wirtschaftlich bedeutsamste Gattung ist *Coffea* (Abb. 129A) aufgrund der psychoanaleptisch (und diuretisch) wirksamen **Methylxanthine** Coffein, Theobromin und Theophyllin (Formeln S. 213). Die Kaffeepflanzen bilden Steinfrüchte mit meist 2 Samen, die nach dem Entfernen des Perikarps und der Samenschale («Silberhaut») die Kaffee«bohnen» ergeben. Das eigentliche Kaffeearoma entwickelt sich erst beim «Rösten». Wichtigste Art ist neben *C. canephora, C. liberica* u.a. die ursprünglich in Abessinien beheimatete *Coffea arabica.*

Die in der Familie anzutreffenden **Anthranoide** unterscheiden sich durch den unsubstituierten A-Ring von den laxierend wirkenden Anthraglykosiden, gehören also zu den Verbindungen vom «Rubiadintyp». Zur Biogenese siehe S. 230. *Rubia tinctorum,* der Krapp, hat früher als Lieferant des natürlichen Farbstoffs Alizarin eine große Bedeutung gehabt. Da die Ruberythrinsäure, das Primverosid des Alizarins, mit Ca^{++}- und Mg^{++} -Ionen Chelatbindungen einzugehen vermag und dadurch zur Korrosion entsprechend zusammengesetzter Harnsteine führen soll, werden Extrakte der Wurzeln als Urolithiasismittel («harnsteinauflösende» Präparate) empfohlen.

Biogenetisch verwandte Naphthalinderivate sind bei *Galium-* und *Rubia-*Arten nachgewiesen.

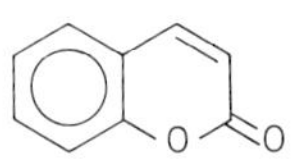

Cumarin

Galium odoratum (Abb. 129C) schließlich liefert das Waldmeisterkraut als Cumarindroge. Cumarin, das aus geruchlosen glykosidischen Vorstufen beim Welken und Trocknen des Krauts entsteht, ist in größeren Dosen ein toxischer Stoff.

3. *Familie:* **Apocynaceae** (2.000), meist Holzpflanzen des tropischen Urwaldes (häufig Lianen) mit bikollateralen Leitbündeln, ganzrandigen, gegenständigen Blättern und z.T. kautschukhaltigem Milchsaft. Blüten radiär, (4- oder) 5zählig. Kronblätter meist mit langer Röhre und tellerförmigem Saum. Die 2 Fruchtblätter sind zur Reife vielfach nur noch an der Spitze miteinander verbunden, um sich balgfruchtartig zu öffnen und die meist zahlreichen, mit einem Haarschopf versehenen Samen zu entlassen (z.B. *Strophanthus-*Frucht). In der gemäßigten Zone nur wenige Vertreter wie z.B. *Vinca minor,* das Immergrün. Viele Apocynaceae führen toxische Inhaltsstoffe und wurden zur Abhaltung von «Gottesgerichten» gebraucht (Ordealgifte der Eingeborenen). Die als Arzneipflanzen genutzten Vertreter enthalten vikariierend vorkommend Indolalkaloide oder Cardenolide.

Indolalkaloide. Die bisher aufgefundenen über 100 Verbindungen werden von den Gattungen *Aspidosperma, Catharanthus, Rauvolfia, Vinca* und *Tabernanthe* gebildet, die alle zur Unterfamilie der Plumerioideae gehören.

Therapeutisch wichtig sind vor allem die Alkaloide der Gattung *Rauvolfia,* allesamt Verbindungen vom Corynantheantyp, insbesondere Derivate des Yohimbans, Heteroyohimbans und Ajmalans.

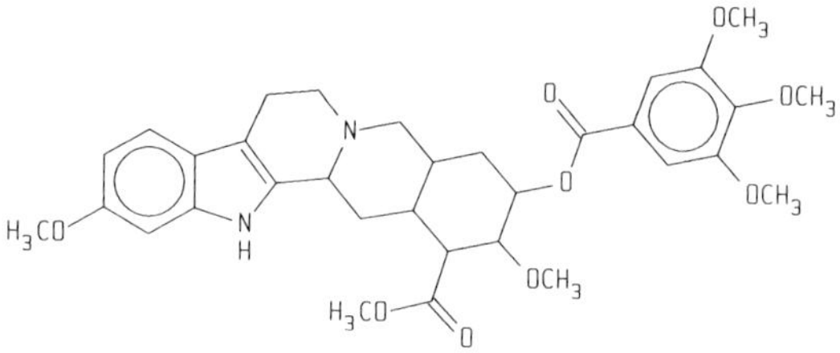

Reserpin

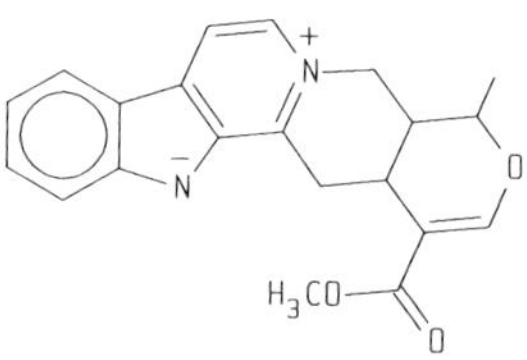

Serpentin

Rauvolfia-Alkaloide, die überwiegend aus *R. serpentina* (trop. Asien) oder *R. vomitoria* gewonnen werden, haben – im Gegensatz zur Wurzeldroge selbst – eine erhebliche Bedeutung als Arzneimittel erlangt. Reserpin (ihm struktur- und wirkungsähnlich Rescinnamin) ist das wichtigste Alkaloid mit blutdrucksenkenden und – heute allerdings kaum mehr genutzten – zentral dämpfenden (neuroleptischen) Wirkungen. Als weitere tertiäre Indolbase ist Ajmalin zu nennen, das wie Chinidin als Antiarrhythmikum bei Herzrhythmusstörungen eingesetzt wird. Stark basische quarternäre Verbindungen wie z.B. Serpentin bedingen die Gelbfärbung der Wurzeln. Aus Serpentin entsteht durch Hydrierung Raubasin (= Ajmalicin), das als gefäßerweiterndes Mittel bei zerebralen und peripheren Durchblutungsstörungen verwendet werden kann. Raubasin, in Rauvolfiawurzeln nur ein Nebenalkaloid, wird aus den Wurzeln von *Catharanthus roseus* rein dargestellt, wo es in höheren Konzentrationen vorkommt.

Wegen ihrer cytostatischen Wirkungen haben seit einiger Zeit bereits dimere Indol-Indolin-Alkaloide aus *Catharanthus roseus* – z.B. Vincaleucoblastin und Vincristin – die auf der Suche nach neuen Reserpinquellen entdeckt wurden, großes Interesse gefunden und werden auch therapeutisch eingesetzt. Innerhalb der großen Schar von Indolalkaloiden in der Pflanze zählen sie allerdings zu den Nebenalkaloiden; ihr Anteil am Gesamtalkaloidgehalt beträgt weniger als 1%.

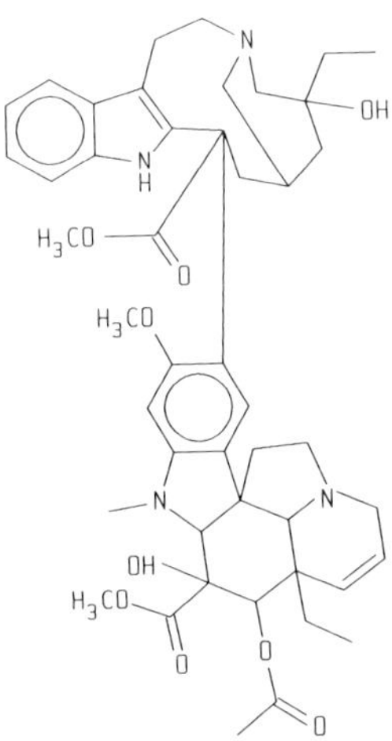

Vincaleucoblastin

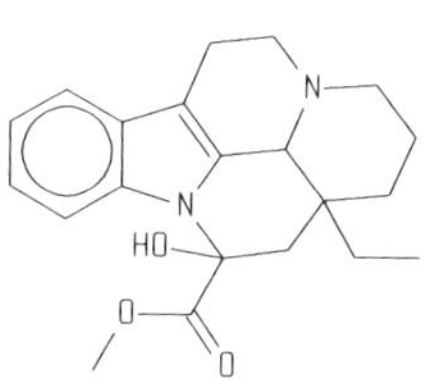

Vincamin

Weniger gesichert – wenn auch in zahlreichen Arzneizubereitungen angeboten – erscheint die Verwendung des aus *Vinca minor* isolierten Alkaloids Vincamin bei cerebrovaskulären Erkrankungen und deren Folgesyndromen.

Cardenolide: Von den zahlreichen, in Blättern und oftmals auch in den Samen akkumulierten herzwirksamen Glykosiden der Apocynaceae, die oft auch von Pregnanderivaten begleitet werden, sind für eine arzneiliche Anwendung bei Herzinsuffizienz von Bedeutung:

- g- und k-Strophanthin (Aglyka: Strophanthidine) aus den Samen verschiedener *Strophanthus*-Arten (Lianen Äquatorialafrikas), vor allem zur parenteralen Anwendung,
- Glykoside aus den Blättern vom mediterranen *Nerium oleander* (Oleandrin) und
- Peruvosid, Reinglykosid aus den Samen von *Thevetia peruviana.*

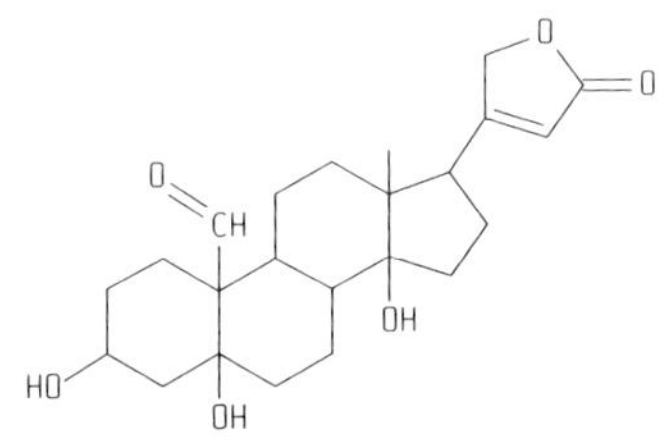

Strophanthidin

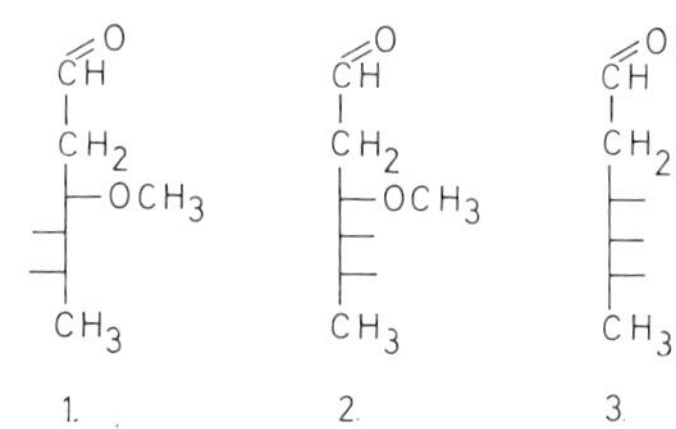

1. L-Oleandrose
2. D-Cymarose
3. D-Digitoxose

Als Zuckerkomponenten dieser Cardenolide treten charakteristische Didesoxyhexosen (Digitoxose, Cymarose, Thevetose u.a.) auf (vgl. auch S. 262).

4. *Familie:* Die **Asclepiadaceae** (2.000) sind den Apocynaceae nahe verwandt, haben aber noch stärker spezialisierte Blüten entwickelt: Die Antheren sind mit dem Narbenkopf zu einem «Gynostegium» verbunden. Die Pollenmasse (meist) einer Antherenhälfte ist zu einem Pollinium verklebt (vgl. auch Orchidales). Zwei Pollinien benachbarter Antheren sind durch bügelartige Translatoren und Klemmkörper zu einer Bestäubungseinheit verbunden (vgl. Abb. 130). Vielfach kommen nektarführende «Nebenkronen» vor.

Die Familie hat ein breites Lebensformen-Spektrum entwickelt, wobei Epiphyten (*Dischidia* mit teilweise urnenartigen Blättern) und kakteenartige Stammsukkulenten (z.B. die Aasblumen-Gattung *Stapelia*) besonders auffallen.

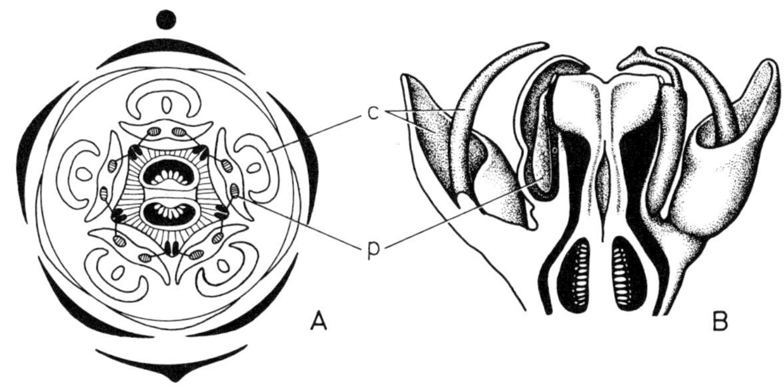

Abb. 130: *Asclepias syriaca* (Asclepiadaceae). – **A:** Blütendiagramm. – **B:** Gynostegium, längs; Pollinien (p) zweier Staubblätter jeweils durch Klemmkörper (schwarz) verbunden; an den Staubblättern die Anhängsel der Nebenkrone (c). (A nach Eichler, veränd., B nach Engler.)

Während Alkaloide selten sind und Indolalkaloide offenbar ganz fehlen, kommen herzwirksame (C_{23}-Steroid-)Glykoside verbreitet vor. Die für die Giftigkeit vieler tropischer Asclepiadaceen verantwortlichen Cardenolide sind jedoch therapeutisch ohne Bedeutung.

Auch die (stark bitteren!) Herzglykoside könnte man als Abwehrstoffe gegenüber fressenden Tieren verstehen. Einige Tiergruppen, wie die Danainae, zu denen der amerikanische Monarchfalter gehört, haben allerdings detoxifizierende Mechanismen entwickeln können und leben ausschließlich auf herzglykosidreichen *Asclepias*-Arten. Sie reichern die gefressenen Herzglykoside an und sind so gegenüber Vögeln als ihren natürlichen Feinden geschützt.

Charakteristisch für die Familie sind andere steroide Verbindungen. Diese **«Asclepiadaceen-Bitterstoffe»** vom Typ des Condurangins (aus *Marsdenia cundurango*) oder Vincetoxins aus *Vincetoxicum hirundinaria* (= *Cynanchum vincetoxicum*), der – einzig einheimischen – Schwalbenwurz, sind Polyhydroxypregnane, die mit Säuren (z.B. Zimtsäure) verestert und mit Zuckern glykosidisch verbunden sind. Diese «Esterglykoside» besitzen Saponineigenschaften und liegen als Gemische nicht sehr beständiger Verbindungen in den Pflanzen vor.

5. *Familie:* **Gentianaceae** (1.100), Enziangewächse (Abb. 131), mit vorwiegend krautigen Pflanzen, deren Blätter wie bei den vorhergehenden Gentianales-Familien gegenständig und ungeteilt sind; Nebenblätter fehlen jedoch. Die Leitbündel zeigen bikollateralen Bau. Gedrehte Knospenlage (Abb. 131) ist für die sympetale Krone bezeichnend. Die meist einfächrigen Fruchtknoten mit zahlreichen Samenanlagen entwickeln sich zu Kapselfrüchten.

Bei uns kommen ca. 30 einheimische Arten vor, die neben *Centaurium* vor allem den Gattungen *Gentiana* und *Gentianella* (Enzian) angehören.

Ihres bitteren Geschmackes wegen werden manche heimischen Enziangewächse noch heute als Bitterdrogen («Amara») oder zur Bereitung von Kräuterschnäpsen gern verwendet, insbesondere Enzian-Arten wie *Gentiana lutea* oder das Tausendgüldenkraut *Centaurium erythraea.* Außerhalb des europäischen Arzneischatzes liefern auch *Swertia*-Arten geschätzte «Bittermittel» (Chirettakraut).

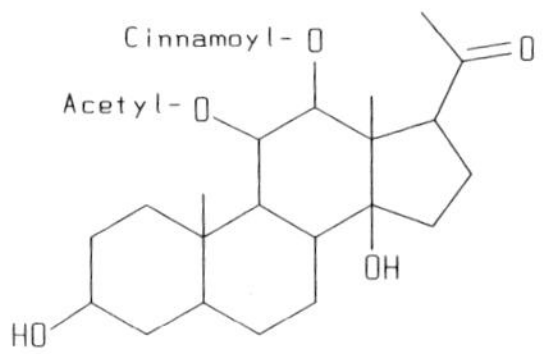

Condurangenin A

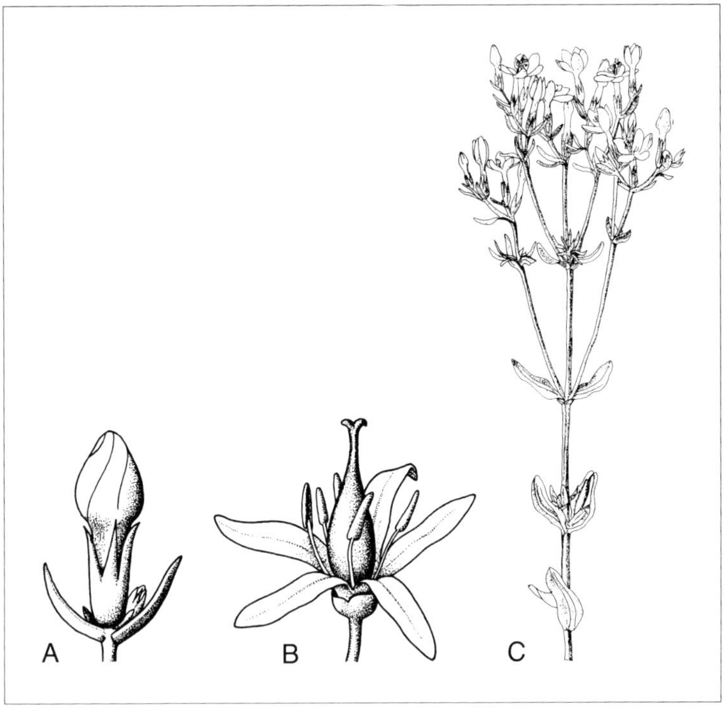

Abb. 131: Gentianaceae. – **A:** Gedrehte Knospenlage bei *Centaurium* spec. (nach Syllabus, veränd.). – **B:** Blüte von *Gentiana lutea* (nach Köhler). – **C:** *Centaurium erythraea* (aus Kosmos).

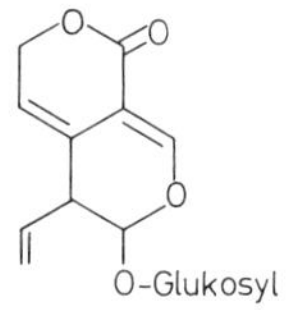

Gentiopikrosid

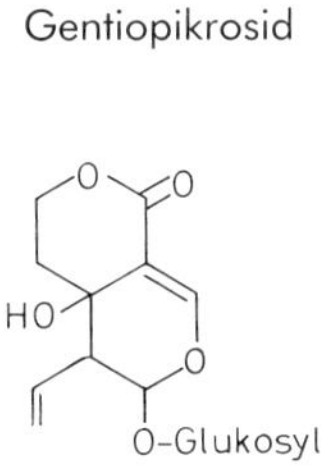

Swertiamarin

Die Struktur der in diesen Drogen enthaltenen **Bitterstoffe** ist nicht in allen Fällen aufgeklärt, die Mehrzahl von ihnen gehört jedoch biogenetisch betrachtet zu den Terpenoiden. Die einfacheren Vertreter wie das Gentiopikrosid oder das Swertiamarin sind in glykosidischer Bindung vorliegende Seco-Iridoide mit relativ geringen Bitterwerten. Werden derartige Glykoside über eine OH-Gruppe des Zukkers mit Tri- (oder Di-)hydroxy-diphenylcarbonsäuren verestert, so wird die Bitterwirkung um ein Vielfaches potenziert. Derartige Acylglykoside vom Typ des Amarogentins sind, obwohl nur in geringen Konzentrationen vorkommend, ausschlaggebend für den intensiven Bittergeschmack der Gentianaceen und Gentianaceen-Drogen und gehören zu den bittersten Substanzen, die wir kennen. Auch das in den Gentianales weit verbreitete Iridoidglykosid Loganin kommt hier neben Loganinsäure vor. Daneben sind auch eine Reihe von N-haltigen Seco-Iridoiden, z.B. Gentianin, gefunden worden, die aber z.T. Isolierungsartefakte (bei Verwendung von Ammoniak als Extraktionsmittel) sein dürften. **Xanthonderivate**, seit langem als sublimierbare gelbe Farbstoffe der Enzianwurzel bekannt (z.B. Gentisin), kommen auch in anderen Gentianaceen vor und dürften ein charakteristisches Familienmerkmal sein (vgl. auch → Guttiferae). Gerbstoffe scheinen ganz zu fehlen.

Von den Gentianaceen unterscheidet sich die vielleicht nah verwandte und ebenfalls iridoide Bitterstoffe, aber keine Xanthone führende

6. *Familie:* **Menyanthaceae** (40) embryologisch, morphologisch (wechselständige Blätter) und anatomisch (kein intraxyläres Phloem). Einheimisch sind die Schwimmblattpflanze *Nymphoides peltata* (Seekanne) und – in nährstoffarmen Sümpfen – der Bitterklee *Menyanthes trifoliata,* dessen Blätter als Bitterstoffdroge genutzt werden.

❖ Arznei- und Nutzpflanzen der Gentianales

Loganiaceae. *Strychnos nux-vomica* L. (Semen Strychni, Strychnin), *S. toxifera* u.a. Arten (Curare, C-Toxiferin).

Rubiaceae. *Cinchona*-Arten (Cortex Chinae, Chinin, Chinidin u.a. Alkaloide), *Cephaëlis*-Arten (Radix Ipecacuanhae), *Galium odoratum* (L.) SCOP. (Herba Asperulae), *Pausinystalia johimbe* (K. SCHUM.) PIERRE (Cortex Yohimbe; Yohimbin), *Coffea arabica* L., *C. canephora* PIERRE, *C. liberica* BULL. u.a. Arten (Semen Coffeae, Kaffee, Coffea tosta = Kaffeekohle), *Rubia tinctorum* L. (Radix Rubiae tinctorum; Extr.).

Apocynaceae. *Aspidosperma quebracho-blanco* SCHLECHT. (Cortex Quebracho), *Catharanthus-(Vinca-)*Arten («Vinca-Alkaloide: Vincaleucoblastin, Vincristin), *Rauvolfia*-Arten (Radix Rauwolfiae; Reserpin u.a. Alkaloide), *Nerium oleander* L. (Digitaloide), *Strophanthus*-Arten (Digitaloide), *Thevetia peruviana* (Digitaloide), *Vinca minor* L. (Vincamin, Extr.).

Asclepiadaceae. *Marsdenia cundurango* REICHB. (Cortex Condurango).

Gentianaceae. *Centaurium erythraea* RAFN. (Herba Centaurii). *Gentiana lutea* L. (Radix Gentianae), *Swertia chirata* Buch. – HAM. EX WALL. (Folia Swertiae).

Menyanthaceae. *Menyanthes trifoliata* L. (Folia Trifolii fibrini).

6. Ordnung: Oleales

Einzige Familie: **Oleaceae** (600).

Es handelt sich um Holzpflanzen mit radiären, fast immer 4zähligen Blüten, deren Staubblatt- und Fruchtblattkreise auf je 2 Organe reduziert sind. Der Fruchtknoten ist oberständig. Im übrigen vgl. den Bauplan S. 249 und Abb. 132.

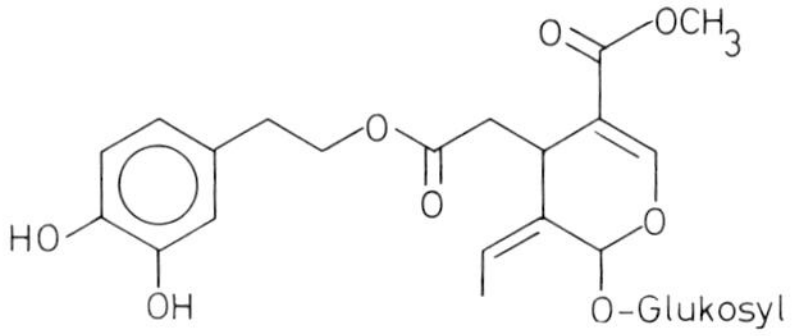

Oleuropaein

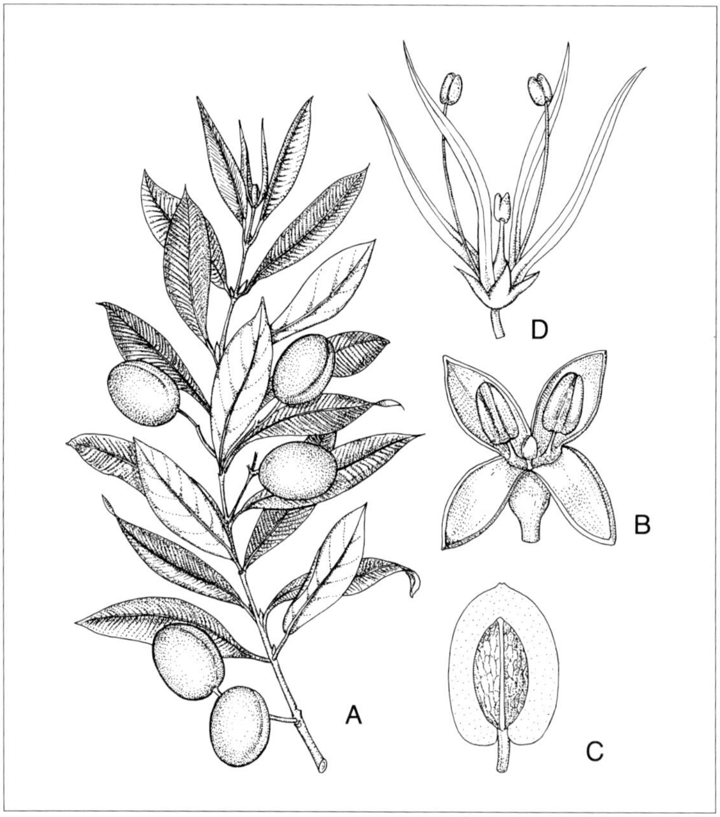

Abb. 132: Oleaceae. – **A-C:** *Olea europaea* (Ölbaum): fruchtender Sproß (2/5 x), Blüte (vergr.) und Frucht längs, Steinkern freigelegt (1 x). – **D:** Blüte von *Fraxinus ornus* (vergr.). – (A nach Firbas, B, C aus Hegi, D nach Karsten.)

G: (2), zweifächerig synkarp. Wechselnde Zahl von Samenanlagen pro Fach, bei der Unterfam. Oleoideae *(Fraxinus, Olea, Ligustrum, Syringa)* dagegen immer 2. Samenanlagen anatrop, tenuinucellat, unitegmisch.

A: meist 2, selten noch 4, z.T. der Kronröhre eingefügt.

C: meist 4, verwachsen.

K: meist 4, klein.

Blü: tetrazyklisch und 4zählig.

Bl: meist gegenständig, einfach oder gefiedert, ohne Nebenblätter.

Pfl: Holzpflanzen.

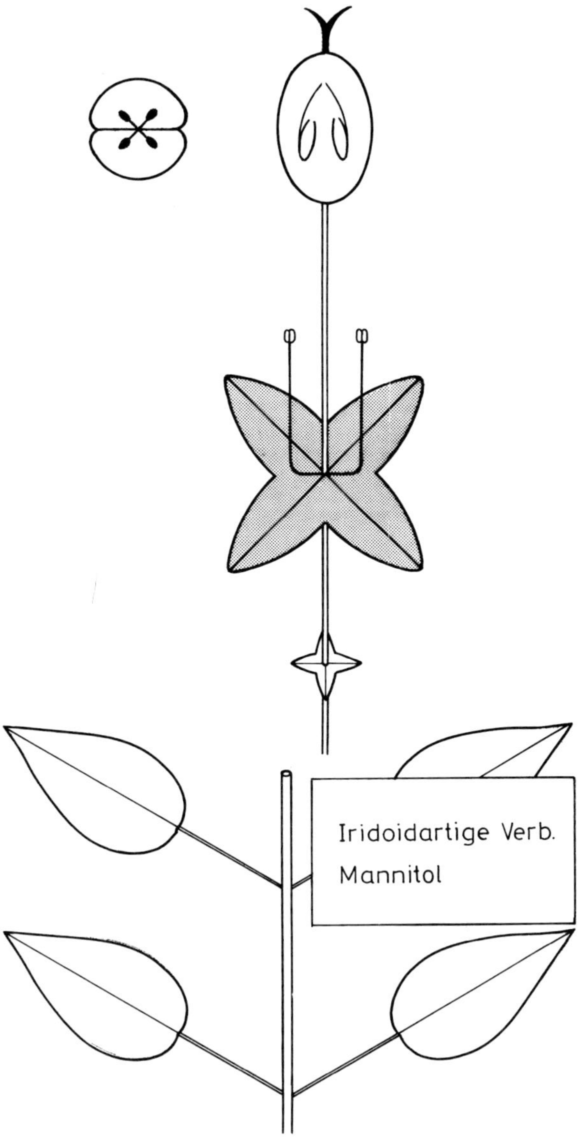

Bauplan der Oleales

Iridoide Verbindungen im weitesten Sinne kommen verbreitet vor: Vor allem Seco-Iridoide, aber auch Iridoidglykoside und iridoide Pseudoalkaloide. Das seco-iridoide Oleuropaein ist vermutlich das blutdrucksenkende Prinzip der Olivenblätter. Hauptphenole der Familie sind Esterglykoside vom Typ des Verbascosids (vgl. auch S. 230) mit z.T. gerbstoffartigen Wirkungen. Das aus Fliederblüten isolierte Acteosid ist mit Verbascosid identisch.

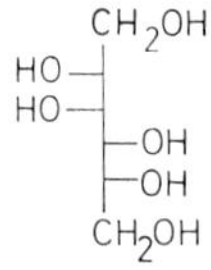

D-Mannitol

Die meisten Oleaceen speichern reichlich Mannitol; zur Hauptsache aus Mannitol besteht auch die Manna, der eingetrocknete Siebröhren-Blutungssaft der submediterranen Mannaesche, *Fraxinus ornus*. Während die Mannaesche noch relativ auffällige, durch Insekten bestäubte Blüten trägt, ist die einheimische, windblütige Esche (*Fraxinus excelsior*) völlig apetal.

Der Ölbaum *Olea europaea* wird im Mediterrangebiet viel gepflanzt zur Gewinnung von Oliven und Olivenöl, das aus dem fleischigen Mesokarp gepreßt wird.

Zur Familie gehören ferner einige bekannte, z.T. sehr frühblühendeZiergehölze: *Jasminum,* aus dessen Blüten das ätherische Jasminöl der Parfümindustrie gewonnen wird, *Forsythia, Syringa* (Flieder), *Ligustrum* und *Phillyrea* (die mediterrane Steinlinde).

Hier sind möglicherweise auch die **Buddlejaceae** (noch 4 Staubblätter) mit dem Zierstrauch *Buddleja,* dem gern von Schmetterlingen besuchten Sommerflieder, anzuschließen; serologische Ergebnisse betonen dagegen engere Beziehungen zu den Scrophulariaceae.

❖ Arznei- und Nutzpflanzen der Oleales

Oleaceae. *Fraxinus excelsior* L. (Folia Fraxini), *F. ornus* L. (Manna), *Olea europaea* L. ssp. *europaea* (Oleum Olivarum, Olivenöl; Folia Oleae; Extr.; Olivenfrüchte; Olivenholz).

Literatur Cornidae

Bate-Smith, E.C., I.K. Ferguson, K. Hutson, S.R. Jensen, B.J. Nielsen & T. Swain: Phytochemical interrelationships in the Cornaceae. Biochem. Syst. Ecol. 3: 79-89, 1975.

Bohm, B.A., K.W. Nicholls & U.G. Bhat: Flavonoids of the Hydrangeaceae. Biochem. Syst. Ecol. 13: 441-445, 1985.

Bohm, B.A., K.W. Nicholls & R. Ornduff: Flavonoids of the Menyanthaceae: Intra- and interfamilial relationships. Amer. J. Bot. 73: 204-213, 1986.

Breuer, B., T. Stuhlfauth, H. Fock & H. Huber: Fatty acids of some Cornaceae, Hydrangeaceae, Aquifoliaceae, Hamamelidaceae and Styracaceae. Phytochemistry 26: 1441-1445, 1987.

Brunner, F. & D.E. Fairbrothers: A comparative serological investigation within the Cornales. Serol. Mus. Bull. 53: 2-5, 1978.Clifford, M.N. & K.C. Wilson (eds.): Coffee: Botany, biochemistry and production of beans and beverage. Avi Publishing Co., Westport, 457 S., 1985.

Clifford, M.N., T. Williams & D. Bridson: Chlorogenic acids and caffeine as possible taxonomic criteria in *Coffea* and *Psilanthus*. Phytochemistry 28: 829-838, 1989.

Corsi, G., L. Lokar & A.M. Pagni: Biological and phytochemical aspects of *Valeriana officinalis*. Biochem. Syst. Ecol. 12, 57-62, 1984.

Darwin, S.P.: The subfamilial, tribal and subtribal nomenclature of the Rubiaceae. Taxon 27: 159-185, 1976.

DeBuhr, L.E.: Phylogenetic relationships of the Sarraceniaceae. Taxon 24: 297-306, 1975.

Deepak, D., A. Khare & M.P. Khare: Plant pregnans. Phytochemistry 28: 3255-3263, 1989.

El-Naggar, L.J. & J.L. Beal: Iridoids. A review. J. Nat. Prod. 43: 649-707, 1980.

Gariboldi, P., G. Jommi & L. Veroota: Secoiridoids from *Olea europaea*. Phytochemistry 25: 865-869, 1986.

Godau, P. & J. Hölzl: Wirkungen von Baldrian, Med. Mo. Pharm. 13, 19-21, 1990.

Grund, C. & U. Jensen: Systematic relationships of the Saxifragales revealed by serological characteristics of seed proteins. Pl. Syst. Evol. 137: 1-22, 1981.

Grusla, D., J. Hölzl & J. Krieglstein: Baldrianwirkungen im Gehirn der Ratte. Dtsch. Apoth. Ztg. 126: 2249-2253, 1986.

Harborne, J.B. & P.S. Green: A chemotaxonomic survey of flavonoids in the leaves of the Oleaceae. Bot. J. Linn. Soc. 81: 155-167, 1980.

Ihrig, M. & H. Blume: Zur pharmazeutischen Qualität von Phytopharmaka, 2. Vergleichende Bewertung von Arbutin enthaltenden Urologika. Pharm. Ztg. Wiss. 135: 267-273, 1990.

Inouye, H. & S. Uesato: Biosynthesis of iridoids and secoiridoids. In: Progr. Chem. Org. Nat. Prod. 50: 169-236, 1986.

Inouye, H., Y. Takeda, H. Nishimura, A. Kanomi, T. Okuda & C. Puff: Chemotaxonomic studies of rubiaceous plants containing iridoid glycosides. Phytochemistry 27: 2591-2598, 1988.

Jensen, S.R., B.J. Nielsen & R. Dahlgren: Iridoid compounds, their occurrence and systematic importance in angiosperms. Bot. Not. 128: 148-180, 1975.

Junior, P.: Recent developments in the isolation and structure elucidation of naturally occurring iridoid compounds. Planta Med. 56: 1-13, 1990.

Kaplan, M.A.C. & O.R. Gottlieb: Iridoids as systematic markers in dicotyledons. Biochem. Syst. Ecol. 10: 329-347, 1982.

Lösch, R.: Kannenpflanzen. Biol. i.u.Z. 20: 26-32, 1990.

Piechura, J.E. & D.E. Fairbrothers: The use of protein-serological characters in the systematics of the family Oleaceae. Amer. J. Bot. 70: 780-789, 1983.

Wijnsma, R. & R. Verpoorte: Anthraquinones in the Rubiaceae. In: Progr. Chem. Org. Nat. Prod. 49: 79-150, 1986.

Unterklasse: Lamiidae (≙Tubiflorae s. l.)

Die Unterklasse Lamiidae schließt eng an die Cornidae an und wird wie jene durch die Fähigkeit zur Biosynthese **iridoider Verbindungen** gekennzeichnet. Diese sind für einige Familien (Scrophulariaceae, Verbenaceae, Lamiaceae) in großer Mannigfaltigkeit nachgewiesen, scheinen in anderen jedoch gänzlich zu fehlen (z.B. Solanaceae, Convolvulaceae, Cuscutaceae, Boraginaceae, Polemoniaceae). Die für manche Cornidae, insbesondere Gentianales, besonders typischen Seco-Iridoide sind allerdings bis heute nicht mit Sicherheit in einer tubifloren Pflanze festgestellt worden.

Ein weiteres interessantes chemisches Merkmal ist das verbreitete Vorkommen des Trisaccharids **Planteose** in den Samen. Falls die Vermutung richtig ist, daß der Erwerb solcher Enzyme, die die Umwandlung der in die Samen gelangenden ubiquitären Oligosaccharide in Planteose vollziehen, nur einmalig in der Phylogenese erworben ist, würde das (1) die phylogenetische Einheitlichkeit der Tubiflorae (incl. Solanales) und (2) die engen phylogenetischen Beziehungen zu den Cornidae unterstreichen; zur Verbreitung des Vorkommens von Planteose vgl. Abb. 133.

Während bei den Cornidae abgeleitete Merkmale zwar nicht selten waren, hat sich erst bei den Lamiidae eine typisch abgeleitete Merkmalskombination durchgehend durchgesetzt:

- Blütenkronblätter verwachsen (Sympetalie);
- Blüten tetrazyklisch, d.h. Staubblätter bis auf einen (episepalen) Kreis reduziert. Ihre Filamente sind basal mit der Kronröhre verwachsen. Die 5 Staubblätter radiärer Blüten im Falle von Zygomorphie auf 4 reduziert; in Einzelfällen noch geringere Anzahl.
- Fruchtblätter auf 2 reduziert;
- Samenanlagen tenuinucellat und unitegmisch;
- Proanthocyanidine fehlen.

In vielen Familien kann eine Akkumulation physiologisch starkwirkender oder in anderer Weise auffälliger (Geruch!) Verbindungen beobachtet werden. Iridoide, Alkaloide, ätherische Öle, Bitterstoffe oder Cardenolide seien als die wichtigsten Wirkstoffgruppen hier genannt. Aus diesem Grunde stellen die Tubifloren – wie schon die Gentianales – eine Vielzahl bekannter Arznei- und Giftpflanzen.

Bei den Tubiflorae s.l. handelt es sich vorwiegend um Kräuter, deren wechselständige (vielfach, z.B. bei Solanaceae) oder dekussiert gegenständige Blätter (Lamiaceae) keine Nebenblätter tragen. Ihre Blüten sind durch viele gemeinsame, abgeleitete Merkmale gekennzeichnet (s.o.). Der oberständige Fruchtknoten ist in der Regel aus 2 (und zwar medianen, nur bei den Solanaceae schräggestellten) Karpellen verwachsen, entweder mit vielen Samenanlagen oder weniger (meist 4), dann häufig durch eine falsche Scheidewand 4 einsamige Spalt-Bruchfrüchte bildend («Klausen», insbesondere bei Boraginaceae und Lamiaceae). Weiteres entnehme man den Bauplänen der Solanaceae und Lamiaceae (S. 253) und dem Text zu den einzelnen Familien.

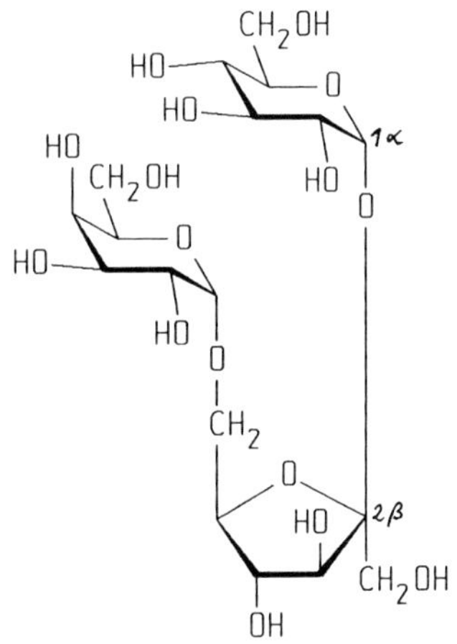

Planteose

Die **taxonomische Gliederung** der Lamiidae wird unterschiedlich gehandhabt. Im allgemeinen werden sie in Ordnungen wie Solanales, Boraginales, Scrophulariales und Lamiales aufgetrennt. Allerdings ist sowohl der Umfang der einzelnen Ordnungen wie auch ihre Stellung im System strittig (man vergleiche etwa die unterschiedlich gefaßten Ordnungen in den neuesten Systementwürfen von Ehrendorfer (im Strasburger'schen Lehrbuch), Cronquist oder Takhtajan!). Wir beschränken uns auf die Beschreibung der 5 für uns wichtigsten Familien:

- 1. Solanaceae
- 2. Convolvulaceae
- 3. Boraginaceae
- 4. Scrophulariaceae
- 5. Lamiaceae.

Sie umfassen 80% der einheimischen Tubifloren-Arten. Die wichtigsten Unterscheidungsmerkmale sind in Tab. 10 zusammengestellt.

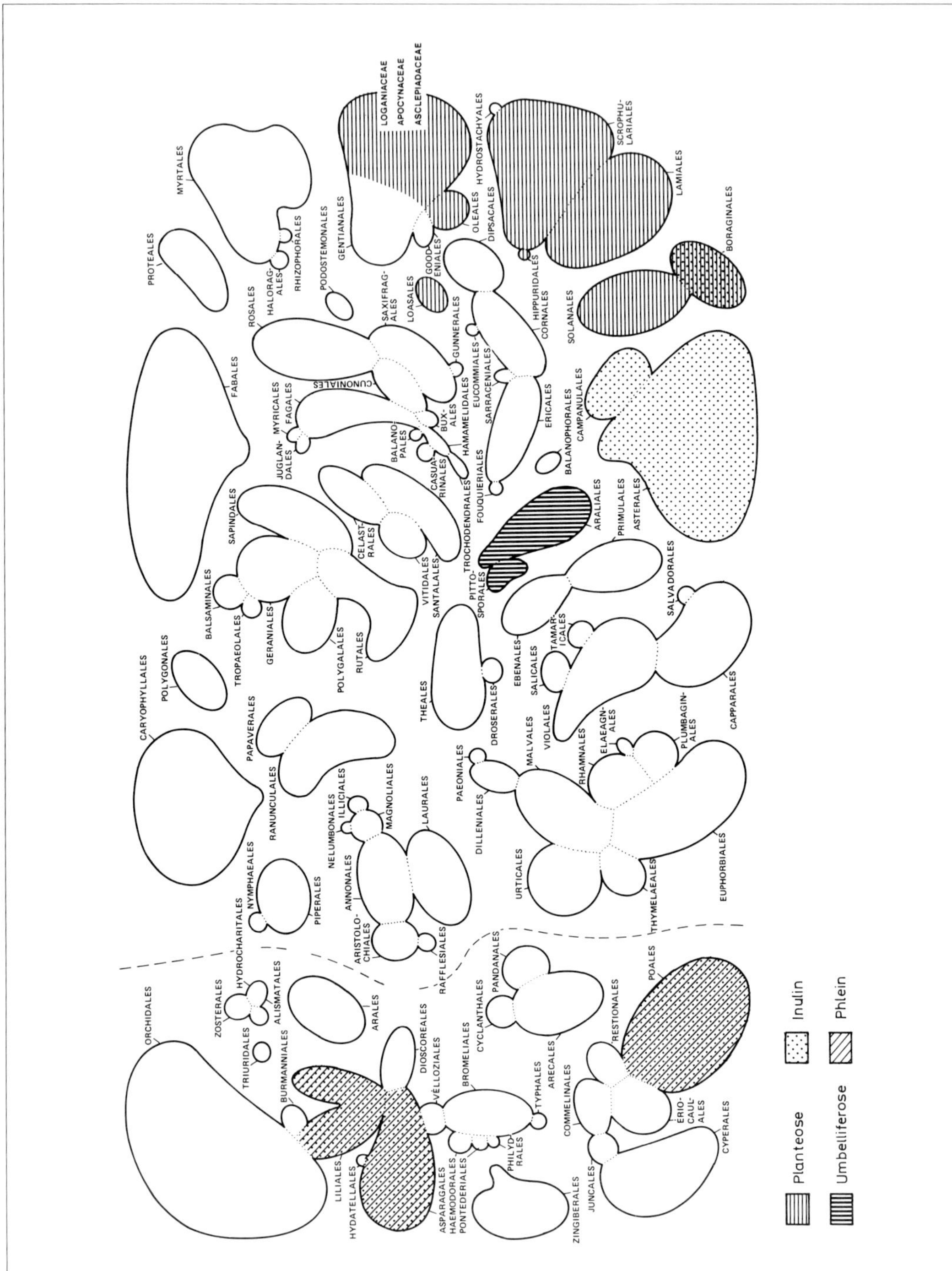

Abb. 133: Verbreitung häufigerer Oligosaccharide bei Angiospermen. Stammbaum-Schnitt nach Dahlgren. (Nach Kandler u. Hopf.)

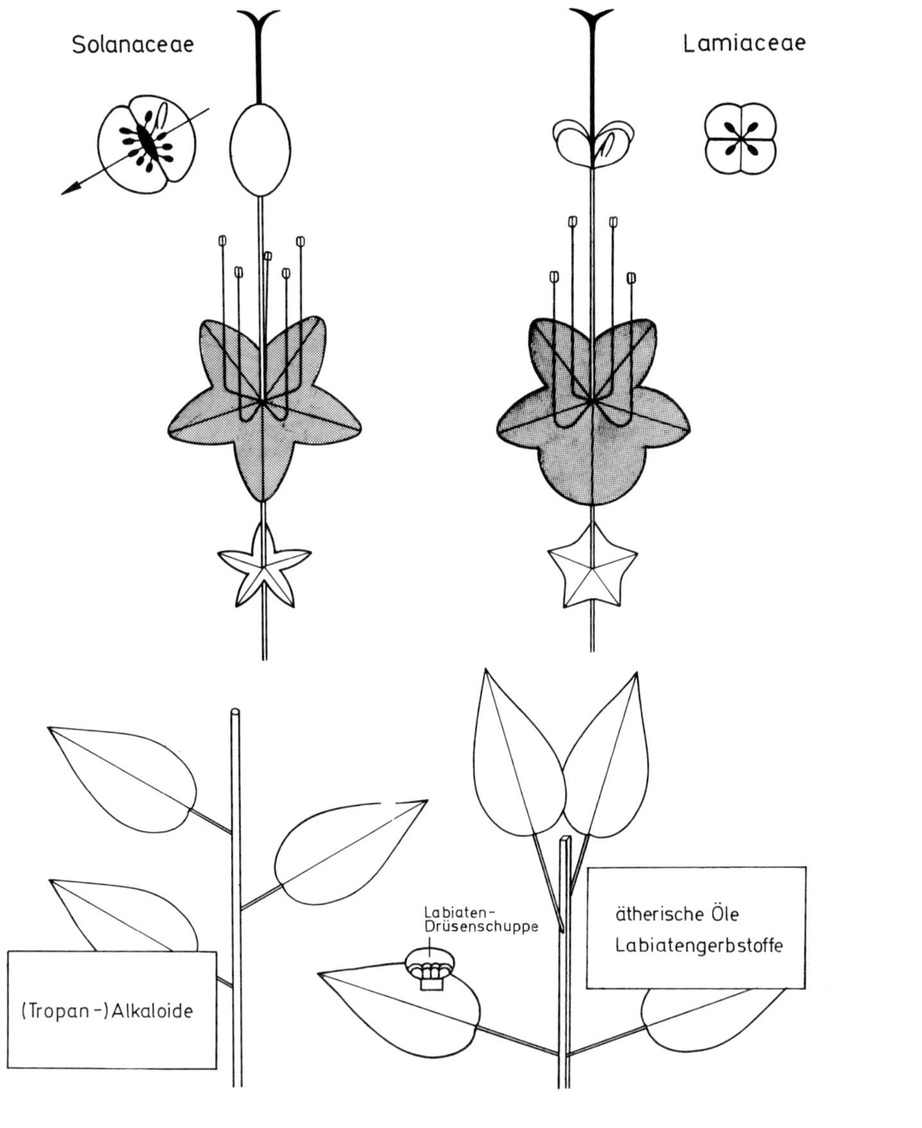

Bauplan der Tubiflorae s. l., stellvertretend durch 2 besonders unterschiedliche Familien dargestellt; vgl. im übrigen die Tab. 10 und den Text bei den einzelnen Familien.

1. *Familie:* **Solanaceae** (2300), Nachtschattengewächse. Das Hauptverbreitungsgebiet der Familie liegt in den Tropen und Subtropen. – Ein besonderes Kennzeichen der meist radiären, noch 5 Staubblätter enthaltenden Blüten sind die beiden verwachsenen, schräg zur Mediane gestellten Karpelle. Daraus entwickeln sich vielsamige Kapseln (z.B. bei *Hyoscyamus, Datura, Nicotiana, Petunia*) oder Beeren (z.B. *Atropa, Capsicum, Lycopersicon, Mandragora, Solanum*). Vgl. den Bauplan und Abb. 134.

Im chemischen Bereich sind die Nachtschattengewächse durch Alkaloide aus der Ornithin- (z.T. auch Lysin-)Reihe, insbesondere Tropan-Alkaloide gut charakterisiert, so daß man von einer typischen «Alkaloidfamilie» sprechen kann. Reichlich vorkom-

Tab. 10: Übersicht über die 5 wichtigsten Familien der Tubiflorae s. l. samt ihren auffälligsten Unterscheidungsmerkmalen.

	Solanaceae	Convolvulaceae	Boraginaceae	Scrophulariaceae	Lamiaceae
Leitbündel	bikollateral	bikollateral	kollateral	kollateral	kollateral
Blattstellung	wechselständig	wechselständig	meist wechselständig	wechsel- oder gegenständig	kreuz-gegenständig
Blütensymmetrie	radiär	radiär	± radiär	± zygomorph	zygomorph
Staubbl. meist	5	5	5	(5→) 4 (→2)	4 (→2)
Fruchtform meist	Kapsel, Beere	Kapsel	Klausenfrucht	Kapsel	Klausenfrucht
Samenanlagen im Ovar meist	∞	4 (-10)	4	∞	4
ätherische Öle	–	–	–	–	+
Iridoidartige Verbindungen	–	–	–	+	+
verwandte Familien	Nolanaceae	Cuscutaceae	Polemoniaceae Hydrophyllaceae	Acanthaceae Bignoniaceae Gesneriaceae Lentibulariaceae Orobanchaceae Pedaliaceae Plantaginaceae	Verbenaceae
Ordnung	Solanales	Solanales	Boraginales	Scrophulariales	Lamiales

mendes Calciumoxalat findet man häufig als Kristall«sand» (z.B. *Atropa, Nicotiana, Solanum*).

Die Alkaloide der Solanaceae

Tropan-Alkaloide: Die in den Gattungen *Atropa* (Tollkirsche, *A. bella-donna*), *Datura* (Stechapfel, *D. stramonium*), *Hyoscyamus* (Bilsenkraut, *H. niger*), in *Duboisia, Mandragora* («Alraune»), *Scopolia, Solandra* und weiteren Gattungen nachgewiesenen basischen Verbindungen sind Ester des Tropan-3-ols (Tropin) und weiterer Mono-, Di- und Trihydroxytropane mit verschiedenen Säuren, insbesondere der Tropasäure, einer α-Phenyl-β-Hydroxypropionsäure. Als Arzneimittel von Bedeutung sind L-Hyoscyamin, Atropin (das Racemat des Hyoscyamins) und Scopolamin (mit einer Epoxidbrücke zwischen den C-Atomen 6 und 7 des Tropanrings). Hyoscyamin und Atropin sind parasympatholytisch wirksame Substanzen und als Spasmolytica wichtige Arzneistoffe. In höheren Dosen haben sie zentralerregende Wirkungen: Solanaceen-Drogen als Halluzinogene («Tollkirsche»!), im Mittelalter z.B. Extrakte als Bestandteil von «Hexensalben». Scopolamin besitzt dagegen zentraldämpfende Wirkungen; als Antiemetikum wird es neuerdings in Form eines TTS-Pflasters* zur perkutanen Resorption eingesetzt.

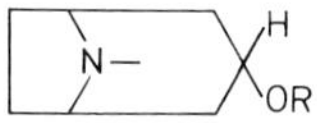

Hyoscyamin
Atropin

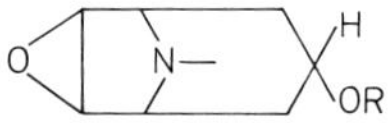

Scopolamin

R = 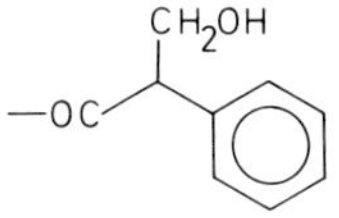

= Tropasäure

Nicotin: Das in der Wurzel gebildete Pyridinalkaloid wird u.a. in den Blättern verschiedener *Nicotiana*-Arten in Mengen bis zu 10% akkumuliert. Es ist von einer Reihe strukturell ähnlicher Nebenalkaloide (Nornicotin, Anabasin, Anatabin u.a.) begleitet, die in manchen *Nicotiana*-Arten oder -Rassen auch den Hauptanteil des Alkaloidgemisches stellen können.

* TTS= Transdermales Therapeutisches System.

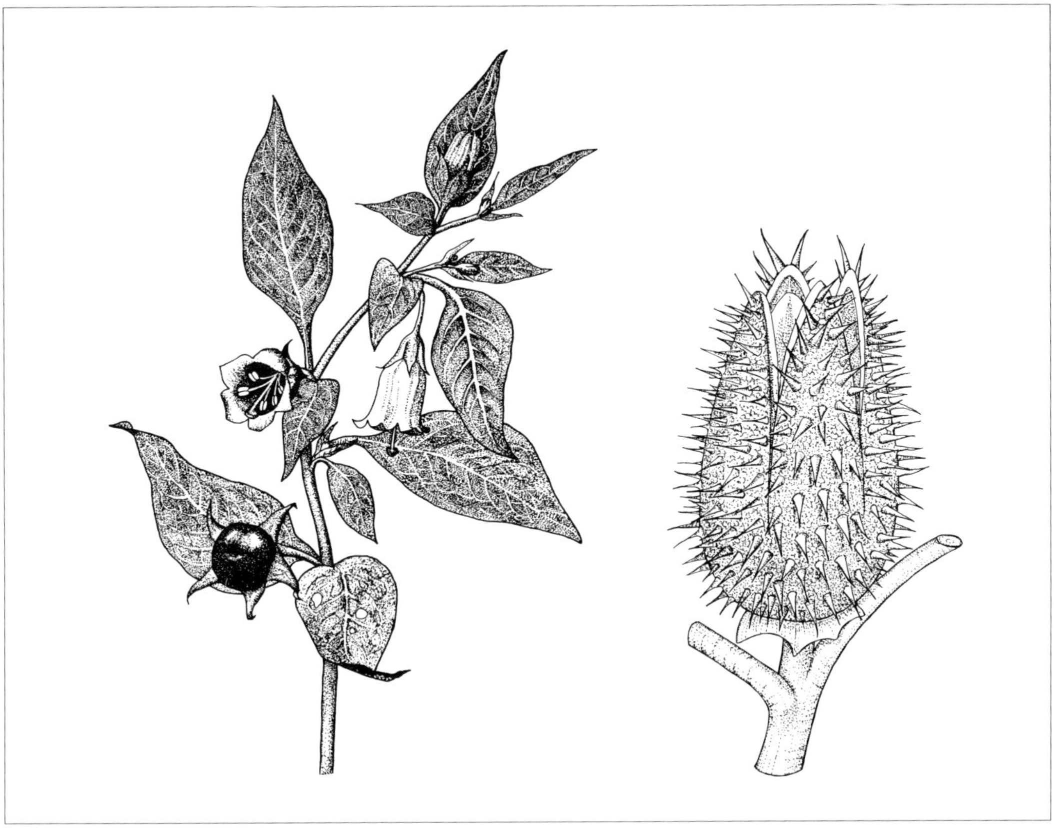

Abb. 134: Solanaceae: Sproß von *Atropa bella-donna* (Tollkirsche) mit Blüten und Beere (1/2 x, Original) sowie Kapsel von *Datura stramonium* (Stechapfel, ca. 1 x, nach Karsten).

Nicotin – ursprünglich als gattungsspezifischer Inhaltsstoff des Tabaks angesehen – wird im Pflanzenreich nicht selten angetroffen, meist jedoch in geringerer Menge als bei *Nicotiana* akkumuliert.

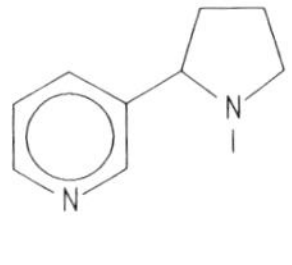

Nicotin

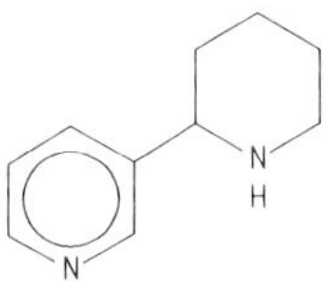

Anabasin

Das «Genußgift» Nicotin, das beim Rauchen des «Tabaks» in geringen Mengen vom Körper aufgenommen wird, ist als Reinsubstanz stark toxisch und wird als Schädlingsbekämpfungsmittel verwendet. Zur Bereitung von Tabak – ein Prozeß, der neben dem Trocknen der Blätter auch eine Fermentation und weitere, der Aromabildung dienende Vorgänge umfaßt – dienen überwiegend Blätter verschiedener Kulturrassen von *Nicotiana tabacum* (Heimat: Mittel- und Südamerika). Geringere Bedeutung besitzt *N. rustica* («Machorka»). Auch Nicotin wird neuerdings als TTS-Pflaster (zur Raucherentwöhnung) verwendet.

Steroidalkaloide: In *Solanum, Lycopersicon* und einigen weiteren Gattungen sind Pseudoalkaloide mit Saponineigenschaften häufig, deren N-haltige Steroidaglyka (C_{27}-Steroide der Cholestanreihe) mit Zuckern glykosidisch verknüpft sind. Solanin (Aglykon: Solanidin) und Tomatin sind bekannte Vertreter dieser Stoffklasse, die für die (relativ schwache)

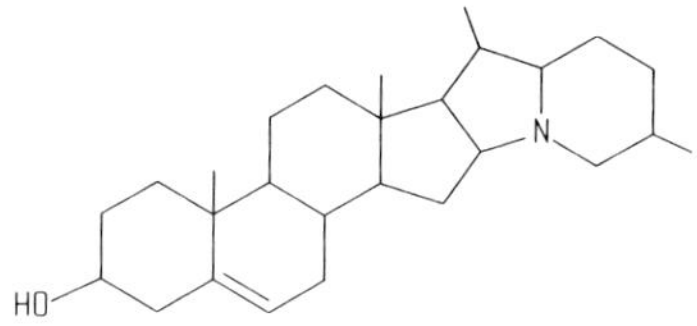

Solanidin

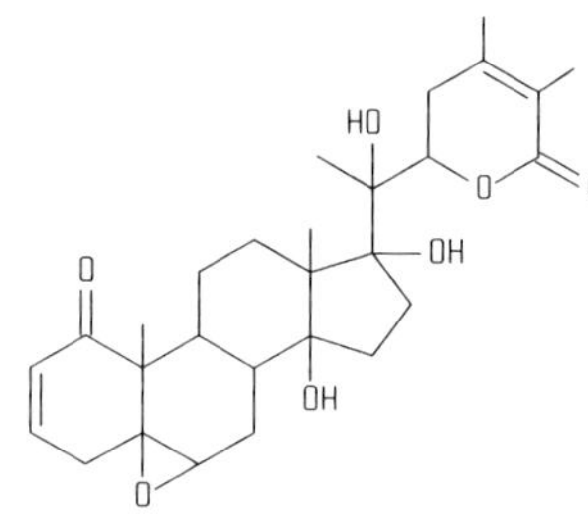

Withanolid E

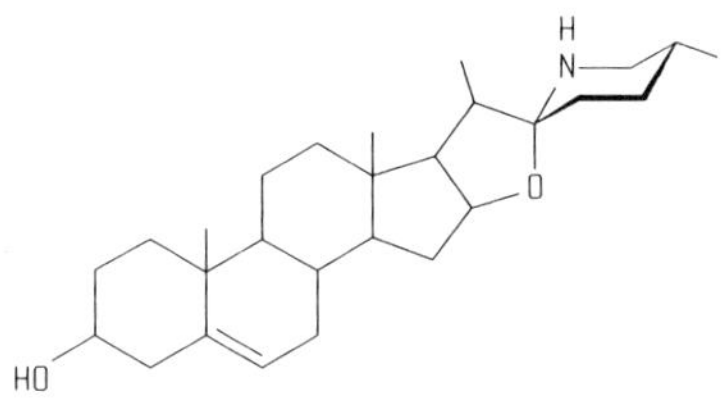

Solasodin

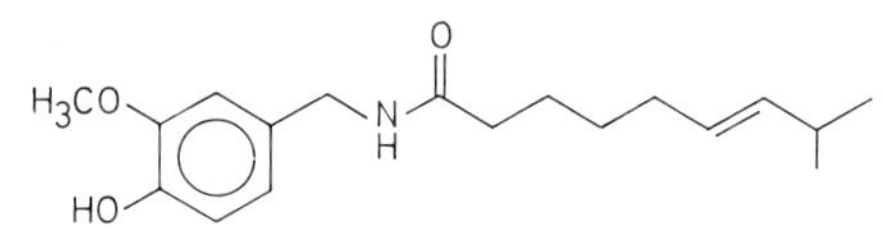

Capsaicin

Giftigkeit mancher *Solanum*-Arten verantwortlich sind.

Mit den erwähnten Steroidalkaloiden als «basischen Saponinen» vergesellschaftet oder alternierend kommen auch neutrale Steroidsaponine vor (vgl. auch Digitalis, S. 262), deren Verbreitungsschwerpunkt ansonsten bei den Liliatae liegt.

Solasodin, das in glykosidischer Bindung als Solasonin bzw. Solamargin in zahlreichen *Solanum*-Arten vorkommt, ist neben dem Diosgenin (s.S. 276) als Rohstoff für die partial-synthetische Steroidhormonsynthese interessant geworden; *Solanum laciniatum* und die tropischen Arten *S. marginatum* und *S. khasianum* sind aussichtsreiche Vertreter für einen planmäßigen Anbau zur Solasodingewinnung.

In einigen vorwiegend tropischen Solanaceen, z.B. *Solanum malacoxylon* oder *Cestrum diurnum,* kommen wasserlösliche Steroidglykoside vom Typ des 1,25-Dihydroxycholecalciferols mit hoher Vitamin-D-Wirkung vor.

C_{28}-Steroide sind die zuerst in *Withania*-Arten, inzwischen in 10 weiteren Solanaceen-Gattungen gefundenen **Withanolide** mit einem Lactonring am C-20 des Sterangerüsts. Die bisher gefundenen über 100 Verbindungen kommen überwiegend nicht als Glykoside vor und sind wegen interessanter biologischer Wirkungen Gegenstand vielfältiger Untersuchungen: Neben cancerostatischer Wirksamkeit sind entzündungshemmende, immunsuppressive, aber auch antibakterielle oder insektizide Eigenschaften einzelner Vertreter dieser Stoffklasse (z.B. Withaferin A, Withanolid E) bekannt geworden.

Als N-haltige Inhaltsstoffe der Früchte verschiedener *Capsicum*-Arten seien schließlich noch das Capsaicin (Vanillylamid einer 8-Methyl-nonen-6-säure) und strukturell ähnliche Säureamide erwähnt, von denen das Capsaicin wegen seiner hyperämisierenden Wirkungen arzneilich genutzt wird. Capsaicinreiche Früchte von *Capsicum annuum* und *C. frutescens* (Chillies, Cayennepfeffer) dienen als Gewürz und sind auch als Arzneidrogen offizinell, während die Früchte capsaicinarmer Varietäten von *C. annuum* («Paprika») – oft mit hohem Vitamin-C-Gehalt – als Gemüse gegessen werden.

Ebenfalls süd- (mittel-)amerikanischer Herkunft sind die im 16. Jahrhundert nach Europa gelangte Kartoffel *Solanum tuberosum* sowie die Tomate *Lycopersicon esculentum,* die sich erst im letzten Jahrhundert auch bei uns allmählich einzubürgern begannen. Aus dem tropischen Indien stammt dagegen die heute auch in Südeuropa angebaute Eierfrucht oder Aubergine von *Solanum melongena.*

Kartoffeln und Tomaten sind sehr eng miteinander verwandt. Molekulare Ähnlichkeiten zwischen einer Art und einer der anderen Gattung sind manchmal größer als zwischen dieser und einer congenerischen Art. Beispielsweise hat in Rubisco-Sequenzanalysen *Solanum aviculare* die größten Übereinstimmungen mit *Lycopersicon esculentum* (Abb. 135), in cpDNA-Analysen *Solanum penellii* die größten Übereinstimmungen mit *Lycopersicon peruvianum.*
Die Kartoffelknollen sind reich an Reservestärke, enthalten aber zu ca. 2% auch Proteine. Die elektrophoretisch gewonnenen Proteinspektren sind für jede Kartoffelsorte typisch und dienen zu ihrer

Identifizierung wie auch zur Registrierung im «Index Europäischer Kartoffelsorten» (Abb. 136). Als Hauptkomponente beobachtet man in Kultur- wie Wildarten das Glykoprotein Patatin mit einem Mol.-Gew. von ca. 40 kD. Es besitzt Esterasefunktion gegenüber Mono- und Diglyzeriden.

Die Herkunft des heute nicht mehr wild vorkommenden Tabaks *N. tabacum* war lange umstritten. Die Analyse der Rubisco hat hierfür entscheidende Gesichtspunkte beisteuern können. Während *N. sylvestris* als der eine Elter ziemlich sicher war, wurde als der zweite Elter *N. otophora* und *N. tomentosiformis* diskutiert. Die Analyse der Rubisco sowohl des allopolyploiden *N. tabacum* wie der drei genannten möglichen Elternarten zeigten eine Identität im Muster der **großen** Untereinheiten bei *N. tabacum* und *N. sylvestris,* während *N. otophora* und *N. tomentosiformis* davon verschieden waren. Folglich mußte *N. sylvestris* der mütterliche Elter sein. *N. sylvestris* lieferte auch die Kern-DNA, die eines der beiden Polypeptide der **kleinen** Untereinheit der Tabak-Rubisco kodiert. Die zweite Bande kann nachweislich nicht von *N. otophora,* wohl aber von *N. tomentosiformis* stammen. Folglich dürfte die Tabakpflanze durch Hybridisierung und Polyploidisierung entstanden sein aus:

N. sylvestris ♀ $2n = 2x = 24$ × *N. tomentosiformis* ♂ $2n = 2x = 24$

↘ ↙

N. tabacum $2n = 4x = 48$

2. *Familie:* **Convolvulaceae** (1400), Windengewächse. Vorwiegend Schlingpflanzen der Tropen und Subtropen mit einfachen Blättern, bikollateralen Leitbündeln und großen, trichterförmigen Blüten (Knospenlage gedreht! Vgl. Gentianales). Die Früchte sind (auffälligerweise meist 4samige) Kapseln. Abb. 137 siehe S. 260.

Beziehungen zu den Solanaceae werden durch bikollaterale Leitbündel, im Bereich chemischer Merkmale durch Tropan-Alkaloide und durch das Fehlen von iridoidartigen Verbindungen, möglicherweise auch durch bestimmte Flavonoidgruppen-Spektren betont.

Von den Convolvulaceen sind drei biogenetisch unterschiedliche **Alkaloid**-Typen bekannt geworden. Neben Tropan-Alkaloiden finden sich insbesondere in den Wurzeln von *Calystegia-* und *Convolvulus*-Arten Hygrine (Cuscuhygrin). *Ipomoea*-Arten enthalten Hexahydroindolizinalkaloide. Besonders interessant aber ist der Nachweis von Mutterkornalkaloiden (Ergolinen) einschließlich davon abgeleiteten Peptidalkaloiden (Ergosinin, Ergosin) in Samen von *Rivea corymbosa*, *Ipomoea*-Arten und verwandten Sippen (auch *Cuscuta*!). Das Vorkommen von Lysergsäureamid mag die Wirkung der aus den Samen von *Rivea corymbosa* zubereiteten mexikanischen Zauberdroge «Ololiuqui» erklären. Bisher ist dies der einzige Fund von Lysergsäureabkömmlingen in höheren Pflanzen geblieben (vgl. Mycophyta, S. 43)!

Ein charakteristisches Familienmerkmal sind die **«Glykoretine».** Diese stark laxierend wirkenden Harzkörper werden von der Mehrzahl der Convolvulaceen in sogenannten Milchsaftzellen akkumuliert.

Glykoretine sind Glykoside von Hydroxyfettsäuren (Kettenlänge C_{12} bis C_{16}, auch miteinander verestert), in denen die OH-Gruppen der Zucker mit flüchtigen organischen Säuren verestert sind (Essig-, Propion-, Isobuttersäure und verschiedene C_5-Säuren); vgl. Formel S. 260.

Als Drogen werden unterirdische Organe verschiedener tropischer Convolvulaceae (*Ipomoea purga* u.a.) und die daraus durch Extraktion mit Äthanol gewonnenen Harze gebraucht. Auch in den (wenigen) einheimischen Windengewächsen, z.B. in *Convolvulus arvensis,* der Ackerwinde oder *Calystegia sepium,* der Zaunwinde, sind derartige Harzsubstanzen nachgewiesen worden.

Ipomoea batatas, die Süßkartoffel oder Batate, liefert mit ihren stärkereichen Knollen ein in tropischen Gebieten wichtiges Nahrungsmittel.

Die **Cuscutaceae** (170) mit der einzigen Gattung *Cuscuta* (Teufelszwirn, Kleeseide), wurzel- und blattlose Pflanzenparasiten, werden vielfach auch als Unterfamilie der Convolvulaceae aufgefaßt.

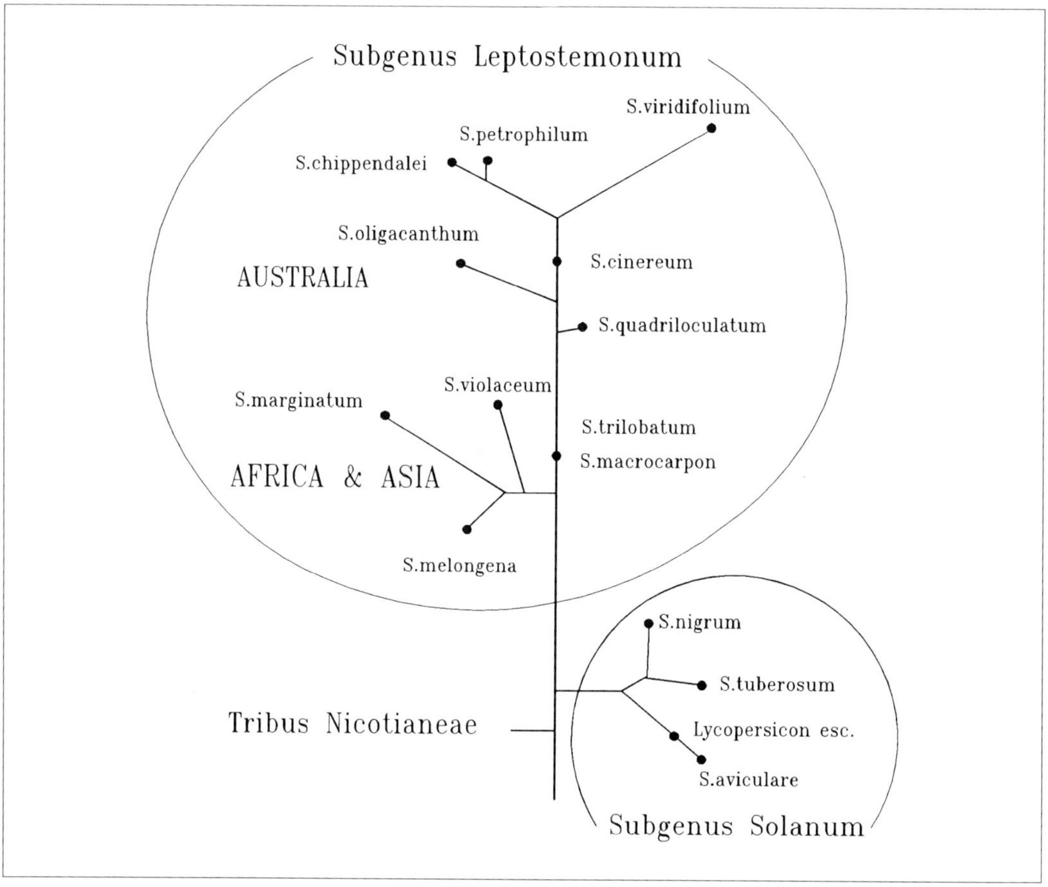

Abb. 135: «Stammbaum» von *Solanum*-Arten auf der Grundlage von Aminosäurensequenzen der Rubisco (kleine Untereinheit). Es zeigen sich deutlich phylogenetische Unterschiede zwischen den beiden *Solanum*-Subgenera und zwischen den afro-asiatischen und australischen Vertretern. *Solanum aviculare* hat die größte Ähnlichkeit mit *Lycopersicon esculentum,* nicht mit anderen *Solanum*-Arten. (Nach Martin et al. 1986.)

❖ Arznei- und Nutzpflanzen der Solanales

Solanaceae. *Atropa bella-donna* L. (Folia, Radix Belladonnae; Extr.; Atropin), *Capsicum annuum* L. (Paprika; Fructus Capsici; Extr.), *C. frutescens* L. (Chillies, Cayennepfeffer, Fructus Capsici acer; Extr.; Capsaicin), *Datura stramonium* L. (Folia, Semen Stramonii), *Hyoscyamus niger* L. (Folia Hyoscyami), *Duboisia aromatica (D. myoporoides)* R.BR. und *Scopolia carniolica* JAQU. (Extr.; Atropin, Hyoscyamin, z.T. auch Scopolamin), *Lycopersicon esculentum* MILL. (Tomate), *Nicotiana rustica* L. (Bauerntabak), *N. tabacum* L. (Tabak; Nicotin; Extr.), *Solanum*-Arten (Extr.; Solanin), *S. dulcamara* L. (Stipites Dulcamarae), *S. melongena* L. (Aubergine), *S. tuberosum* L. (Kartoffel; Amylum Solani).

Convolvulaceae. *Convolvulus scammonia* L. (Radix und Resina Scammoniae), *Ipomoea purga* (WENDER.) HAYNE (Tubera und Resina Jalapae), *I. batatas* (L.) LAM. (Batate = Süßkartoffel), *I. tricolor* CAV. (= *I. violacea*) und *Rivea corymbosa* (L.) HALL. (Trichterwinden, Samen mit Lysergsäureamid).

3. *Familie:* **Boraginaceae** (2000), Rauhblattgewächse. Kennzeichnend ist die starke Ausbildung von Borstenhaaren, deren Wände durch Einlagerungen von SiO_2 und/oder $CaCO_3$ versteift sind. $CaCO_3$ findet sich auch als Cystolithen in den Haarbasen oder in Epidermiszellen. Die zuweilen schwach zygomorphen *(Lycopsis, Echium)* Blüten stehen in charakteristischen «Schraubeln» (Abb. 138); aus dem zweiblättrigen, oberständigen Fruchtknoten entwickeln sich durch Ausbildung einer falschen Scheidewand 4 einsamige «Klausenfrüchtchen». Sie unterscheiden sich von den Klausen der Lamiaceae durch die aufwärts gerichtete Mikropyle der Samenanlagen und damit auch der Radicula (Abb. 138).

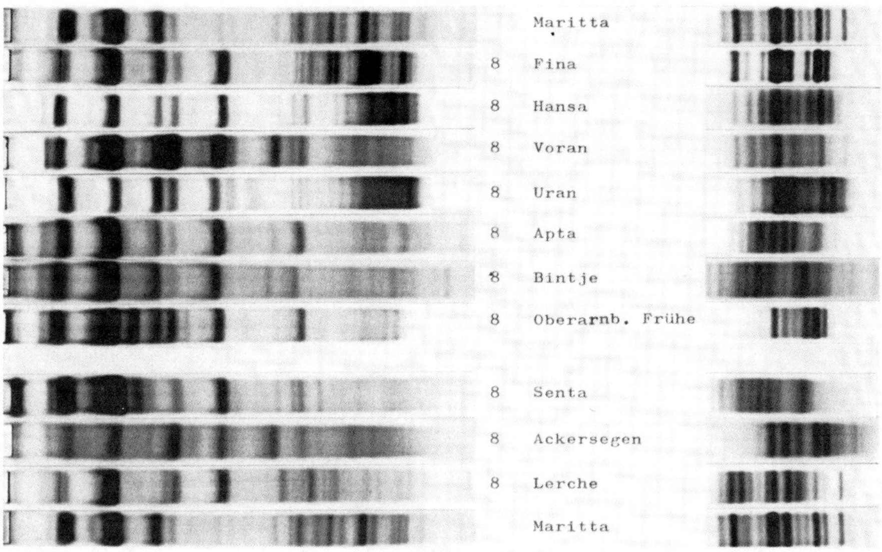

Abb. 136: Elektrophoretische Proteinspektren (links) und Esterasespektren (rechts) für 10 in Österreich zugelassene Kartoffelsorten aus der Elektropherogramm-Gruppe 8. Die Sorte Maritta dient als Bezugssystem. (Aus: H. Stegemann u. V. Loeschcke: Index Europäischer Kartoffelsorten.)

Die einheimischen Vertreter sind krautig mit wechselständigen, ungeteilten Blättern.

Wichtige Inhaltsstoffe

Die Boraginaceae zeichnen sich nach den bisher vorliegenden, lückenhaften Kenntnissen durch eine ausgesprochene **Mineralisierungstendenz** aus (sogar lösliche Kieselsäure kommt z.B. in *Pulmonaria*, dem Lungenkraut, viel vor, das früher als Kieselsäuredroge benutzt wurde), sodann durch das Vorkommen von Alkaloiden, Allantoin und Naphthochinonen vom Alkannintyp.

In denjenigen Unterfamilien, zu denen alle unsere einheimischen Arten gehören, kommen verbreitet **Pyrrolizidin-Esteralkaloide** (Ester von Necinbasen mit sog. «Necsäuren») vor. Unter bestimmten strukturellen Voraussetzungen wirken sie hepatotoxisch und cancerogen. Derartige Alkaloide sind u.a. in *Cynoglossum-*, *Echium-*, *Heliotropium-* und *Symphytum*-Arten gefunden worden. Ähnliche Verbindungen sind von Asteraceae-Senecioneae, Fabaceae (*Crotalaria*), vereinzelt auch von anderen Sippen bekannt. Auch der gar nicht seltene, aber oft nur teilweise Ersatz von Speicherstärke durch inulinartige Fruktane deutet gewisse Übereinstimmungen mit den Asteraceen an, ohne aber ein Ausdruck engerer Verwandtschaftsbeziehungen sein zu müssen.

Allantoin (Glyoxylsäurediureid) scheint eine bevorzugte Transport- und Speicherform des Stickstoffs zu sein. Wegen der dem Allantoin zugeschriebenen granulationsfördernden Wirkungen werden Boraginaceen als Wundheilmittel geschätzt, so z.B. *Symphytum officinale,* der Beinwell, bzw. daraus hergestellte Extrakte, die trotz vorhandener Pyrrolizidin-Alkaloide bei äußerlicher Anwendung weiterhin therapeutisch genutzt werden können.

Verbreitet treten vor allem bei Pflanzen mit verdickter Pfahlwurzel rote Farbstoffe auf. Es handelt sich um labile Ester phenolischer Verbindungen, die vielfach erst beim Trocknen (aus farblosen Vorstufen?) entstehen. Das Alkannin der Wurzeln von *Alkanna tinctoria* ist ein Naphthochinonderivat, das als fettlöslicher Lebensmittelfarbstoff zugelassen ist. Diese Naphthochinone vom Alkannatyp der Boraginaceen entstehen wie die der Hydrophyllaceen (und wohl auch der Bignoniaceen) durch einen eigenen Biosyntheseweg über m-Geranyl-p-hydroxybenzoesäure und Geranylhydrochinon.

Lithospermum ruderale und andere «Steinsamen»-Arten sind wegen der ihnen nachgesagten antigonadotropen und antikonzeptionellen Wirkungen viel untersuchte Objekte. Möglicherweise sind Neolignane vom Typ der Lithospermsäure oder daraus entstehende phenolische Verbindungen das wirksame Prinzip.

Bekannte Vertreter sind *Echium* (Natternkopf), *Myosotis* (Vergißmeinnicht), *Pulmonaria* (Lungenkraut;

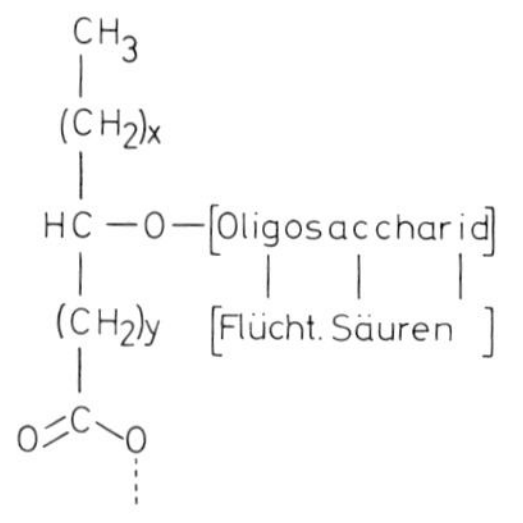

Bauprinzip der Glykoretine

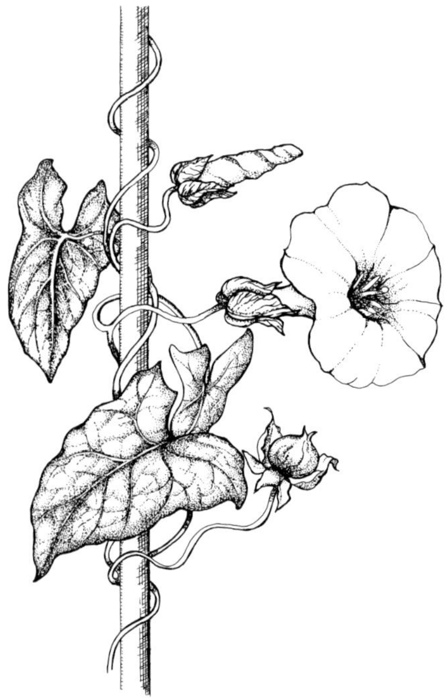

Abb. 137: *Calystegia sepium* (Zaunwinde, Convolvulaceae), Sproß (1/3 x; nach Firbas).

Abb. 138A) und *Symphytum* (Beinwell); der Borretsch, *Borago officinalis*, ist eine alte Gewürz- und Küchenpflanze, aus deren Samen das an γ-Linolensäure reiche Borretschöl gewonnen wird.

Den Boraginaceen können die **Polemoniaceae** (300) mit vielsamigen Kapseln (hierzu: *Phlox*) und die ebenfalls kapselbildenden **Hydrophyllaceae** (250), die im Chinon-Stoffwechsel stark an die Boraginaceen erinnern, angeschlossen werden (hierzu: die Bienenfutterpflanze *Phacelia* mit hautirritierenden, allergen wirksamen Phenolen: prenylierte p-Hydroxybenzoesäuren, Hydrochinone und p-Benzochinone).

❖ Arznei- und Nutzpflanzen der Boraginales

Boraginaceae. *Alkanna tinctoria* (L.) TAUSCH (Radix Alkannae; Alkannin), *Borago officinalis* L. (Borretsch, Borretschöl), *Lithospermum officinale* L. (Extr.), *Pulmonaria officinalis* agg. (Herba Pulmonariae), *Symphytum officinale* agg. (Radix Symphyti = R. Consolidae; Extr.), S. x *uplandicum* NYM. («Comfrey», Futterpflanze, Blätter auch als Diätetikum).

Während die bisher besprochenen tubifloren Familien iridoide Verbindungen nicht produzieren, ist für die folgenden Iridoidakkumulation ein wichtiges Charakteristikum. Die phylogenetische Einheitlichkeit der Scrophulariaceae und Lamiaceae samt der ihnen angeschlossenen Familien (gern als «Lamianae» zusammengefaßt) kommt auch in ihrem einheitlichen Flavonoidspektrum zum Ausdruck. Neben Luteolin, Apigenin und Chrysoeriol (oft in Form von 7-O-Glukuroniden vorkommend) findet man in mindestens 1/3 der Gattungen 6-Hydroxyflavon- oder 6-Methoxyflavon-Glykoside.

4. *Familie:* **Scrophulariaceae** (3000), Rachenblütler, bei denen die Tendenz zur zygomorphen Blüte besonders ausgeprägt ist. Hand in Hand damit reduziert sich auch in der Regel die Zahl der Staubblätter. Die Früchte sind durchweg vielsamige Kapseln. Blütenformel:

$$K(5)\ [C(5)\ A5 \rightarrow 2]G(\underline{2}).$$

Die Abänderung der Blüte kann man an folgenden Pflanzen studieren (Abb. 139): Bei der Königskerze *(Verbascum)* ist die Krone noch fast radiär; eine gewisse Dorsiventralität deutet sich im 5zähligen Androeceum mancher Arten an: 3 Filamente dicht wollig behaart, 2 Filamente kahl. Schon auffälliger zygomorph sind die Blüten der Braunwurz *(Scrophularia)* und des Fingerhutes *(Digitalis);* von den Staubblättern ist das mediane nur noch rudimentär als Schuppe vorhanden bzw. ganz ausgefallen. Deutlich lippenförmige Blüten haben die Halbschmarotzer Läusekraut *(Pedicularis),* Klappertopf *(Rhinanthus),* Augentrost *(Euphrasia)* und Wachtelweizen *(Melampyrum).* Beim Leinkraut *(Linaria)* und Löwenmäulchen *(Antirrhinum)* wird die Zygomorphie noch betont durch eine sporn- bzw. sackförmige Ausstülpung der Kronröhre und «gaumen-» artige Vorwölbung der Unterlippe, die den Eingang zur Kronröhre maskiert (die Scrophulariaceae werden auch zur Ordnung der Personatae gestellt; persona = Maske); in allen diesen Fällen sind 4 Staubblätter ausgebildet. Bei *Veronica,* dem Ehrenpreis schließlich ist die Krone 4zählig und die Zahl der Staubblätter auf 2 reduziert. Die *Veronica*-Arten *V. agrestis, V. opaca* und *V. persica* sind offenbar als Allotetraploide in montanen Waldgebieten des nördlichen Nahen Ostens entstanden, im Neolithikum zum Ackerunkraut geworden und nach Europa eingewandert (*V. persica* erst Anfang des letzten Jahrhunderts).

Für viele Scrophulariaceen sind Iridoide bezeichnend; ihr Vorkommen ist seit langem bekannt und macht sich oft durch Schwarzfärbung der Blätter, z.B. beim Trocknen von *Melampyrum* und *Rhinanthus,* bemerkbar. Insbesondere kommen die C_9-Iridoidglykoside Aucubin und Catalpol sowie Derivate dieser Grundkörper vor. Die gerbstoffähnlichen Stoffe der Familie sind verbascosidähnliche Esterglykoside (= «Tubifloren-Gerbstoffe»).

Nur eine einzige Gattung wird durch eine Inhaltsstoffgruppe geprägt, die für den Menschen von besonderer Bedeutung ist: Die Gattung *Digitalis* (Fingerhut) mit etwa 26 Arten. Sie gehört wegen des Gehalts an **Cardenoliden** («Digitalis-Glykosiden»), die für die Behandlung der Herzinsuffizienz unentbehrlich sind, zu den bekanntesten Arznei- (und Gift-!)pflanzen überhaupt. Die Blattdrogen vorwiegend zweier Arten stehen dabei heute im Vordergrund: Der Rote Fingerhut *(D. purpurea),* in Mitteleuropa auf Waldlichtungen silikatreicher Standorte (mit subatlantischer Verbreitungstendenz) sowie vor allem der Wollige Fingerhut *(D. lanata)* aus SO-Europa; der erste aus vorwiegend historischen Gründen, der zweite wegen des höheren Gehalts an herzwirksamen Glykosiden (bis zu 1% gegenüber ca. 0,3% bei *D. purpurea*), die außerdem infolge besserer Kristallisierbarkeit technisch leichter gewonnen werden können. Für den Anbau ist daher ausschließlich *D. lanata* von Bedeutung.

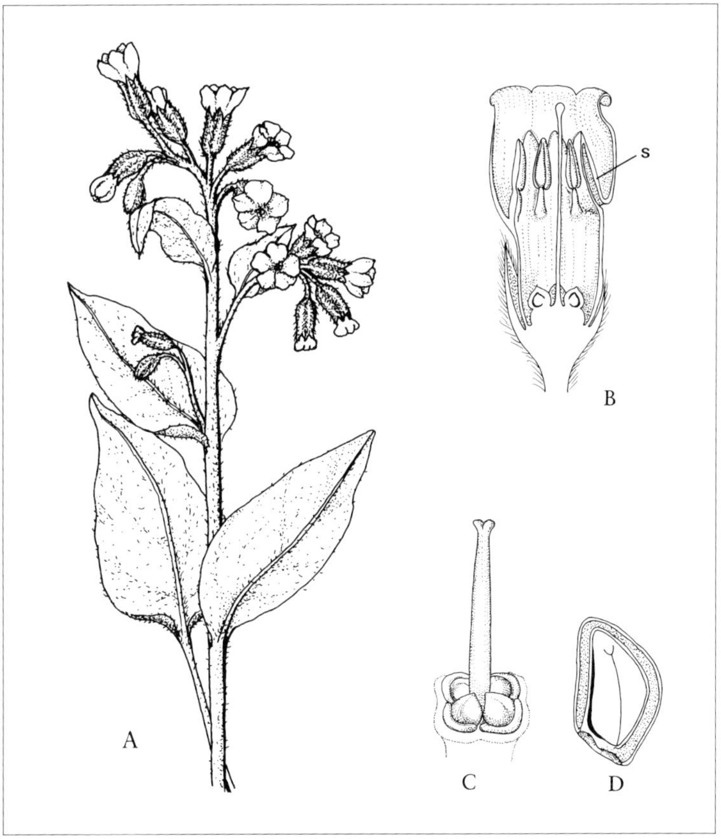

Abb. 138: Boraginaceae. – **A:** Blühender Sproß von *Pulmonaria officinalis* (1/2 x).– **B:** Blüte von *Symphytum officinale,* längs, mit s Schlundschuppen (ca. 3 x). – **C:** Fruchtknoten von *Pulmonaria officinalis* (6 x). – **D:** Klause von *Onosma visianii,* längs (8 x). – (A Original, B nach Baillon, C nach Firbas, D nach Wettstein.)

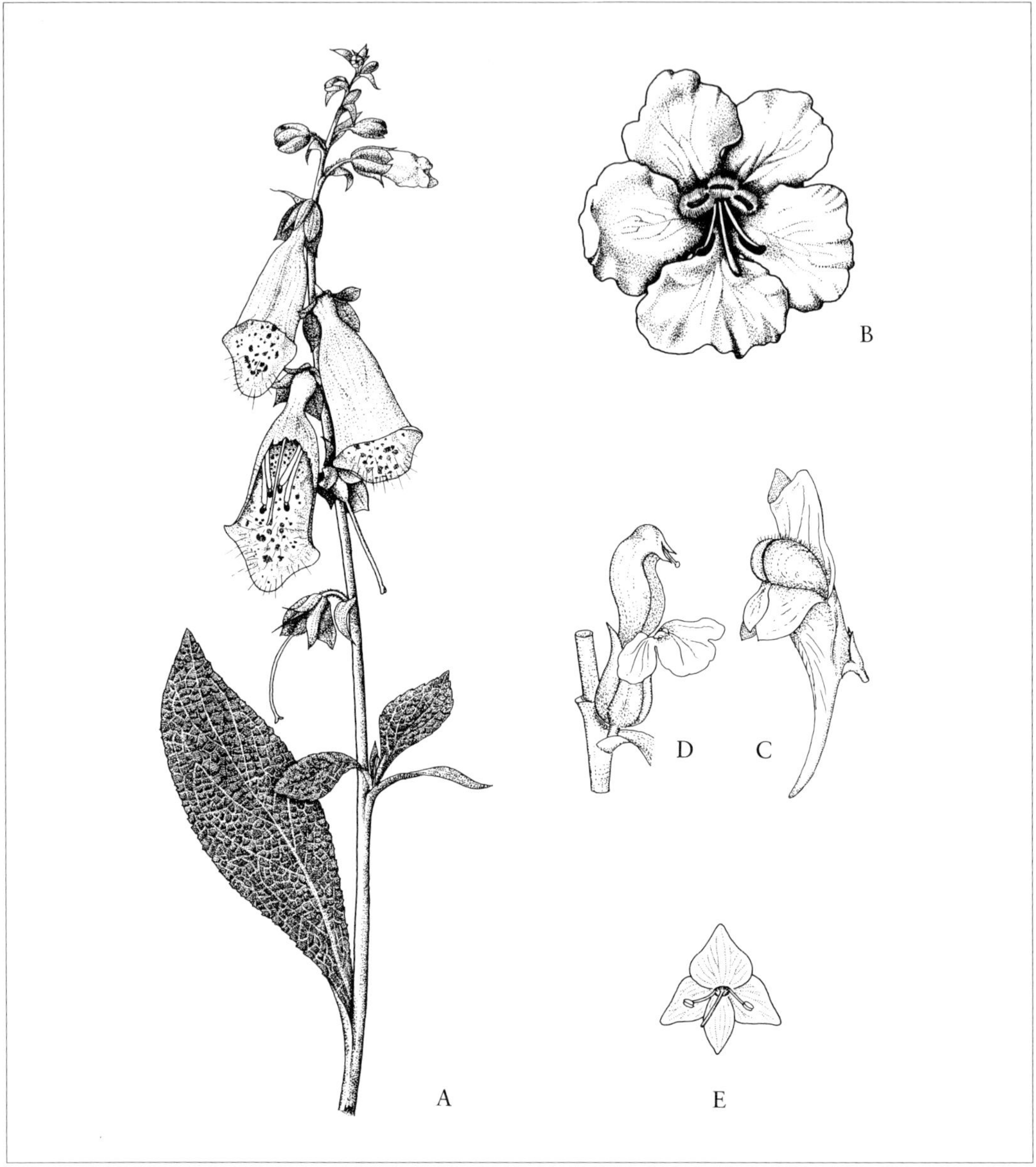

Abb. 139: Scrophulariaceae. – **A:** Blühender Sproß von *Digitalis purpurea,* Krone der untersten Blüte z.T. entfernt (1/2 x). – **B:** *Verbascum phlomoides,* Blüte (1,5 x). – **C:** *Linaria vulgaris,* Blüte (1,5 x). – **D:** *Pedicularis palustris,* Blüte (1,6 x). – **E:** *Veronica teucrium,* Blüte (1,5 x). – (B nach Köhler; C, E nach Firbas, D nach Baillon.)

Bei den *Digitalis*-Glykosiden handelt es sich um verhältnismäßig labile Steroidglykoside mit einem charakteristischen 5gliedrigen, einfach ungesättigten Lactonring (Butenolidring) am C-17 des Steroidgerüsts. Ihre Vielzahl ergibt sich durch die unterschiedliche Substitution am Aglykon und unterschiedliche Komponenten im Zuckeranteil. Auffällige Zucker sind wie bei den Strophanthusglykosiden auch hier Didesoxyhexosen, z.B. Digitoxose (Dx). Ungewöhnliche Zuckerkomponenten besitzen auch die in *Digitalis*-Blättern – neben Steroidsaponinen – in geringer Menge gefundenen Digitanolglykoside: Ihr C_{21}-Pregnangrundgerüst dürfte biogenetische Vorstufe der Cardenolid-Aglyka sein.

Die medizinische Bedeutung der Rohdrogen ist gering, da deren Glykosidzusammensetzung, genetisch sowie standortbedingt, erheblichen Schwankungen unterworfen ist. Ferner kann es auch während des Trocknungsprozesses nach der Ernte durch enzymatische Abspaltung von Zuckern zu Veränderungen einzelner Glykoside kommen (z.B. Umwandlung Primärglykosid → Sekundärglykosid). An Stelle der früher viel verordneten purpurea-Zubereitungen wird eine sinnvolle Therapie heute daher mit standardisierten Extrakten oder isolierten (z.T. partialsynthetisch abgewandelten) Reinsubstanzen betrieben.

Als Beispiele dieser wichtigen Arzneistoffe sind Lanatosid C (ein Primärglykosid aus *Digitalis lanata*) und Digitoxin (das seit langem bekannte Sekundärglykosid von *D. purpurea,* das durch Abspaltung der endständigen Glukose aus dem Purpureaglykosid A entsteht) formelmäßig dargestellt.

Die in der Familie vorkommenden **Saponine** (z.B. in den Blüten verschiedener *Verbascum*-Arten als expektorierend wirksamer Schleim- und Saponindroge) sind vermutlich triterpenoider Natur. Von den *Digitalis*-Saponinen, wie z.B. dem bekannten Digitonin, weiß man jedoch, daß sie interessanterweise Steroide sind (vgl. hierzu auch Tab. 4, S. 100).

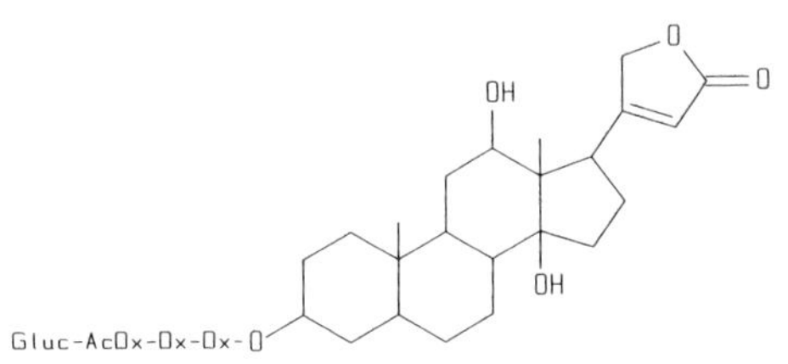

Lanatosid C

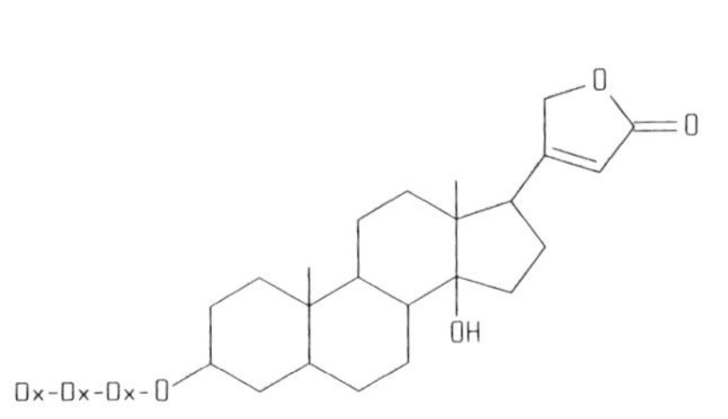

Digitoxin

Eine Anzahl weiterer Familien läßt engere verwandtschaftliche Beziehungen zu den Scrophulariaceen erkennen:

Zuerst seien zwei auch bei uns vorkommende Familien mit z.T. heterotropher Ernährungsweise (vgl. manche Scrophulariaceen!) erwähnt: die **Orobanchaceae** (150) mit der vollparasitischen Sommerwurz *Orobanche* (mit Orobanchin, einem verbascosidähnlichen Esterglukosid) sowie die **Lentibulariaceae** (300) mit den Insektivoren *Pinguicula* (Fettkraut) und *Utricularia* (Wasserschlauch).

In enger Bindung dürften auch folgende Familien tropisch-subtropischer Verbreitung stehen: **Acanthaceae** (2600) mit Merkmalen, die Beziehungen zu den Lamiaceae andeuten: Drüsenhaare, diterpenoide Bitterstoffe; viele Zimmerpflanzen, z.B. *Aphelandra, Beloperone.* Vasicin, ein Chinazolinalkaloid aus *Justicia (Adhatoda) vasica,* war strukturelles Vorbild für die Entwicklung sekretolytisch wirksamer Substanzen vom Typ des Bromhexins/Ambroxols. – **Bignoniaceae** (800) mit familienspezifischen Anthranoiden (Tectochinontyp) und hautirritierenden Naphthochinonen (Lapacholtyp) im Kernholz und anderen Teilen verschiedener Arten (auch von einigen Verbenaceen bekannt, chemisch dem bei Boraginaceen verbreiteten Alkannin ähnlich). Außergewöhnlich ist das reichliche Alliinvorkommen in Blättern und Blüten von *Adenocalymna alliaceum. Catalpa-* (Trompetenbaum-)Arten sind häufig gepflanzte Zierbäume. – **Gesneriaceae** (1800), zu denen bekannte Zierpflanzen gehören: *Streptocarpus*-Arten, *Sinningia speciosa,* die Gloxinie, und *Saintpaulia ionantha,* das Usambara-Veilchen. – **Pedaliaceae** (55) mit der Sesampflanze, *Sesamum indicum,* aus deren ölreichen Samen das Sesamöl gewonnen wird; das in ihm enthaltene Lignan Sesamin verstärkt synergistisch die insektiziden Wirkungen von Pyrethrum-Extrakten (vgl. *Chrysanthemum cinerariifolium,* Asteraceae). Die Wurzeln der südafrikanischen *Harpagophytum procumbens* («Teufelskralle») mit dem bitter schmeckenden Iridoidglykosid Harpagosid werden vielfach als «Allheilmittel», vor allem als Antirheumatikum angepriesen.

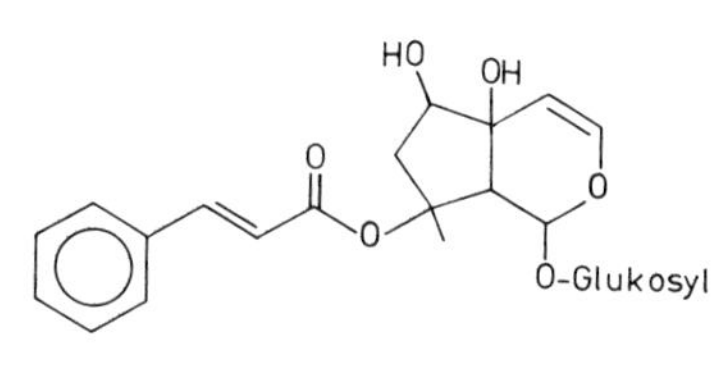

Harpagosid

Schließlich sind hier auch die **Plantaginaceae** (260), Wegerichgewächse, anzuschließen mit – sekundär – anemogamen, unscheinbaren, in dichten Ähren stehenden Blüten; Blätter oft parallelnervig (z.B. *Plantago lanceolata* mit dem Iridoid Aucubin).

Wegen der in Wasser stark quellenden Schleimepidermis werden die Samen von *Plantago afra* (syn. *P. psyllium*, «Flohsamen») und anderer Arten als Laxans gebraucht. Wie bei den Lamiaceae ist das Trisaccharid Planteose ein für die Samen typischer Zucker, während in den unterirdischen Organen das Tetrasaccharid Stachyose gespeichert wird.

❖ Arznei- und Nutzpflanzen der Scrophulariales

Scrophulariaceae. *Digitalis purpurea* L., *D. lanata* EHRH. u.a. Arten (Folia Digitalis; Extr.; Digitaloide), *Gratiola*-Arten (Herba Gratiolae), *Verbascum*-Arten (Flores Verbasci), *Veronica officinalis* L. (Herba Veronicae).

Pedaliaceae. *Harpagophytum procumbens* (BURCH) DC. EX MEISSN. (Radix Harpagophyti, «Teufelskralle», Extr.), *Sesamum indicum* L. (Sesamöl).

Plantaginaceae. *Plantago lanceolata* L. (Herba Plantaginis), *P. afra* (syn. *P. psyllium* L.) (Semen Psyllii), *P. ovata* FORSSK. («Indische Flohsamen», Semen, Testae Plantaginis ovatae).

Eine bereits eng mit den Lamiaceae verwandte und durch Übergänge mit ihr verbundene Familie sind die **Verbenaceae** (2600), die Eisenkrautgewächse.

Tectona grandis, der Teakbaum, liefert das Teakholz. Dieses wichtige Nutzholz verdankt seine Widerstandsfähigkeit gegen Termitenfraß und Pilzbefall neben dem Kieselsäuregehalt der Anwesenheit von Anthrachinonderivaten (z.B. Tectochinon = 2-Methylanthrachinon) und biogenetisch verwandten Naphthochinonen: Desoxylapachol ist aber auch die ekzemverursachende Komponente des Teakholzes. Iridoidartige Verbindungen sind verbreitet; das Verbenalin von *Verbena officinalis*, einer der wenigen Verbenaceen gemäßigter Klimabereiche, gehört zu den am längsten bekannten Naturstoffen dieser Art. Auch das Agnusid gehört strukturell dazu, das neben Aucubin in *Vitex agnus-castus* («Keuschlamm») vorkommt. Extrakten der Pflanze wird ein luteotroper (Gelbkörperhormon-stimulierender) Effekt zugeschrieben.

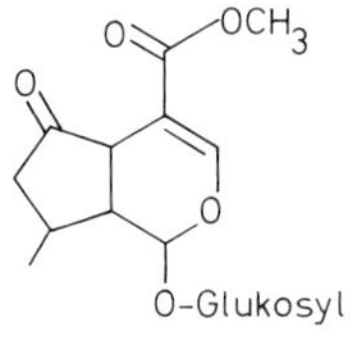

Verbenalin

Ätherische Öle, charakteristisches Merkmal der folgenden Familie, kommen auch bei einigen Verbenaceen bereits in größerer Menge vor, so z.B. in *Lippia triphylla (L. citriodora)*, von der das «echte Verbenaöl» stammt.

5. *Familie:* **Lamiaceae** (3200), Lippenblütler (= Labiatae). Überwiegend krautige Pflanzen, die man an ihren dekussiert gegenständigen Blättern*, den 4kantigen Stengeln und (häufig) ätherischem Ölgeruch schon im vegetativen Zustand leicht erkennen kann. Die Blüten stehen in blattachselständigen, dichten di- und monochasialen «Scheinquirlen» zusammen. Es sind typische Lippenblüten, deren Blütenkrone aus 2 (Oberlippe) bzw. 3 (Unterlippe) verwachsenen Petalen besteht; selbst der Kelch kann zweilippig sein. Die Staubblätter dieser extrem zygomorphen Blüten sind durch Ausfall des medianen nur noch in 4-Zahl (vgl. Scrophulariaceae) vorhanden, manchmal sogar noch weiter reduziert *(Rosmarinus, Salvia)*. Der auch hier aus 2 Fruchtblättern gebildete Fruchtknoten ist durch falsche Scheidewände in 4 einsamige Fächer geteilt, aus denen sich die Klausenfrüchte entwickeln. Die 4-Teiligkeit des Fruchtknotens ist schon an blühenden Exemplaren von oben erkennbar. Im Gegensatz zu den Boraginaceen, die ebenfalls Klausen bilden, ist die Mikropyle und Radicula nach unten gekehrt (vgl. S. 258 und Abb. 140). Die übrigen Merkmale der Lamiaceae entnehme man dem Bauplan S. 253.

Wichtige Inhaltsstoffe

Charakteristisch sind neben ätherischen Ölen spezielle Bitterstoffe und Gerbstoffe. Auch pentazyklische Triterpenalkohole und -säuren der Oleanan-, Ursan- und Lupan-Reihe sind in der Familie allgemein verbreitet. **Iridoide** werden als Glykoside fast ausschließlich von den ursprünglicheren «ajugoiden» Labiaten mit tricolpatem, binukleärem Pollen akkumuliert. Bei den «saturejoiden» Vertretern mit hexacolpatem, trinukleärem Pollen scheint die Bildung von iridoiden Verbindungen weitgehend unterdrückt zu sein: Ausnahmen sind z.B. die Gattung *Nepeta* mit dem Nepetalacton und *Satureja vulgaris*. Die Iridoidglykoside der Lamiaceen haben C_{10}- oder C_9-Aglyka, die oft hydroxyliert sind; die Zuckerkomponente ist meist Glukose.

Die beiden genannten Labiatengruppen unterscheiden sich außerdem durch die Art der gebildeten **«Gerbstoffe»**, die Gemische phenolischer Verbindungen, vielfach Derivate (z.B. Depside) der Kaffeesäure sind. Während die ajugoiden Lamiaceen

* deren Spaltöffnungsapparate vielfach – diacytisch – 2 Nebenzellen ausgebildet haben.

verbascosidähnliche Esterglykoside bilden, die auch anderweitig bei den Tubifloren vorkommen, speichern die saturejoiden Lamiaceen Rosmarinsäure, für deren Bildung offenbar eine spezifische Tyrosin-Aminotransferase verfügbar sein muß («Lamiaceen-Gerbstoffe»). Rosmarinsäure, der Ester der Kaffeesäure mit Hydroxy-dihydrokaffeesäure, kommt in den Gattungen *Majorana, Melissa, Mentha, Ocimum, Origanum, Rosmarinus, Salvia, Satureja* und *Thymus* vor, kann aber beim Trocknen bei erhöhter Temperatur zu einem beträchtlichen Teil verlorengehen. Auf Lamiaceen-Gerbstoffe vom Rosmarinsäuretyp können möglicherweise antivirale Wirkungen, wie sie z.B. bei der äußerlichen Anwendung von Melissenblattextrakten therapeutisch genutzt werden, zurückgeführt werden.

Ätherisches Öl ist in Drüsenhaaren oder in charakteristischen Drüsenschuppen lokalisiert (Abb. 140F); bei einigen Triben, z.B. Ajugeae, Marrubieae und Stachyeae, überwiegen aber auch ölarme oder fast ölfreie Gattungen.

Als Bestandteile der ätherischen Öle herrschen Mono- und Sesquiterpene vor, während Phenylpropanderivate nur selten in größerer Menge gebildet werden. Glykoside der Monoterpene und Phenylpropane kommen im Labiatengewebe vor und sind vermutlich Transportformen der Ölkomponenten. Die Variationsbreite in der Zusammensetzung der Öle ist jedoch groß und von verschiedenen Faktoren abhängig. Über das Auftreten «chemischer Rassen» ist wiederholt berichtet worden.

Bitterstoffe sind in der Familie nicht selten. Häufig sind es diterpenoide Verbindungen, die in einer unübersehbaren Fülle aus der Familie bekannt geworden sind. Hierzu zählen u.a. das Marrubiin (als Praemarrubiin in der frischen Pflanze) in *Marrubium vulgare*, dem Andorn, oder das Carnosol (= Pikrosalvin) in *Salvia*-Arten, das durch Autoxidation aus der genuinen Carnosolsäure entsteht. Sie können wie die ihnen biogenetisch verwandten isoprenoiden Verbindungen der ätherischen Öle auch in den Drüsenschuppen akkumuliert werden. Viele dieser Diterpene sind biologisch aktiv; sie haben intensiv bitteren (selten auch süßlichen) Geschmack, antibiotische und repellente Wirkungen. Letzteres trifft besonders für die chinoiden Diterpene zu, die in den äußersten, gelbgefärbten Zellschichten der Wurzeln oder in Drüsenhaaren auf der Blattunterseite vorkommen. In Wurzeln von *Coleus forskohlii* werden Labdan-Diterpene vom Typ des Forskolins, einer wegen positiv ionotroper und antihypertensiver Wirkungen pharmakologisch intensiv untersuchten Verbindung, gespeichert.

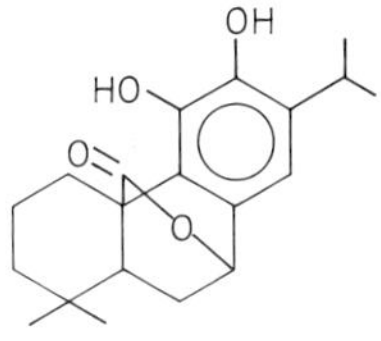

Carnosol

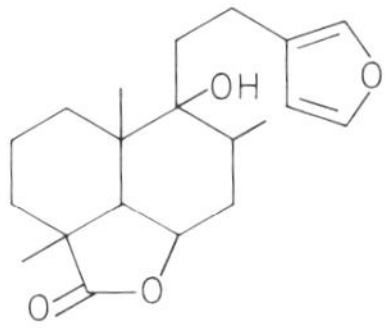

Marrubiin

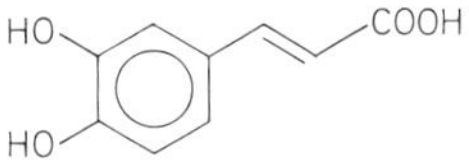

Kaffeesäure

Flavonoide kommen als Glykoside und nichtglykosidisch, z.B. als lipophile Methylether vor. 6- und 8-Hydroxyflavone sind häufig. Das aus *Mentha × piperita* isolierte Diosmin (2,3-Dehydrohesperidin) ist in Fertigarzneimitteln als «Venentherapeutikum» enthalten. Lipophile Flavonoide, z.B. Sinensetin, sind charakteristische Inhaltsstoffe der Blätter von *Orthosiphon aristatus*, dem Katzenbart, die unter der Bezeichnung «Indischer Nierentee» (die Pflanze stammt aber aus Indonesien) als Diuretikum gebräuchlich sind.

Nicht selten wird Kieselsäure angereichert und Nitrat gespeichert. Als Reservekohlenhydrat tritt an die Stelle von Stärke in den unterirdischen Organen häufig das Tetrasaccharid Stachyose, während das Trisaccharid Planteose ein charakteristischer Samenzucker der Lamiaceae ist (vgl. die Ähnlichkeiten mit Plantaginaceae).

Vornehmlich wegen der ätherischen Öle sind viele Lamiaceen Gewürz- oder Arzneipflanzen; bei äußerlicher Anwendung kommt auch die Wirkung der «Lamiaceen-Gerbstoffe» zur Geltung. Wir erwähnen nur einige Beispiele:

Lavandula, Lavendel: ca. 7 Arten im Mittelmeerraum, die alle ein ätherisches Öl produzieren, dessen Zusammensetzung von Art zu Art schwankt. Das «echte» Lavendelöl stammt von *L. angustifolia* MILL.

Abb. 140: Lamiaceae. – **A:** *Salvia officinalis*, blühender Sproß (ca. 1/2 x). – **B, C:** *Thymus serpyllum*, Blüte, bei C Krone geöffnet (vergr.). – **D:** *Lamium maculatum*, Blütengrund längs mit (von außen nach innen) Kelch, Krone, Nektarium, Klausen mit Samenanlagen und Griffel (10 x). – **E:** *Lamium album*, reife Klause längs mit großem Embryo (hell) (vergr.). – **F:** *Mentha* x *piperita*, Blatt quer; t Haaransätze, dsch Drüsenschuppe, dr Drüsenhaar, ep Epidermis, pl Palisadenparenchym, schp Schwammparenchym (vergr.). – (A nach Hallier, B, C nach Köhler (z.T. veränd.), D nach Firbas, E nach Baillon, F nach Tschirch.)

ssp. *angustifolia* (syn. *L. officinalis* CHAIX; *L. vera* DC.) und enthält neben freiem Linalool 30-60% Linalylacetat und nur geringe Mengen an Campher, Cineol und Borneol. Von *L. latifolia* (L.f.) MED. wird «Spiköl» – mit nur geringem Gehalt an Linalylacetat und mehr Campher und Cineol – gewonnen (vgl. Abb. 141). *Lavandula* × *intermedia*, eine Hybride zwischen beiden erwähnten Arten, liefert «Lavandinöl», in der Geruchsqualität und der Ölzusammensetzung zwischen den Ölen der Eltern liegend.

Salvia, Salbei: Unterschiedliche Zusammensetzung der Öle finden wir ebenfalls bei der Gattung *Salvia*, in der auch ölarme Arten, z.B. *S. pratensis*, vorkommen. Während bei den subspp. *officinalis* und *minor* von *S. officinalis* Thujon Hauptbestandteil des ätherischen Öls ist, liefert die subsp. *lavandulaefolia* (diese auch als eigene Art *S. lavandulaefolia* VAHL abgetrennt) ein thujonfreies, cineolreiches Öl. Noch höher (bei geringem Thujongehalt) ist der Cineolanteil des Öls von *S. triloba,* dem «griechischen Salbei», der häufig im Handel anzutreffen und jetzt auch Arzneibuchdroge ist.

Mentha, Minze: Sehr unübersichtlich sind die taxonomischen Verhältnisse in der Gattung *Mentha* mit 15-30 Arten und zahlreichen Hybriden. *Mentha × piperita,* die Pfefferminze, führt ein mentholreiches Öl (ca. 50% Menthol), dessen geruchliche Qualitäten von Begleitstoffen (z.B. Jasmon im erwünschten, Menthofuran im unerwünschten Sinne) und vom Anteil des mit Säuren veresterten Menthols («Estermenthol») abhängen. Die Pfefferminzblätter finden als Karminativum und Cholagogum (spasmolytische, antiseptische und galletreibende Wirkungen des ätherischen Öls), Menthol darüberhinaus wegen

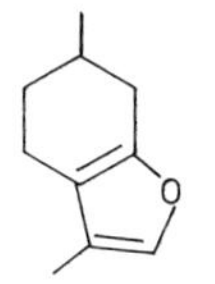

Menthofuran

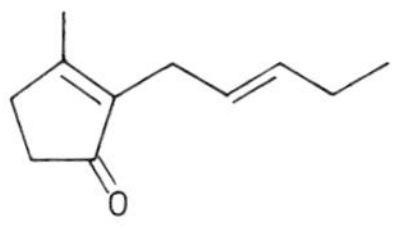

Jasmon

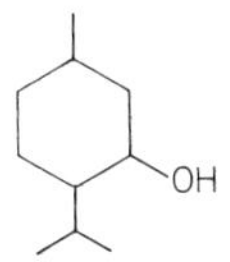

Menthol

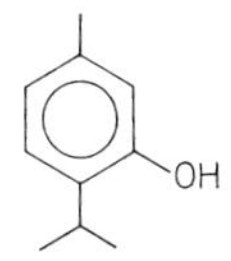

Thymol

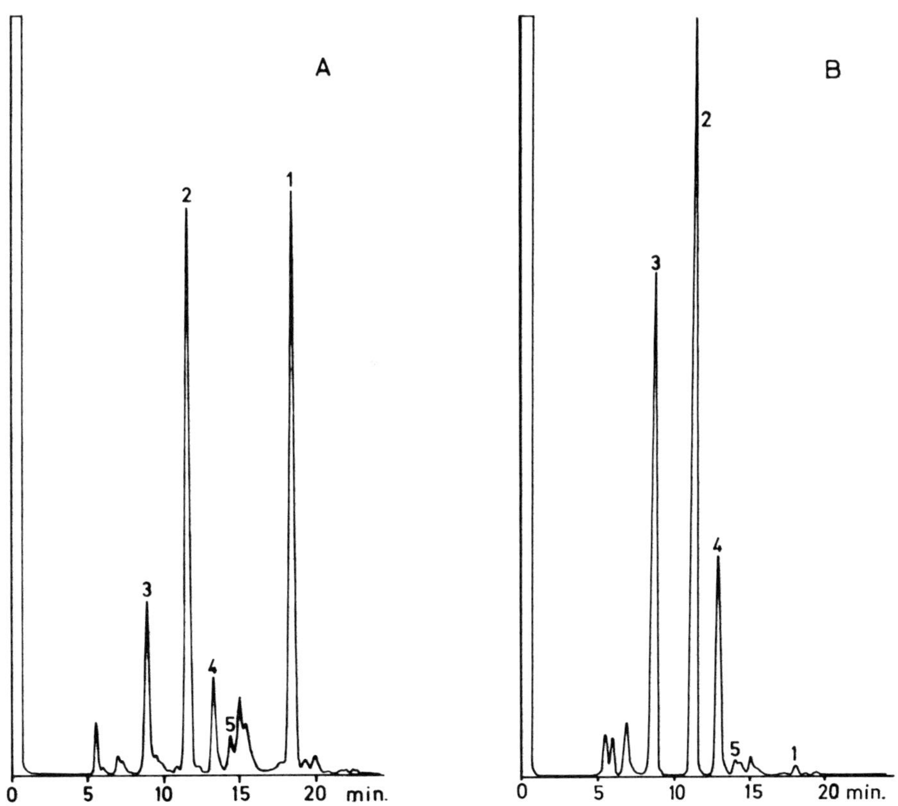

Abb. 141: Gaschromatogramm eines echten Lavendelöls **(A)** und eines Spiköls **(B)**. (Original F. Zurheide.) 1 Linalylacetat, 2 Linalool, 3 Cineol, 4 Campher, 5 Borneol.

seiner kühlenden und anästhetisierenden Wirkungen auch in Einreibungen arzneiliche Verwendung.

Thymus, Thymian: In den meisten Arten gibt es Thymol- und Carvacrol-Chemotypen. Wegen der ausgeprägt bakteriziden Wirkung des Thymols sind Extrakte des Thymiankrauts (von *T. vulgaris*) oder das ätherische Öl Bestandteile von Hustenmedizinen oder antiseptischen Zubereitungen.

❖ Arznei- und Nutzpflanzen der Lamiales

Verbenaceae. *Tectona grandis* L.f. (Teakholz), *Verbena officinalis* L. (Herba Verbenae), *Vitex agnus-castus* L. (Extr.).

Lamiaceae. *Galeopsis segetum* NECK. (Herba Galeopsidis), *Hyssopus officinalis* L. (Ysop, Herba Hyssopi), *Lamium album* L. (Flores Lamii albi), *Lavandula angustifolia* MILL. subsp. *angustifolia* (Flores, Aetheroleum Lavandulae; Lavendelöl), *L. latifolia* (L.f.) MED. (Aetheroleum Spicae, Spiköl), *Leonurus cardiaca* L. (Herba Leonuri, Extr.), *Lycopus europaeus* L. (Herba Lycopi, Extr.), *Marrubium vulgare* L. (Herba Marrubii), *Melissa officinalis* L. (Zitronenmelisse, Folia Melissae; Extr.), *Mentha × piperita* L. (Pfefferminze, Folia und Aetheroleum Menthae piperitae; Menthol), *M. spicata* var. *crispa* (Folia Menthae crispae), *M. arvensis* L. var. *piperascens* HOLM. (Japanisches Minzöl), *Ocimum basilicum* L. (Basilienkraut), *Origanum majorana* L. (syn. *Majorana hortensis* MOENCH) (Majoran, Herba Majoranae), *O. vulgare* u.a. Arten (Herba Origani; «Oregano»), *Orthosiphon aristatus* (BL.) MIQ. (Folia Orthosiphonis), *Pogostemon cablin* (BLANCO) BENTH. (Patschouli-Öl), *Rosmarinus officinalis* L. (Rosmarin, Folia, Aetheroleum Rosmarini), *Salvia officinalis* L. (Salbei, Folia, Aetheroleum Salviae), *S. triloba* L.f. (Griechischer Salbei, Folia Salviae trilobae), *Satureja hortensis* L. (Bohnenkraut), *Thymus vulgaris* L. (Herba, Aetheroleum Thymi), *Th. serpyllum* agg. (Herba Serpylli).

Literatur Lamiidae

Ammon, H.P.T. & A.B. Müller: Forskolin: From an Ayurvedic remedy to a modern agent. Planta Med. 51: 473-477, 1985.

Bachmann, P., K. Steffen & F.-C. Czygan: *Duboisia* R.BR. Z. Phytother. 11: 30-34. 1990.

Barberan, F.A.T.: The flavonoid compounds from the Labiatae. Fitoterapia 57: 67-95, 1986.

Bedigian, D., D.S. Seigler & J.R. Harlan: Sesamin, sesamolin and the origin of sesame. Biochem. Syst. Ecol. 13: 133-139, 1985.

Cantino, P.D. & R.W. Sanders: Subfamilial classification of Labiatae. Syst. Bot. 11: 163-185, 1986.

Christen, Ph.: Withanolide. Naturstoffe mit vielversprechendem Wirkungsspektrum. Pharm. i.u.Z. 18: 129-139, 1989.

D'Arcy, W.G. (ed.): Solanaceae: Biology and Systematics. Second intern. symposium on the biology and systematics of the Solanaceae. 603 S., Columbia Univ. Press, New York, 1986.

Elisens, W.J.: Pollen morphology and systematic relationships among new world species in tribe Antirrhineae (Scrophulariaceae). Amer. J. Bot. 73: 1298-1311, 1986.

Fischer, M.A.: On the origin of *Veronica persica* (Scrophulariaceae) – a contribution to the history of a neophytic weed. Pl. Syst. Evol. 155: 105-132, 1987.

Harborne, J.B., F.A. Tomas-Barberan, C.A. Williams & M.I. Gil: A chemotaxonomic study of flavonoids from european *Teucrium* species. Phytochemistry 25: 2811-2816, 1986.

Hawkes, J.G., R.N. Lester & A.D. Skelding (eds.): The biology and taxonomy of the Solanaceae. Linn. Soc. Symp. Ser. 7, 1979.

Heftmann, E.: Biogenesis of steroids in Solanaceae. Phytochemistry 22: 1843-1860, 1983.

Hegnauer, R. & P. Kooiman: Die systematische Bedeutung von iridoiden Inhaltsstoffen im Rahmen von Wettsteins Tubiflorae. Planta Med. 33: 1-33, 1978.

Kandler, O. & H. Hopf: Occurrence, metabolism, and function of oligosaccharides. Biochem. Plants 3: 221-270. Academic Press, London, New York, 1980.

Kartnig, Th.: *Lycopus europaeus* L. – Wolfsfuß oder Wolfstrapp. Z. Phytother. 10: 31-34, 1989.

Koch-Heitzmann & W. Schultze: 2000 Jahre Melissa officinalis. Von der Bienenpflanze zum Virustatikum. Z. Phytother. 9: 77-85, 1988.

Koehler, H. & G. Franz: *Symphytum officinale* – Beinwell. Z. Phytother. 8: 166-168, 1987.

Kraus, J. & G. Franz: Schleimpolysaccharide aus Wollblumen. Dtsch. Apoth. Ztg. 127: 665-669, 1987.

Lester, R.N. & P.A. Roberts: Serotaxonomy of *Solanum, Capsicum, Dunalia,* and other selected Solanaceae. Ann. Missouri Bot. Gard. 73: 128-133, 1986.

Martin, P.G., J.M. Dowd, C. Morris & D.E. Symon: The study of plant phylogeny using amino acid sequences of ribulose-1,5-bisphosphate carboxylase. VI. Some *Solanum* and allied species from different continents. Aust. J. Bot. 34: 187-195, 1986.

Narayan, R.K.J.: Nuklear DNA changes, genome differentiation and evolution in *Nicotiana* (Solanaceae). Pl. Syst. Evol. 157: 161-180, 1987.

Palmer, J.D. & D. Zamir: Chloroplast DNA evolution and phylogenetic relationships in *Lycopersicon*. Proc. Natl. Acad. USA 79: 5006-5010, 1982.

Racusen, D.: Patatin in wild species of *Solanum*. Can. J. Bot. 66: 727-729, 1988.

Rimpler, H. & H. Sauerbier: Iridoid glucosides as taxonomic markers in the genera *Lantana, Lippia, Aloysia* and *Phyla*. Biochem. Syst. Ecol. 14: 307-310, 1986.

Schneider, E.: *Adhatoda vasica* – eine Ayurveda-Droge in der Phytotherapie. Z. Phytother. 9: 29-32, 1987.

Schultze, W., A. Zänglein, R. Klose & K.H. Kubeczka: Die Melisse. Dtsch. Apoth. Ztg. 129: 155-163, 1989.

Steinharter, T.P., G.A. Cooper-Driver & G.J. Anderson: The phylogenetic relationship of *Solanum* flavonols. Biochem. Syst. Ecol. 14: 299-305, 1986.
Tetenyi, P.: A chemotaxonomic classification of the Solanaceae. Ann. Missouri Bot. Gard. 74: 600-608, 1987.
Tomas-Barberan, F.A., R.J. Grayer-Barkmeijer, M.I. Gil & J.B. Harborne: Distribution of 6-hydroxy-, 6-methoxy- and 8-hydroxyflavone glycosides in the Labiatae, the Scrophulariaceae and related families. Phytochemistry 27: 2631-2645, 1988.
Weber, H.C.: Zur Evolution des Parasitismus bei den Scrophulariaceae und Orobanchaceae. Pl. Syst. Evol. 136: 217-232, 1981.

2. Klasse: Liliatae (= Monocotyledoneae), einkeimblättrige Bedecktsamer (ca. 65. 000)

Die einkeimblättrigen Pflanzen (Liliatae) haben sich bereits sehr früh von den zweikeimblättrigen (Magnoliatae) getrennnt und unabhängig entwickelt. Ihre Entstehung läßt sich am ehesten aus Formen verstehen, die unter die heutigen Magnoliidae einzureihen wären; gerade in dieser Unterklasse der Dicotyledoneae kommen monocotylenartige Merkmalsausbildungen verschiedentlich vor:

- Manchmal nur 1 Keimblatt, sei es zufällig entstanden (*Ranunculus ficaria*; Ranunculaceae) oder experimentell erzeugt (*Eranthis hyemalis*; Ranunculaceae).
- Zerstreut angeordnete Leitbündel mit frühzeitigem Erlöschen der Kambiumtätigkeit findet man bei Nymphaeaceen, *Podophyllum* u. a.
- Homorrhizie ist bei krautigen Magnoliidae nicht selten.
- Dreizählige Blüten sind für etliche Magnoliidae charakteristisch und kommen z.B. vielen Vertretern der Annonaceen, Lauraceen, Berberidaceen und Cabombaceen (Nymphaeales) zu.
- Anatrem monocolpate Pollenkörner findet man auch bei vielen Magnoliidae (sonst sind die Pollenkörner der Dicotyledonen meist triaperturat oder davon abgeleitet).
- Siebröhrenplastiden vom monocotylen P-Typ sind auch für *Asarum* nachgewiesen worden.
- Ätherisches Öl führende Idioblasten (Einzelzellen), die für Zingiberaceen, *Acorus* und einige weitere monocotyle Vertreter charakteristisch sind, kommen unter den dicotylen Pflanzen fast nur bei den Magnolianae vor (vgl. S. 105).
- Auch unter den chemischen Merkmalen treten diese Beziehungen hervor: Sowohl bei den Liliatae als auch bei den Magnoliidae findet man überwiegend cyanogene Glykoside vom Taxiphyllintyp (inkl. Triglochinin-Variante), d.h. solche Verbindungen, die sich vom Tyrosin ableiten.

Merkmale für die überwiegende Zahl der Liliatae sind – abgesehen von der Einkeimblättrigkeit, die im adulten Zustand nicht mehr festzustellen ist – vor allem die

- Dreizähligkeit der Blüte
- Streifennervigkeit der Blätter
- Sekundäre Homorrhizie des Wurzelsystems
- Zerstreute Anordnung der Leitbündel im Sproß und das Fehlen echten sekundären Dickenwachstums.

Im übrigen wird auf die Merkmalsgegenüberstellung Magnoliatae-Liliatae auf S. 99 u. 100, die auch die chemischen Merkmale umfaßt, hingewiesen.

Die einkeimblättrigen Pflanzen teilen wir in 5 Unterklassen auf, nämlich in die **Alismatidae**, **Liliidae**, **Zingiberidae**, **Commelinidae** und **Arecidae**. Diese Unterklassen lassen sich nach der Verteilung wichtiger Inhaltsstoffe (Silikatkörper, Reservestärke und UV-fluoreszierende Substanzen in der Zellwand wie Ferula-, p-Cumar- und Diferulasäure) und der Ausformung der Epicutikularwachse neben weiteren allgemeinen Eigenschaften ganz gut charakterisieren (Abb. 142). Dabei fallen die ursprünglichen Alismatidae durch das Fehlen der genannten Inhaltsstoffe auf. Die Liliidae haben ebenfalls z.B. keine UV-fluoreszierenden Substanzen und unterscheiden sich darüberhinaus von den folgenden Unterklassen durch ihre Epicuticularwachse vom «*Convallaria*»-Typ; Silikatkörper (Ausnahme: Orchidales) und Stärkebildung in den Samen fehlen weitgehend. Die Zingiberidae nähern sich den weitgehend windblütigen Commelinidae durch ihre Epicuticularwachse vom «*Strelitzia*»-Typ, Silikatkörper, Stärkebildung im Endosperm und Perisperm und die deutlich im UV-Licht blau fluoreszierenden Zellwände. Die Arecidae schließlich erweisen sich in verschiedenen Eigenschaften als heterogen und stellen eine nicht monophyletische Pflanzengruppe mit unsicheren Verwandtschaftsanschlüssen dar; so werden beispielsweise die Arales von den Arecales bei Dahlgren weit getrennt und den Alismatidae nahegestellt (Abb. 142).

Abb. 142: Vorkommen taxonomisch wichtiger Pflanzenstoffe bei Ordnungen der Monocotyledonen auf der Grundlage des Systems von Dahlgren (1989), vereinfacht und bezüglich der Typhales etwas verändert. Angaben nach Dahlgren et al. (1985) und Frölich & Barthlott (1988). →

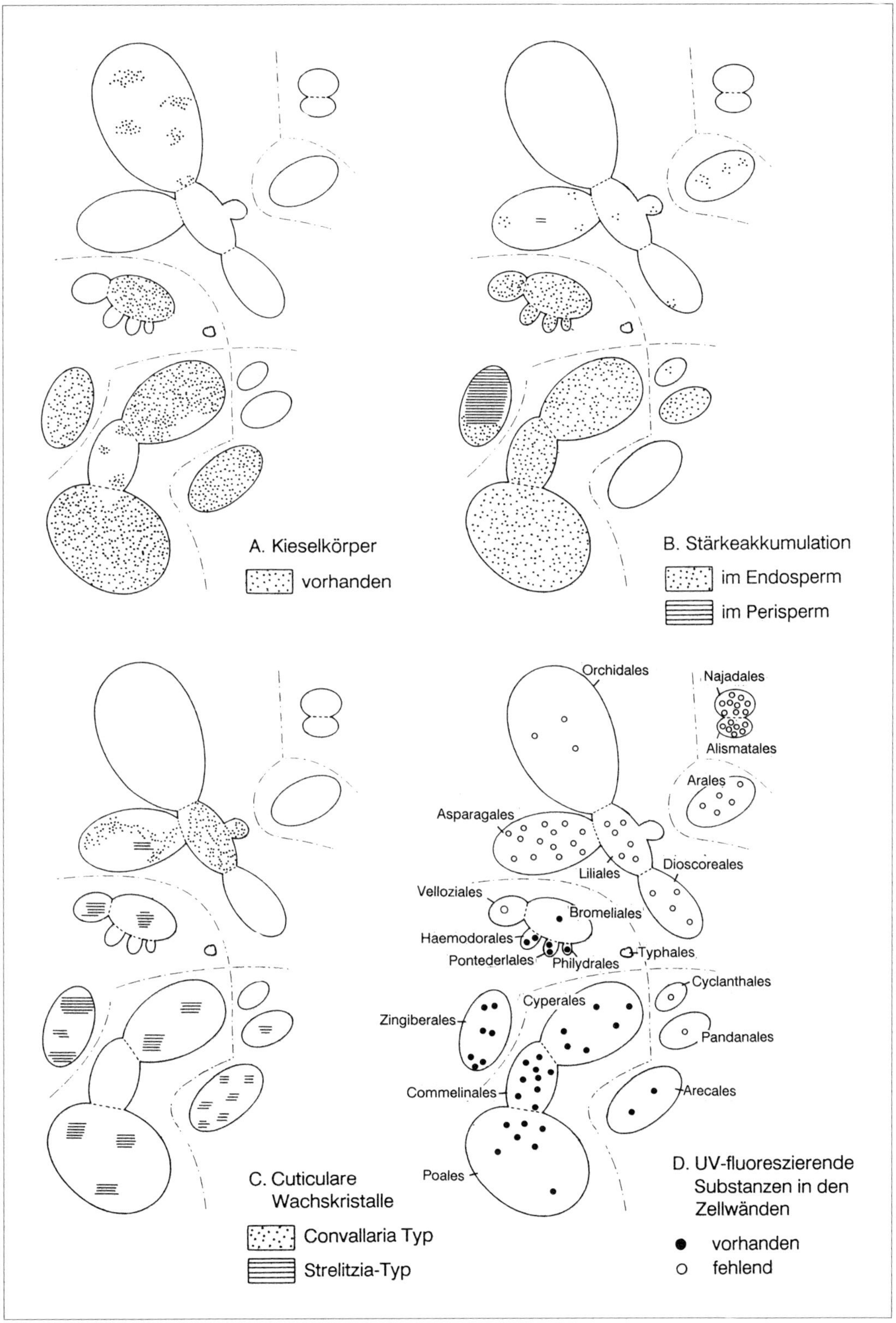
A. Kieselkörper
vorhanden
B. Stärkeakkumulation
im Endosperm
im Perisperm
C. Cuticulare Wachskristalle
Convallaria Typ
Strelitzia-Typ
Orchidales
Najadales
Alismatales
Arales
Asparagales
Liliales
Dioscoreales
Velloziales
Bromeliales
Haemodorales
Pontederiales
Philydrales
Typhales
Cyclanthales
Cyperales
Zingiberales
Pandanales
Commelinales
Arecales
Poales
D. UV-fluoreszierende Substanzen in den Zellwänden
vorhanden
fehlend

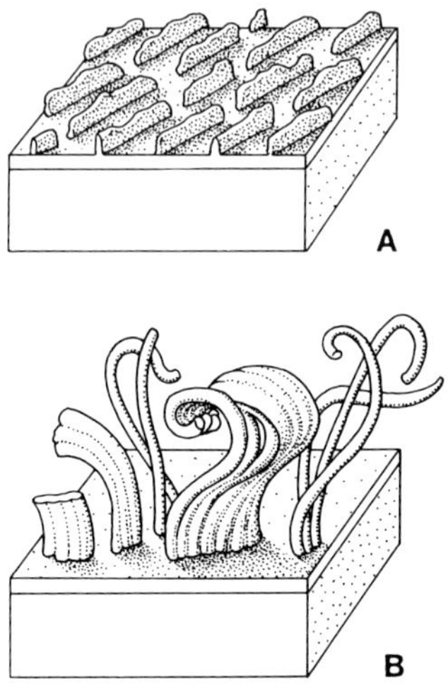

Abb. 143: Zwei bei Monocotyledonen besonders häufige epicuticuläre Wachsstrukturen: *Convallaria*-Typ **(A)** und *Strelitzia*-Typ **(B)**. Zum Vorkommen vgl. Abb. 142C. (Nach Frölich & Barthlott 1988.)

Literatur Liliatae

Burger, W.C.: The Piperales and the monocots-alternate hypotheses for the origin of moncotyledonous flowers. Bot. Rev. 43: 345-393, 1977.

Burger, W.C.: Heresy reviewed: the monocot theory of angiosperm origin. Evol. Theory 5: 189-225, 1981.

Clifford, H.T. & W.T. Williams: Interrelationships amongst the Liliatae: A graph theory approach. Aust. J. Bot. 28: 261-268, 1980.

Daghlian, C.P.: A review of the fossil record of monocotyledons. Bot. Rev. 47: 517-555, 1981.

Dahlgren, R., H.T. Clifford & P.F. Yeo: The families of the moncotyledons. Structure, evolution and taxonomy. Springer-Verlag, Berlin, Heidelberg, New York, Tokyo, 1985.

Dahlgren, R. & H.T. Clifford: The monocotyledons. A comparative study. Bot. Syst. 2. Academic Press, London, 1981.

Dahlgren, R. & F.N. Rasmussen: Monocotyledon evolution, characters and phylogenetic estimation. in: M.K. Hecht, B. Wallace and G.T. Prance (eds.): Evolutionary biology 16: 255-395, 1983.

Frölich, D. & W. Barthlott: Mikromorphologie der epicuticularen Wachse und das System der Monokotylen. Akad. Wiss. Lit. Mainz, mathem.-nat.wiss. Kl. 63: 279-409, 1988.

Harris, P.J. & R.D. Hartley: Phenolic constituents of the cell walls of monocotyledons. Biochem. Syst. Ecol. 8: 153-160, 1980.

Huber, H.: The treatment of the monocotyledons in an evolutionary system of classification. Plant Syst. Evol. Suppl. 1: 285-298, 1977.

Kaplan, D.R.: The problem of leaf morphology and evolution in the moncotyledons. Quart. Rev. Biol. 48: 437-457, 1973.

Tomlinson, P.B.: Development of the stomatal complex as a taxonomic character in the monocotyledons. Taxon 23: 109-128, 1974.

Wagner, P.: Vessel types of the monocotyledons: A survey. Bot. Not. 130: 383-402, 1977.

Unterklasse: Alismatidae (= Helobiae)

Die Alismatidae scheinen sich an die Nymphaeales der dicotylen Pflanzen am besten anschließen zu lassen. Insbesondere die nymphaeale *Cabomba* ähnelt durch ihre 3zählige Blüte, helobiale Endospermbildung u.a. Merkmale manchen wasserbewohnenden Alismatidae. Einige ursprüngliche Merkmale nähern die Alismatidae darüberhinaus den Magnoliidae insgesamt, wobei das manchmal vielzählige (wenn auch komplex-polymere) Androeceum (z.B. bei *Sagittaria*, Abb. 144) und die oft chorikarpen Gynoeceen besonders auffallen.

Andererseits sieht man durch einige eher abgeleitete Merkmale neuerdings stärkere Beziehungen zu den Arales, z.B. durch:

- unbeblätterte Stengel ohne Tracheen
- trinukleate Pollenkörner
- kein Endosperm (oder Perisperm) in den reifen Samen.

Die Vertreter der Alismatidae sind Sumpf- oder (z.T. submerse) Salz-, Brack- oder Süßwasserpflanzen. Arznei- und Nutzpflanzen fehlen. Charakteristische

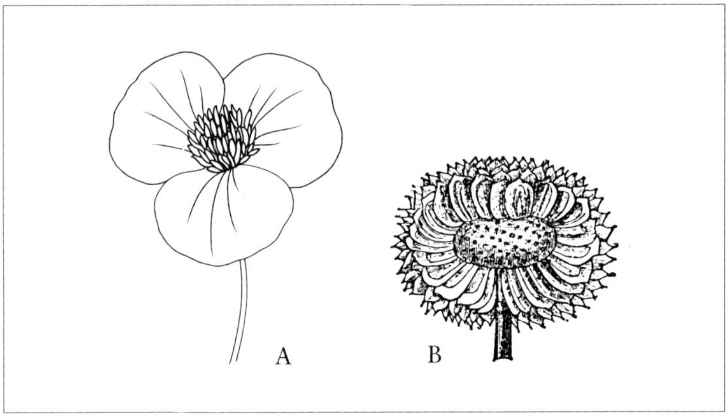

Abb. 144: *Sagittaria sagittifolia*, Pfeilkraut (Alismataceae). – **A:** Männl. Blüte mit zahlreichen Staubblättern (vergr.). – **B:** Gynoeceum einer weibl. Blüte aus zahlreichen Nüßchen, teilweise schon abgefallen (vergr.). – (A nach Hess, Landolt und Hirzel, B nach Buchenau.)

chemische Merkmale zumindest bei Hydrocharitaceae und Potamogetonaceae sind apiosehaltige Hemizellulosen der Zellwände sowie verbreitetes Vorkommen von Kaffeesäurederivaten und C-Glykosylflavonen. Polyphenolische Verbindungen sind häufig mit Schwefelsäure verestert.

Wir unterscheiden folgende Ordnungen:
1. Ordnung: Alismatales, die den ursprünglichen Typus unter den Alismatidae verkörpern.

Butomaceae (13) mit *Butomus umbellatus*, der Schwanenblume; Balgfrüchte.

Alismataceae (70). Einheimisch die Gattungen *Alisma* (Froschlöffel) und *Sagittaria* (Pfeilkraut). Nüßchenfrüchte. Die in *Alisma*-Rhizomen aufgefundenen Alisole sind tetrazyklische Triterpene.

Die beiden folgenden Ordnungen sind im Blütenbau stark reduziert, offenbar im Zusammenhang mit der Herausbildung von Anemogamie und Hydrogamie.

2. Ordnung: Hydrocharitales. Einzige Familie: **Hydrocharitaceae** (100).

Einheimisch: *Stratiotes aloides* (Krebsschere), *Hydrocharis morsus-ranae* (Froschbiß). Eingebürgert die nordamerikanische *Elodea canadensis* (Wasserpest). In Aquarien und gelegentlich verwildert die subtropische *Vallisneria spiralis*.

3. Ordnung: Najadales. Perianth oft ganz fehlend.

Scheuchzeriaceae (1) mit *Scheuchzeria palustris*, der Blumenbinse. In nährstoffärmsten Mooren (auch Hochmooren!) mit nordisch (-kont.) Verbreitung und vereinzeltem Reliktvorkommen in Mitteleuropa. Durch Balgfrüchte und – wenn auch unscheinbar entwickeltem – Perianth den Alismatales genähert; stark cyanogen durch Triglochinin-Vorkommen: dies gilt auch für die folgenden

Juncaginaceae (18). Einheimisch in Salzwiesen *Triglochin maritimum* (Dreizack), in Niedermooren *T. palustre*.

Potamogetonaceae (90), mit den Laichkraut-Arten (*Potamogeton*); im Süßwasser.

Najadaceae (35), **Ruppiaceae** (2) und **Zannichelliaceae** (20). Untergetaucht lebende Pflanzen des Süß- und Brackwassers.

Zosteraceae (14), «Seegräser», im Salzwasser.

Literatur Alismatidae

Argue, C.L.: Pollen studies in the Alismataceae with special reference to taxonomy. Pollen & Spores 18: 161-201, 1976.

Triest, L., Y. Viinikka & M. Agami: Isozymes as molecular markers for diploid and tetraploid individuals of *Najas marina* (Najadaceae). Pl. Syst. Evol. 166: 131-139, 1989.

Wilder, G.J.: Phylogenetic trends in the Alismatidae (Monocotyledoneae). Bot. Gaz. 136: 159-170, 1975.

Unterklasse: Liliidae

Zusammen mit den Zingiberidae und Commelinidae stellen die Liliidae das Hauptkontingent an monocotylen Arten. Während es in der Regel leicht ist, eine «Liliide» von einer «Commelinide» zu unterscheiden, nehmen die Zingiberidae eine Zwischenposition ein und ähneln in manchen Eigenschaften den

Tab 11: Wichtige Unterscheidungsmerkmale zwischen den Unterklassen Liliidae, Zingiberidae und Commelinidae.

	Liliidae	**Zingiberidae**	**Commelinidae**
Blüten	auffällig, groß, bunt gefärbt, Tierbestäubung	auffällig, groß, bunt gefärbt, z.T. unter Einbeziehung petaloider Staminodien. Sepalen oft grün. Tierbestäubung	Tendenz zur Windblütigkeit und damit zusammenhängender Umwandlung der Blüte, z.B. Reduktion des Perianths
Pollen	meist bi-nukleat	bi- (oder tri-)nukleat	meist tri-nukleat
Fruchtknoten	ober- bis unterständig, mit oft vielen Samenanlagen	ober- bis unterständig, mit oft vielen Samenanlagen	oberständig, mit meist einer Samenanlage
Septalnektarien	vielfach vorhanden (vgl. Abb.148E)	vielfach vorhanden	fehlend
Endospermbildung	meist helobial	helobial oder nukleär	meist nukleär
Nährgewebe des Samens	Samen ohne Endosperm oder mit Endosperm, dann mit fettem Öl, Eiweiß oder Reservezellulose	großes, stärkehaltiges Endosperm	großes, stärkehaltiges Endosperm (Nutzpflanzen)
Nebenzellen	meist fehlend	meist 4	2 (z.B. bei allen grasartigen Pflanzen) oder mehr Nebenzellen
Tracheen	ganz auf die Wurzeln beschränkt, in oberirdischen Teilen fehlend (Ausnahmen: Dioscoreaceae und Smilacaceae), Tracheen mit leiterförmigen Durchbrechungen	meist auf die Wurzeln beschränkt	in allen vegetativen Organen, mit einfachen Durchbrechungen
unterirdische Speicherorgane	häufig	in Zingiberales häufig	selten
Oxalatraphiden	+	+	–
Steroidsaponine	+	+	–
Chelidonsäure	+	–	–
Silikatkörper	– (aber in vielen tropischen Orchideen vorhanden)	+	+
UV-Fluoreszenz der Zellwände durch Ferula-, p-Cumar- u. Diferulasäure	–	+	+

Liliidae, in anderen den Commelinidae. Die obenstehende Übersicht (Tab. 11) beschreibt wichtige Tendenzmerkmale bei den Liliidae im Vergleich mit den zwei folgenden Unterklassen.

Im Mittelpunkt der Liliidae stehen die Ordnungen (1) **Dioscoreales**, (2) **Asparagales** und (3) **Liliales**, die als Überordnung **Lilianae** zusammengefaßt werden. Die (4) **Orchidales** haben spezifische Anpassungen erfahren infolge ihrer besonderen Lebensweise und Bestäubungsmechanismen.

Die **Lilianae**, d.h. die Dioscoreales, Asparagales und Liliales, enthalten eine große Zahl von Familien, die bisher meist in den Liliales (s.l.) enthalten waren oder sogar nur als eine Familie, die Liliaceae (s.l.) aufgefaßt wurden.

Aufgrund wenig ausgeprägter Blütenreduktion ist für die meisten Vertreter der Lilianae die typische Grundformel monocotyler Blüten maßgebend:

$$* \; P3 + 3 \; A3 + 3 \; G(3)$$

Die Blüten sind durchweg radiärsymmetrisch; Verwachsungen der Perianthblätter kommen vor, sind aber wie bei allen Monocotyledoneae von geringerem diagnostischen Wert. Das Perianth ist regelmäßig als auffällig gefärbtes Perigon ausgebildet. Der coenokarpe Fruchtknoten kann ober- oder unterständig sein. Er enthält zahlreiche Samenanlagen. Im meist hornartigen Endosperm der Samen ist Stärke in der Regel durch «Reservezellulosen» ersetzt.

Einige Familien mit lianenartigen Vertretern besiedeln tropisch-subtropische Gebiete. Für die meisten Familien aber sind **Geophyten** charakteristisch, die mit Zwiebeln, Knollen oder Rhizomen ungünstige Jahreszeiten überdauern. In den unterirdischen Organen treten neben oder anstelle von Stärke häufig andere Polysaccharide auf: Inulinähnliche Fruktane (z.B. bei *Urginea maritima*) oder aus Mannanen oder Glukomannanen bestehende Zellinhaltsschleime.

Calciumoxalatkristalle, zumeist in Raphidenbündeln, sind weit verbreitet (Abb. 145), fehlen aber bei den Colchicaceae und Liliaceae. Ein fast durchgehend vorkommender Inhaltsstoff scheint die Chelidonsäure, eine γ-Pyron- α, α'-dicarbonsäure zu sein, wenn auch ihr Vorkommen bei den Iridaceae noch unsicher ist und bei den Liliaceae nicht bestätigt wurde.

Besonders charakteristisch sind **(Steroid-)Saponine.** Es handelt sich um Glykoside (Zuckeranteil überwiegend Glukose und Rhamnose) mit einem C_{27}-Aglykon, die genuin meist als Furostanol-3,26-diglykoside vorkommen. Erst nach Abspaltung des Zuckers am C-26 bildet sich die charakteristische Spirostanolstruktur aus. Wegen des Saponingehaltes werden bzw. wurden manche Arten als Waschmittel oder auch als Arzneipflanzen genutzt.

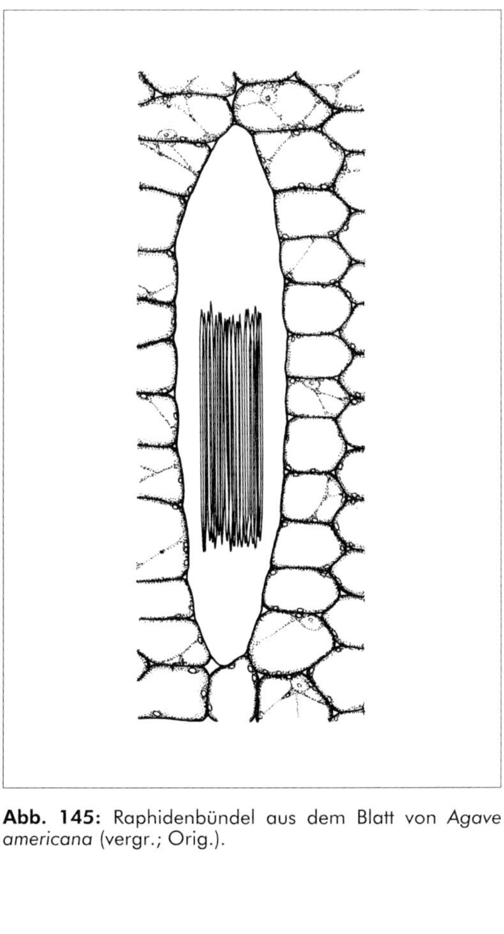

Abb. 145: Raphidenbündel aus dem Blatt von *Agave americana* (vergr.; Orig.).

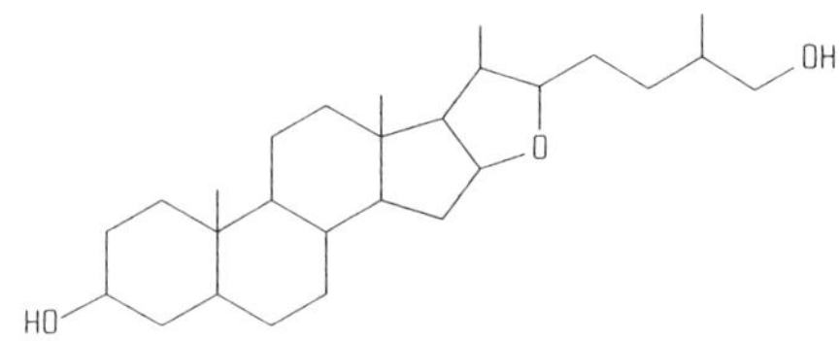

Furostanoltyp

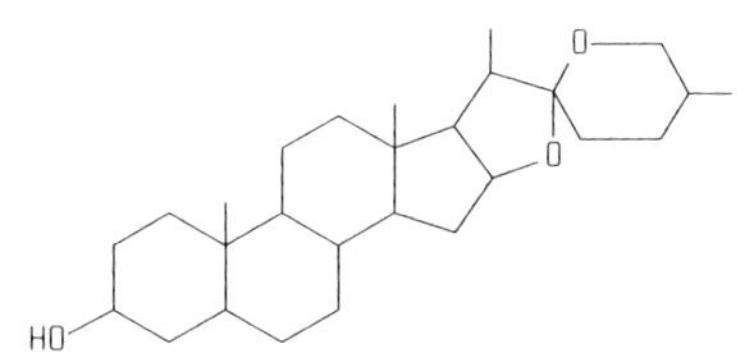

Spirostanoltyp

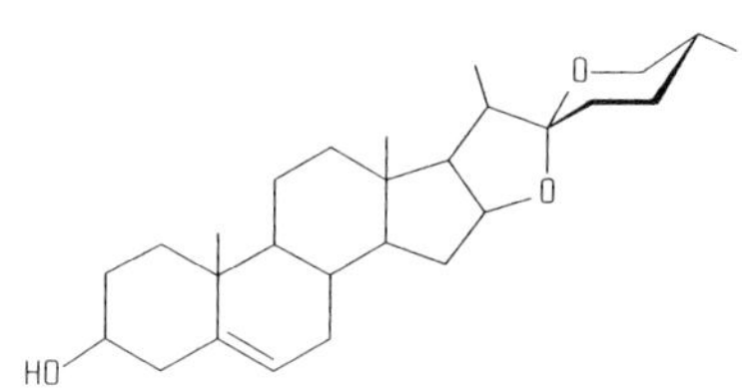

Diosgenin

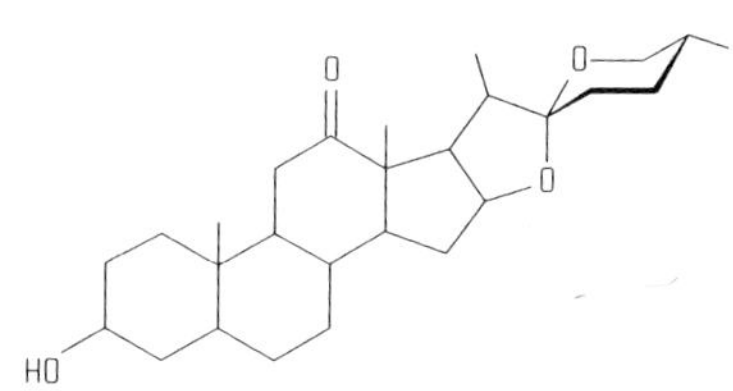

Hecogenin

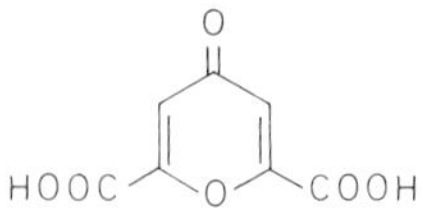

Chelidonsäure

Heute sind die Steroidsaponine vor allem als Rohstoff für die halbsynthetische Darstellung von Steroidhormonen (Nebennierenrindenhormone, Sexualhormone) von Bedeutung. Soweit Steroidsaponine monocotyler Pflanzen benutzt werden, wählt man entweder das leicht erhältliche Hauptsapogenin Diosgenin insbesondere der Dioscoreaceae oder aber mit dem Hecogenin und strukturverwandten Verbindungen der Agavaceae (bes. der bereits zur Fasergewinnung kultivierten *Agave sisalana)* Ringsysteme mit solchen Substituenten, die auf chemischem Wege nur schwer eingeführt werden könnten. Die erwünschten Verbindungen erhält man vielfach durch Umwandlung der Aglyka in Progesteron (Abspaltung des Spiroketalanteils), das nun mikrobiellen Umwandlungsprozessen (stereospezifische Hydroxylierungen am Steroidgerüst, Oxidationen) unterworfen werden kann.

1. Ordnung: Dioscoreales

Die Dioscoreales sind durch einige zum Teil dicotylenartige (und gleichzeitig ursprüngliche?) Merkmale charakterisiert. So findet man oft netznervige, eventuell gestielte, breite Laubblätter, kreisförmig angeordnete Leitbündel im Stengelquerschnitt, seitliche Stellung des Keimblattes und freie Griffel (Abb. 146). Alle diese Merkmale kommen bei den folgenden Ordnungen in der Regel nicht mehr vor.

1. *Familie:* **Dioscoreaceae** (650). Krautige oder holzige Schlingpflanzen mit knolligen, stärkereichen Reserveorganen (eßbar, z.T. nach Vorbehandlung). In den Tropen und Subtropen verbreitet.

Die Dioscoreaceen sind mit ihren netznervigen, gestielten Blättern, den 2 Keimblättern (neben dem ergrünenden wird das Haustorium als zweites gedeutet) und der ringförmigen Anordnung der Leitbündel im Stengel besonders interessant für die Diskussion möglicher phylogenetischer Beziehungen zwischen ein- und zweikeimblättrigen Pflanzen.

Bei den Dioscoreaceen sind Steroidsaponine verbreitet. Hauptsapogenin ist offenbar, so weit bisher untersucht, das Diosgenin, Ausgangsmaterial für die Teilsynthese von Hormonen (s.o.). Dioscorin und andere Piperidin-Alkaloide kommen in verschiedenen *Dioscorea*-Arten vor.

Viele *Dioscorea*-Arten in trop.-subtropischen Gebieten sind z.T. wichtige stärkereiche Kulturpflanzen (Yams). Die einzige einheimische Art ist die medit.-atl. Liane *Tamus communis* (Schmerwurz), deren Knollen stark hautreizende Stoffe und biologisch aktive Phenanthrenderivate mit antimikrobieller und fungistatischer Wirkung enthalten.

2. *Familie:* **Trilliaceae** (53) mit den wichtigsten Gattungen *Paris* (im temp. Eurasien) und *Trillium* (in Nordamerika und Ostasien). Die Laubblätter und Blütenorgane stehen meist in 3zähligen Wirteln; bei *Paris quadrifolia* zu viert (Frucht eine blauschwarze Beere).

❖ Arznei- und Nutzpflanzen der Dioscoreales

Dioscoreaceae. *Dioscorea*-Arten (Yams-Wurzelknollen; Steroidsaponine).

2. Ordnung: Asparagales

Die Asparagales lassen sich durch die häufig vorkommenden **Septalnektarien** (Abb. 148E) charakterisieren. Ihre Früchte entwickeln sich zu Beeren mit unpigmentierten Samen (Smilacaceae, Convallariaceae, Dracaenaceae) oder zu fachspaltigen Kapseln mit Samen, deren Testa durch «Phytomelane» schwarzgefärbt ist (Asphodelaceae, Anthericaceae, Hyacinthaceae, Alliaceae, Amaryllidaceae); in einigen Familien kommen schwarzgefärbte Samen auch in Beeren vor (Asparagaceae, Phormiaceae, Agavaceae). Das innere Integument der Samen ist kollabiert und zu einer dünnen Wand geschrumpft.

An Inhaltsstoffen kommen neben den allgemein verbreiteten Steroidsaponinen mehrfach Herzglykoside vor. Einige Sippen der Convallariaceen (z.B. *Convallaria majalis*) und Hyacinthaceen (z.B. *Urginea maritima*) sind in der Lage, die Steroidsynthese zur Bildung von herzwirksamen Glykosiden zu steuern. Extrakte dieser Pflanzen oder Reinglykoside, z.B. das Proscillaridin (Scillareninrhamnosid) sind neben den Digitalisglykosiden wichtige Arzneimittel zur Behandlung der Herzinsuffizienz («Digitaloide»).

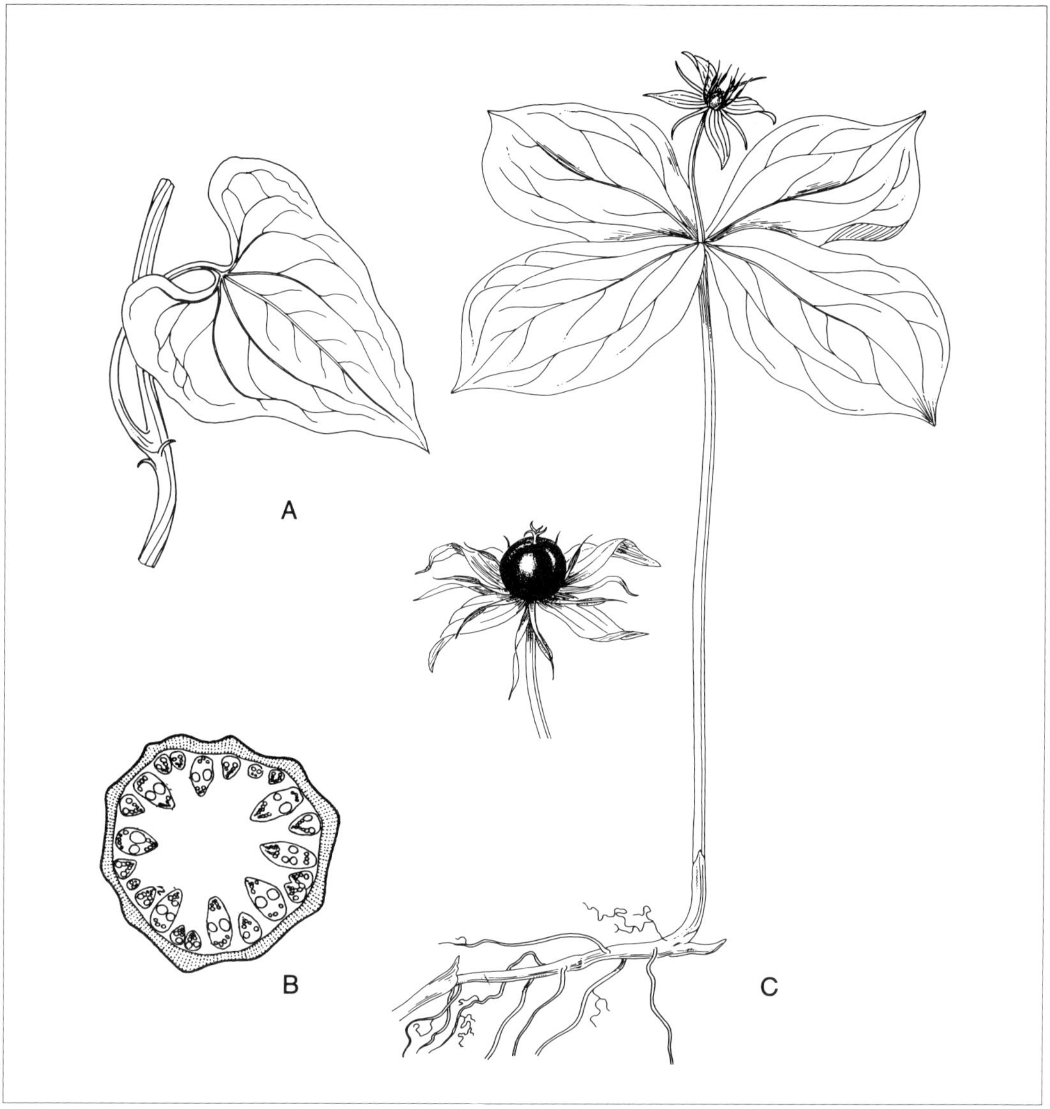

Abb. 146: Dioscoreales. – **A, B:** *Tamus communis* (Dioscoreaceae), Blatt (A) und Stengelquerschnitt (B). – **C:** *Paris quadrifolia* (Trilliaceae), Pflanze, Beere. (Nach Dahlgren.)

Von den Liliales unterscheiden sich die Asparagales weiterhin durch das verbreitete Vorkommen von Schleimzellen und Raphidenbündeln. Eine insbesondere bei Convallariaceae und Agavaceae vorkommende nichtproteinogene Aminosäure ist die L-Azetidin-2-carbonsäure.

Die Eigenständigkeit der Asparagales wird durch vergleichende serologische Experimente an Samen-Reserveproteinen unterstrichen. Referenzsysteme der Asparagales (*Ornithogalum montanum*, Hyacinthaceae, und *Phormium colensoi*, Phormiaceae) zeigten faktisch nur innerhalb der Asparagales Kreuzreaktivität (Abb. 147).

1. *Familie:* **Smilacaceae** (310) mit der mediterranen Macchienliane *Smilax aspera*. Blätter netzaderig und gestielt. Blattgrund zu paarigen Ranken verlängert. Frucht eine Beere.

Verschiedene amerikanische *Smilax*-Arten liefern die früher als Antisyphilitikum hochgeschätzte Sarsaparillwurzel, eine Droge, für die heute auf Grund ihres

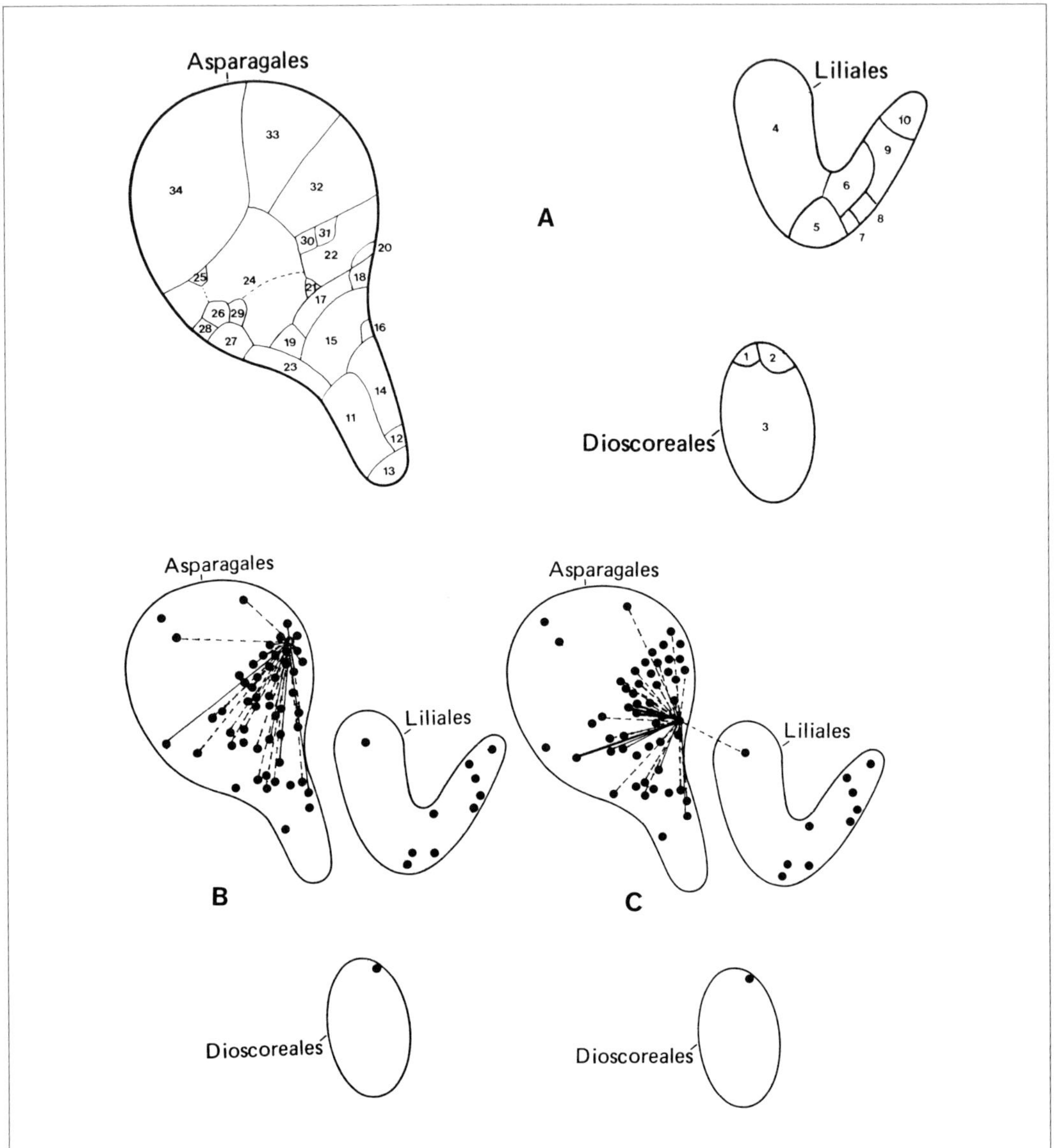

Abb. 147: Serologische Kreuzreaktionen zwischen einem *Ornithogalum montanum* (Hyacinthaceae) – Antiserum **(B)** bzw. einem *Phormium colensoi* (Phormiaceae) – Antiserum **(C)** und Antigenmaterial von Arten der Asparagales, Liliales und Dioscoreales (schwarze Punkte) belegen die Einheitlichkeit der Asparagales.
Die serologischen Reaktionen sind durch Verbindungslinien gekennzeichnet.
Familienstruktur **(A)** nach Dahlgren und Clifford (1982). Die im Text des Buches erwähnten Familien sind kursiv. – 1 Stemonaceae; 2 *Trilliaceae;* 3 *Dioscoreaceae;* 4 *Iridaceae;* 5 *Colchicaceae;* 6 Alstroemeriaceae; 7 Tricyrtidaceae; 8 Calochortaceae; 9 *Liliaceae;* 10 *Melanthiaceae;* 11 *Smilacaceae;* 12 Petermanniaceae; 13 Philesiaceae. 14 *Convallariaceae;* 15 *Asparagaceae;* 16 Herreriaceae; 17 *Dracaenaceae;* 18 Doryanthaceae; 19 Dasypogonaceae; 20 *Phormiaceae;* 21 Xanthorrhoeaceae; 22 *Agavaceae;* 23 Hypoxidaceae; 24 *Asphodelaceae;* 25 Aphyllanthaceae; 26 Dianellaceae; 27 Tecophilaeaceae; 28 Cynastraceae; 29 Eriospermaceae; 30 Hemerocallidaceae; 31 Funkiaceae; 32 *Hyacinthaceae;* 33 *Alliaceae;* 34 *Amaryllidaceae.*
(Serologie nach Chupow und Kutiavina (1981), schematische Darstellung der Ergebnisse nach Dahlgren, 1983.)

Saponingehalts Wirkungen im Sinne einer unspezifischen Reizkörpertherapie (Immunstimulation?) diskutiert werden.

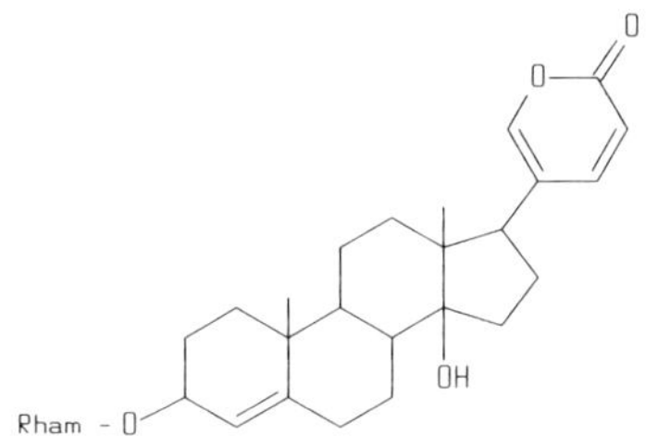

Proscillaridin

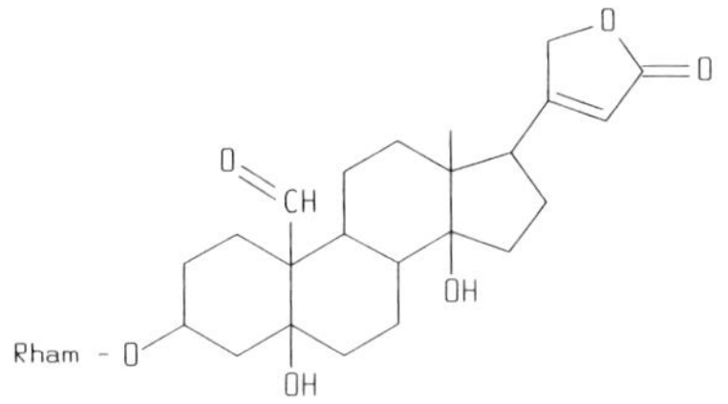

Convallatoxin

2. *Familie.* **Convallariaceae** (100). Nordhemisphärische Rhizompflanzen mit Beeren. Perigon frei (Zweiblatt, *Maianthemum bifolium*) oder verwachsen (Salomonssiegel, *Polygonatum*-Arten; Maiglöckchen, *Convallaria majalis*, Abb. 148A). Maiglöckchenkraut ist eine offizinelle Droge, die neben Steroidsaponinen (Convallamarosid als Hauptsaponin) über 20 verschiedene herzwirksame Glykoside (Cardenolide) enthält. Der mengenmäßige Anteil der Hauptglykoside – Convallatoxin, Convallatoxol, Convallosid, Lokundjosid – ist in Abhängigkeit von der geographischen Herkunft der Droge sehr unterschiedlich; im Aglykon ähneln die *Convallaria*-Cardenolide dem Strophanthidin; Formel S. 245.

3. *Familie.* **Asparagaceae** (300). Die Blätter sind zu Schuppen reduziert, während Phyllokladien die Photosynthese übernehmen; Blüten eingeschlechtig, Frucht eine Beere. – *Asparagus* (Spargel) und die mediterrane Gattung *Ruscus*, diese mit breiten Phyllokladien (Abb. 148B). Spargelwurzel ist als Diureticum gebräuchlich, während Spargelpräparate neuerdings als Diätetika propagiert werden. Von *Ruscus aculeatus*, dem Stechenden Mäusedorn, werden saponinhaltige Extrakte als Venenmittel zur Behandlung des varicösen Symptomenkomplexes empfohlen; die Sapogenine Neoruscogenin und Ruscogenin sind Bestandteile von Präparaten gegen Hämorrhoidalleiden.

4. *Familie.* **Dracaenaceae** (260). Xeromorph oder sukkulent gebaute Pflanzen mit anomalem sekundären Dickenwachstum. *Dracaena* und *Sansevieria* noch mit 3 Samen in der 3blättrigen Beeren-Frucht. – *Dracaena draco*, Drachenbaum der Kanarischen Inseln.

5. *Familie.* **Phormiaceae** (6) mit *Phormium tenax*, dem «Neuseeländischen Hanf», dessen Blattspreiten zur Fasergewinnung dienen. Überraschenderweise wurden in den Blättern Cucurbitacine nachgewiesen.

6. *Familie.* **Agavaceae** (410). Blattsukkulente Schopfpflanzen arider Gebiete mit einheitlichem Karyotyp: 5 lange und 25 kurze Chromosomen. Frucht eine Kapsel. Von amerikanischer Verbreitung sind die Gattungen *Yucca* (z.B. *Yucca brevifolia*, der Yoshua Tree) und *Agave* (z.B. die im Mediterrangebiet eingebürgerte *A. americana*, die nach der Blüte abstirbt). Agaven liefern die Rohprodukte zur Herstellung von Agavenwein (Pulque) und Agavenschnaps (Tequila). Zur Fasergewinnung dienen die Blattspreiten verschiedener Agaven, darunter *A. sisalana* (liefert Sisal). Von besonderer Bedeutung sind die Steroidsaponine der Agavaceen als Rohstoff für die teilsynthetische Darstellung von Steroidhormonen (vgl. S. 276).

7. *Familie.* **Asphodelaceae** (600). Große, ebenfalls mehr oder weniger blattsukkulente Rosettenpflanzen insbesondere Südafrikas (*Aloe*, *Kniphofia*, *Gasteria*). *Asphodelus*-Arten sind im Mittelmeergebiet verbreitet.

An nichtsteroiden Inhaltsstoffen ist das Vorkommen von Anthranoiden zu beachten. Aus dem eingedickten Saft der das Phloem begleitenden, langgestreckten Sekretschläuche von *Aloe ferox* und anderen südafrikanischen, aber auch auf küstennahen Antilleninseln und Venezuela angepflanzten *Aloe*-Arten besteht die Droge «Aloe». Sie wird als dickdarmwirksames Laxans benutzt und enthält Aloine (Aloeemodin-C-Glykoside), z.T. auch Aloinoside (Aloine, bei denen über die CH_2OH-Gruppe am C-6 oder über eine kernständige OH-Gruppe noch O-glykosidisch Zucker gebunden sind). Für den starken Bittergeschmack der Droge sind die im sog. Aloeharz enthaltenen Chromon-C-Glykoside (Aloeresine) verantwortlich.

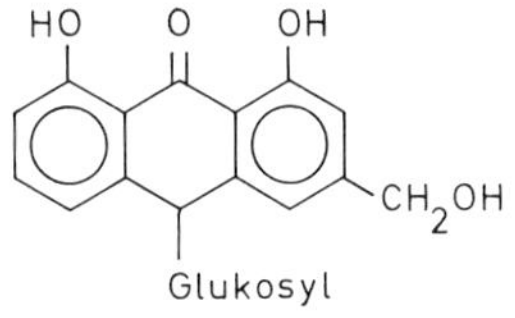

Aloin

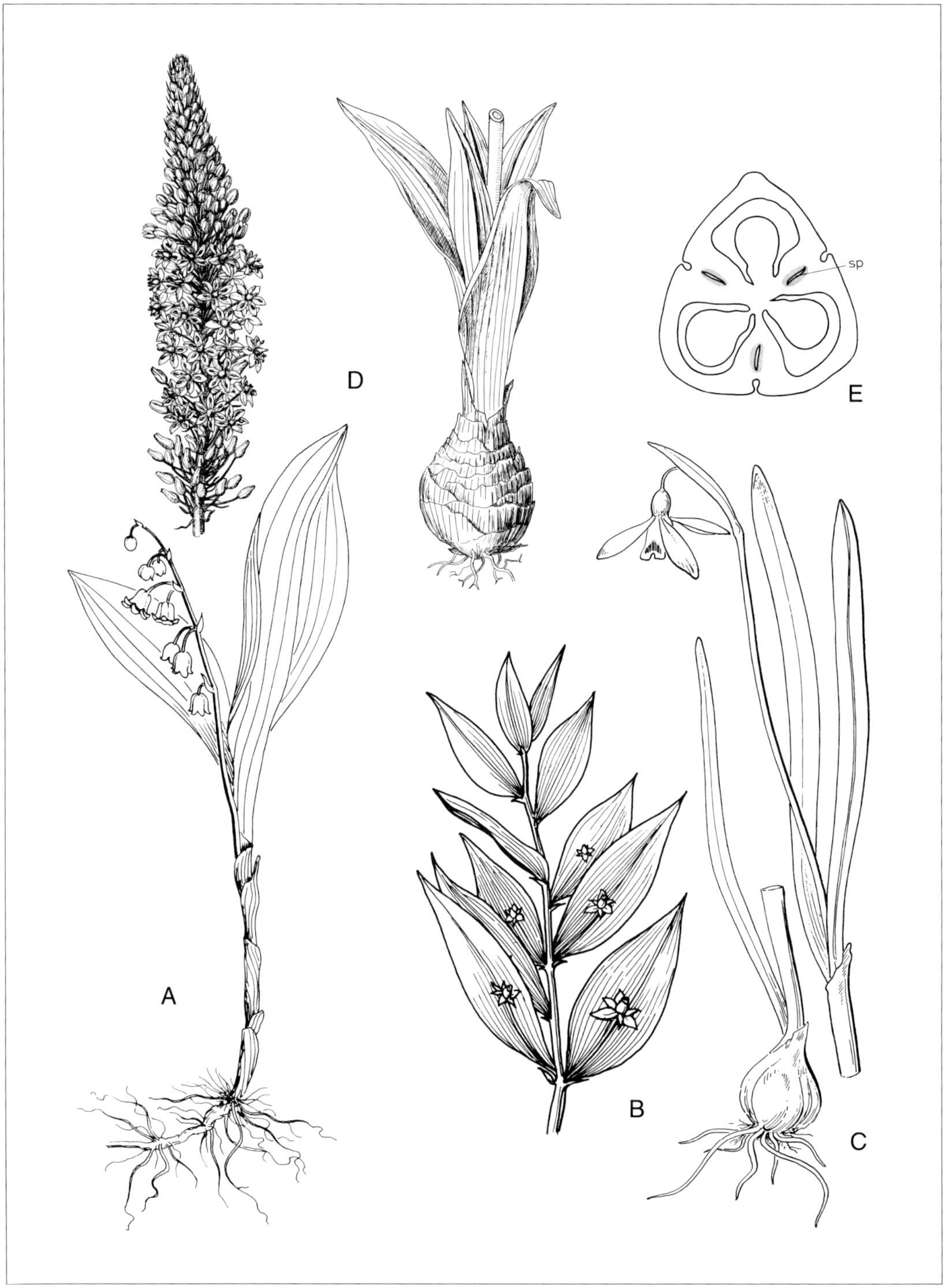
D
sp
E
A
B
C

Unter der Bezeichnung «Aloe vera» spielt in der Kosmetik neuerdings der stabilisierte visköse Saft der sukkulenten *Aloe*-Blätter eine Rolle. Er wird verschiedensten kosmetischen Zubereitungen zugesetzt, da dem Aloe vera-Gel hydratisierende, entzündungswidrige und antibakterielle Effekte zugeschrieben werden.

8. *Familie.* **Anthericaceae** (620). Steroidsaponinreiche, nichtsukkulente Stauden. Frucht eine Kapsel. *Chlorophytum*- und *Anthericum*-Arten in den (Sub)tropen verbreitet. Zwei *Anthericum*-Arten nördlich bis Skandinavien vorkommend.

9. *Familie.* **Hyacinthaceae** (20). Zwiebelpflanzen mit traubigen Blütenständen. Fruchtknoten oberständig, Frucht eine Kapsel. Verbreitungszentrum ist Südafrika und das Mittelmeergebiet. *Scilla*, *Urginea* und *Ornithogalum* (Milchstern) mit fast freien Blütenblättern; verwachsen sind sie bei *Hyacinthus* und der Traubenhyazinthe *Muscari*.

Urginea maritima, die mediterrane Meerzwiebel (Abb. 148D), *Bowiea volubilis* und einige andere Hyacinthaceae enthalten Bufadienolide als herzwirksame Glykoside.

10. *Familie.* **Alliaceae** (500). Zwiebelpflanzen mit grundständigen Blättern und scheindoldigen Blütenständen. Fruchtknoten oberständig, Frucht eine Kapsel.

In den Alliaceen (*Allium*, Lauch) finden sich Derivate des Cysteins, die Alliine. Es handelt sich um S-Alkyl- L-cysteinsulfoxide, die durch spezifische, bei den Alliaceen vorkommende Alliin-Lyasen gespalten werden. Die instabilen Spaltprodukte reagieren weiter, wobei verschiedenartigste S-haltige Verbindungen gebildet werden. Die schließlich entstehenden Di-, Tri- und Polyalkylsulfide sind Komponenten der sog. Lauchöle mit ihrem charakteristischen Geruch. Derartige Lauchöle treten vereinzelt auch in Arten anderer Familien mit auffälligem S-Stoffwechsel auf (z.B. *Alliaria petiolata*, der «Knoblauchs»-rauke, Brassicaceae). – Das tränenerregende Prinzip der Küchenzwiebel, *Allium cepa*, ist ein Propanthial-S-oxid.

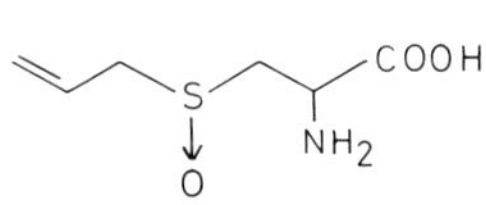

Alliin

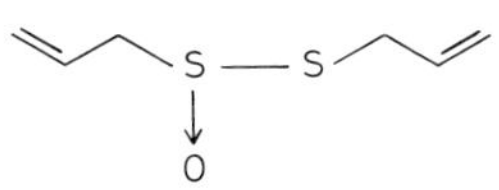

Allicin

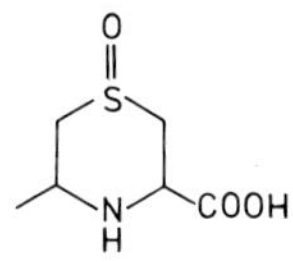

Cycloalliin

Von Bedeutung für den Arzneischatz ist – neben seiner Wertschätzung als Gewürz – vor allem *Allium sativum*, der Knoblauch. Aus dem für ihn typischen Inhaltsstoff Alliin (s.o.) entsteht zunächst das antibakteriell wirksame Allicin und im weiteren Verlaufe als Folgeprodukte Ajoene, Vinyldithiine, Cycloalliin und die schon erwähnten Di-, Tri- und Polyalkylsulfide. Ob die für Knoblauchzubereitungen postulierten «antiarteriosklerotischen» Wirkungen (Cholesterolsenkung, HDL-Steigerung, Fibrinolyse, Thrombocytenaggregationshemmung) einzelnen Komponenten oder deren Gesamtheit zuzuschreiben sind, bedarf noch der Klärung.

11. *Familie:* **Amaryllidaceae** (860). Krautartige Zwiebel – oder (selten) Knollen – Geophyten. Blüten wie bei den Alliaceen zu doldenartigen Blütenständen vereinigt, z.B. bei *Clivia*, oder aber bis auf Einzelblüten reduziert, z.B. beim Schneeglöckchen (Abb. 148C). Frucht eine Kapsel oder Beere.

In den Zwiebeln kommen neben Stärke auch Fruktane (z.B. bei *Narcissus*) und niedermolekulare Glukomannane vor; Schleime sind z.T. in Blättern und Stengeln reichlich vorhanden. Im Spektrum der Blattflavonoide ist das ausschließliche Vorkommen von Flavonolen charakteristisch.

Die Amaryllidaceen haben eine andere «Verteidigungsstrategie» entwickelt. Sie «verzichten» auf die Bildung von Lauchölen, Steroidsaponinen oder -alkaloiden und sind stattdessen zu einem völlig eigenen Alkaloidstoffwechsel übergegangen, der diese Familie zu einer typischen Alkaloidsippe stempelt. Diese sogenannten **Amaryllidaceen-Alkaloide,** von denen mittlerweile über 100 bekannt sind, können als Phenanthridin-Abkömmlinge aufgefaßt werden.

In systematischer Hinsicht dürfte ihr Vorkommen von erheblicher Bedeutung sein, da sie bisher in jeder

Abb. 148: Asparagales. – **A:** *Convallaria majalis* (Convallariaceae), blühende Pflanze mit Rhizom (1/2 x). – **B:** *Ruscus aculeatus* (Asparagaceae), Zweig mit Schuppenblättern und blattähnlichen Phyllokladien mit Blüten (nat. Gr.). – **C:** *Galanthus nivalis* (Amaryllidaceae), Pflanze (nat. Gr.). – **D:** *Urginea maritima* (Hyacinthaceae), blühende Pflanze. – **E:** *Muscari racemosum* (Hyacinthaceae), Fruchtknoten quer mit sp Septalnektarien (vergr.). – (A und D nach Köhler, B nach Johnsen aus Larsen, C nach Dahlgren, E nach Fahn.)

untersuchten Amaryllidaceen-Gattung nachgewiesen werden konnten, außerhalb der Familie jedoch nicht. Lediglich bei den Aizoaceae kommen strukturell ähnliche Alkaloide vor. Lycorin kann als Leitalkaloid gelten. Bei der Biosynthese der Amaryllidaceen-Alkaloide wird sowohl Phenylalanin (dieses liefert den C_6-C_1-Anteil) als auch Tyrosin benötigt.

Das Galanthamin, das in der (ehem.) UdSSR aus dem kaukasischen Schneeglöckchen, *Galanthus woronowii*, gewonnen wird, ist als Cholinesterase-Inhibitor eine pharmakologisch interessante Verbindung. Andere Amaryllidaceen-Alkaloide, darunter das Lycorin, haben antivirale Wirkungen, während die durch Abspaltung einer C_2-Einheit gebildeten sog. C_{13}-Lactame antimitotisch und cancerostatisch wirksam sind.

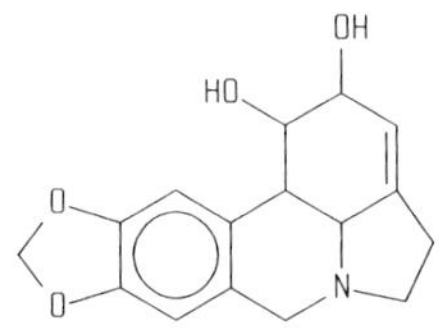

Lycorin

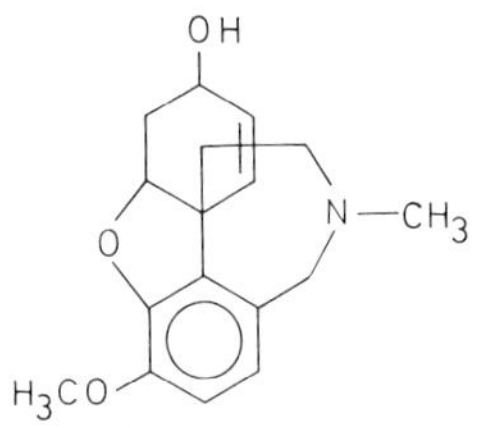

Galanthamin

Mit «Nebenkrone»: *Narcissus*, Mediterrangebiet bis W-Asien.

Ohne Nebenkrone: *Galanthus nivalis* (Schneeglöckchen) und *Leucojum vernum* (Märzenbecher) sowie die südafrikanischen Gattungen *Amaryllis* und *Clivia*.

❖ Arznei- und Nutzpflanzen der Asparagales

Smilacaceae. *Smilax*-Arten (Radix Sarsaparillae; Extr.).
Convallariaceae. *Convallaria majalis* L. (Herba Convallariae; Extr.).
Asparagaceae. *Asparagus officinalis* L. (Radix Asparagi, Spargel). *Ruscus aculeatus* L. (Extr.).
Phormiaceae. *Phormium tenax* J.R. et G. FORST (Neuseeländer Flachs).
Agavaceae. *Agave sisalana* PERR. u.a. Arten (Sisal; Steroidsaponine), *Yucca*-Arten (Fasern).
Hypoxidaceae. *Hypoxis rooperi* L. (β-Sitosterolhaltiger Extr.).
Asphodelaceae. *Aloe*-Arten (Kap-Aloe, Curacao-Aloe).
Hyacinthaceae. *Urginea maritima* (L.) BAKER (Bulbus Scillae; Extr., Proscillaridin).
Alliaceae. *Allium cepa* L. (Extr., Küchenzwiebel), *A. porrum* L. (Porree), *A. sativum* L. (Knoblauch, Bulbus Allii sativi, Extr., Lauchöle), *A. schoenoprasum* L. (Schnittlauch), *A. ursinum* (Bärlauch).
Amaryllidaceae. *Galanthus*-Arten (Galanthamin).

3. Ordnung: Liliales

Die Liliales unterscheiden sich von den Asparagales durch Nektarsekretion am Grunde der Tepalen oder Staubblätter (nie kommen Septalnektarien vor). Die Früchte sind fach- oder wandspaltige Kapseln, nur ausnahmsweise Beeren. Die Samen sind nie schwarz gefärbt, wohl aber durch Phlobaphene bräunlich pigmentiert. Ihr inneres Integument ist erhalten geblieben. Herzglykoside fehlen (Ausn. einige Iridaceen).

Zum Bauplan vgl. S. 284.

In manchen Melanthiaceae (z.B. *Veratrum*-Arten; *Schoenocaulon officinale*) und wenigen Liliaceae (*Fritillaria*) sind die Steroidsaponine weitgehend durch Pseudoalkaloide ersetzt. Diese sog. **Steroidalkaloide** sind stark toxische Substanzen, wenn das Cevan-Grundgerüst (Protoverin, Zygadenin) mit Säuren verestert ist (z. B. Protoveratrin A). Die sauerstoffärmeren Verbindungen der Jerveratrumgruppe (Jervin, Cyclopamin) mit ihrer charakteristischen Furanopiperidinstruktur der Ringe E/F haben sich als teratogene (Mißbildungen hervorrufende) Naturstoffe erwiesen. Steroidalkaloide sind sonst im wesentlichen nur noch von der Gattung *Solanum* her bekannt.

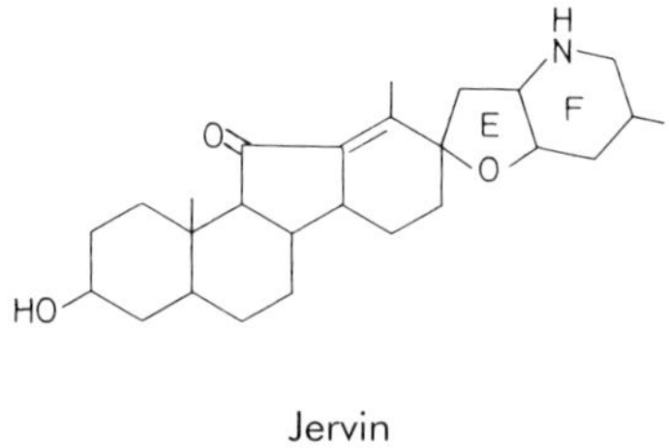

Jervin

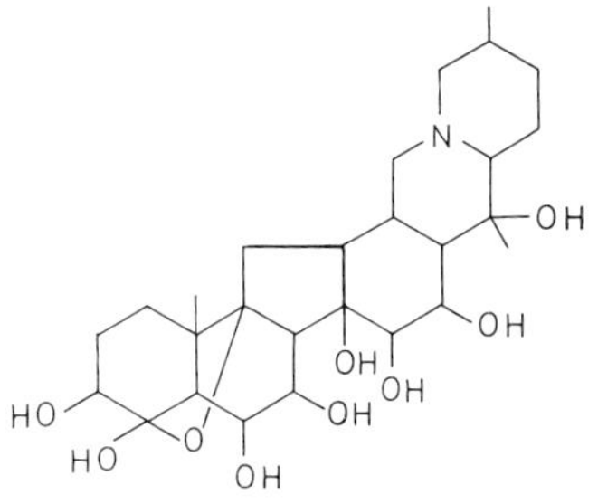

Protoverin

1. *Familie.* **Melanthiaceae** (130). Rhizomstauden. Fruchtknoten oberständig. Fruchtblätter oberwärts frei bei der Simsenlilie *Tofieldia*, dagegen mehr oder weniger miteinander verwachsen bei *Narthecium ossifragum* (Beinbrech) und *Veratrum* (Germer). Frucht eine septizide Kapsel mit länglichen Samen, die im Querschnitt isodiametrisch sind.

Auf Grund mangelnder Pflanzenkenntnisse der Sammler hat *Veratrum album*, der weiße Germer, auf alpinen Hochstaudenfluren und Weiden wachsend, beim Enzianwurzelgraben (zur Herstellung des Enzianschnapses!) zu gefährlichen Verwechslungen geführt. Gesundheitlich bedenklich ist auch gepulverte *Veratrum*wurzel (Nieswurz) als Bestandteil von Niespulver.

2. *Familie.* **Liliaceae** (300). Zu den eng gefaßten Liliaceae gehören u.a. die Gattungen *Fritillaria* (Schachblume, Abb. 149A), *Gagea* (Gelbstern), *Lilium* (Lilie) und *Tulipa* (Tulpe). Es sind Zwiebelpflanzen mit einem oft mehrblättrigen Stengel. Der Fruchtknoten ist oberständig. Die Frucht ist eine lokulizide Kapsel mit flachem Samen. Bei Tulpen und der nah verwandten Gattung *Alstroemeria* (Alstroemeriaceae) wird eine protoanemoninartige, allergene Verbindung gebildet. Dieses α-Methylenbutyrolacton (= Tulipalin A) wird aus dem Esterglukosid Tuliposid A nach Verletzen des Gewebes freigesetzt und erzeugt bei prädisponierten Personen unangenehme Hautschädigungen («Tulpenfinger-» Ekzem).

3. *Familie.* **Colchicaceae** (155). Knollenpflanzen. Fruchtknoten oberständig. Perigonblätter bei *Colchicum* basal zu einer langen Röhre verwachsen und den tief im Boden sich befindenden (erst im kommenden Frühsommer emporwachsenden und reifenden) Fruchtknoten umschließend (Abb. 149B).

Die Colchicaceae, die im übrigen keine Steroidsaponine und Steroidalkaloide enthalten, synthetisieren Tropolonalkaloide vom Typ des Colchicins (z. B. *Colchicum autumnale*, die Herbstzeitlose oder *Gloriosa superba*, die Hakenlilie), was taxonomisch von um so größerer Bedeutung ist, als dieser Biosyntheseweg – so weit wir heute wissen – von keiner anderen pflanzlichen Sippe beschritten wird. Colchicin ist ein Mitosehemmstoff, der jedoch wegen zu geringer therapeutischer Breite als Cytostatikum nicht eingesetzt werden kann. Eine gewisse Bedeutung kommt ihm noch bei der Therapie des akuten Gichtanfalls zu. Durch Hemmung der Polymerisation von Tubulin verhindert es die Bildung von Mikrotubuli in den Leukozyten, die dann nicht in das von der Gicht befallene Gelenk eindringen können. – Neben Colchicinen sind die Colchicaceae gegenüber den übrigen Familien der Ordnung durch die Dominanz der Flavone Luteolin und Apigenin gut charakterisiert.

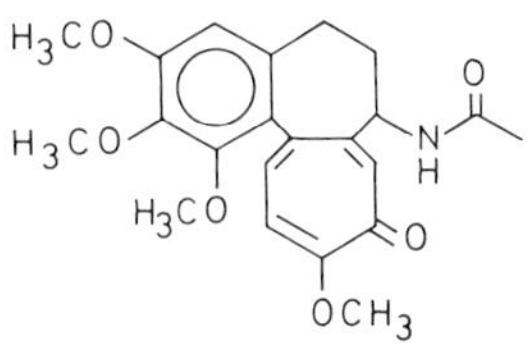

Colchicin

4. *Familie.* **Iridaceae** (1400). Diese Familie ist durch «zunehmende» Dorsiventralität der Blüte (*Crocus* und *Iris* «noch» radiär, *Gladiolus* schwach dorsiventral) und Ausfall des inneren Staubblattkreises gekennzeichnet. Fruchtknoten unterständig. Die Früchte sind lokulizide Kapseln. Es handelt sich um Rhizom-, Knollen- oder Zwiebel-Geophyten.

M-carboxy-substituierte aromatische Aminosäuren und γ-Glutamylpeptide sind charakteristische chemische Merkmale der Iridaceen, offenbar jedoch auf die Unterfamilie Iridoideae beschränkt. Calciumoxalat kommt vor allem in Form von Prismen vor. In zwei südafrikanischen Gattungen (*Homeria*, *Moraea*) sind Bufadienolide gefunden worden, die für die Giftigkeit gegenüber Weidetieren verantwortlich sind. Unter den phenolischen Verbindungen der Blätter dominieren neben Flavonolen die C-Glykosylflavone und das C-Glukoxanthon Mangiferin. Rein blaue Blütenfarben bei *Gladiolus* und *Iris* scheinen auf Copigmentation von Anthocyanen mit C-Glykosylflavonen und C-Glukoxanthonen zu beruhen.

Iris, Schwertlilie (Abb. 149C), Nordhem.; «Veilchenwurzel» mit Geruchsstoffen, die sich erst nach längerer Lagerung postmortal bilden. – *Crocus*, Medit.; die Narbenschenkel von *C. sativus* liefern «Safran», als

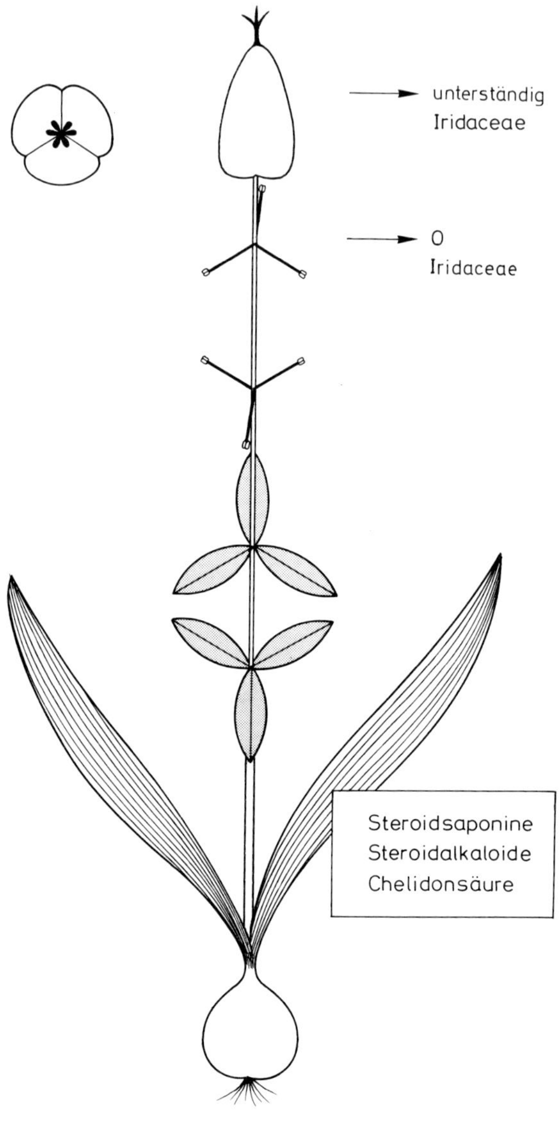

G: aus meist 3 Fruchtblättern verwachsen und nur bisweilen noch fast frei. Fruchtknoten oberständig (z.B. Liliaceae) bis unterständig (Iridaceae), meist 3fächrig mit oft vielen, zentralwinkelständigen Samenanlagen, selten 1fächrig mit parietaler Plazentation.

A: meist 3 + 3, bei Iridaceen innerer Staubblattkreis immer ausgefallen.

P: meist 3 + 3, oft gleichartig (Perigon) und auffällig gefärbt, frei (z.B. *Tulipa*) oder teilweise verwachsen (z.B. *Colchicum*).

Blü: radiär (z.B. Liliaceae) bis schwach zygomorph (Iridaceae).

Bl: streifennervig, bei geophytischer Lebensform oft grundständig (viele Liliaceen, Iridaceen).

Bauplan der Liliales

teures Küchengewürz und Färbemittel früher viel verwendet. Er enthält Farb-, Geruchs- und Bitterstoffe, die formal den Diterpenen zuzurechnen, biogenetisch aber von Carotinoiden abzuleiten sind. Zierpflanzen als z.T. hybridogene Formen aus den vorwiegend südafrikanischen Gattungen *Freesia*, *Montbretia* und *Gladiolus*.

❖ Arznei-, Gift- und Nutzpflanzen der Liliales

Melanthiaceae, *Schoenocaulon officinale* (SCHLECHT. et CHAM.) A. GRAY (Semen Sabadillae), *Veratrum*-Arten (Rhizoma Veratri), beide mit Steroidalkaloiden.

Abb. 149: Liliales. – **A:** *Fritillaria meleagris* (verkl.). – **B:** *Colchicum autumnale,* blühend und fruchtend (2/5 x). – **C:** *Iris pseudacorus,* Blüte (ca. nat. Gr.). – (A nach Dahlgren, B nach Firbas, C nach Troll.)

Colchicaceae. *Colchicum autumnale* L. (Semen Colchici; Colchicin).
Iridaceae. *Crocus sativus* L. (Stigmata Croci; «Safran»), *Iris*-Arten (Rhizoma Iridis).

4. Ordnung: Orchidales

Einzige Familie: **Orchidaceae** (ca. 20.000, damit eine der artenreichsten Familien unter den Blütenpflanzen überhaupt). Sie schließen u.a. durch ein auffällig gefärbtes, 3 + 3blättriges Perigon an die Liliales an, sind aber als vielfach epiphytisch wachsende, symbiotisch lebende (endotrophe Mykorrhiza!), zoogame Pflanzen in manchem (z.B. Bestäubung, Geschlechtsorgane, Samen) viel stärker spezialisiert. Heterotrophe Ernährung nur in der Jugend oder zeitlebens, wie bei den fast nichtgrünen Orchideen, zu denen die einheimische Nestwurz (*Neottia nidus-avis*) gehört.

Über den Bauplan unterrichtet die S. 287.

Einen relativ ursprünglichen Typus verkörpert die Gattung *Neuwiedia* (Indonesien-trop. Australien) mit fast radiären Blüten und 3 fertilen Staubblättern (aus 2 Kreisen).

Chemische Charakteristika

Verbreitet kommen **Alkaloide** unterschiedlichster Strukturtypen vor, wobei eine Beschränkung auf bestimmte Taxa zu beobachten ist: Pyrrolizidin-Alkaloide kommen in den Gattungen *Vanda*, *Phalaenopsis* sowie *Hammarbya*, *Liparis* und *Malaxis* vor. Phenylisochinolin-Alkaloide sind bei *Cryptostylis*-Arten, Phthalidalkaloide bei *Dendrobium*, vom Hygrin ableitbare Verbindungen bei *Dendrobium* und *Vandopsis*, schließlich Protoalkaloide bei *Cattleya* gefunden worden. Als Pseudoalkaloide kann man die aus *Dendrobium*-Arten bekannt gewordenen N-haltigen Sesquiterpene mit Pikrotoxangerüst bezeichnen. – In zahlreichen Orchideen wurden Dihydrophenanthrenderivate, vielfach als Phytoalexine gebildet, nachgewiesen.

Die Knollen enthalten neben Stärke reichlich **Schleime,** und zwar überwiegend Glukomannane, die partiell acetyliert sein können. Als Schleimdroge finden Knollen von *Anacamptis*-, *Gymnadenia*-, *Ophrys*-, *Platanthera*- und *Orchis*-Arten Verwendung.

Bei vielen Orchideen kommen Stoffe vor, aus denen unter gewissen Bedingungen (Absterben, Anwelken, Abblühen, Fruchtreife) durch Glykosidspaltung aus geruchlosen Vorstufen (Vanillosid) Vanillin oder verwandte Geruchsstoffe gebildet werden. Besonders reich an Vanillin sind nach einem Fermentationsprozeß die Früchte von *Vanilla planifolia*, Abb. 150A. Das Aroma dieser sogenannten «Vanille» ist infolge der Anwesenheit von Begleitstoffen dem des synthetischen Vanillins überlegen.

❖ Arznei- und Nutzpflanzen der Orchidales

Orchidaceae. *Vanilla planifolia* ANDR. (Fructus Vanillae, «Vanille»); *Anacamptis*-, *Gymnadenia*-, *Ophrys*-, *Platanthera*- und *Orchis*-Arten (Tubera Salep).

Literatur Liliidae

Arditti, J.: Orchid biology, reviews and perspectives, Vol. 4. Cornell Univ. Press, Ithaca, 1987.

Berger, A.: Die Agaven. Ergänzter Nachdruck der 1. Aufl. 1915. Fischer-Verl., Stuttgart, New York, 1988.

Block, E.: Die Chemie von Knoblauch und Zwiebeln. Spektrum der Wissenschaft, 5: 66-72, 1985.

Chase, M.W. & J.D. Palmer: Chloroplast DNA systematics of Lilioid monocots: Resources, feasibility, and an example from the Orchidaceae. Amer. J. Bot. 76: 1720-1730, 1989.

Daumann, E.: Das Blütennektarium der Monocotyledonen unter besonderer Berücksichtigung seiner systematischen und phylogenetischen Bedeutung. Feddes Rep. 80: 463-590, 1970.

Koch, H.P. & G. Hahn: Knoblauch, Grundlagen der therapeutischen Anwendung von *Allium sativum* L. Urban & Schwarzenberg, München, Wien, Baltimore, 1988.

Larsen, P.O., F.T. Sörensen, E. Wicczorkowska & P. Goldblatt: Meta-carboxy-substituted aromatic amino acids and γ-glutamylpeptides: Chemical characters for classification in the Iridaceae. Biochem. Syst. Ecol. 9: 313-323, 1981.

Martin, P.G. & J.M. Dowd: A phylogenetic tree for some monocotyledons and gymnosperms derived from protein sequences. Taxon 35: 469-475, 1986.

Pollard, C.J.: Fructose oligosaccharides in monocotyledons: A possible delimination of the order Liliales. Biochem. Syst. Ecol. 10: 245-249, 1982.

Rauwald, H.W. & B. Janssen: Desglucoruscin und Desglucoruscosid als Leitstoffe des *Ruscus aculeatus*-Wurzelstocks. Pharm. Ztg. Wiss. 133/1: 61-68, 1988.

Santavy, F. Beitrag zur Chemotaxonomie der Pflanzen der Unterfamilie Wurmbaeoideae. Pharmazie 37: 56-65, 1982.

Sen, S.: Cytotaxonomy of Liliales. Feddes Rep. 86: 255-305, 1975.

A: stark reduziert. Meist nur noch 1 (oder 2) Staubblätter fertil. Selten freie Pollenkörner (wie bei *Cypripedium,* dem Frauenschuh), sonst zu Pollentetraden oder größeren Pollenmassen verbunden; meist ist der Inhalt einer Theke oder eines Pollensackes zu einem «Pollinium» vereint.
Staubblätter und Griffel zu einem Säulchen («Gynostemium») verwachsen. Darin «Pollinarien», d.h. mit Stielchen und Klebkörper (= sterile Narbenfläche) versehene Pollinien als Bestäubungseinheiten (Abb. 150D).

P: 3+3. Auffällig gefärbtes Perigon. Das mediane Blatt des inneren Kreises lippenartig vergrößert und oft gespornt, bei (z.T. einheimischen) *Ophrys*-Arten Insekten imitierend; wird durch Resupination zur Unterlippe.

Blü: mit dorsiventraler Symmetrie.

G: Fruchtknoten unterständig, verdrillt (dadurch Blüte um 180° gedreht: «Resupination»), aus 3 Fruchtblättern verwachsen, 3- oder 1fächerig.
Samen winzig, mit kaum entwickeltem Embryo, in sehr großer Zahl in Kapselfrüchten.

Pfl: Rhizome, Rhizomknollen oder auch oberirdische Sproßknollen (Wasserspeicher!) häufig.

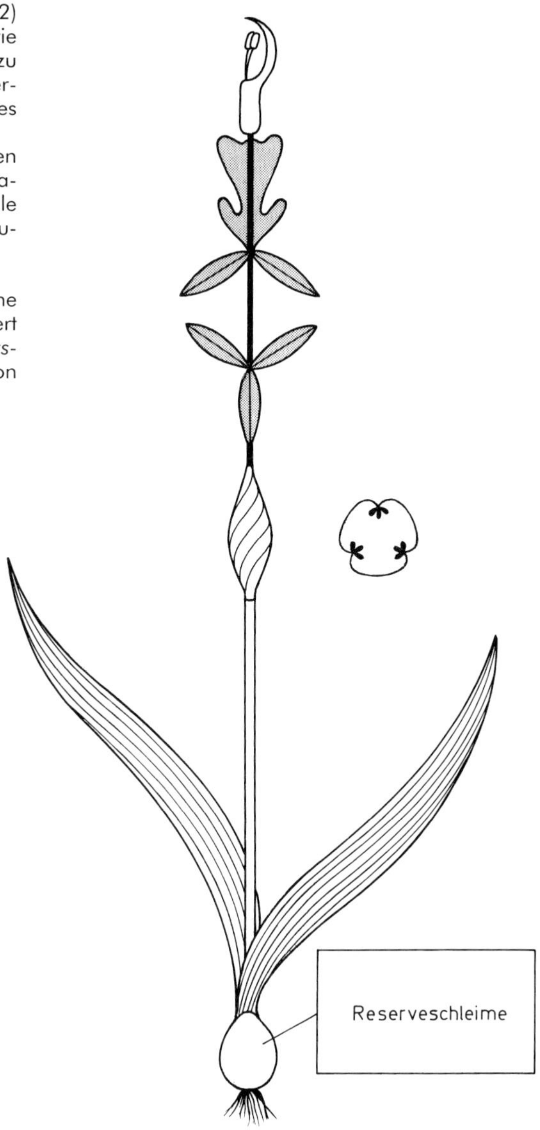

Bauplan der Orchidales

Schlegel, M., G. Steinbrück, K. Hahn & B. Röttger: Interspecific relationship of ten European orchid species as revealed by enzyme electrophoresis. Pl. Syst. Evol. 163: 107-119, 1989.
Strack, D., E. Busch & E. Klein: Anthocyanin patterns in European orchids and their taxonomic and phylogenetic relevance. Phytochemistry 28: 2127-2139, 1989.
Williams, C.A., J.B. Harborne & P. Goldblatt: Correlations between phenolic patterns and tribal classification in the family Iridaceae. Phytochemistry 25: 2135-2154, 1986.
Williams, C.A., J.B. Harborne & B. Mathew: A chemical appraisal via leaf flavonoids of Dahlgren's Liliiflorae. Phytochemistry 27: 2609-2629, 1988.

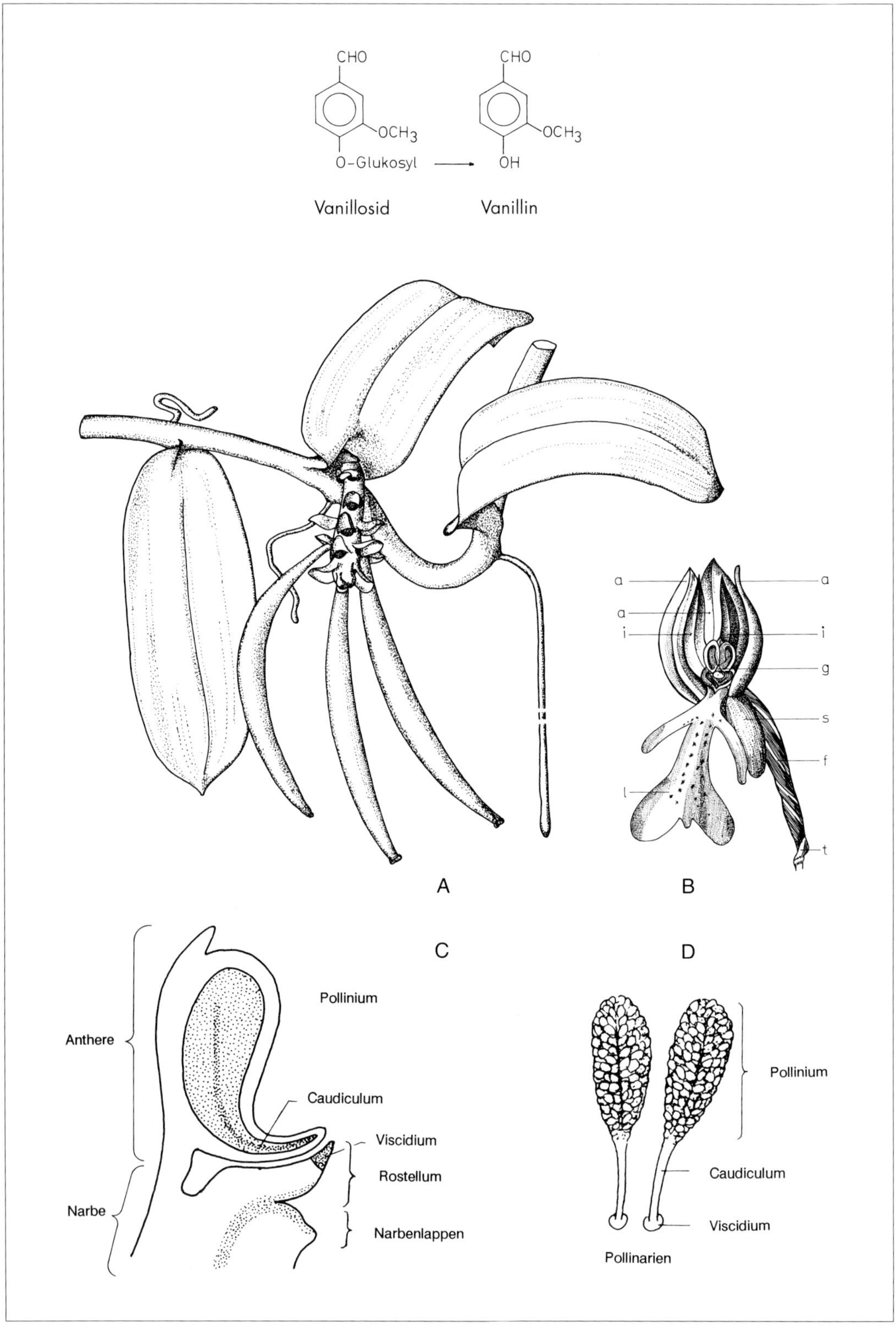
CHO
OCH3
O-Glukosyl
CHO
OCH3
OH
Vanillosid
Vanillin
A
B
a
a
a
i
i
g
s
f
l
t
C
D
Pollinium
Anthere
Caudiculum
Viscidium
Rostellum
Narbe
Narbenlappen
Pollinium
Caudiculum
Viscidium
Pollinarien

Unterklasse: Zingiberidae

Die Zingiberidae schließen sich durch die auffälligen, zoogamen Blüten an die Liliidae an, nähern sich aber z.B. durch ihr stärkereiches Endosperm, die zwei oder – meist – vier Nebenzellen ihrer Stomata und manche chemischen Eigenschaften den Commelinidae (vgl. dazu die Tabelle auf S. 274).

1. Ordnung: Zingiberales

Die tropisch-subtropischen Zingiberales sind durch auffällig gefärbte, große Blüten (teilweise Bestäubung durch Vögel oder Fledermäuse!) gekennzeichnet. Im Gegensatz zu den Orchidales beteiligen sich an dieser Blütenhülle auch Staminodien des unterschiedlich stark reduzierten Androeceums, wobei 1 oder 2 Staminodien des inneren Staubblatt-Kreises sogar – soweit vorhanden – das Labellum (die Lippe) der Blüte bilden (bei den Orchidales ist es hingegen ein Blatt des inneren Perianthkreises). Siehe Abb. 151 zur Morphologie und den Bauplan S. 290.

Chemische Charakteristika

Calciumoxalat ist durchgehend vorhanden, wenn auch seltener (Musaceae) in Form von Raphiden.

Silikat: Interessant ist das allgemeine Vorkommen von Kieselsäureablagerungen, besonders charakteristisch in kleinen Zellen mit ungleich verdickten Wänden («Stegmata»).

Stärke: Sehr große, exzentrische Stärkekörner, vor allem in Rhizomen (maximal 75-130 µm groß).

Wegen des Stärkereichtums und gleichzeitigen Fehlens schädlicher Stoffe werden manche Früchte (Banane) und besonders Rhizome (Marantaceae, Cannaceae, s. dort) als Nahrungsmittel verwendet.

Exkrete: Verbreitet sind Exkretzellen (Abb. 152), die gerbstoffartige Substanzen führen (Vanillin/HCl positiv), aber auch, besonders in Zingiberaceae, ätherisches Öl und vom Phenylpropanstoffwechsel ableitbare Scharfstoffe enthalten, was die Verwendung mancher Rhizome als Gewürz- und Heilpflanzen erklärt (Ingwer etc., siehe Zingiberaceae).

Die 4 wichtigsten Familien lassen sich insbesondere durch eine verschiedene Ausbildung des Androeceums charakterisieren (Abb. 153).

1. *Familie.* **Musaceae** (ca. 200) mit der Gattung *Musa*, uralte, formenreiche Kulturpflanzen (Stauden mit Scheinstämmen; ursprünglich aus SO-Asien stammend), die Obst- und Mehlfrüchte (Bananen), aber auch Fasern (Manilahanf) liefern.

2. *Familie.* **Zingiberaceae** (1500). Die Zingiberaceen sind besonders charakterisiert durch Exkretzellen (Abb. 152), die neben ätherischen Ölen auch nichtflüchtige Verbindungen (Harze, Farbstoffe, Scharfstoffe) enthalten. Es handelt sich um Stoffe sowohl des Terpen- wie des Phenylpropan-Biosyntheseweges:

a) **Terpene**. Als Hauptbestandteile der Zingiberaceenöle findet man sauerstoffhaltige Monoterpene (Borneol, Campher, Cineol, u.a.) und Mono- oder Sesquiterpenkohlenwasserstoffe (Camphen, Pinen bzw. Zingiberen u.a.).

b) Unter den **Phenylpropankörpern**, die insgesamt neben den Terpenstoffen etwas zurücktreten, dominieren Zimtsäurederivate, besonders als nichtflüchtige Bestandteile. Zimtsäure und p-Hydroxyzimtsäure kommen auch in manchen ätherischen Ölen vor. In *Curcuma*-Arten finden sich in Idioblasten gelbe Pigmente («Curcumine»), auf die z.B. die Färbung des Curry-Pulvers zurückgeht. Verschiedene Zingiberaceen, besonders die Ingwer-Pflanze (*Zingiber officinale*), enthalten nichtflüchtige Scharfstoffe (Gingerole und Paradole), die als Phenylpropankörper mit verlängerter Seitenkette aufgefaßt werden können.

Wegen der genannten Scharfstoffe, der gelben Pigmente und der ätherischen Öle werden viele Arten der Zingiberaceae als Gewürze oder Arzneidrogen genutzt:

Die Rhizome von *Zingiber officinale* und *Alpinia officinarum*, die im ätherischen Öl überwiegend

← **Abb. 150:** Orchidaceae. – **A:** *Vanilla planifolia*, fruchtender Sproß (verkl.). – **B:** *Orchis militaris*, Blüte, durch Drehung des Fruchtknotens (f) resupiniert; t Tragblatt, a äußere und i innere Perigonblätter, l Lippe mit s Sporn, g Gynostemium (ca 2,5 x). – C, D: *Dactylorhiza maculata*. – **C:** Gynostemium im Längsschnitt; die Narbe besteht aus 2 lateralen Narbenlappen und einem medianen («Rostellum»), dessen Spitze («Viscidium») die Pollinarien an die bestäubenden Insekten klebt. – **D:** Pollinarien, jeweils mit einem gestielten («Caudiculum») Pollinium. – (A Orig. B nach Berg und Schmidt, C, D nach Dahlgren et al. 1985.)

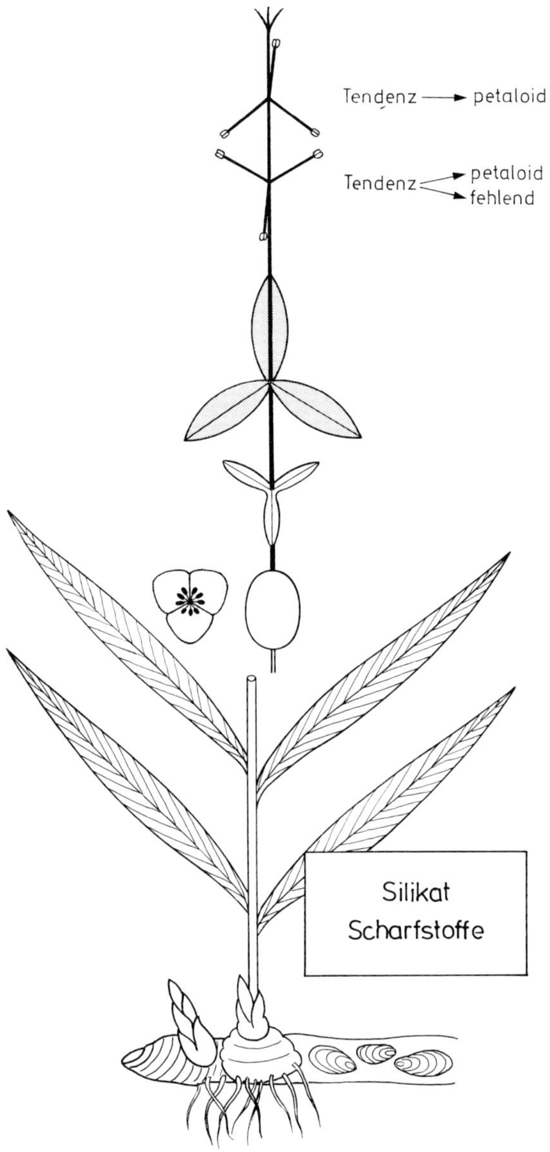

A: nur bei *Ravenala* (Strelitziaceae) mit 6 fertilen Staubblättern, sonst reduziert auf 5 (Musaceae), 1 (Zingiberaceae) oder 1/2 (= 1 fertile Theka, bei Marantaceae und Cannaceae); die Staminodien sind meist in auffällige Petalen umgewandelt (vgl. auch Abb. 151).

Perianth: groß und auffällig gefärbt, insbesondere bei Marantaceae und Cannaceae unter Einbeziehung petaloider Staminodien. Oft in Kelch und Krone geschieden.

G: aus 3 Fruchtblättern synkarp verwachsen. Fruchtknoten unterständig.

Blü: vielfach zygomorph oder asymmetrisch, nur selten mit fast radiärer Symmetrie *(Ravenala)*.

Pfl: Stauden mit stärkereichem Rhizom; Stärkekörner groß, exzentrisch. Blätter meist zweizeilig gestellt, oft fiedernervig, in einigen Fällen mit Blattstiel.

Bauplan der Zingiberales

Terpene enthalten, dienen als Aromatica acria. Gingerol, die Hauptkomponente der Scharfstoffe im Ingwer-Rhizom, ist ein Gemisch zusammengesetzter Phenylpropankörper mit Seitenkettenlängen von 10, 12 oder 14 C-Atomen. *Zingiber* spielt ebenfalls als Gewürz (Ingwer) eine wichtige Rolle. Ähnliche Verwendung finden Kardamomen, die Früchte von *Elettaria cardamomum*. Ihre Samen, die ein terpenreiches ätherisches Öl enthalten, liefern ein Gewürz.

Abb. 151: Zingiberales. – A, B: Zingiberaceae. – **A:** *Zingiber officinale,* blühende Pflanze mit Rhizom (2/5 x). – **B:** Blüte von *Curcuma australasica.* – **C:** Asymmetrische Blüte von *Canna iridiflora* (Cannaceae) (1/2 x). – Es bedeuten: st 3 Staminodien, sst seitliche Staminodien, stb einziges fertiles Staubblatt, l staminodiales Labellum, g Griffel, f Fruchtknoten, c Krone, k Kelch. – (A nach Berg und Schmidt, B nach Hooker f., C nach Schenck.)

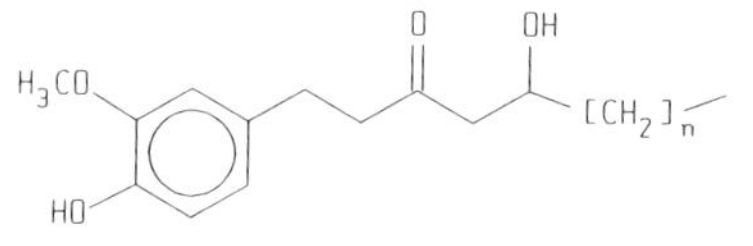

Gingerol

Die Diarylheptanoide vom Typ des Curcumins kommen vor allem in den Rhizomen von *Curcuma longa* und *Curcuma zanthorrhiza* vor. Beide Drogen werden als gallenwirksame Mittel benutzt (Cholagoga), wobei die galletreibende Wirkung sowohl den Curcuminen als auch den Terpenbestandteilen des ätherischen Öls zugeschrieben wird. Während *Curcuma zanthorrhiza* («Temoe Lawak», Javanische Gelbwurz) nur als Arzneidroge Verwendung findet, spielt *C. longa* auch als Gewürz- und Färbemittel eine Rolle, z.B. als Bestandteil des Curry-Pulvers, einer Gewürzmischung aus mehreren bis vielen Bestandteilen, für die es unterschiedliche Rezepte gibt. Neben *C. longa* sind fast immer Koriander, Ingwer und Bockshornkleesamen, daneben auch Kardamomen, Pfeffer, Paprika, Nelken, Piment und Muskat anzutreffen.

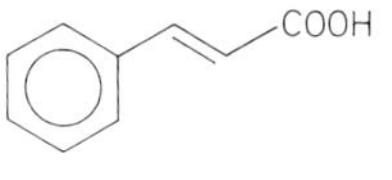

Zimtsäure

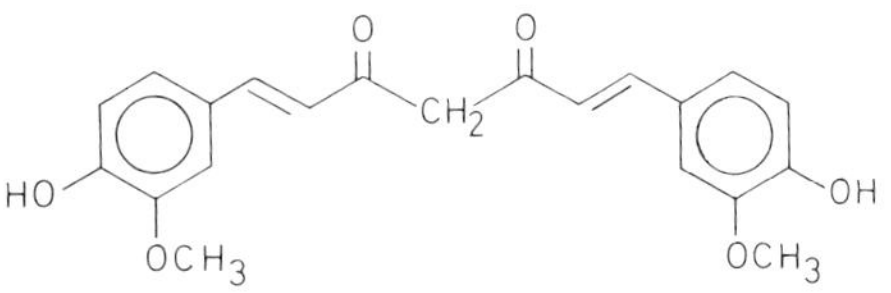

Curcumin

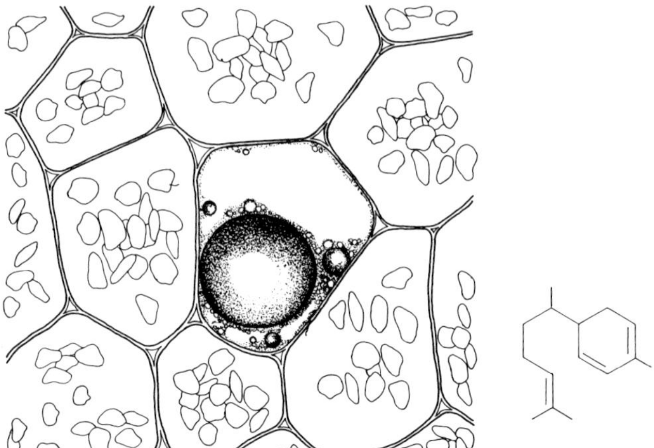

Zingiberen

Abb. 152: Exkretzelle (mit Öltropfen) im stärkereichen Parenchym des Rhizoms von *Zingiber officinale* (vergr.; Orig.).

Als Pfefferverfälschung sind die Früchte von *Aframomum melegueta* (obsolete Droge «Grana Paradisi») beschrieben worden, die ätherisches Öl und als Scharfstoffe Paradole (Hydroxyphenylalkone) enthalten.

Rhizome einiger Arten der Zingiberaceae, die wie die der meisten Zingiberales sehr stärkehaltig sind, werden zur Stärkegewinnung herangezogen. *Curcuma angustifolia*, *C. rubescens* und *C. leucorrhiza* liefern z.B. das «Ostindische Arrowroot».

3. *Familie:* **Marantaceae** (350). Rhizome von *Maranta arundinacea* liefern ebenfalls Stärke (Amylum Marantae = Westindisches Arrowroot).– Die aus dem Arillus von *Thaumatococcus danielli* isolierten Süßstoffe sind relativ labile Polypeptide. Sie werden als Thaumatine bezeichnet und haben einen hohen Süßwert (1600mal süßer als Saccharose).

4. *Familie:* **Cannaceae** (30) mit der einzigen Gattung *Canna*, im trop.-subtrop. Amerika beheimatet: *Canna indica* und Bastarde als Zierpflanzen, *Canna edulis* wegen stärkehaltiger Knollen (Stärkemehl als «Queensland-Arrowroot») kultiviert.

❖ Arznei- und Nutzpflanzen der Zingiberales

Musaceae. *Musa*-Hybriden aus den Wildarten *M. acuminata* COLLA und M. *balbisiana* COLLA (Bananen), *M. textilis* NEE (Faserbanane, Manilahanf).

Zingiberaceae. *Alpinia officinarum* HANCE (Rhizoma Galangae), *Curcuma longa* L. (Rhizoma Curcumae; «Cur-

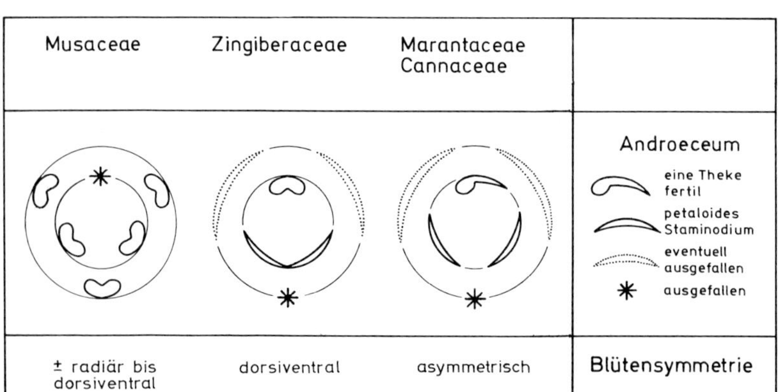

Abb. 153: Androeceum und Blütensymmetrie bei Zingiberales

ry»), *C. zanthorrhiza* ROXB. (Rhizoma Curcumae zanthorrhizae), C. *zedoaria* ROSC. (Rhizoma Zedoariae), *Elettaria cardamomum* (L.) MATON (Fructus Cardamomi), *Zingiber officinale* ROSC. (Rhizoma Zingiberis, neuerdings gegen Reisekrankheit, «Ingwer»).

Marantaceae. *Maranta arundinacea* L. (Amylum Marantae).

Cannaceae. *Canna edulis* KER-GAWL. (Stärke).

2. Ordnung: Bromeliales

Einzige Familie sind die **Bromeliaceae** (1700), bekannt durch ihre schmalblättrigen, terrestrischen (*Ananas comosus*) oder epiphytischen Pflanzen des tropischen Amerika. Insgesamt ist die Familie von großer Formenmannigfaltigkeit, die sie einer beachtlichen radialen Evolution verdankt mit z.T. parallelen Entwicklungen von terrestrischen zu epiphytischen Lebensformen, von Pflanzen ausgesprochener Schattenlagen bis extremer Strahlungslagen, von mesischen bis zu stark xerischen Bedingungen, vom Tiefland bis in die alpine Region. Ein Beispiel ist die Gattung *Tillandsia*, deren Entstehung im Andenbereich in das frühe Tertiär gelegt wird, deren Artbildung aber sich bis in das Quartär hinein erstreckte, wie z.B. die Entstehung der heute weit verbreiteten, bartflechtenartigen *Tillandsia usneoides* («spanish moss»).– Manche Bromeliaceen sind als Zierpflanzen verbreitet.

Verschiedene Bromeliaceen enthalten aktive Proteinasen, die z.B. aus dem frischen Fruchtsaft oder dem Stammgewebe von *Ananas comosus* (= *A. sativus*) in technischem Maßstab gewonnen werden können. Das «Bromelin» ist ein Gemisch aus mindestens 2 Enzymen. Es hat dem Papain und Ficin ähnliche proteolytische Wirkungen und findet im Rahmen der Substitutionstherapie bei «Verdauungsschwäche» Anwendung; auch zur Behandlung entzündlicher Prozesse wird es eingesetzt und – jedoch umstritten – in Form des Rohextraktes («Bromelain») als Adjuvans bei der Bekämpfung malignen Wachstums empfohlen.

❖ Arznei- und Nutzpflanzen der Bromeliales

Bromeliaceae. *Ananas comosus* (L.) MERR. (Syn. *A. sativus* [Lindl.] SCHULT. f.) (Ananas; Bromelin).

Mit den Bromeliales werden einige kleinere Ordnungen von ebenfalls vorwiegend südhemisphärischer Verbreitung in verwandtschaftliche Verbindung gebracht (Abb. 142): **Velloziales** (vorwiegend in Brasilien), **Haemodorales** (z.B. die auch als Zierpflanze kultivierte australische *Anigozanthos*, «Kangaroo Paw»), **Pontederiales** (mit Sumpf- und Wasserpflanzen, z.B. die schwimmende Rosettenpflanze *Eichhornia crassipes*, die sich von Amerika aus in tropischen Gewässern ausbreitete) sowie die helophytischen **Philydrales** aus Südostasien und Nordaustralien.

Literatur Zingiberidae

Ammon, H.P.T. & M.A. Wahl: Pharmacology of *Curcuma longa*. Planta Med 57, 1-7, 1991

Eckenwalder, J.E. & S.C.H. Barrett: Phylogenetic systematics of Pontederiaceae. Syst. Bot. 11: 373-391, 1986.

Erdman, M.D. & B.A. Erdman: Arrowroot (*Maranta arundinacea*), food, feed, fuel and fiber resource. Econ. Bot. 38: 332-341, 1984.

Friedrich, W.L.: Urverwandt: Bananen- und Ingwergewächse. Spektrum der Wissenschaft H.1, 88-97, 1991.

Gilmartin, A.J. & G.K. Brown: Bromeliales, related monocots, and resolution of relationships among Bromeliaceae subfamilies. Syst. Bot. 12: 493-500, 1987.

Mackenzie, A., J.B. Pridham & N.A. Saunders: Changes in the sweet proteins (Thaumatins) in *Thaumatococcus danielli* fruits during development. Phytochemistry. 24: 2503-2506, 1985.

Mahanty, H.K.: A cytological study of the Zingiberales with special reference to their taxonomy. Cytologia 35: 13-49, 1970.

Maiwald, L. & P.A. Schwantes: *Curcuma xanthorrhiza Roxb.* – Eine Heilpflanze tritt aus dem therapeutischen Schattendasein. Z. Phytother. 12, 35-45, 1991.

Ortlieb, U. & S. Winkler: Ökologische Differenzierungsmuster in der Evolution der Bromeliaceen. Bot. Jahrb. Syst. 97: 586-602, 1977.

Ranker, T.A., D.E. Soltis, P.S. Soltis & A.J. Gilmartin: Subfamilial phylogenetic relationships of the Bromeliaceae: Evidence from chloroplast DNA restriction site variation. Syst. Bot. 15: 425-434, 1990.

Rauh, W.: Bromelien. Ulmer-Verlag, Stuttgart, 2. Aufl., 1981.

Sharma, A.K. & I. Grosh: Cytotaxonomy of the family Bromeliaceae. Cytologia 36: 237-247, 1971.

Williams, C.A. & J.B. Harborne: The leaf flavonoids of the Zingiberales. Biochem. Syst. Ecol. 5: 221-229, 1977.

Williams, C.A.: The systematic implications of the complexity of the leaf flavonoids in the Bromeliaceae. Phytochemistry 17: 729-734, 1978.

Winkler, S.: Zur Evolution der Gattung *Tillandsia* L. Bot. Jahrb. Syst. 112: 43-77, 1990.

N.N.: Ananas, Aspekte einer Monokultur. Biuz 10: 148, 1980.

Unterklasse: Commelinidae

Die weitgehend zur **Windblütigkeit** übergegangenen Commelinidae haben sich parallel zu den zoogamen Liliidae aus gemeinsamen Vorfahren entwickelt. Unter weiteren wichtigen Unterscheidungsmerkmalen gegenüber den Liliidae fällt besonders das Fehlen der floralen Nektarien auf.

Während in den Commelinidae die Commelinales noch insektenblütige Pflanzengruppen umfassen, sind die Blüten der übrigen 3 Ordnungen (Juncales, Cyperales und Poales) in Anpassung an die erworbene Windblütigkeit mehr oder weniger reduziert. Die möglichen Verwandtschaftsbeziehungen zwischen den 4 Ordnungen und die wichtigsten Synapomorphien gehen aus Abb. 154 hervor.

1. Ordnung: Commelinales

In dieser noch als relativ ursprünglich aufzufassenden Ordnung sind die meist trimeren, zwittrigen oder auch eingeschlechtigen Blüten gut entwickelt, wobei das Perianth immer in einen sepaloiden äußeren und einen petaloiden inneren Kreis gegliedert ist. Das Androeceum ist 3+3zählig, kann aber öfters auch bis auf einen Kreis reduziert sein; Staminodien sind nicht selten. Das Endosperm ist stärkereich mit meist zusammengesetzten Stärkekörnern; der Embryo klein und undifferenziert.

Die **Commelinaceae** (700) sind von den Tropen bis in die temperaten Regionen verbreitet. Eine bekannte Zierpflanze ist *Tradescantia.* Charakteristisch ist das Vorkommen von Oxalatraphiden (sie fehlen den übrigen Familien der Commelinales), während Steroidsaponine auf die Gattung *Cyanotis* beschränkt sind. C-Glykosylflavone sind die Hauptflavonoide, während Flavonolglykoside nur eine untergeordnete Rolle spielen; das für Cyperaceae und Gramineae charakteristische Tricin kommt vor.

Die übrigen Familien der Commelinales sind Pflanzen überwiegend nasser oder feuchter Standorte und auf die Tropen konzentriert mit Schwerpunkt in Südamerika: die bärlappartigen **Mayacaceae** (10), die durch kopfförmige Blütenstände charakterisierten **Xyridaceae** (270), die **Rapateaceae** (80) und die **Eriocaulaceae** (1150; *Eriocaulon septangulare* mit weißen, knopfartigen Blütenständen in den östlichen USA und in Irland).

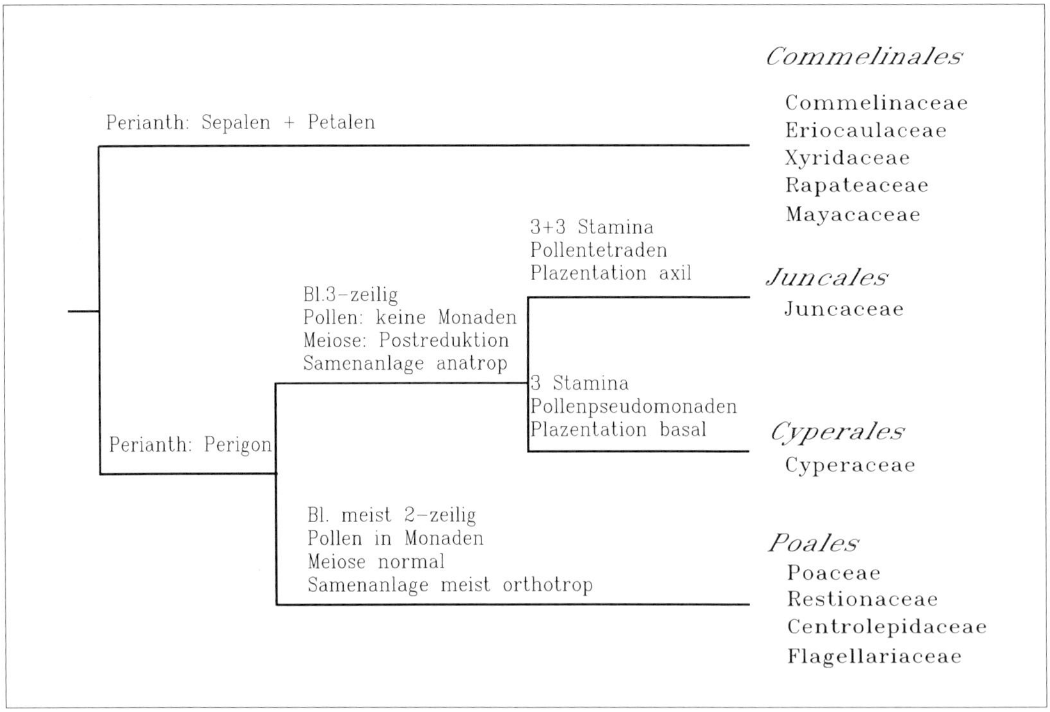

Abb. 154: Cladogramm für die 4 Ordnungen der Commelinidae. (Nach Dahlgren et al. 1985; stark vereinf.)

Die drei folgenden Ordnungen umfassen die auch in unserer Flora in großer Zahl und Artenfülle vorkommenden Hainsimsen, Simsen, Binsen, d.h. Ried- oder Sauer-«Gräser» und Süßgräser: Juncales, Cyperales, Poales.

Alle Pflanzen wachsen horstig oder besitzen – oft stärkehaltige – Ausläufer. Die Spaltöffnungen sind durchweg von 2 Nebenzellen begleitet. Alle Pflanzen sind windblütig und haben dementsprechend unauffällige, stark vereinfachte Blüten. Die Pollenkörner sind fast immer trinukleat, die Fruchtknoten oberständig. Die Samenanlagen besitzen 2 Integumente und die aus ihnen entstandenen Samen ein stärkereiches Endosperm (Nutzpflanzen!).

Den meisten Cyperales und Poales ist auffällige Silikatspeicherung eigen, während Calciumoxalatkristalle durchweg fehlen. Stärke findet sich oft in großen Mengen abgelagert, besonders im Endosperm und in den Rhizomen. Ein biochemisches Kennzeichen für die Juncaceae, Cyperaceae und Poaceae ist das nahezu auf diese drei Familien beschränkte Vorkommen einer durch Shikimisäure aktivierbaren Hydrolase der Dehydrochinasäure.

2. Ordnung: Juncales

Diese Ordnung mit der Familie der **Juncaceae** (Binsengewächse, 300) zeigt die zumeist noch typische Blütenformel der Liliales. Im Blütenaufbau stimmen sie mit den Liliidae überein: meist *P3+3 A3+3 G(3), doch ist ihr Perigon unscheinbar und trockenhäutig. Die Blüten stehen oft in reichblütigen, kopfigen bis rispigen Blütenständen (Abb. 155). Die aus einer Pollenmutterzelle sich entwickelnden Pollenkörner bleiben als Tetrade zusammen. Aus den oberständigen Fruchtknoten entwickeln sich vielsamige oder – bei *Luzula* – 3samige Kapselfrüchte. Der Embryo ist in ein mehliges, stärkereiches Endosperm eingebettet.

Abb. 155: *Juncus articulatus* (Juncaceae). Blütenstand, Blüte und Gynoeceum (teilw. vergr.; nach Schimper).

Über Verkieselungen ist nichts Sicheres bekannt. Von phenolischen Substanzen kommen vor allem Chlorogensäure, Luteolin und dessen 5-Methylether verbreitet vor.
Einheimisch sind die Gattungen *Juncus* (Binse) mit röhrigen oder rinnigen kahlen Blättern sowie *Luzula* (Hainsimse), deren flache, grasartige Blätter oft locker und lang weißlich behaart sind.

3. Ordnung: Cyperales

mit der einzigen Familie **Cyperaceae** (5000). Die wichtigsten morphologischen Merkmale der Riedgräser gehen aus dem Bauplan S. 296 hervor, wobei bedeutsame Differentialmerkmale gegenüber den «Süßgräsern» fett gedruckt sind; vgl. auch Abb. 156.

Chemische Eigenschaften

Silikat: Mit den Poaceae haben die Cyperaceae die auffällig häufige Ablagerung von Kieselkörpern in Epidermiszellen gemeinsam; die Form dieser Kieselkörper aber ist in beiden Familien total verschieden. Bei den Cyperaceen sind es besonders oft sogenannte Kegelzellen, über subepidermalen Fasersträngen gelegen; sie erinnern an die Stegmata der Zingiberales und Palmen; Abb. 157.

Polyphenole: Proanthocyanidine kommen häufig vor, oft in Idioblasten, die die für kondensierte Gerbstoffe typische Rotfärbung mit Vanillin/HCl geben. In den Flavonoidmustern der Blätter ähneln die Cyperaceen den Poaceen durch das Vorherrschen von C-Glykosylflavonen. Das Flavon Tricin ist häufig zu finden (in *Trichophorum cespitosum* sogar als Hauptflavonoid). Luteolin und dessen 5-Methylether treten gegenüber dem verbreiteten Vorkommen bei Juncaceen etwas zurück.

Ätherisches Öl kommt, wie bei den Poales, in gestreckten Idioblasten zuweilen vor. Bestandteile der Öle sind, soweit untersucht, Mono- und Sesquiterpene.

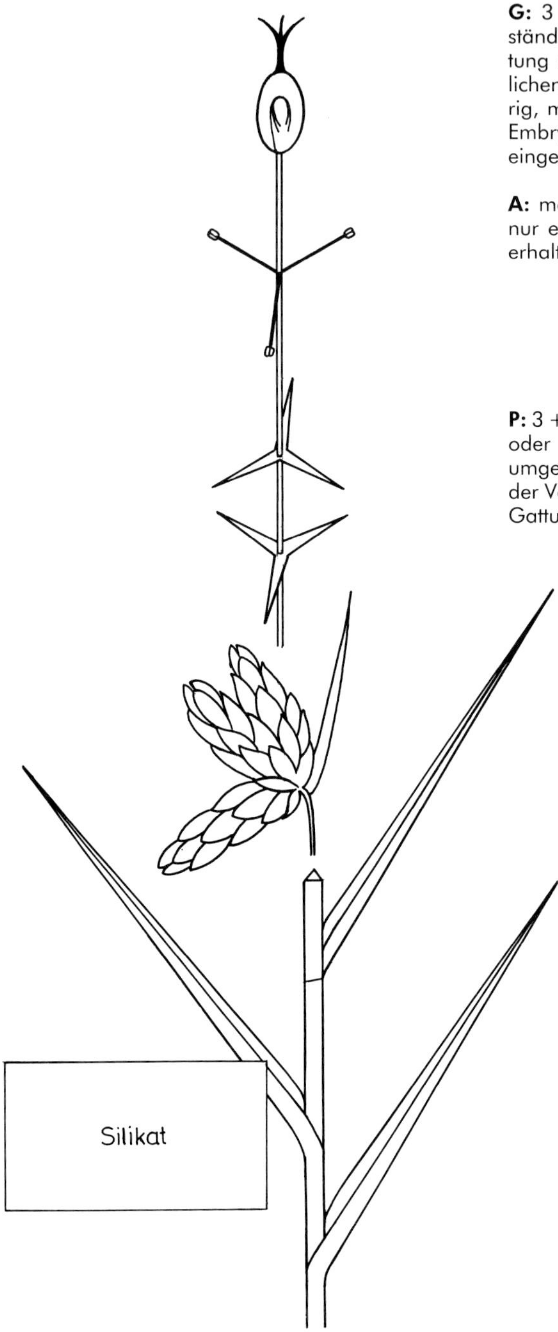

G: 3 (oder 2) Fruchtblätter sind zu einem oberständigen Fruchtknoten verwachsen, bei der Gattung *Carex* vom Utriculus (= Tragblatt der weiblichen Blüte) umhüllt (Scheinfrucht!). Ovar 1fächerig, mit 1 basalen und anatropen Samenanlage. Embryo im mehligen, stärkereichen Endosperm eingebettet. 1samige Nußfrüchte.

A: meist 3 + 0. Pollen in Pseudomonaden (d.h. nur eine der 4 Mikrosporen einer Tetrade bleibt erhalten).

P: 3 + 3, unscheinbar, zu Borsten *(Scirpus;* Simsen) oder Wollhaarbüscheln *(Eriophorum;* Wollgras) umgewandelt, die an der Frucht verbleiben und der Verbreitung dienen. Bei der eingeschlechtigen Gattung *Carex* (Seggen) völlig fehlend.

Blü: zwittrig oder eingeschlechtig, in reichblütigen Blütenständen.

Bl: 3zeilig angeordnet, mit fast immer geschlossener Scheide.

Pfl: Stengel oft scharf-3-kantig, markhaltig.

Bauplan der Cyperales

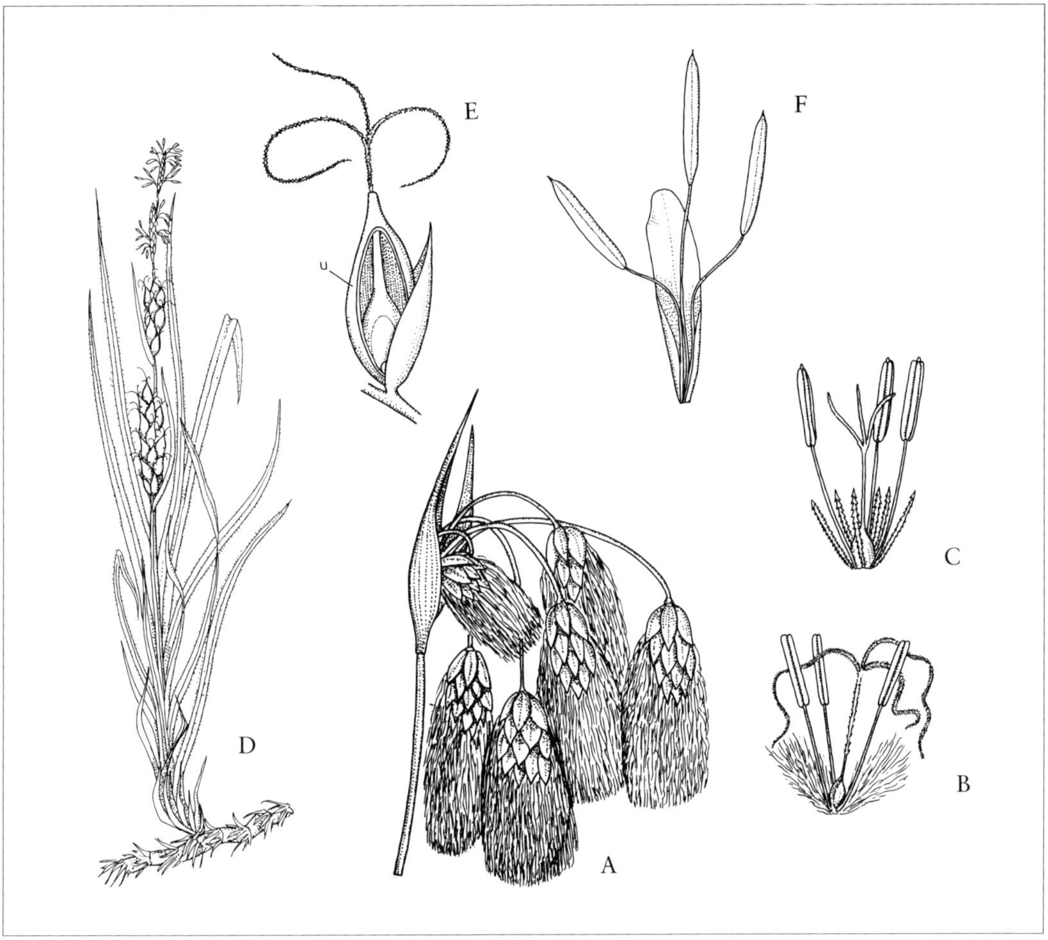

Abb. 156: Cyperales. – **A, B:** *Eriophorum angustifolium* («Wollgras»), Fruchtstände (1 x) und Blüte (vergr.). – **C:** *Schoenoplectus lacustris,* Blüte (4 x). – **D:** *Carex hirta,* blühender Sproß mit männl. (oben) und weibl. Ährchen. – **E:** Weibl. und **F:** männl. Blüte von *Carex;* u = Utriculus (ca. 15 x). – (A, B nach Hoffmann, C nach Firbas, D nach Hegi, verändert, E, F nach Walter.)

Stärke: Rhizome und Samen sind stärkereich. *Cyperus esculentus* (Erdmandel) besitzt eßbare Rhizomknollen, die neben Stärke viel fettes Öl enthalten.

Pentazyklische Triterpensäuren sind relativ häufig nachgewiesen worden wie auch vereinzelt Alkaloide vom β-Carbolintyp.

Viele Sumpf- und Moorpflanzen. Auf Hochmooren bilden Cyperaceen neben Ericaceen das Hauptkontingent in der kleinen Gruppe dort vorkommender, xeromorpher Blütenpflanzen: *Eriophorum vaginatum*, in Westeuropa auch *E. angustifolium* (Wollgräser), *Trichophorum cespitosum* agg. (Moorbinse), *Rhynchospora alba* (Schnabelsimse), *Carex limosa*, auch C. *pauciflora* (Seggen).

Cyperus papyrus (trop. Afrika) lieferte im alten Ägypten schon vor 2400 v. Chr. «Papier» aus gepreßten und aneinandergeklebten Längsscheiben des Markes.

4. Ordnung: Poales (Glumiflorae)

Sie enthält neben den südhemisphärisch verbreiteten **Restionaceae** (400) die Familie **Poaceae** (= Gramineae; 8000). Die Gräser bilden den Grundstock der Steppen-, Savannen- und Grünlandvegetation und sind hier wichtige Futterpflanzen für Wild- und Haustiere. Dem Menschen dienen sie in weiten

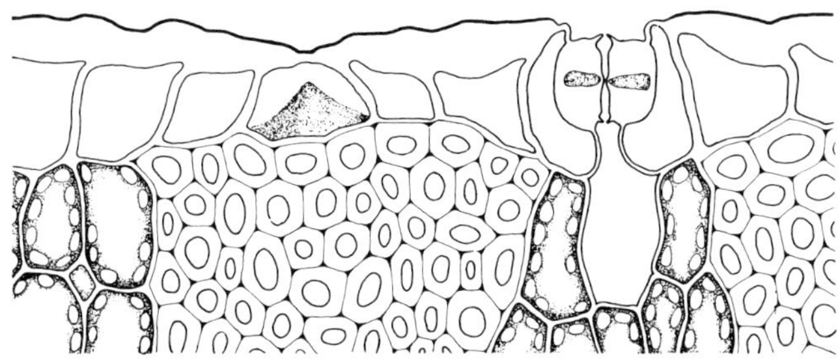

Abb. 157: Kiesel-Kegelzelle über subepidermalem Faserstrang im Blatt von *Cyperus alternifolius* (vergr.; Orig.).

Teilen der Welt als kohlenhydrat- und eiweißreiches Nahrungsmittel (Reis, Mais, Weizen etc.).

Die Blüten sind in ein – bis mehrblütigen Ährchen vereinigt und sitzen in der Achsel oft begrannter Deckspelzen. Sie sind im Zusammenhang mit der Anemogamie stark reduziert: In der Regel 3 Staubblätter mit langen Filamenten entlassen die monoporaten Pollenkörner. Meist 2 federige Narben des oberständigen und einfächerigen Fruchtknotens fangen die windverbreiteten Pollenkörner auf. Die zwei kleinen Schwellkörper öffnen die Blüten durch Abspreizen der Vor- von der Deckspelze. Schwellkörper wie Vorspelze werden als umgebildete Perianthblätter gedeutet. An den einsamigen Früchten («Karyopsen») sind Samenschale und Perikarp verwachsen. Der Embryo liegt dem stärkereichen Endosperm seitlich an, dessen äußerste Schicht reich an Aleuronkörnern ist («Kleberschicht»). Die Blätter sind im Unterschied zu denen der Cyperaceen 2zeilig angeordnet, ihr Blattgrund umfaßt den durchweg runden Stengel als eng anliegende Scheide.

Im einzelnen unterrichtet der Bauplan S. 299 über die morphologischen Merkmale; vgl. dazu auch die Abb. 158 und 159. Die Fülle der Formen läßt sich 5 Unterfamilien zuordnen, die nach morphologischen, cytologischen, embryologischen und nun auch molekularchemischen (Abb. 160) Gesichtspunkten natürliche Gruppen sein können. Über die weitere Aufgliederung in Triben und Subtriben herrscht allerdings noch keine völlige Klarheit.

Die Unterfamilie **Bambusoideae** gilt als ursprünglich; vereinzelt treten noch ursprüngliche Merkmale auf wie 6 Staubblätter oder 3 Lodiculae. Viele Arten sind Holzpflanzen tropischer Wälder und können, etwa in der Verwandtschaft von *Dendrocalamus*, bis zu 30 m hohe Bäume bilden, deren Holz zum Teil genutzt wird. Die Unterfamilie **Arundinoideae** hat eine südlich subtropische Verbreitung und wird oft als eine Reliktgruppe betrachtet, die ursprünglich in den Tropen entstanden ist. Die **Chloridoideae** und **Panicoideae** sind weitgehend tropische Savannengräser. Die Mehrzahl ihrer Arten sind als C_4-Pflanzen bekannt.

Demgegenüber haben sich die **Pooideae** in den nördlich temperaten Regionen (neben Australien) zu einer großen Artenfülle entwickelt und selbst hochalpine und arktische Standorte besiedelt. Das Cladogramm der Abb. 161 gibt einen Eindruck von den wahrscheinlichen phylogenetischen Beziehungen zwischen den einzelnen Triben auf der Grundlage einer Restriktionsenzymanalyse der Chloroplasten-DNA.

In der Tribus Poeae stellen die Gattungen *Lolium* als Ährengräser sowie *Festuca* und *Vulpia* als Rispengräser sehr nah verwandte und miteinander hybridisierende Taxa dar (was sich auch in einer übereinstimmenden Alkaloidführung manifestiert). Für die offenbar monophyletische Gattung *Poa* (Rispengras; 500) ist die phylogenetische Entwicklung mit Hilfe molekularer Methodik weitgehend entschlüsselt worden, wenn auch die retikulate Entstehung mancher Artengruppen angesichts der in der Gattung vorherrschenden Polyploidie (diploide Arten sind geradezu selten), Apomixis und Hybridbildung Schwierigkeiten bereiten. Unter Berücksichtigung der heutigen Areale läßt sich folgern, daß die Gattung *Poa* in Eurasien entstand, mindestens 6 Artengruppen unabhängig voneinander Nordamerika besiedelten, wovon zwei Südamerika und eine Neuseeland und Australien erreichten.

Chemische Charakteristika

Silikat: Wie bei den Cyperaceen sind auch hier Silikatkörper besonders in der Epidermis sehr verbreitet (während Oxalatkristalle vollkommen zu feh-

G: oberständig, pseudomonomer.
Fruchtknoten 1fächerig, mit 1 vorwiegend orthotropen (bis anatropen) Samenanlage.
1samige Nußfrüchte; Fruchtwand und Samenschale verwachsen («Karyopse»). Embryo dem mehligen, stärkereichen Endosperm seitlich anliegend. Keimblatt zu einem dem Endosperm benachbarten, schildförmigen Saugorgan (Scutellum) umgebildet; Sproß- und Wurzelanlage von geschlossenen Scheiden (Koleoptile, Koleorhiza) umgeben, die nach der Keimung durchbrochen werden.

A: meist 3 + 0, selten noch 3 + 3 (z.B. bei manchen bambusartigen Gräsern).

P: unscheinbar und reduziert; heute zumeist so gedeutet: Von beiden Perianthkreisen ist jeweils das mediane Blatt ausgefallen; die beiden übrigen des äußeren Kreises sind zu einer – meist 2(!)kieligen – Vorspelze verwachsen, die des inneren Kreises (selten sind noch alle 3 vorhanden) bilden kleine Schüppchen (Lodiculae), die als Schwellkörper das Öffnen der Blüte bewirken.

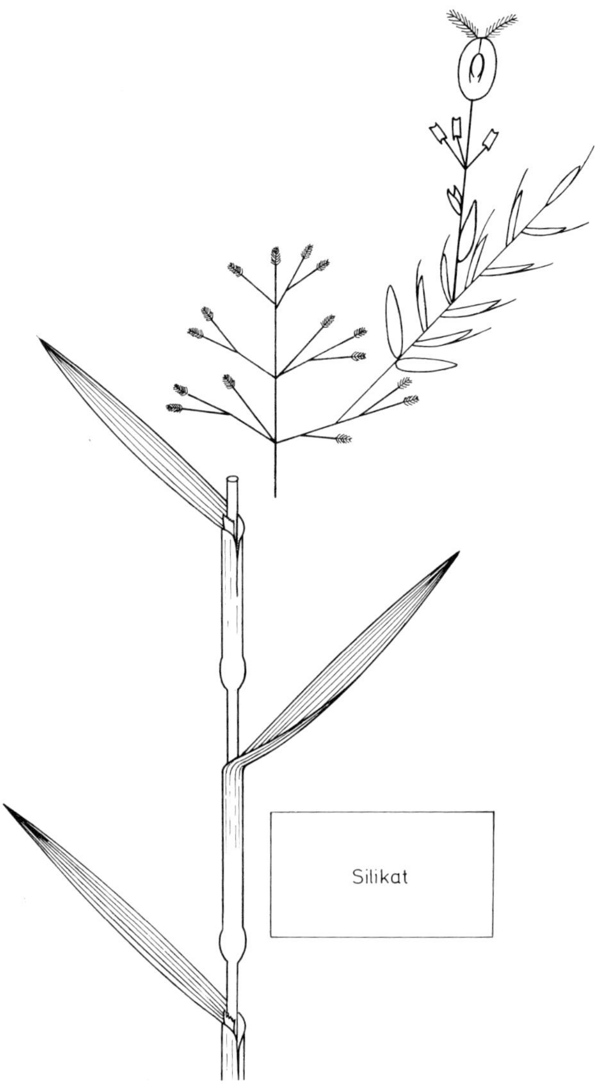

Blü: Blüten zu Ährchen vereinigt; entspringen in der Achsel oft begrannter Deckspelzen. Ährchen zumeist von 2 Hüllspelzen umgeben.
Rispengräser: Ährchen in rispigen Verzweigungssystemen, z.B. *Oryza sativa* (Reis), *Avena sativa* (Hafer).
Ährengräser: Ährchen sitzen unoder kurzgestielt an unverzweigter Achse, z.B.: *Secale cereale* (Roggen), *Triticum aestivum* (Weizen), *Hordeum vulgare* (Gerste).
Ährenrispengräser: z.B. *Alopecurus* (Fuchsschwanz), *Phleum* (Lieschgras).
Fingergräser: Ähren zu mehreren fingerartig am Halmende, z.B. *Echinochloa crus-galli* (Hühnerhirse).

Bl: 2zeilig angeordnet, an Knoten entspringend. Der Blattgrund als eng anliegende Stengelscheide, meist offen, bei manchen Gattungen (z.B. *Bromus,* Trespe) verwachsen. Am Grunde der Blattspreite befindet sich die Ligula (= Blatthäutchen), die bei den einheimischen Gattungen *Molinia* (Pfeifengras), *Phragmites* (Schilf) und *Danthonia* (Dreizahn) als Haarkranz ausgebildet ist.

Pfl: Stengel (Halm) rund, hohl, knotig.

Bauplan der Poales

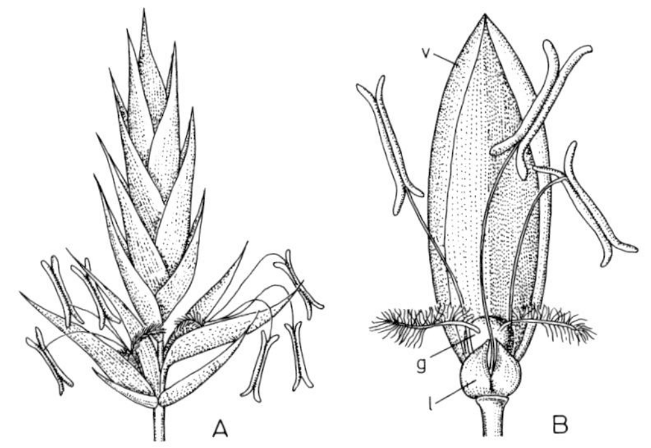

Abb. 158: *Festuca pratensis.* – **A:** Ährchen mit 2 Hüllspelzen, 2 offenen Blüten in der Achsel von Deckspelzen sowie 8 weiteren Deckspelzen mit geschlossenen Blüten (3 x). – **B:** Einzelne Blüte (nach Entfernen der Deckspelze) mit v Vorspelze, l zwei Lodiculae, drei Antheren sowie g Fruchtknoten mit zwei federigen Narben (6 x, nach Schenck).

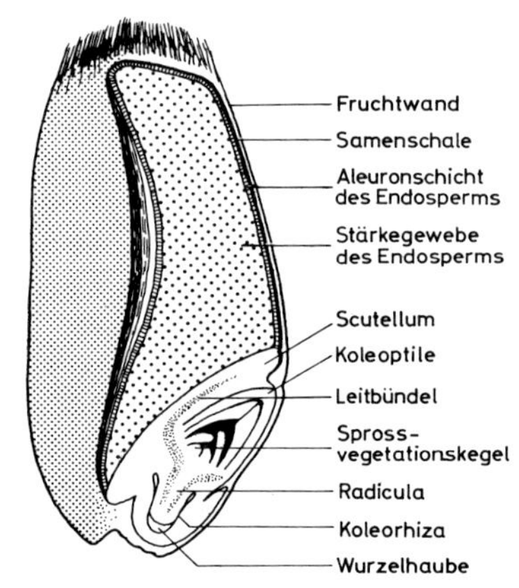

Abb. 159: *Triticum aestivum,* Karyopse. Medianer Längsschnitt durch Endosperm (punktiert) und den diesem anliegenden Embryo (vergr., nach Gassner, veränd.).

len scheinen). Häufig trifft man die für die Gramineen typischen Kieselkurzzellen an (Abb. 162).

Proteine: Die äußere Endospermschicht («Aleuronschicht») enthält vorwiegend Proteine mit Enzymfunktion. In den «protein bodies» des Endosperms kommen als Reserveproteine neben Globulinen und Albuminen die zumindest für viele Getreidearten charakteristischen Prolamine (in 70-80%igem Alkohol löslich) und Glutenine (= Gluteline, mit verdünnten Säuren und Laugen extrahierbar) vor. Prolamine können durch immunologische Überempfindlichkeit eine als Zöliakie bekannte schwere Darmerkrankung und damit verbundene Ernährungsstörung auslösen.

Unter den einzelnen Reserveproteinen hat das 11S-Globulin Legumin als Hauptreserveprotein der Samenpflanzen deswegen besonderes Interesse, weil es zwar auch in einigen Getreidearten (Hafer) den Hauptanteil am Samenreserveprotein stellt, bei den anderen Getreidearten jedoch durch strukturelle molekulare Veränderungen erst mit Hilfe verdünnter Säuren oder Basen in Lösung geht und hier das Hauptprotein der Glutelinfraktion darstellt.

Stärke: Die Samen sind außerordentlich stärkereich. Die Stärkekörner sind einfach (Roggen, Weizen, Gerste) oder vielfach zusammengesetzt (Hafer, Reis). Einige Gräser sind zu Getreidepflanzen herangezüchtet worden (größeres Korn, verringerte Brüchigkeit der Ährenspindel, z.T. leichtere Ablösung aus den Spelzen) und repräsentieren auf Grund ihres Protein- und Stärkegehaltes die wichtigsten Nutzpflanzen des Menschen:

Avena sativa (Hafer), *Triticum aestivum* (Saatweizen), *Secale cereale* (Roggen), *Zea mays* (Mais, Ursprung in Mittelamerika; Pflanzen einhäusig: männl. Blüten in endständigen Rispen, weibl. Blüten in seitenständigen Kolben), *Oryza sativa* (Reis; Heimat Südostasien, dort seit Jahrtausenden in Kultur, heute weltweit angebaut), *Panicum miliaceum* (Rispenhirse), *Setaria italica* (Kolbenhirse), *Pennisetum glaucum* (Perlhirse), *Sorghum bicolor* (Mohrenhirse, Durrha); alle Hirsen in trop.-subtropischen Trockengebieten angebaut.

In Mitteleuropa sind um die Mitte des 5. Jahrtausends v. Chr. mit dem Beginn des Ackerbaues bereits nachgewiesen: *Triticum monococcum* (Einkorn, diploid) und *T. dicoccon* (Emmer, tetraploid) sowie *Hordeum vulgare* (Vielzeilgerste in Nackt- und Spelzform), die sich im östlichen Mittelmeerraum entwickelt hatten und dort z.T. Jahrtausende vorher in Kultur waren. Später kamen Roggen (*Secale cereale*) und Hafer

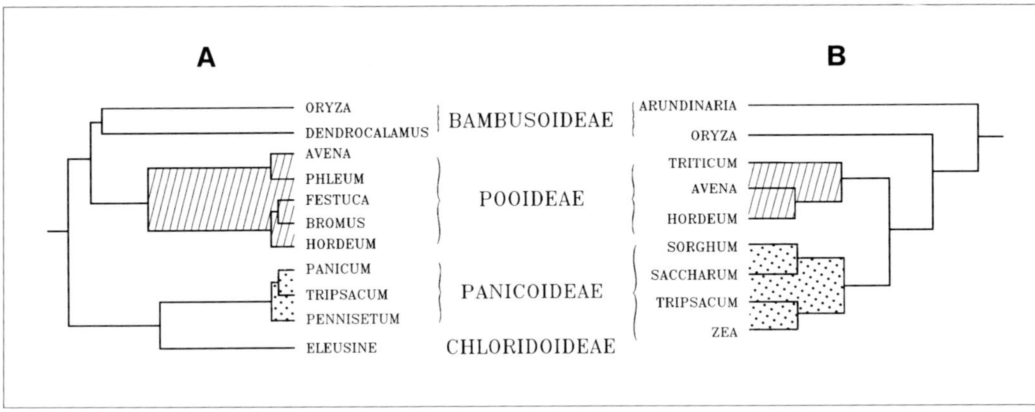

Abb. 160: Dendrogramme für **A:** immunologische Ähnlichkeiten in Prolaminen und **B:** 18S sowie 26S rRNA-Sequenzen geben die Pooideae (gestreift) und Panicoideae (punktiert) als natürliche Gruppierungen zu erkennen. Die Unterfamilie Arundinoideae ist nicht enthalten. (A nach Esen & Hilu 1989, B nach Hamby & Zimmer 1988, Unterfamilien nach Watson et al. 1985.)

Abb. 161: Cladogramm der Poaceae, Unterfam. Pooideae, auf der Basis der cpDNA-Restriktionsanalyse. (Nach Soreng et al. 1990; auf die Triben reduziert.)

(*Avena sativa*) dazu, die wohl zuerst als Getreideunkräuter auftraten.

Die einheimischen Getreidearten lassen sich anhand der Abb. 163 unterscheiden. In Rhizomen und vegetativen Organen der Gräser wird entweder Stärke bzw. Saccharose gespeichert («Zuckergräser», vorwiegend tropischer Verbreitung, wie Mais, Hirse oder Zuckerrohr *[Saccharum officinarum]*, aus dessen Mark durch Auspressen die Saccharose gewonnen wird) oder aber Fruktane («Fruktangräser» temperierter Klimate, mit einem Großteil der *Festuca*-artigen Gräser identisch, z.B. *Secale*, *Triticum*, *Hordeum*, *Festuca*).

Bei den **Fruktanen** der Poales handelt es sich nicht um eine einheitliche Gruppe von Verbindungen. Neben Fruktanen vom Inulintyp (2 → 1-Bindungen der Fruktosemoleküle) kommen, vor allem in den vegetativen Organen, überwiegend Fruktane vom Phleintyp (2 → 6-Bindung) vor. Das Triticin aus *Agropyron*-Arten schließlich stellt einen Inulin-Phlein-Mischtyp dar. Wenn man berücksichtigt, daß der Polymerisationsgrad der verschiedenen Fruktane sehr unterschiedlich sein kann, wird die Mannigfaltigkeit dieser Stoffgruppe deutlich.

Ätherisches Öl kommt in schlauchförmigen Zellen mit verkorkter Wand vor, wenn auch weitgehend beschränkt auf einige Triben der Panicoideae (hierzu gehört u.a. das Zuckerrohr); von *Cymbopogon nardus* (syn. *C. winterianus*) stammt das hauptsächlich Citronellal und Geraniol enthaltende «Aether-

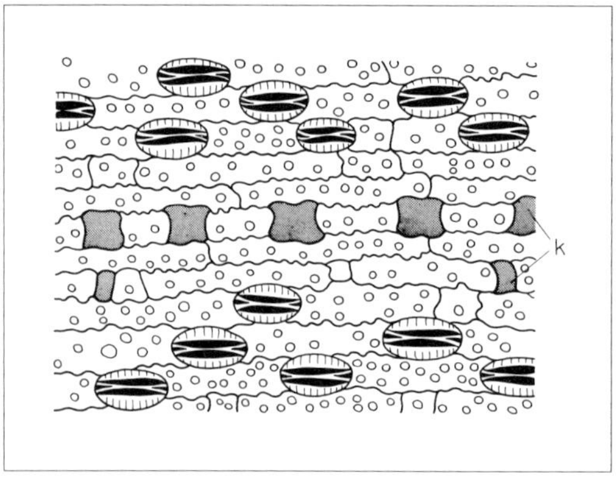

Abb. 162: Aschenbild eines Epidermisstückes von *Bambusa* (Poaceae) mit Spaltöffnungen und Kieselkurzzellen (k). (125 x, nach Molisch.)

oleum Citronellae» das als Ersatz für echtes Melissenöl zur Herstellung von «Melissengeist» gebraucht wird. Andere *Cymbopogon*-Arten liefern verschiedene, als Parfümöle geschätzte ätherische Öle (Palmarosaöl, Lemongrasöl u.a.) und werden deshalb in tropischen Gebieten vielfach kultiviert. Vorherrschende Bestandteile der Öle sind Mono- und Sesquiterpene, während Phenylpropankörper (z.B. Methyleugenol) nur selten in größerer Menge vorkommen. Das von verschiedenen *Vetiveria*-Arten stammende Parfümöl wird – im Gegensatz zu allen anderen Ölen – aus den unterirdischen Organen destilliert.

Polyphenole: Verbreitet vorkommende Flavonoide sind C-Glykosylflavone und Tricinglykoside; p-Cumar-, Ferula- und Diferulasäure sind häufig mit

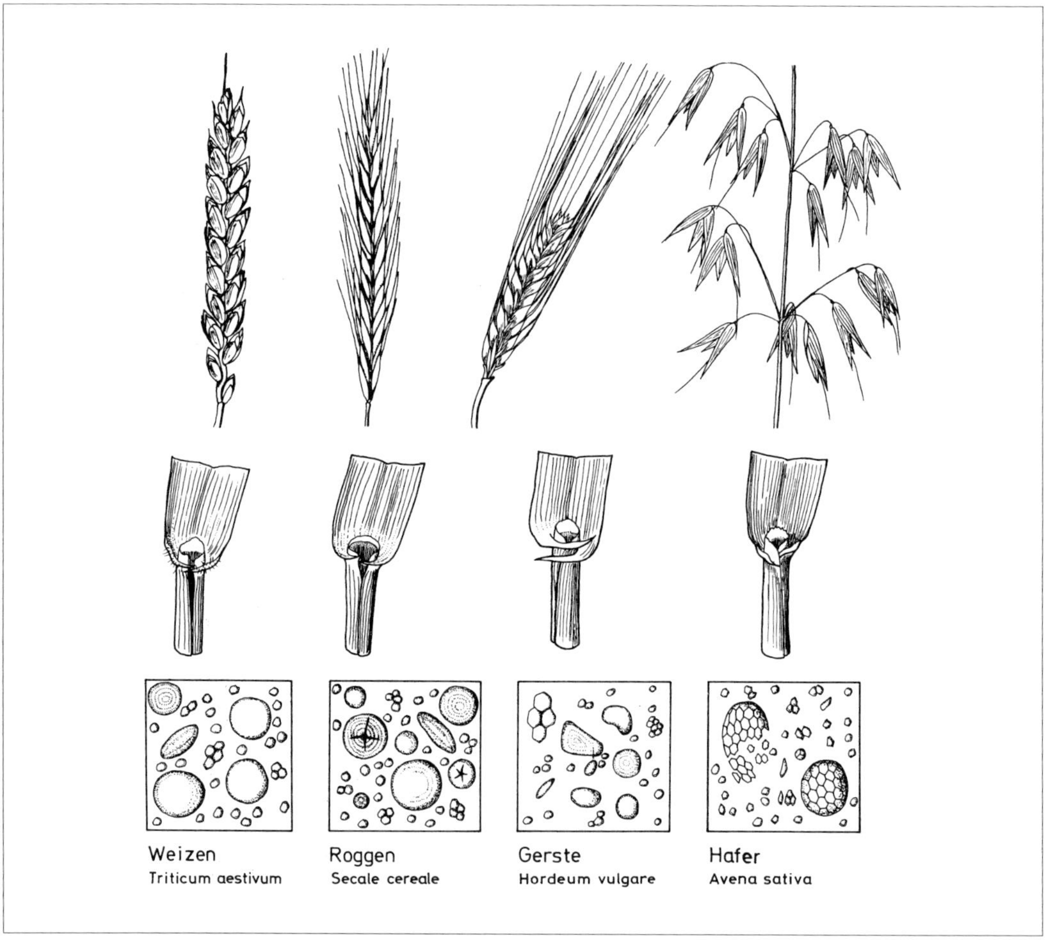

Abb. 163: Die vier wichtigsten Getreidearten Mitteleuropas mit Fruchtstand (verkl.), Blattgrund (ca. 1 x) und Stärkekörnern (vergr., nach Gassner).

OH-Gruppen von Zellwandpolysacchariden verestert (siehe Abb. 142). Proanthocyanidine sind gelegentlich zu finden.

Alkaloide: Neben Protoalkaloiden sind vereinzelt Pyrrolizidin-Alkaloide wie auch solche vom β-Carbolintyp gefunden worden. Einige Verbindungen wie z.B. die neurotoxischen Indolalkaloide aus *Lolium*-Arten (Lolitreme) sind offensichtlich Stoffwechselprodukte eines endoparasitischen Pilzes, *Acremonium coenophalium*, der ebenso wie *Claviceps purpurea*, der Mutterkornpilz, zu den Clavicipitaceae gehört (s.S. 42).

Cyanogene Glykoside kommen allgemein vor, wenn auch oft nur in geringer Menge. Neben den für die Liliatae typischen Tyrosinabkömmlingen wie Dhurrin, Taxiphyllin und Triglochinin sind auch solche anderer biogenetischer Herkunft gefunden worden.

Cumarine: Cumarinderivate treten in Spuren vermutlich in allen Gräsern auf. Akkumulation ist aber selten und bisher nur von *Anthoxanthum odoratum*, «Ruch»gras (ca. 1% Cumarin im Sproß) und *Hierochloë odorata*, «Wohlriechendes» Mariengras, bekannt. Genuin liegt Cumarin als β-Glukosid der o-Cumarinsäure vor.

Allergene. Eine medizinisch-pharmazeutische Bedeutung kommt den Gräsern als Windbestäubern schließlich noch insofern zu, als ihre Pollen Inhalationsantigene sind, die nach Kontakt mit den Schleimhäuten prädisponierter Personen zur Bildung von Antikörpern führen. Die bei erneutem Kontakt mit dem «Allergen» auftretende, als «Heuschnupfen» bekannte allergische Erkrankung wird durch eine Antigen-Antikörper-Reaktion und eine damit gekoppelte Freisetzung von Histamin und verwandten Verbindungen aus den sensibilisierten Gewebszellen verursacht.

Für diagnostische Zwecke (Feststellung des Allergens durch Hauttests) werden daher Pollenzubereitungen (auch von anderen Windblütlern) als Testantigene gebraucht.

❖ Arznei- und Nutzpflanzen der Commelinidae

Cyperaceae. *Carex arenaria* agg. (Rhizoma Caricis), *Cyperus esculentus* L. (Erdmandel).

Poaceae. *Avena sativa* L. (Hafer), *Bambusa vulgaris* SCHRAD. EX J.C. WENDL (Bambussprosse), *Cymbopogon*-Arten (Aetheroleum Citronellae), *Hordeum vulgare* L. (zweizeilige Braugerste; mehrzeilige Futtergerste), *Oryza sativa* L. (Reis; Amylum Oryzae), *Panicum*-, *Setaria*-, *Sorghum*-Arten sowie weitere Gattungen (Hirse), *Saccharum officinarum* L. (Zuckerrohr; Saccharum), *Secale cereale* L. (Roggen), *Triticum aestivum* L. (Saatweizen; Amylum Tritici, Weizenkeimöl), *T. durum* DESF. (Hartweizen), *Zea mays* L. (Mais; Amylum Maydis). Viele Grasarten (Pollen-Allergene).

Literatur Commelinidae

Arekal, G. & S.N. Ramaswamy: Embryology of *Eriocaulon hookerianum* STAPF and the systematic position of Eriocaulaceae. Bot. Not. 133: 295-309, 1980.

Bulinska-Radomska, Z. & R.N. Lester: Intergeneric relationships of *Lolium*, *Festuca*, and *Vulpia* (Poaceae) and their phylogeny. Pl. Syst. Evol. 159: 217-227, 1988.

Del Pero Martinez, M.A.: Flavonoid relationships between the Commelinaceae and related families. Biochem. Syst. Ecol. 13: 253-256, 1985.

Duvall, M.R. & J.F. Doebley: Restriction site variation in the chloroplast genome of *Sorghum* (Poaceae). Syst. Bot. 15: 472-480, 1990.

Esen, A. & K.W. Hilu: Immunological affinities among subfamilies of the Poaceae. Amer. J. Bot. 76: 196-203, 1989.

Esen, A. & K.W. Hilu: Electrophoretic and immunological studies of prolamins in the Poaceae: II. Phylogenetic affinities of the Aristideae. Taxon 40: 5-17, 1991.

Faden, R.B. & D.R. Hunt: The classification of the Commelinaceae. Taxon 40: 19-31, 1991.

Hamby, R.K. & E.A. Zimmer: Ribosomal RNA sequences for inferring phylogeny within the grass family (Poaceae). Pl. Syst. Evol. 160: 29-37, 1988.

Harborne, J.B. & C.A. Williams: Flavonoid patterns in leaves of Gramineae. Biochem. Syst. Ecol. 4: 267-280, 1976.

Hilu, K.W. & A. Esen: Prolamin size diversity in the Poaceae. Biochem. Syst. Ecol. 16: 457-465, 1988.

Hochuli, P.A.: Ursprung und Verbreitung der Restionaceen. Viertelj.schr. Naturforsch. Ges. Zürich 124: 109-131, 1979.

Macfarlane, T.D. & L. Watson: The circumscription of Poaceae subfamily Pooideae, with notes on some controversial genera. Taxon 29: 645-666, 1980.

Manhart, J.R.: Chemotaxonomy of the genus *Carex* (Cyperaceae). Can. J. Bot. 68: 1457-1461, 1990.

Martin, P.G. & J.M. Dowd: A phylogenetic tree for some monocotyledons and gymnosperms derived from protein sequences. Taxon 35: 469-475, 1986.

Niemeyer, H.M.: Hydroxamic acids (4-hydroxy-1,4-benzoxazin-3-ones), defence chemicals in the Gramineae. Phytochemistry 27: 3349-3358, 1988.

Pollock, C.J. & A.J. Cairns: Fructan metabolism in grasses and cereals. Ann. Rev. Plant Physiol. Plant Biol. 42: 77-101, 1991.

Reznicek, A.A.: Evolution in sedges (*Carex*, Cyperaceae). Can J. Bot. 68: 1409-1432, 1990.
Robert, L.S., C. Nozzolillo & I. Altosaar: Homology between rice glutelin and oat 12S globulin. Biochim. Biophys. Acta 829: 19-26, 1985.
Shah, C.K.: Morphology and embryology of the family Cyperaceae, an appraisal. Adv. Pl. Morph. 1972: 102-112, 1974.
Soreng, R.J.: Chloroplast-DNA phylogenetics and biogeography in a reticulating group: study in *Poa* (Poaceae). Amer. J. Bot. 77: 1383-1400, 1990.
Soreng, R.J., J.I. Davis & J.J. Doyle: A phylogenetic analysis of chloroplast DNA restriction site variation in Poaceae subfam. Pooideae. Pl. Syst. Evol. 172: 83-97, 1990.
Watson, L., H.T. Clifford & M.J. Dallwitz: The classification of Poaceae: Subfamilies and supertribes. Aust. J. Bot. 33: 433-484, 1985.

Unterklasse: Arecidae (= Spadiciflorae [Spadix = Kolben])

Bei den Arecidae handelt es sich um vorwiegend tropisch-subtropische Pflanzen mit häufig auffällig großen Blättern, deren Nervatur oft nicht den sonst für die Liliatae typischen Parallelverlauf zeigt. Die in der Regel unscheinbaren, meist eingeschlechtigen Blüten (Übergang zur Windbestäubung!) sitzen in Vielzahl an mehr oder weniger kolbenförmigen Achsen und sind von einem manchmal auffällig gefärbten Hochblatt (= Spatha) umgeben. Die meist 3 Fruchtblätter sind manchmal noch frei (chorikarp), sonst zu einem immer oberständigen, coenokarpen Fruchtknoten verwachsen. Die Spaltöffnungsapparate haben 2 oder mehr (meist 4) Nebenzellen ausgebildet; abweichende Verhältnisse existieren nur bei den insgesamt stark rückgebildeten Lemnaceae. Häufig stellt man eine Akkumulation von Gerbstoffen, oft in schlauchförmigen Idioblasten, sowie von Calciumoxalatraphiden fest.

Die Arecidae enthalten 4 nur locker miteinander verbundene Ordnungen, die zum Teil als Überordnungen aufgefaßt werden können: **Arecales** (= Palmales) als alter, isolierter Formenkreis, dessen Existenz schon für die Kreidezeit nachgewiesen ist; **Pandanales**; **Typhales** mit unsicherer taxonomischer Stellung, und **Arales**.

1. Ordnung: Arecales (= Palmales)

mit der einzigen Familie **Arecaceae** (= Palmae, 3500), den Palmen. Diese baumförmigen, pantropisch verbreiteten Gewächse mit primärem Dickenwachstum sind besonders im Amazonasgebiet und in Südostasien reich entwickelt.

Über den Bauplan, insbesondere die morphologischen Merkmale unterrichtet die Übersicht S. 305.

Chemische Eigenschaften

Polyphenole: Die Akkumulation von kondensierten Gerbstoffen und verwandten Verbindungen (z.B. rote Farbstoffe des «Palmendrachenblutes» u.a.) ist als wichtiger Merkmalskomplex anzusehen. Bei den Flavonoiden herrschen C-Glykosylflavone vor.

Oxalat: Raphidenzellen sind allgemein verbreitet; seltener findet man Calciumoxalatkristalle in Form von Drusen oder Einzelkristallen.

Silikate: Verkieselungen treten allgemein auf, u.a. in Form der auch bei den Zingiberales vorkommenden Stegmata.

Kohlenhydrate: Samen mit sehr dickwandigem, hartem («vegetabilisches Elfenbein» von *Phytelephas*- und *Hyphaene*-Arten zur Knöpfe-Herstellung!), grob getüpfeltem Endosperm (sog. Hornendosperm u.a. bei *Areca*, *Phoenix*) enthalten in den Zellwänden viel «Reservezellulosen», und zwar überwiegend Mannane neben Galaktomannanen. Stärke fehlt im Endosperm, wird dagegen im Mark der Stämme akkumuliert (Sagogewinnung, hauptsächlich aus *Metroxylon sagu*). Der Wundsaft ist reich an Saccharose. Er liefert nach Vergärung Palmwein, dieser nach Destillation Arrak.

Fette Öle: Samen mit verhältnismäßig weitlumigen Endospermzellen (*Cocos*, *Elaeis*) enthalten als Hauptreservestoff fettes Öl. Diese Samenöle sind für die Familie der Palmen dadurch kennzeichnend, daß Laurin- (C_{12}) und Myristinsäure (C_{14}) dominieren und Capryl- (C_8) wie Caprinsäure (C_{10}) in auffallend großen Mengen auftreten. Mit 80-95% ist der Anteil

Bl: am Ende des Stammes oft ein Schopf großer, langgestielter Blätter. Blattspreite ungeteilt angelegt, aber gefältet (plicat), später strahlig («Fächerpalmen») oder fiederartig («Fiederpalmen») geteilt.
Blattnervatur auf einen Typus zurückgehend, der dem des Zingiberaceenblattes ähnelt: von einem starken Mittelnerv gehen parallel Seitennerven schräg zum Rande.

G: chorikarp oder – meist – synkarp. 3 Fruchtblätter bilden einen meist 3fächerigen Fruchtknoten.
Samen mit kleinem Embryo, der dem hornartigen, oft ruminierten (z.B. bei der *Areca*-Nuß) Endosperm seitlich anliegt.
Endospermbildung nukleär. Beeren (Datteln!) oder Steinfrüchte (Kokosnuß!), deren großer Samen oft mit dem Endokarp fest verwachsen ist.

A: 3 + 3 oder mehr.

P: klein, unauffällig.

Blü: zwittrig, oft aber eingeschlechtig (1- oder 2häusig), in z.T. verzweigten, schwach kolbenartigen Blütenständen, die von Scheiden («Spatha») ± umhüllt werden. Bestäubung durch Insekten (vereinzelt noch Nektar!) oder Wind.

Pfl: Holzpflanzen (meist Bäume) mit primärem Dickenwachstum.

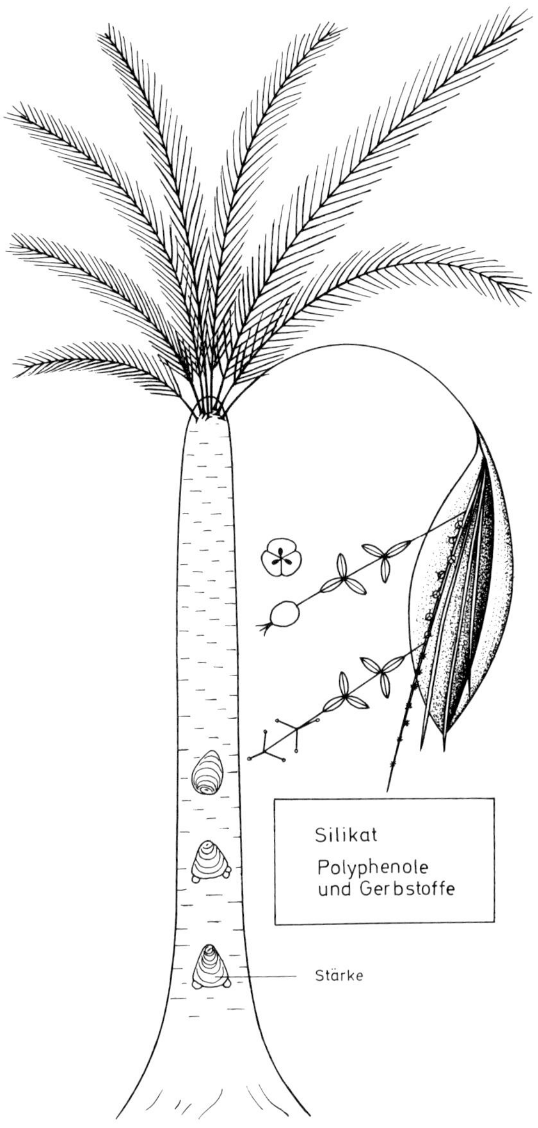

Bauplan Arecales

der gesättigten Fettsäuren sehr hoch (die Jodzahlen dementsprechend äußerst niedrig). Derartige Fette sind, ähnlich wie die Kakaobutter, bei Zimmertemperatur fest («Palmin») und finden als leichtschmelzende Masse in der Süßwarenindustrie und zu Speisezwecken Verwendung.

Während die Samenöle zur Kennzeichnung der Familie offenbar gut geeignet sind, haben die Perikarp-Öle (z.B. das Palmöl des Handels, aus *Elaeis guineensis*) nur geringes taxonomisches Interesse, da die Fruchtöle der Angiospermen in ihrer Zusammensetzung weitgehend gemeinsame Züge tragen (Hauptfettsäuren sind Palmitin- [C_{16}] und Ölsäure [C_{18}; Δ 9]).

Wachse: Insbesondere Blätter und Blattstiele der Palmen sind von einer z.T. dicken Wachsschicht überzogen (Carnaubawachs des Handels, von *Copernicia prunifera* -Blättern).

Alkaloide sind auf die Areca- oder Betelpalme (*Areca catechu*) beschränkt, wobei eine ± unbewußte Selektionierung alkaloidhaltiger Rassen durch den Menschen nicht ausgeschlossen erscheint.

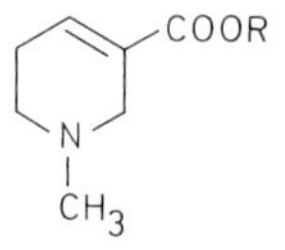

R = CH_3 = Arecolin
R = H = Arecaidin

Die Areca«nuß» (Semen Arecae) wird zusammen mit dem Blatt des Betelpfeffers (*Piper betle*) und Gewürzzusätzen in einer Mischung aus gebranntem Kalk in den Tropen vielfach als Genußmittel («Betel») verwendet. Durch den Kalkzusatz entsteht beim Kauen mittels alkalischer Verseifung aus dem parasympathomimetisch wirksamen Hauptalkaloid Arecolin das stimulierend wirkende Arecaidin. Auch die übrigen Alkaloide der Betelnuß sind partiell hydrierte Pyridinabkömmlinge.

Saponine: Soweit bisher untersucht, kommen auch bei den Arecaceae Steroidsaponine vor.

Viele Palmen werden, wie schon erwähnt, auf Grund des Gehaltes an Kohlenhydraten (Stärke, Saccharose), fettem Öl, Wachs, u.a. als Nutzpflanzen verwendet. Gipfelknospen mancher Palmenstämme werden als Palmkohl («Palmenherz») gegessen. Besondere Bedeutung haben:

Dattelpalme, *Phoenix dactylifera* (Sahara bis Indien). Nur eines der 3 freien Fruchtblätter (Chorikarpie!) entwickelt sich zu einer 1samigen Beere («Dattel»-Frucht, Abb. 164). Eine verwandte Art, die sw-mediterrane Zwergpalme *Chamaerops humilis* ist neben *Phoenix theophrasti* (Kreta; auch Türkei) die einzige in Europa wildwachsende Palme.

Kokospalme, *Cocos nucifera*, an tropischen Küsten verbreitet. Der aus 3 verwachsenen Fruchtblättern (Coenokarpie) gebildete Fruchtknoten entwickelt sich zu einer 1samigen Steinfrucht (Kokosnuß, Abb. 164A). Das dicke, faserige Mesokarp dient zur Gewinnung der Kokosfaser. Das steinartig-harte Endokarp umschließt den Samen mit großem, fettreichem Endosperm, das teils flüssig («Kokosmilch»), teils fest ist («Kopra»). Die Kokosmilch gerade ausgereifter Kokosnüsse enthält Stoffe (1,3-Diphenylharnstoff?), die Zellteilung und Zellwachstum stimulieren können (wichtig für pflanzliche Gewebekulturen).

Die Ölpalme *Elaeis guineensis* ist – neben der brasilianischen Babassupalme *Orbignya speciosa* – als Fettlieferant weltwirtschaftlich von besonderer Bedeutung und wird in steigendem Maße plantagenmäßig angebaut. Aus dem Perikarp der Früchte wird durch Pressung ein durch Carotinoide rötlich gefärbtes Öl (Palmöl) gewonnen, während die Samen anschließend noch das hochwertige Palmkernfett liefern.

❖ Arznei- und Nutzpflanzen der Arecales

Arecaceae. *Areca catechu* L. (Semen Arecae, als Bandwurmmittel (vet.); Betel«nüsse» als Bestandteil des

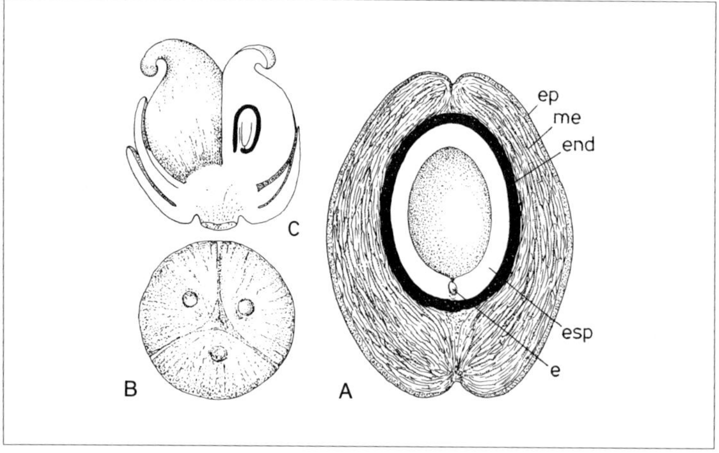

Abb. 164: Areaceae: A-B *Cocos nucifera*. – **A:** Steinfrucht längs, mit ep Exocarp, me Mesocarp, end Endocarp, esp Endosperm und e Embryo (verkl.). – **B:** Steinkern von unten mit den 3 Keimlöchern (verkl.). – **C:** *Phoenix dactylifera*, weibl Blüte längs, chorikarpes Gynoeceum (vergr.). – (A, B nach Wettstein, C nach Baillon.)

«Betelbissens»), *Cocos nucifera* L. (Kokosnüsse; Kopra), *Copernicia prunifera* (MILL.) H.E.MOORE (Carnaubawachs), *Elaeis guineensis* JACQ. (Palmöl), Metroxylon sagu ROTTB. u.a. Arten (Sago), *Orbignya speciosa* (MART.) BARB. RODR. (Babassuöl), *Phoenix dactylifera* L. (Datteln), *Serenoa repens* SMALL (= *Sabal serratulum*) (Extr. der Früchte gegen Prostataadenom).

2. Ordnung: Pandanales

mit der Familie **Pandanaceae** (880); «Schraubenpalmen».

Bäume oder Sträucher mit Stütz- und Kletterwurzeln und langen, ungeteilten und scharfstacheligen Blättern. Blüten eingeschlechtig, perianthlos, in endständigen, dichten Blütenständen. Calciumoxalat-Raphidenbündel in schleimführenden Zellen.

3. Ordnung: Typhales

Pflanzen mit stärkereichen Rhizomen; Blüten in Anpassung an die Windbestäubung reduziert und unscheinbar, in Vielzahl an Kolben.

Die früher oft postulierten engen Beziehungen zu den Pandanales sind unlängst durch die Aufdeckung größter Ähnlichkeiten im leguminartigen Samenreserveprotein wieder wahrscheinlicher geworden.

Sparganiaceae, Igelkolben-Gewächse (20); nur die Gattung *Sparganium* mit igelartig-kugeligem Kolben.

Typhaceae, Rohrkolben-Gewächse (15); nur die Gattung *Typha* mit verlängerten Kolben.

4. Ordnung: Arales

Bei den Arales handelt es sich um vorwiegend krautige Pflanzen mit mehr oder weniger ungeteilten Blättern. Über den Bauplan unterrichtet die S. 308.

In der zentralen Familie der **Araceae** (Aronstabgewächse; 1800) wird auch die Gattung *Acorus* (Kalmus; 2) geführt, die sich allerdings in der Blattmorphologie und -anatomie den Typhales nähert und sich auch sonst in wesentlichen Eigenschaften von den Araceae unterscheidet: Sie ist die einzige Gattung mit (ätherisch)- Öl-Zellen; Oxalatraphiden kommen nicht vor; das Sekretionstapetum der Antheren bleibt während der Pollenreifung in situ und ist nicht amöboid wie bei den übrigen Araceen; die Endosperm-Entwicklung geschieht zellulär, während sich zusätzlich ein Perisperm ausbildet (ähnlich den Zingiberales, Piperales).

Das als Aromaticum amarum, insbesondere als Stomachicum verwendete Kalmusrhizom weist sowohl im Gehalt als auch in der Zusammensetzung des ätherischen Öls erhebliche Unterschiede auf. Während das Öl diploider Pflanzen (var. *americanus*) kein β-Asaron (cis-Isoasaron) enthält, ist dieser cancerogene Phenylpropankörper in den Ölen tri- und tetraploider Formen eine auffällige, z.T. dominierende Komponente. Daneben kommen im Öl charakteristische Sesquiterpenketone und in der Droge Gerb- und Bitterstoffe vor.

Bei den Araceae selbst handelt es sich um die größte Familie latexführender Monocotyledonen. Dieser Latex ist meist wasserklar, in allen neuweltlichen Arten der Unterfamilie Colocasiodeae aber weiß-opaque durch ca. 1 μm große, freie Sterole enthaltene Partikel, die den sterolhaltigen Latexpartikeln von Euphorbiaceen ähneln.

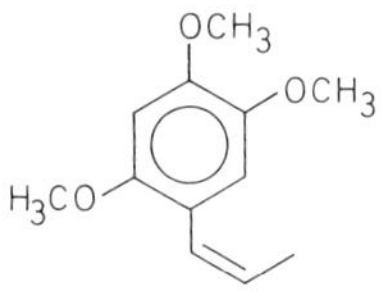

β-Asaron (cis-Isoasaron)

Calciumoxalat kommt in der Familie verbreitet vor, meist in Form von Raphidenbündeln, die in Schleim eingebettet sind; nicht selten sind auch Proanthocyanidine, zumeist in Gerbstoffidioblasten oder in den Milchsaftschläuchen. Ferner findet sich verbreitet Triglochinin als cyanogenes Glykosid, das leicht durch eine spezifische β-Glukosidase gespalten wird.

Ein wichtiges phytochemisches Merkmal der Familie ist das Vorkommen von Scharfstoffen unbekannter Natur, deren oft heftige örtliche Reizwirkung erst nach Erzeugung feinster Wunden durch Raphiden aufzutreten scheint. Die Raphiden tragen an der Spitze harpunenartige Widerhaken und zwei Längsrillen, in denen Lösungen der toxischen Stoffe mitgeführt werden können. Bei den in den Tropen als Nahrungsmittel genutzten Rhizomknollen einiger Araceen müssen die schleimhautirritierenden Reizstoffe daher durch Wässern und Kochen entfernt werden. Die von *Philodendron*-Arten bekannt gewordenen Hautreizstoffe sind 5-Alkyl- und 5-Alke-

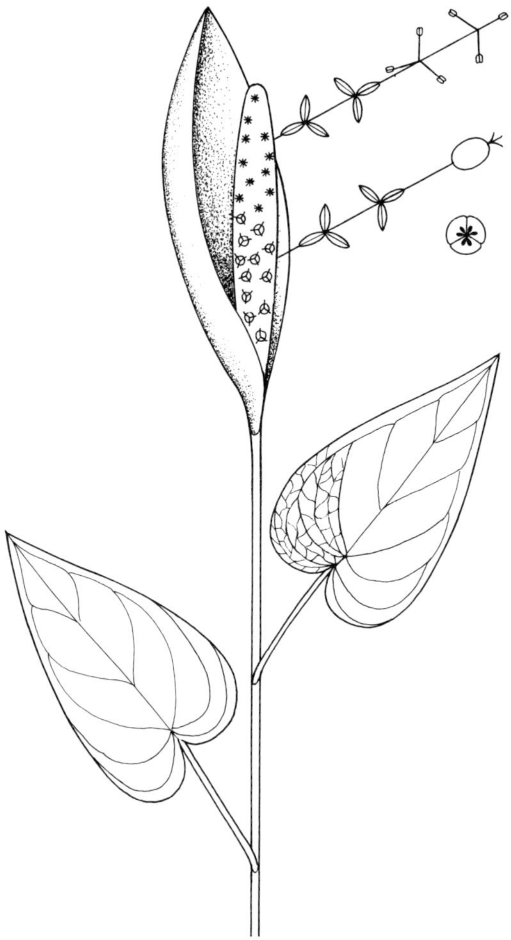

A: meist 3 + 3

G: meist 3, synkarp, oberständig. Ovar 3-(-1)fächrig.
Endospermbildung zellulär. Früchte meist Beeren.

P: unauffällig, meist 3 + 3.

Blü: klein, monözisch (selten diözisch), in Vielzahl an unverzweigten, verdickten Kolben; diese von einem Hochblatt («Spatha») umgeben.

Bl: groß, ungefältet (nicht plicat) und ± ungeteilt, ganzrandig, wie bei den Magnoliatae oft mit Blattstiel und Netznervatur.

Pfl: vorwiegend krautige (Rhizom-) Pflanzen, denen Tracheen (außer in Wurzeln) völlig fehlen.

Bauplan der Arales

nylresorcinderivate. Sie ähneln den von Anacardiaceen her bekannten Verbindungen und führen zu einer allergen bedingten Kontaktdermatitis.

Einheimische Arten:

Acorus calamus, Kalmus (Abb. 165A), in Röhricht- und Großseggengesellschaften. Spatha grün, scheinbar den Stengel fortsetzend. In Mitteleuropa nur die triploide, sich vegetativ vermehrende Form (diploid: Nordamerika, Osteuropa bis Asien; tetraploid: Ostasien).

Arum maculatum, Aronstab (Abb. 165D,E), in Laubwäldern. Gleitfallen-Blütenstand. Einzelblüten stark reduziert.

Calla palustris, Schlangenwurz, auf nassen Torfschlammböden, mit weißer Spatha.

Zierpflanzen: Die Gattungen *Anthurium* (Spatha grün, weiß oder intensiv rot) und *Dieffenbachia* stammen aus Mittel- und Südamerika. *Monstera, Scindapsus, Philodendron* klettern und besitzen Haft- bzw. Nährwurzeln.

Die **Lemnaceae**, Wasserlinsengewächse (25) werden verschiedentlich durch die Schwimmpflanze *Pistia stratiotes* (Araceae) an die Araceen angeschlossen. Der Bau der Lemnaceen ist infolge der Anpassung an den Lebensraum Wasser extrem vereinfacht. Es handelt sich um kleine, schwimmende Pflänzchen, mit *Wolffia*

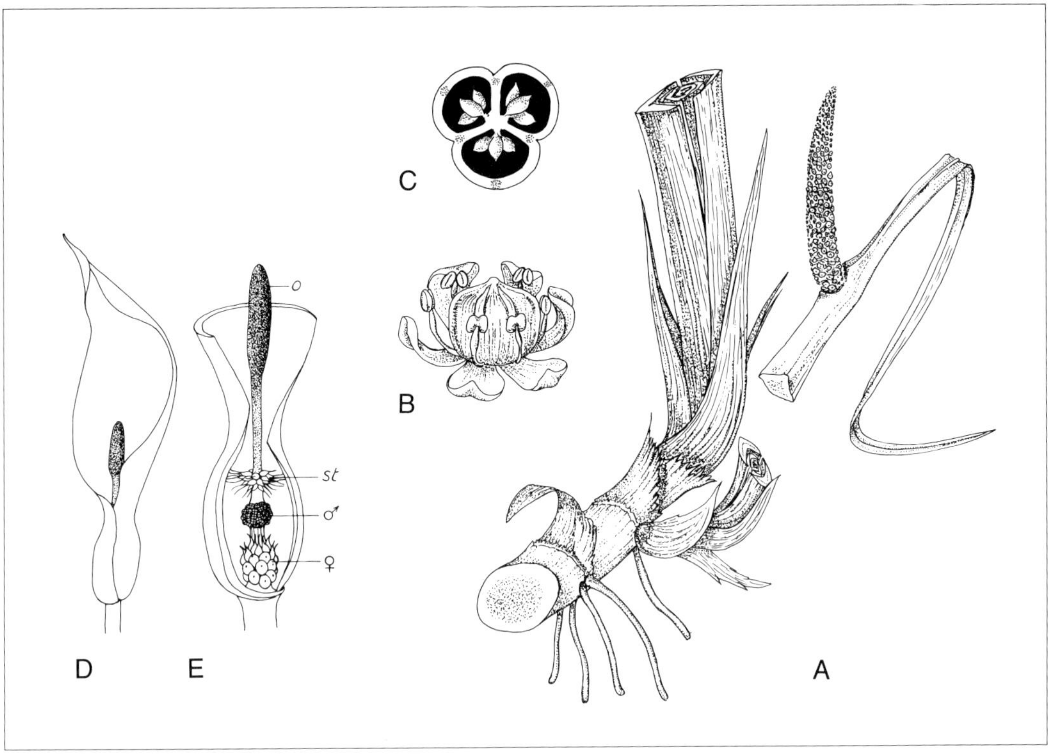

Abb. 165: Araceae. – A-C *Acorus calamus*. – **A:** blühende Pflanze (1/4 x). – **B:** Einzelblüte. – **C:** Fruchtknoten, quer (stark vergr.). – **D, E:** *Arum maculatum,* Blütenstand mit Spatha, bei E vorne geöffnet; o Osmophor (Spadix), st sterile Reusenblüten über den männlichen und weiblichen Blüten. – (A nach Karsten, B, C nach Graf, D, E nach Rohweder und Endress.)

arrhiza, der wurzellosen Zwerglinse, mit 1-1,5 mm Durchmesser als der kleinsten Blütenpflanze Europas. Einheimisch sind außerdem die *Lemna*-Arten (Wasserlinsen) mit jeweils einer Wurzel pro Sproßglied und *Spirodela polyrrhiza* (Teichlinse) mit Wurzelbüscheln.

❖ Arznei- und Nutzpflanzen der Arales

Araceae. *Acorus calamus* L. (Rhizoma Calami), *Colocasia esculenta* (L.) SCHOTT var. *antiquorum* (SCHOTT) HUBB. et REHD. («Taro») und *Xanthosoma sagittifolium* (L.) SCHOTT («Tannia») mit stärkereichen Rhizomknollen.

Literatur Arecidae

Bergner, I. & U. Jensen: Phytoserological contribution to the systematic placement of the Typhales. Nord. J. Bot. 8: 447-456, 1989.
Chandra, S. (ed.): Edible aroids. Oxford Univ. Press, 1984.
Fox, M.G. & J.C. French: Systematic occurrence of sterols in latex of Araceae: Subfamily Colocasioideae. Amer. J. Bot. 75: 132-137, 1988.
French, J.C.: Systematic occurrence of a sclerotic hypodermis in roots of Araceae. Amer. J. Bot. 74: 891-903, 1987.
French, J.C.: Structure of ovular and placental trichomes of Araceae. Bot. Gaz. 148: 198-208, 1987.
French, J.C.: Systematic occurrence of anastomosing laticifers in Araceae. Bot. Gaz. 149: 71-81, 1988.
Grayum, M.H.: A summary of evidence and arguments supporting the removal of *Acorus* from the Araceae. Taxon 36: 723-729, 1987.
Hösel, W. & A. Nahrstedt: Spezifische Glucosidasen für das Cyanglucosid Triglochinin. Hoppe-Seyler's Z. Physiol. Chem. 356: 1265-1275, 1975.
Keller, K., K.P. Odenthal & E. Lengpeschlow: Spasmolytische Wirkung des isoasaronfreien Kalmus. Planta Med. 51: 1-9, 1985.
Keller, K. & E. Stahl: Kalmus: Inhaltsstoffe und β-Asarongehalt bei verschiedenen Herkünften. Dtsch. Apoth. Ztg. 122: 2463-2466, 1982.
Moore, H.E. & N.W. Uhl: Palms and the origin and evolution of monocotyledons. Quart. Rev. Biol. 48: 414-436, 1973.
Nahrstedt, A.: Über Cyanogenese der Araceen. Phytochemistry 14: 1339-1340, 1870-1871, 2627-2628, 1975.

Reffstrupp, T. & P.M. Boll: Allergenic 5-alkyl- and 5-alkenylresorcinols from *Philodendron* species. Phytochemistry 24: 2563-2565, 1985.
Stone, B.C.: A reconsideration of the evolutionary status of the family Pandanaceae and its significance in monocotyledon phylogeny. Quart. Rev. Biol. 47: 34-45, 1972.
Tomlinson, P.B.: Systematics and ecology of the Palmae. Ann. Rev. Ecol. Syst. 10: 85-107, 1979.
Williams, C.A., J.B. Harborne & H.T. Clifford: Negatively charged flavones and tricin as chemosystematic markers in the Palmae. Phytochemistry 12: 2417-2430, 1973.
Williams, C.A., J.B. Harborne & S.J. Mayo: Anthocyanin pigments and leaf flavonoids in the family Araceae. Phytochemistry 20: 217-234, 1981.
Zeunie, T.M. & J.W. McClure: The flavonoid chemistry of *Pistia stratiotes* L. and the origin of the Lemnaceae. Aquat. Bot. 3: 49-54, 1977.

Chemisches Glossar

Die folgende Zusammenstellung gibt eine Übersicht über die wichtigsten, von Pflanzen gebildeten Verbindungen (vorwiegend des Sekundärstoffwechsels) in alphabetischer Reihenfolge. Die Hinweise auf das Vorkommen in bestimmten systematischen Bereichen bedeuten, daß dort die betreffenden Stoffe ein auffälliges Merkmal sind. Sie werden also entweder von der Mehrzahl der Gattungen gebildet (und akkumuliert) oder aber mindestens von einigen Arten in größerer Menge.

Bell, E.A. & B.V. Charlwood (eds.): Secondary plant products, Encyclopedia of plant physiology, New Series, Vol. 8, Springer, Berlin, Heidelberg, New York, 1980.
Gershenzon, J. & T.J. Mabry: Secondary metabolites and the higher classification of angiosperms. Nord. J. Bot. 3: 5-34, 1983.
Thomson, R.H. (ed.): The chemistry of natural products. Blackie, Glasgow, London, 1985.

Ätherische Öle (Aetherolea)

Meist flüssige Stoffgemische lipophiler, flüchtiger Substanzen, die häufig in besonderen Behältern – Ölzellen, Exkretbehältern, Subkutikularräumen von Drüsenhaaren – abgelagert werden.

Bei niederen Organismen (bis incl. Pteridophyta) seltener anzutreffen, sonst im Pflanzenreich weit verbreitet. Auffällige Akkumulation bei: Cupressaceae – Pinaceae – Magnolianae – Myrtaceae – Rutales – Araliales – Lamiaceae – Asteraceae – Zingiberaceae (siehe auch: → Terpene, → Phenylpropankörper, → Azulene).

Brunke, E.J.: Progress in essential oil research. Verl. De Gruyter, Berlin, 1986.
Czygan, F.-C.: Ätherische Öle und Duft – kulturhistorisch betrachtet. Pharmazie i.u.Z. 10: 109-121, 1981.
Hegnauer, R.: Die systematische Bedeutung der ätherischen Öle (Chemotaxonomie der ätherischen Öle). Dragoco report, 24: 204-230, 1978.
Jansen, A.M., J.C.C. Scheffer & A. Baerheim Svendsen: Antimicrobial activity of essential oils. Planta Med. 53: 395-98, 1987.
Kubeczka, K.-H. (Hrsg.): Vorkommen und Analytik ätherischer Öle, Thieme-Verlag, Stuttgart, New York, 1979.
Kubeczka, K.-H. (Hrsg.): Ätherische Öle, Analytik, Physiologie, Zusammensetzung, Thieme-Verlag, Stuttgart, New York, 1982.

Aflatoxine

Von *Aspergillus flavus* gebildete Mycotoxine, Gruppe einander ähnlicher Cumarinderivate mit stark (hepato-)carcinogenen Wirkungen. Vgl. Eurotiales.

Roberts, J.C.: Aflatoxins and sterigmatocystins. Fortschr. Chem. Org. Naturst. 31: 119-152, 1974.

Alkaloide

Basisch reagierende Substanzen mit heterozyklisch gebundenem Stickstoff und häufig starken physiologischen Wirkungen (Alkaloide sensu stricto).

Zu den Alkaloiden im weiteren Sinne werden oftmals auch N-haltige Verbindungen gezählt, die nicht basisch reagieren (z.B. Ricinin, Säureamide wie das Colchicin oder Purinkörper wie das Theobromin) oder die den Stickstoff nicht heterozyklisch gebunden enthalten: Biogene Amine, einfache Derivate von Aminosäuren wie z.B. das Ephedrin und andere «Protoalkaloide».

Bei biogenetischer Betrachtungsweise können ferner N-haltige Verbindungen, bei deren Aufbau Aminosäuren als Precursoren offenbar nicht in Frage kommen, die stattdessen deutliche Beziehungen zu anderen Biogenesewegen zeigen, den Stickstoff also mehr «zufällig» im Molekül enthalten, als gesonderte Gruppe der «Pseudoalkaloide» abgetrennt werden (z.T. Terpen- oder Steroidalkaloide).

Aufällige Akkumulation von Alkaloiden bei einer Reihe von größeren Verwandtschaftskreisen (z.B. Papaverales, Gentianales, Amaryllidaceae), aber auch sonst weite Verbreitung im Pflanzenreich (insbesondere bei den Magnoliatae).

The Alkaloids. Periodical (annual) Reports. The Chem. Soc. London.
Gomes, C.M.R. & O.R. Gottlieb: Alkaloid evolution and angiosperm systematics. Biochem. Syst. Ecol. 8: 81-87, 1980.
Hegnauer, R.: Biochemistry, distribution and taxonomic relevance of higher plant alkaloids. Phytochemistry 27: 2423-2427, 1988.
Schütte, H.-R.: Special topics of alkaloid biosynthesis, in: Progr. Botany 42: 96-110, 1980.
Ur-Rahman, A. (ed.): Handbook of natural products data. Vol. 1: Diterpenoid and steroidal alkaloids. Elsevier, Amsterdam, 1990.

Die wichtigsten Alkaloid-Typen

Acridon-Alkaloide: Derivate des Acridins, charakteristisch für Rutaceae

Gröger, D.: Vorkommen und Biochemie der Acridon-Alkaloide. Die Pharmazie 43: 815-826, 1988.

Carbazol-Alkaloide: → Rutaceae

Bhattacharyya, P.& D.P. Chakraborty: Carbazol alkaloids. Progr. Chem. Org. Nat. Prod. 52: 159-210, 1987.

Chinazolin-Alkaloide: Hydrangeaceae *(Dichroa, Hydrangea),* auch sonst vereinzelt, z.B. → Acanthaceae (Vasicin).

Chinolin-Alkaloide: Biogenetisch uneinheitliche Gruppe mit dem Grundgerüst des Chinolins, insbes. bei Lycopodiaceae, Rutaceae, Rubiaceae; bei den Rutaceae auch Furochinoline.

Schimmer, O.: Furochinolinalkaloide als biologische Naturstoffe. Z. Phytother. 12, 151-156, 1991.

Chinolizidin-Alkaloide: Grundgerüst Norlupinan; bei Nymphaeaceae (hier terpenoider Herkunft!), Fabaceae, Lythraceae.

Schwarting, A.E.: The quinolizidine alkaloids. In: Nobel-Symp. 25: 205-210, 1973.

Wink, M.: Quinolizidine alkaloids: Biochemistry, metabolism and function in plants and cell suspension cultures. Planta Med. 53: 509-514, 1987.

Colchicin-Gruppe: Colchicaceae.

Emetan-Alkaloide: Aus zwei Molekülen Dopamin unter Einbeziehung von Secologanin von → *Cephaëlis*-Arten gebildete Tetrahydroisochinolin-Alkaloide; vgl. Rubiaceae.

Wiegrebe, W., W.J. Kramer & M. Shamma: The emetin alkaloids, J. Nat. Prod. 47: 397-408, 1984.

Indol-Alkaloide: Größte Alkaloidgruppe mit deutlichem Verbreitungszentrum bei den Gentianales (vor allem Loganiaceae, Rubiaceae, Apocynaceae; hier überwiegend mit secoiridoidem Baustein im Molekül).

Zu den Indolalkaloiden können auch gerechnet werden: Ergolin-Alkaloide (Mycophyta, Convolvulaceae), Alkaloide vom β-Carbolintyp (Harmantyp) (Zygophyllaceae, Passifloraceae) und die Alkaloide vom Physostigmintyp (Fabaceae: Tribus Phaseoleae).

Bolzani, V., M.F. Da Silva, A.I. Da Rocha & O.R. Gottlieb: Indole alkaloids as systematic markers of the Apocynaceae. Biochem. Syst. Ecol. 12: 159-166, 1984.

Philipson, J.D. & M.H. Zenk (eds.): Indole and biogenetically related alkaloids. Academ. Press, London, New York, Toronto, 1980.

Schütte, H.-R.: Secondary plant substances: Monoterpenoid indol alkaloids. In: Progr. Bot. 52: 84-96, Springer Verlag, Berlin, Heidelberg, 1991.

Imidazol-Alkaloide: Rutaceae *(Pilocarpus).*

Isochinolin-Alkaloide: Umfangreiche, verbreitet vorkommende Gruppe von Alkaloiden verschiedenster Struktur mit einem Verbreitungszentrum bei den Magnoliidae (hier insbesondere Benzylisochinolinverbindungen). Siehe auch Fabaceae *(Erythrina),* Cactaceae, Rubiaceae *(Cephaëlis),* Rutaceae.

Pachaly, P.: Neue Ergebnisse auf dem Gebiet der Bisbenzylisochinolin-Alkaloide. Planta Med. 56: 135-151, 1990.

Philipson, J.D., M.F. Roberts & M.H. Zenk (eds.): The chemistry and biology of isoquinolin-alkaloids. Springer Verl., Berlin, Heidelberg, 1985.

Schiff jr., P.L.: Bisbenzylisoquinoline alkaloids. J. Nat. Prod. 54, 645-749, 1991.

Schütte, H.-R.: Secondary plant substances: Benzylisoquinoline alkaloids. In: Progr. Bot. 51: 113-133, Springer Verl., Berlin, Heidelberg, 1989.

Staunton, J.: Biosynthesis of isoquinoline alkaloids. Planta Med. 36: 1-20, 1979.

Phenanthridin-Alkaloide: Bisher nur bei Amaryllidaceae gefunden.

Piperidin-Alkaloide: Piperaceae, Crassulaceae *(Sedum),* Punicaceae, Apiaceae *(Conium),* Lobeliaceae.

Pyridin-Alkaloide: Solanaceae *(Nicotiana),* Arecaceae *(Areca).*

Pyrrolizidin-Alkaloide: Fabaceae *(Crotalaria),* Boraginaceae, Asteraceae (Senecioneae), Orchidaceae.

Danninger, Th., U. Hagemann, V. Schmidt & P.S. Schönhöfer: Zur Toxizität pyrrolizidinalkaloid-haltiger Arzneipflanzen. Pharm. Ztg. 128: 289-303, 1983.

Mattocks, A.R.: Chemistry and toxicology of pyrrolizidinalkaloids. Academic Press, London, 1986.

Robins, D.J.: The pyrrolizidinalkaloids. Progr. Chem. Org. Nat. Prod. 41: 115-204, 1982.

Röder, E.: Wie verbreitet und wie gefährlich sind Pyrrolizidinalkaloide? Pharmazie i.u. Z. 13: 33-38, 1984.

Steroid-Alkaloide:

- a) C_{27}-Verbindungen, überwiegend als Glykoside: *Solanum,* Lilianae.
- b) mit verkürzter Seitenkette: Apocynaceae (z.B. *Holarrhena*), Buxaceae (Pregnanderivate).

Terpen-Alkaloide:

- C_{10}: z.B. *Valeriana*-Alkaloide
- C_{15}: z.B. Nymphaeaceae s.str. *(Nuphar, Nymphaea)*
- C_{20}: z.B. Ranunculaceae *(Aconitum, Delphinium)*

Pelletier, S.W. & N.V. Mody: Developments in the chemistry of diterpenoid alkaloids. J. Nat. Prod. 43: 41-71, 1980.

Einbau von Terpenoidbausteinen ist auch für eine Reihe anderer Alkaloide nachgewiesen, so daß die Abgrenzung fließend geworden ist.

Tropan-Alkaloide: Erythroxylaceae, Convolvulaceae, Solanaceae.

Leete, E.: Biosythesis and metabolism of the tropane alkaloids. Planta Med. 36: 97-112, 1979.

Leete, E.: Recent developments in the biosynthesis of the tropan-alkaloids. Planta Med. 56: 339-352, 1990.

Allantoin

Glyoxylsäurediureid, charakteristische N-Speicherform bei Sapindales, Geraniaceae, Platanaceae, Boraginaceae (z.B. *Symphytum).*

Amine, biogene

Durch Decarboxylierung von Aminosäuren gebildete Stoffe, z.T. mit ausgeprägten physiologischen Wirkungen (Serotonin, Histamin), vgl. auch Protoalkaloide, → Alkaloide.

Schütte, H.-R.: Simple amines, pyrrolizidine and quinolizidine, in: Progr. Bot. 44: 165-181, 1982.

Aminosäuren,

nicht proteinogene («seltene»): Im Pflanzenreich meist auf bestimmte Taxa beschränkt vorkommende Aminosäuren, die nicht am Aufbau von Proteinen beteiligt sind und sich oftmals durch auffallende biologische Wirkungen auszeichnen: Fumariaceae (Acetylornithin), Betulaceae, Juglandaceae, Fabaceae (L-Canavanin, L-DOPA, lathyrogene Aminosäuren), Sapindales (Methylencyclopropyl-Aminosäuren, z.B. Hypoglycin A bei *Blighia sapida,* Sapindaceae), Resedaceae, Cucurbitaceae, (Citrullin), Convallariaceae (Acetidin-2-carbonsäure), Iridaceae (m-carboxy-substituierte Aminosäuren).

Unterhalt, B.: Toxische Aminosäuren und Proteine in Pflanzen, Dtsch. Apoth. Ztg. 120: 1093-1096, 1980.

Bell, E.A.: The non-protein amino acids occurring in plants. Progr. Phytochem. 7: 171-186, 1981.

Anorganische Bestandteile

Sie werden in dieser Aufzählung nur erwähnt, soweit es sich um eine besonders auffällige Akkumulation handelt.

- **J:** Phaeophyceae, einige Rhodophyta.
- **F:** Theaceae, Dichapetalaceae (toxische Monofluoracetate).
- **Mn:** Caryophyllaceae.
- **Al:** Lycopodiaceae, Monimiaceae, Melastomataceae, Rapateaceae; für viele weitere Familien angegeben.
- **Se:** Wird von manchen Pflanzen fakultativ in Abhängigkeit von der Selenkonzentration im Boden gespeichert, z.B. *Astragalus*-Arten; auch *Boletus*-Arten; Paranüsse.

  Seeger, R., H.-G. Neumann: Selen (Se), DAZ-Giftlexikon. Dtsch. Apoth. Ztg. 131: 354-366, 1991.
- **Si:** Akkumulation als SiO_2 nicht selten, z.B. Equisetatae, Zingiberales, Cyperales, Poales, Arecales.
- **NO_3:** Chenopodiaceae, Amaranthaceae.
- **$CaCO_3$:** Acanthaceae, Boraginaceae, Campanulaceae, Urticales.

Anthocyane

Im Zellsaft von Angiospermen gelöste, glykosidische Farbstoffe (Farbvertiefung durch sog. Copigmente; infolge Bildung von Komplexen und pH-abhängig rot oder blau); vielfach Blütenpigmente. Die Aglyka (Anthocyanidine) sind Flavanderivate (Hydroxyflavyliumsalze). Vgl. auch → Flavonoide.

Goto, T.: Structure, stability and color variation of natural anthocyanins. Progr. Chem. Org. Nat. Product. 52: 113-158, 1987.

Anthrachinone → Anthrazenderivate

Anthraglykoside → Anthrazenderivate

Anthranoide → Anthrazenderivate

Anthrazenderivate

Derivate des trizyklischen Kohlenwasserstoffs Anthrazen, in verschiedenen Oxidationsstufen (Anthron-Anthranol-Anthrachinon) und meist in glykosidischer Bindung vorkommend (= Anthraglykoside).

Gesamtheit einschließlich nichtglykosidischer Verbindungen neuerdings auch als **Anthranoide** bezeichnet; z.T. Dimere (Dianthrone) oder noch weiter kondensiert (Naphthodianthrone). Verbindungen mit charakteristischem Substitutionsmuster und unterschiedlichem Biogeneseweg:

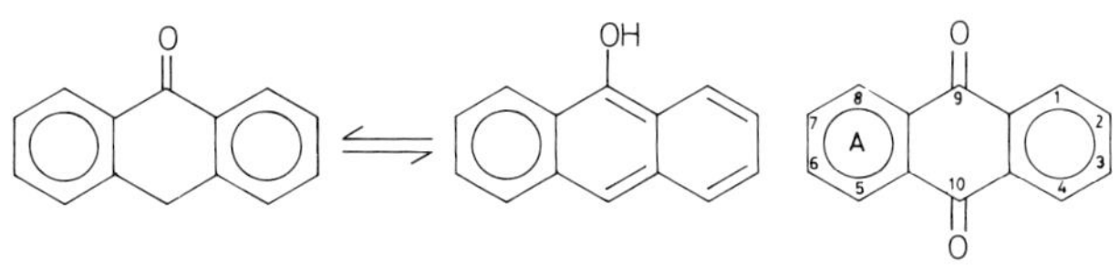

Anthron Anthranol Anthrachinon

- 1,8-Dihydroxyverbindungen mit Substituenten an C-3 und C-6 (Chrysophanoltyp; Emodine); laxierend wirkende Substanzen z.B. bei Polygonales, Caesalpiniaceae, Rhamnales und Asphodelaceae; mit photosensibilisierender Wirkung bei Polygonales oder Guttiferae; aus Acetateinheiten aufgebaut: Acetogene bzw. Polyketide.
- Mit in der Regel unsubstituiertem Ring A und Substituenten an C-1, C-2 und C-3 (Rubiadintyp), bei Rubiaceae (z.B. Alizarin) und Tubiflorae vorkommend. Zur Biogenese siehe S. 230.
  Wijnsma, R. & R. Verpoorte: Anthraquinones in the Rubiaceae. Progr. Chem. Org. Nat. Prod. 49: 79-150, 1986.

Anthrazenderivate bei Mycophyta als Farbstoffe (vgl. → Ergochrome) und – in letzter Zeit in zunehmendem Maße – auch in anderen taxonomischen Bereichen gefunden.

Antibiotika
«In geringer Konzentration Wachstumsvorgänge hemmende, biogene Substanzen ohne Enzymcharakter» (Zähner). Unter Antibiotika im engeren Sinne werden meist nur die von Eubacteria und Mycophyta gebildeten, auch arzneilich genutzten Stoffe verstanden. Antibiotika von höheren Pflanzen: vgl. → Glukosinolate, → Senföle, → Polyine. Siehe auch Lichenes.

Azulene
Blaugefärbte, bizyklische Sesquiterpene mit 5 konjugierten Doppelbindungen (Polyenfarbstoffe), die aus farblosen Vorstufen (Proazulenen) bei höherer Temperatur entstehen (z.B. bei der Wasserdampfdestillation). Proazulene sind Bestandteile ätherischer Öle bei Asteraceen; auch im Holz von Zygophyllaceen; vgl. auch Mycophyta.

Balsame
Gemische ätherischer Öle mit Harzanteilen wie z.B. die «Terpentine» der Pinaceae.

Betain
= Trimethylglycin: Akkumulation bei Caryophyllales.

Betalaine
Rot-violette (= Betacyane) oder gelbe (= Betaxanthine), N-haltige, glykosidische Farbstoffe, die an Stelle der sonst üblichen Anthocyane offenbar nur bei den Caryophyllales (mit Ausnahme der Molluginaceae und der Caryophyllaceae) verbreitet vorkommen. Formal Immonium-Derivate der Betalaminsäure (vgl. Formel) und biogenetisch von aromatischen Aminosäuren abstammend (DOPA als Vorstufe des Dihydropyridinsystems der Betalaminsäure als auch – bei Betacyanen – der Dihydroindoleinheit).

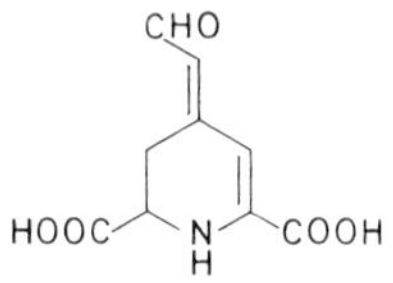

Betalaminsäure

Historischer Prototyp: Der aus der roten Rübe isolierte Farbstoff Betanin (Name!). Weitere Angaben → Caryophyllales.

Reznik, H.: Betalains, in: Czygan, F.-C. (ed.): Pigments in plants. Fischer Verlag, Stuttgart, New York, 370-392, 1980.

Mabry, T.J.: Betalains, in: Bell, E.A. & B.V. Charlwood (eds.): Secondary plant products. Springer-Verlag, 1980.

Bitterstoffe
Die Geschmacksempfindung «bitter» hervorrufende Substanzen mit Wirkungen auf die Sekretion des Verdauungstrakts, aber ohne auffällige anderweitige pharmakologische Wirkungen. Verbindungen unterschiedlicher chemischer Struktur, oftmals mit Lactongruppierungen im Molekül und biogenetischen Beziehungen zu Terpenen («terpenoide Bitterstoffe»).

Bitterstoffe finden sich gehäuft bei:

Menispermaceae, Simaroubaceae, Rutaceae, Meliaceae, Asterales, Cucurbitales, Gentianales, Lamiaceae.

Bufadienolide → Digitaloide

Cardenolide → Digitaloide

Carotine
Sauerstoffreie, rot-gelb gefärbte, lipophile Tetraterpenverbindungen, die z.B. als akzessorische Pigmente des Chlorophylls und als Frucht- oder Blütenpigmente weitverbreitet vorkommen. Als Provitamin A von arzneilicher Bedeutung.

Schütte, H.-R.: Aspects of carotenoid biosynthesis, in: Progr. Botany 45: 120-135, 1983.

Carotinoide → Carotine → Xanthophylle

Catechine
Hydroxyflavan-3-ole, Muttersubstanzen der

Catechingerbstoffe → Gerbstoffe

Chinone

Formalchemisch durch Oxidation 2-wertiger Phenole (mit ortho- oder paraständigen Hydroxylgruppen) entstehende diketonartige, gelb-orange-rote Verbindungen; im Pflanzenreich teils über den Shikimisäureweg, teils durch Acetatkondensation gebildet und nicht selten vorkommend. Vgl. auch → Anthrazenderivate, → Naphthochinone. Benzochinone sind vielfach Pilzfarbstoffe, kommen aber auch als hautirritierende Stoffe bei manchen → Primulaceen vor.

Leistner, E.: Quinonoid pigments, in: Czygan, F.-C. (ed.): Pigments in plants. Fischer Verlag, Stuttgart, New York, 352-369, 1980.
Thomson, R.H.: Naturally occurring quinones. Acad. Press, London, New York, 1971.
Thomson, R.H.: Naturally occurring quinones. III. Recent advances. Chapman and Hall, London, New York, 1987.

Chlorophylle

In allen grünen Pflanzen vorkommende, Mg-haltige Pyrrolfarbstoffe mit einem Porphyringrundgerüst und einem esterartig gebundenen Diterpenalkohol (Phytol). Bei Mycophyta und anderen heterotrophen Organismen fehlend.

Schneider, H.A.W.: Chlorophylle: Aspekte der Biosynthese und ihrer Regulation. Ber. Dt. Bot. Ges. 88: 83-123, 1975.

Cucurbitacine

Tetrazyklische, triterpenoide Verbindungen, meist in glykosidischer Bindung vorliegend, bitter schmekkend, mit laxierenden und cytostatischen Eigenschaften. Vor allem bei den Cucurbitaceen vorkommend, aber auch in *Iberis* (Brassicaceae), *Begonia* (Begoniaceae), *Crinodendron* (Malvales), *Anagallis* (Primulaceae), *Gyrinops* (Thymelaeaceae) und einigen Euphorbiaceen nachgewiesen; ganz vereinzelt auch in anderen Unterklassen. Übersicht zur Verbreitung von Cucurbitacinen bei den Angiospermen:

Hegnauer, R.: Chemotaxonomie der Pflanzen, Bd. VIII, S. 104, Birkhäuser Verlag, Basel, Boston, New York, 1988.

Cumarine

1,2-Benzopyrone, die sich formal vom Lacton der cis-o-Hydroxyzimtsäure (Cumarin) ableiten. Die natürlich vorkommenden Cumarinderivate sind meist Abkömmlinge des 7-Hydroxycumarins (Umbelliferon).

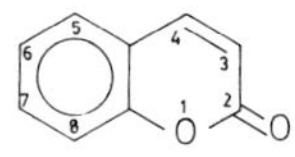

Cumarin

Einfache Cumarine, z.T. in glykosidischer Bindung, weit verbreitet; die durch Anknüpfung von Prenylresten entstandenen Derivate, vgl. → Furanocumarine, → Pyranocumarine, kommen nur in bestimmten Taxa vor.

Galan, H.R., G.M. Massanet, F.R. Luis & J. Salva: 3-Isoprenylcoumarins. Phytochemistry 29: 2053-2059, 1990.
Hill, R.A.: Naturally occurring isocoumarins. Progr. Chem. Org. Nat. Prod. 49: 1-78, 1986.
Murray, R.D.H.: Naturally occurring plant coumarins. Progr. Chem. Org. Nat. Prod. 35: 199-430, 1978.

Curcumine

Diarylheptanoide; gelbe Farb- (und Scharf-)Stoffe bei Zingiberaceae *(Curcuma).*

Cutin

Hochpolymeres Gemisch gesättigter (mit einem geringen Anteil ungesättigter), miteinander veresterter Fett- und Hydroxyfettsäuren (z.T. auch durch Peroxidbrücken verbunden). Vgl. auch Suberin.

Cyanogene Verbindungen

Mit Zuckern glykosidisch verknüpfte Cyanhydrinverbindungen, die nach enzymatischer Spaltung Blausäure liefern und biogenetisch von Aminosäuren abstammen: Phenylalanin: → Prunasingruppe (u.a. mit Prunasin, Sambunigrin und Amygdalin); Tyrosin: → Taxiphyllingruppe (u.a. mit Taxiphyllin, Dhurrin und Triglochinin als besondere Variante); Valin und Isoleucin: → Linamaringruppe mit Linamarin bzw. Linustatin und Lotaustralin; ferner Gynocardin- und Cyanolipidgruppe mit noch unklarer biogenetischer Herkunft. Stoffe mit weiter erratischer Verbreitung; bei Liliatae und der Mehrzahl der Magnoliidae überwiegend Verbindungen der Taxiphyllingruppe vorkommend. Bekannte Vertreter z.B. bei Rosaceae, Fabaceae, Linaceae, Asterales, Euphorbiaceae.

Dewick, P.M.: The biosynthesis of cyanogenic glycosides and glycosinolates. Nat. Prod. Rep. 545-549, 1984.
Ferris, J.P. & W.J. Hagan: HCN and chemical evolution: The possible role of cyano compounds in prebiotic synthesis. Tetrahedron 40: 1093-1120, 1984.
Hegnauer, R.: Die cyanogenen Verbindungen der Liliatae und Magnoliatae-Magnoliidae: Zur systematischen Bedeutung des Merkmals der Cyanogenese. Biochem. System. 1: 191-197, 1973.
Miller, J.M. & E.E. Conn: Metabolism of hydrogen cyanide by higher plants. Plant Physiol. 65: 1199-1202, 1980.

Saupe, S.G.: Cyanogenic compounds and angiosperm phylogeny, in: Young, D.A. & D.S. Seigler (eds.), Phytochemistry and angiosperm phylogeny, Praeger, New York, 1981.
Seigler, D.S.: The naturally occurring cyanogenic glycosides. Progr. Phytochem. 4: 83-120, 1977.

Cyclitole (Cyclite)
Cyclohexanderivate mit mehreren Hydroxylgruppen, in Pflanzen verbreitet vorkommend, z.B. meso-Inositol (als Hexaphosphorsäureester = Phytinsäure). Die Verbreitung anderer Cyclitole ist von systematischer Bedeutung: z.B. Quebrachitol bei Sapindales; Pinitol und Sequoyitol bei den Coniferophytina; Quercitol bei Quercus.

Depside
Ester aromatischer Hydroxycarbonsäuren mit sich selbst oder anderen Hydroxycarbonsäuren, z.B. Gallussäuredepside, → Gallotannine oder → Lamiaceen-Gerbstoffe, Rosmarinsäure.

Dianthrone → Anthrazenderivate

Digitaloide
Bei Herzinsuffizienz wirksame Steroidglykoside mit fünfgliedrigem, einfach ungesättigtem Lactonring (Butenolidring = Cardenolide s. str.) oder sechsgliedrigem, zweifach ungesättigtem Lactonring (Cumalinring = Bufadienolide) am C-17 des Cyclopentanoperhydrophenanthrengerüsts. In verschiedenen Taxa der Angiospermen vorkommend, bei Gymnospermen offenbar fehlend. Nutzung für arzneiliche Zwecke: vgl. Ranunculaceae, Apocynaceae, Scrophulariaceae, Asparagales; siehe auch Crassulaceae, Iridaceae.

Kuhlmann, J.: Herzglycoside. Dtsch. Apoth. Ztg. 121: 2281-2290, 1981.

Disulfide: Bestandteile von → Lauchölen

Ecdysone → Phytecdysone

Ellaggerbstoffe = Ellagitannine → Gerbstoffe

Ellagsäure
Dilacton der genuin in Pflanzen vorkommenden Hexahydroxy-diphensäure, das spontan bei der Aufarbeitung pflanzlichen Materials durch Hydrolyse von Ellagitanninen entsteht. Nur bei Magnoliatae (insbesondere Dilleniidae, Hamamelididae und Rosidae) vorkommend. → Gerbstoffe

Bate-Smith, E.C.: Age and distribution of galloylesters (ellagitannins), iridoids and certain other repellents in plants. Phytochemistry 23: 945-950, 1984.
Haslam, E.: The metabolism of gallic acid and hexahydroxydiphenic acid in higher plants. Progr. Chem. Org. Nat. Prod. 41: 1-46, 1982.

Emodine → Anthrazenderivate

Enzyme
Als «Biokatalysatoren» wirksame Proteine oder Proteide, die hier nur erwähnt werden, soweit sie als Arzneimittel von Bedeutung sind oder ihr unterschiedliches Vorkommen im Pflanzenreich von systematischem Interesse ist.

Amylasen: *Bacillus subtilis;* Mycophyta.

Asparaginase: *Escherichia coli.*

Cellulasen: Mycophyta.

β-Glykosidasen: weitverbreitet; technische Gewinnung: Rosaceae (Emulsin).

Lipasen: Eubacteria (z.B. *Pseudomonas)*, Euphorbiaceae *(Ricinus).*

Proteinasen: Eubacteria, Moraceae, Caricaceae, Bromeliaceae; verbreitet auch als Bestandteil des Drüsensekrets carnivorer Pflanzen.

Thioglukosidasen: Moraceae, Capparales.

Ergochrome
Zuerst aus «Mutterkorn» (→ *Claviceps)* isolierte, aber auch bei anderen Pilzen sowie Flechten vorkommende hellgelbe Farbstoffe; Xanthonderivate, die biogenetisch durch oxidative Ringöffnung von Emodin (→ Anthrazenderivate) entstehen und toxisch sind (Mycotoxine, vgl. auch Aflatoxine).

Frank, B. & H. Flasch: Die Ergochrome. Fortschr. Chem. Org. Naturst. 30: 151-206, 1973.

Fermente → Enzyme

Fette
Vielfach als Reservestoffe gespeicherte Ester höherer Fettsäuren mit Glycerol (Triacylglycerole). Für technische oder arzneiliche Zwecke genutzte Quellen sind Samen oder (seltener) Perikarpien, vgl. Linaceae, Brassicaceae, Euphorbiaceae, Oleaceae, Arecaceae.

Fettsäuren
In der Regel unverzweigte aliphatische Monocarbonsäuren mit meist gradzahliger Anzahl von C-Atomen (C_{10}-C_{22}). Als Bestandteil der Fette und fetten Öle ubiquitär verbreitet; in einigen Fällen auch mit taxonspezifischem Vorkommen, z.B. Erucasäure bei Brassicaceae, Fettsäuren mit Cyclopentenring bei Flacourtiaceae, mit Cyclopropenring bei Malvales (auch bei Gnetatae, Sapindales und Thymelaeaceae), Alkinsäuren bei Santalales, Petroselinsäure bei Araliales, Parinarsäure bei Balsaminaceae, γ-Linolensäure bei *Oenothera* und *Borago.*

Pohl, P. & H. Wagner: Fettsäuren im Pflanzen- und Tierreich (eine Übersicht). Fette, Seifen, Anstrichmittel 74: 424-435; 541-550, 1972.

Flavonoide

Derivate des Flavans (2-Phenylchroman) oder im engeren Sinne des 4-Oxoflavans (2-Phenylchromon); weitverbreitet, vielfach in glykosidischer Bindung vorkommende Verbindungen, die auf Grund unterschiedlichen Oxidationsgrades des Pyranrings in verschiedene Gruppen eingeteilt werden können: Flavone, Flavonole (3-OH-Flavone), Flavanone (2,3-Dihydroflavone), ferner auch Catechine (Flavan-3-ole), Leucoanthocyanidine (Flavan-3,4-ole) und Anthocyanidine.

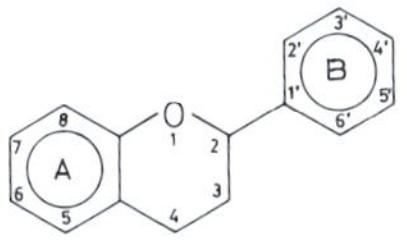

Flavan

Biogenetisch gesehen gehören Chalkon- und Auron-Verbindungen ebenfalls hierher (keine Chromandederivate!).

Adinarayana, D. & P. Ramachandraiah: Prenylated flavonols and their distribution in flowering plants. Biochem. System. Ecol. 15: 167-169, 1987.
Bertram, B.: Flavonoide, eine Klasse von Pflanzeninhaltsstoffen mit vielfältigen biologischen Wirkungen, auch mit karzinogener Wirkung? Dtsch. Apoth. Ztg. 129: 2561-2571, 1989.
Cody, V., E. Middleton & J.B. Harborne (eds.): Plant flavonoids in biology and medicine. Biochemical, pharmacological and structure-activity relationships. Alan R. Liss, New York, 1986.
Crawford, D.J.: Flavonoid chemistry and angiosperm evolution. Bot. Rev. 44: 431-456, 1978.
Gornall, R.J., B.A. Bohm and R.Dahlgren: The distribution of flavonoids in the angiosperms. Bot. Not. 132: 1-30, 1979.
Harborne, J.B. (ed.): The flavonoids. Advances in research since 1980. Chapmann & Hall, New York, 1988.
Harborne, J.B. & T.J. Mabry (eds.): The flavonoids. 1168 S., Chapman & Hall, London, 1975.
Harborne, J.B. & T.J.Mabry (eds.): The flavonoids: Advances in research. Chapman & Hall, Andover, 1982.
Leska, M. & K. Hiller: Flavon-C-Glycoside – eine Übersicht. Die Pharmazie 43: 305-312, 1988.
Schütte, H.-R.: Secondary plant substances: Topics of the flavonoid metabolism. In: Progr. Bot. 47: 118-141, Springer Verlag, Berlin, Heidelberg, 1985.
Spilkova, J. & J. Hubik: Biologische Wirkungen von Flavonoiden. Pharm. i.u.Z. 17: 1-9, 1988.
Swain, T.: Flavonoids as chemotaxonomic markers in plants, in: Czygan, F.-C. (ed.): Pigments in plants. Fischer Verlag, Stuttgart, New York, 224-236, 1980.
Wollenweber, E. & V.H. Dietz: Occurrence and distribution of free flavonoid aglycones in plants. Phytochemistry 20: 869-932, 1981.

Flechtensäuren

Für Lichenes charakteristische Verbindungen verschiedener chemischer Struktur (Depside und Depsidone von Phenolcarbonsäuren (z.B. Orcinderivate), Dibenzofuranverbindungen u.a.). Auf Grund antibiotischer Wirkungen z.T. arzneilich genutzt.

Furanocumarine

Cumarinderivate mit ankondensiertem Furanring, entweder an C-6 und C-7 (linear; Psoralentyp) oder an C-7 und C-8 (angular; Angelicintyp), z.T. mit mutagenen und photosensibilisierenden Wirkungen (= Psoralene). Vgl. Rutaceae, Apiaceae. Siehe auch → Cumarine.

Fahr, E.: Psoralene: Photobiologische und dermatologische Wirkungen. Pharm. Ztg. 127: 163-170, 1982.
Schimmer, O.: Die mutagene und cancerogene Potenz von Furocumarinen. Pharmazie i. u. Z. 10: 18-28, 1981.

Gallotannine → Gerbstoffe

Gerbstoffe

Tierische Haut in Leder umwandelnde, «gerbend» und adstringierend wirkende oligomere Polyphenole.

1. «Hydrolysierbare Gerbstoffe».

- Gallussäure oder Gallussäuredepside mit Zuckern oder Polyolen verestert: **Gallotannine.**
- Hexahydroxydiphensäure mit Zuckern, in der Regel Glukose, verestert, z.T. auch glykosidische Bindungen: **Ellagitannine** (Ellaggerbstoffe); vgl. auch Ellagsäure.

2. «Kondensierte Gerbstoffe» = Proanthocyanidine.

Kondensationsprodukte aus (2-15) Flavan-3-ol-Einheiten, z.B. Catechin/Epicatechin u.a., die über 4,8- oder 4,6-Bindungen verknüpft sind.

In vielen Pflanzen werden Gemische der verschiedenen Gerbstofftypen gebildet. Höhermolekulare und damit wasserunlösliche Verbindungen, die bei längerer Lagerung proanthocyanidinhaltiger Gerbstoffdrogen entstehen, sind die meist rötlich gefärbten Phlobaphene («Gerbstoffrote»).

3. Phlorotannine: Polymere Phloroglucinderivate bei den → Phaeophyceae.

4. Hydroxyzimtsäure- (insbesondere Kaffeesäure-) **Derivate** mit adstringierender Wirkung, jedoch keine Gerbstoffe im technischen Sinne (sauer reagierend).

- Depside von Kaffeesäure mit Hydroxy-dihydrokaffeesäure = Rosmarinsäure: «Lamiaceen- (Labiaten-)Gerbstoffe».
- Esterglykoside der Kaffeesäure vom Verbascosidtyp: «Tubifloren-Gerbstoffe».

Gerbstoffe sind bei Kormophyten verbreitete Inhaltsstoffe, oftmals in Rinde und Holz bevorzugt abgelagert, vgl. Coniferophytina, Polygonales, Hamamelididae, Rosaceae, ferner auch Geraniales, Sapindales, Ebenales, Ericales, u.a. Bei den Liliatae weniger, und dann nur als kondensierte Gerbstoffe vorkommend; in manchen Sippen auch praktisch fehlend, z.B. bei Brassicaceae, Papaveraceae.

Haddock, E.A., R.K. Gupta, S.M.K. Al-Shafi, K. Layden, E. Haslam & D. Magnolato: The metabolism of gallic acid and hexahydroxydiphenic acid in plants: Biogenetic and molecular taxonomic considerations. Phytochemistry 21: 1049-1062, 1982.

Haslam, E.: Plant polyphenols – vegetable tannins revisited. Cambridge Univ. Press, Cambridge, New York, 1989.

Hemingway, R.W. & J.J. Karchesy (eds.): Chemistry and significance of condensed tannins. Plenum Press, New York, 1989.

Moog, G.: Gerben und Gerbstoffe. Pharmazie i.u. Z. 11: 129-137, 1982.

Okuda, T., T. Yoshida & T. Hatano: Ellagitannins as active constituents of medicinal plants. Planta Med. 55: 117-122, 1989.

Glukosinolate

(= Senfölglukoside): N-haltige Thioglukoside (Glukose bisher als einziger Zucker bekannt) der untenstehenden allgemeinen Formel, deren Aglyka nach Glukosidspaltung (durch die Thioglukosidase Myrosinase) und intramolekularer Umlagerung Senföle bilden. Verbreitet bei Capparales (siehe dort), aber auch bei Tropaeolaceae, Euphorbiaceae u.a. Sippen sporadisch vorkommend.

Schütte, H.-R.: Biosynthese von cyanogenen Glykosiden und Senfölglukosiden. Fortschr. Bot. 35: 103-119, 1973.

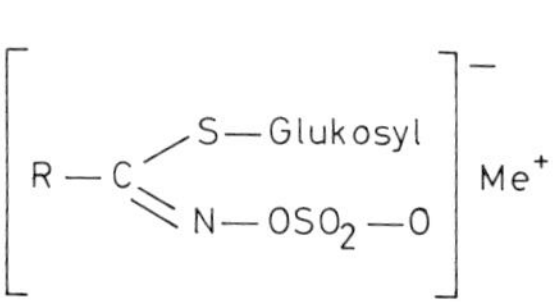

Glykoretine

Ester von Hydroxyfettsäuren mit Zuckern, die ihrerseits mit flüchtigen Säuren verestert sind. Drastisch laxierend wirkende Harzsubstanzen in den Milchsäften der Convolvulaceae.

Glykoside

(= Heteroside): Ether der Cyclohalbacetalform von Zuckern (über die besonders reaktionsfähige OH-Gruppe am C-1 bzw C-2) mit den als Aglyka (Einzahl: Aglykon; andere Bezeichnung auch: Genin) bezeichneten Pflanzenstoffen, die phenolische oder alkoholische OH-Gruppen im Molekül enthalten (= «O-Glykoside»). Als Aglyka kommen auch Verbindungen vom Typ R-NH (= «N-Glykoside»), R-SH (= «S-Glykoside») oder R-CH (= «C-Glykoside», Glykosylverbindungen) in Betracht. Die Mehrzahl pflanzlicher Glykoside enthält den Zuckeranteil β-glykosidisch gebunden.

Franz, G. & M. Grün: Chemistry, occurrence and biosynthesis of C-glycosyl compounds in plants. Planta Med. 47: 131-140, 1983.

Goitrine

Zur Kropfbildung führende Oxazolidin-2-thione. Sie entstehen durch spontane Zyklisierung von Isothiocyanaten (Senfölen) mit einer OH-Gruppe in β-Position nach deren Freisetzung aus Glukosinolaten; vgl. → Brassicaceae.

Gummen

Meist erst nach Verletzung reichlich gebildete Produkte des pflanzlichen Stoffwechsels, die an der Luft erhärten und vorwiegend aus Polysacchariden (oft mit Uronsäuren im Molekül) bestehen. Vgl. Fabales; auch bei Anacardiaceae, Meliaceae, Rutaceae u.a. Familien häufig.

Guttapercha

Polyterpen mit trans-Verknüpfung der Isoprenbausteine; bei Liliatae bisher nicht nachgewiesen; vgl. Sapotaceae, Celastrales. Siehe auch → Kautschuk.

Harze

Nichtflüchtige, amorphe, lipophile Stoffgemische mit überwiegend Terpen- oder Phenylpropankörperderivaten, oft auch mit Anteilen von Schleimstoffen oder Gummen (= «Gummiharze»), vielfach pathologische Produkte; vgl. Pinaceae, Burseraceae, Styracaceae, Apiaceae.

Heteroside → Glykoside

Iridoide, Seco-Iridoide

(= Iridoidartige Verbindungen): Bizyklische Monoterpene mit einem Cyclopenta(C)pyran-Ringsystem (= Iridan) oder davon durch Aufspaltung des Cyclopentanrings – evtl. mit erneutem Ringschluß zu einem sechsgliedrigen Lactonring – ableitbaren Strukturen (= Seco-Iridoide). Näheres vgl. Cornidae S. 228.

Boros, C.A. & F.R. Stermitz: Iridoids. An updated review. Part I., J. Nat. Prod. 53: 1055-1147, 1990.
El-Naggar, L.J. & J.L. Beal: Iridoids. A review. J. Nat. Prod. 43: 649-707, 1980.
Inouye, H. & S. Uesato: Biosynthesis of iridoids and seco-iridoids. Progr. Chem. Org. Nat. Prod. 50: 169-236, 1986.
Jensen, S.R., B.J. Nielsen & R.Dahlgren: Iridoid compounds, their occurrence and systematic importance in the angiosperms. Bot. Not. 128: 148-180, 1975.
Junior, P.: Recent developments in the isolation and structure elucidation of naturally occurring iridoid compounds. Planta Med. 56: 1-13, 1990.
Kaplan, M.A.C. & O.R. Gottlieb: Iridoids as systematic markers in dicotyledones. Biochem. Syst. Ecol. 10: 329-347, 1982.
Rimpler, H.: Pharmazeutische und biologische Bedeutung von Iridoiden, Dtsch. Apoth. Ztg. 124: 1940-1941, 1984.

Isoflavone

Derivate des 3-Phenylchromons; schwach oestrogen wirksame Isoflavonglykoside bei den Fabaceae (Genistein); vgl. auch → Flavonoide.

Ingham, J.L.: Naturally occurring isoflavonoids. Progr. Chem. Org. Nat. Prod. 43: 1-266, 1983.

Kautschuk

Polyterpen mit cis-Verknüpfung der Isoprenbausteine. Bei Liliatae praktisch fehlend; für technische Gewinnung wichtig, wenn in größerer Menge im Latex von Milchsäften vorkommend; vgl. Euphorbiaceae, Asteraceae: Lactuceae. Siehe auch → Guttapercha.

Kohlenhydrate

Polyhydroxyverbindungen, die weitgehend der allgemeinen Summenformel $C_n(H_2O)_n$ entsprechen und als Monosaccharide (Aldosen, Ketosen), Zuckeralkohole oder Oligosaccharide weitverbreitete Substanzen des Primärstoffwechsels sind; auch Bestandteile der → Glykoside, → Schleime und → Gummen. Als polymere Verbindungen («Polysaccharide»; Glykane) wichtige Bau- und Reservestoffe. Als taxonomisches Merkmal von Bedeutung, wenn die Verbreitung spezieller Vertreter dieser Gruppe betrachtet wird (vgl. dazu auch Schaubild S. 252).

Beck, E.: Carbohydrate metabolism. Progr. Bot. 37: 121-132, 1975.
Franz, G.: Polysaccharides in pharmacy: Current applications and future concepts. Planta Med. 55: 493-497, 1989.
Kraus, J.: Biopolymere mit antitumoraler und immunmodulierender Wirkung. Pharm. i.u. Z. 19: 157-164, 1990.
Preiss, J.: Carbohydrates, Vol. 14, in: The biochemistry of plants. Acad. Press, London, 1988.
Srivastava, R. & D.K. Kulshreshtha: Bioactive polysaccharides from plants. Phytochemistry 28: 2877-2883, 1989.

Die folgende alphabetische Übersicht gibt stichwortartig einige Hinweise:

Aminozucker: KH, die an Stelle einer OH- eine NH_2-Gruppe besitzen; → Chitin; vgl. auch Prokaryota (Murein).

Chitin: Poly-N-acetylglukosamin, vgl. Mycophyta.

Desoxyzucker: KH, bei denen eine oder mehrere OH-Gruppen durch H-Atome ersetzt sind. Häufiger vorkommende 6-Monodesoxyhexosen (= «Methylpentosen») sind z.B. Fucose und Rhamnose. Didesoxyhexosen sind charakteristische Zuckerkomponenten einiger Digitaloidglykoside (und zwar 2,6-Didesoxyhexosen wie z.B. Digitoxose). 3,6-Didesoxyhexosen sind als Bestandteile von Bakterienzellwänden serologische Determinanten.

Dextrane: Glukane (1,6-Verknüpfung vorherrschend), vgl. Lactobacteriaceae.

Dulcitol → Zuckeralkohole, vgl. Celastrales.

Fruktane: An Stelle von (oder neben) Stärke gespeicherte Polysaccharide.

- Inulintyp: 1,2-Fruktane, vgl. Asteridae;
- Phleintyp: 2,6-Fruktane z.B. bei Poaceae. Endständiges Glied der Fruktosekette meist Glukose; Polymerisationsgrad niedrig (bis 40 Fruktose-Einheiten).

Pollard, C.J. & K.S. Amuti: Fructose oligosaccharides: Possible markers of phylogenetic relationships among dicotyledonous families. Biochem. Syst. Ecol. 9: 69-78, 1981.

Fruktose: Ketohexose, verbreitet in Früchten.

Galaktose: Häufiger Bestandteil von Schleimen, z.B. der Fabales.

Glykogen: 1,4-Glukan, amylopektinähnlicher Reservestoff bei Eubacteria und Mycophyta.

«Hemizellulosen»: Uneinheitliche, aus Pentosen und Hexosen aufgebaute Bestandteile der pflanzlichen Zellwand-Grundsubstanz. Vgl. auch «Reservezellulosen».

Hexitole = Zuckeralkohole

Inulin → Fruktane

Mannitol: Zuckeralkohol, der in größeren Mengen z.B. bei Phaeophyceae, Mycophyta, Lichenes, Oleaceae, Scrophulariaceae akkumuliert wird.

Mannose: Häufiger Bestandteil von Schleimen und Hemizellulosen (und «Resevezellulosen»), z.B. Galaktomannane bei Fabales.

Methylpentosen = 6-Desoxyhexosen

Pektine: Derivate der Pektinsäure (lineares D-1,4-Galakturonid, z.T. Rhamnosylreste enthaltend), die als Ca- oder Mg-Salze Matrixsubstanz der Mittellamelle und der Primärwände pflanzlicher Zellen sind. Lösliche Pektine (Carboxylgruppen teilweise mit Methanol verestert) häufig im Zellsaft unreifer Früchte; zur technischen Gewinnung vgl. Apiaceae.

Planteose: Trisaccharid (Gal.-Frukt.-Gluk.) mit dem Verbreitungsschwerpunkt → Lamiidae; insbesondere in den Samen von Plantaginaceae und Lamiaceae vorkommend; vgl. dazu Abb. 133.

Polyuronide: vgl. Phaeophyceae (Alginsäure), auch Pektine.

«Reservezellulose»: Im Gegensatz zu Zellulose enzymatisch leichter angreifbare «Hemizellulosen», die Zellwänden (des Endosperms oder der Kotyledonen) als Reservestoff angelagert sein können (Hornendosperm). Vgl. Lilianae, Arecales.

Saccharose: Rohrzucker, «Sucrose» (Disaccharid Frukt.-Gluk.); zur technischen Gewinnung vgl. Chenopodiaceae, Aceraceae, Poaceae.

James, C.E., L. Hough & R. Khan: Sucrose and its derivates. Progr. Chem. Org. Nat. Prod. 55: 117-184, 1989.

Sedoheptulose: Ketoheptose, als Diphosphat am Calvinzyklus beteiligt; höhere Konzentrationen bei den Crassulaceae (z.B. *Sedum;* Name!).

Sorbitol: Zuckeralkohol, bei Rosaceae gehäuft, sonst nur vereinzelt vorkommend.

Stachyose: Weit verbreitetes Tetrasaccharid (Gal.-Gal.-Gluk.-Frukt.), Akkumulation in den unterirdischen Organen von Lamiaceae, Plantaginaceae.

Stärke: Glukan aus 2 Komponenten: Amylose (α-1,4-Verknüpfung der Glukosemoleküle) und Amylopektin (zusätzliche 1,6-Bindungen und somit Verzweigungen im Molekül). Hauptreservepolysaccharid im Pflanzenreich. Form und Größe der Stärkekörner für einzelne Taxa charakteristisch. Von Interesse auch das Fehlen von Stärke, vgl. auch Fruktane.

Czaja, A.TH.: Stärke & Stärkespeicherung bei Gefäßpflanzen. Versuch einer Amylo-Taxonomie, G. Fischer Verlag, Stuttgart, New York, 1978.

Trehalose: Disaccharid (Gluk.-Gluk.), vgl. Mycophyta.

Uronsäuren: Durch Oxidation der CH_2OH-Gruppe von Zuckern entstandene Säuren; häufig Bestandteile von Schleimen und Gummen.

Zellulose: Wichtigster Zellwandbaustein der höheren Pflanzen; β-1,4-Glukan.

Blascheck, W.: Cellulose, ein interessanter Grundstoff für die pharmazeutische Nutzung. Pharm. i.u.Z. 19: 73-81, 1990.

Zuckeralkohole: Durch Reduktion der Oxogruppe von Monosacchariden entstandene Polyhydroxyverbindungen (Polyalkohole) wie Mannitol, Sorbitol, Dulcitol u.a.

Lactone

Innere Ester von Hydroxycarbonsäuren; pflanzliche Verbindungen mit Lactongruppierungen im Molekül nicht selten, z.B. → Digitaloide, → Cumarine, manche → Bitterstoffe, → Sesquiterpenlactone u.a.; Lactone kurzkettiger Hydroxycarbonsäuren: Ranunculin; Tuliposide (hautreizende Stoffe in Tulpen).

Lamiaceen-(Labiaten-)Gerbstoffe

Kaffeesäuredepside; vgl. Gerbstoffe, Lamiaceae.

Lauchöle

Mono-, Di- und Polysulfide enthaltende flüchtige Stoffgemische, in Alliaceae, z.T. auch bei Brassicaceae.

Lektine

(Phythämagglutinine z.T.): Pflanzliche, aber inzwischen auch bei Bakterien, Tieren und im menschlichen Organismus gefundene (Glyko-)Proteine mit spezifischer Bindungsfähigkeit gegenüber KH-Gruppen von Glykolipiden und Glykoproteinen, insbesondere als Bestandteile von Zelloberflächen; vermögen z.T. tierische Zellen – Erythrozyten, Lymphozyten u.a. – zu agglutinieren und sind z.T. toxisch; vgl. Fabaceae, Euphorbiaceae, auch → «Toxalbumine».

Bog-Hansen, T.C. & G.A. Spengler (eds.): Lectins: biology, biochemistry, clinical biochemistry. Verlag Walter de Gruyter, Berlin, New York, Bd. 1-3, 1981-1983.

Franz, H. (ed.): Advances in lectin research. Springer-Verlag, Berlin, Heidelberg, 1988, 1989, 1990.
Gabius, H.-J., H. Rüdiger & G. Uhlenbruck: Lektine. Spektrum der Wissenschaft 11/88: 50-60, 1988.
Liener, J.E., N. Sharon & I.J. Goldstein (eds.): The lectins, properties, functions and application in biology and medicine. Academic Press, Orlando, 1986.
Rüdiger, H.: Phythemagglutinins. Planta Med. 46: 3-9, 1982.

Leukocyane
Glykoside der → Leukocyanidine.

Leukocyanidine
Farblose Flavan-3,4-diolverbindungen, die nach Säureeinwirkung partiell in die gefärbten Anthocyanidine übergehen. Relativ kleine Gruppe monomerer Verbindungen (nur Derivate von 5-Desoxy-flavonoiden) im Gegensatz zu den verbreitet vorkommenden → Proanthocyanidinen; vgl. auch → Flavonoide.

Lignane
Verbindungen, die durch Verknüpfung zweier Phenylpropankörper (häufig über die β-Atome der Seitenkette) entstehen. Vgl. Cupressaceae, Piperaceae, Berberidaceae, Zygophyllaceae, Asteraceae.

Mac Rae, W.D. & G.H.N. Towers: Biological activities of lignans. Phytochemistry 23: 1207-1220, 1984.

Lignin
Inkrustierungssubstanz von Zellulosewänden der Kormophyten; bei Prokaryota, Phycophyta, Mycophyta und Bryophyta fehlend. Aus Phenylpropankörpereinheiten wie Coniferyl- oder Sinapylalkohol durch «dehydrierende Polymerisation» aufgebaut. Über phylogenetisch deutbare Unterschiede in der Zusammensetzung vgl. S. 87.

Limonoide
Bitter schmeckende Tetranortriterpene der → Rutales.

Makrolide
Aus Acetat- oder Propionat-Einheiten aufgebaute, vielgliedrige Lactonringe, z.T. in glykosidischer Bindung, vgl. Antibiotika der Actinomyceten.

Keller-Schierlein, W.: Chemie der Makrolid-Antibiotika. Fortschr. Chem. Org. Naturst. 30: 313-460, 1973.

Methylxanthine
Di- und Trimethylderivate des Xanthins (des 2,6-Dihydroxypurins): Theobromin, Theophyllin, Coffein (Formeln vgl. S. 213). Akkumulation größerer Mengen in einzelnen Spezies der Aquifoliaceae, Sapindaceae, Theaceae, Sterculiaceae, Rubiaceae. Genußmittel (Kaffee, Tee, Cola); pflanzliche Rohdrogen nur noch in geringem Umfange als Arzneimittel genutzt.

Naphthochinone
Derivate des Naphthalins, und zwar als 1,4-Naphthochinone vorkommend. Phyllochinon (Vitamin K_1) ubiquitär in grünen Pflanzen; sonst nur vereinzelt – und z.T. mit unterschiedlichem Biogeneseweg – bei Plumbaginaceae, Juglandaceae, Droseraceae, Lythraceae.

Öle, ätherische → Ätherische Öle

Öle, fette
Flüssige → Fette mit überwiegendem Anteil von Glyceriden ungesättigter Fettsäuren.

Pektine → Kohlenhydrate

Phenole
Verbindungen mit einer oder mehreren OH-Gruppen an einem aromatischen Ringsystem; häufig in glykosidischer Bindung in Pflanzen verbreitet, z.B. bei Ericaceae, Salicaceae. Biosynthese vielfach über den «Shikimisäureweg» (vgl. → Phenylpropankörper): Zimtsäuren → Phenolcarbonsäuren → einfache Phenole; Bildung auch über Acetat/Malonat- oder Acetat/Mevalonat-Weg möglich.

Harborne, J.B. (ed.): Plant phenolics I: Methods in plant biochemistry (P.M. Dey & J.B. Harborne ed.), Academic Press, London, 1989.

Phenylpropankörper
Über den «Shikimisäureweg» gebildete, vielfach phenolische Verbindungen mit der Grundstruktur,

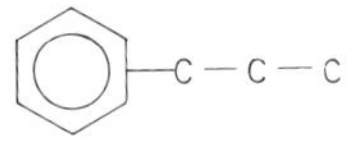

die vielfältig sekundär abgewandelt werden kann; vgl. auch → Phenole.

Schütte, H.-R.: Special topics of the phenylpropanoid metabolism, in: Progr. Bot. 40: 126-149, 1978, and 41: 93-107, 1979.

Phlobaphene
Höherpolymere → Gerbstoffe («Gerbstoffrote»).

Phloroglucide
Acylphloroglucinderivate mit taenifuger Wirkung, vgl. Dryopteridaceae *(Dryopteris)*, Rosaceae *(Hagenia)*; Euphorbiaceae *(Mallotus)*.

Phlorotannine
Polymere Phloroglucinderivate mit Gerbwirkung; vgl. → Gerbstoffe, → Phaeophyceae.

Phthalide
Lactone der o-Hydroxy-methylbenzoesäure, vgl. Apiaceae.

Phycobiliproteide
Akzessorische Assimilationspigmente bei Cyanobakterien und Rhodophyta mit Phycobilinen (Tetrapyrrolverbindungen) als chromophorer Gruppe. Strukturverwandt mit diesen Algenpigmenten ist auch das in Pflanzen weitverbreitete Phytochrom; vgl. auch S. 59.

Rüdiger, W.: Plant biliproteins, in: Czygan, F.-C. (ed.) Pigments in plants. G. Fischer Verlag, Stuttgart, New York, 314-351, 1980.

Phythämagglutinine → Lektine

Phytoalexine
Von Pflanzen nach Infektionen mit Mikroorganismen gebildete, unspezifische Abwehrstoffe (Phenole, Isoflavone und andere Strukturen), vgl. Fabaceae, Orchidaceae.

Bailey, J.A. & J.W. Mansfield (eds.): Phytoalexins. Wiley and Sons, New York, 1982.

Gross, D.: Phytoalexine und verwandte Pflanzenstoffe. Fortschr. Chem. Org. Naturst. 34: 187-248, 1977.

Griesebach, H. & J. Ebel: Phytoalexine, chemische Abwehrstoffe höherer Pflanzen. Angew. Chemie 90: 668-681, 1980.

Phytecdysone
C_{27}-Steroide mit der Wirkung von Insektenhäutungshormonen, die in verschiedenen Familien in größeren Mengen gefunden worden sind, vgl. Polypodiales, Verbenaceae.

Rees, H.H.: Ecdysones, in Goodwin (ed.): Aspects of terpenoid chemistry and biochemistry. Academic Press, London, New York, 1971.

Schütte, H.R.: Aspects of steroid biosynthesis in plants. Progr. Bot. 37: 141, 1975.

Phytosterole
Abkömmlinge des Cholestans mit alkoholischer OH-Gruppe am C-3 und einer aliphatischen Seitenkette, Länge meist C_{10}, bei Pilzen C_9 (Mycosterole); wichtige Bestandteile von Membransystemen und Begleiter von Neutralfetten (im unverseifbaren Anteil). β-Sitosterol, aus Baumwollsamenöl isoliert, spielt auch im Arzneischatz eine Rolle. Oxidativ modifizierte Phytosterole sind die → Withanolide.

Polyacetylene → Polyine

Polyine
Vorwiegend aliphatische, gelegentlich auch Furan-, Pyran- oder Thiophenringsysteme enthaltende Verbindungen mit einer oder mehreren (bis 5) C≡C-Bindungen; biogenetisch Derivate der Ölsäure; überwiegend lipophile, meist flüchtige und leicht zersetzliche Substanzen, z.T. mit starken physiologischen Wirkungen. Verbreitungsschwerpunkte bei Basidiomycetes, Araliales und Asteraceae. Polyinfettsäuren: Santalales.

Ferreira, Z.S. & O.R. Gottlieb: Polyacetylenes as systematic markers in dicotyledons. Biochem. Syst. Ecol. 10: 155-160, 1982.

Kagan, J.: Naturally occurring di- and trithiophenes. Progr. Chem. Org. Nat. Product. 56: 87-169, 1991.

Lam, J., H. Breteler, T. Arnason & L. Hansen (eds.): Chemistry and biology of naturally-occurring acetylens and related compounds. Elsevier, Amsterdam, 1988.

Polyketide
Aus Acetat- (oder Propionat-)Einheiten aufgebaute Verbindungen (Poly-β-Ketosäuren als Intermediäre), vgl. z.B. → Anthrachinone (z.T.), → Phloroglucide, → Phenole. Bei gemischten Polyketiden ist ein Teil des Moleküls auf anderen Biogenesewegen entstanden; vgl. auch → Flavonoide.

Polysaccharide → Kohlenhydrate

Pregnane
C_{21}-Steroide; Cyclopentano-perhydrophenanthren-Derivate mit einer C_2-Seitenkette am C-17. Precursoren von Cardenoliden; vgl. → *Digitalis* (Digitanolglykoside); → Asclepiadaceae.

Deepak, D., A. Khare & M.P. Kahre: Plant pregnans. Phytochemistry 28: 3255-3263, 1989.

Proanthocyanidine
Durch C-C-Bindungen (meist über 4,8) verknüpfte di- oder oligomere Flavan-3-ol-Verbindungen; geben mit verdünnten Mineralsäuren, aber auch mit Vanillin/HCl Rotfärbungen. Vgl. → Gerbstoffe; auch → Rosaceae (*Crataegus*).

Protoalkaloide → Alkaloide

Pseudoindikane = iridoidartige Verbindungen

Psoralene → Furanocumarine

Purinkörper → Methylxanthine

Pyranocumarine
→ Cumarinverbindungen mit einem in Position 5,6-, 6,7- oder 7,8- ankondensierten Pyranring, vgl. Rutaceae, Apiaceae (*Ammi visnaga*). Siehe auch → Cumarine.

Quassinoide
Überwiegend Decanortriterpene; Bitterstoffe der → Simaroubaceae.

Rotenoide

Bisher nur bei einigen Fabaceae gefundene, als Fischgifte und Insektizide wirksame Verbindungen, biogenetisch Isoflavonoidderivate.

Salicylsäurederivate

Meist als Glykoside vorkommende Verbindungen, früher arzneilich von Bedeutung. Vgl. Ericales, Salicales.

Saponine

Glykoside mit Terpenoid-Aglyka, deren wäßrige Lösungen sich durch Schaumbildungsvermögen auszeichnen und die (gilt fast ausnahmslos für Monodesmoside) hämolytische Wirkungen besitzen.

- Steroidsaponine: Verbindungen mit Furostanol- oder Spirostanolstruktur; bei Liliatae verbreitet vorkommend, bei Magnoliatae nur vereinzelt.
- Triterpensaponine: überwiegend Derivate des Oleanans bzw. des Δ 12-Oleanens. Bei Magnoliatae verbreitet; auffällige Akkumulation bei manchen Familien, vgl. Caryophyllaceae, Hippocastanaceae, Polygalaceae, Sapotaceae, Primulaceae u.a. Nach der Zahl der oft verzweigten und auch Uronsäuren enthaltenden Zuckerketten unterscheiden wir Monodesmoside mit einer Kette (meist an der OH-Gruppe des C-3) und Bisdesmoside mit zwei Zuckerketten, die durch Abspaltung einer Kette leicht in Monodesmoside übergehen können.

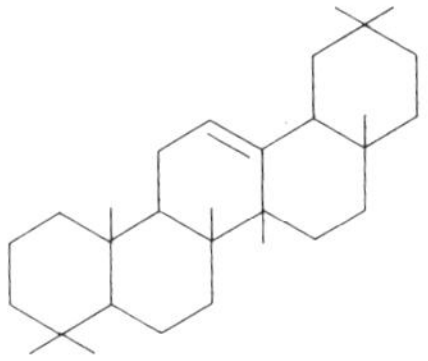

Δ12-Oleanen

Bader, G. & K. Hiller: Neue Ergebnisse zur Struktur und Wirkungsweise von Triterpensaponinen. Die Pharmazie 42: 577-597, 1987.

Hiller, K. & C. Adler: Neue Ergebnisse über Triterpensaponine. Pharmazie 37: 619-634, 1982.

Mahato, S.B., S.K. Sarkar & G. Poddar: Triterpenoid saponins. Phytochemistry 27: 3037-3067, 1988.

Mahato, S.B., A.N. Ganguly & N.P. Sahu: Steroid saponins. Phytochemistry 21: 959-978, 1982.

Reznicek, G.& J. Jurenitsch: Der therapeutische Wert von Triterpensaponinen - Anspruch und Wirklichkeit. Pharm. i. u. Z. 20, 278-281, 1991.

Schöpke, Th. & K. Hiller: Triterpenoid saponins, part 6. Die Pharmazie 45, 331-339, 1990.

Tschesche, R & G. Wulff: Chemie und Biologie der Saponine. Fortschr. Chem. Org. Naturst. 30: 461-606, 1973.

Voigt, G. & K. Hiller: Neuere Ergebnisse zur Chemie und Biologie der Steroidsaponine. Scient. Pharm. 55: 201-227, 1987.

Schleime

Homo- oder Heteroglykane, die in wäßrigem Milieu quellen oder visköse, kolloidale Lösungen ergeben. Verbreitete Pflanzenstoffe, für manche Sippen ein auffälliges Merkmal; vgl. z.B. Malvales; oftmals in bestimmten Pflanzenorganen angereichert: In unterirdischen Reserveorganen (Lilianae, Orchidales), im Endosperm (viele Fabaceae) oder in Samenschalenepidermen *(Linum,* Brassicaceae, Plantaginaceae). Vgl. auch Leuconostoc (Dextrane), Rhodophyta, Phaeophyceae.

Seco-Iridoide → Iridoide

Senföle

Durch Zerfall von → Glukosinolaten entstehende, meist scharf riechende Ester der Isothiocyansäure (allgemeine Formel: R – N = C = S). Stoffe mit hautreizenden und z.T. antibakteriellen Wirkungen, vgl. Capparales, Tropaeolaceae.

Senfölglukoside → Glukosinolate

Sesquiterpenlactone

Umfangreiche Stoffgruppe der → Terpene mit verschiedenartigsten biologischen Wirkungen (Bitterstoffe, Proazulene, Allergene u.a.); → Bryophyta, → Lauraceae, → Apiaceae, → Asteraceae.

Fischer, N.H., E.J. Olivier & H.D. Fischer: The biogenesis and chemistry of sesquiterpene lactones. Progr. Chem. Org. Nat. Prod. 38: 47-390, 1980.

Picman, A.: Biological activities of sesquiterpene lactones. Biochem. Syst. Ecol. 14: 255-281, 1986.

Rodriguez, E., G.H.N. Towers & J.C. Mitchell: Biological activities of sesquiterpene lactones. Phytochemistry 15: 1573-1580, 1976.

Seaman, F.C.: Sesquiterpene lactones as taxonomic characters in the Asteraceae. Bot. Rev. 48, 1982.

Sporopollenine

Außerordentlich schwer verwesbare, suberinartige (oder terpenoide) Wandstoffe mit hohem Polymerisationsgrad bei Sporen von Landpflanzen, insbesondere Pollenkörnern.

Brooks, J., P.R. Grant, M.D. Muir, P. van Gijzel & G. Shaw (eds.): Sporopollenin. 718 S. Academic Press, London, New York, 1971.

Sterole → Phytosterole

Steroide

C_{27}-Verbindungen, die formal als Derivate des Sterans (Cyclopentano-perhydrophenanthrens) aufzufassen sind. Ihre Biogenese verläuft wie die der tetrazyklischen Triterpene, von denen sie sich durch oxidative Abspaltung von 3 Methylgruppen ableiten, über Squalen-2,3-epoxid. Vgl. auch → Digitaloide, → Saponine, → Phytosterole, → (Steroid-)Alkaloide, → Pregnane.

Heftman, E.: Functions of steroids in plants. Phytochemistry 14: 891-901, 1975.
Schütte, H.-R.: Secondary plant substances: Aspects of steroid biosynthesis. In: Progr. Bot. 49: 117-136, 1987.

Stilbene

Diphenylethylenverbindungen mit östrogener Wirkung; biogenetisch mit Flavonoiden verwandt. Vgl. Pinaceae, Polygonales.

Suberin

Hochpolymeres Gemisch gesättigter und ungesättigter, miteinander veresterter (z.T. auch durch Peroxidbrücken verbundener) Fett- und Hydroxyfettsäuren; Anteil ungesättigter Fettsäuren höher, Polymerisationsgrad wahrscheinlich geringer als beim → Cutin.

Terpene

Aus «aktivem Isopren» aufgebaute Verbindungen. Umfangreiche Gruppe von Naturstoffen, die nach der Zahl der C_5-Einheiten eingeteilt werden in

Hemiterpene (C_5): Als Prenylrest häufig in zusammengesetzten Verbindungen.

Monoterpene (C_{10}): Vielfach Komponenten ätherischer Öle, aber z.B. auch → Iridoide.

Sesquiterpene (C_{15}): Bestandteile ätherischer Öle, aber z.B. auch → Sesquiterpenlactone.

Diterpene (C_{20}): u.a. Bitterstoffe, Harzsäuren.

Sesterterpene (C_{25}): Bisher erst vereinzelt gefunden; ohne pharmazeutische Bedeutung.

Triterpene (C_{30}): Bitterstoffe, z.B. → Cucurbitacine; Triterpensäuren und -alkohole; → Saponine; davon ableitbar auch Steroide, → Phytosterole.

Tetraterpene (C_{40}) → Carotinoide

Polyprenole; Polyterpene: z.B. Kautschuk, Guttapercha.

Brieskorn, C.H.: Triterpenoide, physiologische Funktionen und therapeutische Eigenschaften. Pharm. i.u.Z. 16: 161-180, 1987.
Buchbauer, G., H. Spreitzer & G. Kiener: Biologische Wirkungen von Diterpenen. Pharm. i.u.Z. 19: 28-37, 1990.
Naylor, S., F.J. Hanke, L.V. Manes & P. Crews: Chemical and biological aspects of marine monoterpenes. Progr. Chem. Org. Nat. Prod. 44: 189-241, 1983.
Polonsky, J.: Quassinoid bitter principles. Progr. Chem. Org. Nat. Product. 47: 221-264, 1985.
Schütte, H.-R.: Monoterpenes. Progr. Bot. 38: 129-147, 1976.
Schütte, H.-R.: Secondary plant substances: Nonsteroidal triterpenoids. In: Progr. Bot. 50: 102-115, Springer-Verlag, Berlin, Heidelberg, 1989.
Seaman, F., F. Bohlmann, C. Zdero & T.J. Mabry: Diterpenes of flowering plants – Compositae (Asteraceae). Springer-Verlag, New York, Berlin, Heidelberg, 1990.

Terpentine

Balsame verschiedener Pinaceen.

Toxalbumine

Frühere Bezeichnung für Proteine mit starken physiologischen Wirkungen (z.B. Hämagglutination), vgl. Fabaceae, Euphorbiaceae, ferner auch → Lektine.

Tropolone

Verbindungen, die den Tropolonring (Cycloheptatrienolon) enthalten, vgl. Cupressaceae und Colchicaceae (Colchicin).

Valepotriate

(= **Val**eriana-**Ep**oxy-**Tri**ester): In Valerianaceen nachgewiesene iridoidartige Verbindungen; Ester von Polyhydroxyepoxy-cyclopentapyranen (Grundgerüst: Iridan).

Vitamine

Essentielle Wirkstoffe, die dem menschlichen Organismus in kleinen Mengen mit der Nahrung zugeführt werden müssen; vielfach Bestandteile von Coenzymen. In Pflanzen auch in Form von Vorstufen («Provitamine») verbreitet, die im menschlichen Stoffwechsel in die eigentlichen Vitamine umgewandelt werden können.

Vitamin A: Im Pflanzenreich nur als Provitamin, vgl. → Carotine.

Vitamin B-Komplex: Vgl. Mycophyta *(Saccharomyces).*

Vitamin C: Weitverbreitet; oxidationsempfindlich, daher in getrocknetem Pflanzenmaterial nur noch in geringen Mengen, vgl. Elaeagnaceae.

Vitamin D: Nur Vorstufen, die unter bestimmten Bedingungen (UV-Bestrahlung) in D-Vitamine überführt werden können, vgl. Mycophyta (Ergosterol).

Vitamin E: Weitverbreitet, oft in fetten Ölen angereichert, z.B. im «Weizenkeimöl».

«Vitamin F»: Essentielle (ungesättigte) Fettsäuren, in verschiedenen pflanzlichen Ölen vorkommend.

Vitamin K: Als Phyllochinon, vergesellschaftet mit Chlorophyll in Chloroplasten, weitverbreitet. Vgl. auch → Naphthochinone.

Wachse

Gemische von Estern höherer einwertiger Alkohole mit höheren Fettsäuren; natürliche (pflanzliche oder tierische) Wachse enthalten stets neben den eigentlichen «Wachsestern» auch die nicht veresterten Komponenten, Kohlenwasserstoffe und andere lipophile Verbindungen; weit verbreitet, vor allem auch als epidermale Ausscheidungen, deren z.T. charakteristische Ausformungen (Skulpturen) mit Hilfe des REM dargestellt und auch für systematische Fragestellungen herangezogen werden können; vgl. → Liliatae. Technische Gewinnung: Arecales (Karnaubawachs); Buxaceae (Jojobaöl).

Frölich, D. & W. Barthlott: Mikromorphologie der epicuticularen Wachse und das System der Monocotyledonen. Akad. Wiss. Lit. Mainz, Math-nat. Kl., 63: 279-409, 1988.

Withanolide

Bisher nur in Solanaceen gefundene C_{28}-Steroide mit dem Grundgerüst des Ergostans. Ein 5- oder 6-gliedriger Lactonring, der der Seitenkette des Ergostans entspricht, ist meist über C-20 mit dem Steranteil verknüpft. Im Gegensatz zu den herzwirksamen Glykosiden kommen Withanolide überwiegend als Aglyka vor.

Christen, Ph.: Withanolide, Naturstoffe mit vielversprechendem Wirkungsspektrum. Pharm. i.u.Z. 18: 129-139, 1989.

Xanthone

Gelbgefärbte Dibenzo-γ-pyronderivate, deren Biogenese über Benzophenone als Zwischenstufen verläuft; am Aufbau sind vom Shikimatweg stammende C_6-C_1-Einheiten und Acetat (Ring A) beteiligt. Als O- und C-Glykoside sporadisch vorkommend mit je einem Verbreitungsschwerpunkt bei den → Gentianaceae (vor allem O-Glykoside höher oxidierter Xanthone) und den → Guttiferae (überwiegend prenylierte Verbindungen); ferner: → Polypodiales.

Bennet, G.J. & H.H. Lee: Xanthones from Guttiferae. Phytochemistry 28: 967-998, 1989.

Hostettmann, K. & H. Wagner: Xanthone glycosides. Phytochemistry 16: 821-829, 1977.

Rezende, C.M.A. & O.R. Gottlieb: Xanthones as systematic markers. Biochem. Syst. 1: 111-118, 1973.

Richardson, P.M.: The taxonomic significance of xanthones in ferns. Biochem. Syst. Ecol. 12: 1-6, 1984.

Xanthophylle

Sauerstoffhaltige Tetraterpene (vgl. auch → Carotine), lipophile Begleitpigmente des Chlorophylls; gelbe und rote Blüten- und Fruchtpigmente.

«Zuckeralkohole» → Kohlenhydrate

Register

Die mit einem Sternchen (*) versehenen Ziffern verweisen auf eine Abbildung/Formel.